古典学评论

第 11 辑

西南大学古典文明研究所 西南大学希腊研究中心 主办

徐松岩 范秀琳 主编

上海三联书店

CONTENT ｜ 目

录

小荷才露

实地考察

教学之声

嘉陵书评

怀念学友

CONTENT

Column for new Scholoars

Tour and Research

Voice of Teaching

Jialing Book Review

In Memory of Scholar

内 容 提 示

　　本辑共收录 28 篇文章,内容集中于以下几个栏目:

　　"中西古典学"栏目有 5 篇文章。王大庆的《古代世界有"资本主义"吗？——读〈剑桥资本主义史〉(第一卷)札记》从拉里·尼尔和杰弗里·G.威廉姆森主编《剑桥资本主义史》第一卷出发,围绕书中对"资本主义"的新定义,以古希腊为例,梳理了其对古代世界是否存在"资本主义"的学术问题所出的论证和回答,并认为此书具有较高的参考价值。刘昌玉在《古代两河流域早期国家形态研究综述》一文中从古代两河流域的城市与文字起源、政治形态、经济形态三个方面梳理了两河流域早期国家形态的研究动态。马锋、段欣余的《4—7 世纪亚美尼亚的基督教化及影响初探》考察了 4—7 世纪亚美尼亚的基督教化的背景、原因和影响,指出其宗教信仰的改变是一个漫长的过程,也是多种因素综合作用的结果,促进了邻近地区的基督教化;亚美尼亚教会成为维护亚美尼亚族群独立性的重要保障,也是其反抗周边大国压迫的精神支柱。金志高的《论史学家劳尼库斯及其"新希腊主义"》从劳库尼斯的著作《精粹历史》出发,分析了其反映的"新希腊主义"思想在历史、政治和宗教层面的特点,指出该思想的形成受劳库尼斯个人经历和导师普莱松的影响,后拜占庭时代的身份认同危机则是更为现实的因素。陈卓的《古希腊医官制度考略》介绍了古希腊医官制度的基本运行模式,梳理了古希腊医官职责及监管的史实。文章指出,古代希腊的医官制度是衡量城邦优劣的标准之一,体现了城邦管理专业性发展的大趋势,展现了民众、地方机构和城邦监管结合的合作治理模式。

　　"史料选译"栏目有 7 篇译文。岳梦臻翻译的《修昔底德历史书写中的希腊族群性》一文,探讨了《伯罗奔尼撒战争史》中呈现的希腊族群性,以及族群性在修昔底德战争叙事中的作用。文章反思了族群性与战争、修昔底德的历史书写与读者的族群身份和历史意识的关系等问题,还讨论了修昔底德与希罗多德及其他希腊文学传统之间的互文关系。董晓佳译注《塞奥多西法典》的部分法令,其中两个主题合为《拜占庭皇帝论订婚与婚前赠与》,包括从君士坦丁一世至塞奥多西二世时代拜占庭帝国皇帝们就与订婚相关的事项发布的诏令与批复,是研究早期拜占庭帝国婚姻史、家庭史、社会史等问题相关的重要基本史料。黄方焜译《色诺芬在前 4 世纪希腊史学中的地位》一文通过详细分析色诺芬的《希腊史》及其在希腊历史叙述中的作用,特别是色诺芬与修昔底德、提奥旁普斯等跨世代与同时代史学家的关系,揭示他如何继承和改进修昔底德史学传统中的如叙述结构和历史人物刻画等核心特征。文章指出,《希腊史》在前 4 世纪希腊史学的道德转向方面可能有着决定性的影响。张之言译《修昔底德与领袖》一文,探讨了修昔底德如何运用修辞技巧展现其笔下城邦领袖建立权威并领导城邦的举措和影响,阐明了他对领袖及其特质的理解和看法。文章主要以伯里克利为参照,探究了雅典之外的领袖形象塑造及其与伯里克利的范例之间的关系,强调了领袖与民众之间的关系对号召民众行动的重要作用。李霖译《修昔底德论帝国与帝国主义》一文以修昔底德对雅典帝国的记述为中心,讨论了雅典转向强制性帝国统治的过程,分析了雅典帝国统治实践中的矛盾,深入探讨了修昔底德对帝国兴衰背后的复杂动因的阐释。万世杰译《修昔底德论民主制及其他政体》一文指出,修昔底德通过对演说和行为这两大主题的考察,揭示了民主政体与其它政体的特征。文章分析和对比了修昔底德描述的雅典和叙拉古两大民主城邦,讨论了他对民主制和其他政体的看法以及最为理想的政体替代方案。陈程程翻译的《色诺芬的斯巴达观》一文通过关注色诺芬不同作品中展现的态度、主题和动机,以及解读其倾向于赞美或是批评具体的特征,来获知色诺芬的斯巴达观。他既称赞斯巴达的品质,也点出了其缺陷,认为斯巴达作为霸主的失败不可避免。

"小荷才露"栏目有 8 篇文章。安育的《黑水国汉墓的墓内设奠及相关问题》分析了黑水国汉墓墓葬形制、奠器及设奠方位的演变,奠器的器用规律与设奠程序,讨论了陶奠器、祭祀坑的功能,或可为研究其他地区汉晋时期墓内设奠现象提供参考。杨博韬在《克里西斯河会战与迦太基的"重装步兵革命"》中考察了迦太基军队的重装步兵在克里斯西河战役中的使用,指出战后迦太基的重装步兵改革由于其"以商立国"的国策和过度依赖雇佣兵的现实,最终失败。周红羽的《兽神、人形神和半兽神——古希腊宗教的人兽同一观念》从兽神、半兽神和人形神三种崇拜神的类型出发,分析了仪式中、观念中和作为象征的动物形象,认为动物在人类的宗教文化中占据着重要的位置,指出古希腊存在着将动物与人等同起来看待的现象。蒋文祺在《希吉昂的达马斯特斯——残篇译文,生平和著述》一文中翻译了公元前 5 世纪希腊的史家、地理学家希吉昂的达马斯特斯的残篇,并从生平和著述这两方面进行了评述,指出需将其放在更广大希腊的学术史背景下去思考,文章还讨论了达马斯特斯的部分著作。项琬婷的《饮食史视域下9—11 世纪拜占庭帝国等级秩序的建构》从饮食的视角出发,分析了拜占庭人的日常饮食、帝王的宴会、修道院的餐饮中体现的等级秩序,认为饮食将隐性的等级显现出来,成为帝国治理的重要工具。陶万勇的《罗马国家城市发展史述评》考察了罗马王政和共和时代的殖民城市的发展、帝国时代城市的成长与衰退,梳理了城市行政管理制度的演变,指出罗马城的管理和精神通过罗马国家的扩张向外传播。陶玉山在《巨人之臂——西方古典时期起重机械探析》一文立足于古典文献和相关的考古学证据,系统梳理了古代世界起重机械结构由简至繁与起重能力不断提升的发展全貌,强调了起重机械在古希腊罗马世界和技术史上的重要意义。杨皓然翻译的《修昔底德和战争》从战争的自主性与艺术、雅典与斯巴达的军事对峙以及人们为战争所付出的代价这些方面出发,探讨了修昔底德对于战争的看法。

　　"实地考察"栏目有 1 篇文章。彭博在《圣地巡礼——希腊之旅侧记》一文中回顾了她参加考察团前往希腊,结合参观大英博物馆,循着希腊历史发展的线索参观各地的博物馆和历史遗存的经历与感悟。

　　"教学之声"栏目有 1 篇文章。刘小青、刘涛的《从古典到现代西方——〈西方文化史〉课程教学问题撮述》针对当前《西方文化史》课程教学中存在的问题加以考察,提出通过重构教学素材、充分运用现代信息工具、探索多样化的教学模式等策略,有利于学生掌握西方文化史的知识、养成创新思维,进而提升人才培养质量。

　　"嘉陵书评"栏目有 5 篇文章。白珊珊评述了克劳德·艾勒斯的《希腊城市的罗马恩主》,梳理了在希腊城市与罗马互动视野下,书中对恩庇关系的基本情况的介绍、基于对案例的分析展开的对恩庇制度的历时性考察,进而分析艾勒斯对恩庇关系的独特理解,肯定了他在诸多个案上对细节的解读,也指出其更多地从罗马的视角切入问题的局限。贾文言的《教师在古罗马文明中的角色——评〈古罗马教师研究〉》评介了姬庆红的著作《古罗马教师研究》,总结了该书在研究主题、研究范式和研究观点上的特点,指出其开启了国内学者对古罗马教师群体进行系统研究的先河,肯定了该书的学术价值。徐灏飞评述了冯定雄所著《希腊罗马世界中的黑人研究》,梳理了该书围绕古典世界的黑人地位问题而展开的有益探讨,认为其极大增进了我们对古典世界黑人形象、黑人地位的认识。杨皓然介绍了龙沛的《罗马波斯战争研究(公元前 66 年至公元 628 年)》一书的主要内容,指出其史料与理论运用方面的亮点,提出了有待继续深入讨论和思考的问题。刘豪评介了徐松岩、刘峰等译注的《古希腊经济和政治》,他梳理了所选色诺芬论著的主要内容,从译文、序言、题旨、评注与附录等方面出发,高度评价了该书作为史料选译集乃至学术指南的学术价值。

“怀念学友”栏目有 1 篇文章。李杰在《“徜徉在西方古典文明的海洋中”:怀念陈思伟教授》一文中回忆了与陈思伟教授亦师亦友的交往,称赞了陈思伟教授“再挑灯火看文章”的治学精神与深厚的史料批判功力,描述了其育人情怀与处世温情,表达了对陈老师的深切怀念与真挚祝愿。

中西古典学

古代世界有"资本主义"吗？
——读《剑桥资本主义史》(第一卷)札记

王大庆

内容提要:2014 年,拉里·尼尔和杰弗里·G.威廉姆森主编的两卷本《剑桥资本主义史》由剑桥大学出版社出版,2022 年中国人民大学出版社出版了该书的中译本。本文从这套书的古代部分出发,围绕"资本主义"的定义和以古希腊为例的古代世界的经济增长两个学界争论已久的问题,就其主要观点进行了介绍和述评。作为最新的资本主义史的综合性研究著作,本书在全球化的时代背景下,不仅吸收和借鉴了近年来经济学、历史学、考古学等学科的新理论、新方法和新研究,而且试图对"资本主义"的概念和资本主义的历史起源等问题进行重新建构,给人以耳目一新之感,具有较高的参考价值。

关键词:资本主义 古希腊 经济增长

2022 年 2 月,中国人民大学出版社翻译出版了拉里·尼尔(Larry Neal)和杰弗里·G.威廉姆森(Jeffrey G. Williamson)主编的《剑桥资本主义史》(*The Cambridge History of Capitalism*),原书分为两卷,副标题分别为"资本主义的兴起:从远古到 1848 年"(The Rise of Capitalism: from Ancient Origins to 1848)和"资本主义的传播:从 1848 年到现在"(The Spread of Capitalism: from 1848 to the Present),由剑桥大学出版社于 2014 年出版,甫一问世,就得到了国际学界的广泛关注。中文译本分为四卷,由李酣翻译。

参与本书撰写的四十余位作者绝大多数来自欧美国家,既有经济学家和经济史家,也有历史学、古典学、法学、政治学等领域的学者。作为对资本主义发展历史进行通盘梳理的一部最新成果,本书并没有把目光仅仅局限于 1500 年之后的现代资本主义的起源和发展问题,而是把研究的视野扩展到整个人类文明史,试图把"资本主义"作为一种在前现代社会曾经普遍出现的经济制度和社会现象,进行寻本溯源式的历史考察,书中涉及的现代资本主义制度诞生之前的文明、国家或地区至少包括了古代巴比伦、古代希腊、古代罗马、中世纪的欧洲以及近代之前的中国、印度和中东等国家和地区,对于习惯了将"资本主义"视为一种现代文明起源过程中的独特现象的读者来说,给人一种耳目一新的感觉。

值得注意的是,该书的"颠覆性"不仅体现在上述学术观点上,更体现在全书写作的方式和具体内容上,其中最大的一个特色就是一改传统的经济史的研究方法,即仅仅从人类的经济生活本身来阐释这种经济制度的产生和发展过程,而是试图把资本主义的生产方式放入到各个时代的政治、社会和文化背景中作出"历史语境"上的定位和解释,既试图揭示出其从传统的农业生活的汪洋大海中脱颖而出的具体表现和原因,又设法对其没有发展成为现代资本主义的诸多社会条件上的限制和局限性作出合理的说明。因而,为达到这一目的,本书不仅全面借鉴和运用了比如新制度经济学(New Institutional Economics)这样的经济史研究的新的理论和方法,而且还充分吸收了历史学、考古学、人口学、环境学、气候学等其他人文社会科学和自然科学的大量最新的研究成果,使其观点和立论能够建立在实证研究和量化分析的坚实基础之上。

由于笔者没有能力对整部书作出全面和系统的述评,所以仅就阅读全书引言和古代部分的一些粗浅的心得与读者分享,不当之处敬请谅解和指正。

"资本主义"的定义

第一章"引言"由全书的主编之一,美国伊利诺伊大学厄巴纳-香槟分校的荣休教授拉里·尼尔执笔,不但集中阐述了本书的基本观点,还对正文各章的主要内容做了梗概性的介绍。其中最重要的部分就是该如何定义"资本主义"的问题,因为这不仅关系到我们对"资本主义"的基本认识和理解,更与全书的撰写和立论直接相关。简而言之,如果我们把"资本主义"看作是一种纯粹的现代社会的组织和制度的话,那么也就没有必要考察前现代社会是否存在"资本主义"的问题了。因此,定义"资本主义"的概念,不仅是本书撰写的出发点和必要前提,也必然成为全书内容的纲领和主线,其重要性是不言而喻的。

说到"资本主义"的定义,尼尔首先指出,对"资本主义"的最初研究无疑肇始于对现代资本主义社会的反思和批判,具体而言,"'资本主义'这个词是由资本家的批评者在 1848 年之后出现的第一个全球经济和 1914 年之前资本主义在全球范围内的传播中发明和运用的。随着 21 世纪初期全球经济再次复苏,学者们开始承认多种类型的资本主义,而且各有其比较优势"。①

可见,尼尔认为,"资本主义"的概念最早出现在 1848 年到 1914 年这一段特殊的历史时期,是以作为批判对象的"负面"形象应运而生的,而且,从一开始,直到今天,学者们越来越倾向于把这一新生事物看作是一种具有多样形态的"复数"的而不是单一化的历史现象。例如,文中就列举了"农业资本主义""工业资本主义""金融资本主义""垄断资本主义""国家资本主义""裙带资本主义""创新资本主义"等"资本主义"形态。从中可以看出,"资本主义"从诞生的第一天起,就受到地域、传统和时代的影响,带有多样性的特征。

那么,这些类型的"资本主义"有没有统一性呢? 尼尔指出,它们都具有以下四种共同的要素:1. 私有财产;2. 第三方可强制执行的契约;3. 价格灵活变动的市场;4. 支持型的政府。② 可以说,正是这四种要素定义了"资本主义"的概念。

接下来,尼尔又把这四个要素进一步化约为"资本""市场""制度"和"组织"四个关键词,并作出了详细说明,其中又以"资本"最为重要,因为后三个要素都可以被看作是为资本的运作来服务的某种具体的设置。那么,这些要素是否能够脱离所在的社会而独立运行呢? 对此,作者给出了明确的否定回答:"虽然一个由劳动力、土地和资本市场,以及最终商品和服务市场组成的完善的市场体系有其自身内在的逻辑,它也必然地植根于更为广泛的政治、文化和社会当中。因此,在资本主义市场体系内的价格信号必然得到政治、文化和社会团体以及经济中的消费者和生产者的观察和回应。"③综合以上的论述,作者最后给出了关于资本主义的一个操作性定义:"这样,资本主义就能够有效地定义为在更广泛的、起支撑作用的社会、政治和文化体系中运行的一个复杂

① 《剑桥资本主义史》,中译本,第 1 卷,第 3 页。
② 《剑桥资本主义史》,中译本,第 1 卷,第 3 页。
③ 《剑桥资本主义史》,中译本,第 1 卷,第 5 页。

而具有适用性的经济制度。"①

从以上对于如何定义"资本主义"的讨论中不难看出,一方面,作为一种经济制度的"资本主义"不可能脱离所在时代和地域的政治、社会和文化系统而独立运作,毋宁说必须也只能在一个大的社会系统的支撑下产生和发展,始终处于一种"嵌入"(embeded)②的状态中,这就要求我们对其嵌入的不同方式和程度作出历史的考察和解释;另一方面,作为一种体现为制度和组织形式的经济运行方式的"资本主义",也必然具有一定的稳定性和持续性,并在效绩上能够显示出来。换句话说,如果说上面的四个要素构成了"资本主义"得以产生的必要条件的话,那么,作为其效绩的主要指标的持续一段时间的"经济增长"则成为判定"资本主义"是否存在的充分条件,二者缺一不可。正如尼尔所言:"这种对资本主义的操作性定义引导我们去寻找那些在不同的历史环境中出现的一些特征,在这种环境中经济增长会持续较长的时间(与现代资本主义一样,会持续几个世纪)。"③

尼尔指出,有了"四个要素"和"经济增长"这两个衡量"资本主义"是否存在的基本尺度,我们再回头观望人类的经济发展历史,就会发现,正如"资本"和"市场"古已有之那样,"经济增长"现象也绝非仅仅是一种现代资本主义的产物:"长期以来,人们都认为,现代经济增长开始于英国最初实行的工业化,尽管 18 世纪之前很久,工业化的先兆在欧洲大部分地区、中东各国,特别是中国和印度就已经比较明显了。因此,大多以'资本主义史'作为标题并以此编目的著作最早从 1500 年开始探讨西欧的发展,不过大多从 1700 年开始。然后,他们将其覆盖面扩展到主要包括美国、加拿大、澳大利亚,或者 19 世纪及之后的日本和俄罗斯。不过,更晚一些,学者们已经尝试采取一种更长的时间维度和更宽广的地理范围。与这些研究成果一致,我们认为现代的世界经济很早就开始酝酿形成了,所以我们从考古学家能够发现的最久远的,与现代资本主义实践即使不是完全吻合也是一致的有形人类活动证据中寻找'资本主

① 《剑桥资本主义史》,中译本,第 1 卷,第 5 页。
② 语出匈牙利学者卡尔·波兰尼(Karl Polanyi, 1886—1964),他在 1944 年出版的《大转型:我们时代的政治和经济起源》(*The Great Transformation: The Political and Economic origins of Our Time*)一书中提出一个著名的论断,即资本主义经济体系是"脱嵌"(disembedded)于社会之外的,而在前资本主义社会,经济是"嵌入"(embedded)于社会之中的。
③ 《剑桥资本主义史》,中译本,第 1 卷,第 5 页。

义兴起'的源头。"①

正是沿着这一新的思路,本书对前资本主义社会并不存在现代意义上的"经济增长"的传统观点提出了挑战,并试图运用各种历史证据和与之相适合的经济理论加以证明和论证:"在长距离上发生有组织的市场活动,与随之产生的较长时间范畴和长期的组织结构一起,都留下了考古学意义上的遗迹和一些间断性的历史记录。其中最有用的是与不断上升的人均消费相伴随的人口密度上升这样的信号,这就是琼斯所定义的集约边际(intensive margin)上的经济增长,这与扩展边际(extensive margin)上的经济增长并存。这些与经典马尔萨斯理论所宣称的,现代经济增长出现之前的人口增长会导致来自任何来源的人均收入都被耗散的观点有着明显的矛盾,因而可以称之为'马尔萨斯奇点'(Malthusian singularities)。"②

笔者认为,这段话可以视为本书古代部分所论及的主要问题的一个纲要,其基本要点可以归纳如下:第一,古代世界的经济增长是由长距离的贸易所带动或推动的,既有扩展边际上的增长,同时也存在集约边际上的增长,这种看法可以得到考古学材料上的证明。第二,经济增长的判定指标和直接后果就是由收入增长和消费增长而引发的人口增长或人口密度的增长。第三,作为古代世界没有经济增长的主要理论依据的马尔萨斯人口理论或所谓的"马尔萨斯陷阱"并不能够很好地解释古代经济增长不能长期持续的原因。

如此看来,关于前资本主义人类经济史的讨论也必然会发生一个论题上的转换,即从古代世界是否存在"资本主义",转变为古代世界为什么会产生"资本主义",其表现方式有哪些,以及为什么它不能持久或者说没有发展成为现代式样的"资本主义",其中,后一个问题似乎更为关键,也更加难以回答。我们看到,以下各章的作者在阐述前一个问题并列举相关论据的同时,也都对后一个问题给予了充分的关注,并结合各个时代和地区的发展特点给出了各自的回答。一个基本共识就是,即便在历史上的某个时期和特定的区域出现过一定时期的经济增长现象,但就整体而言,还是与现代资本主义不仅存在数量上的差异,更存在性质上的不同,这是包括生产方式、科技创新、资源利用等因素在内的诸多条件上的巨大限制而使然。

---

① 《剑桥资本主义史》,中译本,第1卷,第7页。
② 《剑桥资本主义史》,中译本,第1卷,第7页。

对于前资本主义社会为什么没有能够发展出现代资本主义的问题，尼尔也给出了几种颇具代表性和影响力的解释，其中特别引用了希克斯提出的"两难困境"的说法："约翰·希克斯（John Hicks）爵士在其1969年的《经济史理论》(*Theory of Economic History*)一书中，通过提出一种具有争议性的两难困境来应对这一问题。从人类社会往往是自上而下（指令性经济）或自下而上（习惯性经济）地进行组织的前提出发，希克斯假设，尽管市场经济可能不时出现，以进行资源或货物的有效分配，却没有在大部分的历史进程中变得流行。面临自然灾害、军事入侵或瘟疫等冲击的人类社会会自然地以指令式的经济进行回应，通过尽可能快地调动资源来应对新的挑战。然而，免受冲击威胁的社会将会无限期地保持它们利用资源的传统方式，不管这种配置对于社会整体而言是不是最优的。由于社会要么经历过冲击，要么没有经历过冲击，所以它们要么成为指令性经济体，要么成为习惯性经济体。结果就是市场经济将总会处于危险之中。或者它会被遵守命令的力量搁置在一旁，或者它将会由于大众的漠视而枯萎。这种'命令式例子'是早期市场经济资本主义在冲击中失败的主要原因。"①

尼尔指出，尽管希克斯的说法值得重视，但对后一个问题远没有对第一个问题的研究更为充分。不论如何，可以说，正是在以上对"资本主义"概念的重新界定下，古代世界存在"资本主义"也就成为本书的一个核心观点和不争的历史事实，下面这段话可以看作是对这一观点的总体归纳："使用现代科学工具获得的各类证据使得考古学家和很多古代史学者相信，在资本主义国家中开始产生现代增长之前，就已经出现人均收入水平较高的阶段了。更有趣的是，这些历史片段常常伴随着较长时间的人口增长和技术进步，而这些看来都是现代高收入社会的一些征兆。然而，为什么这些历史片段没有最终更早成功实现可能的现代经济增长和快速的技术进步，依然是一个引发了各种猜测的历史之谜。"②

古代世界经济增长的证据及其限度——以古希腊为例

尽管古代希腊罗马绝非前资本主义时代出现过明显经济增长的唯一的古

---

① 《剑桥资本主义史》，中译本，第1卷，第24页。
② 《剑桥资本主义史》，中译本，第1卷，第7—8页。

代文明,但无疑是争论最多的一个研究领域。早在 19 世纪末,德国著名经济学家卡尔·布赫(Karl Bücher)和权威古史学家爱德华·迈耶(Edward Meyer)就针对希腊罗马的经济属性问题展开了一场观点截然相反的学术论辩,前者把古代希腊罗马经济视为一种原始的家庭经济,农业生活构成了其基本的底色,而后者则把它视作是一种由工商业和市场主导的经济类型,甚至认为它与现代资本主义社会只存在量上的区别,而无质上的差异,由此拉开了长达百余年且延续至今的学术大战的序幕,二人也分别成为"原始派"(Primitivist)和"现代派"(Modernist)的领袖。

大体说来,从争论肇始到 20 世纪中叶,相较于"原始派","现代派"总体上占据了上风。但随着英国著名古典学家 M. I. 芬利(M. I. Finley)在 1973 年出版了《古代经济》(The Ancient Economy)一书,才基本上扭转了上述局面。芬利认为,现代的经济学理论和术语是现代社会的产物,完全不能适用于解释或重构古代的经济生活,故而"现代派"所勾画的古代资本主义图景是不能成立的,土地和农本经济依然在希腊罗马占据主导性地位。这本著作影响巨大,不仅颠覆了"现代派"长达半个多世纪的统治地位,而且还使这个问题的研究发生了一次重大的转变。不过,由于芬利在强调希腊罗马农本经济性质的同时,并没有完全否认工商业经济的存在,所以绝不是对"原始派"观点的简单归回,而是把问题的焦点从"农业文明"和"工商业文明"之争转向了经济生活在整个社会中的"嵌入"还是"脱嵌"的程度问题,二者分别代表了古代经济和现代经济的基本特征,由此,问题也就自然演变为"实质派"(Substantivist)和"形式派"(Formalist)之争了。①

我们看到,芬利及其著作虽然影响巨大,但并没有终结这场学术争论,芬利之后的古典学界,依然呈现出多种观点相互交锋的态势。可以说,这部最新的资本主义史中的希腊罗马部分不仅可以视为这个重大论题的自然延续,同时,也由于其在广泛借鉴、利用和吸收了芬利之后尤其是近年来与此相关的诸多最新研究成果的基础上提出了自己的综合性观点而特别值得关注。下面我

---

① 关于这场学术争论的肇始和发展过程,国内学界已有多篇述评,参看郭小凌:《是工商业文明,还是农业文明——古希腊史问题浅论》,载《史学论衡》,北京:北京师范大学出版社,1994 年;晏绍祥:《20 世纪的古代希腊经济史研究》,《史学理论研究》1998 年第 4 期;黄洋:《摩西·芬利与古代经济史研究》,《世界历史》2013 年第 5 期;易宁、祝宏俊、王大庆等著:《古代希腊文明》,北京:北京师范大学出版社,2018 年,第 278—289 页。

们就以古希腊的经济增长为例,对其论述的主要内容和基本观点,作一些简要的介绍。

第 3 章的标题是"资本主义和古希腊经济",撰写者为阿兰·布雷森(Alain Bresson)。布雷森,又译"布赫松",原为法国波尔多第三大学教授,现为美国芝加哥大学古典学系教授,是目前非常活跃的以古希腊经济史研究见长的著名学者,他在 2016 年出版的《古代希腊经济的形成:城邦的制度、市场与增长》(*The Making of Greek Economy*:*Institutions*,*Markets and Growth in the City-States*)中,运用新制度经济学的研究方法,建构了一个完整的分析古代希腊经济增长的框架,影响很大,被认为是"芬利模式"的最强有力的挑战者。[1]

本章开篇,布雷森就开宗明义地采用自问自答的方式提出了对这个问题的基本认识:"我们能够谈谈公元前 800 年至公元元年之间古希腊世界的资本主义吗?"他的回答是,这是一个"合理的问题"。接着,他首先用了一节的篇幅回顾了开始于 19 世纪末的关于古代经济性质的争论,并分析了其之所以会出现的历史和时代背景:"在欧洲,德国向新的社会系统的转型当然是最快的。这一突破是如此巨大和令人印象深刻,以至必然影响到在德国那些新建的、出色而活跃的大学中的社会思想家、经济学家和历史学家群体之间发生的争论。"[2]他指出,面对古代希腊罗马文明巨大的文化成就,提出当时是否经历过类似转变的问题,就显得不足为奇了。同时,针对新出现的"国民经济"是采取一种政府干预的策略还是经济自由主义的原则的问题而展开的现实争论,也需要对古代经济的历史作出基本的判定,因此,"事实上,从一开始,关于古代经济性质的争论,就是在德国帝国将要采取的政策辩论的框架内发展起来的"。[3]

对于布赫和迈耶提出的两种极端的看法,布雷森认为都存在着明显的问题,一方面,古代世界的确并不存在迈耶所谓的"现代资本主义式样的大工业生产";另一方面,它也并非布赫所说的"是一个以自我消费为基础的经济体

---

[1] 参看黄洋为其翻译的 M. I. 芬利的《古代经济》中译本撰写的序言,北京:商务印书馆,2021 年,xxvii - xxviii。

[2]《剑桥资本主义史》,中译本,第 1 卷,第 55 页。

[3]《剑桥资本主义史》,中译本,第 1 卷,第 55 页。

系,而忽视了市场和金融的存在,那也是完全错误的"。① 接着,他对争论开始之后的一些代表性观点,包括罗伯特·波尔曼(Robert Pöhlmann)、沃纳·松巴特(Werner Sombart),尤其是马克斯·韦伯(Max Weber)的观点作出了一一的评述。最后,对芬利及其《古代经济》中所提出的"新正统观点"作出了如下的归纳:"直到一代人以前,人们仍然认为古希腊是一个由富有的地主精英主导的社会,他们居住在城镇中,同时剥削着一个贫穷的乡野,那里的人们生活在极端的贫困之中。盛行的正统观点承认贸易的存在,但认为它在程度上是有限的,因为它被视为几乎只是为了给精英们提供奢侈品。金融业务可能仍然是原始的,主要包括私人贷款者的高利贷行为。此时可能存在着人口,甚至是产出数量的扩张。但是,这种(有限的)扩张纯粹是扩展边际性的,也就是说,它是人口增长的机械性结果。对应于人均收入增长的集约式增长却没有发生。生产力增长的缺乏被认为是源于技术进步的缺乏,其本身根植于精英阶层对任何类型的研究投资均缺乏兴趣。结论是明确的:建立在从穷人身上征收地租和剥削农民的停滞性经济和社会几乎不能被视为资本主义性的。这也是为什么曾经认为的古代古典经济模式可能具有的'资本主义'的一面,现在却完全不被认可了,如果这种分析是正确的,古希腊就不应该在资本主义世界史中占有一席之地。"②

对于这种新正统论,布雷森随即也亮出了自己的基本观点:"这个看似非常完善的正统学说现在完全被打破了。一个全新的、更加动态的关于古代经济的整体图景已经从最近的研究中出现了。这并没有使得古代希腊经济成为一个'现代资本主义经济'。但是,在公元前 1000 年到公元 1700 年这一时期的、总产品中大部分都是农产品的主导性社会当中,古希腊(以及稍后的早期罗马帝国)展现出一个非常充满活力的社会和经济的一些特征。基于一个非常有利的全球性制度框架、劳动分工、广泛性贸易、金融和契约实践的激进改善,以及技术创新,一个显著的集约型经济增长产生了。如果我们把定义限制在那些人造的资本(而不是土地)是主要生产要素,而且竞争性市场框架中的资本积累对确定经济制度至关重要,那么古希腊就不是一个真正意义上的资本主义社会。但是,这却足以证明古希腊在世界资本主义发展史中的地位,这

---

① 《剑桥资本主义史》,中译本,第 1 卷,第 58 页。
② 《剑桥资本主义史》,中译本,第 1 卷,第 59—60 页。

不但是基于它为后世提供的更详细的经济发展的可比较证据,还因为在长期,它在技术、科学和经济制度上带来了根本性和持续性的贡献。"①

在接下来的几个小节中,布雷森结合大量新的理论、方法和研究成果,对上述观点展开了详细的论证和说明。

首先被提及的是经济增长的证据。他指出,虽然"衡量以往社会的经济增长总是一个艰巨的任务",但我们还是能够通过使用一些"代理变量"看到一个不争的事实,即"富有的希腊"及其经济的明显和持续的增长过程。这个事实最为集中反映在公元前700年到公元元年之间的沉船统计数据上,它"无可辩驳地揭示了贸易的异常膨胀以及由此带来的全球性繁荣"。② 此外,衡量经济增长的更为重要的"代理变量"就是人口的增长,布雷森指出,考古数据(包括遗址的数量和大小)表明,在公元前750年和公元前300年之间,希腊的人口可能增长了4倍(有的学者甚至认为更多),与此相伴随的就是向意大利南部、西西里和北非以及黑海周边等地的移民浪潮。虽然公元前300年之后在希腊大陆和岛屿上的人口增长出现了缓慢的衰退,到希腊化时代末期更加明显,但小亚细亚和邻近岛屿的人口增长则持续到了希腊化时代结束之后。③

接下来问题就是,希腊该如何养活这些激增的人口呢?布雷森接着指出,"考古学证据不仅表明人口增长,而且也指向了人均产出和消费的增长"。④ 而消费的增长和人均收入的增长同样可以得到考古或实物资料以及新近研究的证明:"这种新的繁荣可以通过集体和个人消费情况观察到。公共物品,如下水道、喷泉、体育场、浴池,以及公共花园、公共节日,还有公共图书馆。现在由政府提供的这些服务在其他文明中还基本上没有看到。这些服务的质量在古典希腊末期大幅上升,并且在希腊化时代达到了顶峰。至于私人消费,它也被古典希腊时期相对于500年前,人口中更大一部分能够获得的商品数量所广泛证实,同时在希腊化时代达到顶点。花瓶上的图案和众多的考古发现都证明,大房子通常都配有瓦屋顶和储水池;衣服,基本生活用品(如陶器或金属制的餐具和炊具),一般而言足够数量的合理多样的食物,浴缸,金属门锁,儿童玩具,死者的复杂墓碑(有时甚至奴隶可能也有一个小的丧葬纪念碑的福

---

① 《剑桥资本主义史》,中译本,第1卷,第60页。
② 《剑桥资本主义史》,中译本,第1卷,第61页。
③ 《剑桥资本主义史》,中译本,第1卷,第62页。
④ 《剑桥资本主义史》,中译本,第1卷,第62页。

利),这些都是当时常见的被消费对象。这并没有使希腊成为现代意义上的消费社会,因为稀缺而不是富裕仍是普遍现象。但至少在这个社会里,很大一部分人口可以接触到各种基本的甚至半奢侈的商品。直到荷兰和英格兰这些国家的现代早期开始(这些国家的消费水平确实要更高一些),这些都没有先例。每年资本收入的人均增长也是如此,即使它只是在 0.07%—0.14% 的范围内。对于现代早期的荷兰,然后是英国取得突破之前的任何其他社会而言,这些观察也同样适用。这就意味着古代希腊经济也成功避免了常见的马尔萨斯陷阱,即人均增长很快被人口增长所抵消。"①

那么,我们该如何理解和解释希腊古典时代出现的这种明显的经济增长过程呢?在接下来的几个小节中,布雷森用了更多的篇幅,深入阐发和解释了这种增长背后的种种原因,包括以下四个方面:

第一,"城邦制度的具体架构"。具有原创性和特定形式的希腊城邦制度的建立,使贵族不得不把一些政治特权让渡给普通大众,使贵族和平民之间达到一种新型的均衡状态,从而形成一种以政治契约和政治协定为基础的政治统治方式,其外在表现就是法律的制定和法治社会的产生,而"法律为私有财产和安全的契约行为的发展提供了根本性的制度基础。在古典时代或者希腊化时期,如果契约被违反了,当事人可以寻求法院的帮助。这对于长途贸易尤其重要,因为城市提供了交易安全所需的法律框架。这反过来又提供了能够对作为个人主动性和经济进步最好激励的制度稳定性"②。

第二,"市场、金融和商业组织"。布雷森指出,在古希腊城市中,市场发挥着十分关键的作用,不仅因为它存在着内部市场(agora)和外部市场(emporion)的独特设置,而且,与近东地区相比,较低水平的农业税,也对生产者把特定产品投放到特定市场起到了激励的作用。其中,国际贸易尤其发达,这是因为一方面需要大量进口粮食;另一方面,作为交换,也必须要生产出专业化的高质量产品进行出口,由此,海上运输和长距离贸易得到了迅速和持续的发展,从公元前 6 世纪就开始了一个稳定而显著增长的过程。从沉船资料上看,大宗的海外贸易所包含的商品"从基本的食物,如谷物、红酒、油料,到更精致的产品,如陶器、家具、武器、衣服、香水和书籍,以及铁、铜或铅锭,以及羊

---

① 《剑桥资本主义史》,中译本,第 1 卷,第 62—63 页。译文中"陶瓷"的翻译不妥,故改为"陶器"。
② 《剑桥资本主义史》,中译本,第 1 卷,第 66 页。

毛、木材和大理石这些原材料或半成品,一切都可以进行交易"。① 市场繁荣的另一个标志就是具有希腊城邦特征的贵金属货币的产生,与更早的美索不达米亚出现的货币主要是私人持有不同的是,希腊各邦铸造的货币不仅受到城邦的管控,更得到法律的监管。不过,通过古今的比较,布雷森也认为,古老的地中海世界既没有成为一个与现代市场相媲美的完美或统一的市场,更没有演化出具有有限责任的合伙制和企业法人形式的资本主义企业和复式记账制度,简而言之,"不管是希腊还是后来的罗马,现代形式的资本主义企业在古代都不存在",②最后他从古代商贸活动的私人性、零散性和单次性等特点以及古代农场主对信贷与投资的依赖性很小等方面分析了原因。不过,布雷森也坦言:"市场在古希腊(或古罗马)经济中的作用依然是学者们当中争论最激烈的议题。"③

第三,"奴隶制和其他形式的受强迫的劳动力"。布雷森指出,奴隶制长期以来一直与落后和疲软的经济形态联系在一起,但事实并非如此,"实际上,古希腊所实践的传统形式的'动产奴隶制'(chattel-slavery),不仅与市场导向的经济和集约式的增长相容,而且只有在与这两者相关的情况下是有意义的"。④ 在简要回顾了以奴役外邦人为主要特点的奴隶制如何产生并排斥了其他形式的强迫劳动的历史过程之后,他描述了奴隶的使用是如何渗透到几乎所有的生产部门的,指出采用动产奴隶制的基本原因恰恰就来自市场,"不仅因为奴隶劳动力是通过市场提供的,而且因为它会增加获得递增的投资回报的机会",⑤以说明上述观点,并进而指出:"通过增加大量劳动力的总投入,奴隶成为古典希腊和希腊化时期经济加速增长的一个基本因素",甚至可以说,奴隶制度是古代希腊世界经济中的"一个增长的加速因子"。⑥ 奴隶劳动的这种作用主要体现在诸如采矿业、手工业和外贸等领域。不过,他也认为,奴隶劳动的局限性和对经济的进一步扩展的制约性也是十分显而易见的:"以奴隶制为基础的增长的缺点或矛盾是,它也阻止了一个数量巨大的、挣取工资

---

① 《剑桥资本主义史》,中译本,第1卷,第69页。译文中"陶瓷"的翻译不妥,故改为"陶器"。
② 《剑桥资本主义史》,中译本,第1卷,第71页。
③ 《剑桥资本主义史》,中译本,第1卷,第68页。
④ 《剑桥资本主义史》,中译本,第1卷,第73页。
⑤ 《剑桥资本主义史》,中译本,第1卷,第75页。
⑥ 《剑桥资本主义史》,中译本,第1卷,第76页。

的阶级的产生,该阶级本身可能代表了一个潜在的大规模市场。"①

第四,"能源和技术创新"。如果说城邦制度、市场和奴隶制度在古希腊经济增长中的作用还是得到了比较多的体现的话,那么,能源利用和技术创新则一向被学界视为古代经济生活的短板和不能发展出现代资本主义经济的最大瓶颈,古代社会中技术水平上的停滞状态和新能源的很少利用成为长期占统治地位的观点。对此,布雷森也作出了有说服力的挑战。他指出,农业生产中,水车和榨油机等新技术的广泛使用,使得"从谷物到葡萄酒或者油料生产的转移带来了每公顷土地热量产出的惊人上升"。② 此外,船舶制造技术上的创新和迅速发展使船舶的吨位和容量得以不断攀升新高,"如果没有这些创新,那么就不可能建立一个可持续的网络来运输成千上万的双耳细颈椭圆土罐(amphoras,在古典时代后期一般每艘船可运 3000 个),成千上万吨的谷物,以及通过外海的直接海运运输到各种非常遥远的地中海港口的更为普遍的多种多样的商品"。③ 此外,在能源利用上,水力驱动的水车不仅用来碾压谷物,还用于锯木和切割石材等工作。最后,奴隶的使用会严重阻碍科技发展的观点也得到了修正,布雷森指出,亚历山大博物馆中进行的种种科学研究、技术创新及其应用,在一定意义上证明了古代经济行为中的"理性态度"的存在。④

在题为"增长、增长极限和古希腊的'资本主义'"的最后一小节,布雷森在对上述讨论进行了归纳和总结之后,对希腊之后的罗马时代也进行了简要的述评,指出罗马时代虽然在一定程度上延续了希腊经济增长的故事,但呈现出一些不同的形态和样貌,特别是随着旧有的城邦模式的衰亡,希腊时代持续了数个世纪的种种"增长引擎"逐渐停止了运作,故而,"罗马帝国作为后续的古希腊世界的历史是一个存在中断的故事。发展所缺乏的并不是一种特定的意识形态,据说是因为食利地主一直忽视了它们作为企业家的角色定位。取而代之的是一种利润的中心—外围模式的崩溃,古希腊城邦法律意义上的平等模式的崩溃,随之而来的一种关于营利的理性研究模式的崩溃,以及对于自由辩论和科学研究的正面态度的崩溃"。⑤

----

① 《剑桥资本主义史》,中译本,第 1 卷,第 78 页。
② 《剑桥资本主义史》,中译本,第 1 卷,第 79 页。
③ 《剑桥资本主义史》,中译本,第 1 卷,第 80 页。
④ 《剑桥资本主义史》,中译本,第 1 卷,第 83 页。
⑤ 《剑桥资本主义史》,中译本,第 1 卷,第 86 页。

结语

　　至此,我们结合这套新出版的资本主义史,尤其是围绕它对"资本主义"给出的一种新的定义,以古希腊为例,梳理了其对古代世界是否存在"资本主义"的这一争论已久的学术问题所作出的论证和回答。

　　笔者认为,不论这种对"资本主义"的认识和对这一历史问题的回答是否能够得到学界的普遍认可和经受住时间的考验,这一新的研究成果都是值得我们加以充分关注和认真参考的。原因在于,一方面,它充分吸收、借鉴和利用了很多新的历史证据、研究成果和理论方法,力图使其学术观点能够建立在诸多新理论和新研究的基础上,可以说,历史学方法、实证性研究和跨学科综合考察的全面运用是本书的一大特色;另一方面,它产生在一个十分特殊的和新的历史时期,带有新时代的问题意识或"时代之问",正如作者在引言中所言:"随着自大约1980年以来全球化的更新经验,当代历史学者寻找到一种强有力的新的元叙事,这似乎适合将过去的经验运用到当前的挑战中去。"[1]

　　作者简介: 王大庆,中国人民大学历史学院教授,主要研究领域为世界古代史,研究方向为古希腊罗马史和中外古史比较。

---

[1] 《剑桥资本主义史》,中译本,第1卷,第20页。

古代两河流域早期国家形态研究综述①

刘昌玉

摘　要: 古代两河流域作为人类最早的文明发源地之一,其早期国家形态研究引起学者们高度重视。从城市和文字起源入手,学者们对两河流域政治形态和经济形态进行了卓有成效的研究,取得了诸多成果,对于重新认识和构建人类早期文明的多样性起源与发展具有重大的理论与现实意义。

关键词: 古代两河流域　文明起源　政治形态　经济形态

古代两河流域国家形态研究,不仅是亟待正本清源的重大理论问题,也是至关重要的古代历史研究实践问题。古代两河流域国家形态研究涉及人类私有制、阶级和国家的起源等重大理论问题,也涉及古代世界早期国家基本形态和发展规律问题。早期国家形态主要包括两个方面的内容:其一为国家结构形态,其二为国家管理形态。除此之外,早期国家形态的内容还应该包括国家的"经济体现",即早期国家获取公共收入及其资源的各种途径和方法。

一、城市与文字起源研究

西亚的两河流域是人类文明的发源地之一,两河流域南部的苏美尔文明是世界上最早的文明,大约起源于公元前 3500 年至前 3200 年之间。城市和国家起源问题是讨论古代两河流域文明起源与发展的核心问题。德布卢瓦

① 本文系国家社会科学基金中国历史研究院重大历史问题研究专项 2022 年重大招标项目"世界古代早期国家形态比较研究"(22VLS012),教育部哲学社会科学研究重大课题攻关项目"早期两河流域契约文书整理研究与数据库建设"(23JZD040)的阶段性成果。

(L. de Blois)等学者认为,两河流域与埃及文明的起源与兴起的标志是不断的城市化过程、国家的产生、文字的发明。① 目前学术界的普遍观点认为,世界上第一个真正的城市出现在巴比伦尼亚南部的乌鲁克,时间上大约处于乌鲁克文化晚期(前3500—前3200)。② 兰伯格-卡尔洛夫斯基(C. C. Lamberg-Karlovsky)等学者认为,早期城市的出现和政府的制度化这样复杂的现象,不能仅靠经济因素的变化来解释。③ 在构建早期城市的位置、形式和布局时,文化因素和经济因素同等关键。④ 从酋邦到国家的演变,关键的经济因素决定了国家出现在哪里。⑤ 环境影响、社会制度、经济机制的结合,使得西亚最早的城市文明产生于两河流域南部的乌鲁克,而非其他地区。⑥ 乌鲁克的城市化现象被柴尔德(V. G. Childe)称为"城市革命"。⑦ 从政治角度而言,城市革命标志着国家或早期国家的起源。从生产方式角度,城市革命导致专业化分工和社会经济分层的出现。⑧

---

① L. de Blois, R. J. van der Spek, *An Introduction to the Ancient World*, London and New York: Routledge, 2008, p. 9.

② 亦有学者认为从公元前3500年至前2800年,参见 M. Liverani, "A History of the Ancient Near East," in D. C. Snell, ed., *A Companion to the Ancient Near East*, Second Edition, Hoboken: Wiley Blackwell, 2020, p. 13.

③ P. Collins, *The Uruk Phenomenon: The Role of Social Ideology in the Expansion of Uruk Culture during the Fourth Millennium BC*, Oxford: Archeopress, 2000; C. C. Lamberg-Karlovsky, "Comment," Current Anthropology, Vol. 42, 2001, pp. 220 – 221; H. Wright, "Cultural Action in the Uruk World," in M. Rothman, ed., *Uruk Mesopotamia and Its Neighbors*, Santa Fe: SAR Press, 2001, pp. 123 – 148.

④ J. Marcus, "On the Nature of the Mesoamerican City," in E. Z. Vogt and Rich- ard M. Leventhal, eds., *Prehistoric Settlement Patterns: Essays in Honor of Gordon R. Willey*, Albuquerque: University of New Mexico Press, 1983, pp. 195 – 242; A. Kolata, "Chan Chan and Cuzco: On the Nature of the Ancient Andean City," in by R. M. Leventhal and A. Kolata, eds., *Civilization in the Ancient Americas: Essays in Honor of Gordon R. Willey*, Albuquerque: University of New Mexico Press, 1983, pp. 345 – 372; G. Cowgill, "Intentionality and Meaning in the Layout of Teotihuacan, Mexico," *Cambridge Archaeological Journal*, Vol. 10, 2000, pp. 358 – 365.

⑤ K. V. Flannery, "Process and Agency in Early State Formation," *Cambridge Archaeological Journal*, Vol. 9, 1999, pp. 3 – 21; H. T. Wright, "Early State Dynamics as Political Experiment," *Journal of Anthropological Research*, Vol. 62, 2006, pp. 305 – 319.

⑥ F. Hole, "Investigating the Origins of Mesopotamian Civilization," *Science, New Series*, Vol. 153, No. 3736, 1966, pp. 605 – 611; D. J. Kennett, J. P. Kennett, "Early State Formation in Southern Mesopotamia: Sea Levels, Shorelines, and Climate Change," *Journal of Island & Coastal Archaeology*, Vol. 1, 2006, pp. 67 – 99.

⑦ V. G. Childe, "The Urban Revolution," *Town Planning Review*, Vol. 21, 1950, pp. 3 – 17.

⑧ M. Liverani, *The Ancient Near East: History Society and Economy*, London and New (转下页)

　　古代两河流域文明起源的另一个重要标志是文字的发明。文字始终是苏美尔古典文明的一个特征。[1] 古代两河流域的楔形文字(cuneiform)是目前已知世界上最早的文字系统,因笔画形似"楔子"得名。楔形文字由古代两河流域的苏美尔人发明,用以书写苏美尔语,后来被古代西亚的其他语言所借用,如阿卡德语(分为巴比伦方言和亚述方言)、埃卜拉语、埃兰语、赫梯语、胡里语、乌加里特语、乌拉尔图语、古波斯语等,是古代西亚的通用文字体系,直至约公元75年的帕提亚王国时期完全被字母文字取代,退出历史舞台。传统观点认为,苏美尔史诗《恩美卡尔与阿拉塔之王》是反映苏美尔人的"文字起源观"的第一部文学作品,史诗的主人公、乌鲁克国王恩美卡尔是楔形文字的发明者,发明文字的原因是为了便于记住与传递复杂的口头信息。[2] 但是,这一观点受到了国内外学者的质疑。[3] 根据不同学者的观点,陶筹(tokens)、实心泥球(bullae)、空心泥球、计数泥板、滚印等作为新型行政管理方式,是前文字时代的主要记录载体,也被认为是楔形文字发明的主要诱因。[4] 其中,以陶筹论的观点最为著名。[5]

(接上页)York: Routledge, 2014, p.61; M. Liverani, "A History of the Ancient Near East," in D.C. Snell, ed., *A Companion to the Ancient Near East*, Second Edition, Hoboken: Wiley Blackwell, 2020, p.13.

[1] E.A. Speiser, "The Beginnings of Civilization in Mesopotamia," *Antiquity*, Vol.15, 1941, pp. 162－175.

[2] S.N. Kramer, *Enmerkar and the Lord of Aratta: A Sumerian Epic Tale of Iraq and Iran*, Philadelphia: University of Pennsylvania Press, 1952; T. Jacobsen, *The Harps that Once …: Sumerian Poetry in Translation*, New Haven: Yale University Press, 1987, pp.275－319; H. Vanstiphout, *Epics of Sumerian Kings: The Matter of Aratta*, Atlanta: Society of Biblical Literature, 2003.

[3] 主要参见拱玉书:《古代两河流域文字起源神话传说》,《世界历史》2007年第2期。

[4] K. Sauer, "From Counting to Writing: The Innovative Potential of Bookkeeping in Uruk Period Mesopotamia," in P.W. Stockhammer and J. Maran, eds., *Appropriating Innovations: Entangled Knowledge in Eurasia, 5000－1500 BCE*, Oxford: Oxbow Books, 2017, pp.12－28; M. Maiocchi, "Writing in Early Mesopotamia: The Historical Interplay of Technology, Cognition, and Environment," in A.C. Love and W.C. Wimsatt, eds., *Beyond the Meme: Development and Structure in Cultural Evolution*, Minneapolis: University of Minnesota Press, 2019, pp.395－424.

[5] 参见 D. Schmandt-Besserat, *Before Writing*, Austin: University of Texas Press, 1992;拱玉书:《楔形文字起源新论》,《世界历史》1997年第4期。但是,陶筹论遭到了部分学者的质疑,例如,法国亚述学家格拉斯(Jean-Jacques Glassner)否认了楔形文字起源是为了满足经济和行政目的,而是有着更为深层的意义,是在特定时空条件下苏美尔人的思想解放运动,具有深 (转下页)

二、两河流域政治形态研究

　　关于古代两河流域政治形态演变的研究,首要的问题是两河流域文明的历史分期,由此探究不同历史时期的政治形态特征。[①] 美国哥伦比亚大学亚述学家范德米罗普(M. Van de Mieroop)以国家形态为依据,将古代两河流域文明划分为城邦、区域国家(或王国)、帝国三个阶段。[②] 这一"三分法"理论与国内外学者关于中国古代国家形态或类型演变的诸多理论有异曲同工之处,[③]是目前有关两河文明历史分期以及文明发展规律研究的最新成果。利韦拉尼(M. Liverani)对这一国家形态演变进行了简练又明晰的概述,"古代近东的国家形态演变,首先是从定居方式的农村和季节性放牧的聚落逐渐演变为城邦,其特征是以一个城市作为农牧业的中心,其次是城邦演变为区域国

(接上页)远的形而上的寓意。参见 J. -J. Glassner, *The Invention of Cuneiform: Writing in Sumer*, Baltimore & London: Johns Hopkins University Press, 2003。格拉斯的这一创新观点也遭到了许多学者褒贬不一的热议,参见 R. K. Englund, *Journal of the American Oriental Society*, Vol. 125, No. 1(2005), pp. 113 - 116; S. Dalley, *Technology and Culture*, Vol. 46, No. 2(2005), pp. 408 - 409; D. O. Edzard, *Orientalia*, *NOVA SERIES*, Vol. 74, No. 1 (2005), pp. 115 - 116; K. McGeough, *Near Eastern Archaeology*, Vol. 68, No. 3(2005), pp. 135 - 136; A. R. George, *Bulletin of the School of Oriental and African Studies, University of London*, Vol. 68, No. 1(2005), pp. 107 - 109; E. Robson, *American Journal of Archaeology*, Vol. 110, No. 1(2006), pp. 171 - 172。

① W. E. Butler, "Periodization and International Law," in A. Orakhelashvili, ed., *Research Handbook on the Theory and History of International Law*, Cheltenham: Edward Elgar Publishing, 2011, p. 379.

② 参见 M. Van de Mieroop, *A History of the Ancient Near East ca. 3000 - 323 BC*, Third Edition, West Sussex: Wiley Blackwell, 2016。

③ 例如:"氏族制—城市国家—领土国家—帝国"模式,参见宫崎市定:《中国上代は封建制か都市国家か》,《史林》32 卷 2 号,1950 年,第 145 页;"古国—方国—帝国"说,参见苏秉琦:《中国文明起源新探》,北京:生活·读书·新知三联书店,2019 年,第 130—167 页;"族邦时代—帝制时代"说,参见田昌五:《中国历史体系新论》,济南:山东大学出版社,1995 年,第 31,36 页;田昌五:《中国历史体系新论续编》,济南:山东大学出版社,2002 年,第 217 页;"早期国家—成熟国家"说,参见谢维扬:《中国早期国家》,杭州:浙江人民出版社,1995 年,第 459 页;"古国—王国—帝国"说,参见严文明:《黄河流域文明的发祥与发展》,《华夏考古》1997 年第 1 期,第 53—54 页;"邦国—王国(王朝国家)—帝国(帝制国家)"说,参见王震中:《邦国、王国与帝国》,《河南大学学报》2003 年第 4 期,第 30—32 页;王震中:《中国古代国家的起源与王权的形成》,北京:中国社会科学出版社,2013 年,第 59—66 页;王震中:《改革开放四十余年中国文明和国家起源研究》,《史学月刊》2020 年第 9 期,第 124 页。

家,统治若干地区和城市,最后是许多越来越强大的国家发展成为帝国"。[①]

城邦、区域国家、帝国的三分法,难点在于三者之间的过渡时间及时长,每个阶段的定性及其与前后期的区分,尤其是对于区域国家和帝国二者之间的界限,不同学者之间的观点相差甚远。例如,范德米罗普将公元前 3 千纪对应于城邦时代,认为阿卡德王朝和乌尔第三王朝是城市王朝(city-dynasties)或城邦(city-states),将这一时期的历史归于城邦部分;公元前 2 千纪对应于区域国家时代,认为在公元前 2 千纪早期,区域国家出现,区域国家可以控制更广大的区域,但区域国家在政治体制上与同时期的其他国家并没有本质区别,并且持续时间不长,它们多是在杰出君王的统治下,因一系列战争胜利而建立,在杰出君王去世后便崩溃,到公元前 2 千纪后半期,区域国家才逐渐稳定;公元前 1 千纪对应于帝国时代,认为在公元前 1 千纪,两河流域才发展成帝国。[②] 然而,尼森(H. J. Nissen)将公元前 2350—前 2000 年称为最早区域国家(First Territorial States)时期,认为早王朝是城邦时期,自阿卡德王朝进入区域国家时期。[③] 后来尼森的观点有所调整,将阿卡德王朝到古巴比伦时期(前 2350—前 1595 年)称为"最初中心国家"(First Central States)时期。在早期,中心国家不够稳固,城邦经常能重新获得独立,直到公元前 2 千纪,城邦体系寿终正寝,区域国家(territorial states)正式形成。[④] 再如,尼米特-内扎特(K. R. Nemet-Nejat)将公元前 3 千纪定义为城邦和"民族国家"(Nation-States)时期,公元前 2 千纪定义为新王国(New Kingdoms)时期,公元前 1 千纪定义为帝国时期。[⑤] 凯珀(K. Kuiper)将区域国家特指早王朝晚期的拉伽什,并且将阿卡德王朝和古巴比伦时期都定义为帝国。[⑥] 在最新的关于古代两河流域国家起源的论

① M. Liverani, *The Ancient Near East: History Society and Economy*, London and New York: Routledge, 2014, p.571.

② M. Van de Mieroop, *A History of the Ancient Near East ca. 3000 - 323 BC*, Third Edition, West Sussex: Wiley Blackwell, 2016, pp.63,106.

③ H. J. Nissen, *The Early History of the Ancient Near East, 9000 - 2000 B. C.*, Chicago: University of Chicago Press, 1988, p.165.

④ H.J. Nissen, P. Heine, *From Mesopotamia to Iraq: A Concise History*, Chicago: University of Chicago Press, 2009, p.59.

⑤ K.R. Nemet-Nejat, *Daily Life in Ancient Mesopotamia*, Peabody: Hendrickson Publishers, 2002, pp.19 - 35.

⑥ K. Kuiper, *Mesopotamia: The World's Earliest Civilization*, New York: Britannica Educational Publishing, 2011, pp.50 - 71.

述中,贝纳蒂(G. Benati)等学者虽然也运用了城邦、王国、帝国的"三分法"理论,但是其下限只到公元前 2 千纪前半叶,具体的分期为:城市革命时期(前 3800—前 3300)、原始国家时期(proto-states,前 3300—前 3100)、城邦时期(city-states,前 3100—前 2550)、王国时期(kingdoms,前 2550—前 2350)、帝国时期(empires,前 2350—前 1750)。

　　城邦问题是世界历史研究中的一个重点问题,学者们将苏美尔城邦视为世界上最早出现的国家形式,其特点是以中心城市为主,周围环绕着次中心城市、小城市和农田。[1] 学术界一般认为,最早的城邦形成于乌鲁克扩张期。[2] 城邦最初由农田、人工渠和农村合并组成,有生产和行政中心、神庙和宫殿。[3] 在早王朝时期(约前 3000—前 2350),许多新的城市中心发展起来。苏美尔地区大约有三十多个城邦,每个城邦都有各自的守护神和统治者"恩西"(苏美尔语为 $ensi_2$)或"恩"(苏美尔语为 en)。早期观点认为,苏美尔城邦的土地都属于神所有,因此城邦经济理应由神庙控制,被称为"神庙经济",但是这一观点早已被学术界所摒弃。[4]

　　在城邦时代末期,一种新型国家管理形式开始萌芽,专制王国成为继苏美尔城邦之后的又一种国家统治模式。有的学者认为,因为城邦彼此过于相似,以及持久地相互冲突,导致无法自发得到更高层次的融合,直到一位杰出的领导者——阿卡德王朝的建立者萨尔贡建立了一种新的制度,形成了一种新形式即"原始国家"(pristine state)。[5] 在对古代两河流域不同时期国家形态的

---

[1] 徐建新等:《古代国家的起源和早期发展》,南昌:江西人民出版社,2012 年,第 13 页。

[2] G. Algaze, "The End of Prehistory and the Uruk Period," in H. Crawford, ed., *The Sumerian World*, London and New York: Routledge, 2013, pp. 68 - 94.

[3] G. Barjamovic, "Mesopotamian Empires," in P. F. Bang and W. Scheidel, eds., *The Oxford Handbook of the State in the Ancient Near East and Mediterranean*, Oxford and New York: Oxford University Press, 2013, pp. 123 - 124.

[4] B. Foster, "A New Look at the Sumerian Temple State," *Journal of the Economic and Social History of the Orient*, Vol. 24, 1981, pp. 225 - 241; G. Leick, *Historical Dictionary of Mesopotamia*, Second Edition, Lanham: Scarecrow Press, 2010, p. xv;另外国内学者王献华提出"新'神庙经济'论"观点,认为"作为早期两河流域经济链条中的关键保障性环节,神庙和神庙间形成的区域性合作机制所提供的一切至少可以被当作早期两河流域持续性经济增长现象背后的软性内部结构因素来理解",参见王献华:《"神庙经济"论与早期两河流域研究》,《社会科学研究》2019 年第 4 期。

[5] J. Forest, "The process of state formation as seen from Mesopotamia," in S. Pollock and R. Bernbeck, eds., *Archaeologies of the Middle East: Critical Perspectives*, Malden: Blackwell, 2005, pp. 203 - 204.

讨论中,分歧最大的一个时期是阿卡德王朝,许多学者借用"帝国"一词,称其为"阿卡德帝国"(Akkadian Empire)或"最初的帝国"(First Empire)。① 法国学者沙尔潘(D. Charpin)对于使用源自古罗马的"帝国"一词套用于阿卡德王朝是否恰当提出了质疑。② 国内学者王献华认为,阿卡德王朝既是一种"原始国家",也是一种形式的帝国。③

针对阿卡德王朝能否被称为"帝国"(empire)这一问题,学者们从 20 世纪下半叶开始就展开争议颇多的讨论。④ 博泰罗(J. Bottero)最早将阿卡德王朝

---

① 不同的命名列举如下:"帝国的兴起"(前 2300—前 2000),参见 D. C. Snell, *Life in the Ancient Near East 3100 - 332 B. C. E.*, New Haven and London: Yale University Press, 1997, p. 30; "最早的帝国",参见 G. Roux, *Ancient Iraq*, Third Edition, London: Penguin Books, 1992, p. 155; M. Liverani, *Akkad. The First World Empire: Structure, Ideology, Traditions*, Padova: Sargon, 1993; J. N. Postgate, "In Search of the First Empires," *Bulletin of the American Schools of Oriental Research*, No. 293, 1994, pp. 1 - 13; W. H. Stiebing, *Ancient Near Eastern History and Culture*, New York: Addison Wesley Longman, 2003, p. 65; B. R. Foster, K. P. Foster, *Civilizations of Ancient Iraq*, Princeton and Oxford: Princeton University Press, 2009, p. 51; "阿卡德帝国",参见 L. W. King, *A History of Sumer and Akkad: An Account of the Early Races of Babylonia from Prehistoric Times to the Foundation of the Babylonian Monarchy*, New York: Greenwood Press, 1968, p. 216; J. R. McIntosh, *Ancient Mesopotamia: New Perspectives*, Santa Barbara: ABC-CLIO, 2005, p. 76; L. de Blois, R. J. van der Spek, *An Introduction to the Ancient World*, London and New York: Routledge, 2008, p. 17; M. Liverani, *The Ancient Near East: History Society and Economy*, London and New York: Routledge, 2014, p. 133; B. R. Foster, *The Age of Agade: Inventing empire in ancient Mesopotamia*, London and New York: Routledge, 2016。
② 沙尔潘指出:称为阿卡德"帝国"合适吗? 在阿卡德语中,没有一个词对应于"帝国"的含义,这个词源自古罗马。但是不能排除这种"帝国"概念或现象的存在。参见 D. Charpin, "The History of Ancient Mesopotamia: An Overview," in J. M. Sasson, ed., *Civilizations of the Ancient Near East, Volume II*, New York: Charles Scribner's Sons, 1995, p. 810。
③ X. Wang, "State and empire in early Mesopotamia," *Social Evolution & History*, Vol. 18, No. 1, 2019, p. 207。
④ 如何给"帝国"下一个准确而普遍的定义,是一个困扰学术界很久的问题。在词源学上,"帝国"(empire)一词源自古罗马。通常而言,古代世界中的标准"帝国"包括亚历山大帝国、波斯帝国、罗马帝国和中华帝国。参见 S. Brumfield, *Imperial Methods: Using Text Mining and Social Network Analysis to Detect Regional Strategies in the Akkadian Empire*, PhD dissertation, University of California, Los Angeles, 2013, pp. 31 - 32。关于古代帝国和现代帝国的区别,参见 Y. Ferguson, "Approaches to Defining 'Empire' and Characterizing the United States Influence in the Contemporary World," *International Studies Perspective*, Vol. 9, 2008, p. 276。在 19 世纪有学者认为,当一个国家的统治者对广大领土拥有最高统治权时,这个国家即可被称为帝国,但这种概念无疑太过宽泛和主观。参见 S. Brumfield, *Imperial Methods: Using Text Mining and Social Network Analysis to Detect Regional Strategies in the Akkadian Empire*, PhD dissertation, University of California, Los Angeles, 2013, p. 32。从 20 世纪 50 年代开(转下页)

称为帝国,他认为阿卡德王朝很大程度上依靠被征服地区的贡赋,其对被征服地区的控制手段以提取贡赋为主。① 利韦拉尼也认同将阿卡德王朝视为帝国的观点,认为阿卡德国王萨尔贡创立了一种新的王权意识,不同于苏美尔城邦的恩西,为最早的帝国奠定了基础。他还认为阿卡德王朝的政治思想比其政治结构更符合帝国的描述。② 斯坦因凯勒认为,所谓帝国就是一个国家主要通过军事征服手段控制一个地理面积较大的、文化与种族多样化的区域,并可以在该区域内持续行使政治影响力。阿卡德王朝曾进行大范围的军事征服,对巴比伦尼亚南部苏美尔城邦实行直接统治,在政治和经济上将巴比伦尼亚南北部整合,在国家推行统一的意识形态,因此可以被称为

(接上页)始,学者们开始细分不同类型的帝国,包括"非正式"帝国(informal empire)、"小型"帝国(mini-empire)、"贡赋"帝国(tributary empire)等。参见 W. Mommsen, *Theories of Imperialism*, Chicago: University of Chicago Press, 1977, pp. 87 – 90; M. Smith and L. Montiel, "The Archaeological Study of Empires and Imperialism in Pre-Hispanic Central Mexico," *Journal of Anthropological Archaeology*, Vol. 20, 2001, pp. 263, 296。因此给帝国下定义不能一蹴而就,这是一个长期的、发展的过程。由于此前对帝国的分类和描述不是从普遍意义上明确帝国与非帝国的界限,弗格森(Y. Ferguson)因此提出划分帝国和非帝国的四个方法,即古典方法("classical" approach)、帝国方法的本质("essence" of empire approach)、建构主义方法(constructivist approach)、常规或贬义方法(normative/pejorative approach)。现代学者最倾向于使用建构主义方法,试图解析帝国的普遍特征,确立帝国的核心概念。参见 Y. Ferguson, "Approaches to Defining 'Empire' and Characterizing the United States Influence in the Contemporary World," *International Studies Perspective*, Vol. 9, 2008, pp. 272 – 280; K. Morrison, "Sources, Approaches, Definitions," in S. E. Alcock, et al., eds., *Empires: perspectives from archaeology and history*, Cambridge: Cambridge University Press, 2001, pp. 1 – 9; K. Schreiber, "The Wari Empire of Middle Horizon Peru: The Epistemological Challenge of Documenting an Empire without Documentary Evidence," in S. E. Alcock, et al., eds., *Empires: perspectives from archaeology and history*, Cambridge: Cambridge University Press, 2001, p. 71; C. Sinopoli, "The Archaeology of Empires," *Annual Review of Anthropology*, Vol. 23, 1994, p. 160; C. Sinopoli, "The Archaeology of Empires: A View from South Asia," *Bulletin of the American Schools of Oriental Research*, No. 299/300, 1995, p. 5; S. Brumfield, *Imperial Methods: Using Text Mining and Social Network Analysis to Detect Regional Strategies in the Akkadian Empire*, PhD dissertation, University of California, Los Angeles, 2013, p. 35; A. J. Motyl, *Revolutions, Nations, Empires: Conceptual Limits and Theoretical Possibilities*, New York: Columbia University Press, 1999, p. 117; A. J. Motyl, *Imperial Ends: The Decay, Collapse, and Revival of Empires*, New York: Columbia University Press, 2001, p. 4。

① J. Bottero, "The first Semitic empire," in J. Bottero, et al., eds., *The Near East: The Early Civilizations*, New York: Delacorte Press, 1967, pp. 91 – 132.

② M. Liverani, *Akkad the First World Empire: Structure, Ideology, Traditions*, Padova: Sargon, 1993, p. 4.

帝国。① 范德米罗普对于阿卡德王朝的性质持有不同观点,将其称为城市王朝(city-dynasties)。② 此外,尼森认为将阿卡德王朝及其后类似形态的国家定性为区域国家,早期的区域国家不够稳固,城邦经常能重新获得独立,到公元前2千纪,区域国家最终形成。③ 综上所述,虽然不同学者对于阿卡德王朝的性质问题颇有分歧,但同意阿卡德王朝开创了两河流域历史上一种新的国家形态,因此将阿卡德王朝作为一个分水岭。

三、两河流域经济形态研究

关于古代两河流域经济形态演变的研究,学者们主要的关注重点是获取公共收入和资源的方式和手段演变,包括战争掠夺、纳贡、贸易等。其中,税收体系是收集资源与产生国家收入的基础。④ 古代两河流域的经济形态以国家经济为主还是以私人经济为主,在学术界存在诸多争议。波兰尼(K. Polanyi)认为,现代的、以市场为导向的经济理论不适用于古代世界,经济的社会嵌入型决定经济行为。⑤ 不过其观点受到许多学者的质疑。⑥ 奥本海姆(A. Oppenheim)

---

① P. Steinkeller, "The Sargonic and Ur III Empires," in P. F. Bang, C. A. Bayly and W. Scheidel, eds., *The Oxford World History of Empire, Volume 2: The History of Empires*, Oxford: Oxford University Press, 2021, pp. 43, 46 – 49.

② M. Van de Mieroop, *A History of the Ancient Near East ca. 3000 – 323 BC*, Third Edition, West Sussex: Wiley Blackwell, 2016, p. 68.

③ H. J. Nissen, P. Heine, *From Mesopotamia to Iraq: A Concise History*, Chicago: University of Chicago Press, 2009, p. 59.

④ J. Valk, "A State of Extraction: Navigating Taxation in Ancient Polities," in J. Valk and I. S. Marin, eds., *Ancient Taxation: The Mechanics of Extraction in Comparative Perspective*, New York: New York University Press, 2021, p. 1.

⑤ K. Polanyi, *The Livelihood of Man*, New York: Academic Press, 1977, p. 35; J. Renger, "Economy of ancient Mesopotamia: A general outline," in G. Leick, ed., *The Babylonian World*, New York and London: Routledge, 2007, p. 187.

⑥ J. Renger, "Patterns of Non-institutional Trade and Non-commercial Exchange in Ancient Mesopotamia at the Beginning of the Second Millennium BC," in A. Archi, ed., *Circulation of Goods in Non-Palatial Context in the Ancient Near East*, Rome: Edizioni dell'Ateneo, 1984, pp. 31 – 123; M. Stol, "Wirtschaft und Gesellschaft in altbabylonischer Zeit," in P. Attinger *et al.*, eds., *Mesopotamien. Die altbabylonische Zeit*, pp. 643 – 975, Göttingen: Universitätsverlag Freiburg Schweiz & Vandehoek & Rupprecht, 2004, pp. 904 – 909; P. Steinkeller, "Toward a Definition of Private Economic Activity in Third Millennium Babylonia," in R. Rollinger and C. Ulf, eds., *Commerce and Monetary Systems in the Ancient World: Means of Transmission and Cultural Interaction*, München: Franz Steiner Verlag, 2004, pp. 91 – 111.

认为市场发源于埃兰和安纳托利亚,后传入两河流域。[1] 两河流域的经济行为不能简单地被认为完全是由官方主导,如公元前 2 千纪早期的古亚述贸易就不仅仅是官方主导下的行动,[2]但古亚述的贸易很明显受到社会结构的影响。

从公元前 4 千纪末至公元前 3 千纪,两河流域表现出一种"家庭经济"(oikos economy)特征。[3] "家庭"(oikos)这一术语源于古希腊,[4]家庭经济的概念首先由洛贝尔图斯(K. Rodbertus)发展,后由布赫(K. Bücher)和韦伯(M. Weber)详细阐释,[5]指一个族群独立生产并消费大多数产品(如金属、奢侈品等)的经济模式。古代两河流域的家庭经济有两个特点:其一,整个国家都可以看作是统治者的族群。大型公共机构的产生有多种原因,一是修建灌溉设施的需要,二是社会分层的出现。[6] 家庭劳动力的特征是高度专业化,有

---

① A. Oppenheim, *Ancient Mesopotamia-Portrait of a Dead Civilization*, Chicago: University of Chicago Press, 1977, p.129.

② 参见 K. Veenhof, *Aspects of Old Assyrian Trade and its Terminology*, Leiden: Brill, 1972; H. Oguchi, *The Old Assyrian Period: Trade, trade routes and the role of the area of distribution of Khabur ware*, PhD dissertation, University of Manchester, 1997; K. R. Veenhof, J. Eidem, *Mesopotamia: The Old Assyrian Period*, Freiburg/Göttingen: Academic Press Fribourg/Vandenhoeck & Ruprecht Göttingen, 2008; K. R. Veenhof, "The Archives of Old Assyrian Traders: their Nature, Functions and Use," in M. Faraguna, ed., *Archives and archival documents in ancient societies: Legal documents in ancient societies IV, Trieste 30 September-1 October 2011*, Trieste: EUT Edizioni Università di Trieste, 2013, pp.27–71。

③ A. Oppenheim, *Ancient Mesopotamia-Portrait of a Dead Civilization*, Chicago: University of Chicago Press, 1977; I. Gelb, "Household and Family in Early Mesopotamia," in E. Lipinski, ed., *State and Temple Economy in the Ancient Near East*, Leuven: Departement Orientalistiek, 1979, pp.1–97; J. Grégoire, "L'origine et le développement de la civilisation mésopotamienne," in C.-H. Breteau *et al.*, eds., *Production, Pouvoir et Parenté dans le monde méditerranéen*, Paris: P. Geuthner, 1981, pp.27–101; J. Grégoire, "Les grandes unités de transformation des céréales: l'exemple des minoteries de la Mésopotamie du Sud à la fin du IIIe millénaire avant notre ère," in P. Anderson, ed., *Préhistoire de l'Agriculture: Nouvelles Approches Expérimentales et Ethnographiques*, Paris: CNRS, 1992, pp.321–339.

④ A. Bresson, *The Making of the Ancient Greek Economy: Institutions, Markets, and Growth in the City-States*, Princeton and Oxford: Princeton University Press, 2016, pp.1–30; H. Borisonik, "Key Positions about the Economic Legacy of Aristotle," *Journal of Public Management Research*, Vol.2, No.2, 2016, pp.1–13.

⑤ B.K. Gills, "Globalization as global history: Introducing a dialectical analysis," in K. P. Thomas et al., eds., *Rethinking Global Political Economy: Emerging Issues, Unfolding Odysseys*, New York: Routledge, 2003, p.93.

⑥ J. Renger, "Institutional, Communal, and Individual Ownership or Possession of Arable Land in Ancient Mesopotamia," *Chicago-Kent Law Review*, Vol.71, 1995, pp.304–308.

区分清晰的劳动部门分工,基于性别和年龄。据吉尔苏文献记载,这种家庭的苏美尔术语为 e_2-mi_2(直译为"女性之家"),由拉伽什统治者的妻子担任首脑。[1] 除了获取配给外,家庭成员也可能获得份地,份地原则上不能继承,但是实际上很多是可以继承的,份地可以租给非家庭成员,以此获得租金。[2] 家庭的基本需求可以通过内部满足,只有少数物资需从外部获取。其二,家庭经济具有再分配性。物品先由统治者占有,再由相关机构分配给生产者,在两河流域多由神庙或宫廷承担分配工作,大部分人的经济生活依赖神庙或与神庙有联系。[3] 到公元前3千纪晚期的乌尔第三王朝,家庭经济的发展已较为复杂,并且呈现出新的特点。

作为古代世界最重要的、最具代表性的文明古国之一,古代两河流域三千年的发展道路主要分为政治方面的国家政体演进,以及经济方面的国家获取公共收入与资源的途径。首先,古代两河流域的政治形态包括城邦、区域国家和帝国。其次,古代两河流域的经济形态的演变,主要表现在以税收体系为主的获取公共收入和资源方式和手段的演变。公元前4千纪末至公元前3千纪两河流域表出一种"家庭经济"特征,神庙在其中扮演着重要的角色。

作者简介:刘昌玉,浙江师范大学人文学院教授,主要从事古代两河流域文明研究。

---

[1] G. Selz, "Reconstructing the Old Sumerian Administrative Archives of the É-MÍ-É-^{d}Ba-ba$_6$-Institution," in G. Barjamovic et al., eds., *Akkade Is King. A Collection of Papers by Friends and Colleagues Presented to Aage Westenholz on the Occasion of His 70th Birthday 15th of May 2009*, Leiden: Nederlands Instituut voor het Nabije Oosten, 2011, pp.273 – 286; V. Bartash, "E$_2$-mi$_2$-'women's quarters': the earliest written evidence," in F. Buccellati et al., eds., *House and Household Economies in 3rd Millennium B. C. E. Syro-Mesopotamia*, Oxford: Archaeopress, 2014, pp.9 – 20; F. Karahashi, "Some Professions with Both Male and Female Members in the Presargonic E$_2$ – MI$_2$ Corpus," *Orient*, Vol.51,2016, pp.47 – 62.

[2] I. J. Gelb, "Quantitative Evaluation of Slavery and Serfdom," in B. Eichler, ed., *Kramer Anniversary Volume: Cuneiform Studies in Honor of Samuel Noah Kramer*, Kevelaer-Neukirchen-Vluyn: Neukirchener Verlag, 1976, p.196; I. Diakonoff, "The City-states of Sumer," in I. Diakonoff, ed., *Early Antiquity*, Chicago: Univeristy of Chicago Press, 1991, pp.79 – 80; S. Pollock, *Ancient Mesopotamia: The Eden that Never Was*, Cambridge: Cambridge University Press, 1999, p.118.

[3] J. Renger, "Economy of ancient Mesopotamia: A general outline," in G. Leick, ed., *The Babylonian World*, New York and London: Routledge, 2007, pp.187 – 189.

4—7 世纪亚美尼亚的基督
教化及影响初探①

马　锋　段欣余

摘　要：亚美尼亚人是高加索地区的古老民族,在301年确立基督教为国教,为世界上最早皈依基督教的国家之一。其宗教信仰的改变是一个漫长的过程,也是多种因素综合作用的结果,既有政治上的考量,也有早期基督教僧侣民间传教的影响。皈依基督教是其历史上最重要的事件之一。通过在4世纪皈依新宗教,亚美尼亚告别了受波斯影响的过去,建立了独立于正统教派的基督教文化特征。教会的影响力在日后日益增强,最终成为亚美尼亚的民族教会。

关键词：亚美尼亚　基督教　皈依

4世纪初,亚美尼亚国王梯里达特三世(Tiridates III, 298—330)宣布基督教为国教,亚美尼亚因此成为世界上第一个基督教国家。亚美尼亚的政治、经济、文化乃至整个民族的命运从此深受基督教影响。7世纪时阿拉伯人的征服改变了亚美尼亚教会所处的地缘政治环境。8世纪上半叶,教会领袖奥尊的约翰(John of Odzun)收集编订了亚美尼亚基督教的第一批正典,重整教规和礼拜仪式,因此亚美尼亚基督教在8世纪进入了一个新阶段。所以4—7世纪是亚美尼亚基督教发展的第一阶段,也是最为关键的阶段。

---

① 基金项目：教育部哲学社会科学研究重大课题攻关项目"古叙利亚文明史研究"(19JZD043)子课题"罗马—拜占庭时期的古叙利亚文明"。

目前国外对于亚美尼亚基督教的研究已取得一系列成果。在通史作品中，理查德·霍万尼西安（Richard Hovannisian）主编的两卷本《从古代到现代的亚美尼亚人》（*The Armenian People from Ancient to Modern Times*）[①]中约有一节内容涉及亚美尼亚的基督教化。亚美尼亚君士坦丁堡教会宗主教马拉基亚·奥曼尼安（Malachia Ormanian）的《亚美尼亚教会》（*The Church of Armenia*）[②]从内部观察亚美尼亚教会，以权威视角详述该教会在长期的历史发展中所形成的特征。其他相关著作包括西奥·马尔滕·凡·林特（Theo Maarten van Lint）的《亚美尼亚人的身份在第一个一千年形成》（*The Formation of Armenian Identity in the First Millenium*）[③]以及罗伯特·汤姆森（Robert Thomson）的《传教、皈依和基督教化》（*Mission，Conversion，and Christianization*）[④]等。亚美尼亚宗教问题在国内迄今为止并没有得到足够重视，尚无学者专门研究早期基督教在亚美尼亚的传播。对相关历史的了解只能通过分散在各种通史、专著和论文中的零星描述加以拼凑。

国外学术界对于亚美尼亚基督教的研究成果已十分丰富，但对亚美尼亚基督教发展的第一阶段的有关问题的研究仍不够综合和系统。而国内学界对亚美尼亚早期基督教的研究仍有待发展。因此本文拟在文明交往的视野下，采用历史学的基本研究方法，针对4至7世纪亚美尼亚的信仰变革以及基督教对亚美尼亚的历史作用等问题展开探究，并丰富对亚美尼亚历史的认知。

一、亚美尼亚皈依基督教之前的宗教信仰

在皈依基督教前，亚美尼亚人主要信仰多神教，其多神信仰在西亚文明交流的影响下历经多个发展阶段。

亚美尼亚人祖先的原始信仰是古代印欧人信仰的一部分。其中阿雷夫（Arew）早在原始印欧社会时期就为亚美尼亚人的祖先所信仰。阿雷夫在狩

---

① Richard Hovannisian, *The Armenian People from Ancient to Modern Times*, New York: St. Martin's Press, 1997.

② Malachia Ormanian, *The Church of Armenia*, London: A. R. Mowbray and Co., 1955.

③ Theo Maarten van Lint, "The Formation of Armenian Identity in the First Millenium", *Church History and Religious Culture*, Vol.89, No.1/3(2009), pp.251－278.

④ Robert Thomson, "Mission, Conversion, and Christianization", *Harvard Ukrainian Studies*, Vol.12/13(1988/1989), pp.28－45.

猎采集阶段具有某些动植物的特征,在农业产生后成了农业和植被之神,并具备了一些与太阳神有关的特征,其形象后来又随着农业和社会组织形态的发展而逐渐被确定为战神和太阳神。① 其他的神祇还包括阿雷夫的妻子、生育女神努阿德(Nuard)②,亚美尼亚人的神话祖先海克(Hayk),黎明女神艾格(Ayg),掌管水、海和雨的女神索维纳尔(Tsovinar)③,热情好客之神瓦纳图尔(Vanatur,同时也是亚美尼亚原始信仰中的主神)④,智慧女神努涅(Nuneh),艺术和灵感之神提尔,阴间之神安格赫(Angegh)以及生活在充满黑水的无底深渊的深渊之蛇(Andndayin ōj)⑤等。以日月星辰、水、火、植物、山岳和狮子等为崇拜对象的自然崇拜在亚美尼亚的原始宗教中占有重要地位。此外,暴风雨、雷电和朝露也都是人格化的对象。因此,原始印欧社会时期的亚美尼亚人已具有抽象的神话思维,这不仅表现为智慧女神以及艺术和灵感之神等抽象神的存在,也反映在神话故事的构建和神职建构上。

　　乌拉尔图人对赫梯、波斯、巴比伦、米坦尼等地区的神祇的态度相对宽容,有选择地将对方的部分神灵纳入自己的神庙中,但他们蔑视相对落后的北方(包括亚美尼亚人部分祖先所生活的地区),因此北方各族的神祇并没有出现在乌拉尔图人的神庙中。相反,乌拉尔图人把自己的神祇引入这些地区。⑥于是,在乌拉尔图人的影响下,亚美尼亚人的英雄祖先海克、阿拉姆(Aram)⑦和萨纳萨尔均逐渐与泰舍巴(Teisheba)(泰舍巴是乌拉尔图神话中第二强大的神,是风暴和雷霆之神)产生了对应关系,象征勇气、力量和丰饶的战神和至

---

① Martiros Kavoukjian, *Armenia, Subartu and Sumer: The Indo-European Homeland and Ancient Mesopotamia*, trans. Nourhan Ouzounian, Montreal: M. Kavoukjian, 1987, pp. 46 - 48.

② Martiros Kavoukjian, *Armenia, Subartu and Sumer: The Indo-European Homeland and Ancient Mesopotamia*, trans. Nourhan Ouzounian, Montreal: M. Kavoukjian, 1987, pp. 65 - 66.

③ Armen Petrosyan, *The Indo-European and Ancient Near Eastern Sources of the Armenian Epic*, Washington (D.C.): Institute for the Study of Man, 2002, p. 4.

④ http://hyeforum.com/index.php?showtopic=12678,2024 年 1 月 29 日。

⑤ Hrach Martirosyan, *Origins, and Historical Development of the Armenian Language*, 2014, p. 20.

⑥ Mack Chahin, *The Kingdom of Armenia*, Oxford: Routledgecurzon Press, 2001, pp. 166 - 168.

⑦ 传说中阿拉姆是海克的后裔,他奋勇保卫亚美尼亚土地的疆界,先后同米底、亚述和卡帕多西亚等国争战。

高神哈尔迪(Khaldi)则对应火神米赫尔(Mihr)。[1] 而乌拉尔图传说中的第一位国王阿拉穆(Aramu,前858—前844)则成了亚美尼亚英雄阿拉姆以及霍伦的摩西(Moses of Khoren)笔下的"英俊的阿拉"(Ara the Handsome)的原型。[2]

后来在波斯统治和希腊化时期,亚美尼亚受这两大文明的双重影响,最终形成了一套融合的信仰体系(也包含少量闪米特神祇)。该体系最重要的特征就是亚美尼亚神祇与波斯和希腊神祇的对应关系。比如,最高神阿拉玛兹德(Aramazd)对应波斯的阿胡拉·马兹达(Ahura Mazda)、希腊的宙斯和克洛诺斯以及巴比伦的马尔杜克(Marduk)。他是雷电之神,也是亚美尼亚众神的主人和父亲。[3] 丰产和生育女神阿纳希特也在亚美尼亚享有崇高的地位。她与波斯的丰产女神安娜希塔(Anahita)一样,有时也会被认为是最高神的女儿或妻子。此外阿纳希特还与美索不达米亚的伊什塔尔和希腊的阿尔忒弥斯对应。对神话英雄瓦哈格恩的信仰早已有之,现在他成了太阳、雷霆、闪电和战争之神,与希腊的赫拉克勒斯(Hercules)和伊朗的韦纳斯拉纳(Verethraghna)对应。

除了这三位主神外,这种信仰上的融合也反映在其他神祇上。如对应阿芙洛狄忒的爱与美的女神阿斯特吉克(Astghik)来自闪米特神话。[4] 伊朗的密特拉(Mithra)以米赫尔之名受到亚美尼亚人崇拜。提尔继续受到崇拜,并与希腊的阿波罗和赫尔墨斯、美索不达米亚的纳布(Nabu)以及伊朗的提斯特里亚(Tishtrya)对应。而与天神和英雄为敌的巴尔沙明(Barshamin)则原是西闪米特人的天神和太阳神。[5]

如前所述,波斯人是与亚美尼亚人关系最密切、往来最频繁的族群之一,其前伊斯兰时代的文化曾对亚美尼亚人产生深刻影响。但亚美尼亚的本土化

[1] Armen Petrosyan, *The Indo-European and Ancient Near Eastern Sources of the Armenian Epic*, Washington (D.C.): Institute for the Study of Man, 2002, pp.5 - 6, 18, 126, 127.

[2] George Boumoutian, *A Concise History of the Armenian People: From Ancient Times to the Present*, Costa Mesa: Mazda Publishers, 2006, p.14.

[3] http://hyeforum.com/index.php?showtopic=12678,2024年1月29日。

[4] Hacikyan Agop Jack, *The Heritage of Armenian Literature*, Detroit: Wayne State University Press, 2004, pp.63 - 69.

[5] Mardiros Ananikian and Alice Werner, *The Mythology of All Races, Vol.7*, Boston: Marshall Jones Company, 1925, p.33.

祆教并不能完全等同于波斯的正统祆教。比如阿拉马兹德虽然是至高神但并不是唯一的神,而且与安娜希塔不同,阿纳希特与泉水和河流没有关系。此外,亚美尼亚版祆教也没有宗教文献,更无系统的神学,一些宗教仪式甚至与波斯人相反。

　　总的来说,亚美尼亚的地理位置就决定了它会与周围地区进行频繁的文化交流。周边文明的宗教信仰都在亚美尼亚神话中留下了自己的印记,但亚美尼亚人从来没有大规模地将本族神话替换为外族神话,而是把自己的民族特性与外来元素一并融入一个独特的民族神话中,①其众神体系因此呈现出一种动态特征。也就是说,其原始印欧信仰先是与乌拉尔图人的信仰融合,在波斯帝国及希腊化时代则受到波斯文化的强烈影响,并加入了闪米特和希腊元素,到皈依基督教前夕最终形成以阿拉马兹德—阿纳希特—瓦哈格恩为主神的多神信仰体系。

　　仪式化和包容性是亚美尼亚多神信仰的重要特征。如前所述,亚美尼亚的前基督教信仰一直都没能像基督教那样产生成文的教义和教规,其信仰的传承不是靠文字记载,而是靠民间口头文学和丰富多彩的宗教仪式,后者既是亚美尼亚多神教的宗教实践,又是其主要存在形式。亚美尼亚多神信仰的确颇具包容性,但包容的另一面是混乱,因此其万神殿又显得缺乏整体性和规范性。比如,亚美尼亚的许多神话故事支离破碎,很多神祇的神职甚至都没有明确界定下来,每一个地区都有自己的地方保护神②(因此亚美尼亚的多神信仰还具有地域性和分散性等特征)。尽管官方对万神殿进行过整顿,③但无法从根本上克服上述弱点,各地区依然固守原有的信仰,民心无法真正统一起来。因此,与明显停留在较为原始阶段的亚美尼亚多神教相比,基督教无论是从思想深度还是理论完善程度来讲都在其之上。

---

① Hacikyan Agop Jack, *The Heritage of Armenian Literature*, Detroit: Wayne State University Press, 2004, p.70.

② Jacques de Morgan, *The History of the Armenian People, from the Remotest Times to the Present Day*, trans. Ernest Barry, Watertown, Watertown: Hairenik Associates, Inc., 1965, p.71.

③ Mardiros Ananikian and Alice Werner, *The Mythology of All Races, Vol.7*, Boston: Marshall Jones Company, 1925, p.17.

二、亚美尼亚皈依基督教的原因

关于亚美尼亚皈依基督教一事有两个传说。其中一个传说由 5 世纪的亚美尼亚史家阿伽萨吉洛斯（Agathangelos）首先记载。其中提到，大约在 3 世纪中期，萨珊波斯君主指使贵族阿纳克（Anak）杀害了亚美尼亚国王霍斯罗夫二世（Khosrov II）。随后，霍斯罗夫之子梯里达特被带到罗马，阿纳克之子光照者格里高利（Gregory the Illuminator）则被卡帕多西亚的基督徒收养。梯里达特日后回返亚美尼亚继位，途中遇到格里高利，在不知其真实身份的情况下就令他为己效力。但随着时间的推移，梯里达特最终发现了格里高利不仅是基督徒，并且还是杀父仇人之子，便囚禁了他。在格里高利被囚期间，一群修女为逃避罗马皇帝戴克里先（Diocletian，284—305 年在位）的打压而来到亚美尼亚避难，梯里达特向其中一个修女里普西姆（Rhipsime）求婚不成便将她们全部处决。之后梯里达特便染上重病。在格里高利因国王姐妹的梦而被召来治愈了国王后，梯里达特遂在 301 年宣布基督教为唯一国教，并和格里高利积极推动亚美尼亚的基督教化进程。因此，亚美尼亚教会又叫格里高利派教会。①

在另一个传说中，奥斯洛尼（Osroene）②国王阿布加尔五世（Abgar V，前 1 世纪至 1 世纪中期）身患不治之症，听说耶稣和他的奇迹后，便写信邀请耶稣前来。耶稣回应称，现在是他升天的时候，但他一升天到上帝面前，就会派一个门徒去医治他。耶稣升天之后，使徒撒迪厄斯（Thaddeus，叙利亚语中称阿代 Addai）前来治愈了国王并向他传教，随后谢绝了国王的奖赏并与巴多罗买（Bartholomew）来到萨纳特鲁克（Sanatruk/Sanatruces，1 世纪末至 2 世纪初）国王统治下的亚美尼亚传播基督教。这两个使徒后来于 66 年在亚美尼亚双双遇难殉教，被亚美尼亚教会认为是第一批来亚美尼亚的布道者。因此，亚美尼亚教会也被称为亚美尼亚使徒教会。③

皈依基督教是亚美尼亚人的历史性抉择，其背后有一定的思想基础和深

---

① Agathangelos, *The History of the Armenians*, trans. Robert Thomson, Albany: State University of New York Press, 1976, pp. 43 – 315.

② 奥斯洛尼王国是美索不达米亚西北部的古老王国，首都是埃德萨。

③ Mack Chahin, *The Kingdom of Armenia*, Oxford: Routledgecurzon Press, 2001, pp. 315 – 316.

刻的社会根源,主要可以从以下4个方面来分析。

(一)亚美尼亚皈依基督教具有强烈的内部政治动机

亚美尼亚君主为对抗祆教祭司集团以及与神庙经济有密切联系的大贵族,加强中央集权,需要引入新的意识形态与之对抗。如前所述,自米底和阿契美尼德时代以来波斯诸王朝便在政治、宗教、文化甚至语言等方面对亚美尼亚长期施加影响。在帕提亚王国时期,由于亚美尼亚安息王室的帕提亚背景,波斯宗教文化、传统习俗和语言对亚美尼亚的输入达到高峰。亚美尼亚版祆教的神庙由规模庞大的庄园供养,有些还有自己的防御工事,有军队和奴隶。① 农民和奴隶平时在神庙的土地上劳作,战时还要充当士兵。② 神庙的高级祭司等神职在贵族家族中世袭传承,③这些祭司不仅相当富有,而且还很有权势,甚至逐渐威胁到王权。此外,举行宗教仪式的权力和文化知识都掌握在祭司手中,宗教事务、法庭和学校都归僧侣管辖。④ 因此,对内部亲波斯势力的压制是亚美尼亚皈依的主要内部动力。

4世纪的亚美尼亚社会主要分为3个等级。第一等级由贵族组成。贵族内部又分成高等贵族纳哈拉尔人和低等贵族阿扎特人(azat)。王族是所有纳哈拉尔家族中居于首位的家族,国王也是纳哈拉尔人中的一员,但也只是所有纳哈拉尔家族首领中地位较高的一员而已。大小贵族都有义务为国王效力,但同时也都拥有自己的土地。⑤ 第二等级主要是兰蒂克人(rantik),包括工匠、商人以及占社会绝大多数的农民。⑥ 第三等级是在土地上劳作的奴隶和

---

① Nina Garsoïan, "The Arsakuni Dynasty (A. D. 12 -[180?]- 428)", in Richard Hovannisian, eds., *The Armenian People from Ancient to Modern Times: The Dynastic Periods: From Antiquity to the Fourteenth Century*, New York: St. Martin's Press, 1997, p.80.

② Jacques de Morgan, *The History of the Armenian People, from the Remotest Times to the Present Day*, trans. Ernest Barry, Watertown, Watertown: Hairenik Associates, Inc., 1965, p.125.

③ Nina Garsoïan, "The Arsakuni Dynasty (A. D. 12 -[180?]- 428)", in Richard Hovannisian, eds., *The Armenian People from Ancient to Modern Times: The Dynastic Periods: From Antiquity to the Fourteenth Century*, New York: St. Martin's Press, 1997, p.80.

④ 乌特琴科主编:《世界通史(第二卷)》,北京编译社译,北京:生活·读书·新知三联书店,1960年,第600—601页。

⑤ Levon Avdoyan, "The Secular and Religious in 4th Century Armenia", https://www.academia.edu/48883790/The_Secular_and_Religious_in_4th_Century_Armenia, 2024年1月29日。

⑥ Nina Garsoïan, "The Arsakuni Dynasty (A. D. 12 -[180?]- 428)", in Richard Hovannisian, eds., *The Armenian People from Ancient to Modern Times: The Dynastic Periods: From Antiquity to the Fourteenth Century*, New York: St. Martin's Press, 1997, p.77.

俘虏,他们被称作斯特鲁克(struk)。①

当时亚美尼亚社会是一个典型的贵族社会。纳哈拉尔人这群拥有世袭领地的强大军事贵族是亚美尼亚社会的核心统治阶层,其内部联系是维系亚美尼亚社会运转的关键。贵族家族的首领在其领地和整个国家的行政结构中均握有实权,世袭垄断教俗要职。纳哈拉尔制度可以追溯至乌拉尔图时代,许多古老的贵族家族都号称是乌拉尔图王室和贵族的后裔。到了梯里达特三世时期,纳哈拉尔制度臻于鼎盛,大领主几乎不受王室权威的影响,其军队甚至有能力在战场上与国王的军队对抗。因此,当中央强大时,该制度往往能够较好地运转,从而有利于增强统治集团的凝聚力。而在国家中心缺乏领导力量的情况下,贵族势力就会抬头,冲突与斗争迭起。再加上当时的纳哈拉尔贵族中存在着庞大的亲波斯派系,所以亚美尼亚统治者不断试图将其桀骜不驯的权贵官僚化,但始终未能实现像其邻国萨珊波斯那样的中央集权。②

因此,梯里达特希望加强中央集权则必然要削弱与萨珊波斯、祭司集团和神庙经济有着牢固联系的亚美尼亚大贵族,此时,在亚美尼亚已有一定传播基础的基督教就成了梯里达特集权改革的意识形态工具。③ 史蒂芬·拉普(Steven Rapp)写道,梯里达特选择基督教实际是为了找到能够对抗萨珊波斯帝国政治控制的意识形态,从而将亚美尼亚从波斯祆教文化圈中剥离出来,并以基督教作为构建亚美尼亚人民族身份认同的融合剂。④

(二)亚美尼亚皈依基督教时拥有有利的外部国际环境

首先,宗主国罗马对基督教的宽容减少了亚美尼亚在改宗时的顾虑。在前89—前65年的米特里达梯战役中,提格兰大帝(Tigranes the Great,前95—前55年在位)与本都国王共抗罗马但最终失败,亚美尼亚被迫割让领土并成为罗马的"朋友与同盟"。⑤ 到前34年,亚美尼亚最终成为罗马的臣属与

① Levon Avdoyan, "The Secular and Religious in 4th Century Armenia", https://www.academia.edu/48883790/The_Secular_and_Religious_in_4th_Century_Armenia, 2024 年 1 月 29 日。
② Rouben Paul Adalian, *Historical Dictionary of Armenia*, Plymouth: The Scarecrow Press, 2010, pp.466-468.
③ 龙沛:《罗马与波斯战争研究(66BC—628AD)》,西北大学博士学位论文,2021 年,第 175 页。
④ Stephen Rapp, *The Sasanian World through Georign Eyes: Caucasia and the Iranian Commonwealth in Late Antique Georgian Literature*, London: Routledge, 2014, p.105.
⑤ 科瓦略夫:《古代罗马史》,王以铸译,上海:上海书店出版社,2007 年,第 505—508 页。

附庸国。此后亚美尼亚大部分政权都是亲罗马的,它需要服从罗马的安排,并为罗马在这一地区的行动提供协助,而罗马则承担着"保护"亚美尼亚的义务,并在此后数百年间不断在亚美尼亚扶植自己的代言人。亚美尼亚安息王朝虽然来自伊朗高原,但在 224 年萨珊波斯取代帕提亚后,自居波斯正统的亚美尼亚王室对萨珊波斯王朝相当敌视,加速倒向罗马。此外,亚美尼亚独特的政治组织形式(比如上文提到的纳哈拉尔制度)使得君主为巩固自己的地位往往要依靠外部力量,这使亚美尼亚政权更加亲罗马。虽然亚美尼亚一度沦为萨珊波斯的附庸,但罗马在 3 世纪末又恢复了对亚美尼亚的控制。即便后来罗马的东方战略防御体系被严重破坏,也还是得到了西亚美尼亚的领土。因此,宗主国罗马对基督教的态度对亚美尼亚的信仰选择有很大影响。[①] 在梯里达特立基督教为国教后不久,君士坦丁于 313 年颁布《米兰敕令》,基督教从此取得了合法地位。所以基督教信仰是为亚美尼亚的强大盟友罗马所容忍的宗教,亚美尼亚人认为皈依该教不会招致罗马不满。

其次,萨珊波斯帝国无暇经营南高加索则提供了另一个有利的外部条件。在波斯国王沙普尔一世(Shapur I, 240—270 年在位)死后,贵族和高级僧侣根据自身利益和好恶选定王位继承人,从而控制新王,左右朝政。纳尔塞(Narseh, 271—293 年在位)和霍尔米兹德二世(Hormizd II, 303—309 年在位)扭转了这种局势。但霍尔米兹德一死,贵族和高级僧侣立即恢复专横跋扈的故态。霍尔米兹德诸子有的被囚禁,有的被迫出走,其余出守外藩的也被排除。后经波斯各方势力反复商议,贵族和高级僧侣拥立霍尔米兹德二世的遗腹子沙普尔二世(Shapur II, 309—379)为王,但直到沙普尔青少年时期,中央权力也完全掌握在他们手中。[②] 因此萨珊波斯的内部斗争和王权衰微使其无暇经营南高加索地区,这也为亚美尼亚自主改宗提供了有利的外部条件。

(三) 亚美尼亚人通过与犹太人的接触初步了解一神教思想

犹太人在亚美尼亚的存在可以追溯到基督教在该地区传播之前。[③] 在前

---

① John Joseph Poirot, *Perceptions of Classical Armenia: Romano-Parthian Relations*, BC70 - AD220, MA thesis., Louisiana State University, 2003, pp.14 - 32.

② 孙培良:《萨珊朝伊朗》,重庆:西南师范大学出版社,1995 年,第 72 页。

③ Robert Thomson, "Mission, Conversion, and Christianization: The Armenian Example," *Harvard Ukrainian Studies*, Vol.12/13(1988/1989), p.33.

1世纪塞琉古王朝衰亡之际,叙利亚一度处于无政府状态,人们希望有一个既不效忠罗马也不效忠埃及托勒密王朝的统治者,遂邀请提格兰大帝来统治叙利亚。① 提格兰四处征战,在短时间内建立起一个从地中海延伸到里海的帝国,并强行将来自美索不达米亚、叙利亚、巴勒斯坦、奇里乞亚和卡帕多西亚等地的犹太人、阿拉伯人和希腊人等各族迁移至亚美尼亚城市定居。② 因此,亚美尼亚至少从前1世纪开始就有大量犹太人定居。这些人中的一部分非犹太人可能在提格兰远征之前也皈依了犹太教,还有一部分非犹太人可能在与犹太人一起定居亚美尼亚后成了犹太教的"同情者""敬畏上帝者"③或新皈依者。早期亚美尼亚文献资料并没有明确区分犹太民族与犹太教徒。对亚美尼亚人来说,他们都是犹太人(հրեայ,该词不仅指种族和地理意义上的犹太人,还包括外邦犹太教徒和"文化犹太教徒")。

此后,亚美尼亚的犹太人口受动荡局势的影响而有所下降。但到了3世纪,来自希腊化地区的犹太移民大幅增加,一些亚美尼亚城镇的居民甚至几乎都成了犹太人。④ 即使在4世纪60年代沙普尔二世征服亚美尼亚,将当地数万亚美尼亚人和犹太人(后者占多数)转移到波斯之后,亚美尼亚人对当地犹太人的记忆到5世纪也没有模糊,一百多年前的事件在霍伦的摩西的作品中依然清晰可辨。⑤ 尽管摩西对犹太人的记载中有不少真实性存疑,但其内容仍能反映出他对犹太人的风俗习惯以及历史传说有相当程度的了解。比如,他将本族基督教英雄的死亡与犹太殉教者的殉教相提并论,他还知道犹太人不吃异教徒献祭的肉或猪肉,避免在安息日进行任何活动(尤其是不打猎或打仗)并且严格遵守割礼等习俗。摩西或许是从《圣经》熟悉这些知识的,但犹太人及其在各个领域的影响力在摩西时代的亚美尼亚依旧非常重要或许也是一

① Mack Chahin, *The Kingdom of Armenia*, Oxford: Routledgecurzon Press, 2001, pp. 237 – 238.

② George Boumoutian, *A Concise History of the Armenian People: From Ancient Times to the Present*, Costa Mesa: Mazda Publishers, 2006, p.32.

③ "敬畏上帝者"指希腊罗马世界的希腊化犹太教的外邦同情者,他们遵守某些犹太宗教仪式和传统,但没有完全皈依犹太教。

④ http://www. worldjewishcongress. org/en/about/communities/AM ＃：～: text ＝ According％20to％20the％ 20estimates％ 20of％ 20the％ 20local％ 20Jewish, has％ 20had％ 20a％ 20deep％ 20historical％20connection％20to％20Judaism, 2023 年 3 月 16 日。

⑤ Michael Stone and Aram Topchyan, *Jews in Ancient and Medieval Armenia: First Century BCE to Fourteenth Century CE*, London: Oxford University Press, 2022, pp.38 – 39.

个重要原因。所以在 368 年至 369 年数万犹太人被波斯人俘虏之后,或许许多犹太人至少直到 5 世纪末仍继续生活在亚美尼亚。[①] 总之,亚美尼亚人通过犹太人对一神教信仰有了初步了解,为基督教在亚美尼亚立足奠定了思想基础。

(四) 外部基督徒传教活动是亚美尼亚皈依的重要条件

小亚细亚与叙利亚的基督教传教士对早期基督教在亚美尼亚的传播作出了重要贡献。在亚美尼亚,比起官方教会,来自周边地区的基督教僧侣的自发传教活动才是影响基督教在广大民众中传播的最关键的因素之一。亚美尼亚与叙利亚的早期基督教中心埃德萨以及曾诞生过"卡帕多西亚三杰"[②]的卡帕多西亚的毗邻使其成为早期基督教传播的重要区域。因此在亚美尼亚基督教化的过程中,来自小亚细亚、叙利亚甚至两河流域的传教士在基层的传教活动发挥了重要作用。据说光照者格里高利就从卡帕多西亚的恺撒利亚带回了许多助手帮助传教。[③]

叙利亚基督教对亚美尼亚皈依的影响也不容忽视。例如,在梅索普·马什托茨(Mesrop Mashtots)创制亚美尼亚文字前,一位叙利亚主教丹尼尔(Daniel)曾试图将闪米特字母改造成亚美尼亚文字,这从侧面反映出叙利亚教会对亚美尼亚基督教的关注和影响。[④] 亚美尼亚 5 世纪的基督教译著将叙利亚语借用于基本的基督教表达。[⑤] 此外,5 世纪的亚美尼亚史家、拜占庭的浮斯德(Faustus of Byzantium)在其作品《史诗历史》(*Epic Histories*)中提到,所有亚美尼亚人的母亲教会位于亚美尼亚南部的塔隆地区(Taron)。[⑥] 此

[①] Michael Stone and Aram Topchyan, *Jews in Ancient and Medieval Armenia: First Century BCE to Fourteenth Century CE*, London: Oxford University Press, 2022, p.77.

[②] 卡帕多西亚三杰指恺撒利亚的巴西勒(Basil of Caesarea,又叫大巴西勒 Basilius Magnus)和纳西盎的格里高利(Gregory of Nazianzus)以及他的幼弟尼撒的格里高利(Gregory of Nyssa)。因为他们都是来自卡帕多西亚,因此被人们统称为"卡帕多西亚三杰"。三人反对阿里乌派,在当时基督教世界有很大影响。

[③] Robert Thomson, "Mission, Conversion, and Christianization", *Harvard Ukrainian Studies*, Vol.12/13(1988/1989), p.32.

[④] Theo Maarten van Lint, "The Formation of Armenian Identity in the First Millenium," *Church History and Religious Culture*, Vol.89, No.1/3(2009), p.23.

[⑤] Robert Thomson, "Mission, Conversion, and Christianization", *Harvard Ukrainian Studies*, Vol.12/13(1988/1989), p.33.

[⑥] Nina Garsoïan, *The Epic Histories Attributed to P'awstos Buzand*, Massachusetts: Harvard University Press, 1989, pp.68,86.

地与叙利亚相去不远。

如前所述,亚美尼亚教会认为自己的使徒传统来自撒迪厄斯和巴多罗买,而且这二人是从以古叙利亚语为宗教语言的基督教中心埃德萨而来。① 实际上亚美尼亚教会在翻译 4 或 5 世纪的叙利亚语文献《阿代的教诲》(*Doctrine of Addai*)②时抹去了两个使徒在埃德萨自然死亡的内容,杜撰出二人前往亚美尼亚传教并最终殉教的故事。③ 按照这种说法,亚美尼亚教会的使徒传统正是承自叙利亚基督教。这样做一是为了提高本族群在基督教世界体系中的地位,④二是想要维护教会的独立自主,免受拜占庭教会的控制,因此着力强调本族教会之于拜占庭教会的独立性。因此,阿伽萨吉洛斯关于格里高利使梯里达特皈依基督教的记载只反映出亚美尼亚皈依基督教的部分图景,强调了希腊传教士在亚美尼亚北部的影响,忽视了叙利亚基督徒从南部发起的传教活动。⑤

三、4—7 世纪亚美尼亚皈依基督教的影响

亚美尼亚皈依基督教对亚美尼亚自身发展以及东地中海和西亚的政治宗教格局都产生了重要影响,主要可以从以下 4 个方面来分析。

(一) 亚美尼亚教会成为凝聚亚美尼亚人的焦点

逐渐独立自主的亚美尼亚教会成为维护亚美尼亚族群独立性的重要保障。随着 4 世纪整个国家的基督教化,亚美尼亚逐渐建立起自己的教会组织。亚美尼亚教会领袖卡多利柯斯(Catholicos,Katholikos)⑥最初依赖在罗马帝国境内的恺撒利亚的主教祝圣,并在光照者格里高利的家族中世袭传承。曼

① 徐家玲主编:《世界宗教史纲》,北京:高等教育出版社,2007 年,第 151 页。
② 希伯来人阿代(即撒迪厄斯)生于叙利亚城市埃德萨,被耶稣拣选为七十个门徒之一(也有说法称是耶稣十二使徒之一)。撒迪厄斯用许多奇迹来传教,其中就包括治愈了埃德萨的阿布加尔国王并使国王皈依基督教。叙利亚人称这个故事为"阿代的教诲"。
③ Valentina Calzolari, *The Apocryphal Acts of the Apostles in Armenian*, Leuven: Peeters Publishers, 2002, pp. 35, 38.
④ Valentina Calzolari, *The Apocryphal Acts of the Apostles in Armenian*, Leuven: Peeters Publishers, 2002, p. 46.
⑤ Theo Maarten van Lint, "The Formation of Armenian Identity in the First Millenium," *Church History and Religious Culture*, Vol. 89, No. 1/3(2009), p. 21.
⑥ 卡多利柯斯是亚美尼亚教会等东方教会领袖的尊称,在不同教会中的地位不同。亚美尼亚教会中此衔高于大主教。

齐克特的阿格比亚诺斯(Aghbianos of Manzikert)家族则世代担任宫廷主教,并多次与格里高利家族争夺地位。[①] 因此,早期亚美尼亚教会还是为纳哈拉尔人支配。[②] 373 年,亚美尼亚国王因教义争端而下令杀害格里高利家族的卡多利柯斯纳尔塞斯一世(Nerses I the Great)。恺撒利亚的主教因而拒绝为国王任命的新卡多利柯斯祝圣,也不承认其在亚美尼亚的权威。[③] 从此以后,亚美尼亚的卡多利柯斯不再前往恺撒利亚接受祝圣,亚美尼亚教会向独立迈出了重要一步。[④]

亚美尼亚教会因内乱等主客观原因而未能参加第四次大公会议即卡尔西顿会议(Council of Chalcedon),并分别在 491 年[⑤]和 607 年的宗教会议上谴责了这次会议,[⑥]从而在教义上独立了出来。今天,亚美尼亚教会与科普特教会和埃塞俄比亚教会等东方教会同属于只承认前三次大公会议的东方正统教会(Oriental Orthodox Church)。他们反对东正教世界和西方将自己的基督论(Christology)称为"一性论",认为自己属于"合性论"(miaphysitism)。

亚美尼亚基督教会自建立后便迅速成长为亚美尼亚举足轻重的一支政治力量,在亚美尼亚国内外均发挥着强大的政治纽带作用,一直致力于团结亚美尼亚人以对抗外界的压力和影响,并在亚美尼亚人失去独立政权后填补了政治真空。比如,在安息王朝灭亡和阿肖特·巴格拉图尼(Ashot Bagratuni,884—890 年在位)重建亚美尼亚王国之间的"黑暗时代",亚美尼亚教会的卡多利柯斯是亚美尼亚人民的唯一代表。他受到波斯人的尊敬,也是阿拉伯哈

---

① Nina Garsoïan, "The Arsakuni Dynasty (A. D. 12 –[180?]– 428)", in Richard Hovannisian, eds., *The Armenian People from Ancient to Modern Times: The Dynastic Periods: From Antiquity to the Fourteenth Century*, New York: St. Martin's Press, 1997, p.83.

② Steven Grosby, "Territory and Nationality in the Ancient Near East and Armenia," *The Economic and Social History of the Orient*, Vol.40, No.1(1997), p.18.

③ Nina Garsoïan, "The Arsakuni Dynasty (A. D. 12 –[180?]– 428)", in Richard Hovannisian, eds., *The Armenian People from Ancient to Modern Times: The Dynastic Periods: From Antiquity to the Fourteenth Century*, New York: St. Martin's Press, 1997, p.91.

④ Robert Thomson, "Mission, Conversion, and Christianization", *Harvard Ukrainian Studies*, Vol.12/13(1988/1989), p.39.

⑤ Frederick Cornwallis Conybeare, "Armenian Church", https://en. wikisource. org/wiki/1911_ Encyclop%C3%A6dia_Britannica/Armenian_Church, 2024 年 1 月 29 日。

⑥ Nina Garsoïan, "The Marzpanate (428 – 652)", in Richard Hovannisian, eds., *The Armenian People from Ancient to Modern Times: The Dynastic Periods: From Antiquity to the Fourteenth Century*, New York: St. Martin's Press, 1997, p.111.

里发和亚美尼亚王公之间的沟通媒介。当君主政体重新建立时,卡多利柯斯坚持延续古老的宗教仪式,并在国王加冕时为他涂抹圣油。只要有可能,他就会在反叛的纳哈拉尔人和国王之间斡旋。当君主必须采取一些重要但不受大众支持的措施时,他往往会站在国王一边从而与大多数人对立。比如奇里乞亚亚美尼亚王国(The Kingdom of Armenia in Cilicia)的"杰出者"莱昂一世(Leon the Magnificent,1185—1219 年在位)为了加强国家的政治地位而准备有保留地承认罗马教宗为包括亚美尼亚教会在内的基督教世界的领袖,大多数人民反对国王的决定,但卡多利柯斯选择支持君主,并用计使亚美尼亚教会与罗马教会暂时联合,从而缓解了危机。①

亨利·芬尼斯·布洛西·林奇(Henry Finnis Blosse Lynch)写道:"当时,和现在一样,教会的基石是卡多利柯斯。我不知道能否在所有基督教组织中找到任何能与这个高级职位相对应的例子。与卡多利柯斯相比,国王一职似乎虚无缥缈,只是一个点缀。……除宗教外,卡多利柯斯还发挥着亚美尼亚当今其他许多国家机构的职能……格里高利的两个后代,一个在 4 世纪,另一个在 5 世纪,均为教会增添了独特的新光彩:纳尔塞斯一世推动完善了亚美尼亚各级统治机构,圣萨哈克(St. Sahak)为亚美尼亚民族文字的创制作出了贡献。第一位基督教君主去世后一个世纪左右,安息王朝就衰落了。然而卡多利柯斯的传承已经度过了 16 个世纪的风雨,至今仍坚如磐石。"②

基督教会对亚美尼亚人的心理产生了非常特殊的影响。亚美尼亚基督教会已不仅是一种宗教,更是民族身份的一部分。因为纵观亚美尼亚历史,教会不仅是基督教信仰的保护者,也是亚美尼亚人语言、文化和民族意识的保护者,更是对亚美尼亚民族和国家身份认同的重要体现。③ 总之,亚美尼亚教会是维系不同政权下的亚美尼亚人的纽带,是各地的亚美尼亚人获得凝聚力以及独立于周边地区的特征的最重要的方式。

(二)基督教文化成为维护亚美尼亚民族特性的重要工具

奠基于基督教之上的文化促进亚美尼亚民族身份认同的形成,在精神层

① Mack Chahin, *The Kingdom of Armenia*, Oxford: Routledgecurzon Press, 2001, p.275.
② H.F.B. Lynch, *Armenia, Travels and Studies, vol. 1: The Russian Provinces*, London and New York: Longmans, Green & Co, 1901, pp.298-300.
③ Hacikyan Agop Jack, *The Heritage of Armenian Literature*, Detroit: Wayne State University Press, 2004, p.81.

面上维护亚美尼亚民族的统一。387 年,亚美尼亚的分治事实上已经实现,罗马和波斯的亚美尼亚众主教各为其主,双方交往面临许多政治困难。此外,两地的亚美尼亚人已经发展出不同的传统、礼仪和神学。因此,当时亚美尼亚人面临着彻底分裂的危险。亚美尼亚自从立基督教为国教后,宗教书面用语使用希腊语或叙利亚语,然而由于叙利亚语与萨珊波斯控制的东方亚述教会(The Holy Apostolic Catholic Assyrian Church of The East)有关,而希腊语与罗马统治的部分地区联系在一起,所以官方出于政治层面的考虑不能鼓励使用这些外语。[①] 因此除促进传教的宗教因素外,世俗因素也是亚美尼亚发展本土书面文化的动力。

梅索普·马什托茨在传教过程中意识到用亚美尼亚语书写的宗教文本对向底层群众传教的价值,再加上他在传教过程中走遍亚美尼亚已被罗马和萨珊波斯瓜分的土地,对于祖国面临的被同化威胁有深刻的认识,因此在卡多利柯斯萨哈克的支持下致力于本土文字的开发。[②] 此外,国王弗拉姆沙普赫(Vramshapuh, 389—414 年在位)也直接参与其中。马什托茨的学生科里恩(Koriun)记载,当得知马什托茨的想法时,国王告诉他叙利亚主教丹尼尔已根据闪米特文字为亚美尼亚人创制了字母。[③] 然而,丹尼尔字母表只有二十四个符号(今天亚美尼亚文有三十六个字母),也没有字母用于表示元音。因此丹尼尔的字母明显无法完整表达出亚美尼亚语的全部音素。

为了按照自己的想法创制一套完整的文字,马什托茨和学生去了埃德萨。科里恩记载,马什托茨正是在埃德萨构思出字母的雏形。这次是以希腊字母为基础,基本每个元音和每个辅音都有一个单独的符号对应。[④] 传说马什托茨的文字于 405 年左右最终成型。[⑤]

马什托茨的努力影响深远。在罗马—波斯边界两侧的亚美尼亚人因这种文

① Robert Thomson, "Mission, Conversion, and Christianization", *Harvard Ukrainian Studies*, Vol. 12/13(1988/1989), pp. 37 - 38.

② 让-皮埃尔·马艾:《从埃及到高加索——探索未知的古文献世界》,陈良明、李佳颖译,北京:生活·读书·新知三联书店,2015 年,第 62—64 页。

③ Hacikyan Agop Jack, *The Heritage of Armenian Literature*, Detroit: Wayne State University Press, 2004, p. 160.

④ Hacikyan Agop Jack, *The Heritage of Armenian Literature*, Detroit: Wayne State University Press, 2004, p. 162.

⑤ The Editors of Encyclopaedia. "St. Mesrop Mashtots", https://www. britannica. com/biography/Saint-Mesrop-Mashtots, 2024 年 4 月 15 日。

字而建立起直接联系,两地亚美尼亚人对彼此的认同感因而大大增强。[①] 马什托茨死于 440 年左右,当时亚美尼亚早已失去独立地位。基督教却因本族文字的发明而在亚美尼亚社会各阶层迅速传播并成为全民宗教,甚至成为维护其民族特性的工具。亚美尼亚书面文化作为凝聚全族的武器也从此诞生并持续蓬勃发展。

亚美尼亚人在发明文字后随即展开翻译工作。首先翻译希腊和叙利亚语圣经文本,接下来则是希腊和叙利亚教父的作品。亚美尼亚语通过翻译宗教经典吸收了古代西亚的技术和人文学科的成果,丰富了词汇,尤其增加了各种专有名词,天文学、地理学、法律和法学、时间和空间的测量以及谚语等方面的词汇已能用术语精准表达。亚美尼亚语因而成为一门重要的文化语言。[②] 之后,第一批译者开始用他们自己的语言创作原创作品,科里恩就是一个翻译家转型为原创作者的例子。不过亚美尼亚人的翻译工作至少一直持续到中世纪,并未因本土文学的发展而终止。这些文本在后世成为阐述亚美尼亚历史和构建民族认同的基础之一。

因此,亚美尼亚人的民族文学是在基督教文化的催化下产生的。[③] 在 5 世纪这段亚美尼亚文学的"黄金时代",亚美尼亚在文学、历史、神学和哲学等领域都诞生了大量原创作品,这些作品以古典亚美尼亚语写成,是亚美尼亚民族精神财富的核心,[④]与亚美尼亚艺术同为塑造民族凝聚力的要素,共同奠定了亚美尼亚民族意识的基础。[⑤] 这一时期大规模的文学创作和翻译活动也是亚美尼亚对抗波斯和罗马的文化与宗教压迫斗争的关键组成部分,并为亚美尼亚人应对阿拉伯人的征服提供了精神武器。

(三) 亚美尼亚的基督教化还促进邻近地区的基督教化

亚美尼亚的基督教化也深刻影响到周边的高加索伊比利亚和高加索阿尔巴尼亚地区。根据摩西记载,当年被梯里达特迫害的修女中唯一生还的尼诺

① Robert Thomson, "Mission, Conversion, and Christianization", *Harvard Ukrainian Studies*, Vol. 12/13(1988/1989), p. 38.
② 让·皮埃尔·马艾:《从埃及到高加索——探索未知的古文献世界》,陈良明、李佳颖译,北京:生活·读书·新知三联书店,2015 年,第 91—93 页。
③ Robert Thomson, "Mission, Conversion, and Christianization", *Harvard Ukrainian Studies*, Vol. 12/13(1988/1989), p. 37.
④ Hacikyan Agop Jack, *The Heritage of Armenian Literature*, Detroit: Wayne State University Press, 2004, pp. 20 - 21.
⑤ Theo Maarten van Lint, "The Formation of Armenian Identity in the First Millenium", *Church History and Religious Culture*, Vol. 89, No. 1/3(2009), p. 23.

(Nino/Nune)来到伊比利亚王国,并使当地国王改宗基督教,并成为高加索伊比利亚基督教会的奠基人。① 西里尔·图曼诺夫(Cyril Toumanoff)推断高加索伊比利亚皈依基督教时间大致在 334 年左右。② 高加索伊比利亚的教会起初由亚美尼亚人来为自己的教会领袖祝圣,并在教义问题上追随亚美尼亚教会的观点。到了 608 年,高加索伊比利亚教会出于摆脱亚美尼亚教会的控制等考虑而选择接受卡尔西顿会议并同君士坦丁堡教会联合。③ 但两地基督徒仍保持密切联系。

南高加索东部的阿尔巴尼亚王国由于萨珊波斯帝国的强势影响而未能彻底实现基督教化,当地皈依基督教的地区则长期受亚美尼亚教会的控制(在 6 世纪末和 7 世纪曾短暂脱离亚美尼亚教会的控制,其教会领袖没有到亚美尼亚接受祝圣)。8 世纪初期的亚美尼亚卡多利柯斯埃吉亚(Eghia)曾废黜高加索阿尔巴尼亚教会被指控支持卡尔西顿决议的教会领袖,并为其教会另立了新领袖。该事件充分反映出这一时期高加索阿尔巴尼亚教会对亚美尼亚教会的依赖程度之深。④ 君士坦丁堡大主教尼古拉斯·迈斯蒂科斯(Nicholas Mystikos)在给卡多利柯斯德拉斯哈纳克尔特的约翰(John of Draskhanakert)的信中称"亚美尼亚人、伊比利亚人和阿尔巴尼亚人都忠于你们"⑤,这意味着亚美尼亚卡多利柯斯的管辖范围一度覆盖了整个外高加索地区。

根据摩西和科里恩的描述,马什托茨为避免基督教的亚美尼亚在南高加索陷入孤立,所以希望周边地区的基督徒也能拥有本族群的文字并以此强化信仰,因此分别在 411 年和 422 年左右创制了格鲁吉亚字母⑥和阿尔巴

---

① Movses Khorenatsi, *The History of Armenia*, trans. Troy Azelli, Independently published, pp. 227 – 229.

② Cyril Toumanoff, *Studies in Christian Caucasian History*, Washington, D. C.: Georgetown University Press, 1963, pp. 374 – 377.

③ 丁光训、金鲁贤:《基督教大辞典》,上海:上海辞书出版社,2010 年,第 212 页。

④ Nina Garsoïan, "The Arab Invasions and the Rise of the Bagratuni (640 – 884)", in Richard Hovannisian, eds., *The Armenian People from Ancient to Modern Times: The Dynastic Periods: From Antiquity to the Fourteenth Century*, New York: St. Martin's Press, 1997, p. 127.

⑤ Nina Garsoïan, "The Independent Kingdoms of Medieval Armenia", in Richard Hovannisian, eds., *The Armenian People from Ancient to Modern Times: The Dynastic Periods: From Antiquity to the Fourteenth Century*, New York: St. Martin's Press, 1997, p.173.

⑥ Movses Khorenatsi, *The History of Armenia*, trans. Troy Azelli, Independently Published, pp. 333 – 334.

尼亚字母①。

（四）亚美尼亚基督教会也是亚美尼亚人反抗周边大国压迫的精神支柱

亚美尼亚基督教会也是亚美尼亚人反抗萨珊波斯帝国压迫的精神支柱，独立的组织和独特的教义又使其不至被拜占庭帝国同化。影响亚美尼亚人教义立场的因素并非只有纯神学方面的考虑，他们对罗马—拜占庭人和萨珊波斯人的态度往往更为关键。比如亚美尼亚人选择接受以弗所公会议并谴责聂斯脱利派，很大一部分原因是因为该派得到了渴望重新征服亚美尼亚的萨珊波斯君主的支持。他们拒绝接受卡尔西顿会议除了出于神学因素方面的考虑外，很大程度上也是因为他们也不希望受到罗马—拜占庭帝国的干预。②

萨珊波斯帝国对祆教推崇备至，国王雅兹迪格德二世（Yazdegerd II，438—457年在位）曾极力在亚美尼亚推广祆教，从而威胁到亚美尼亚人的政治和宗教身份。亚美尼亚人也因此对基督教越发虔诚和执着。到450年，亚美尼亚爆发了反萨珊波斯大起义。451年5月6日，由瓦尔丹·马米科尼扬（Vardan Mamikonian）领导的阿瓦雷尔战役（Battle of Avarayr）让波斯改变亚美尼亚信仰的希望破灭。30年后，亚美尼亚再次爆发起义，萨珊波斯当局最终同意亚美尼亚人保持基督教信仰。③

诞生于5世纪下半叶的亚美尼亚文史作品受时代背景的影响，将萨珊波斯描绘成永远与亚美尼亚敌对的国家。但实际上萨珊波斯是一个有众多民族和文化传统的大帝国，国王对宗教的态度比较务实，当地的政治现实往往才是国王与当地宗教关系的决定性因素。④ 君士坦丁大帝在4世纪初正式承认基督教是使萨珊波斯当局转变原来对基督教相对中立的态度的重要原因。因为在当时的拜占庭人和萨珊波斯人看来，政治忠诚与宗教信仰密不可分，所以萨

---

① Hacikyan Agop Jack, *The heritage of Armenian literature*, Detroit: Wayne State University Press, 2004, pp.168–171.

② Frederick Cornwallis Conybeare, "Armenian Church", https://en. wikisource. org/wiki/1911_Encyclop%C3%A6dia_Britannica/Armenian_Church, 2024年1月29日。

③ 施玉宇、高歌、王鸣野：《列国志·亚美尼亚卷》，北京：社会科学文献出版社，2005年，第27页。

④ Lee Patterson, "Minority Religions in the Sasanian Empire: Suppression, Integration and Relations with Rome", in Eberhard W. Sauer, eds., *Sasanian Persia: Between Rome and the Steppes of Eurasia*, Edinburgh: Edinburgh University Press, 2017, pp.187–188.

珊波斯的基督徒时常背负"波斯土地上的罗马间谍"①等恶名。因此总的来说，萨珊波斯当局反对基督教主要是出于政治方面的考虑，迫害基督教在萨珊波斯是例外而非常态。波斯统治者不希望国内的基督徒成为其罗马基督教兄弟对抗波斯的前哨，因此，在波斯与罗马—拜占庭人发生公开冲突的时候，萨珊波斯的基督徒的处境会自动恶化。

在与拜占庭的关系方面，皈依基督教确实在某种程度上拉近了亚美尼亚与拜占庭的关系，亚美尼亚也的确在皈依后的最初一段时间奉君士坦丁堡大主教为自己的最高宗教领袖。曾经是波斯皇帝臣民的亚美尼亚人从此成为基督教世界的重要一员，并在未来担负起维护拜占庭帝国东部边疆安全的重任，其基督徒身份也是在拜占庭帝国各地定居的亚美尼亚移民融入帝国的必要条件。

但如前所述，教义上的分歧和对独立自主的追求使亚美尼亚的基督教最终走上一条独立的发展道路。亚美尼亚教会以对 451 年卡尔西顿会议的分歧为契机，最终于 7 世纪后期脱离君士坦丁堡教会，②并因此时常受到帝国压制。例如，归属拜占庭帝国的亚美尼亚地区的长官多由帝国正统教派出身的官员担任，帝国直到中世纪后期都在试图强迫亚美尼亚人接受卡尔西顿会议决议。此外，在拜占庭任职的亚美尼亚人除极少数外，大多须皈依官方教派。双方教会始终若即若离，从未真正完全和解。③

结语

作为次生文明区的代表，亚美尼亚文化在其历史发展以及民族形成过程中先后受到印欧—乌拉尔图—亚述、波斯—希腊—闪米特、基督教—伊斯兰以及蒙古—突厥等文明的影响。亚美尼亚的基督教化同样也是文明交往的结果。

斯大林曾提出，民族是人们在历史上形成的一个有共同语言、共同地域、

---

① Nina Garsoïan, "The Marzpanate (428 - 652)", in Richard Hovannisian, eds., *The Armenian People from Ancient to Modern Times: The Dynastic Periods: From Antiquity to the Fourteenth Century*, New York: St. Martin's Press, 1997, p.96.

② Mark Cartwright, "Relations between Late Antique-Early Medieval Armenia and the Byzantine Empire", https://brewminate.com/relations-between-late-antique-early-medieval-armenia-and-the-byzantine-empire/，2023 年 2 月 19 日。

③ 王向鹏：《东西方视域下第一次十字军战争研究》，北京：人民出版社，2022 年，第 135 页。

共同经济生活以及表现在共同文化上的共同心理素质的稳定的共同体,其核心是人。亚美尼亚王国自阿契美尼德时代以后先通过共同的地域、以血缘为纽带的家族和氏族以及共同的历史记忆来维系。同时,官方不断调整国家万神殿,力图使其规范化并将国内各地各族群的神祇几乎都囊括在内,此外还推广三主神作为全国人民共同的信仰。亚美尼亚统治当局试图以此克服在构建国家时面临的"认同危机",使原先认同于部落、地区或家族的人认识到他们首先是亚美尼亚国王的臣民,亚美尼亚国王才是他们的首要效忠对象。[①] 但这种认同却并不会轻易或快速地发生。统治者的种种努力最终仅流于形式,无法从根本上克服多神教内在的弱点。大贵族控制着神庙经济,垄断高级祭司职位和宫廷高级官职,坐拥军队和大量土地、农民以及奴隶,严重威胁着王权。在此背景下,出于中央集权和免遭外部势力同化等考虑,亚美尼亚统治者引入新意识形态作为统一的国教已势在必行。

在皈依基督教的过程中,亚美尼亚人逐渐建立起跨血缘跨地域的文化身份。纳哈拉尔人乃至全国各地的民众有了超越血缘和地域的统一信仰,民族文字也在基督教文化的催化下产生。亚美尼亚教会还为王权的确立提供了新的宗教依据,王权又为教会的发展提供了政治保护,二者相辅相成,相互依存,相互利用。亚美尼亚的王权因教会的帮助和应对上述新形势的需要而有所增强,亚美尼亚国王顺势在此基础上构建对国家的政治认同。而这些都有助于增强人们的民族认同感和凝聚力,从而为亚美尼亚民族的形成奠定了良好基础。

作者简介:马锋,(1980—),男,安徽阜阳人,历史学博士,西北大学历史学院副教授,研究方向为世界古代中世纪史;段欣余,(1999—),女,山东青岛人,西北大学历史学院硕士研究生,研究方向为世界古代中世纪史。

---

① 迈克尔·罗斯金等:《政治科学》,林震等译,北京:中国人民大学出版社,2009 年,第 48 页。

论史学家劳尼库斯及其"新希腊主义" *

金志高

摘　要:劳尼库斯是15世纪中后期拜占庭史家,其著作《精粹历史》记述了奥斯曼帝国兴起和拜占庭帝国衰亡的历史,也反映了他的"新希腊主义"思想。相较于同时代的拜占庭学者,劳尼库斯的"新希腊主义"呈现出一些新的特点:在历史层面,通过对语言和习俗的强调,他将拜占庭人视为古希腊人的后裔;在政治层面,他完全放弃了对罗马政治遗产的诉求,寄希望于一个属于希腊人的国家出现;在宗教层面,他是新柏拉图神秘主义的忠实信徒。劳尼库斯"新希腊主义"的形成受其个人经历和导师普莱松的影响,后拜占庭时代的身份认同危机则是更为现实的因素。

关键词:劳尼库斯　希腊主义　拜占庭帝国

引言

劳尼库斯·查克孔迪利斯(Laonikos Chalkokondyles, 约1430—约1470)是15世纪中后期拜占庭史家,其撰写的《精粹历史》叙述了从13世纪末到15世纪中期奥斯曼帝国兴起和拜占庭帝国衰亡的历史,同时也涉及地中海以及东西欧等诸多地区的历史和风土人情。① 鲜明的古典特色、大量口述史料的运

---

* 本文为河北师范大学人文社会科学研究基金项目(S21B005)"劳尼库斯史学思想研究"阶段性研究成果。

① 劳尼库斯的原名为尼古劳斯·查克孔迪利斯(Nikolaos Chalkokondyles),他改变了自己名字中字母的排序以使其更具古典风格,其作品本名为 *Apodeixeis Historiōn/Demonstrations* (转下页)

用以及独特的叙事理念使《精粹历史》在古典史学、早期土耳其历史、文艺复兴和欧洲近代早期历史等研究中都具有重要的价值。英国学者威廉·米勒（W. Miller）称劳尼库斯为"中世纪的希罗多德""雅典最后的历史学家"，评价其作品为"中世纪希腊学者中最有趣的和有价值的著作之一"[1]。

由于语言和文本等问题，劳尼库斯及其作品长期得不到应有的重视，目前国外学界的相关研究主要集中在对《精粹历史》文本结构、写作风格以及叙事特点等方面的分析上。[2] 国内学界尚无对劳尼库斯及其作品的专门研究，只有部分学者在一些著作和论文中简单提及或者引用过劳尼库斯的作品。[3] 总的来说，国内外学界对于劳尼库斯的相关研究还不充分，尤其在思想观念方面，有待深入发掘。有鉴于此，本文以《精粹历史》文本为核心，分析劳尼库斯"希腊主义"（Hellenism）的特点和形成原因，[4]在丰富拜占庭史学史研究的同时，弥补相关研究不足。略陈管见，以期求教于方家。

（接上页）*of Histories*，本文沿用陈志强先生翻译时所使用的中文译名，参见陈志强：《拜占庭研究入门》，北京：北京大学出版社，2011 年，第 80—81 页。

[1] W. Miller, "The Last Athenian Historian: Laonikos Chalkokondyles," *Journal of Hellenic Studies*, Vol.42, Part 1,1922, pp.36,48.

[2] 尽管劳尼库斯的作品在 16 世纪就存在拉丁语和法语版本，但翻译不是很准确，之后也出现过英语、土耳其语和现代希腊语的部分译本，但直到 2014 年才有了第一个完整的英译本：Laonikos Chalkokondyles, *The Histories*, Vol. 1 - 2, trans. Anthony Kaladllis, Washington, D. C.: Dumbarton Oaks Research Library and Collection, 2014。国外学界对于劳尼库斯研究的代表性著作主要有两本：Anthony Kaldellis, *A New Herodotos: Laonikos Chalkokondyles on the Ottoman Empire, the fall of Byzantium, and the emergence of the West*, Cambridge: Harvard University Press, 2014; A. Akışık-Karakullukçu, "*Self and Other in the Renaissance: Laonikos Chalkokondyles and Late Byzantine Intellectuals,*" Ph.D. dissertation, University of Harvard, 2013。前者有对《精粹历史》文本和内容的详细研究，也包括对劳尼库斯宗教思想、民族观念等的分析；后者集中于对劳尼库斯及其作品古典特色的研究，用"革命性的古典化"（revolutionary classicizing）来形容劳尼库斯的写作特点。

[3] 参见陈志强：《拜占庭帝国通史》，上海：上海社会科学院出版社，2013 年，第 424 页；徐家玲：《拜占庭文明》，北京：人民出版社，2006 年，第 476 页；陈志强：《拜占庭火炮研究》，《社会科学家》2014 年第 2 期；《拜占庭帝国末代皇帝的最后传说》，《史学集刊》2014 年第 2 期；《末代帝国民众的精神状态》，《历史教学》2013 年第 24 期；庞国庆：《拜占庭时期〈荷马史诗〉的文化特征》，《历史教学》2019 年第 4 期等。

[4] Hellenism 具有多重含义，一般用来表示非希腊人对"希腊式生活方式"或"希腊的精神世界"的接受，即所谓的"希腊化"（Hellenization）。本文将其暂译为"希腊主义"，主要指对古希腊文化、历史、族群等方面的接受和认同。关于这一词的释义，详见 Simon Hornblower et al. , *The Oxford Companion to Classical Civilization*, Oxford, New York: Oxford University Press, 2014, p.359;黄洋：《古典希腊理想化：作为一种文化现象的 Hellenism》，《中国社会科学》2009 年第 2 期。

一、劳尼库斯及其《精粹历史》

关于劳尼库斯的生平我们知之甚少,只能根据他在书中仅有的几段相关记述来进行推断。从他对自己出生时拜占庭领土的描述中,可以推断出劳尼库斯出生于 1430 年左右。他的父亲名叫乔治斯·查克孔迪利斯(Georgios Chalkokondyles),是雅典当地的贵族。由于政治斗争的失败,他的家族在 1435 年被驱逐出雅典城。① 乔治斯带领家人迁居到位于伯罗奔尼撒的莫利亚公国(Principality of Morea),在米斯特拉(Mystras)的宫廷内效力于专制君主君士坦丁,也就是后来的拜占庭末代皇帝君士坦丁十一世(Constantine XI Dragas Palaiologos)。② 劳尼库斯在这里遇到了自己的导师——著名新柏拉图主义者普莱松(George Gemistus Plethon),古物学者安科纳的西里亚库斯(Cyriacus of Ancona)的记录可以证实这一点。1447 年的夏天,西里亚库斯访问了米斯特拉,在君士坦丁的宫廷内遇到了普莱松和年轻的劳尼库斯。他称普莱松为"当代最博学的希腊人之一",将劳尼库斯描述为"很有天赋的雅典年轻人","在拉丁和希腊文学方面具有很深的造诣"③。关于劳尼库斯在 1447 年之后的行踪,学者们的意见并不统一,但基本都认为在土耳其人征服了拜占庭以后,他离开了希腊本土。④

《精粹历史》是 15 世纪一部古典色彩鲜明的"世界史"著作,也是研究奥斯曼帝国早期和拜占庭帝国晚期历史不可或缺的原始史料之一,"其记述手法娴熟,显示出作者的文学天赋及其历史洞察力"。⑤《精粹历史》具有浓厚的古典史学风格,"劳尼库斯的《精粹历史》融合了希罗多德和修昔底德的写作风格与特点"。⑥ 在全书的总体架构与内容安排方面,劳尼库斯仿照了希罗多德的《历史》。他将希罗多德笔下的波斯人替换成了土耳其人,按照他们对外扩张

---

① Laonikos Chalkokondyles, *The Histories*, Vol. 1, pp. 10 - 11; *The Histories*, Vol. 2, pp. 66 - 69.

② A. Akışık-Karakullukçu, "A question of audience: Laonikos Chalkokondyles' Hellenism," *Byzantinische Zeitschrift*, Vol. 112, No. 1, 2019, p. 6.

③ Cyriac of Ancona, *Later Travels*, trans. and eds., Edward D. Bodnar and Clive Foss, Cambridge: Harvard University Press, 2003, pp. 298 - 301.

④ W. Miller, "The Last Athenian Historian: Laonikos Chalkokondyles," p. 38.

⑤ 乔治·奥斯特洛格尔斯基:《拜占庭帝国》,陈志强译,西宁:青海人民出版社,2006 年,第 402 页。

⑥ Anthony Kaldellis, *A New Herodotos*, p. 23.

的顺序,详细叙述了亚洲和欧洲众多民族和地区的历史、宗教、习俗等内容,"(他)模仿希罗多德的写作模式,论及了东南欧之外的德国、西班牙、法国和英格兰等国的习俗和礼仪"。① 在叙述手法和行文风格方面,他模仿了修昔底德的《伯罗奔尼撒战争史》。全书自始至终都保持着一种简单朴素的叙述基调,这使得作品在整体上显得有些单调,甚至是乏味。劳尼库斯在叙述中很少表露自己的情感,始终保持着一种理性客观的态度,除了在文中插入演说来推动叙述发展外,《精粹历史》中"没有神话典故或比喻;没有延伸的隐喻、意象或明喻;几乎没有日常生活的场景"。②

值得注意的是,劳尼库斯在《精粹历史》中始终将拜占庭人称为"希腊人"(Ἕλλην),而不是他们通常自称的"罗马人"(Ῥωμαῖον),这种自我认同的转变其实是"希腊主义"的一种表现,这在拜占庭末期并非个例。在 14 和 15 世纪的拜占庭,越来越多的拜占庭学者开始用"希腊人"一词来称呼自己,而放弃了传统的"罗马人"称谓,以此来表示对古希腊语言和文化艺术的钦佩之情,有时则是表达与古代希腊祖先之间存在某种联系。③ 因此,"希腊主义"成为这一时期大部分拜占庭学者所普遍具有的一种思想倾向,在保持对古希腊语言和文化认同的基础上,他们开始强调自己同古希腊人在历史、族群(ethnicity)上的联系。④ 例如,著名的枢机巴西尔·贝萨里翁(Basil Bessarion)把希腊人称为我们的族群。在描述他自己的家乡特拉比松(Trebizond)时,将它的历史追述到古代雅典时期并强调希腊人在族群和文化上的延续性。⑤ 哲学家特拉比松的乔治(George of Trebizond)认为自己是一个希腊人——一个与希腊土地和

① W. Miller, "The Last Athenian Historian: Laonikos Chalkokondyles," p.38.

② Anthony Kaldellis, *A New Herodotos*, p.32.

③ 参见 Speros Vryonis Jr, "Byzantine Cultural Self-consciousness in the Fifteenth Century," in Slobodan Curcic and Doula Mouriki, eds., *The Twilight of Byzantium: Aspects of Cultural and Religious History in the Late Byzantine Empire*, New Jersey: Princeton University, 1991, pp.5 - 14; D. Livanios, "The Quest for Hellenism: Religion, Nationalism, and Collective Identities in Greece, *1453 - 1913*," in K. Zacharia, ed., *Hellenisms: Culture, Identity, and Ethnicity from Antiquity to Modernity*, Aldershot: Ashgate, 2008, p.240。

④ 近十几年来,国际学术界日益倾向于使用 ethnos 和 ethnic group 来指称不必依赖国家来定义的各种民族,以期同传统所使用的 nation、nationality 区分开来。关于拜占庭研究中的族群问题可以参见 A.Kaldellis, *Romanland: ethnicity and empire in Byzantium*, Cambridge, Mass: The Belknap Press of Harvard University Press, 2019, pp.42 - 52。

⑤ Bessarion, "Eis Trapezounta," In Greek: Εἰς Τραπεζοῦντα, *Archeion Pontou*, 1944, Vol.39, pp. 3 - 75.

希腊历史存在联系的人,他觉得自己与一个想象中的希腊群体(community)之间存在着族群上的联系。① 学者塞奥多·加扎(Theodore Gaza)常以自己的希腊族群和希腊文化而感到自豪,甚至被某些学者视为欧洲最早具有现代"国家"意识的代表人物之一。② 诸如此类的例子还有很多,这里就不一一列举。相较于同时代学者们的"希腊主义"而言,劳尼库斯的"希腊主义"呈现出一些新的特点,值得我们进一步分析和研究。

二、劳尼库斯"新希腊主义"的特点

通过对《精粹历史》相关内容的解读,可以发现劳尼库斯的"新希腊主义"在历史、政治和宗教三个层面均异于同时代学者,呈现出自己的特点。概言之,在历史层面,劳尼库斯强调拜占庭人对古希腊历史和文化的延续,认为拜占庭人就是希腊人;在政治层面,他放弃了罗马政治传统,强调了希腊人在政治上的独立性;在宗教层面,他对基督教不感兴趣,转向了古希腊异教信仰。

首先,在历史层面,劳尼库斯强调了拜占庭对古希腊历史与文化的继承和延续,认为拜占庭人就是古代希腊人的后裔,这样清晰而明确的论断在拜占庭历史上应属首次。在《精粹历史》的开篇,劳尼库斯将希腊人的历史追述到希腊神话时代的狄奥尼索斯(Dionysus),认为古希腊人所取得的伟大和光荣的业绩为他们赢得了巨大的声誉。③ 在概述了波斯和亚历山大帝国的历史后,劳尼库斯提到了君士坦丁一世迁都一事,"他们(罗马人)将罗马托付给教皇,并在其国王的带领下进入色雷斯。在最靠近亚洲的色雷斯地区,他们以希腊城市拜占庭为首都,与波斯人进行斗争,因为他们曾在波斯人手中遭受过可怕的失败"④。通过将罗马人与教皇绑定在一起,劳尼库斯将"罗马人"的标签从拜占庭人身上剥离下来:罗马精神(Romanitas)是罗马人留在罗马的一

---

① H. Lamers, *Greece Reinvented: Transformations of Byzantine Hellenism in Renaissance Italy*, Leiden: Brill, 2015, p.138.

② A. Vacalopoulos, *Origins of the Greek Nation: The Byzantine Period, 1204 –1461*, trans. Ian Moles, New Jersey: Rutgers University Press, 1970, p.257.

③ Laonikos Chalkokondyles, *The Histories*, Vol.1, p.5.

④ Laonikos Chalkokondyles, *The Histories*, Vol.1, p.7. 劳尼库斯这里可能借鉴了君士坦丁赠礼 (*Donatio Constantini*)中的观点,这份文件后来被文艺复兴时期的人文主义者洛伦佐·瓦拉 (Lorenzo Valla)证明是后世伪造的。

些东西。① 君士坦丁迁都代表着帝国对于东部地区影响的加强,是东部地区罗马化的开始,但劳尼库斯却并不这么认为。他继续写道:"从此,希腊人与罗马人在这里混居,因为这里的希腊人比罗马人更多,希腊人的语言和习俗最终流行起来,而且他们(希腊人)改变了自己的名字,也用不世袭的名号来称呼自己。"②在劳尼库斯看来,尽管拜占庭的国王被称为罗马人的皇帝(Emperors of the Romans),实际上他们是希腊人的国王(Kings of the Greeks),因为来到东方的罗马人因为希腊语言和习俗的缘故已经被同化了。事实上,劳尼库斯所描述是他所在时代正在发生的希腊化(Hellenization)的进程,在这个进程中他是主角,只是他把这个进程向前推进了一千多年。③ 通过这样的论述,劳尼库斯使拜占庭人"去罗马化"(de-Romanized),维护了希腊人历史的独立性和完整性,他们的首都是"拜占庭"(Byzantion)而非"君士坦丁堡",④在语言和习俗上不同于西方的罗马人。

在对拜占庭历史叙述中,劳尼库斯继续强调了希腊人和罗马人之间的差别,尤其在宗教方面。"我们了解到,罗马人及其教皇多年来在宗教方面与希腊人有许多不同之处,在其他方面也与希腊人有所区别,特别是他们自己选举罗马皇帝,有时从法兰克人中选,有时从日耳曼人中选。"⑤也正是因为存在宗教方面的分歧,导致教皇发动了针对拜占庭人的第四次十字军东侵,"但是,在他们这样与罗马人相处了一段时间之后,希腊人不愿意让自己祖先的习俗与罗马人的习俗混合。由于这种分歧,在罗马教皇的唆使下,许多西方人,尤其是威尼斯人,集结了一支强大的远征军,向希腊人发起了进攻。他们出发来到拜占庭,用武力夺取了拜占庭城"。⑥ 不难看出,通过对宗教信仰差异和冲突的记述,劳尼库斯再一次强调了罗马和希腊两个民族之间的差异,突出了希腊人历史的独立性和延续性。因此,在劳尼库斯看来,我们今天所谓的拜占庭人

① Anthony Kaldellis, *A New Herodotos*, p.175. "*Romanitas*"通常指罗马人定义自己的政治、文化概念和实践的合集,最早出现在公元 3 世纪,现代历史学家用它来指代罗马人的身份和自我形象。
② Laonikos Chalkokondyles, *The Histories*, Vol.1, p.7.
③ Anthony Kaldellis, *A New Herodotos*, p.216.
④ 在《精粹历史》中劳尼库斯一直使用"拜占庭"(*byzantion*)来称呼帝国的首都而非"君士坦丁堡",以此来避开这个城市与罗马和基督教的联系,而这一点正是拜占庭传统史学的核心所在。
⑤ Laonikos Chalkokondyles, *The Histories*, Vol.1, p.7.
⑥ Laonikos Chalkokondyles, *The Histories*, Vol.1, p.9.

是古希腊人的后裔，是赫拉克勒斯、狄奥尼索斯、雅典与斯巴达人、亚历山大的后代，而非埃涅阿斯的后代。拜占庭历史是漫长希腊历史的一个阶段，与罗马人无关。

其次，在政治层面，劳尼库斯的"新希腊主义"完全放弃了对罗马政治遗产的诉求，寄希望于一个属于希腊人的、独立自主的国家出现。拜占庭人一直以文明的"罗马人"自居，这是对古典世界"野蛮人—罗马人二分法"观念的承袭。他们认为自己是古典世界的合法继承者，反过来又称世界上的其他国家和民族的人为"野蛮人"，缺乏古典的美德，如教育和适当的政治组织等。[1] 拜占庭人把他们的皇帝称为罗马人的皇帝，一直到帝国灭亡前夕都没有放弃自己作为罗马帝国政治和文化继承人的身份。[2] 如前所述，劳尼库斯在对待罗马相关事物上与其他拜占庭学者大相径庭，他对罗马的政治遗产没有任何兴趣。劳尼库斯将拜占庭皇帝称为"希腊人的皇帝"或"拜占庭的皇帝"（Emperors of Byzantion），使用罗马及其相关词汇来描述意大利的教皇、查理曼、神圣罗马帝国的皇帝以及他们的政治文化和习俗制度。[3]"在漫长而辉煌的拜占庭千年史学传统中，劳尼库斯是唯一一位放弃对罗马身份诉求的拜占庭历史学家，他一直把拜占庭人称为'希腊人'，并保留了'罗马'的头衔来专门指代拉丁西方。"[4]这样，不仅在历史层面上，也在政治层面上，劳尼库斯在希腊人（拜占庭人）与罗马人之间划出了明确的界限。

劳尼库斯对希腊人"政治独立性"的维护也体现在他对于族群未来的看法上。面对帝国的日渐衰落和土耳其人的威胁，不少拜占庭学者都寄希望于拉丁西方的帮助。枢机贝萨里翁是东西方教会合并的热心支持者，曾在费拉拉—佛罗伦萨会议（Ferrara-Florence Council, 1438—1439）上表达了自己支持东西教会联合的态度。[5] 在君士坦丁堡陷落不久之后，贝萨里翁专门写信给威尼斯总督，恳求他派兵解救君士坦丁堡。塞奥多·加扎也曾在费拉拉和佛罗伦萨游说各方势力，希望他们派遣十字军拯救拜占庭。与绝大多数学者

---

[1] James Hankins, "Religion and the Modernity of Renaissance Humanism," in Angelo Mazzocco, ed., *Interpretations of Renaissance Humanism*, Leiden: Brill, 2006, pp. 137 – 155.

[2] A. Akışık-Karakullukçu, "*Self and Other in the Renaissance*," p. 246.

[3] Anthony Kaldellis, *A New Herodotos*, pp. 177 – 188.

[4] A. Akışık-Karakullukçu, "*Self and Other in the Renaissance*," p. 242.

[5] James Hankins, *Plato in the Italian Renaissance*, Vol. 1, Leiden: Brill, 1990, pp. 217 – 221.

的观点相反,在拜占庭帝国灭亡后,劳尼库斯没有企盼一个复兴的"拜占庭"(罗马)帝国或者是在西方帮助下建立起来的"附属国",而是期盼一个具有希腊民族性质的国家出现。在此,他又一次强调了希腊语的重要性,"希腊语现在已经很受尊重了,将来会变得更为尊贵,希腊人的国王连同那些跟随他的国王们会统治更为广阔的疆域。希腊人的子孙最终会聚集到一起,用最适合他们的方式,站在和其他民族相比更有利的位置上,根据他们自己的习俗管理他们自己"。① 在对拜占庭人政权和族群未来的看法上,劳尼库斯摆脱了传统的君士坦丁堡视角,站在了希腊人,确切地说是雅典人和伯罗奔尼撒人的立场上。劳尼库斯可以被视为最接近现代的希腊民族历史学家,因为他是 1453 年拜占庭帝国灭亡后唯一一个希望建立希腊国家的拜占庭学者。②

最后,在宗教层面,劳尼库斯的"新希腊主义"包括对新柏拉图主义哲学的信仰,这在同时代学者中是罕见的。在《精粹历史》中劳尼库斯有意隐藏自己的宗教立场,也尽量避免涉及有宗教争议的问题,在不得不谈及宗教问题时,不管是对于伊斯兰教还是基督教,他都秉承着一种客观中立的立场。"劳尼库斯对于他书中所描述的宗教习俗也都采取了一种外部的视角,不管是对于穆斯林、基督徒还是其他异教。"③他将基督教称为"基督的派别"(faction of Jesus)或"基督的宗教"(religion of Jesus),将伊斯兰教称为"穆罕默德的宗教"(religion of Muhammad),并认为所知的世界在这两个宗教之间划分,它们之间是相互对立,这就是他对于两个宗教仅有的看法。④ 事实上,劳尼库斯是基督教世界中第一个从民族学角度而不是宗教角度评价伊斯兰教的史家,他将其视为一种有活力且不乏公正之处的宗教,而不是从神学层面进行批判。⑤此外,他对常见于其他拜占庭史书中的各种征兆、异象、神迹等也不感兴趣。虽然《精粹历史》中偶尔也会出现对于征兆或者神意的记述,但这些零星的插曲大多是对希罗多德写作风格的模仿或者转述他人的描述,并不是劳尼库斯的本意,也不是他关注的重点。

---

① Laonikos Chalkokondyles, *The Histories*, Vol. 1, p. 5.

② A. Akışık-Karakullukçu, "A question of audience," p. 17.

③ Mathieu de Bakker, "Explaining the End of an Empire: The Use of Ancient Greek Religious Views in Late Byzantine Historiography," *Histos Supplement*, Vol. 4, 2015, p. 162.

④ Laonikos Chalkokondyles, *The Histories*, Vol. 1, pp. 171, 217, 167.

⑤ Anthony Kaldellis, *A New Herodotos*, p. 101.

　　尽管劳尼库斯在书中极力隐藏自己的宗教立场,但在有关英国泰晤士河潮汐的一段描述中,他还是暴露出了自己对新柏拉图式神秘主义的认同。在卷二对不列颠岛的叙述中,劳尼库斯声称在"神"(God)的管理下,月亮能够影响潮水的涨落,"当月亮在天空中上升的时候,它拉着潮水上涨直到它到达天空的最高处;然后当它下降时,潮水也往回流,不再随着它上升。然后依次循环,当月亮落下后又重新上升时,潮水也转过来又开始上升"。① 劳尼库斯这里的说法并不新鲜,关于"神"和物质世界之间的相互作用与影响是拜占庭学者们在撰写物理学和神学著作时经常讨论的一个问题。② 在接下来的叙述中,劳尼库斯又加入了由风所引起的第二种运动,"有时风也会影响到这个进程,在水流受到推动后,风进一步推动了水流。……这是最令人愉悦的思考、观赏和聆听,也符合世界灵魂(world soul)的规则之一,即世界灵魂乐于感知不同的运动如何相互传递和承载,从而达到某种统一的和谐"。③ 劳尼库斯在这段晦涩难懂的文字中提及了"世界灵魂"观念,并且认为个人灵魂以某种方式同前者相协调,这都将劳尼库斯同新柏拉图主义联系起来,因为"万物的灵魂"以及它与人类灵魂之间的"和谐"是普莱松新柏拉图神秘主义的特征。④以前的学者们认为劳尼库斯对他老师的哲学思想不感兴趣,实际上是劳尼库斯把他的宗教观点隐藏得很深。这种做法并非没有先例,11 世纪的哲学家普塞洛斯(Michael Psellos)就将自己的"异端邪说"放入到一堆令人困惑的语言文字当中。⑤ 对劳尼库斯而言,"希腊主义"不仅关乎身份认同,更是一套完整的哲学和宗教体系,在他所预言的即将到来的时代里,人们都会信仰希腊的宗教,"米斯特拉学者们将'希腊主义'解读为对统一与多样性的神圣元素的信仰,以太阳神阿波罗和月亮女神阿尔忒弥斯为象征"。⑥

---

① Laonikos Chalkokondyles, *The Histories*, Vol. 1, pp. 153 – 155.

② 参见 A. Kaldellis, *Hellenism in Byzantium: The Transformations of Greek Identify and Reception of the Classical Tradition*, New York: Cambridge University Press, 2008, pp. 202 – 205。

③ Laonikos Chalkokondyles, *The Histories*, Vol. 1, p. 155. 这段文字本身存在多处错误和缺失。

④ 关于"世界灵魂"的讨论,参见 N. Siniossoglou, *Radical Platonism in Byzantium: illumination and utopia in Gemistos Plethon*, New York: Cambridge University Press, 2011, pp. 82, 171, 183, 185, 187, 257 – 261。

⑤ Anthony Kaldellis, *The Argument of Psellos' Chronographia*, Leiden: Brill, 1999, pp. 117 – 127.

⑥ A. Akışık-Karakullukçu, "*Self and Other in the Renaissance*," p. 98.

三、劳尼库斯"新希腊主义"的成因

任何史家都不是孤立的个体,一本史书表面上看起来似乎完全是作者个人的思想结晶,实际上也打上了他所在时代的烙印,"作为思想文化形态的史学,总是同史家个人一定的社会政治、经济和思想文化背景以及他个人的生活体验紧密联系在一起"。① 因此,本文将从个人经历、导师影响和时代危机三个方面来分析劳尼库斯"新希腊主义"的形成原因。

首先,劳尼库斯"新希腊主义"的形成与其个人经历和成长环境有关。劳尼库斯对于希腊人历史和文化的强调部分源自其雅典人的出身,尽管没有在雅典长大,但劳尼库斯却以自己雅典人的身份为荣。在《精粹历史》的开篇他就强调了这一点:"雅典人劳尼库斯在这里以历史的形式,记录下他生平中所关注的事件,这些事件都是他亲身经历或亲耳听到的。"② 在《精粹历史》的行文当中,劳尼库斯也花费了大量笔墨来叙述与雅典相关的历史,甚至还借穆罕默德二世(Muhammad Ⅱ)之口对这个城市进行了夸赞,这是书中其他城市从未有过的待遇,足见其对自己所出生城市的热爱。③ 由于远离拜占庭的政治和宗教中心君士坦丁堡,劳尼库斯也更习惯站在希腊人的视角去观察和思考问题,而不是传统的拜占庭视角,"出身于拉丁人统治的雅典,使得劳尼库斯在历史解释上放弃了拜占庭皇帝和帝国意识形态"。④ 所以在描述1453年君士坦丁堡陷落时,他的叙述一如既往地平淡,相反却花费了很多笔墨来描述伯罗奔尼撒的陷落。相应地,他对于所谓罗马的政治遗产自然也不会感兴趣。

此外,劳尼库斯所在的米斯特拉社会环境更加开放和多元,古典文化也更为繁荣,这也有利于劳尼库斯"新希腊主义"的形成。米斯特拉是莫利亚公国的都城,后者最初是由第四次十字军东征后的法兰克人建立的,法兰克和拜占庭文化在这里融合,《莫利亚编年史》记录了这个多元文化社会的形成。⑤ 在

---

① 郭小凌主编:《西方史学史(第四版)》,北京:北京师范大学出版社,2018年,第5页。
② Laonikos Chalkokondyles, *The Histories*, Vol.1, p.3.这句话明显是对希罗多德《历史》开篇的模仿。
③ Laonikos Chalkokondyles, *The Histories*, Vol.2, pp.291-295.
④ Jonathan Harris, "Laonikos Chalkokondyles and the rise of the Ottoman Empire," *Byzantine and Modern Greek Studies*, Vol.27, 2003, p.159.
⑤ Teresa Shawcross, *The chronicle of Morea: Historiography in Crusader Greece*, New York: Oxford University Press, 2009.

15 世纪早期,米斯特拉所在的东地中海世界在政治、文化、语言和宗教上都没有任何程度的同质性,也没有统一的国家或中心,不同派系之间斗争激烈,这些都冲淡了来自君士坦丁堡的政治影响。与政治上的混乱衰败相反,米斯特拉不仅是晚期拜占庭帝国的艺术和文化圣殿,也是一个真正的希腊文化和人文主义的家园,劳尼库斯的导师普莱松正在这里发起复兴希腊古典文化的运动。[①] "正是在拜占庭帝国崩溃灭亡的前夕,在这个拜占庭的伯罗奔尼撒半岛地区,希腊文化存续着,获得发展并建立起新的政治有机体。"[②] 雅典人的出身、宽松的政治环境以及古典文化氛围的熏陶都潜移默化地影响了劳尼库斯对自身认同的看法,使其习惯于从雅典人或希腊人的视角去看待自己所在时代发生的一切,这也影响到了他日后的史学创作。

其次,劳尼库斯"新希腊主义"的形成也受其导师普莱松的影响,尤其在政治理念和宗教信仰方面。劳尼库斯是以普莱松为首的米斯特拉学者圈成员之一,并受到普莱松对希罗多德研究和希腊身份新构想的影响。[③] 在写给皇帝曼努埃尔二世(Manuel II Palaiologos)的信件中,普莱松说道:"被您所统治和管理的我们从族群上来说都是希腊人,我们的语言和先祖的文化能够证明这一点。现在,对于希腊人来说,不可能找到比伯罗奔尼撒——包括它附近的欧洲领地以及岛屿,更适宜(生活)的地方了。因为作为同一族群的希腊人,自从人类有记录以来就已经生活在这里了。"[④] 通过对于文化、语言、地理等要素的重新组合,普莱松将希腊人定义为一个拥有共同文化、传统(heritage)和先祖领地(ancestral territory)的族群。[⑤] 对比上文中劳尼库斯对于希腊人历史的描述,不难看出其中的相似性。实际上,普莱松和劳尼库斯用同样的方式看待古代希腊和罗马历史,包括概述罗马人的崛起,他们对拜

[①] N. H. 拜尼斯:《拜占庭:东罗马文明概论》,陈志强、武鹏等译,河南:大象出版社,2012 年,第 46 页。

[②] 乔治·奥斯特洛格尔斯基:《拜占庭帝国》,第 462 页。

[③] T. Shawcross, "A New Lykourgos for a New Sparta: George Gemistos Plethon and the Despotate of the Morea," in S. Gerstel, ed., *Viewing the Morea: Land and People in the Late Medieval Peloponnese Viewing the Morea*, Cambridge, Mass: Harvard University Press, 2013, pp. 419 – 452.

[④] Pletho, "Address to the emperor Manuel on affairs in the Peloponnese," in Spryros Lambros, ed., *Palaiologeia kai Peloponnisiaka III*, Athens: ΓΡΗΓΟΡΙΑΔΗΣ, 1962, pp. 246 – 265.

[⑤] Georgios Steiris, "History and Religion as Sources of Hellenic Identity in Late Byzantium and the Post-Byzantine Era," *Genealogy*, 2020, Vol. 4, No. 1, p. 6.

占庭的历史不感兴趣,将主要的精力集中在对古典时期和当代的论述上。①
普莱松甚至想通过伯罗奔尼撒专制君主的改革,将莫利亚公国改造成一个
以柏拉图的"理想国"为模型的希腊民族国家。② 在 15 世纪 60 年代后,这样
的基础不复存在,劳尼库斯不得不将普莱松的设想转化成带有民族独立性
质的"复兴论"。

　　普莱松也是一个狂热的新柏拉图主义学者,他的思想糅合了柏拉图主义、
伊庇鸠鲁学说与琐罗亚斯德主义的观点。"虽然表面上他也是个东正教徒,不
过骨子里却有着古希腊异教气息。"③柏拉图主义者承认并接受不同民族宗教
传统的存在,普莱松将伊斯兰教理解为既是一种宗教也是一种生活方式,他的
作品中也没有天主教神学家对于伊斯兰教的谩骂。④ 受普莱松哲学理念的影
响,劳尼库斯对东西教会之间的争议毫无兴趣,对佛罗伦萨会议持中立的态
度,对所谓救赎理论漠不关心,而这些都是同时代学者诸如金纳迪斯·斯科拉
里奥斯(Gennadius Scholarios)、杜卡斯(Doukas)等人所关心的问题。劳尼库
斯在其作品中复活了古希腊民族志的写作传统,用柏拉图主义者的观点来看
待其他民族,认为所有民族都有自己的"创建者"(founders)和"立法者"
(lawgiver)。⑤ 这些都表明,无论是在政治理念上还是宗教信仰上,劳尼库斯
都是普莱松的忠实门徒。

　　最后,劳尼库斯"新希腊主义"的形成还有更为现实层面的原因,这里主要
指在拜占庭帝国灭亡后学者们如何建构自身认同的问题。1453 年,君士坦丁
堡的陷落标志着拜占庭帝国历史的终结和一场"身份危机"(identity crisis)的
开始。⑥ 在 15 世纪中期,中世纪拜占庭身份认同瓦解了,原先组成中世纪拜占
庭身份的三种传统(古典传统、基督教—摩西传统和罗马帝国传统)现在各自

---

① Anthony Kaldellis, *A New Herodotos*, p.214.

② James Henderson Burns, ed., *The Cambridge History of Medieval Political Thought C.350 – C.1450*, New York: Cambridge University Press, 1991, pp.77 – 78.

③ 斯蒂文·任西曼:《1453——君士坦丁堡的陷落》,马千译,北京:北京时代华文书局,2014 年,第 13 页。

④ C. M. Woodhouse, *Gemstos Plethon: The Last of the Hellenes*, Oxford: Clarendon Press, 1986, pp.71 – 72.

⑤ Anthony Kaldellis, *A New Herodotos*, p.110.

⑥ Ioannis Smarnakis, "Rethinking Roman Identity after the Fall, Perceptions of 'Romanitas' by Doukas and Sphrantzes," *Byzantina Symmeikta*, 2015, Vol.25, p.213.

被相互竞争的群体所拥护,在思想文化层面上造成了一种混乱的局面。① 以贝萨里翁为代表的亲西方学者在保持基督教信仰的基础上,选择接受了希腊人的身份,"他们因为自己的出身而感到骄傲,他们中的大多数人定居在意大利,在别人看来。他们只能是希腊人。因此他们培养了希腊式的骄傲(Hellenic pride)"。② 马克·尤金尼科斯(Mark Eugenikos)和金纳迪斯·斯科拉里奥斯则避开了古典元素,将身份认同与东正教信仰绑定在一起。与此同时,克里托布鲁斯(Michael Kritoboulos)和乔治·阿米罗特斯(George Amiroutzes)则将奥斯曼帝国视为罗马帝国传统的继承者,并宣称穆罕默德二世为"新罗马"的皇帝。③ 以普莱松和劳尼库斯为代表的米斯特拉学者则选择回归古典传统,他们强调古希腊的遗产和光荣的历史,希望以此来唤醒同胞们的民族意识。

《精粹历史》所具有的古典特征让它容易被那些熟悉古典作品的拜占庭学者所接受,从书中希腊民族志描写的默认缺失也可以推断出,劳尼库斯写作的对象很可能是位于拉丁西方的希腊人。④ 在《精粹历史》中劳尼库斯始终将"拜占庭人"称为"希腊人"而非"罗马人"是一个有意识的选择,他重新定义了"希腊人"的身份,既恢复了其中所蕴含的非基督教传统,也强调了其所具有的民族内涵。在历史叙述当中,劳尼库斯始终站在希腊人的视角,以一种"希腊中心主义"的角度来记述他所在时代发生的事情。劳尼库斯称赞古希腊人的高贵品德和取得的伟大功绩,通过与穆罕默德二世专制行为和暴政的对比,他似乎在暗示着土耳其人的衰落很快就会到来,他们的统治并不是什么不可避免的惩罚或者被迫接受的命运,在长期看来是可以被坚毅和勇气推翻的。⑤ 土耳其人总有一天会放弃这里回到他们自己的大陆,这是"命中注定的"。⑥ 因此,《精粹历史》不仅是一部历史著作,其中也暗含了劳尼库斯对于自身族群的定义和未来的思考,他想通过著书立说来唤醒同胞们的民族意识,而"希腊

---

① A. Akışık-Karakullukçu, "Self and Other in the Renaissance," p.56.

② D. J. Geanakoplos, *Greek Scholars in Venice: Studies in the Dissemination of Greek Learning from Byzantium to Western Europe*, Mass: Harvard University Press, 1962, p.205.

③ Kritoboulos, *History of Mehmed the Conqueror*, trans. Charles T. Riggs, New Jersey: Princeton University Press, 2019.

④ A. Akışık-Karakullukçu, "A question of audience," p.29.

⑤ Jonathan Harris, "Laonikos Chalkokondyles and the rise of the Ottoman Empire," p.170.

⑥ W. Miller, "The Last Athenian Historian: Laonikos Chalkokondyles," p.49.

主义"是理解劳尼库斯思想的关键所在。

结语

综上所述,15世纪拜占庭末代史家劳尼库斯以拜占庭帝国衰亡和奥斯曼帝国崛起为主线,撰写了一部其所在时代的"世界史"著作。《精粹历史》浓厚的古典风格、地理民族志的加入以及大量口述史料的运用为劳尼库斯赢得了"中世纪的希罗多德"的赞誉。在拜占庭末期,"希腊主义"成为学界普遍所具有的一种思潮。相对于其他学者,劳尼库斯的"希腊主义"呈现出一些新的特点:在历史层面,他强调拜占庭人对于古希腊历史和文化的继承,认为拜占庭人就是希腊人;政治层面,他放弃了拜占庭人对罗马政治遗产的诉求,以一种"希腊中心主义"的视角来叙述历史,希望在不久的将来有一个属于希腊人的、独立自主的国家出现;在宗教方面,他是新柏拉图神秘主义的忠实信徒,对基督教和伊斯兰教持客观中立的态度。

劳尼库斯生活在一个政治动荡不安、各种思想和观念不断冲突和融合的时代,他的"新希腊主义"的形成受其出身、成长环境和导师的影响,也是对其所在时代危机的一种回应。劳尼库斯站在希腊人的视角,用古典的风格来记述当代所发生的重大事件,希望借助古典文化的复兴来唤醒同胞们的民族意识。需要说明的是,不同于那些流亡于意大利或者同西方关系密切的拜占庭学者,劳尼库斯希腊主义的形成没有受西方的影响,而是根源自对古希腊文化传统的继承和复兴。他的立场似乎更接近不承认拜占庭是罗马的中世纪——近代西欧人乃至近现代的希腊民族主义者们。也正因为如此,劳尼库斯和其导师普莱松应被视为最早一批设想一个"新"希腊国家的人,他们的思想标志着近代希腊民族意识的诞生。

作者简介:金志高,历史学博士,河北师范大学历史文化学院讲师,主要研究方向为拜占庭帝国史。

古希腊医官制度考略①

陈　卓

　　摘　要：医官制度是古希腊城邦社会生活的重要组成部分。除为城邦所有居民提供日常或灾疫时的健康保障外,医官还负责战争伤病人员的医疗护理,并为涉及身体伤害或杀人的司法案件提供证据。为了确保医官完成职责,除医者行会内部的自我管理外,城邦还延请业界权威厘定行医规范,并指派首席医官、医务部门官员及监察官对他们进行管理。同时通过授予特权等方式嘉奖优秀医官。古代希腊的医官制度是衡量城邦优劣的标准之一,体现了城邦管理专业性发展的大趋势,展现了民众、地方机构和城邦监管结合的合作治理模式。

　　关键词：古希腊　医官制度　城邦制度

　　在阿里斯托芬的喜剧《阿卡奈人》中,一位名为得刻忒斯的公民因家里两头牛死去而哭瞎了眼睛,来到市场希望得到医治。② 作为市场经营者,狄凯奥波利斯显然无法满足这位公民的愿望,于是推荐他立刻前往医官③庇塔罗斯那里医治。遗憾的是,从该材料仅知晓公元前5世纪末雅典医官庇塔罗斯的大名。雅典是否仅有庇塔罗斯一位医官? 是否只在处于发展鼎盛时期、奉行民主政体的雅典才拥有医官? 如果其他城邦④也有医官,这种制度如何运作?

---

① 国家社科基金项目"海上贸易与公元前8—前2世纪东地中海社会经济研究"(17BSS008)阶段性成果。

② Ar. *Ach.*, 1027 - 1032.再次引用西方古典文献、铭文及纸草,皆按国际惯例夹注注出。

③ 本文借鉴罗念生的译法,将文献中提及的δημοσιεύειν对译为"医官"。

④ 传统认为,自公元前338年喀罗尼亚之战腓力二世征服希腊后,城邦制度宣告结束。但(转下页)

城邦如何监管医官？本文尝试回答上述问题。不得不承认，回答上述问题所需的史料远不够充分。尽管如此，通过对古希腊医官职责和监管史实的梳理，有助于了解时人对医务工作者技艺和职业道德的要求，进而从一个侧面理解公民对城邦的期许和评判。遗憾的是，作为考察古希腊城邦公共卫生体系的一个重要内容，医官制度并未受到足够重视。韦库特以传世文献为主梳理了与城邦公共医疗相关的史料，成为后世研究的起点。① 厄勒搜罗了当时发现的相关铭文材料。② 雅各布将关注重点放在城邦招雇医生治疗战场伤员上。③ 塔恩、罗斯托夫采夫对城邦和希腊化各王国医生的状况进行了简要的总结。④ 卡松对早期的医疗场所进行了初步描述。⑤ 纽顿仅用不到一页的篇幅对医官的基本活动进行了简略介绍。⑥ 上述研究，要么是简单的资料整理，要么是浅尝辄止的初步探讨。即便是科恩-哈夫特关于古希腊城邦医官制度的专题研究，也因视角和资料的限制，受到学术界的严厉批评，被视为"没有冷静头脑、缺乏学术性"的一本论著。⑦ 令人欣喜的是，自韦库特和厄勒以来，出土了一批与医官有涉的数量颇丰的纸草和铭文材料。此外，近年来，关于古代灾变应对和社会治理的深入研究，为认识医官制度在古希腊公共卫生治理中的作用提供了新视角。⑧ 鉴于此，本

（接上页）近年的研究表明，在希腊化及罗马统治时代，作为"公民共同体"的城邦制度非但没有消失，而是呈现出一些新的发展。P. Martzavou and N. Papazarkadas eds., *Epigraphical Approaches to the Post-Classical Polis: Fourth Century BC to Second Century AD*, Oxford: Oxford University Press, 2013, pp. 1 – 2.

① A. Vercoutre, "La Médecine Publique Dans L'Antiquité Grecque," *Revue Archéologique*, Nouvelle Série, T. 39, (1880), pp. 99 – 110, 231 – 246, 309 – 321, 348 – 362.

② J. Oehler, "Epigraphische Beitrage zur Geschichte der Aerztestandes," *Janus*, Bd 14(1908), pp. 4 – 20, 111 – 123.

③ O. Jacob, "Les Cites Grecques et les Blesses de Guerre," in *Melanges Gustave Glotz*, 1932, pp. 461 – 481.

④ M. Rostovtzeff, *Social and Economic History of the Hellenistic World*, Oxford: Clarendon Press, 1941, pp. 1088 – 1094, 1579 – 1597 note 45. W. Tarn and G. T. Griffith, *Hellenistic Civilization*, London: Arnold, 1952, pp. 109 – 110.

⑤ L. Casson, *Travel in the Ancient World*, Toronto: Hakkert, 1974, pp. 82 – 85.

⑥ Vivian Nutton, *Ancient Medicine*, London and New York: Routledge, 2004, p. 87.

⑦ L. Cohn-Haft, *The Public Physicians of Ancient Greece*, Northampton: Smith College Studies, 1956. 对该书的评论参见 W. Kendrick Pritchett, "Review to *The Public Physicians of Ancient Greece*," *Phoenix*, Vol. 12, No. 2 (Summer, 1958), pp. 87 – 89, 所引见 p. 89.

⑧ 灾变应对：Andrea Janku et al. eds; *Historical Disasters in Context: Science, Religion and Politics*, New York and London: Routledge, 2012；社会治理：S. E. Finer, *The History of Government from the Earlier Times*, Vol. 1, Oxford: Oxford University Press, 1999。

文拟借助史学著作、戏剧等传世文献和铭文、纸草等新近发现的资料,尝试归纳古希腊医官担负的职责,厘清个人、团体及城邦是如何监管医官完成职责,进而探讨该制度在城邦治理中扮演的角色。必须承认,相关史料在时空分布上相当分散,几乎涵盖古希腊世界所有地区。而且,与漫长分散的时空分布不对等的是,与医官制度相关的史料仍严重不足。这源于古人对这种制度的习以为常,理所当然认为无需记述,因此在古典文献中很少提及。即便偶有涉及,也因耳熟能详而未对其运行机制详细解释。因此,本文只是对古希腊医官制度的一项初步研究,敬乞方家批评。

一、古希腊医官制度的基本运行模式

自古风时代初期以卡隆达斯为代表的立法者确立以来(Diod. Sic. 7. 13. 3 - 4),经古典时代的发展,到希腊化时代古希腊医官制度逐渐成熟。自此医官制度就成为古希腊城邦政治生活的一项基本内容,医官的遴选、任期的确认及薪酬的筹措和发放成为城邦定期考虑的重要问题之一。然而,在缺乏行医执照的时代,人们通常很难区分良医和庸医。[1] 为了公民的身体健康,确保医官的水平,城邦一般通过如下两种渠道遴选医官。其一,从城邦现有行医者中挑选。在一个城邦内,往往同时存在私人医生和从国家领取薪酬的医官。在遴选医官之前,城邦会根据民众的口碑,将医术最好的医生列为候选人。下文谈到的德摩凯德斯、达米亚达斯、美诺克利图斯等皆由此种方式产生。其二,由城邦出面,请医学传统深厚的城邦选派优秀医生。希波克拉底、赫尔米亚斯等就是由科斯向求助城邦推荐的医官。不管何种渠道都表明,在希腊人的眼中,担任城邦医官是一项技术性很强的工作。只有经过严格的训练,具备丰富的实践经验和良好口碑的人才有资格胜任医官(Pl. Grg. 514 c - e)。然而,获得候选资格并不意味着遴选工作的结束。在实行民主政体的城邦,候选医官还需接受公民大会考核,并通过举手表决方式产生。公民大会的考核包括口头陈述和现场操作。至少公元前 4 世纪的雅典,候任医官必须在公民大会发表演说,证明自身水平和能力。演说时他们会想尽一切办法表明师承名家,受过良好的训练,并乐于不断学习(Xen. Mem. 4.2.5)。除现场口头陈述外,公

---

[1] Herbert Newell Couch, "The Hippocratean Patient and His Physician," *Transactions and Proceedings of the American Philological Association*, Vol.65(1934), p.139.

民更希望直观了解候任医官的技艺。因此，不少城邦要求候选者现场操作。譬如，以弗所就要求几名候选者相互之间进行"外科""器具配置""药物合成"及"突发问题解决"等项目的竞赛，以筛选出医术更精湛的医生。（*I. Ephesos*，IV.1161－1163）

从现有材料看医官的任期并不固定。几则医官的墓志铭中谈到，他们都是游走各地见过"俄刻阿俄斯的洋流和欧罗巴、利比亚、亚细亚的尽头"的匠人（*I.G.* IX. ii. 1279；Hippoc.，*Decorum*，8）。从著名医生德摩凯德斯（Democedes，Hdt，3.131），吉泰翁医官达米亚达斯（Damiadas，*I.G.* V.i. 1145）和卡尔帕托斯医官美诺克利图斯（Menocritus，*I.G.* XII.i.1032）等事例可见，与古希腊城邦大多数公职一年一选一任相较，作为需要专门技艺、关系居民身体健康的职务，医官的任期并无明确规定①。城邦会根据医德、医术、薪酬、职业精神、个人品质等决定医官的任期。如果医术精湛、品德高尚，往往会获得留任，因此任期较长。不过，如某位医官盛名在外，则有可能引发其他城邦的竞相延请。所以，材料所见的医官任期短则一年，长则20年。

一般认为，古希腊医官免费为城邦所有居民诊治，不会从病患者直接获得报酬。② 因此，医官的薪酬需由城邦筹措提供。③ 值得注意的是，正如下文将会讨论的那样，一个中等规模以上的城邦常需聘用多名医官。对城邦而言，为医官支付薪酬并非小事一桩。这是因为古希腊城邦既无财政预决算制度，也无财政结余可以开支。现存材料中，没有发现为了保障公民健康设立公益捐助的记载。那么，城邦是如何为医官提供薪酬的？公元前3世纪的一份德尔斐铭文中已出现ἰατρικόν（*S.I.G* 437）。通常认为，该词表达"维持城邦医官的税收"，亦可简称为"医官税"。④ 阿莱谢尔推断，古典时代的雅典通过阿斯克勒庇俄斯神庙征收"医官税"。她认为，每一名进入神庙的乞援者，无论公民还是外侨，都需向医神缴纳1德拉克马。她同时推算，每日进入神庙的乞援者大

① L. Cohn-Haft, *The Public Physicians of Ancient Greece*, p.47.
② 有学者认为，医官可根据病情，会对病患者收取一定的报酬。Vivian Nutton, *Ancient Medicine*, p.87; L. Cohn-Haft, *The Public Physicians of Ancient Greece*, p.33.
③ 但有时，或许出于便利或其他原因，公民可能会将应纳之税直接交给医官。譬如，公元前248/247年，昔兰尼的一位公民写信说他接到命令付10阿塔贝谷物给医官优卡普斯（Eucarpus）。*P. Hib*, 102.
④ Henry George Liddell and Robert Scott eds., *A Greek-English Lexicon*, Oxford: Clarendon Press, 1996, p.816.

约 15—20 名。不过,节假日前往参观的游客无须缴纳费用。由此,城邦通过平时向乞援者征税,建立一笔基金。这笔基金足以支付医官薪酬。[1] 不过,因缺乏足够的证据,她的推算最多只能视为一种假说。直到托勒密时代,才有关于"医官税"更详细的记载。从纸草文献可见,通过谷物等实物税形式,居民每年缴纳一次"医官税",年税率为每户 2 阿塔贝。[2] 当然,与其他赋税一样,如果公民对城邦作出重大贡献,可获免纳"医官税"之权。譬如,在前述公元前 263 年德尔斐公民大会授予菲利斯提昂及其后代的免税特权中,就包括了戏剧捐和"医官税"(*S. I. G.* 437)。

城邦收取"医官税"并为医官发放还算可观的薪酬,一方面是为了保障他们的日常基本生活需要,另一方面是为了资助他们购买医疗所需的药材、物资及修建收治病人的居所。大致可以肯定,古典时代的医官需要自掏腰包置办医疗器具和药材。资金匮乏正是德摩凯德斯初到埃吉那时面临的最大问题(Hdt. 3, 131)。公元前 4 世纪末一位祖籍阿耳戈斯、名为埃维诺尔(Evenor)的雅典医官捐资 1 塔兰特用于购买治疗所需的药物和器材(*I. G.* II/III², 374)。鉴于直到 12 世纪拜占庭帝国晚期才出现医院[3],此前的希腊城邦不可能为医官提供专门的诊所。因此,除药材和器具外,他们还需租赁(因很多医官为外侨)或置办(如果医官本身是服务城邦的公民)面积较大的居所收治病人。为此,大多数医官不得不像前述庞塔罗斯那样,将病人收治在既存放各种器具又供家人居住的狭小居所内。一旦医官出资扩建居所,以便能收治更多病患,就可能获得城邦的嘉奖。1 世纪迈安德河畔的城邦马格奈西亚因某位佚名医官在城内修建了一栋房舍作为治疗病人的ἐργαστήρια而被授予免税特权(*S. I. G.*³ 807)。虽然伍德海德将ἐργαστήρια一词解读为"诊疗所"[4],但鉴于

---

① S. B. Aleshire, *The Athenian Asklepieon, the People, their Dedications and the Inventories*, Amsterdam: J. C. Gieben, 1989, p. 99;另参见 Peter Fawcett, "'When I Squeeze You with Eisphorai': Tax Policy in Classical Athens," *Hesperia*, Vol. 85, No. 1 (January-March 2016), p. 170。

② *P. Greci e Latini*, 371;388; *P. Flinders Petrie*, 39e; *P. Tebtunis*, 1036,1037. 罗马帝国时期征收医官税的记载可参见 Clyde Pharr, *The Theodosian Code and Novels, and the Sirmondian Constitutions*, XIII, iii, 8. Princeton: Princeton University Press, 1952, p. 388。

③ Timothy S. Miller, *The Birth of the Hospital in the Byzantine Empire*, Baltimore and London: the Johns Hopkins University Press, 1997, pp. 12 – 49, esp. 39 – 40。

④ A. G. Woodhead, "The State Health Service in Ancient Greece," *Cambridge Historical Journal*, Vol. 10, No. 3(1952), p. 244.

古代公共医疗的发展水平,笔者倾向于将之解读为用于为病人诊治、手术的居所。

二、医官的职责

从以上叙述可见,医官制度的设立和医官的选任是城邦的一件大事。城邦愿意花费精力遴选、任命医官,为此专门征收赋税,并为他们发放薪酬,不但是为了保障公民的健康和福祉,而且还为了便于军事、司法事务顺利开展。

(一) 保障居民健康

无疑,城邦设置医官的主要目的是为公民提供基本的日常医疗服务。因此,正如文首谈到的那样,一旦公民患有病痛,他们首先想到或为朋友推荐的方式就是去医官那里治疗。在铭文中,到处可见医官治疗城邦公民的记载。

每当城邦遭遇瘟疫时,医官的作用就体现得更加突出。虽然,"医学之父"希波克拉底曾与德尔斐、雅典等城邦有比较频繁的联系,其作品的诸多案例取自塔索斯,但对于他是否曾担任过某一城邦的医官仍有争议。不过,在他的文集中保存下一份雅典人授予他的嘉奖令,表彰他在伯罗奔尼撒战争初期大瘟疫中为雅典人作出的巨大贡献(Hippoc., *Decree of Athenians*, 25)。这或许能说明他可能曾一度担任过雅典医官。在大瘟疫中发挥作用的医官并非仅有希波克拉底。公元前3世纪的某个时候,科斯岛爆发瘟疫。很快,"各种致命的疾病"席卷整座岛屿。城邦中的其他医官都因夜以继日照顾病人而倒下。这时,唯一健康的医官色诺提姆斯(Xenotimus)"不辞辛劳,一视同仁地诊治所有公民,将许多人从死神手中抢了回来"。因他坚持不懈的工作和在拯救公民中的贡献而被城邦奖励一顶金冠(*S.I.G.*³ 943)。公元前2世纪克里特城邦阿佩特拉突发瘟疫。祖籍科斯的医官卡利普斯(Callipus)"倾其所有时间和精力,展现出最大的职业热情,将许多公民从痛苦的病患中拯救出来"(*I.C.* III, p. 16. no. 3)。公元前2世纪中后期,米利都人阿波罗尼乌斯在任泰诺斯医官时正逢瘟疫突袭。他奔走于周边诸岛,"不放弃每一位患者,充分印证了人民选举他当医官的明智"。为此,不但泰诺斯,而且诸岛联合议事会都颂扬他的恩德,并给予他嘉奖(*I.G.* XII, v, 824. *S.I.G.*² 620)。几乎同时,一位卡苏斯公民(其名并未能保存下来)被派往克里特岛的城邦奥鲁斯公干。当他正准备返回时,那里爆发了瘟疫。面对死伤枕藉的灾民,作为一位医生,他并没有离开,而是留下来医治病人。奥鲁斯人选举他担任医官。铭文中这样写道:"我们恳请他留下来,并说服他,不要在此危难时分抛弃我们。他毅然答应了我们的请求,以更大的热情对我们施以救助,尽其所能救活了许多患者。"疫情结束后,奥鲁斯人在公民大会上对他致谢,并授予他一顶金冠及其他嘉奖(*I.C.* i. p.249, no.13)。在铭文中,类似的例子比比皆是。

从史料上看,除公民外,居于城邦的其他居民,包括外侨、过客甚至奴隶,都可能获得医官免费治疗的机会。前4世纪末的一次灾疫中,前已提及的雅典医官埃维诺尔诊治了"所有公民及居于城内的其他人"(*I.G.* ii/iii², 374)。奥古斯都时代罗德岛的医官伊斯多鲁斯受到嘉奖,并被赠予一顶金冠。提议授予他嘉奖的不但包括哈莱伊斯(Haleis)村社的公民,还包括所有在该村社拥有土地和财产的其他公民、罗马人及外侨(*I. Cos* 334)。

其实,上面谈及的其他人可能并不只包括外侨,甚至还包括了前往此地的过客甚至奴隶。在阿里斯托芬的《马蜂》中,文首谈到的雅典医官庇塔罗斯为参加竞赛的外邦人提供了与公民类似的免费医疗(Ar. *Vesp.* 1432)。公元前3世纪末的德尔斐医官,科斯人菲利斯图斯以对待公民同样的方式,对前往阿波罗神托所的神谕问询者及其他在旅行中遭遇病痛的患者免费治疗。他也因此而受到嘉奖。(*S.I.G.*³ 538)在其他铭文中也可见到类似的情况。① 此外,在希腊人聚会的场所、赛会及节庆中,也可见到医官的身影。在奥林匹亚出土的一份公元前1世纪出席赛会官员的铭文中,医官位列其中(*I. Olympia* 62)。显然他是为前往赛会的运动员和观众提供治疗服务。出土于伊利昂的一份铭文中,嘉奖了新创立的泛雅典娜赛会组织者哲皮鲁斯(Zopyrus)。原因在于他不但成功组织了赛会,而且还为赛会举办期间治疗运动员伤痛的医官提供了物资(*S.I.G.*³ 596)。

即便是亚里士多德笔下"会说话的工具"奴隶可能也在一定程度上获得医官的医疗救助。在嘉奖达米亚达斯的铭文中提到,这位吉泰翁医官"不遗余力地救治所有人,无论贫穷还是富裕、奴隶还是自由人"。"全力以赴拯救所有人"的表述在前面提及的其他几份铭文中也多有出现。② 不过,为奴隶提供诊治可能并

---

① 公元前2世纪卡尔帕托斯见 *I.G.* XII, i, 1032;公元前200年萨摩斯见 Günther Klaffenbach, *Athenisch Mitteilungen*, LI, 1926, pp.28–33.

② 譬如 *I.G.* XI, i, 516,公元前167—前146年,阿卡那尼亚的阿那克托利昂;*I.G.* XI, iv, 775, 公元前2世纪提洛岛;*I.G.* XII, i, 1032,公元前2世纪卡尔帕托斯;*I.G.* XII, v, 824,公元前189—前167年泰诺斯;*S.I.G.*³ 528,公元前221—前219年科斯。

非通例。譬如,嘉奖色诺提姆斯和卡利普斯的铭文就明确表明施诊对象仅为公民或自由人(*S.I.G.*³ 943; *I.G.* iii, p.16, no.3)。即便奴隶有幸被纳入医官照顾的范围,为他们提供治疗的大概也是医官的奴隶助手(Pl. *Leg.* 720 b - d)。

为了实现城邦中所有居民不分贫富皆获诊治①的公共健康目标,有必要对居民进行日常卫生健康教育,以便防患于未然。从铭文材料看,医官可能兼顾这项责任。公元前 2 世纪,中希腊城邦埃莱泰伊亚(Elateia)嘉奖医官阿斯克……(只保留前三个字母 Ask……)。这是因为他不但很好履行了医官救治伤病的职责,而且还为城邦居民举办了一系列的公共健康讲座,从而使城邦躲过了随后的瘟疫。(*S.E.G.* III. 416)为居民举办卫生健康讲座的并不仅见于埃莱泰伊亚,在德尔斐、克里米亚也有类似的记载。②

(二) 军事医护

负责城邦公民、外侨、过客乃至奴隶日常和特殊情况下的健康事务是医官在和平时代的主要职责。战争时期,医官则需亲临战场,为战斗中受伤的人员提供医疗救助。无论古今,救护军队伤员对于维护国家的正常运作都具有重要意义。首先,保存军力。伤员是城邦价值不菲的一笔资产。经过医治和恢复,他们可以重新成为城邦的战士。其次,确保道义。正如阿吉纽西战役一样③,如果不给予伤员必要的照料,将领会遭到道义上的谴责。再次,安抚老兵。缺乏对伤员的必要照料将可能使老兵为了生计沦为盗贼或从事其他违法活动,从而影响社会安定。最后,确保新兵源。如果没有对伤员的必要照料,公民必将对服兵役充满担忧,城邦将难以招募到新的兵源。④ 基于以上原因,希腊城邦普遍会将战场的医护视为一件重要的事情加以对待。

希腊军队通常采取方阵的作战形式。战斗过程中,伤亡人数颇巨。据维勒和斯特劳斯的研究,对胜负双方而言,战斗的折损率将分别达 5% 和 14%。重伤人员中 80% 会在当天去世,30%—35% 的伤员会在返乡后死去,而大约

① Victor Ehrenberg, *The People of Aristophanes: A Sociology of Old Attic Comedy*, New York: Schocken Books, 1962, p.246.
② *S.E.G.* I. 181(德尔斐);*S.E.G.* III, 599(克里米亚)。
③ 晏绍祥:《阿吉纽西审判与雅典民主政治》,《历史研究》2019 年第 5 期。
④ Bernard Rostker, *Providing for the Casualties of War*, Santa Monica: The Rand Corporation, 2013, p.5.

一半的伤员会落下终身残疾。① 鉴于战斗中的严重伤亡,当军队出征时,将军通常会挑选城邦最优秀的医官随行(Xen. *Cyr*. 1.6.15)。虽然,随战事频仍,公民长时间外出作战,医官随军的现象越来越常见,②但一般认为,直到亚历山大大帝才组织起第一支正规的随军医疗队。③ 相较于罗马,希腊随军医官人数较少。色诺芬的万人长征军中,最多只有 8 名医官随行。亚历山大大帝所率的 4 万东征军中,可能只包括科斯名医克里托德摩斯(Kritodemos)、阿卡那尼亚人菲利浦等在内的 7 名医官。④ 医官平时与祭司、吹笛手、指挥官住在同一帐篷(Xen. *Lac*. 7)。作战时,据莱库古立法,他们必须撤至方阵右翼之后(Plut. *Lyc*. 22.4)。正如《阿卡奈人》中记载的那样,当雅典将军拉马科斯被敌人石头打中并被长矛刺中后,他要求“当心点,抬我到庇塔罗斯那里,求他妙手回春”(Ar. *Ach*. 1218—1227)。换言之,伤员会被立即送往医官所在的地方医治。然而,因医官人数不足,战场上普通伤病很难获得救治。为了使伤者保持清醒的头脑,丧失知觉者往往被用凉水浇醒。医官能够处理的病患一般仅限于刀枪创伤或骨折等外伤。因希腊人的止血和防感染技术还相对原始,对于重伤者,医官也无能为力。⑤ 即便获得诊治,伤员的存活率也并不太高。⑥ 值得注意的是,在古希腊战场中,开始萌生医学的人道主义。色诺芬构建的理想君主居鲁士不但会要求城邦派最好的医官随军,而且要求施与受伤的敌军战士必要的救治(Xen. *Cyr*. Ⅰ.6.25)。

　　除文献外,铭文中也不乏医官前往战场救护伤员的记载。公元前 3 世纪

---

① E. L. Wheeler and Barry Strauss, "Battle," in Philip Sabin et al. eds., *The Cambridge History of Greek and Roman Warfare*, Cambridge: Cambridge University Press, 2007, pp.12 – 13.

② P. B. Adamson, "The Military Surgeon: His Place in History," *Journal of the Royal Army Medical Corps*, Vol.128(1982), p.45.

③ Bernard Rostker, *Providing for the Casualties of War*, p.6.

④ A. M. Somma, "Alexander's Wounds as a Paradigm for War Surgery," in D. Michaelides ed., *Medicine and Healing in the Ancient Mediterranean World*, Oxford: Oxbow Books, 2014, pp. 145 – 148; P. B. Adamson, "The Influence of Alexander the Great on the Practice of Medicine," *Episteme*, Vol.7, No.3(1973), p.225.

⑤ A. M. Somma, "Alexander's Wounds as a Paradigm for War Surgery," p.146.

⑥ 希腊的医生仅会使用止血带临时止血,但不知通过动脉打结的方式长期止血。这一技术直到罗马时代才发展起来。Bernard Rostker, *Providing for the Casualties of War*, p.7. 他们常涂抹氧化铅之类的药膏帮助伤口愈合,这对防止感染没有太大帮助。Gruido Majno, *The Healing Hand: Man and Wound in the Ancient World*, Cambridge and Mass.: Harvard University Press, 1975, pp.183 – 185.

末,克里特城邦哥尔廷选举科斯医生赫尔米亚斯为医官。担任医官不久,该邦发生了内乱。应哥尔廷人之请,克诺索斯人依据双方订立的协定派军支援。在与叛乱者的战斗中,哥尔廷人和克诺索斯人受伤严重,其中许多伤者因疾病死去。作为哥尔廷的医官,赫尔米亚斯展现出极高的素养。他全力以赴,救治在哥尔廷受伤的克诺索斯人。他不计酬劳,将许多伤员从极度危险中拯救回来。不久,在法埃斯托斯附近爆发了另一场战斗,更多克诺索斯人受伤生病。他再一次投身于伤员的救治工作,通过他高超的医术和细心的看护,挽救了许多人的性命(*S. I. G.*³, 528)。

值得注意的是,城邦医官还为埃菲比亚提供医疗服务。所谓埃菲比亚是指那些接受军事、宗教和政治训练,即将成为城邦公民的 18—20 岁青年①。虽然埃菲比亚制度大致与民主政体同时建立②,但与之相关的铭文材料却出现在公元前 4 世纪之后。在这些铭文材料中,医官都作为负责埃菲比亚训练官员的一分子出现。③ 虽然此时对埃菲比亚训练的资助从城邦转移到富裕公民,但总体而言,从创立之初起,训练官员的构成基本没有发生太大的变化,医官可能一直是埃菲比亚制度的一环。

此外,医官参与的另一项与军事有关的医护活动是担任兽医,为城邦及公民的马匹和其他牲口提供必要的救助。与此前关于医官救人所难、诊治公民、承担城邦指派的其他工作一样,公元前 2 世纪,拉弥亚人因医官麦特罗多鲁斯(Metrodorus)任劳任怨,为他们的福祉作出重大贡献,授予这位医官许多荣誉和奖励(*I.G.* IX. ii, 69)。在铭文中,他还被称为兽医(ἱππιατρός),将他治疗马匹等牲口的善举与其他治疗病人的活动相提并论。或许由医官兼城邦兽医的行为并非仅见于拉弥亚,在希腊世界其他时段其他城邦中也有存在。至少在公元前 3 世纪中叶及其后,托密勒埃及曾征收兽医税(*P. Hib.* 45; *P.Oxy.* 92)。

要言之,在战争频仍的古希腊世界,战场中的伤员、训练中受伤的年轻预备役公民甚至骑兵的战马都属于医官的救治范围。尽管与罗马相较,希腊医官的急救水平和人数还有待提高,但他们的存在保存了军队的有生力量、树立

---

① 关于埃菲比亚制度,参见吕厚量:《雅典古典时期的埃菲比亚文化》,《世界历史》2016 年第 4 期。
② 吕厚量:《雅典古典时期的埃菲比亚文化》,第 59 页。
③ 这些铭文包括出土于阿提卡境内,有 *I. G.* II/III², 2237(公元 230—235 年);2243(公元 245—250 年);2245(公元 262/3 或 266/7 年)及出土于阿卡狄亚的泰格亚 *I.G.* V, ii, 50(公元前 1 世纪,医官的姓名见 79 行)。

了城邦道义,并在安抚老兵、确保兵源的补充方面发挥了一定的作用。

(三) 司法取证

除日常医护和军事急救外,医官在司法活动中也发挥着一定的作用。然而,法医史学界认为,古希腊的司法审判中一般不会采信医官提供的证据。一部分学者强调,因为古希腊法庭诉讼中,陪审员更关心诉讼者的品质,而非他到底提供了什么证据。因此,证人主要不是作为事实的见证者而是作为控辩双方的支持者出现。① 所以,诉讼过程中,陪审员并不认为医官的专业技能对于构建控辩双方的形象有太大帮助。② 另一部分学者则从史料的稀缺性入手,强调"在科斯和雅典的法庭诉讼中,找不到确切证据表明医官曾充当证人"。③ 还有一些学者从医官的地位证明他们在司法审判中的边缘地位。阿克尔克内希特强调缺席的原因在于医官的地位低下;史密斯则坚信医官尊崇的地位使他们不屑于出庭作证。④ 无论站在什么角度,总体而言,哈里森的观点颇具代表性:"在司法中,医生提供的专业证据根本没有构成一个特殊的类别。"⑤

不过,事实可能与前述观点稍有差异。法律虽未明确规定医官在司法取证中的地位,而且史料中也不见专业仵作的存在,但是,完全否认医官在司法取证尤其是杀人案和身体伤害案件中的作用也未必恰当。首先,柏拉图、亚里士多德等哲学家的著作中到处可见时人对医官专业性的认可。⑥ 在柏拉图构

① Stephen Todd, "The Purpose of Evidence in Athenian Courts," in Paul Cartledge et al. eds., *Nomos: Essays in Athenian Law, Politics and Society*, Cambridge: Cambridge University Press, 2002, pp.19 - 40.

② Douglas Kerr, *Forensic Medicine*, London: Adam and Charles Black, 1956, p.340.

③ J. A. Gorsky, "The History of Forensic Medicine," *Charing Cross Hospital Gazette*, Vol. 58 (1960), p.32; Erwin H. Ackerknecht, "Early History of Legal Medicine," *Ciba Symposia*, Vol.11(1950 - 1951), p.1286.

④ 分别参见 Erwin H. Ackerknecht, "Early History of Legal Medicine," pp.1286 - 1288; Sidney Smith, "The History and Development of Forensic Medicine," *British Medical Journal*, Vol.1 (1951), p.600。关于古希腊医生地位的不同观点及其原因,可参见 Owsei Temkin and C. Lilian Temkin, "Greek Medicine as Science and Craft," in *The Double Face of Janus and Other Essays in the History Medicine*, Baltimore: The Johns Hopkins University Press, 1977, pp.151 - 153; H. F. J. Horstmanshoff, "The Ancient Physician: Craftsman or Scientist?" pp.187 - 196。

⑤ A. R. W. Harrison, *The Law of Athens, Vol. 2 Procedure*, Oxford: Clarendon Press, 1971, p.134.

⑥ 譬如 Pl. *Phdr.* 268 a; *Resp.* 360 e, 459 c; *Cra.* 394 a; *Chrm.* 156 b; *Ti.* 88 a; Arist. *Eth. Nic.* 1120 a, 1137 a, 1180 b; *Top.* 101 b; *Resp.* 380 b; *Metaph.* 981 a; *Mag. mor.* 1199 a。

建的次佳城邦中,不但规定医官在涉及身体健康与否的奴隶买卖纠纷时享有鉴定权,而且他还建议由医生组成陪审团对民事案件中涉及杀人案和身体伤害案件进行审理(Pl. *Leg.* 916 a ff.)。

其次,演说辞中明确谈到,医官提供的证据在涉及身体伤害的司法审判中发挥着一定作用。① 在德谟斯提尼第47篇演说辞中,一位医官写下书面证词,向民众法庭证实曾为佚名诉讼者的女仆治伤,并证明她是因受伤太过严重而不治身亡(Dem. 47. 67)。此外,在战神山议事会审理伤害案时,医生的证词可能也具有一定的参考价值。在归于德谟斯提尼的另一篇法庭诉讼辞中,波埃奥图斯为了诬陷同胞弟兄曼提图斯,自残身体并在脑袋上划开一道口子,试图以此控告曼提图斯犯下故意伤害罪,诱使城邦将之放逐。结果医官优提狄库斯职业素养高,据实揭穿了波埃奥图斯的诡计(Dem. 40. 32 - 33)。不可否认,在这两篇诉讼辞中,医生都只是与常人一道作为普通证人出现,难免使一部分学者否认他们作为专业人士证词的权威性②。不过,在阿里斯通与科农的纠纷中,医官证词的权威性得到更充分的体现。据阿里斯通的说法,科农及其朋友在一次争执中对他拳脚相加,导致他大出血,并差点因此丧命。在随后的法庭诉讼中,阿里斯通不但为陪审员阅读了其他见证者的证词,而且还专门提供了为他医治伤口的医官提供的证词(Dem. 54. 9 - 12)。值得注意是,阿里斯通特别强调:"我提供了医官的证词为证,尊敬的陪审员,而他们(科农及其朋友)根本没有。"(Dem. 54. 36)为了强调医官证词的重要性及陈述词的可信度,阿里斯通特别使用了表示强调语气的小品词 καί。从上述事实可见,在涉及人身伤或杀人案中,医官提供的证据对于案件的走向具有一定参考价值。

除法庭诉讼辞外,铭文中也留有医官调查取证的记载。一旦出现重伤、死亡等意外事故,主政的官员会派医官前往调查,并要求及时汇报调查结果。公元325年,奥克叙伦库斯村居民奥莱利乌斯·狄奥斯科鲁斯的房屋垮塌,其女受伤。该村数名医官受派调查伤者的具体情况。调查结果表明,这位女孩双臀撕裂,双肩受伤,且右膝有淤伤(*P. Oxy.* 52)。在奥勒留统治时期(公元171年),一位名为狄奥尼修斯的医官受将军之派,调查该村居民希埃拉克斯

---

① 关于古希腊演说辞的史料价值,参见陈思伟:《古典时代阿提卡演说辞的史料价值初探》,《史学史研究》2017年第2期。

② A. R. W. Harrison, *The Law of Athens, Vol. 2 Procedure*, p. 134, note 1; R. J. Bonner, *Evidence in Athenian Court*, Chicago: University of Chicago Press, 1905, p. 80, note 2.

自缢案(*P. Oxy.* 51)。显然,在审理相关案件时,医官的调查结果具有权威性,成为判断死因或法庭追究责任的主要依据。不可否认,上述事例都发生在罗马治下的埃及,但利用医官取证之举大概并非罗马时代的创举,更有可能是古代希腊城邦一贯做法的延续。

根据上述演说辞和铭文的记载,医官或受个人之请,或受城邦之派,通过调查、取证或见证等方式,在涉及人身伤害和杀人等司法案件的审理中发挥着重要作用。此外,虽然证据并非那么明确,但医官在残疾人济贫资格的确认、立嘱人的健康认证等方面,可能也发挥着一定的作用。[1]

以上关于医官职责的史实梳理表明,他们不但担负着为城邦所有居民健康保驾护航的重任,而且通过战场急救医护和战后对伤残老兵的照顾,确保了城邦的战斗力,维护了城邦的道义。同时,在司法审判中,他们不但作为普通证人出现,而且对涉及人身伤害和突发事故人员的损伤鉴定具有权威性。就此而言,医官制度是古代希腊城邦正常运转不可或缺的一环。

三、对医官的监管

既然医官在城邦正常运作中发挥着重要作用,那么每个城邦的医官规模有多大? 城邦是通过哪些方式对之进行监管以保障他们履行自身的职责? 下面将尝试回答这些问题。

(一) 医官的数量

对于希腊世界医官的人数,科恩-哈夫特持悲观态度。他强调,"每年全希腊可资利用的训练有素的医官加起来不会超过 20 或 30 个"。他的理由是,受过专业训练的医生人数本就有限,因此,"技术过关、能独当一面的医生都会被任命为不同城邦的医官"。[2] 不可否认,在古代希腊世界,类似吉泰翁的中小城邦占据绝大多数。在已知规模的 672 个城邦中,面积小于 25 平方公里、人口少于或等于 1000 人的城邦占了 148 个;面积不到 200 平方公里,人口不超过 7000 人的城邦多达 351 个。[3] 换言之,中小城邦占总数的 74%。无疑,对

---

① Darrel W. Amundsen and Gary B. Ferngren, "The Physician as an Expert Witness in Athenian Law," *Bulletin of the History of Medicine*, Vol.51, No.2 (Summer 1977), pp.211–212.

② L. Cohn-Haft, *The Public Physicians of Ancient Greece*, pp.25,56.

③ 关于古代希腊城邦的规模,参见 Josiah Ober, *The Rise and Fall of Classical Greece*, Princeton and Oxford: Princeton University Press, 2015, pp.55–57, esp. table 2.1。

吉泰翁那样的小邦，一名或数名医官足可应付城邦赋予的职责。而且，正如希波克拉底谈到的，即使一个城邦仅有一名医官，鉴于古希腊医生的培养方式，他可能会同时带几名学徒。（Hippoc. *Decorum* 17）。如果情况确实如此，那么能够为城邦提供医疗服务人员的实际数量将会是文献所载的数倍。

不应忘记，希腊世界还有一批大型或超大型城邦。面积介于 200—1000 平方公里的城邦共计 160 个；1000—2000 平方公里、人口达 65000 人以上的有阿尔戈斯、拜占庭、罗德岛、米利都等 10 个城邦；雅典、斯巴达、叙拉古 3 个城邦面积都超过 2000 平方公里，人口也过 15 万。[①] 对于雅典、斯巴达、叙拉古那样的大邦，同时招雇数名甚至数十名医官可能更为常见。在同一个城邦任职的医官通常会加入以医神阿斯克勒庇俄斯崇拜为中心的医者行会。一份公元前 3 世纪的铭文残片记载，"作为一项古老传统，城邦的所有医官每年需代表他们本人及其治愈的患者向阿斯克勒庇俄斯和许吉亚（Hygieia）献祭两次……"在记载以上铭文的石碑拱顶浮雕中，至少有 6 人在同一祭坛献祭。[②] 虽然铭文在此断裂，无法清楚献祭的具体安排，但是从中至少可以推断，此时雅典的医官人数不少于 6 名。前述的庇塔库斯可能只是诸多医官中最为世人熟知的一位。

除雅典等超大城邦外，其他较大的城邦可能也会同时选聘多名医官。从诸多铭文可见，科斯城邦会为每一个村社派出一名医官。公元前 3 世纪一份残缺严重的石碑记载了该邦阿伊格利翁村（Aigelion）嘉奖医官阿那克西普斯（Anaxippus）的法令。在另一块残片中，一位佚名医官也获得了某村社的嘉奖。[③] 前 2 世纪，一位名为萨提鲁斯的医官受到该邦伊斯提姆斯村（Isthmus）的嘉奖（*I. Cos*, 409）。向每一个村社派驻一名医官的举措可能延续到奥古斯都时代。如前所述，一位名为伊斯多鲁斯的医官被哈莱伊斯村的公民及在该村拥有地产的所有居民（包括罗马人及外侨）奖励了一顶金冠（*I. Cos* 344）。不可否认，科斯岛因盛产名医，人员富足，可以同时派出多名医官。但是，《提

① Josiah Ober, *The Rise and Fall of Classical Greece*, pp.55 – 57, esp. table 2.1.

② *I.G.* II/III², 772.关于献祭事宜，还可参见 *S.E.G.* IV, 566 中公元前 2 世纪科罗丰及 *I.G.* II/III², 521 中图拉真时代以弗所关于阿斯克勒庇俄斯行会的记载。

③ M. Rostovtzeff, *Social and Economic History of the Hellenistic World*, pp.1597 – 1598.

奥多西法》明确规定,每一个地区必须驻留一名医官。① 这大概是此前传统的
延续。与古典时代希腊城邦仅有一名或数名医官不同,托勒密埃及的医官制
度成为国家成熟官僚体系的一个组成部分。国家在每个城镇甚至每个乡村居
民点都至少派驻一名医官。譬如,国家曾向麦地那(Deir el-Medina)派驻医官
为当地工匠免费治病。② 在前述调查狄奥斯科鲁斯之女受伤的铭文中,被派
出的就是几名驻当地的医官。铭文材料也印证了托勒密埃及向每一个地方行
政机构派遣若干名医官的事实。③ 为了在业务上加强对层次不同、数量众多
医官的管理,自公元前 3 世纪起,出现了首席医官(ἀρχιατροί, GDI 3357)。

(二) 自我管理和城邦监管相结合

从以上材料的梳理不难推导,随着学医人数的增加,城邦对居民健康的重
视和所辖面积的扩张,古代希腊世界开始出现越来越多的医官。如何保证医
官完成他们的应尽职责,更好为城邦居民服务? 大体而言,是通过医者内部自
我管理和官方监管相结合的方式来实现上述目标。

首先,通过医者行会等自治组织实现自我管理。正如希波克拉底指出:
"医生之责,非一己可完成,无患者、助手及他人的合作,则一事无成。"
(Hippoc. Ahporisms, 1.1)这里的他人,更多指医者之间的合作和互助。在
雅典,医官和私人医生会以位于卫城南侧的医神阿斯克勒庇俄斯神庙为中心,
建立了他们的行会组织 Asklepiastai。如今,在神庙内发现了许多由公民大会
颁布的嘉奖医者的碑铭。在前面论及的石碑最顶端浮雕可见的 6 名医者中,
一人是公元前 3 世纪雅典著名医生美尼斯泰乌斯(Mnesitheus),另外两人是
医生戴乌凯斯(Dieuches)两个儿子。虽然因石碑受损,其他内容已不可见,但
不难推断,大概是关于献祭过程和医者行为的具体规定。从神庙仓库保留下
的实物看,医生献上的祭品既包括拔火罐、拔牙器、处方便签等医学用具,也不
乏金银、玉石指环或大理石饰板等器物。医神神庙及其圣域既是记录先贤伟
业的圣地,也是医生讨论业务的场所,而且他们的行为受到宗教信条的严格限
制。④ 由此观之,雅典的医者行会促进并规范着医官的医疗活动。不唯雅典,

---

① Clyde Pharr, *The Theodosian Code and Novels, and the Sirmondian Constitutions*, XIII, iii, 8, pp. 388 – 389.

② Anne Burton, *Diodorus Siculus I: A Commentary*, Leiden: E.J. Brill, 1972, p.239.

③ A. Wilhelm, *Berliner Griechischer Urkunden*, Berlin, 1911 – 1942, p.647.

④ 关于该铭文的深入讨论,参见 Vivian Nutton, *Ancient Medicine*, p.112。

其他城邦也存在类似的医者行会。在科斯岛医神神庙的发掘中,出土了数量可观的医官嘉奖碑铭。这些碑铭部分由科斯城邦颁行,部分由城邦村社颁布,还有部分由受惠于科斯医生的其他城邦镌刻。从希腊化和罗马时代材料看,医神神庙仍是医者行会所在地。[1] 谢林-怀特认为,除医神神庙外,科斯岛上可能还有其他几处医者行会成员的聚集地。[2] 除雅典和科斯外,公元前 2 世纪,科罗丰也颁布了一份嘉奖医者行会的法令(S.E.G. IV.566.)。图拉真时代,以弗所也曾发文嘉奖医者行会(S.E.G. IV.521)。在行会内,每位医者的行为既受同侪的监督,也因对神明的敬畏促使他们按行会制定的规范行医。

医官及医者行会的自律性在《希波克拉底誓言》中体现得最清楚。[3] 在表明尊师重道之后,《誓言》主要论及医者的行为准则,包括不故意误诊伤人、不能给他人毒药、不能为他人堕胎、不为他人做阉割手术[4]、平等对待病人、谨守病人的隐私等。可见,行医是一门技艺,是一门对医者有极高道德要求、充满仁爱之心的技艺。医者,尤其是医官,更需具备为他人健康着想的素养。总体看来,医者行会在技艺和道德上对包括医官在内的所有从业者提出了严格的要求。

其次,通过行医规章加强对医官的管理。尽管享有盛名的医官在行医过程中会尽力避免与《誓言》的要求冲突,但仍有医者会基于各种理由违背其中的某些条款(Hippoc. Nat. Puer. 13)。换言之,医者行会的规定不具法律效力,仅凭此,不可能完全有效约束医官的不当行为。为此,城邦制定了明确的行医规章,对医官的权责作出明确而具体的规定。据狄奥多洛斯记载:"在很久以前,许多著名的医生厘定了成文法则,所有医官需按这些法则对病人施诊。如果按照圣书(即医疗的成文法则)中所读到的规定操作,但仍未能救得病人的性命,他们将免于受到控告,不会遭到任何惩罚。但是,无论在哪一方面,如果与成文法则中规定的处方相违背,他们定会受到审判,甚至被处以死刑。法规制定者强调,任何医官都不得自作聪明,将最有能力的医师最初规定且行之有效的治疗方法弃之不顾。"(Diod. Sic. I.82.3)如果狄奥多洛斯的说

---

① Vivian Nutton, *Ancient Medicine*, p.112.

② Sherwin-White, *Ancient Cos*, Göttingen: Vandenhoeck and Ruprecht, 1978, p.275.

③ W. H. S. Jones trans., *Hippocrates*, Vol. 1, Cambridge Mass.: Harvard University Press, 1957, pp.298–301. 现代学者一般认为,《誓言》是徒弟拜师或医者行会人员聚会时必须吟诵的篇章。见 pp.291–294。

④ 洛布版的编辑者将这里的手术解读为阉割手术,参见 W. H. S. Jones trans., *Hippocrates*, Vol. 1, p.294。

法可信,那么可以认为城邦的确通过规章对医官的行为也作出明确规定。这些规定是由业界最著名的医生厘定,得到实践检验,并随时代的发展不断补充。因此,如果医官按照规定施诊,即便没能救活病人,他们也会免于责罚。但如未能按规定的细则诊治,结果导致病人死亡,医官将会被处以死刑。从出土的纸草文献可见,类似规定一直延续到了罗马帝国时代。此时,医官的行医诊疗同样受到了国家严格的监督,并需对他们的行为负责(P. Oxy. 40)。国家层面对医官的诊疗活动作出明文规定遍及埃及、雅典等东地中海地区。亚里士多德记载说,"医官依成法处方,如果 3 日后仍不见疗效,他就可以改变药剂;但倘使在第 4 日以前急于改变成法,则需由他自己负责"。(Arist. Pol. 1286a 12)从亚里士多德的叙述可见,各地的情况稍有差别。雅典虽要求按规定处方诊疗,但医官拥有一定自主性,可在药物不见疗效的情况下适时对处方进行必要调整。

复次,指派官吏监督管理医官的行为。在古典时代的雅典,医官经公民大会选举产生,因此需接受公民大会的监督。如发现医官有不端行为,公诉人或任何公民皆可向 500 人议事会或陪审法庭提出控告。(Arist. Ath. Pol. 45.2)同时,因医者行会常以阿斯克勒庇俄斯神庙作为聚集和交流场所,负责城邦宗教事务的王者执政官负有监管之责。(Arist. Ath. Pol. 57)不得不承认,古典时代希腊城邦对医官的监管还缺乏明确的实证材料。直到希腊化时代,尤其在古代官僚机构最完备的埃及,相关证据才日渐充分。针对医学业务和从业规范方面可能出现的争议,国家设置了首席医官(GDI 3557),以便对普通医官在行医过程中遇到的各种技术难题进行必要的指导,并根据历代累积的经验召集权威医者对行业规范和诊疗指南进行适时调整。

在行政监管上,国家设立专门的管理部门"医务部"(ὁ ἐπὶ τῶν ἰατρῶν)。从托勒密六世时的一份铭文可见,负责该部门的官员往往以复数形式出现(OGIS 104),这表明任职的官员可能有数名甚至达数十名。在医务部门任职的官员除王室贵胄外,还包括身份为外侨的来自其他城邦的医官。在提洛岛发现的一座塑像底座铭文记载,一位名为阿莱伊乌斯的雅典人担任托勒密王朝的粮食大臣、医务大臣及亚历山大里亚缪斯宫主管(I.G. XI, iv, 1200)。遗憾的是,现存材料未能明确说明医务部门的官员如何管理医官。不过,另有材料表明,医官除需听从医务部门的安排外,还需接受地方各级官吏的派遣。在此前关于司法取证的记述中,狄德姆斯、锡瓦努斯等多名驻奥克叙伦库斯村的医官受地方监察官(logistes)弗拉维·琉卡狄乌斯之派,调查狄奥斯科鲁斯之女受伤的具体情况。这几名医官写成的调查报告最终交给了这位监察官($P.Oxy.$ 52)。类似地,医官狄奥尼修斯受当地将军①克劳狄亚努斯及其副官赫拉克利德的派遣,调查希埃拉克斯自缢案。当着这位副官之面,医官对尸体进行了检查,并向官方提交了一份检查报告($P.Oxy.$ 51)。从专业事务上看,地方监察官或将军显然并不隶属于医务部,并非医官的直属上司,但上述事例表明,他们仍可要求医官对辖区或周边地区出现的涉及居民健康的偶发事件或身体伤害案件进行调查取证。当出现医疗事故或患者指控涉事医官应当负责时,地方最高长官——总督(Praefect)有权对其质询,并可能拥有终审权。公元 2 世纪末 3 世纪初的一份纸草文献保留了总督瓦莱利乌斯·优达蒙的备忘录,记录下对医官帕萨斯尼斯(Psasnis)医疗事故的问询($P.Oxy.$ 40):

> 帕萨斯尼斯向前陈述:"我的职业是医生,按国家分派的任务治疗这些人。"
>
> 优达蒙:"或许你的治疗方案有误。如你确实是一位官方指派的有资格制作木乃伊的医官,那么告诉我,你的治疗方案是什么? 只有这样,才可能获得所需的豁免权。"

此外,在经济事务上,一旦涉及医官税及医官薪酬的发放,他们还需与国家管理医官税的司库或村镇中的管理员打交道。对此,上文关于医官薪酬的论述已有涉及。总之,自医官制度设立以来,城邦就参与了对医官的监管。在业务上,城邦通过首席医官对一般从业人员加以指导。在行政上设置"医务部",专门管理城邦的医疗卫生。地方监察官、将军等各级官吏与他们也多有联系。一旦出现医疗事故,他们将接受地方总督的质询。在经济上,他们还会受到各级医官税管理人员的辖制。上述措施对于医官的行为进行了全方位的监管和严格的规范,最大程度地确保医官履行其职责,从而保障城邦公民的健康。

最后,通过嘉奖令,鼓励医官更好完成任务。医者行会的自律、城邦制定

---

① 自公元前 3 世纪起,将军在埃及诺姆的事务中拥有的权力越来越大,经常享有监督诺姆常设官员的权力。而且将军由国王直接任命,并不受制于财政大臣(dioiletes)。后来,将军还夺取了诺姆长的一些权力。Roger S. Bagnall and Peter Derow eds., *The Hellenistic Period: Historical Sources in Translation*, Malden: Blackwell Publishing, 2004, p.286.

的成文规定及各级官吏在业务、行政及经济方面的监管确实能从制度上规范
医官的行为。来自城邦的嘉奖同样能够在金钱、荣誉、社会地位上发挥激励作
用,从而使他们更主动参与为城邦公民的健康和福祉服务的事务中。正如在
归于希波克拉底的《礼仪论》中谈到的那样,"追求智慧的医者恰如神明"
(Hippoc. *Decorum* 5)。从铭文、文献等材料看,确实,大多数的医官医德高
尚、充满智慧且医术精湛,为公民的健康和城邦的福祉作出了重大贡献。从前
面的叙述可知,虽然许多医官并非是供职城邦的公民,而通常只是作为外侨受
到城邦的招雇,但是,无论是短期服务,还是如美诺克利图斯那样20年如一日
地担任他邦的医官,他们大多兢兢业业,表现良好。有的医官在城邦遭遇地
震、瘟疫、战乱等灾难时挺身而出,救死扶伤;有的医官放弃薪酬,义务为城邦
服务;有的医官在城邦财政吃紧时捐钱献物;还有的医官举办讲座,向居民宣
传公共健康知识。对他们而言,获得城邦的嘉奖实至名归。

　　为了突出医官的贡献,嘉奖铭文中往往会使用一些意味深长的华美语汇,
对他们的功绩进行浓墨重彩的描绘,如称他们是充满智慧、受过良好教育的
人,对公民的健康充满善意,在医学技艺上表现卓尔不凡,对人友好,努力追求
荣誉。① 在古希腊人的头脑中,医生往往等同为工匠。但是,通过这些专门用
来描述贵族阶层的特定词汇②,展现出对他们的尊崇。城邦授予他们的嘉奖
类别众多,既有官方的口头表彰、剧场的特殊座位、由公帑开支的议事会大厅
宴席(*I.G.*, V.i, 1145),请名人为他们撰写墓志铭(*Anth. Pal.* VII, 508)等
象征性的荣誉,也不乏金冠③、公帑修造青铜塑像④等实物。城邦会将这些嘉
奖勒石成文,名其善功,置放在易于大众观瞻之处,以昭后世。铭文中会封授
这些医官为城邦的代理人和恩主⑤。受到嘉奖的医官也可能获得一些实实在

---

① 所有嘉奖铭文都有类似的表述,特别参阅 *I.G.* XII, vii, 22I a 中阿谟基斯人对来自萨摩斯的医
　官奥利亚德斯的赞颂:以便"所有人都不但知道我们对这位品格高尚绅士的热情,而且对他高超
　医术的景仰……"。

② H.F.J. Horstmanshoff, "The Ancient Physician: Craftsman or Scientist?", p.194.

③ *I.G.* XII, i, 1032; *I.G.* XII, vii, 221 a; *I.G.* XII, i, 1032; *I.G.* II/III², 374.

④ *Tituli Asiae Minoris*, II, ii, 63. *I.G.* II², 483; G.P. Carratelli ed., *Annuario della Scuola
　Archeologica di Atene*, XXIV – XXVI (1946 – 1948), pp.66 – 68; *I.G.* XII, vii, 231. *I.G.*
　XII, vii, 22I a,

⑤ *I.G.* XI, iv, 775; *I.G.* V, i, 1145.关于 proxenoi 的职责、任命及特权,参见 Michael Burke
　Walbank, *Athenian Proxenies of the Fifth Century B.C.*, Phd. Dis. The Universtiy of British
　Columbia, 1970, pp.45 – 101。

在的特权,譬如获得免于劫掠之权、赋税蠲免权①、置地权②、与公民享有同样的参战权甚至公民权③,甚至让他们代表城邦参与邦际活动,从而拥有一定的外交权。

上述奖励、荣誉和特权既具有象征性意义,也承载着实在价值。正如在嘉奖色诺提姆斯的铭文中谈到的那样,"所有人都知道,城邦将会以恰如其分的荣誉回报那些为公民作出贡献的医官,并对他们充满敬意"(S. E. G. III, 416)。这些嘉奖意味着作为公民共同体的城邦因感激他们的贡献而欠下的人情。城邦所欠之情不但必须通过表达敬意、赞扬或提升他们地位的方式偿还,而且还可能通过一些金钱、特权等更实在的利益加以弥补。一旦受到嘉奖的医官遭遇困难,要求共同体施与援助时,城邦将义无反顾。此外,一般而言,城邦的精英公民只有在完成令人称道的政治、军事任务后,才可能获得上述奖励、荣誉和特权。如今,在被授予这些嘉奖后,尽管身份仍为外侨,但这些医官的社会声誉和社会地位得以提升。一方面,因自身价值获得认可,加之社会地位的提升,他们对服务城邦的认同感进一步强化。另一方面,他们中的一些人也借此摆脱工匠身份,成为城邦的名流,跻身于社会上层,受人尊敬,从而具备更高的社会地位和影响力。来自克洛同,在埃吉那、雅典、萨摩斯和波斯等地任医官的名医德摩凯德斯就是这类因嘉奖而声名远播、备受尊崇的典型。

简言之,除了加强自身修养和素质外,关乎居民身体健康大计的城邦医官,还受到医者自治行会和城邦各级官吏的监管。在医者行会中,每一位医官不但受同侪的指导,还因对神明的敬畏,不敢置城邦居民的生命健康于不顾。正因行会内部的自我约束,在希波克拉底文集中才出现了不得故意误诊、不得施人以毒药、不得为他人堕胎、不得残损他人身体的誓言。除行会内部的自我约束外,城邦还制定了严格的规章制度,并力图从业务、行政、财政等方面强化对医官的监管。古希腊城邦并不光使用官方监管的"大棒",还诱之以奖励、荣誉和特权等"胡萝卜"。通过上述恩威并举的各项措施,才涌现出一批又一批在灾难面前救死扶伤、捐钱纳物,积极主动融入所服务城邦社会的优秀医官。

---

① Diod. Sic. IV, 71; *S. I. G.* III, 807.

② *S. I. G.*³ 807; *S. E. G.* III, 416. *I. G.* , V.i, 1145.

③ *I. G.* XII, v, 719; *I. G.* IX, ii, 69; *Ath. Mitt.* LIX (1934), pp. 68 – 70; *I. C.* 168; *GDI* 3557.

四、结语

以上关于古希腊医官职责及监管的史实梳理表明，以医官制度为代表的社会保障体系曾广泛存在于古希腊世界。这种制度虽未对 19 世纪以来欧美各国的公共卫生制度产生直接影响，但很可能被罗马帝国各行省模仿和继承。① 医官制度不但是古代希腊城邦社会保障体系的一个组成部分，而且体现了彼时社会治理的一些基本特征。

首先，医官制度的完善与否是判断城邦好坏的标准之一。亚里士多德将统治者是以谋取公共利益为目的还是为一己之私作为判断政体好坏的标准（Arist. *Pol*. 1314—1315）。古希腊城邦无论施行何种政体，都包含着程度不同的民主成分。执政者始终相当关注民意，施政带有民主作风。② 因此，保障公民、外侨、过客及奴隶在内的所有居民的身体健康，是考量城邦政体优劣的重要标准之一。为了体现共同体对所有成员身体健康的关心，早在古风时代的立法运动中，先贤哲人就开始设置医官制度。卡隆达斯在西西里设立医官可能只是同时代类似立法活动的一个代表。古典时代雅典有数名甚至数十名医官。到希腊化时代，一些较大城邦医官数量进一步增加，而且正如托勒密埃及、科斯、罗德岛那样，医官的服务深入到村社甚至每一个居民点。这表明希腊城邦社会公共卫生体系已逐步走向完善。医官们通过救治公民、外侨、过客、奴隶及其马匹牲口，并通过举办健康教育讲座，保障居民的身体健康。遭遇瘟疫时，医官往往不畏生死、倾力投入，力图拯救每一名患者。此时他们的作用更加突出。在战争频仍的古代希腊世界，医官不但会随军奔赴前线，对伤员施以急救，而且还需在战争结束后，继续照顾伤残老兵。正是因为他们，城邦不但保存了有生力量，在道义上居于有利地位，而且通过安抚老兵，解除了公民的后顾之忧，确保了新生兵源。同时，鉴于在医学上的权威性，医官在人身伤害和杀人等案件中充当证人，或受国家指派调查取证，为法庭提供证据，确保法庭审判的公正性和权威性。概言之，医官制度在公民的健康、军事和司法中都占据着一定的地位，成为判断城邦政体运转是否顺畅的标准之一。

其次，医官制度是城邦管理专业化发展趋势的体现。在奉行民主政治的

---

① A. G. Woodhead, "The State Health Service in Ancient Greece," p. 235.
② 晏绍祥：《古代希腊民主政治》，北京：商务印书馆，2019 年，第 606 页。

城邦,除少数特定神灵(譬如埃琉西斯两女神)的祭司及附属于个别行政官员的奴隶(比如掌管公共安全的斯基泰弓箭手)外,缺乏职业官僚。大多数行政官员通过抽签方式一年一选一任产生。然而,值得注意的是,自民主政治诞生之初起,就出现公职人员非职业化与部分行政官员专业化共生的现象。将军、观剧津贴管理员、财政管理员一直都是通过举手表决选举产生,并可连选连任。从上面的叙述可见,鉴于医官对于居民大众健康的重要性,在遴选时,公民往往相当审慎。不但会提名师从名家、长期从业、医德高尚、技术高超的医生成为候选者,而且要求候选医官现场展示和陈述,以呈现自身的水平和技能。在面临瘟疫、灾难、战争时,医官是人们依靠的主要对象。对于病人的治疗、防疫措施的采用,他们享有最高发言权。在处理涉及人身伤害或杀人案件时,他们提供的证据是司法审判的重要依据。此外,对于他们的监管和相关规章的制定都是由行业内资深人士譬如首席医官、业界权威来完成。换言之,医官是一项集专业和品德要求为一体的职务。一旦在技术和品德方面获得公民的认可,医官不再受寻常行政官员任期时限的限制,可以像美诺克利图斯、达米亚达斯等人那样 10 多年甚至 20 年长期任职。从这个角度看,城邦对技术人员的信任和依赖程度越来越强。

最后,医官的监管过程体现了民众、地方机构普遍参与和城邦统管结合的合作治理模式。在行业内部,所有医官都是医者行会的成员。在作为行业自治组织的医者行会中,成员需严格遵守宗教规范和行会制定的行业规则,接受同侪的监督,并力图在道德和医术上成为"恰如神明"那样的智者。除行业内部的管理外,从罗德岛、科斯和托勒密埃及的事例可见,村镇、部落等各级地方机构及其官员也通过嘉奖、资金筹集等方式激励或限制着医官,从而参与到对医官的监管中。与此同时,城邦或国家通过征收医官税、制定行医规范、选派特定官员并对优秀者嘉奖等方式发挥引导作用。通过嘉奖,激发了医官的积极性和对任职城邦的认同。通过税收、规章和有组织的管理,既保障了医官的生活和基本设备费用的筹措,又规范了行业的基本活动。从这个角度看,城邦或国家在医官的管理中并未大包大揽,而是赋予个人、自治组织、地方机构"裁量权",充分调动地方的力量,实现合作治理。

作者简介:陈卓,广西百色学院人文与公共管理学院教师,主要研究世界古代史。

史料选译

修昔底德历史书写中的希腊族群性

玛利亚·法古拉奇 著   岳梦臻 译

[**编者按**]法古拉奇的文章探讨了修昔底德《伯罗奔尼撒战争史》中呈现的希腊族群性,以及族群性在修昔底德战争叙事中的作用。文章关注的问题包括希腊群体"内部族群他者性"、血缘与文化等因素在希腊族群构建与战争叙事中的作用,由此审视修昔底德对希腊内部战争模式的呈现以及希腊世界内部和外部不同层次的族群认同和他者性概念。法拉古奇认为,修昔底德不仅关注战争的主要和次要参与者,也注重希腊内部的边缘群体,强调族群边界的流动性与可塑性,而这与修昔底德对战争复杂性及非理性因素的关注相关。文章结语反思了族群性与战争、修昔底德的历史书写与读者的族群身份和历史意识的关系,简要探讨了修昔底德与希罗多德及其他希腊文学传统之间的互文关系,并指出了两位历史学家在提供族群信息时的不同立场。整体而言,这篇文章为理解族群性在修昔底德战争叙事中的作用,提供了简要而独特的视角。

引言

当思考古希腊族群性和"他者"概念时,首先跃入人们脑海的是希罗多德而非修昔底德。希罗多德丰富的民族志材料和他对解开外来文化之谜的喜好,已被正确地视为对希腊人族群归属意识的重新发现与重新定义。[①] 他的文本还包含关于希腊族群特性的宝贵材料:正是在希腊分裂与统一的持久张力下,我们找到了令人难忘的希腊性(Greekness)定义。希罗多德让雅典人在

---

① 例如,Hartog 1988;Munson 2001,2014;Gruen 2011;Skinner 2012;Thomas 2013。

致斯巴达时称,"[我们]都是希腊人,拥有相同的血缘(*homainon*),说同一种语言(*homoglōsson*),我们的神庙与宗教仪式是共通的,惯习亦相同(*ēthea homotropa*, 8.144.2)"。[①] 这一定义让人印象深刻,主导了所有关于古希腊族群性的讨论。

然而,正是修昔底德关注了所谓的"内部族群他者性"(internal ethnic otherness),即希腊人内部亚群体和希腊世界内不同社群的特征与相互关系("Hellenikon"一词出现在包括修昔底德在内的史料中,用来指称整体希腊人[Hellenes])。[②] 这并不令人惊讶,因为修昔底德意图描绘与解释的,正是发生在希腊人之间的战争。除了希腊人内部的冲突与融合外(convergences),修昔底德也关注"外部因素"——也就是希腊人所称的"蛮族"(barbarians)——在希腊事务中的角色。本文对修昔底德中族群性(ethnicity)的讨论,旨在解决以下几个相互关联的问题:修昔底德对我们理解古希腊族群性的贡献是什么?血缘与文化因素在修昔底德和公元前 5 世纪希腊族群构建中的作用是什么?族群性在修昔底德对族群冲突的描述与分析中,扮演了什么角色? 在本文的讨论中,希罗多德将是一个不断出现的参照对象。

"族群性"(Ethnicity)是一个现代术语,与民族性和其他现代概念相关。该词源自古希腊语"ethnos",古希腊人用它指代具有独特和共同特征的社会实体,通常是政治实体。[③] 这些特征主要是文化性的,可以通过语言、风俗、价值观、信仰、关于血统(descent)的神话和历史叙述、记忆和情感、物质文化等表达。有关族群性的理论极为丰富。对古代族群身份和族群起源(ethnognesis)讨论影响最大的理论,以本尼迪克特·安德森的《想象的共同体》和以安东尼·史密斯(Anthony Smith)为中心的族群象征主义(符号)学派(ethnosymbolist school)为代表。[④] 族群身份本质上是动态的和可协商的

① 原文所用希罗多德英文译文来自 R. Waterfield (Oxford World's Classics, 1998);修昔底德来自 M. Hammond (Oxford World's Classics, 2009)。中译文中希腊文原文均由译者添加。
② 关于 Hellenikon 和泛希腊主义观念,参见 Konstan 2001; Price 2001 ("内战"); Hall 2002; Mitchell 2007; Hornblower 2008。
③ 关于古风与古典时期希腊语境中的 ethnos(和 genos),参见 Jones 1996; McInerney 2001; Morgan 2001,2003. 参见第 165–166 页。
④ 史密斯明确了"族群"(*ethnie*)的六个典型因素,包括共同的名称、共同的血统神话、共享的历史、共享的独特文化、与特定领土的关系及团结意识(Smith 1986:21–31)。古希腊时期与特定领土的关系,可参见 Hall 2002; Luraghi 2008:9–10; Derks and Roymans 2009; Luraghi 2013; McInerney 2014。

（negotiable），由于族群归属感取决于个人和集体的（自我）感知，因此与时间和地点相关，易于变化，正如所有社会现象一样。这与种族主义的概念相反，因为种族主义假设存在一种固定的、本质主义的等级制度，而这一等级制度建立在由基因遗传决定的生物类型基础之上。①

在古希腊族群身份和个人、群体（communal）身份建构中，祖先、血缘关系（blood ties）和血统（descent）确实发挥着一定的作用。邦际层面上的血统观念反映了人类家庭模式和等级制度，正如"共同亲属"（*sungeneia*）一词的惯用用法所示。"共同亲属"（*sungeneia*，修昔底德写作 *xungeneia*）主要适用于个体之间的生物亲属关系。当涉及群体间关系时，"共同亲属"包含了共同体间的（intercommunal）联系，例如母城和其移民地（*apoikiai*）之间的关系，或者同一母城的移民地和它的移民地之间的联系，或者更普遍地，同一族群成员（如伊奥尼亚人、多利安人等）之间的联系。然而，共同体间亲缘关系的概念和实践是灵活的，远远超出了"共同亲属"严格意义上的内涵，即基于某种形式的集体血统的联系，进而包括了一系列促进城邦间建立联系的社会和政治机制。政治制度和权力关系也与族群性的建构密切相关；修昔底德对这些机制的相互关系，有许多洞见。②

希腊人与他者

修昔底德以对西西里"蛮族"（6.2.6）的离题叙述，拉开了第六卷和第七卷对西西里远征的记载。西西里"蛮族"指希腊移民到达之前，生活在岛上的居民，修昔底德称之为西克里奥泰依人（Sikeliōtai）。这一名称也出现在旧喜剧中（Eupolis K-A frag. 303，第 5 册，第 474 页），因此并不一定是修昔底德的首创。西西里"蛮族"中，埃盖斯塔（Egesta/Segesta，一个埃利米城市）人是修昔底德笔下最重要的非希腊人，在西西里章节中也是如此。他们以强烈的恳求、少量的财政和军事援助以及许多虚假承诺，诱使雅典人发动了公元前 415—前 413 年灾难性的西西里远征。他们在叙述中的出现和消失，彰显了修昔底德强大的作者主体性。

修昔底德称埃盖斯塔人（Egestaeans）是特洛伊人的后裔，在特洛伊沦陷

---

① Ashcroft et al. 2013:96.关于希腊罗马世界的种族主义（"原始种族主义"），参见 Isaac 2004；McCoskey 2012；Jesse 2014（原始主义与建构主义）。

② Jones 1999；Low 2007；Patterson 2010（关于神话在亲属关系建构中的作用）；Fragoulaki 2013。

后来到西西里(6.2.3)。在作者评论性(authorial)和修辞性段落中,埃盖斯塔人经常被称为"蛮族"(barbaroi)或"外来人"(*allophuloi*,这是另一个表示族群他者性的术语[6.2.6;9.1;11.7;7.57.5]),与雅典人有密切的互动。他们似乎是雅典人在西西里最可靠的非希腊人盟友(6.6.2;10.5;18.1)。然而,尽管埃盖斯塔人被明确地称为蛮族,但文本中有迹象表明他们在一定程度上熟悉希腊风俗。比如,他们似乎了解希腊的社会和宗教仪式,例如"乞援"(supplication, 6.19.1)和"宾客之谊"(*xenisis*, 6.46.3)。埃如克斯(Eryx)的阿芙洛狄忒神殿(6.46.3)和与位于南部约 60 公里处的希腊(和多里亚)城市塞里努斯(Selinous,为 Hyblaia Megara 的殖民地,Thuc. 6.4.2)的通婚,进一步证明了他们文化中的希腊元素。埃如克斯(Eryx)山上的阿芙洛狄忒神殿融合了当地西西里人、意大利人、希腊人和腓尼基人的元素,本身就是该地区文化混合的象征,且与特洛伊英雄埃涅阿斯在特洛伊陷落后前往西方的神话,以及希腊英雄如荷马史诗《奥德赛》中的奥德修斯有关。修昔底德之外的文本材料和考古证据证实了埃盖斯塔人族群构成中的文化融合及其中的希腊(尤其是多利安)因素,而修昔底德对此并未给予足够重视。①

　　"特洛伊的他者性"(Trojan Otherness)首次出现在《伯罗奔尼撒战争史》的开篇,即"古事纪"(Archaeology)中。在这里,特洛伊战争被呈现为希腊人对族群他者的第一次共同行动,它发生的时间较早,象征着泛希腊族群归属意识构建过程中的决定性时刻(1.3.1-2)。修昔底德以荷马为据,强调了族名在这一过程中的作用。他称荷马从未使用"蛮族"一词指代特洛伊人,显然是因为诗人也没有使用"希腊人"(Hellēnes)一词(1.3.3)。修昔底德的陈述表明族群自我定义是通过与他者的对立来实现的。但与埃盖斯塔人的情况一样,特洛伊人的他者性既与希腊性对立,又与之非常接近。在《伯罗奔尼撒战争史》中,我们发现"蛮族"这一一般性范畴,可指涉不同程度和类型的他者性。②

　　在公元前 5 世纪的希腊历史中,波斯人似乎是一个更为突出的"蛮族"类型,统称为"唯一的蛮族"(*ho barbaros*, 1.18.2;参见 Hdt. 7.163.1)。然而,修昔底德想要强调自己笔下战争的规模和复杂性,除了一些特例外,他倾向于

---

① Fragoulaki 2013:304-5. Cf. Vlassopoulos 2013:105-13.
② 关于希腊人和特洛伊人,参见 Erskine 2001;对照下文居住在希腊西北部埃皮鲁斯的莫洛西人;
　 关于希腊人和他者的一般性讨论,参见 Harrison 2001; Rosen and Sluiter 2010。

将波斯人隐没在历史叙述的背景中。① 在"古事纪"的开篇,"过去的冲突"
(1.1.1)就被认为不如雅典人与伯罗奔尼撒人之间的战争重要。这是书中第
一次隐晦地提及特洛伊战争和希波战争,在"古事纪"中,这两场战争是早期希
腊历史与伯罗奔尼撒战争之间发生的重要事件(1.3;1.9.4;1.12.1;1.14.2;
1.18.2;1.23.1)。"谁从波斯人手中拯救了希腊"是公元前5世纪的一个重要
问题,修昔底德和希罗多德(7.139)对此都有涉及。修昔底德的答案暗示了过
去的"联合"(或者更确切地说是关于"联合"的意识形态和修辞)与现在的分裂
之间的对比:他认为希腊人对"蛮族"的胜利是雅典和斯巴达的共同成就,是他
们"共同战斗"(homaichmia;1.18.2-3)的结果。考虑到希罗多德在其著名的
希腊性定义中,使用了多个以"homo-"开头的词(如 homaimon,homoglōsson,
homotropaēthea;见本文引言),强调希腊人共享的特质,修昔底德使用的"共
同战斗"(homaichmia)一词,无疑充满了情感性的弦外之音。尽管如此,正是
希罗多德在建构希腊人联合观念的同时,揭示了希波战争中希腊同盟内部的
冲突。② 修昔底德则表明,正是伯罗奔尼撒战争彻底摧毁了这一联合观念,暴
露了希腊城邦之间的紧张、不满和差异。

与特洛伊人一样,希腊人和波斯人之间不仅有冲突,也有交往,这在修昔
底德文中也有迹可循。在"古事纪"中,修昔底德就告诉了我们伯罗奔尼撒半
岛神话先祖的亚洲起源(1.9)。③ 而在记录伯罗奔尼撒战争期间希腊与波斯
的外交时,修昔底德更关注斯巴达,而非雅典。一个著名的例子是被截获的波
斯国王阿塔薛西斯一世在去世前不久(公元前424年)送往斯巴达的信件
(4.50)。关于斯巴达摄政者保萨尼阿斯的小插曲是另一个例子。这段插曲与
关于雅典人提米斯托克利斯的插曲相对应(见后文),都涉及杰出个体的族性
问题。④ 保萨尼阿斯的插曲中也有信件往来,这一次发生在保萨尼阿斯和波
斯国王谢尔克西斯之间。保萨尼阿斯在信中表示希望通过与国王的女儿联
姻,换取希腊的自由(1.128.7)。保萨尼阿斯的亲波斯倾向(注意术语"米第
化"medism, 1.135.2),也体现在一些文化标准上,比如保萨尼阿斯的饮食和

① Munson 2012.
② Baragwanath 2008:171-8.
③ Cf. Gruen 2011:229.
④ 关于希罗多德对保萨尼阿斯的刻画(4.81.3;5.32)及其与修昔底德的关系,参见 Hornblower 2013:133; cf. Herodotus 9.78-82,分析见 Flower and Marincola 2002:11-15。

着装习惯,以及他表现出的一种东方执政官的风度。至于保萨尼阿斯的暴力举止,则交织了斯巴达式粗暴的刻板印象与东方专制君主的暴虐。希罗多德对此有非常好的呈现。①

色雷斯人在修昔底德的著作中,得到了相当多的关注。修昔底德对色雷斯地区进行了精彩的地理与民族志描述(2.96—8),这可能与他自己和该地区的联系,或希罗多德对该地区的兴趣有关。② 修昔底德描述了一片广阔的领土,由几个蛮族部落占据,并使用了一些文化标准来描述色雷斯人的他者性:黄金、白银和礼物交换的作用(同时与波斯人进行了比较,2.97.4;cf.1.129.3);该地区不同部落的战争方式;政治组织和掠夺性(2.98)。色雷斯地区的非希腊因素和希腊因素互动频繁,这点在色雷斯沿海地区尤为明显,因为那里散布着伊奥尼亚人的希腊定居点(北部的城市卡尔基迪克)。雅典对该地区极为关注,保持了长期的兴趣,并在色雷斯凯尔索尼厄斯半岛及以西拥有一些定居点,其中包括斯特里蒙河上的安菲波利斯(4.102;5.11;另见本章后文)。修昔底德还提到了色雷斯人萨多科斯(Sadokos),他是奥德里西亚国王之子,通过"归化"入籍制度(2.29.5;2.67),成为雅典公民。修昔底德在描述萨多科斯入籍时,使用了"成为雅典人"(*ton gegenēmenon Athēnaion*,2.67.2)这一术语,反映了政治和文化制度在族群身份转化中的作用(关于萨多科斯参加阿帕图里亚节[Apatouria]的情况,参见 Ar. *Ach.* 145 - 6)。③ 这种族属身份转变破坏了血缘群体间的固定边界,以及仅基于生物学的、僵化而过时的亲属模式的有效性,而这一解释模式已被 1970 年代后兴起的人类学理论模式取代。④ 有时,希腊人和蛮族人之间的互动可能会导致灾难性的后果,比如雅典将领迪特勒费斯(Diitrephes)领导色雷斯部落狄埃人,又称持匕者,在希腊大陆波奥提亚地区的小型社区迈卡莱萨斯(Mycalessus)造成的破坏。修昔底德对这些色雷斯人野蛮行径的解释,具有本质主义的味道:"因为色雷斯人(*genos*)与那些极为残暴的蛮族一样,当他们毫无畏惧时,变得尤为血腥残暴。"(7.29.4)

---

① 关于斯巴达将军的暴力个性,参见 Hornblower 2011a: 250 - 74。关于将保萨尼亚斯的军事领导权类比为僭主,参见 1.95.3。关于斯巴达与波斯,参见 Lewis 1977;关于雅典与波斯,参见 Miller 1997。

② Zahrnt 2006; Graninger 2015。

③ 关于这一点,修昔底德没有提及的公元前 451/50 年的伯利克里公民法(Arist. *Ath. Pol.* 26.3),可被视为一种集体转型与公民体高贵化的机制,参见 Blok and Lambert 2009。

④ Strathern 1992; Carsten 2000。

这些色雷斯人中,有很大一部分在逃亡过程中溺水而亡(7.30.2)。因不会游泳而溺亡,被希腊和罗马人视为一种野蛮的死法。[1]

　　一些希腊大陆的群体,例如中部与西部希腊的邻近族群(ethnē),如奥扎利亚的洛克利亚人(Ozolian Lokrians)、埃托利亚人(Aetolians)和阿卡纳尼亚人(Akarnanians),虽然在地理上毗邻,但文化上却相异。这为研究希腊族群性提出了另一个挑战。虽然这些群体名义上属于希腊世界,但它们的族群特征却是蛮族的,事实上,它们的血缘谱系被置于由希伦(Hellen)和其后代定义的希腊血缘谱系的对立面。[2] 阿卡纳尼亚的希腊城市安布拉奇亚(Ambrakia,科林斯的移民地,2.80.3),它的市民在两种潜在死亡方式中作出的绝望选择,展示了蛮族他者在希腊群体内部联合这一愿景遭到破坏时发挥的作用,而这两种方式都是死于敌人之手。据修昔底德的记载,属于多利亚人一支的安布拉奇亚人(Ambrakiots)宁愿死于雅典人之手,也不愿被邻近的阿卡纳尼亚人和安菲罗奇亚人(Amphilochians)所灭。对安布拉奇亚人而言,雅典人是伊奥尼亚人的一支,属于希腊人,而阿卡纳尼亚人和安菲罗奇亚人则是不同类型的"令人憎恶的他者"(如 echthistōn Amphilochōn,"最令人憎恶的安菲罗奇亚人",3.112.7)。安布拉奇亚人认为阿卡纳尼亚人是蛮族,安菲罗奇亚人则是阿卡纳尼亚人的一支。然而讽刺的是,正是安布拉奇亚人促成了安菲罗奇亚人"语言的希腊化"(hellēnisthēsan tēn glōssan, 2.68.5)。在这里,安菲罗奇亚人代表了一类有时与自己的族群非常接近的"令人憎恶的他者"。

　　在"古事纪"中,埃托利亚被称为希腊的一部分,但在修昔底德的时代,他们的生活方式和军事防御被认为是落后的,让人想起蛮族(1.5.3)。除了符合"古事纪"中关于"特洛伊战争后希腊战争的准进化式描述(quasievolutionary account)"[3]外,这段文字进一步证明了修昔底德与荷马史诗,尤其是《伊利亚特》卷二"将兵录"(Catalogue of Ships)之间的互文关系。在《伊利亚特》卷二"将兵录"中,荷马提到了埃托利亚族群(Il. 2.638-44)。古风时代的其他诗歌,例如赫西俄德的《名媛录》(Catalogue of Women, Ehoiai)也提到了埃托

---

[1] 关于游泳在希腊、罗马及后期欧洲民主主义话语中的作用,参见 Hall 2006:155-87。关于修昔底德、色雷斯人和迈卡莱萨斯,参见 Kallet 1999; Sears 2013; Fragoulaki 2020a。

[2] Hall 1997:47; Dougherty and Kurke 2003:30.

[3] Morgan 2003:8.

利亚人,而《伊利亚特》与这些诗歌构成了希腊族群神话的重要材料。① 修昔底德描述雅典在埃托利亚地区的战争时,为该地区的民族志(3.94-8)补充了一段类似色雷斯地区的记载,包括埃托利亚人的战争、政治组织、语言和饮食习惯。正如学者已指出的,这两段内容是关于族群政治组织形式的最早记录,助长了人们对于族群"原始性"(primitivism)的负面假设②:

> 埃托利亚人尽管是一个人数众多而好战的族群(ethnos),但是他们居住在没有城墙卫护的村落中,分散得还很广,仅使用轻装武器,根据美塞尼亚人的说法,未费太大气力,在援军到达之前,他们就被征服了。美塞尼亚人献计说,首先进攻阿波多提亚人,然后进攻奥斐尼亚人,最后进攻攸利坦尼亚人。攸利坦尼亚人是埃托利亚最大的族群,据说,他们操一种最难听懂的语言,吃生肉。这些族群一旦被征服,其他部族就会唾手可得了。(Thuc. 3.94.4-5)③

性别为研究族群性提供了一个有趣的视角。作为个体的女性常常在修昔底德笔下缺席(absent)。大多数情况下,她们不被具名,与儿童一起,作为战争的受害者,以群体的形象出现。④ 当修昔底德描述不同族群间的联姻时,女性也会以隐晦和不具名的方式出现,可举出的例子有"蛮族的"厄格斯塔(Egesta)人和"希腊的"塞利努斯(Selinous, 6.6.2)人之间的联姻,或者王室联姻。在王室联姻中,修昔底德提到了马其顿公主斯特拉托尼克(Stratonike)。她是马其顿国王佩尔迪卡斯的妹妹(2.101.5),由于显赫的政

---

① E.g. Hall 1997:42-4; McInerney 1999:120-7; Fowler 2013:122-30. 关于修昔底德书中的埃托利亚人,参见 Bommeljé 1988;关于修昔底德书中的诗歌,参见 Rhodes 2023(原书第 4 章);关于修昔底德书中关于 Mycalessus 的记载与荷马史诗传统的互动关系,参见 Fragoulaki 2020a。

② Morgan 2003:7-10.

③ Thuc. 3.94.4-5: "τὸ γὰρ ἔθνος μέγα μὲν εἶναι τὸ τῶν Αἰτωλῶν καὶ μάχιμον, οἰκοῦν δὲ κατὰ κώμας ἀτειχίστους, καὶ ταύτας διὰ πολλοῦ, καὶ σκευῇ ψιλῇ χρώμενον οὐ χαλεπὸν ἀπέφαινον, πρὶν ξυμβοηθῆσαι, καταστραφῆναι. ἐπιχειρεῖν δ᾽ ἐκέλευον πρῶτον μὲν Ἀποδωτοῖς, ἔπειτα δὲ Ὀφιονεῦσι καὶ μετὰ τούτους Εὐρυτᾶσιν, ὅπερ μέγιστον μέρος ἐστὶ τῶν Αἰτωλῶν, ἀγνωστότατοι δὲ γλῶσσαν καὶ ὠμοφάγοι εἰσίν, ὡς λέγονται: τούτων γὰρ ληφθέντων ῥᾳδίως καὶ τἆλλα προσχωρήσειν."

④ 阿尔戈斯公主库瑞赛伊斯的具名属于特例,因为她本身属于修昔底德纪年方式的一部分(2.2.1)。

治身份(2.101.6),得以在修昔底德书中留下姓名。① 另一个在修昔底德书中留下姓名的王室女性是色雷斯(Thracian)女王布劳罗(Brauro),她亲手杀死了自己的丈夫,而她的名字本身就隐含了"蛮族性"。此外,修昔底德还提到一位不具名的摩罗西亚(Molossians)女王,其虔诚恰与布劳罗形成对比。摩罗西亚位于埃皮鲁斯,被视为"蛮族"。根据修昔底德的记载,这位不具名的摩罗西亚女王招待了雅典将军提米斯托克利斯,并通过教授他摩罗西亚的乞援仪式,挽救了他的生命(1.136.3)。在这一插曲中,摩罗西亚及其女王被描绘为避难者的开明庇护所,是雅典在边陲的微型再现,这一呈现可能与公元前420年代雅典对该地区日益增长的兴趣有关。女王在文化上与希腊世界,更确切地说与雅典的亲近,可能是她在修昔底德笔下"尊重地"未被具名的原因之一。②

希腊族群性:部落与公民认同

"古事纪"提供了充分的证据,证明修昔底德非常关注希腊族群认同的一些关键因素,包括族群谱系、殖民、族称、共享的历史与文化。丢卡利翁的儿子希伦,在这一部分以希腊人的名祖身份出现(1.3.2)。希伦及其子孙为历史时期希腊人的次级族群部落划分提供了神话依据(charter myth),这些次级部落包括埃奥里亚人、多利安人、伊奥尼亚人和阿凯亚人。修昔底德在"古事纪"中使用了表示"种族""部落"或"族群"的词语,如 *phulon* 在复合词 *allophulos* 中出现,意为"属于不同的族群"(1.2.4),此外,还有 ethnos(1.3.2),genos 等词,后者出现在复合词 *xungenes* 中(1.6.4)。这些词语在"古事纪"中与民族志和文化式的标准一起出现。正是在这里,修昔底德第一次使用了在后文中反复出现的短语"依照共同亲属"(*kata to xungenes*,1.6.4),解释早期雅典人与他们的亲属伊奥尼亚人在服装和发型上的相似。修昔底德始终关注不同群体在文化(1.6.6)或政治(7.55.2)实践中的相似习惯(*to homoiotropon*),在描写军

---

① Cf. Carney 2010:413.关于马其顿族群性,修昔底德似乎将马其顿军队看作一个单独类别,既不属于希腊人也非蛮族(4.124.1;cf.4.125.1);另一方面,修昔底德为马其顿王室的阿尔戈斯(特美尼德)起源说背书(2.993;5.80.2),这一起源说属于古典时期普遍接受的马其顿人为希腊人观点的一部分,(cf. Hdt. 5.22);Hatzopoulos 2011;cf. Hall 2001;Zahrnt 2006。

② 关于雅典与摩罗西亚,参见 Fragoulaki 2013:270-6。关键段落:Thuc. 2.45.2;cf. Schaps 1977;Cartledge 1993;Hornblower 1991-2008:vol. II, 339 指出"女性在非希腊地区的代理人作用";Kallet-Marx 1993b;Crane 1996:75-92。

事与殖民时,详细记录各群体的风俗(*nomima*)与语言(*phōnē* 或 *glōssa*,例如 3.112.4;6.5.1;7.44.6;7.57.2)。

不同群体间的"共同亲属"是贯穿《伯罗奔尼撒战争史》的一个重要主题。[①] 修昔底德以一种挑衅的方式,将所谓的科西拉事件(Kerkyraika, 1.24 - 55),引入到他对战争的复杂解释中。这一事件源于以古老而享有威望的母邦科林斯和其殖民地科西拉之间,因同一殖民亲属关系下的第三个亲属定居点——埃皮达鲁斯城——而产生的争端。这毫无疑问地证明了"软性"因素,包括关于仇恨和友谊的叙述、道德准则和等级制度等,在战争和政治中的作用。正如伯罗奔尼撒战争一样,科西拉事件是一场暴力内战,而族群身份认知对构建战争中不可调和的分裂,发挥了关键作用。[②] 在这一情境下,修昔底德第一次向我们提供了盟友录(1.27.2;1.46.1)。但修昔底德笔下最令人印象深刻的盟友录,出现在公元前 413 年的叙拉古港口之役前(7.57 - 58),它强有力地说明了"通常决定联盟的族群归属叙事,是如何站不住脚的"。[③]

> 在叙拉古的参战双方,有些前来帮助雅典人征服西西里,有些则帮助叙拉古人保卫西西里。他们选择自己立场,依靠的并非道义或血缘纽带,而是每个城邦依据利益关系或偶发情况,做出决定(Thuc.7.57.1)。[④]

在这段开场白之后,修昔底德举出了一些与殖民地和/或部落亲属作战的城邦的例子。他认为埃奥里亚人与埃奥里亚人,更确切地说,与来自母邦地区的波奥提亚人之间的战争(7.57.5),是不恰当的;同样地,身为多利安人的阿尔戈斯人不应帮助属于伊奥尼亚人的雅典,攻打自己的同胞多利安人(7.57.9)。另一方面,尽管雅典与朝贡盟友,如艾利特里亚、尤卑亚岛(Euboea)的卡尔基蒂斯,或基克拉底的科斯和安多罗斯等城市之间的联盟,具有公认的胁迫性质,但修昔底德认为这一联盟更为"自然"(7.57.4),因为雅典

[①] Fragoulaki 2013.

[②] Kalyvas 2006 的研究提供了一个比较政治学的视角,聚焦 1943 年到 1949 年的希腊内战,并认可修昔底德在解释内战现象时做出的开创性贡献。

[③] Connor 1984b: 196.

[④] Thuc.7.57.1: "τοσοίδε γὰρ ἑκάτεροι ἐπὶ Σικελίαν τε καὶ περὶ Σικελίας, τοῖς μὲν ξυγκτησόμενοι τὴν χώραν ἐλθόντες, τοῖς δὲ ξυνδιασώσοντες, ἐπὶ Συρακούσας ἐπολέμησαν, οὐ κατὰ δίκην τι μᾶλλον οὐδὲ κατὰ ξυγγένειαν μετ' ἀλλήλων στάντες, ἀλλ' ὡς ἑκάστοις τῆς ξυντυχίας ἢ κατὰ τὸ ξυμφέρον ἢ ἀνάγκη ἔσχεν."

和这些群体有着共同的伊奥尼亚亲缘关系，更确切地说是殖民关系。

　　修昔底德这段评价的重要性，只有结合他在西西里叙事开篇关于希腊对西西里殖民活动的评注才能感受到。这段关于西西里早期历史的插叙（6.2—5），是作者的杰作，详细罗列了希腊母邦与西西里定居点之间的亲缘关系，同时提供了一张关于族群诉求的"编码"地图，使我们能够依次阅读与评估西西里地区的城市在建立有悖亲缘关系的同盟关系时产生的影响。

　　修昔底德对希腊族群身份进行了复杂而微妙的构画，与此共存的是二元对立和刻板印象。这种二元对立主要涉及"雅典"对"斯巴达"、"伊奥尼亚人"对"多利安人"、"东方"对"西方"等模式。① 族群刻板印象基于一种本质主义的观点，这种观点认为社会群体间存在固有的、不可改变的特征与差异，体现在修昔底德使用的一些短语上，如"本质上的敌人"（*phusei polemioi*，6.79.2）或"本质上的亲属"（*phusei xungeneis*，6.79.2）。在呈现雅典和斯巴达这两大敌对城邦时，族群刻板印象混合了族群与公民（civic）特征，也就是说，每个城市的伊奥尼亚或多利安身份特征与其特定的制度、公民组织结构和文化习俗特性（*tropoi*，*nomima*）相混合。演说为描绘雅典人与斯巴达人的特性提供了关键材料，而这里需要关注的问题是，雅典人或斯巴达人如何通过自己的声音或其他人的声音，包括作者声音，来表达其身份特性？关于族群身份的修辞在战争及其叙述过程中是否发生了变异？②

　　公元前432年科林斯人在斯巴达公民大会上的演说，为考察修昔底德书中雅典与斯巴达的国民性（national characters）提供了关键材料（1.68—71，此处见译者注）。③ 为了动员多利安同胞发动对雅典的战争，科林斯人描绘了雅典人与斯巴达人品性上的并立：雅典人勇敢、反应迅速、灵活、自信、渴望成就和财富，而斯巴达人"安静"（*hēsuchia*，1.69.4）、审慎（*sōphrosunē*，1.68.1）、拖延、不愿离开家园、缓慢、生活方式陈旧（*archaiotropa epitēdeumata*），对宗教过度虔诚（1.71.2；cf.1.118.3；5.54.2；7.18.2）。雅典与斯巴达的国民性

---

① 关于多利安人与伊奥尼亚人，参见 Alty 1982；Pelling 1997；Luginbill 1999，其对战争的心理学分析，建立在雅典和斯巴达国民性的严格对立之上；Price 2001: esp.147-61。

② Debnar 2001:3；Scardino 2007:681-2；Strasburger 2009；对修昔底德中演说辞的一般性研究，参见 Stadter 1973；Porciani 2007；Pelling 2009；Greenwood 2023（本书第5章）。

③ 译者注：原文作者一定程度上混用 ethnicity, ethnic identity, ethnographic characteristics, national characters, tribal and civic identity 等词。严格地说，national characters 并不能使用在古希腊城邦上，下文的"nationalistic"一词亦同。

对立,多次出现在《伯罗奔尼撒战争史》的演说辞或作者评述中,或被证实,或被模糊化,甚至也会出现倒转。

伯利克里的葬礼演说(2.35—46)从"民族主义的"(nationalistic,关于此词,见上段译文译者注)角度,提供了关于雅典身份认同的另一重要段落。伯利克里的葬礼演说从"主位"(emic)视角,也即"内部者"的视角,描绘了一个富有活力的、外向型社会的鲜明特征(2.39.1),这一社会对不同类型的外来物开放(如商品,2.38;朋友,2.40.4—5)。这一开放性与雅典的"土生土长"意识形态密切相关,而雅典的"土生土长"意识形态的基础是雅典人起源于阿提卡本土的神话,以及对民主政体的赞颂(2.37,41)。雅典人"生活松弛"(*aneimenōs diaitōmenoi*,2.39.1),令人想起修昔底德在卷一评价雅典人的亲属伊奥尼亚人的生活时,使用的"松弛的生活方式"(*aneimenē diaita*,1.6.3)一词。

公元前413年,尼西阿斯在关键的叙拉古战役前对雅典军队发表的简短演说(7.69.2),亦从"主位"视角描述了雅典人的特性。尽管修昔底德认为这篇演说"言辞复古"(*archaiologein*),却仍间接引用了它。修昔底德把尼西阿斯塑造成一个非雅典的、保守的、接受了拉科尼亚生活方式的雅典将军,在演说中通过提及雅典人的祖先骄傲、神明、家庭与部族价值观,将自己的城邦刻画得更为传统。另一方面,亚希比德用了乐于助人和对外族持开放态度的意识形态话语修辞,作为公元前415年西西里远征与更广泛的雅典帝国主义的道德基础(6.18.2)。

作为雅典的代表,优攸菲姆斯(Euphemus)在卡马林那辩论(Camarina debate)中发表的演说,显示了血缘关系作为论据与霸权之间的复杂关系。优菲姆斯通过对比与波斯战争中雅典的勇气和抵抗与伊奥尼亚群体的奴性,为雅典领导伊奥尼亚人辩护(6.82),而这一对比本身属于古典时期东西方刻板对立的一部分。[①] 雅典的军事优越性也从外部者(etic)视角得到证实,体现在斯巴达将军布拉西达斯在进攻驻守在安菲波利斯的雅典军队时表现出的犹豫不决,而这些雅典军队被认为是"纯正的雅典公民"(*Athēnaiōn katharon*,

---

[①] Pelling 1997; Mac Sweeney 2013. 在同一场辩论中,叙拉古的赫莫克拉底利用了多利亚人与伊奥尼亚人的刻板印象(6.77.1;80.3),反对雅典帝国主义并支持多利亚人的联合和抵抗。关于"软"和"硬"因素情感和国民性,在为雅典帝国主义辩护时的交织,可参见 Low 2023(原书第10章)。

5.8.2),一支高素质的军队。①

在斯巴达的演说中,审慎(sōphrosunē)和某种程度上传统演说技巧的缺乏,成为斯巴达国民性的典型特征。比如,斯森涅莱达斯(Sthenelaidas)直截了当地回复称"我一点不明白雅典人的长篇大论"(τοὺς μὲν λόγους τοὺς πολλοὺς τῶν Ἀθηναίων οὐ γιγνώσκω, 1.86.1)。另一方面,修昔底德评价布拉西达斯时,称他"作为一个斯巴达人,并不是没有演说能力"(ἦν δὲ οὐδὲ ἀδύνατος, ὡς Λακεδαιμόνιος, 4.84.2),表明演说能力是这位卓越的斯巴达人的一个非斯巴达特性。此外,修昔底德多次评论了斯巴达独特的政治制度和行为方式。在这些评论中,斯巴达政治制度的隐秘性与雅典政治制度的开放性,形成了鲜明对比(5.68)。②

更一般地说,与雅典民主制一样,斯巴达政制是斯巴达构建自身族群身份的核心方式。③ 斯巴达政治制度的独特性包括以下几个方面:与其奠基仪式密切相关的双王制的古老性(5.16.3);国王与监察官之间的关系(1.131.2);以呼喊而非投票进行决策的"古老"制度(1.87.2,这与科林斯人对斯巴达守旧生活方式的评价一致[1.71.2]);始终与僭主政治绝缘(1.18.1);以及它的"优良秩序"(eunomia, 1.18.1),这一概念并不仅指城邦享有"良好法律",而主要指城邦尊重法律。④

如果说这两座城邦都被赋予了鲜明而独特的特征,那么在一定情境中,这些特征也会变得不稳定,族群特征的边界变得模糊。例如,希波战争后,普拉提亚成为"泛希腊"象征,而斯巴达在处理普拉提亚事务中表现出的不虔敬,严重损害了他们的宗教虔诚形象(3.68)。一种妥协的道德也从雅典对斯巴达人的"客体位"(etic)描述中浮现出来。雅典在米洛斯对话中明确指出斯巴达人

---

① 关于雅典身份认同,参见 Ober 1989; Loraux 1993; Connor 1994; Hornblower 2011b: 132 - 5(神话)。

② Cf. Hdt. 9.34 - 5,(埃利斯的占卜家泰萨门诺斯和他的兄弟哈吉亚斯是唯一被批准成为斯巴达公民的外来者)。关于修昔底德笔下的斯巴达人,请参阅 Cartledge 和 Debnar 2006;更一般地,请参阅 Powell 和 Hodkinson 1994。关于"多疑"作为另一个斯巴达特征,请参见:Thuc. 1. 102. 3 - 4,"多疑"与部落外人(如雅典人);Thuc. 1.132.2;5.16.1;34.2,斯巴达人之间的多疑,Thuc. 4.80.3 - 4,对黑劳士的"多疑"。

③ 关于族群认同与政治系统的关系,参见 Derks and Roymans 2009:1。

④ "斯巴达拥有的并非是法律,而是秩序。修昔底德在赞美斯巴达时,非常清楚这一点。"Powell 2001:242。

公然将"愉悦当做荣誉，将有利视为正义"（τὰ μὲν ἡδέα καλὰ νομίζουσι, τὰ δὲ ξυμφέροντα δίκαια, 5.105.4）；修昔底德描绘的米洛斯事件的结果证实了这一说法。虽然身为伊奥尼亚人的雅典人经常标榜自己的男子气概，但是一般情况下多是多利安人用男子气概与自由构建认同，布拉西达斯向伯罗奔尼撒部队发表的演说可为例（5.9.1）。

在公元前 412 年伊奥尼亚的米利都外发生的一场战斗中，这种刻板印象显然被打破了。修昔底德从族群角度来解释这场战斗出人意料的结果："这场战斗出现的情况是，位于战线两边的伊奥尼亚人都压倒了多利安人。"（8.25.5）①尽管开俄斯人是伊奥尼亚人，表现却极为"斯巴达"，他们不仅处事"审慎"（8.24.4），而且拥有大量奴隶（8.40.2），被称为"多利亚伊奥尼亚人"（Dorian Ionians）。② 修昔底德称开俄斯城邦秩序良好（kosmos，8.24.4），执政官员"安静"（hēsuchian，8.24.6），这些描述也是对斯巴达—多利安族群特性的进一步暗示。③ 另一方面，叙拉古属于多利安人，更确切说是科林斯人的移民地，他们作为岛民，在某种程度上奉行民主制，其日益增长的信心和适应战争挑战的能力，显得更像雅典人（7.55.2；8.96.5）。

族群特征的流动和动态特性常常可以在对刻板印象的破坏和重新确认中感知。有时候斯巴达会表现出"非典型斯巴达式"（untypically）的信心和对战争的积极追求（7.18.2—4），相反，雅典也会出现"非典型雅典式"（untypically Athenian）的非理性恐惧（惊慌），失去希望，意志消沉。然而，"非典型斯巴达式"的信心和行动力与"神正看着我们"这一总体而基本的感受相对立，而这种感受是斯巴达道德的构成要素（7.18.3；cf. 1.118.2 - 3）。同样地，"非典型雅典式"的沮丧被"典型雅典式"的决心和行动所取代。作者反复呈现雅典人将重大挫败和损失视为最糟糕的可能，反映了这个以乐观为底色的城邦表现出的周期性绝望和振作。海洋和海军是雅典人的基本资源，也是其每次得以重振决心的源泉。雅典在西西里远征中的失败，引发了恐惧和彻底绝望（8.1.2），"对于被击败的人来说是最不幸的事件"（τοῖς διαφθαρεῖσι δυστυχέστατον, 7.87.5），然而雅典随后表现出了惊人的韧性

---

① Thuc. 8.25.5:"καὶ ξυνέβη ἐν τῇ μάχῃ ταύτῃ τοὺς Ἴωνας ἀμφοτέρωθεν τῶν Δωριῶν κρατῆσαι: τούς τε γὰρ κατὰ σφᾶς Πελοποννησίους οἱ Ἀθηναῖοι ἐνίκων καὶ τοὺς Ἀργείους οἱ Μιλήσιοι."

② Hornblower 2011b: 39.

③ Cf. Hdt. 1.65.4; Hornblower 1991 - 2008: vol.III, 819; Cartledge 1998a: 1 - 12.

(8.1.3)。同样的心理周期,即沮丧和决心恢复活力的心理循环,也在失去尤卑亚(8.96.1;8.97.1)时出现,而这场失败带来的失望远甚于西西里远征失败。[1]

在身份转变中,我们也可以观察到族群边界的流动性。在伯罗奔尼撒战争爆发前,科西拉人似乎利用了他们族群构成中的腓尼基与荷马因素,试图摆脱多利安母邦科林斯的影响(3.70.4;科西拉城的"英雄崇拜"对象是荷马史诗中的国王阿尔西诺奥斯[Alcinoos])。[2] 归化(natruralisation)是另一种带来族群身份转变的机制,前文分析色雷斯人萨多科斯入籍雅典时,已经提及。归化也适用于整个共同体,一个代表性例子是雅典授予普拉提亚公民身份(3.55.3;63.2),而普拉提亚据称最初由底比斯人建立,属于埃奥里亚城市(3.61.2)。普拉提亚与雅典之间特殊的亲近关系,复制了殖民子邦对母城的忠诚,底比斯人亦因此看低普拉提亚人,称他们"雅典化"(atticism,3.62.2)了。[3] 修昔底德对安菲波利斯城重塑自身建城历史的记载,为研究仪式在共同体族群身份整体性转变中的作用,提供了最引人注目和有用的材料。安菲波利斯原为雅典公元前5世纪在色雷斯地区建立的殖民地,公元前424年,斯巴达将军布拉西达斯——这位前文曾提及的不太像斯巴达人的斯巴达人——死后成了安菲波利斯城新的建城始祖(4.102.3)。[4] 通过深描在公民层面上可被视为收养的集体仪式,修昔底德从宗教维度审视了殖民现象,并使读者能够更好地理解不同希腊群体之间亲缘关系的可塑性。[5]

结语:族群性、历史阐释与作者主体性

修昔底德笔下族群性的作用,可以置于两个互相关联的问题下审视。第

---

[1] Cf. Pelling 1997:65:"到了作品的结尾,雅典仍然是新奇而富有企图心的,斯巴达仍然是理想的敌人,因为她仍然非常顽固(Thuc. 8.96.5);但这些分类也被大大地限定,包括所有那些不像斯巴达人的斯巴达人,甚至斯巴达拥有了海上力量。正如在此处,通过不断地重新定义和重新否定,这些分类在被挑战同时亦被不断巩固。"
[2] 关于荷马史诗与神话背景,Cf. Rusten 2011;关于雅典的"西方专家"法伊阿科斯(Phaiax),5.4,参见 Fragoulaki 2013:78-9。
[3] Cf. Hdt. 6.108.1.
[4] 这段历史的进一步解读,参见 Ferrario, 2023(本书第十二章)。
[5] Cf. 4.42.2:修昔底德时代科林斯人是多利安人,但在此之前,他们是埃奥里亚人;希罗多德(8.73.3)记载了原为伯罗奔尼撒半岛土生土长的伊奥尼亚人的库努里亚人(the Cynourian)的"多利安化"('Doricization', ekdedōrieuntai)。

一个有关修昔底德对伯罗奔尼撒战争及战争作为一个普遍现象的分析;第二个涉及修昔底德作品的文学维度及其与传统的关系。与这两个问题密切相关的是修昔底德的雅典身份及公元前 5 世纪读者的族群身份与历史意识。① 当时的读者与修昔底德处在相同的历史与文化情境中,并以此为基础感知与"填补"修昔底德叙述中的间隙。他们认识修昔底德的方式与公元前 5 世纪以后的读者及现代读者不同,因为现代读者也可能受到族群理论及相关概念,如"民族主义"和"种族主义"的影响。

建城传统与希腊人关于自身起源的故事属于修昔底德与当时读者共享的文化情境的一部分,而现代读者可能感受不到这些故事的直接性(immediacy),并缺乏相关经验。比如,现代读者可能会对伯罗奔尼撒舰队前往西西里,援助北非尤埃斯培里斯人,感到不解,但如果知道斯巴达、锡拉、锡兰尼与尤埃斯培里斯四城之间层叠的殖民关系,以及这一殖民关系与希罗多德和品达的互文关系(Hdt. 4.147 - 58;5.42; Pi. Pythians 4 and 5),我们就能理解其背后的原因。而修昔底德的著作对尤斯佩里坦事件的简短记载,似乎是这一丰富材料的唯一文本遗存。②

对修昔底德笔下族群信息的分析,使我们看到战争的复杂性,主要和次要中心与历史行为者之间的相互关系,以及危机、制定决策和军事行动中,影响城邦间关系的多种因素。除了战争的两个主要参与者雅典与斯巴达、其他位于希腊大陆权力中心的城邦,以及这些城邦的主要同盟如科林斯或中立城邦如阿尔戈斯外,修昔底德同样关注边缘群体。这些群体的边缘性由其所处的地理位置,或者由与战争主要推动者在规模、力量和命运方面的差距决定。例如,位于伊利里亚海岸的埃皮达鲁斯,虽然远离主战场,但是却是科西拉(Kerkyraika)叙事中的主角,被呈现为伯罗奔尼撒战争爆发的导火索,也即修昔底德所称的"表面原因"(apparent causes, 1.23.6)。同样,位于波奥提亚地区的普拉提亚与其母邦忒拜,均属埃奥里亚城市,两城之间的"家庭"矛盾,引发了伯罗奔尼撒战争的主体叙事;关于"普拉西亚之剧"(Plataean drama)的叙事,连同发生在东北爱琴海的姊妹城邦密提林的事情,占了卷 2 与卷 3 的大量篇幅。此外,属于多利安一支的米洛斯岛之所以享有盛名,应感谢修昔底德著

---

① Marincola 1997; Baragwanath 2008 (on Herodotus' audience); Grethlein 2010b.
② 参见 Hornblower 2004:114, 246 - 7. 关于修昔底德书中的斯巴达殖民活动,参见 Fragoulaki 2020b。

名的"米洛斯对话"。在这一对话中,修昔底德根据族群刻板印象,构建了一个关于帝国主义意识形态及权力与道德和情感因素,如正义、众神和共同亲缘稳固性关系的哲学辩论。

米卡列苏斯(Mycalessus)事件(7.29—30)是另一个修昔底德关注当地历史(local history),并与更大的战争叙述结合的例子。在这一事件中,族群因素和色雷斯人"蛮族般血腥残忍"的刻板印象,被用来解释发生在波奥提亚一个小型希腊共同体内的屠杀。除了这场屠杀外,米卡列苏斯并未受伯罗奔尼撒战争的影响。更常见的是,修昔底德常用军队是否有族群凝聚力,来解释军事行动的成功和失败。这一模式不仅适用于解释希腊人—蛮族人二元对立,也适用于解释希腊内部战斗文化的差异。比如,多利安人在埃皮珀莱伊(Epipolae)夜战中演唱的刺耳颂歌(paean)①,对伊奥尼亚雅典人产生了可怕的影响,造成了巨大混乱(7.44.6)。

国民性与刻板印象深深植根于修昔底德对战争及其结果的解释中。修昔底德指出,由于雅典和斯巴达不同的品性与政治制度,他们是彼此理想的敌人(8.96.5)。而另一方面,叙拉古人虽与雅典人有相似的习惯(homoiotropoi,8.96.5; cf. 6.20.3;7.55.2),却是最糟糕的潜在敌人。为什么会出现对族群特性的泛化,而这种泛化为什么在其他场合又会被淡化或推翻? 可能的原因是,这是修昔底德在解释某些无法解释的事情时,比如面对未曾预料到的、灾难性的西西里远征和战争本身的非理性(ho paralogos,7.55.1)采用的一种合理化策略。②

战争是一种复杂的现象,先见之明(pronoia)与不可预测性并存。与修昔底德的解释方式和他将战争作为一种复杂现象处理密切相关的,是他与散文和诗歌记忆的互动,突出表现在他对西西里远征的记述中。这一部分保留了修昔底德精心创作打磨后的戏剧性叙述。他对雅典在西西里遭遇的彻底失败

---

① 译者注:"颂歌"(Paean, παιάν)是古希腊一种重要的宗教和社会音乐形式,其功能通常是在人类社区与神明之间建立对话,表达祈求或感恩之意。在古风和古典时期,颂歌的演唱场景主要包括:宗教节日;疾病或瘟疫;庆祝场合如婚礼、和平条约的签署;军事行动,如战斗开始或胜利后的歌唱;宴饮场合。颂歌不仅献给阿波罗,还献给宙斯、波塞冬、狄俄倪索斯、阿斯克勒庇俄斯和健康女神等。它们在悲剧中也有改编版本,用以表达城邦危机等情境。

② 关于修昔底德战争叙事中的非理性(ho paralogos),参见本书第七章 Munson 2023。

的呈现,被视为与荷马史诗及特洛伊陷落这一主题的系统互动(systematic interaction)。[1] 修昔底德将雅典在公元前 415 年到公元前 413 年发动的西西里远征,表现为一种集体疯狂,与雅典在西部的长期利益和动机背离。对埃盖斯塔(Egesta)族群身份的处理,构成了这一差异的一部分。正如我们看到的,修昔底德将希腊与多利安因素,从城邦混杂的族群特性中剔除,并将埃盖斯塔人呈现为成功地将雅典人拖入一场荒诞而灾难性的事业中的蛮族。通过这种方式,修昔底德强调了非理性因素在雅典做出远征西西里决策时发挥的作用,而在他的笔下,西西里岛对大多数雅典人来说既危险又未知。

最后一个需要讨论的问题是修昔底德与希罗多德的互文关系。这一关系可以从不同角度研究,其中之一是伯罗奔尼撒战争的模式,特别是西西里远征如何建立在希罗多德对希波战争的描述上,并以特洛伊战争及其文学再现为第三媒介。[2] 另一种角度是仔细对比两者对殖民与族群信息的不同记载。比如,希罗多德对米洛斯(Melos)几乎未着笔墨,却详细记载了锡拉岛和锡兰尼的建城史。与之相反,正如前文讨论埃尔斯彭瑞德斯时所言,修昔底德未曾提及锡拉与锡兰尼,而米洛斯岛却因"米洛斯对话",名垂青史。概而言之,修昔底德与希罗多德在提供族群或殖民信息时,倾向与兴趣正相反;而当两者对某地都表现出兴趣,加以记述时,两者呈现的材料,又显著不同。[3]

研究修昔底德书中的族群性,可以使我们认识到希腊世界内外不同层次的族群自我认同和他者性及与之相关的概念。对族群起源、团结或敌意、刻板印象及其不稳定性的叙述,构成了修昔底德呈现族群身份的手段,这一族群身份作为一种文化建构,因而是动态与流动的。修昔底德的分析认可集体信仰、意识形态、情感与道德在族群冲突(如伯罗奔尼撒战争)中所起的作用。这些文化与情感因素和权力、安全、扩张主义及其他"硬性"因素相互作用。修昔底德充分关注"硬"与"软"两种不同因素之间的互动,以及个人和群体的理性与非理性动机在族群冲突中的作用。而族群性在修昔底德的解释模式中,起到

---

[1] Hornblower 1991 - 2008: vol. III, 745,提到了修昔底德通过希罗多德这一中介(2. 120. 2)与荷马发生互动,他使用了二者都曾使用的词语(panolethria,"彻底毁灭",7. 87. 6),描述雅典在西西里岛的失败。Strasburger 在 1972 年对此进行了基础性的研究;近期对该主题的讨论参见 Rutherford 2012,该研究附有更多参考文献。

[2] Rood 1998a; Harrison 2000; Kallet 2001:97 - 120.

[3] Fragoulaki 2013: appendix ii.

了至关重要的作用。这一解释模式强调多种因素的力量,而这些因素与机制的复杂性,揭示了修昔底德历史书写的对话对象不仅包括过去与现在,还包括未来。

拓展阅读

如需更全面地了解本章讨论的诸多问题,可见 Fragoulaki 2013;关于古希腊族群身份与认同的更为广泛的讨论,参见 Hall 1997,2002。两篇关于修昔底德对战争的呈现的研究,与本文主题密切相关,他们不仅关注族群认同问题,并且讨论了与之相关的其他问题。其中一篇研究为 Price 2001,该文探讨了修昔底德战争叙事中再现希腊城邦"共同体"及其分裂的方式;另一研究为Hornblower 1992,该文讨论了修昔底德对战争宗教面向的压制,其中包含了他对修昔底德关于伊奥尼亚和多利安族群身份再现的讨论。最后,Rengakos和 Tsakmakis(2006)汇集了几篇有用的研究,探讨了修昔底德如何呈现希腊和非希腊共同体(斯巴达、阿尔戈斯、西西里、色雷斯和波斯)。

译者简介:岳梦臻,山东大学历史学院助理研究员,英国伦敦大学皇家霍洛威学院玛丽居里学者,主要研究方向为古希腊罗马族群认同与他者、阿提卡演说辞与修辞、西方古典学在中国的接受史。

拜占庭皇帝论订婚与婚前赠与

君士坦丁一世等 著 董晓佳 译注

[**编者按**]以下法令均出自5世纪颁布的拜占庭帝国首部官方法典《塞奥多西法典》。分别出自第3卷的第5个主题"关于订婚与婚前赠与"与第6个主题"如果行省总督或与其有关的人给付订婚赠与"。这些法令包括从君士坦丁一世至塞奥多西二世时代拜占庭帝国皇帝们就与订婚相关的事项发布的诏令与批复,是研究早期拜占庭帝国婚姻史、家庭史、社会史等问题相关的重要基本史料。中译本底本为克莱德·法尔(Clyde Pharr)英译本①,并对照参考蒙森版《塞奥多西法典》的拉丁文本。译文保留了便于读者理解相关背景的英译者注释,以"英译者注"标明。

主题 5:关于订婚与婚前赠与(DE SPONSALIBUS②ET ANTE NUPTIAS DONATIONIBUS③)

1. 皇帝(imperator)君士坦丁·奥古斯都(Constantine Augustus)④致大

---

① Clyde Pharr translated, *The Theodosian Code and Novels and the Sirmondian Constitutions*, Princeton: Princeton University Press, 1952, pp. 65 – 70.

② 订婚、婚约(sponsalia),指在未来缔结婚姻关系的承诺,一般由男方和女方的父亲或监护人采用誓约(sponsio)的形式达成,并且对双方具有约束力,可受到誓约之诉的保护,违约者将被判罚向对方支付预先约定的违约金。见黄风编著:《罗马法词典》,北京:法律出版社,2001年版,第234页。

③ 婚前赠与(donatio ante nuptias),未婚夫向未婚妻实行的赠与;实行这种赠与的目的在于为妻子的守寡生活保留一定的财产,或者作为嫁资(dos)的对应物。实际上,这种赠与也可能发生在结婚之后,但由于长期以来罗马法禁止夫妻间的赠与,因而人们为避讳而将其称为婚前赠与。见黄风编著:《罗马法词典》,第95页。

④ 皇帝君士坦丁一世(Constantine I,306—337年在位)。

区长官(praefectus praetorio)①鲁菲鲁斯(Rufinus)：

我们的父亲希望(volo)，不应有任何慷慨行为(liberalitas)有效(valeo)，除非它被记录在公共记录(actum)中。我们也裁决(sancio)，在本法律公布(promulgo)的时间(tempus)后，在未婚夫与未婚妻之间与所有其他人之间(inter sponsos ac sponsas omnesque personas)的赠与(donatio)②，只有在它们伴有公共记录的证明(testificatio actorum)时才应当有效(valeo)。

于君士坦丁·奥古斯都第五次任执政官(consul)和李锡尼·凯撒(Licinius Caesar)③任执政官年度的 5 月伊德斯日(ides)④之前的第 4 日在西尔米乌姆(Sirmium)⑤发布。(319 年 5 月 12 日；352 年⑥)

解释(interpretatio)⑦：在上述法律的时间之前(ante tempus legis)，即使没有(sine)公共记录的证明(gestorum testificatio)，赠与(donatio)也有效(valeo)。但是在上述法律之后，现在无论任何人之间的婚前赠与或无论任何财产(res)的赠与，如果没有正式登记在公共记录(gestum)中的话，均不能生效(valeo)。

2. 同一位奥古斯都致市长(praefectus urbi)⑧马克西莫斯(Maximus)：

因为我们对古老的判决(sententia)——也就是即使婚姻(nuptiae)⑨没有

---

① 帝国共分为四个大区，大区长官是帝国政府中的最高官员。

② 一方以使另一方受益为目的向后者无偿转让财产性权利，见黄风编著：《罗马法词典》，第 94—95 页。

③ 李锡尼于 308 年成为奥古斯都(A. H. M. Jones, J. R. Martindale & J. Morris, *The Prosopography of the Later Roman Empire, Vol. I, A. D. 260 - 395*, Cambridge: Cambridge University Press, 1971, p.509.)。324 年，君士坦丁一世最终击败并在不久后处死了李锡尼(A. H. M. Jones, *The Later Roman Empire, 284 - 602: A Social, Economic, and Administrative Survey, Vol. I*, Oxford: Basil Blackwell, 1964, pp.79 - 83.)。

④ 3 月、5 月、7 月和 10 月的第 15 日以及其他月份的第 13 日。

⑤ 位于今塞尔维亚北部的塞雷姆斯卡·米特罗维察(Sremska Mitrovica)。

⑥ 根据克鲁格，君士坦提乌斯·奥古斯都第五次任执政官和君士坦提乌斯·凯撒任执政官的年度(352 年)。——英译者注

⑦ 一般是指对法律规范的词语、含义或精神的技术性说明，见黄风编著：《罗马法词典》，北京：法律出版社，2001 年版，第 134 页。

⑧ 罗马或君士坦丁堡的最高行政长官。法令发布于罗马，应是罗马市长。

⑨ 婚姻(nuptiae、matrimonium)，罗马法中的婚姻是指男女间通过相互结合而建立和保持的、不可分离的生活关系。婚姻最重要的两项要件是结婚意愿(affectio maritalis)和婚姻待遇(honor matrimonii)。除此之外，婚姻的缔结还要求具备以下条件：一、男女双方均具有通婚权(ius conubii)；二、达到适婚期(pubertas)；三、具有正当原因(iusta causa)；四、得到双方家父的同意。罗马婚姻还区分为带夫权婚姻(matrimonium cum manu)和不带夫权婚姻(matrimonium sine manu)。见黄风编著：《罗马法词典》，第 177、188 页。

实现,给予未婚妻(sponsa)的赠与(donatio)仍然有效(valeo)的裁决——不满意(displiceo),我们命令(iubeo),那些在未婚夫与未婚妻之间(inter sponsos et sponsas)进行(celebro)的、其目的是赠与(largior)并以恰当的法律(ius)①进行的协商,应当遵循下述条件(conditio):是否看来(video)他们生活(dego)在父权(potestas patria)②之下或是以任何方式(modus)是法律上的自权人(proprii iuris)③;并且如果他们或是以自己的决定或是在他们父母双方的同意(consensus)④的基础上,彼此由于未来的婚姻的原因(futuri causa matrimonii)赠与(largior)的话,并且未婚夫的确出于自己的原因拒绝(nolo)娶未婚妻为妻(uxor)的话,他不应当收回由他让渡的赠与;并且如果已经承诺的赠与的任何部分仍然保留(resideo)在赠与人(donator)手中的话,应当没有任何借口地将它转让(transfero)给未婚妻(sponsa)。

1)但是,如果发现(detego)婚姻未能缔结的原因(matrimonii non contrahendi causa)在于未婚妻(sponsa)或是她在其权力(potestas)下生活的人⑤的话,那么应当没有任何减损(deminutio)地将所有赠与返还(redhibeo)给未婚夫(sponsus)或其继承人(heres)。

2)如果赠与(donatio)是由未婚妻(sponsa)一方(pars)给未婚夫(sponsum)的,也应当同样(similiter)遵守(observo)这些条款。不应当进一步(ulterius)调查婚姻未能缔结的原因(causa)。由此,例如,不可以称(dico)任何一方有道德(mos)问题或是出身(origo)低下,并且不可以提出(oppono)有人可能认为(existimo)不合适的其他障碍;因为早在缔结(contraho)婚约(sponsalia)⑥很久之前,本应当预见(prospicio)到所有这些问题。因此,只应当调查(indago)意愿(voluntas),并且对于已经赠与的财产(res)的恢复(restitutio)或返还(repetitio),想法(animus)的转变就足够(sufficio)判决(sententia)了。因为,在所有的借口消失后,除了显示(appareo)是哪一方宣布

---

① ius 的基本含义是正义(iustitia),最初特指市民法(ius civile),也代表着更广义的法(iura)。见黄风编著:《罗马法词典》,第 138 页。
② 指家父(pater familias)针对家庭成员享有的权力,见黄风编著:《罗马法词典》,第 197 页。
③ 在罗马的家庭中享有自主权的人,他不受父权、夫权或主人支配权的支配,此种人一般为家父或脱离父权的人,参见黄风编著:《罗马法词典》,第 238 页。
④ 也就是说,如果他们处于父权之下的话。——英译者注
⑤ 家父或监护人。
⑥ 订婚、婚约(sponsalia),指在未来缔结婚姻关系的承诺。见黄风编著:《罗马法词典》,第 234 页。

（dico）将要缔结的婚姻（contrahendum matrimonium）是不被接受（displiceo）的这一证据之外，就没有任何问题有必要进一步确认（consto）了。

3）并且因为在缔结（contraho）婚姻（nuptiae）前，可能出现两者之一去世而其关于婚姻的意愿（voluntas）仍然没有改变（incolumis）的情况，我们认为（duco）这样是合适的（congruus）：当接受赠与（donatio）的人在婚姻（matrimonium）之前去世时，应当将无论是冠以订婚（sponsalia）的名目（titulus）或是以任何方式所赠与（dono）的返还（revoco）给提供赠与的人。同样，如果提供赠与的人在婚姻（nuptiae）之前去世的话，赠与（donatio）应当立即（mox）失效（infirmo），并且应当没有任何障碍（difficultas）地将提供的财产（res）返还（retraho）给赠与者的继承人（heres）。

4）我们裁决（decerno），甚至也应当将这一照顾（beneficium）①扩展到父亲或母亲、子女人身（persona）——如果有任何出自之前婚姻（matrimonium）的子女的话，并且如果这些人中的任何人（persona）以任何方式（modus）继承（succedo）了死者遗产的话。但是，如果这些人中没有人（persona）是死者的继承人（defuncti heres）的话，而是某个余下的亲等（gradus）的人②要继承（succedo）的话，即使因为死亡的原因（ex causa mortis）而导致婚姻（nupiate）未能生效（convalesco），赠与（donatio）应当是有效的，因为我们相信（credo）适当的条款应当仅是为那些人③而订立的。

于11月朔日之前的第17日发布。（10月16日）于君士坦丁·奥古斯都第五次任执政官和李锡尼·凯撒任执政官年度的前述朔日之前的第6日在罗马张贴。（319年10月27日）

解释：无论何时，当未婚夫（sponsus）和未婚妻（sponsa）已经就其未来的婚姻（nupiate）订立一份特别协议时，并且其中的男方，要么在其父母的同意（consensus）下，要么如果他是自权人（sui iuris）的话，出于自己的意愿（voluntas），已经写下（conscribo）了向其未婚妻（sponsa）赠与的文书，并且以

---

① 法律针对某一类情况或为某一类人作出的有利规定，是对某些严格规范的柔化，例如：关于允许债务人承担有限责任的能力限度照顾（beneficium competentiae）。照顾不同于特权（privilegium），后者的适用往往是为特定政治目的服务的，并且具有一定的歧视性。照顾也不同于优待（favor），后者通常是一系列优惠性规范的总和。见黄风编著：《罗马法词典》，第38页。
② 与以上提及的人相比更远的亲等。——英译者注
③ 上面特别列举的人。——英译者注

所有的书写（scriptura）的正式法律手续（solennitas）确认（firmo）了这一文书的话——条件是也应当证明（doceo）遵照法律制订了公共记录（gestum），并且正式地进入土地（introductio locorum）与财产的让渡（rerum traditio）紧随其后（subsequor）；并且，如果经由这样一种正式的赠与（donatio）或是其后如果在上述的正式文书（charta）已经执行之后，有任何权利与所有权（ius dominiumque）被转让（transeo）给未婚妻（sponsa）的话——如果男方（vir）自愿拒绝（nolo）接受（accipio）他与之订婚的女性为妻（uxor）的话，他应当不能就所有已经让渡之物提出返还要求（reposco）。并且，如果证明他在其所拥有（habeo）的财产（res）中有任何部分是被正式（solenniter）确定并让渡的赠与的话，应当将其毫不迟延（dilatio）地转让（transfero）至他所拒绝（nolo）接受（accipio）的未婚妻的所有权（sponsae dominium）中。

没有必要解释（explano）上述法律的其余部分，因为它由于随后的法律而无效（vaco）。

3. 同一位奥古斯都致市长代理官（agens vicariam praefecturam）[1]瓦勒里安努斯（Valerianus）：

虽然在利益（lucrum）上帮助（subvenio）对法律（ius）无知的女人（femina）不是通常做法（soleo），但是从前君主们的法令宣布（declaro）这一规定并不拥有（habeo）针对（contra）未到法定年龄（aetas）的人的地位（locus）。因此，为免在婚姻（matrimonium）的爱情（caritas）消失后做出一些残酷的（inhumanus）决定，我们裁决（censeo），如果财产（res）在结婚（nupitae）的时候（tempus）被赠与（dono）并让渡（trado）给了在规定年龄之下的未来的妻子（coniuga）的话，不能由于前任丈夫拒绝（nolo）在公共记录（actum）中登记（consigno）的原因而恢复（revoco）这一赠与（donatio）[2]。

于伽利卡努斯（Gallicanus）和叙马库斯（Symmachus）任执政官年度的5月朔日之前的第4日发布。（330年4月28日）

解释：虽然甚至在有时以她们的脆弱（fragilitas）用于辩护（excuso）的女人（femina）的案件中，但是如果是出于她们自己疏忽（neglegentia）[3]的原因的话，法律拒绝（nolo）在一些案件（causa）中帮助（subvenio）她们。在上述法律

---

① 此时还没有君士坦丁堡市长之职，因此，此处是罗马市长代理官。

② 指的是将赠与返还给丈夫。

③ 指在履行义务时缺乏必要的勤谨注意（diligentia），见黄风编著：《罗马法词典》，第182页。

中,皇帝希望(volo)应当为她们特别(specialiter)订立条款,以致如果任何在受监护人的年龄之内与丈夫(maritus)结合(copulo)的女孩,其夫由于疏忽(negligentia)而未在公共记录(actum)中登记(allego)给她的订婚赠与(largitas)的话,她应当知晓,根据这条法律的照顾(beneficium),即使缺少公共记录(gestum),赠与(donatio)也将不容侵犯的(inviolabilis)保留(permaneo)在她的所有权(dominium)下。

4. 同一位奥古斯都致大区长官(praefectus praetorio)①帕卡提亚努斯(Pacatianus):

如果任何人与一个女孩(puella)订立婚姻简约(nuptialla pacta)②并且未能在两年内(intra biennium)完成婚姻的话,并且如果女孩(puella)在这一时限(spatium)结束(finis)后进入(pervenio)与他人的结合(coniunctio)的话,不应由于她迅速成婚以及不允许她的婚姻(nuptiae)誓言(votum)不再受到嘲弄(ludo)③而将欺诈(fraus)归罪于她。

于帕卡提亚努斯和西拉里亚努斯(Hilarianus)任执政官年度的 4 月伊德斯日之前的一天在马尔西安堡(Marcianopolis)④发布。(332 年 4 月 12 日)

5. 同一位奥古斯都致大区长官帕卡提亚努斯:

在之前已经将女孩(puella)许配(despondeo)给一名士兵后,不应当允许(licet)一个女孩的父亲或她的监护人或保佐人或任何亲属(patri puellae aut tutori aut curatori aut cuilibet eius affini)将她转让(trado)至其他人的婚姻中(alii in matrimonium)。如果女孩在两年内被嫁给了别人的话,如此背信弃义的罪犯(perfidiae reus)应当被遣送孤岛(in insulam relegatio)⑤。但是,如果是在订立婚姻(nuputiae)的简约(pactum)后已经超过了两年的时间,而为女孩订婚(despondeo)⑥的人将她嫁给了其他人的话,这应当被判断为未婚夫

---

① 帝国分为四个大区,大区长官是帝国政府的最高官员。

② 以书面形式拟订的,据以约定与婚姻有关的财产问题的简约,后来逐渐发展为婚姻关系设立的标志。见黄风编著:《罗马法词典》,第 194 页。

③ 应该指的是男性与女性订婚后不在规定期限内完婚。

④ 位于今保加利亚的代夫尼亚。

⑤ 罗马非常审判(cognitio extra ordinem)中科处的一种刑罚,表现为强制被判刑人永久或者暂时地留住在某一孤立地区。与流放孤岛(deportatio in insulam)不同的是,对于被判处此种刑罚的人,不同时适用没收财产和剥夺市民籍。见黄风编著:《罗马法词典》,第 215 页。

⑥ 与一名士兵。——英译者注

(sponsus)①而非女孩的过失(culpa)②,并且在两年后将女孩转而嫁给另一个丈夫(maritus)的人应当不受到任何伤害。

于帕卡提亚努斯和西拉里亚努斯任执政官年度的4月伊德斯日之前的一天在马尔西安堡发布。(332年4月12日)

解释:如果任何人,无论是一个普通市民还是一名士兵(aut privatus aut militans),在他与一位女孩订婚(spondeo)后,应当就婚姻与女孩的父亲或监护人或保佐人或近亲确定(definio)与女孩的结合(coniunctio),在确定后的两年内,他必须正式完成(celebro)婚姻(nuptiae)。但是,如果由于未婚夫(sponsus)的延宕(tarditas)或是疏忽(negligentia)而在两年的时间(tempus)超过后女孩与其他人结合(coniungo)了的话,她本人或是将她嫁出的亲属应当免于诬告(calumnia)③。因为过失(culpa)在于那个男人,他拖延(differo)了他自己的结合(coniunctio),从而给了其他男人以娶那个女孩的机会。如果她是在两年以内被交给(do)了另一个男人的话,在随后的法律中将能更为清晰地理解(cognosco)要遵循(observo)的规则。

6. 同一位奥古斯都致西班牙行政区④长官提比略(Tiberianus):

如果未婚夫(sponsus)给未婚妻(sponsa)赠与(dono)财产(res)时交换亲吻(interveniens osculum)的话,并且如果男方或女方在婚姻(nupitae)之前就接触(contingo)到死亡(mors)⑤的话,我们规定(praecipio),所赠与的财产(res)的一半应当属于(pertineo)在世者(supersites),另一半应当属于去世的男人或女人的继承人(defuncti vel defunctae heredes),无论这些继承人是何种亲等(gradus),也无论他们是以何种权利(ius)继承(succedo)的;以致看来(video)应当保持一半的赠与(donatio)有效(sto),而应当取消(solvo)另一半的赠与。但是,在没有交换亲吻的情况下,如果未婚夫或未婚妻(sive

---

① 延迟娶女孩为妻的士兵。——英译者注

② 拉丁文 culpa 有两层含义,一层含义是非法行为本身,相对应的中文术语是"过错";另一层含义是指判定某人(特别是债务人)承担责任的主观标准,相对应的中文术语是"过失"。见黄风编著:《罗马法词典》,第77页。

③ 编造虚假情况对无辜者提出控告的行为。见黄风编著:《罗马法词典》,第75页。

④ 西班牙行政区(dioecesis Hispaniae),下辖的行省包括贝提卡(Baetica),伽莱西亚(Gallaecia),卢西塔尼亚(Lusitania),迦太基(Carthaginiensis),塔拉戈(Tarraconensis),巴莱阿里(Baleares),毛里塔尼亚·廷基塔(Mauretania Tingitana)。

⑤ 男方或女方在完婚前去世。

sponsus sive spons)中的任一方去世的话,全部赠与(donatio)都应当无效(infirmo),并且应当返还(restituo)给订婚的赠与人(donator)或他的继承人(heres)。

如果未婚妻(sponsa)以订婚的名义赠给其未婚夫(sponsus)任何财物——这是极少发生的情况——并且如果在婚前男方或女方碰巧接触(contingo)到死亡(mors)的话,无论交换还是没有交换亲吻(osculum),全部赠与(donatio)都应当无效(infirmo),被赠与的财产(res)的所有权(dominium)应当被转交(transfero)给赠与这些财物的未婚妻(sponsa)或她的继承人(successores)。

于7月伊德斯日在君士坦丁堡(Constantinople)发布(335年7月15日);于内坡提亚努斯(Nepotianus)和法库恩都斯(Facundus)任执政官年度的5月朔日之前的第14日在希斯帕里斯(Hispalis)①接受。(336年4月18日)

解释:如果当隆重地庆祝订婚(sponsalia)并且交换亲吻(osculum)时未婚夫(sponsus)向未婚妻(sponsa)赠与(dono)的话,并且如果未婚夫(sponsus)碰巧在婚前去世(morior)的话,那么女孩(puella)假如在世(supero)的话,应当能够获得(vindico)之前被正式地(solenniter)赠与她的财产(res)份额(portio)的一半(media);并且无论去世者的继承人(mortui heredes)来自哪个亲等(gradus),应当根据他们的继承(successio)顺序(ordo)获得(acquiro)另一半(dimidia)。但是,如果没有交换亲吻(osculum)作为誓言而未婚夫(sponsus)去世(morior)的话,女孩(puella)不应获得(vindico)任何被赠与(dono)或交付(trado)给她的财产(res)。但是,如果有任何女孩(puella)给未婚夫(sponsus)赠与并且女孩去世的话,无论是交换或是没有交换亲吻,女孩的父母或近亲应当收回(revoco)所有女孩所赠与(dono)的。

7. ②……:

……假如……得到了维护③,贡献(oblatio)应当拥有(habeo)全部效力(integrum robur),虽然他没有为此提供(adcommodo)可信的公共记录的证据(testationi fides actorum)。当然,一群被聚集在一起的人作为誓词(votum)

---

① 今西班牙的塞维利亚。
② 法令的第一部分已经散佚。——英译者注
③ 增补 solemnitas 或其他相同表达后,可译为"假如正式手续得到了维护"。抄本不完整。——英译者注

的证人(testis)是完全合适的(idoneus)。但是在所有其他赠与(donatio)的情况中,根据我们神圣的父亲①的法令,应当需要(requiro)公共记录的完成(actorum confectio)。

于阿马恩提乌斯(Amantius)和阿尔比努斯(Albinus)任执政官年度的 6 月或 7 月②的伊德斯日之前的第 5 日在阿格里皮娜(Agrippina)③发布。(345 年 6 月 9 日或 7 月 11 日)

8.皇帝尤里安·奥古斯都(Iulian Augustus)④致罗马城代理官希帕提乌斯(Hypatius):

无论何时,当赠与(dono)任何包括了属于意大利人的或是贡赋(stipendium)⑤的或是土地税(tributum)⑥的土地(praedium)⑦时,并且考虑到未来的婚姻,通过一份要式口约(stipulatio)⑧在未婚妻(sponsa)未到规定年龄时向她承诺的话,应当以永久的效力(firmitas)支持(subsisto)这样的礼物(largitas)⑨,即使看来(video)缺乏让渡(traditio)⑩的正式手续(sollemnitas);但是,条件是,即使是在授予(confero)未成年人(minores)赠与(donatio)的情

---

① 君士坦丁大帝。——英译者注
② 拉丁文本中只有 iv 两字母,可能是 6 月(Junius),也可能是 7 月(Julius)。英文译者因此译为 Ju···根据汉语表达习惯,译为 6 月或 7 月。
③ 今德国科隆。
④ 公元 361 年至 363 年在位。
⑤ 原指战争赔款,后来被用来指行省土地的使用人向帝国政府交纳的土地税。被罗马帝国征服的地区以此税赋取得臣服于帝国中央政府的地位。见黄风编著:《罗马法词典》,第 235 页。
⑥ 一般指租用皇帝行省土地的个人直接向土地所有者——帝国君主——交纳的租金。见黄风编著:《罗马法词典》,第 247 页。
⑦ 属于意大利人权利的土地具有贡赋地与土地税地所没有的某些特权,因为意大利的土地是原来属于罗马征服者的,而贡赋地与土地税地原属于那些被征服者的。这些区别在帝国时代逐渐消失了。——英译者注
⑧ 罗马法中的口头契约之一,表现为作为要约人的一方向作为承诺人的另一方进行提问,后者就该提问所涉及的义务作出承诺或保证。其特点在于:一是采用固定的套语,套语使用错误将导致缔约行为无效;二是完全以口头的形式进行,有关当事人面对面完成缔约行为;三是一般不问缔约的具体原因,只注重形式上的合法;四是有关的提问与回答必须是连续的(一次性完成)和相互对应的。参见黄风编著:《罗马法词典》,第 235 页。
⑨ 这种赠与永远有效。
⑩ 也译为交付,指一种最简单的转移所有权的方式,表现为对可动物(res mobiles)的实际交付。在罗马法中这种所有权转移方式只适用于略式物(res nec mancipi)的转让,并且要求让渡人必须对让渡物享有合法所有权,让渡人和受让人均具有转让和接受所有权转让的意愿,并且存在让渡的正当原因(iusta causa traditionis)。见黄风编著:《罗马法词典》,第 245 页。

况下，在所有情况中（omnifariam），均应当要求（flagito）公共记录的完成（actorum confectio）。

于尤里安·奥古斯都第四次任执政官和撒鲁斯提乌斯（Sallustius）任执政官年度的3月朔日之前的第9日在安条克（Antioch）发布。（363年2月21日）

9. 皇帝、奥古斯都瓦伦提尼安（Valentinian）①、瓦伦斯（Valens）②与格拉提安（Gratian）③致大区长官普罗布斯（Probus）：

婚前以订婚（sponsalia）的名义（nomen）应以正式手续（sollemnitas）让渡（trado）许多财产，并且这些赠与必须不由于赠与人而受到损失。但是，如果女孩（puella）在婚姻（matrimonium）中去世的话，他们当然应当不管旧法律而恢复（revoco）前述收益（commodum）。因此，女方父亲与其他近亲的要求应当是无效的，应当毫不犹豫地（incunctanter）将这些赠与返还（redhibeo）给那些看来（video）在婚姻开始前（ante coeptum matrimonium）交付赠与的人。

于两位奥古斯都瓦伦提尼安和瓦伦斯任执政官年度的7月伊德斯日之前的第3日在特里维罗鲁姆（Treverorum）④发布。（368年7月13日；367年；373年）

10. 皇帝、奥古斯都格拉提安、瓦伦提尼安⑤与塞奥多西（Theodosius）⑥致大区长官尤特罗匹乌斯（Eutropius）：

如果以订婚赠与的名义交付了任何财物作为定金（arrae）而订婚双方中的任意一人去世的话，我们命令，必须返还所交付的一切，除非去世者之前已经为婚姻仪式的不履行给出了理由。

于格拉提安·奥古斯都第五次任执政官和塞奥多西·奥古斯都第一次任执政官年度的7月朔日之前的第15日在塞萨洛尼卡（Thessalonica）发布。（380年6月17日）

---

① 西部皇帝瓦伦提尼安一世（Valentinian I, 364—375年在位）。
② 瓦伦提尼安一世的弟弟，东部皇帝，公元364年至378年在位。
③ 瓦伦提尼安一世长子，现在是其父的共治皇帝，在公元375年至383年任西部皇帝。
④ 今德国特里尔。
⑤ 格拉提安的弟弟，西部皇帝瓦伦提尼安二世（Valentinian II, 375—392年在位）。
⑥ 东部皇帝塞奥多西一世（Theodosius I, 379—395年在位）。

11. 相同的诸奥古斯都致大区长官尤特罗匹乌斯:

当在女孩十岁前(ante decimum puellae annum)给付(do)订婚(sponsalia)赠与时,即使婚姻(nuptiae)没有紧随其后(sequor),我们也免除(remitto)对父亲(pater),母亲(mater),监护人(tutor)或任何其他人的四倍罚金(ponea);并且,如果女孩(puella)去世的话,我们命令(iubeo),应当将订婚赠与返还(restituo)给她的未婚夫(sponsus)。

1) 但是,如果父亲或任何女孩事务(puellae ratio)所属(pertineo)的人认为他应当保留(retineo)其在女方 10 岁或之后与 12 岁之前——也就是说,直至她 11 岁末——所接受的质押(pignus)①的话,那么,如果当婚姻时间到来时而他②辜负了对他的信任(fides)③的话,他应当对四倍罚金承担责任(obnoxius)。

2) 但是,对于一位寡妇而言,因为她没有年龄扶助(auxilium aetatis)④的支持(suffragatio),所以有不同的规定:也就是说,如果她未能完成婚姻(matrimonium)的话,根据古老的谕令(constitutio)⑤,她应当承担(teneo)四倍罚金。

3) 此外,当任何人就一位年满 12 岁的女孩的婚姻(nuptiae)达成协议(paciscor)时,如果此人确实是女孩的父亲(pater)的话,他应当令自己受到约束(obligo)⑥;但是,如果是女孩的母亲或保佐人或其他这种近亲的话,女孩(puella)应当承担责任(obnoxius)。

4) 但是,基于公平和公正,关于女孩从自己的财产(facultas)中根据法律规定的罚金(poena)返还(reddo)那些质押(pignus)的问题,应当保留(reservo)针对(contra)其母亲、监护人、保佐人或近亲的不受损失的诉讼(actio)⑦,条件是如果她能够证明她是受到上述人员所强迫才同意接受被作

---

① 物的担保形式之一,表现为向债权人转移对某物的实际占有,以保证有关债务的清偿,见黄风编著:《罗马法词典》,第 199 页。
② 父亲或女孩的监护人。
③ 未能让女孩与未婚夫完婚。
④ 也就是说,对未成年人有效的特权。——英译者注
⑤ 现已无存。——英译者注
⑥ 应当指的是要承担最终未能完婚的责任。
⑦ 应当指的是,如果女孩要对未能完婚承担责任并因此遭受财产损失的话,她可以向这些人提出诉讼,以弥补自己的财产损失。

为定金(arrae)的所给之物的话。

于格拉提安·奥古斯都第五次任执政官和塞奥多西·奥古斯都第一次任执政官年度的 7 月朔日之前的第 15 日在塞萨洛尼卡发布。(380 年 6 月 17 日)

解释:如果在一个女孩到达(contingo)10 岁前,女孩的父亲或母亲(pater vel mater puellae)或者——如果没有父亲的话——她的监护人、保佐人或任何其他近亲(tutor, curator vel aliquis ex propinquis)为其订立婚姻的简约(pactum)①并且接受(suscipio)了订婚赠与的话,如果此后他改变了意愿(voluntas)并希望(volo)拒绝(renuo)之前他所接受的未婚夫的话,他不应当被处以四倍罚金,而是只应当返还(restituo)他所接受的。当然,如果女孩去世的话,也只应当归还(reddo)所接受的。但是,如果女孩在其 10 岁后至 11 岁末之间时,她本人或她的父母(parens)、监护人和保佐人被已经接受的定金(arrae)所约束(teneo)的话,必须遵守以下的规定:也就是说,如果就女孩的婚姻(nuptiae)达成协议(placitum)的人希望(volo)就协议的信义(fides)证明有误(muto)并拒绝(renuo)接受了其订婚赠与的未婚夫的话,毫无疑问,他应当承担四倍罚金。但是,如果他在女孩年满(compleo)11 周岁之前归还(reddo)了所接受的质押(pignus)的话,他应当不用惧怕(pertimesco)就所接受的定金(arrae)提出的诬告(calumnia)。另一方面,如果女方是寡妇的话,她应当不能以年龄(aetas)为依据为自己辩护(excuso)②,如果她的结婚意愿(animus)发生了变化并希望(volo)拒绝(renuo)她之前的未婚夫(sponsus)的话,她以订婚(sponsalia)的名义(titulus)所接受(suscipio)的一切,都应当返还(reddo)四倍。但是,如果在女孩(puella)12 岁之后,她的父亲希望(volo)做出(facio)与他就她的婚姻(nupitae)所承诺的不同的决定的话,其父本人应当承担四倍罚金(poena)的责任。如果父亲是死者(mortuus)的话,并且母亲、监护人或保佐人或其他近亲(mater, tutor aut curator aut propinquus

---

① 指两个以上当事人采用法定契约形式以外的方式达成的协议,也被称为无形式简约(pactum nudum)。从法律上讲,简约不导致权利的转移,不产生严格意义上的债(obligatio),也不产生诉权(actio),除非它作为法律行为的附带约定(accidentalia negotii)或者其效力得到法律的承认。但在实践中,执法官往往对当事人之间自愿达成的简约给予考虑和维护。参见黄风编著:《罗马法词典》,第 194 页。

② 也就是说,她不能提出授予未成年女性的特权来辩护。——英译者注

aliquis)决定(definio)了女孩的婚姻并且女孩宁愿(malo)嫁给(nubo)其他人的话,她本人应当用自己的财产(facultas)以四倍于她所接受的(accipio)补偿(satisfacio)她之前的未婚夫(sponsus)。然而,应当遵守(servo)这一条件(condicio),以致她能够在其后提出针对(contra)前述人等的诉讼,如果她是在他们的强迫下被迫接受(suscipio)了后来被她所拒绝(renuo)的男人的定金(arrae)的话。

12. 皇帝、奥古斯都霍诺留(Honorius)①与塞奥多西②致大区长官马里尼亚努斯(Marinianus):

(在其他事项之后)如果一位父亲就其女(filia)的婚姻签订了一份简约(pactum)并且他由于被人类的命运(sors)所毁灭③而不能活到结婚时的话,被证明是由父亲所做的决定应当保持(permaneo)有效并连结着订婚双方,应当不允许(permitto)让步(transactum)拥有(habeo)任何分量(momentum),如果证明让步是经由其职责本属于(pertineo)未成年人(minores)的利益(commodum)的辩护人(defensor)所做出的话。因为承认(admitto)可能受到贿赂的监护人(tutor)或保佐人(curator)的违反父亲的意愿(voluntas)的裁断(arbitrium)是完全不公正的,因为经常发现(invenio),甚至女人(femina)本人的决定(consilium)也对违背(adversus)她自己的利益(commoda propria)起了作用(laboro)。(等等)

于我们的主人霍诺留·奥古斯都第十三次任执政官和我们的主人塞奥多西·奥古斯都第十次任执政官年度的 11 月诺奈日(nones)④之前的第 3 日在拉文纳(Ravenna)发布。(422 年 11 月 3 日)

解释:当已经根据父亲的决定(sententia)确定女儿(filia)的结合(coniunctio)后,如果父亲由于人类的命运(causa)而在女孩(puella)成婚(iungo)前成为死者(mortuus)的话,不能以任何方式(rato)改变(muto)协议(placitum),女孩应当不拥有(habeo)做出任何其他选择的许可(licentia),即使她的母亲或监护人或保佐人或其他近亲可能希望(volo)她接受(suscipio)别人而非她父亲所选择(elego)的人。但是父亲关于那个他本人所接受

① 西部皇帝,公元 395 年至 423 年在位。
② 东部皇帝塞奥多西二世(Theodosius II, 408—450 年在位)。
③ 人皆有死,死亡是所有人的命运。
④ 3 月、5 月、7 月和 10 月的第 7 日或其他月份的第 5 日。

(suscipio)的男人作为她的未婚夫（sponsus）的承诺（promissio）应当保持（permaneo）有效，决不应当允许（permitto）女孩根据她自己的意见（consilium）去要求任何违背（contra）她的父亲的意愿（voluntas）的事。

13. 皇帝、奥古斯都塞奥多西与瓦伦提尼安①致大区长官黑埃里乌斯（Hierius）：

（在其他事项之后）如果一份赠与（donatio）的证书（instrumentum）在婚前经由在公共记录（actum）中的正式手续（solennitas）而有效的话，关于是在婚前或婚后让渡（traditio）赠与，或是完全遗漏的情况就不应当调查（perquiro）了。在赠与（donatio）的全部数额（quantitas）低于 200 索里德金币（solidus）②的情况中，不应当要求公共记录的确认完成（actorum confectione）③。我们不允许（patior）拒绝（denego）将这些利益（commodum）给予一位妻子（uxor）或继承（succedo）了她的权利（ius）的人，不允许这些人被丈夫（maritus）的欺诈（fraus）或他的继承人（successor）的不诚实（improbitas）或法律（ius）技巧（scrupulositas）④所欺骗；并且，如果由于无知或是由于狡诈，提到作为赠与（donatio）的财产（res）是作为嫁资（dos）被交付的话，也应当从丈夫（maritus）或其继承人（heres）处取走并返还（restituo）这些赠与。即使缺失了公共记录中的证明（actorum testificatio），如果她们被剥夺（destituo）了其父亲的扶助（auxilium）的话，那条为处于未成年人（minor）的年龄（aetas）的女人（femina）订立（consulo）了公正条款的法律也应当有效。（等等）

于陶鲁斯（Taurus）和费利克斯（Felix）任执政官年度的 3 月朔日之前的第 10 日在君士坦丁堡（Constantineple）⑤发布。（428 年 2 月 21 日）

解释：如果在婚前已经将订婚赠与（donatio sponsalicia）登记入（insero）公共记录（gestum）的话，即使没有让渡（trado）赠与的财产（res），赠与也不能无效（infirmo）。但是，在总额被发现（invenio）在 200 索里德金币的价金

① 西部皇帝瓦伦提尼安三世（Valentian III，425—455 年在位）。
② 君士坦丁一世时期发行的金币，72 索里德金币合 1 磅黄金（Robert S. Lopez, *The Dollar of the Middle Ages*, in Robert S. Lopez, *Byzantium and the World around it: Economic and Institutional Relations*, London: Variorum Reprints, 1978）。
③ 可能指的是数额低于 200 索里德的赠与不用在公共档案中登记。
④ 可能指的是巧妙地利用法律漏洞。
⑤ 今土耳其的伊斯坦布尔。

（pretium）内的赠与（donatio）的情况下，即使缺少公共记录（gestum），也没有任何诬告（calumnia）可以在诡计（calliditas）或异议（obiectio）的掩护下损害（commoveo）女人（femina），而是只要有任何带有日期（dies）和时间（tempus）的书写（scriptura）①就应当足够（sufficio）了。并且，无论是一份没有让渡（traditio）的被登记入（insero）公共记录的赠与（donatio），还是总额在 200 索里德金币以内的赠与，都不应当由于任何诬告（calumnia）的论点（argumentum）而无效（vaco），而是应当向丈夫（maritus）或应当受到命令（iubeo）将其返还（restituo）给女人（femina）的他的继承人（heres）索取。然而，关于那些在父亲去世后、在未成年时成为妻子（nupta）的女人（femina），应当保持（permaneo）法律的照顾（beneficium），以致以书面形式订立了一份无论任何数额的赠与（donatio）后，即使没有在公共记录（gestum）中登记，仍然应当保持（subsisto）全部效力（firmitas）。

14. ②……

……未婚夫或未婚妻可以没有任何危险地违反这一规定。但是在《塞奥多西法典》第 3 卷第 15 个主题的第 15 条谕令中确立了关于婚约的其程度达到双倍赔偿的威胁性罚金。

主题 6：如果行省总督或与其有关的人给付订婚赠与（SI PROVINCIAE RECTOR VEL AD EUM PERTINENTES SPONSALIA DEDERINT）

1. 皇帝、奥古斯都格拉提安、瓦伦提尼安与塞奥多西致大区长官尤特罗匹乌斯：

（在其他事项之后）如果订婚赠与是由那些在行省政府中拥有公共（publica）权力（potestas）地位与荣誉（honor）③并因此能够威胁其打算与之缔结婚姻（matrimonium）的父母或监护人或保佐人或女性本人的人所给付的话，我们命令（iubeo），如果父母或女人本人此后改变（muto）了意愿（voluntas）的话，他们不仅应当从法律的限制（modus）中解脱（libero）并被免除规定（statuo）的四倍罚金（poena），而且应当额外（extrinsecus）拥有（habeo）被给付（do）的质押（pignus）作为收益（lucrativus），如果他们认为（puto）它们不应当

---

① 书面证明。
② 这条不是法令而是一条已经散佚的法令的注释，蒙森将这条注释插入了他编辑的《塞奥多西法典》的这个地方。——英译者注
③ 行省官员。

被返还(reddo)的话。我们确实希望(volo)该条款被扩展到如此广泛的范围，以致我们裁决(censeo)，它应当不仅适用于这些行政官员(administrantes)，而且还应当适用于行政官员的子辈、孙辈、近亲、助手与家仆(filios，nepotes，propinquos，participes domesticosque)，但是，条件是，这些行政官员(administrator)胁迫了他们。

2. 但是，另外，如果未婚妻(sponsa)对此是同意(consensus)的话，从此以后，对于那些我们所提到的人(persona)，他们在拥有权力(potestas)的时候(tempus)依靠定金(arrae)强迫而缔结的婚姻(matrimonium)，我们并不禁止(veto)其生效。

于我们的主人格拉提安·奥古斯都第五次任执政官和我们的主人塞奥多西·奥古斯都第一次任执政官年度的 7 月朔日之前的第 15 日在塞萨洛尼卡发布。(380 年 6 月 17 日)

解释：如果任何行省法官(iudex provinciae)①或政府(administratio)中的任何人在拥有(habeo)前述荣誉(honor)职位(positio)时，让他们的成年(adultus)儿子或近亲或任何看来(video)在政府(administratio)的共同体(consortium)②中协助③的人利用他们的权力(potestas)去威胁(comminor)父母(parens)或可能去恐吓(terreo)监护人(tutor)或保佐人(curator)或女孩(puella)本人的话，如果他们以订婚(sponsalia)的名义(nomen)或是令任何人的家庭(domus)被约束的目的作为定金(arrae)给付(do)④的话，如果父母和女孩本人希望(volo)抵制(resulto)这一意愿(voluntas)的话，他们应当拥有(habeo)去拒绝(renuo)他们似乎看来(video)已经接受的事的自由(libera)的权利(facultas)。他们应当知晓，不应当向他们索取四倍罚金(poena)，而且如果他们如此希望(volo)的话，应当保留(retineo)那些看来是出于恐惧(terror)而接受的⑤作为他们自己的收益(lucrum)，并且不能强制(constringo)他们返还(reddo)它们，除非碰巧他们出于自己的裁断(arbitrium)希望(volo)如此行事。如果在这种行政部门(administratio)的任期结束时，父母或女孩关于与

① 总督，常任法官。——英译者注
② 政府部门。
③ 协助官员工作。
④ 给付赠与。
⑤ 在胁迫之下接受的赠与。

给予赠与的人缔结婚姻的意愿(voluntas)没有改变的话,由此而经过选择的结合(electa coniunctio)可以继续(sequor)。

　　译注者简介:董晓佳,湖北大学历史文化学院教授,环地中海—拜占庭研究中心研究员,历史学博士,研究方向为世界古代中世纪史、拜占庭史、晚期罗马帝国史、基督教史。

色诺芬在前 4 世纪希腊史学中的地位

尼诺·卢拉吉 著　黄方煜 译

【编者按】Nino Luraghi 为牛津大学新学院古代史威克姆教授,专于古希腊社会史与文化史。这篇论文收录于 Michael A. Flower 主编的《剑桥色诺芬研究指南》(*The Cambridge Companion to Xenophon*)第一部分"诸背景"(Contexts)之中,旨在探讨古希腊史学家色诺芬在前 4 世纪希腊史学前后发展进程中的独特地位。本文秉承的问题意识主要集中于色诺芬作为一位继承者如何应对修昔底德的强大影响,并在希腊史学的政治道德评价与转向中发挥了何种作用。这不仅关乎希腊历史的叙述问题,还涉及史学家如何在复杂的政治背景下进行历史编纂。文章通过详细分析色诺芬的《希腊史》及其在希腊历史叙述中的作用,特别是他与修昔底德、提奥旁普斯等跨世代与同时代史学家的关系,揭示色诺芬如何继承和改进修昔底德史学传统中的如叙述结构和历史人物刻画等核心特征。文章首先陈述了色诺芬生活的时代背景及其著作所处时段的史著空缺情况,接着分析了色诺芬及其同侪所面临的修昔底德影响,尔后对比了他与其他同时代史学家的差异,尤其是在历史主题选择与道德判断上的不同,并讨论了其时的霸权历史书写与历史概念化倾向。色诺芬不仅延续了修昔底德的叙述模式,还通过对希腊城邦霸权更迭的政治解释,重新塑造了希腊史学的道德框架。文章的最后探讨了色诺芬对后世史学书写的影响,指出他对前 4 世纪希腊史学的转向具有深远意义。

色诺芬生活在一个有趣的时代:他见证了伯罗奔尼撒战争的结束(前431—404 年),并且在年轻时经历了雅典人投降后斯巴达人对其施加的恐怖统治。除却他在《长征记》中叙述的他最伟大的冒险,色诺芬还见证了斯巴达海上力量的兴衰、以"国王和平"为名的敕令及其代表的波斯在爱琴海地区主宰力量登峰、前 371 年斯巴达人在留克特拉与波奥提亚联盟军战斗中的惊人大败,还有随后彻底削弱斯巴达的阿卡迪亚"大城邦"(Megalopolis)及墨西拿(Messene)的建立。在许多重要事件发生时,色诺芬都非常接近:他见证了科罗尼亚战役(the battle of Coronea),有学者甚至认为他参与了这场战斗,当希腊使节们对大王敕令宣誓时,当留克特拉战败的消息传来时,他还很可能就身处斯巴达。[1]

他一生也恰逢希腊史学史上最关键的时期之一,这一时期从原始材料的使用、总体研究方法到历史编纂的主题定义、历史书写的目的与风格等方面都取得了重大进展。仅举冰山一角,色诺芬与库麦的埃福罗斯(Ephorus of Cyme)和希俄斯岛的提奥旁普斯(Theopompus of Chius)——古希腊两位广受赞誉的历史学家——是同时代或近乎同时代的人。他作为历史学家的活动,几乎不可能发生在更活跃的背景下了。[2]

对于我们这些现代读者来说,要了解色诺芬在希腊史学总体轨迹中的特殊位置,因修昔底德(死于约前 399 年)和波利比阿(死于约前 118 年)之间希腊史作几近全失而困难重重。除了一部分的例外,即所谓的《奥克西林库斯希腊志》(*Hellenica Oxyrhynchia*,见下文),我们对色诺芬同时代和直接继承者们的作品仅通过间接途径得知,多亏了后来的作家们对这些作品的引用,而这些作品又被冠以"残篇"这一有些误导性的名称。此外,更具假设性的是,通过后来作家们的作品,我们推测他们大多——通常并非没有充分理由——借鉴了这些早期佚名著作。[3] 因此,在下文试图比较色诺芬的史作——尤其是《希腊史》——与同时代或不久之后的其他史学家时,必然会带有推测性。毕竟,这往往是研究古代历史学家的困境。

一、修昔底德的遗产

众所周知,色诺芬的《希腊史》从修昔底德第八卷结束之处——几乎位于

---

[1] 关于色诺芬的生平与时代,见本卷 Lee 部分。所有相关证据被收集并讨论于 Breitenbach 1967: 1571 - 8。

[2] Parmeggiani 2014 提供了一份近来对前 4 世纪史学的综述合辑;要特别说明的是,关于埃福罗斯可见 Parmeggiani 2011,关于提奥旁普斯可见 Flower 1994。

[3] 关于历史残篇相关问题与使用间接证据重构古代史学失传作品的一般路径,见 Brunt 1980。

句中——开始，并无序言。接续处并不完美，但几乎无法否认的是，色诺芬的叙述显然将其自己视为修昔底德的续篇，除非我们所读的并不是《希腊史》的真正开篇。[①] 在古代，据说色诺芬甚至公布并推广过修昔底德死后遗留的并不完整的历史，但此事迄今仍充满谜团。当然，此说可能只是一个推论的产物，但即便如此，这一推论也相当具体。[②] 无论如何，它至少强调了一个事实，对古代读者来说，色诺芬和修昔底德之间的紧密联系是公认的。从另一方面来说，色诺芬以各种方式表明了他与前辈的关系。除了他《希腊史》开头所表明的直接联系外，对伯罗奔尼撒战争最后几年的叙述编排，按照冬季夏季分开叙述，这是对修昔底德叙述编排的明显赞同，还有并不介绍已在修昔底德著作中出现的人物的这个偏好，这都强调了《希腊史》与前辈间的刻意连续性。[③]

色诺芬强调自己是修昔底德的继承人，这在他那个时代的历史学家中绝不是独一无二的，甚至不是典型的。前4世纪上半叶的希腊史学似乎是被修昔底德的影响所主宰的，正如这一事实所示：在这几十年内，至少有三名甚至更多的历史学家续写他的著作。[④] 现在，尽管事后看来情况也许并非如此，选择继续前人未竟之事既非偶然也非显然，从前辈停止叙述的地方开始记叙历史这一在稍后一段时间才变得普遍的观念也不是广为人所接受——毕竟，没人继承希罗多德的思想。因此，我们需要一个特殊的解释来解读此现象。这种认识似乎合理：修昔底德的继承者们是在回应前辈非凡的学术声望——同时也在为建立这种名望而做出贡献。而继承者之间的竞争性分化则是一个较保守的假设，尽管它很难更具体，原因很简单，色诺芬的《希腊史》是目前我们所知唯一的继承者完本。

---

① 见 Canfora 1970:65 - 70, MacLaren 1979:228 - 32, Dover 1981:439 - 40 的相关讨论。似乎有理由相信修昔底德的一些古代抄本包含了《希腊史》一二两卷至雅典投降的内容；见 Nicolai 2006: 715 - 16 及相关参考。

② 色诺芬促进了修昔底德文本的流传，这一说法出自 Diogenes Laertius 为其作的传记(2.57)，并没有任何来源归属；这可能可以(或不可)追溯到马格尼西亚的 Demetrius，一位西塞罗时代的学者(见 Nicolai 2006:705 及相关参考)。我们不应将其与色诺芬曾编辑过《伯罗奔尼撒战争史》第八卷这一推测(马塞林努斯，Vita Thucydidis 43)相混淆；这事也被归于提奥旁普斯与修昔底德之女的身上。

③ 在古代，这种细分叙事的方式被认为是修昔底德的特色，参见 Dion. Hal. de Thucydide 9；需要注意的是，色诺芬著作中的夏季和冬季标示与每年开头的详细时间标示是独立的，后者通常被认为是后人插入的。关于色诺芬的《希腊史》中年份和季节变化标示的完整列表，参见 Breitenbach 1967:1656 - 7。

④ 关于修昔底德继承者之证据的概述，见 Schepens 1993:173 - 6。

除了色诺芬，有名的修昔底德继承者包括雅典的克拉提普斯（Cratippus of Athens）和希俄斯岛的提奥旁普斯，前者也许是一名与修昔底德同时代的年轻人，后者生于前 5 世纪的最后一年或者前 4 世纪的开端。[1] 在这两个案例中，我们都可以得出有根据的猜测，而在提奥旁普斯的案例中更甚，至于他们著作的规模以及所涵盖时段的延展——我们将在稍后看到——则是一个非常重要的方面。然而，在这两个案例里，都极度缺乏对这些作品实际内容的证据，同样情况对提奥旁普斯来说好一些，目前为止他是二者中较为知名的一个。[2] 另一方面，西西里的狄奥多罗斯（Diodorus Siculus）的《历史集成》卷十四包含了一段关于希腊本土政治史的叙述，这段叙述直接或间接源自修昔底德继承者的作品。此外，三或四大块保存完好的纸草残片，也保留了另一部希腊史著残篇，似乎也是对修昔底德作品的延续。[3] 这部作品常名为《奥克西林库斯希腊志》，大多数学者认为它是狄奥多罗斯叙述方式的直接或最终来源。[4] 它的作者无法确定，但几乎可以肯定的是他必须在那些我们已知的撰写了前 411 年以后历史的史学家中寻找。不出所料，而且有理由相信，提奥旁普斯与克拉提普斯是两个主要人选。[5]

似乎每一个人对修昔底德模式的继承都采取了不同的形式，以不同的

---

[1] 一般认为克拉提普斯的生活年代是根据哈利卡纳苏斯的狄奥尼修斯的论述得出的，即他是修昔底德的同时代人（Dion. Hal. de Thucydide 16＝FGrHist 64 T 1）。因为证据材料的不连贯性，提奥旁普斯的出生年月是个更复杂的问题；近来学术界倾向于更早些的年代，即前 5 世纪的最后几年（见 Flower 1994:11 - 23, Billows 2009:226 - 9, Carlucci 2013）。

[2] 我们有所有十九份提奥旁普斯《希腊史》的残篇，从单独的单词到几个句子（FGrHist 115 F 5 - 23）。关于提奥旁普斯《希腊史》的特点，见 Momigliano 1982:180 - 7。

[3] 伦敦、佛罗伦萨与开罗纸草都包含《奥克西林库斯希腊志》的近来版本，所谓的修昔底德纸草（PMich 5982＋5797b）也源自同一著作，这是一个很有说服力的例子；最新情况见 Vannini 2012，有对残篇的最新编译，相关讨论则见 Bearzot 2001。

[4] 关于《奥克西林库斯希腊志》是狄奥多罗斯著作第 14 卷对希腊史叙述的间接来源，见 Hornblower 1994:37；狄奥多罗斯的直接来源一般认为是埃福罗斯。

[5] 这两个名字几乎是在 20 世纪初，《奥克西林库斯希腊志》的首份纸草出版时立即被提出的。可以说如今的学者们被分为两派，支持克拉提普斯的略占上风；有关克拉提普斯尤见 Schepens 2001 与 Magnelli 2007，有关提奥旁普斯见 Billows 2009, Canfora 2013。Herbert Bloch 认为（Bloch 1940）《奥克西林库斯希腊志》的作者一定是一个在古代文献中没有留下任何痕迹的人，但随着新的纸草出现，这一说法逐渐变得站不住脚：在其晚年，Bloch 自己都放弃了这一看法，倾向于认为作者是提奥旁普斯（个人交谈中透露）。尽管其支持者有着很高的权威，Jacoby 1950 年的理论在今日被普遍否定，此理论将《奥克西林库斯希腊志》的作者与另一位几乎不知名的历史学家——普拉提亚的 Daemachus 等同起来。

比例混合了模仿与批评,正如我们期望的那样。据哈利卡纳苏斯的狄奥尼修斯(Dionysius of Halicarnassus)说,雅典的克拉提普斯批评其前辈使用冗长且复杂的演讲词,据他自己的说法,这最终成为对事件叙述的障碍与读者的烦恼。克拉提普斯进一步猜测,在第八卷中并无长篇演说,虽然并不是说没有演说词,但是直接演讲的段落从来不会超过几行,这表明修昔底德自己也得出了同样的结论。① 有趣的是,在现代读者看来,狄奥尼修斯同意克拉提普斯的观点,认为这种创作特征的不自在解释了修昔底德为何没能完成他的作品。②

但克拉提普斯的批评并不能作为对修昔底德的完全贬低,而且远非如此:对古代作家来说,表明自己已经改进了自己的模式是个常识,并不意味着对整个模式的负面判断。拙劣的模式也不值得模仿。事实上,修昔底德的高度权威是继其事业的基石,而对色诺芬、克拉提普斯和提奥旁普斯来说,称其自己是修昔底德的继承者,是一种宣称他们拥有自己所理解的修昔底德遗产的方式。同时,对证据的梳理会给人一种强烈的印象:他们三人在某种意义上也在试图利用他们自己模式的权威,来达成不可告人的目的。让我们来看看情况是怎样的。

我们应该从一个非常简单但总未得到应有关注的事实开始:没有一个我们所知的修昔底德继承者,真正地在此著名前辈提出的框架中补完了他的著述,也即,他们都没有以公元前404年春雅典投降为结束。③ 考虑到修昔底德对伯罗奔尼撒战争的时间界限进行了精确的定义,更加注意的是:尽管前421年订立了尼西阿斯和约,但依然必须将公元前431年至前404年视为一场连续的战争。仅仅是跨越修昔底德所明确宣称的这一界限的行为,就暗含了这样一种主张,即前404年雅典的投降并不能被视为"故事的结束"。这一举动使修昔底德的继承者们含蓄地呼吁读者注意他们著作结尾的选择:如果故事不以雅典人的投降为结局,那它到底什么时候结束?

---

① Cratippus FGrHist 64 F 1=Dion. Hal. de thuc. 16.第八卷中克拉提普斯的叙述视角可能便是古代学者不认为他是此卷编辑者的原因,见以上 n. 5。

② 狄奥尼修斯是最不可能受到此类批评的历史学家,因为其《罗马古史》是古代史学著作中演讲词占比最大的。

③ 修昔底德在 5.26.1 提及他将雅典人的投降作为其著作的结尾。

　　至少在之后,古代史学读者对于作者选择的开端与结局是非常敏感的。[①]
在这样的选择中,叙事的简洁性和政治解读是密不可分地交织在一起的。作
为一种思维实验,一名现代读者可以想象一部止于 1794 年热月政变的未完成
的法国大革命史,再想象续写前者的止于 1799 年雾月政变或者 1815 年滑铁
卢战役的史著。当然,它们中的每一部都传达了迥异的信息、观点或提议,以
及它对所涵盖的历史发展轨迹的不同解释。我们有充分的理由认为,对于修
昔底德的继承者们选择的几个结局点,也应该以类似的方式加以解释。

　　根据普鲁塔克的小册子《论雅典人的荣耀》(*On the Glory of the
Athenians*),雅典的克拉提普斯谈到过雅典海军统帅科农(Conon)对雅典海上
力量的重建,普鲁塔克的文章布局暗示了此事很可能作为他著作的结尾。我
们应认为此事最有可能是对长城的重建,此长城连接雅典与其军事港口,以确
保入海通道不受干扰;我们将在前 393 年的秋季或者冬季见证此事。[②] 从普鲁
塔克的遣词造句来看,此分界点的意义本身便是明朗的,若我们提醒自己长城
在前 404 年雅典投降后就已被拆除,则其意义更甚,在前面所提到的文段中,
正是修昔底德将长城的倒塌作为这场战争及其著作的结局。[③] 通过将长城的
重建纳入其叙述中,克拉提普斯把雅典战败的故事转换成了雅典从失败中恢
复元气的故事。

　　从另一方面来说,提奥旁普斯的著述时间比克拉提普斯和色诺芬还晚,
尽管不会晚太多,他十二卷本的《希腊史》包括了前 394 年克尼多斯战役
(the battle of Cnidus)中科农对斯巴达海军统帅佩山德(Pisander)的胜利,此
役代表了斯巴达海上力量的终结,也被提奥旁普斯理解为斯巴达霸权的终
结。如此看来,他更偏向于以泛希腊的视角,或者至少是以两极的视角,展
示了雅典人与斯巴达人在帝国宏图上的相继失败,同时也中止了以长城重
建为标志的雅典权力的短暂重生。[④] 除此之外,提奥旁普斯继续写作他的

---

① 见哈利卡纳苏斯的狄奥尼修斯在 ad Pomp. 3 中分别对希罗多德和修昔底德的开头与结尾进行
　　的讨论。
② Plut. de glor. Athen. 1(345C-E) = Cratippus FGrHist 64 T 2. 有关此段落的详细讨论,见
　　Schepens 1993:173 - 82,尤其 180 - 1 对克拉提普斯的作品结尾的精确解释;Canfora 1990:75 就
　　对以这种特定方式阅读普鲁塔克文章的可能性提出了必要的警示。
③ 《伯罗奔尼撒战争史》5.26.1;长城的拆除在色诺芬《希腊史》2.2.23 中有着令人难忘的描述。
④ 关于提奥旁普斯《希腊史》的扩展部分,见 FGrHist 115 F 14=Diod. 14.87.4. 关于结尾的意义,
　　见 Momigliano 1982:181 - 5 及 Schepens 1993:186。

《腓力普传》,以亚历山大的父亲、马其顿国王腓力二世为中心人物,认为随大王和平敕令与底比斯霸权一道,前4世纪七八十年代是新的历史发展的开端,这一发展以马其顿霸权的建立为顶点,且是与波斯帝国最终对抗的前奏。①

色诺芬的终点——前362年的曼丁尼亚战役,乍一看似乎意义并不明显,虽然得承认这种印象很大程度上源于色诺芬自己所言:在对战役扣人心弦的叙述后,色诺芬认为此结果并不是决定性的,因此对这场希腊主要政治力量都参与的战役会决定希腊势力平衡的期望也落空了。在此结尾,色诺芬声明道他的叙述到此为止,其他史学家也许会在他搁笔之处接续。② 从像色诺芬这么机敏的作者口中说出这种看似无辜的言语必定使人起疑,事实上,轻信的读者可能会对以下情况感到有些惊讶:在战后不久——显然仍在公元前362年——大多数希腊人达成了和平甚或同盟之事,唯有斯巴达被排除在外,因为他们无法接受将美塞尼亚人作为条约的一方,这将意味着最终承认美塞尼亚的独立。③ 撇开现代历史学家更可能将和约的订立而不是这场战役作为事件的结局这一事实不谈,显然此和约是斯巴达人的重大政治失败,实际上有力地终结了他们重新夺回从古风时代到前370年都作为斯巴达国土一部分的美塞尼亚的愿望。其叙述涵括此次战役而不拓展至和约,色诺芬能够赋予他的叙述以一种开放式结局的错觉,这有关于斯巴达势力的未来,也一直是他的《希腊史》的中心主题。④ 如果我们往后退一步,再看整幅图景,色诺芬的《希腊史》与修昔底德未完成的《伯罗奔尼撒战争史》一道,覆盖了一条能够允许作者书写故事的历史轨迹,有关雅典与斯巴达众多胜败的故事,有关两者都曾有过的或荣耀或选择淡忘的时刻的故事。斯巴达在捍卫希腊自由方面多少有些污点的记载,会被臭名昭著的雅典帝国的压迫给抵消。⑤ 这个故事最后很合适地以一场战斗告终,斯巴达人和雅典人并肩作战,对抗由昔日的亲波斯派联盟——底比斯人领导的联盟,他们背叛希腊人的经历使得色诺芬确保

---

① Momigliano 1982:186;关于提奥旁普斯的《Philippica》,见 Flower 1994:29-36。

② 色诺芬《希腊史》7.5.26—7. 有趣的是,以目前我们所知,没有一种希腊史的叙述不是从色诺芬的结尾处开始的,这就是对《希腊史》的概念的相互承继。

③ Diod.15.89.1-2;关于前362年的和约,见 Jehne 1994:96-115。

④ Jehne 1994:112 敏锐地评论了色诺芬对前362年局势的评估中隐含的倾向。

⑤ Tuplin 1993 提供了一份关于色诺芬对斯巴达帝国主义的批评的长篇研究。

给予了应有的强调。①

除了修昔底德继承者们创造的更宽泛的轨迹，他们每个人也都必定以其他方式参与进修昔底德所设立的模式中。在色诺芬的《希腊史》以及很可能是克拉提普斯或提奥旁普斯的《奥克西林库斯希腊志》案例中，以直接形式大量使用演说词，并且忽视各城邦实际使用的历法而以冬夏划分时间，这两个最明显的修昔底德历史叙述的特征以十分有趣的方式变通并表现出来。② 我们已经看到，克拉提普斯相当坦率地批评了修昔底德对演说词的使用，在现存的《奥克西林库斯希腊志》中，无论巧合与否，确实几乎没有直接演说词，也绝对没有什么能够与修昔底德相提并论的。为探索基本政治问题而放弃修昔底德对应用演说词的偏爱的同时，色诺芬并没有完全放弃它们，在一个案例中，他将转述同一场合下的多个演说词作为一种探索对同个政治问题不同观点的方法，这是典型的修昔底德式权宜之计。然而，总体上平心而论，色诺芬也与克拉提普斯一样，对修昔底德对演说词的应用心存疑虑。③ 至于年代结构，如上所述，色诺芬的《希腊史》基本上遵循着修昔底德的模式直到伯罗奔尼撒战争结束，并在三十僭主倒台之后抛弃了它——但第三卷到第七卷中零星的季节叙述迹象减弱了这种差异的剧烈程度。④ 在此之间，关于三十僭主及其倾覆的叙述(Hell. 2.3.11 - 2.4.43)充当了一个枢纽，形成了一个生动的过渡，叙述的细节程度提高了，作者的参与度也提高了。至少在保存下来的片段中，对《奥克西林库斯希腊志》的作者而言，他沿袭了冬夏划分法，并在叙述中提到了修昔底德的名字。⑤ 另一方面，他似乎是后世史家质疑修昔底德定义的伯罗奔尼撒战争统一性倾向的发起者之一，或者说可能是唯一的发起者，并推动了将其分为不同的战争——阿奇达姆斯战争、狄凯利亚战争、伊奥尼亚

---

① 特别注意色诺芬对前 367 年在苏萨波斯王庭的底比斯使节伯罗庇达斯的描述，色诺芬《希腊史》7.1.34。

② 关于修氏纪年的解释，见《伯罗奔尼撒战争史》5.20.2—3。

③ Gray 1989:79 - 140 对色诺芬《希腊史》中的演说词提供了一个扩展讨论，与修昔底德的演说词相比，强调了它们不同的作用——"通过演说者的特征来颂扬道德品质"(p. 137)。也见本卷 Baragwanath 的部分。关于多样演说词中的范例，见《希腊史》2.3.24—49 克里提亚斯与塞拉麦涅斯的演说词，但要注意的是，就长度而言，这是一个相当的特例。

④ Dover 1981:442 及其参考:《希腊史》三至七卷中零星的年代迹象说明，第一、二卷并没有如人们有时认为的那样差异很大。

⑤ 关于《奥克西林库斯希腊志》中的年代布局，见 Bruce 1967:8 - 9。

战争的趋势。① 几乎不必强调的是,这种对伯罗奔尼撒战争的分析性视角必定是历史解释的一个组成部分,而这种解释得自《奥克西林库斯希腊志》对其结局的选择,无论这结局究竟是什么。

更具体细致的联系就难以理解了。一项最近的研究将注意力投向在色诺芬《希腊史》与狄奥多罗斯中都能找到的对修昔底德的大量借鉴,后者对前4世纪早期希腊大陆历史的叙述通常被认为最终源自《奥克西林库斯希腊志》,尽管可能并非直接源流。② 尤其引人注目的是呈现故事关键时刻的不同方式,是隐晦地在与修昔底德对话。对色诺芬来说,在前405年羊河战役雅典舰队的最终战败后,雅典人害怕斯巴达人会像前416年他们对待米洛斯人那样对待他们;然而,阅读过修昔底德所载米洛斯人与雅典人的对话的读者会意识到,雅典人的恐惧实际上是误导性的,当时他们并未被恐惧所蒙蔽,清楚地知道斯巴达本身即是一个帝国,对消灭他们毫无兴趣。同样的读者也会看穿斯巴达人的声明,声明认为他们饶恕雅典是因为念在波斯战争时期雅典人的功绩。③ 相反,狄奥多罗斯重提修昔底德对雅典人韧性的赞赏,强调他们在羊河战役失败后仍有继续战斗的意愿。④ 用罗德(Tim Rood)的话来说,"色诺芬与狄奥多罗斯的作品中出现了如此多的修昔底德的影子,这表明修昔底德的继承者们(以及模仿者们)不仅对修昔底德史观的大致轮廓做出了回应(甚至可能是相互竞争),还对文本细节之处也做出了回应。"⑤然而,在他们创造性地参与到此模式中时,同时也在以一种值得我们注意的方式破坏它的基本准则。

二、"三头怪物"的世界

公元2世纪游览奥林匹亚时,波桑尼阿斯见到了演说家、历史学家兰普萨库斯的阿纳克西美尼(Anaximenes of Lampsacus)的雕像,它由其同胞们献出,以答谢他使他们免遭亚历山大大帝的大规模奴役。这个纪念碑引发了波

① Schepens 2007:65 n.15;狄凯利亚战争在《奥克西林库斯希腊志》的现存部分,7.3与19.2中被两次提及。
② Rood 2004b.
③ 对比色诺芬《希腊史》2.2.3(雅典人的恐惧),2.2.22(斯巴达人饶恕雅典人)与《伯罗奔尼撒战争史》5.91.1;见Rood 2004b:351-6。
④ 对比Diod.13.107.1与《伯罗奔尼撒战争史》8.1.3(在雅典人远征西西里的灾难被宣布之后)。
⑤ Rood 2004b:365.

桑尼阿斯短暂的偏题,它以一个奇闻轶事为结尾——奇特但很有启发性。据波桑尼阿斯所言,阿纳克西美尼对其同僚提奥旁普斯心生怨恨,并决定采取周密的计划进行报复,他以提奥旁普斯的风格写作了一份诋毁雅典人、斯巴达人和底比斯人的小册子,并送至这些城邦,谎称是提奥旁普斯的作品,结果使得提奥旁普斯在希腊人人人喊打。[①] 学者们早已认定,这份被质疑的小册子就是其他作者所提及的《三头怪物》(Trikaranos),三头即雅典、斯巴达和底比斯,彼时希腊世界最强的三个城邦,自伯罗奔尼撒战争以来一直在争夺霸权。尽管波桑尼阿斯和阿里乌斯·阿里斯提德(Aelius Aristides)——他也提到了这个小册子,告诉了我们它的名字——将它描绘成对希腊人的总体控诉,显然是因为他们对内战的偏爱,但很明显大多数批评一定集中于这三个罪魁祸首身上。[②]

《三头怪物》的故事——无论是由阿纳克西美尼创作,还是如一些人怀疑的那样由提奥旁普斯创作——以间接但更有启发意义的视角揭示了前 4 世纪史学实践的背景,于其中,史学家们对彼此的事业了如指掌,嫉妒变得十分猖獗,抑或是为争夺新兴皇室资助所刺激。[③] 它还指出了一种将希腊史概念化的方法,这是典型的前 4 世纪史学,即在此概念中事件是围绕着最强大的城邦们的际遇组织起来的,这些城邦被认为是希腊内部领导权或者说霸权的竞争者。这些城邦霸权的更替则作为一种历史时期划分的方式。当然,色诺芬《希腊史》的读者对这一概念的某些方面是很熟悉的,霸权更替在提奥旁普斯的《希腊史》中似乎也很突出;一些学者甚至在克拉提普斯的作品中也找到了它的踪影。[④] 此外,它在很大程度上支撑着一部被称为前 4 世纪最有野心的史学著作——库麦的埃福罗斯的三十卷本《历史》。除了作为埃福罗斯对前 4、5 世纪的希腊政治史叙述的结构原则外,此观念甚至还影响了埃福罗斯对最遥远过去的处理方式:在其《历史》中,雅典、底比斯和斯巴达的起源与早期历史皆单列成卷。有趣的是,与阿纳克西美尼截然相反,埃福罗斯似乎对这三个角逐

① Paus. 6.18.5(=Anaximenes FGrHist 72 T 6).
② 见 Ael. Arist. 26.50-1=Anaximenes FGrHist 72 F 31。关于 Trikaranos,包括其作者问题的最新讨论,见 Parmeggiani 2012。
③ 阿纳克西美尼、卡利斯提尼斯与提奥旁普斯都与马其顿王庭有着多样的联系;见 Meissner 1992:383-7,395-9,417-19。提奥旁普斯现身于马其顿的腓力二世宫廷,在《斯彪西波致腓力信》中有着令人难忘的记载,其真实性总处于争论中;见 Natoli 2004。
④ 尤见 Schepens 1993。

者抱有同情。①

　　尽管这种看待希腊史的方式仍然以稍微改进过的形式,构成大部分对此时期的现代解读的支柱,但将前431年到前357年的希腊史解释为是一连串不同城邦依次称霸的时段,这种做法并不明显。首先,只有斯巴达的霸权为所有希腊人所承认,无论是事实上的还是官方宣布的,而且只是很短的一段时间,即在伯罗奔尼撒战后与大王和平敕令之后。② 更重要的是,在任何时候事实上的情况是更加复杂的。其他趋势与因素,如联邦体系的逐步扩张,可以说造成了更重要的长期影响,而且在任何情况下,在资源方面对任何希腊城邦都具有不可比拟优势的最强有力的竞争者都是波斯王。没人能够在缺少其财政支持的情况下维持优势地位,甚至底比斯人都很快意识到这点。最后,在大部分情况下(如果不总是这样的话),每一个主要竞争者都遵循着一个更加区域性的议程,此议程内长期存在着领土利益与野望,它们无论怎么解释都可以说扮演着比统领希腊人还重要的角色。③

　　当然,希腊世界两极化观点支撑和构成了修昔底德的《伯罗奔尼撒战争史》,加之其对雅典与斯巴达之间冲突的独特关注,已经奠定了以这种简单的方式将希腊人的历史概念化的基础,这种方式关注单个城邦的霸权更替,且希腊人叙述政治史都遵循着这个方向。④ 当然,色诺芬一代的希腊史家,在某种程度上并未决定完全抛弃修昔底德范式(也没人真的这么做),他们必然将主题扩展至主要政治力量一连串的成败。可以肯定的是,这不得不以牺牲修昔底德的战争独特性概念为代价,他认为这场战争是整个希腊史的顶峰,但是这种牺牲是不可避免的,因为这是为继承修昔底德的事业,而非仅仅是完成它。然而,若将前4世纪史家的学术贡献局限于对修昔底德范式的变革,仅仅是加以必要的修改,这就过度简化了。

----

① Luraghi 2014:148.关于埃福罗斯认为的霸权作为结构性原则的重要性,见 Wickersham 1994:119-77 中的拓展讨论。
② 色诺芬谈及斯巴达人作为大王和平敕令的实施者(《希腊史》5.1.36),常被解读为他们被授予了一个官方角色,但见 Jehne 1994:41.关于伯罗奔尼撒战后斯巴达的"公认霸权",见 Polyb.1.2.3, Diod.14.10.1,13.1, & Schepens 1993:171-2。
③ 色诺芬对在萨迪斯的提里巴佐斯总督府中的外交交流的叙述是一个引人注目的例子,见《希腊史》4.8.12—15. Jehne 1994:31-135 对自大王和平敕令至神圣战争的希腊大陆政治局势提供了最有帮助的指导,同时也展示了除了霸权的更迭外,此故事可以被如何叙述。关于斯巴达与底比斯霸权的标准论述,分别见 Hamilton 1979、1991 及 Buckler 1980。
④ 希罗多德就已认为,波斯战争之后的希腊史以希腊各大势力争夺霸权为特点,见《历史》6.98.2。

　　修昔底德对使雅典的霸权不可阻挡且注定其最终胜利(除非内部领导出现错误)的结构性因素的强势关注,是基于这样一个假设:波斯帝国无法对希腊世界内部的势力平衡产生决定性的影响。[①] 至前 4 世纪初,这个假设已被证明是站不住脚的,每个人都知道凌驾希腊人的霸权是与魔鬼(即波斯人)订约为代价换来的。在这样的环境下,为了将希腊人的历史解读为希腊城邦霸权的更迭,其中一些城邦为夺取霸权而数起数落,前 4 世纪的史学家们在某种意义上被迫去寻找新的历史解释类型,尤其是历史评价类型,关注于作为希腊人之霸主的代价是什么,谁真正意义上值得这个位置,以及为什么。[②] 将霸权视作依势而易变的东西,是他们为了在那些方面概念化希腊政治而不得不做的事,色诺芬及其同时代人面临着一系列新的问题,并且将伦理带回政治,背弃修昔底德毫不妥协的政治现实主义,是相当自然的一步。就算不得不与魔鬼缔约,人们仍然可以对现实视而不见,只关注时不时签署协议的希腊人的道德品质。[③]

　　如果我们回顾基于几部《希腊史》年代界限所推测的历史轨迹,则可以推测出一个道德解释,以及一个从长期来看,偶尔指出历史讽刺之处的且很有可能的假设。在这方面,色诺芬当然不是唯一的。现代学者长期以来一直对前 4 世纪的史学家吹毛求疵,指责他们承袭伊索克拉底而非修昔底德,指责他们牺牲历史分析来换取修辞上的修饰。[④] 但一种对他们的智识与政治领域更偏赞同的观点认为,至少这个观念是值得探索的:尝试在具体的意识形态框架内搜寻与掌控偏负面的历史事实,而不仅仅是依靠各种修辞手法——这致使色诺芬与提奥旁普斯以说教态度来描述事件,带来了许多的谜团,也惹恼了许多

---

① 此观点隐含在《伯罗奔尼撒战争史》2.65.12 修昔底德所言中;见 Luraghi 2013:82 - 3。

② 关于霸权与美德之间的联系,提奥旁普斯对斯巴达霸权的观点中有一个有趣的探索,见 Schepens 2004。

③ 其实,并非所有希腊人都以同样的尊严获得了波斯的资助:色诺芬准备将底比斯人描述为希腊一贯的叛徒,因为前 367 年,伯罗庇达斯出现在了苏萨的波斯王府中,但是斯巴达人为了在希腊重占上风而结束科林斯战争而出卖了小亚细亚希腊人的自由这一事实,却没有受到类似的蔑视。关于色诺芬对斯巴达帝国主义与道德堕落的批评,见 Tuplin 1993。要注意的是,若色诺芬确实在批评斯巴达一事对每个读者来说都是显而易见的话,Tuplin 就不需要用一整本书来论证他的观点了。

④ 关于前 4 世纪史学在根本上为修辞学所激励与主宰这一传统观点,见 Meister 1990:83 - 94. 此观点部分基于一些古代资料,它们将埃福罗斯和提奥旁普斯这两位此时期最杰出的史家描述为雅典演说家伊索克拉底的学生;无论这些信息是否准确,它本身并不能描述他们作为史学家的活动;关于提奥旁普斯,见 Flower 1994:42 - 62;关于埃福罗斯,见 Parmeggiani 2011:34 - 66。

现代读者。修昔底德时代及其政治达尔文主义早已终结,它本身就是对现实精挑细选的产物,历史学家们在许多方面都回转向了希罗多德,回转向了将神的干预以及道德典范作为评价历史的参数,但是修昔底德的阴影确确实实还决定着什么才算作历史素材。①

到了下一代,这一原则通过《希腊史》得到了很好的确立,它不再被认为仅是一部连续历史的一部分,而是倾向于选择一个任意的年代框架,着眼于政治与道德解释。② 奥林索斯的卡利斯提尼斯(Callisthenes of Olynthus),亚里士多德的亲戚与合作者,将前 386 年的大王和平敕令作为其十卷本《希腊史》的开头,以前 346 年的神圣战争为结尾,因此遵循了底比斯霸权、腓力二世治下马其顿的早期崛起这一完整的轨迹,也无情揭露了斯巴达政治上与道德上的彻底失败。③ 同时,他的叙述(据说在古代是作为一部自主著作而流传着)中神圣战争的独立地位宣示着一个属于腓力的新时代史——一个仅在希腊被罗马征服、自治城邦终结时才出现的帝王时代——的来临。

三、色诺芬与希腊史学

不管本文展示的解释是否有足够的说服力,但毫无疑问的是色诺芬的《希腊史》体现了后修昔底德史学的重要趋势。色诺芬为建立这些趋向作出贡献的多少部分取决于我们认为《希腊史》写于何时。④ 许多学者以充分的理由认为《希腊史》第一卷和第二卷中对伯罗奔尼撒战争最后一年的叙述创作于(甚至远早于)后五卷之前。此外,难以否认的是,当伊索克拉底在前 380 年写作《颂词》(Panegyricus)时,他已读过色诺芬在《希腊史》第五卷中对大王和平敕令之后斯巴达的地位所做的评论。⑤ 另一方面,《希腊史》直接涉及了前 350 年

---

① Tamiolaki 2008 对色诺芬与希罗多德及修昔底德的关系,提供了一个十分有益且公正的讨论。

② 读者需要注意的是,我在此处摒弃的是对几部《希腊史》的常规解释,即认为它们是其作者们构想出来的一部连续历史中理论上的片段,如 Tuplin 2007d 所寻的例子所示。有关《希腊史》年代界限的证据似乎驳斥了这一观点——并不是说古代史学家偶尔将前辈的结尾设为其著作的开篇是不可能的,但是几部《希腊史》的作者们似乎并不特别典型。

③ 关于卡利斯提尼斯的《希腊史》,尤见 Prandi 1985:35 - 6(布局与内容),36 - 68(对残篇的评论),69(反斯巴达的倾向)。

④ 关于对此话题各种观点的明确讨论,见 Dillery 1995:12 - 14。

⑤ 对比色诺芬《希腊史》5.1.36 与伊索克拉底 4.139.Tuplin 1993:31 n.74,认为色诺芬确实引用了伊索克拉底;但只有当一个人接受 Tuplin 把色诺芬《希腊史》作为批评斯巴达帝国主义的小册子这一整体解释时,此事才有可能的,而且它至今仍未被证明。

代的事件。① 至少看起来《希腊史》的一部分有可能以某种形式在完本未竟前就四处流传了,甚至在较早的希腊史学家中,也绝非没有类似的情况。无论如何,我们只能认为色诺芬是在一个相当宽泛的时间跨度中写成了他的《希腊史》。因此,我们只能说色诺芬的《希腊史》显然是一个更宽泛的智识讨论的一部分。即使它因其简明,或因其几处出名的缄口不言,而未能成为记叙那个时代的标杆之作,但它在前4世纪希腊史学的道德转向方面很可能不仅有,还有着决定性的影响。毕竟,《奥克西林库斯希腊志》中没有任何内容表明它明确意识到在解释历史事件演变中,重新关注道德因素的兴趣。但话又说回来,我们不该忘记我们所有的只是曾经宏大巨著的少数片段而已。

　　在晚年,色诺芬是个名人,希腊的文人学士争相撰述来赞扬其子格里卢斯(Gryllus),他在雅典骑兵队中服役并战死于曼丁尼亚战役。我们可以推测他的名望在极大程度上归功于他的著述,他的史作所激起的兴趣无疑并不亚于他其他多样的作品,甚至可能更多,至少在那时是这样。在稍后的时代中情况就发生了变化。但色诺芬仍处于希腊标杆史学家行列之中,仍处于一份早期希腊化时代确定的必读书目中,据我们所知,他对希腊史学发展的影响在其生活的时代及其后一段时间内是最清晰可见的。比他小的同时代人,如提奥旁普斯、埃福罗斯、卡利斯提尼斯及阿纳克西美尼都知晓其史作,并以不同的方式对其作出反应。②

　　另一方面,对希腊化时代的学者与罗马共和国的有识之士来说,色诺芬作为一名政治哲学家远比作为一名史学家出色。西塞罗赞扬了他的《居鲁士的教育》,并且时人对其重要性达成了共识。同样,昆体良在其《雄辩术原理》一书的史学家名单中,花费了大量笔墨将色诺芬列为哲学家(10.1.81ff)。虽然我们有充分理由相信色诺芬的史学散文仍旧被阅读,但史学家色诺芬对其他希腊化时代与罗马时代史学家的影响却更难追溯。总的来说,在其史著中,《长征记》有着最为持久的影响,在接下来的几个世纪中为其他史学家或政治家所认同。塔西佗是首个读过此书的史学家。③ 在哈德良皇帝时代,卡帕多细亚行省总督、驻守上幼发拉底地区的罗马军团指挥官卢西库斯·弗拉维乌

---

① 见本卷 Lee 的部分。
② 见 Münscher 1920:24 - 32。
③ 塔西佗《编年史》13.35 与色诺芬《长征记》4.5.3;见 Münscher 1920:93。

斯·阿里阿努斯(Lucius Flavius Arrianus),他更为古典学者们所知的身份是史学家尼科梅迪亚的阿里安(Arrian of Nicomedia)——《亚历山大远征记》的作者,被认为且自认为是新色诺芬,将他与斯多葛哲学家埃比克泰德(Epictetus)的关系比作色诺芬与苏格拉底的关系,他还亲自追溯了万人军远征中的一些路段。[1]

很典型的是,甚至阿里安也首先将色诺芬视为一位实干者与哲人,而不是一位历史学家。数代现代学者也秉持着这个观点,认为色诺芬的《希腊史》本质上是一部回忆录,未能对其记载时代形成合理有效的历史理解。当然,不可否认的是,作为历史学家的色诺芬有其政治议题,但据我们所知,几乎所有古代政治史作家都是如此,包括修昔底德:倾向性并非色诺芬独有的缺陷。另一方面,过去数十年学术研究所取得的对前4世纪主要作者和史学潮流的更细致理解,终于为更均衡地理解史学家色诺芬,他在后修昔底德时代史学写作中的地位,以及他对希腊史学发展的影响铺平了道路。

译者简介:黄方焜,复旦大学历史学系博士研究生,主要研究方向为古典文明史。

---

[1] 关于阿里安与色诺芬,见 Ameling 1984 与 Rood 2011,及其参考条目。

修昔底德与领袖[①]

莎拉·布朗·费拉里奥 著　张之言 译

[编者按]本文节选自《剑桥修昔底德指南》(*The Cambridge Companion to Thucydides*)第12章,作者莎拉·布朗·费拉里奥(Sarah Brown Ferrario),现任美国天主教大学希腊语和拉丁语专业副教授。费拉里奥是希腊历史、文学和政治专家,主要研究方向为领袖和民主制度的修辞研究。

在本文中,费拉里奥集中探讨了修昔底德的作品如何运用修辞技巧展现其笔下城邦领袖建立权威并领导城邦的举措和影响,阐明了修昔底德对领袖及其特质的理解和看法。本章主要论及修昔底德作品中的几位重要的城邦领袖,以伯里克利为参照,先后探讨了修昔底德对赫摩克拉特斯、阿奇达姆斯和伯拉西达的形象塑造,及他们的形象与伯里克利的范例之间的关系。通过比较诸位城邦的领导才能与领袖特质的差异,修昔底德研究了领袖—公民关系对领袖与城邦之间合作的影响,并将这种关系延伸至雅典城邦之外,强调了领袖与民众之间的关系对号召民众行动的重要作用。作者重申了文本研读对修昔底德研究的价值,指出修昔底德著作中的领袖形象阐明了他对自身所处时代的领袖的理解与深入思考,修昔底德笔下的形象亦被后世以多种方式进行诠释,产生了极其深远的影响。

文中引用修昔底德原文部分中文译文参考徐松岩译注《伯罗奔尼撒战争

---

① 非常感谢编辑波莉·A. 洛(Polly A. Low),本项目的研究助理安德鲁·哈格斯特罗姆(Andrew Hagstrom)以及匿名读者提供的有益建议和补充的参考资料。所有日期均为公元前,所有未加标注的引文均为修昔底德文本,所有译文均为我本人所译。第一部分中关于伯里克利模式及其与雅典将军关系的大部分(尽管不是全部)材料均来自费拉里奥2014年的版本;感谢剑桥大学出版社长期允许我在其他场合介绍上述观点的类似版本。

史》(上海人民出版社 2017 年版)。

序言:古代雅典和修昔底德著作中的领袖

在公元前 5 世纪后期雅典的激进民主制度下,几乎所有的政府职位都被平均分配给公民的十个政治区域(部落),并由随机抽签决定。[①] 因此,大会主席每天更换;五百人议事会(*boulē*)中的主席团(*prytaneis*)大约每月轮换一次;陪审团则由一台分配机器在选票上投下铜球来选出。[②]

在这种环境下要如何定义"领袖"呢? 虽然古代希腊的领导权可能属于一个文化群体或整个城邦(例如波斯战争中的雅典,如 Hdt. 7.139.1—6),但在古希腊(以及修昔底德的)思想中,城邦仍然是由人构成的,人们赋予他们的城邦(*poleis*)复杂的特征,他们参与集体决策,并采用"雅典人""叙拉古人"或"斯巴达人"的特定身份。[③] 在这些城邦中,个人的领导资格是由社会决定的。例如,在古代雅典,一个有抱负的领袖通常需要具备贵族出身、精英教育、个人财富、演说才能、实践经验以及同僚和下属的尊重才能取得成功。[④] 在激进民主制度下,这样的人无需担任正式职务就可以行使大权。实际上,他可能会担任为数不多的民选职位之一:将军。[⑤] 每年有十位将军(*stratēgoi*)被选出,每个部落一位,他们不仅负责军事指挥,还担任雅典公民(*dēmos*)的首席顾问。

---

① 有关雅典"激进"民主制度的介绍,参见:D. Stockton, *The Classical Athenian Democracy* (Oxford, 1990)。

② 关于 3 世纪的古希腊投票器(*kleroterion*)(如 Agora I 3967),参见:H. A. Thompson and R. E. Wycherley, *The Athenian Agora XIV, The Agora of Athens: The History, Shape, and Uses of an Ancient City Center* (Princeton, 1972), p. 53, pl. 39b. 关于雅典政治中的排序,参见:E. Kosmetatou, "Tyche's force: lottery and chance in Greek government", in H. Beck ed., *A Companion to Ancient Greek Government* (Malden, MA, 2013), pp. 235 – 251。

③ 在修昔底德笔下,雅典人和斯巴达人的性格(1.70.1—71.3,1.84.1—85.1);葬礼演说中雅典人的身份(2.35.1—46.2);叙拉古人的处置(6.38.2—40.1);尼基阿斯害怕雅典民众(7.14.4—15.2)。

④ R. Waterfield, "Becoming a leader in fifth-Century Athens", in S. B. Ferrario ed., *A Companion to Leadership in the Greco-Roman World* (Malden, MA, 即将出版)。

⑤ 关于将军和元老的选举和权力,参见:E. Badian, "Archons and strategoi", *Antichthon* 5(1971), pp. 1 – 34; R. Develin, "The election of archons from Solon to Telesinos", *L'antiquité classique* 48(1979), pp. 455 – 468; D. Hamel, *Athenian Generals: Military Authority in the Classical Period* (Leiden and Boston, 1998), 尤见 pp. 79 – 83。

　　由于政治和军事事务是希腊人历史观的核心,[1]雅典的将军自然引起了修昔底德的极大关注。但与其说他关心他们的性格,不如说他更关心他们与雅典民众的关系。在修昔底德看来,领导者和被领导者之间的关系是决定一个城邦走向的关键因素。[2] 尤其是伯里克利,他具备一种特殊的能力,能够在关键时刻引导雅典公民,同时让他们相信(或假装)自己仍然掌控一切(见2.65.9),他经常利用他的 *logoi*,即"言论"引导或描绘出雅典人声称是自发的 *erga*,即"行为"。[3] 修昔底德在论述克里昂(Cleon)、尼基阿斯(Nicias)和亚基比德(Alcibiades)时,对这种由个人的思想和雄辩到公民集体行动的谨慎转化进行了重新审视,但他们在某些方面缺乏伯里克利的技巧,与民众的互动偶尔会出现问题。

　　但修昔底德也表明,伯罗奔尼撒战争双方的战斗人员都认为伯里克利的指导至关重要。[4] 反之又引出了对伯里克利"模式"是否适用于其他城邦的思考。在其他领导者与被领导者之间的交流与合作中,是否也能看到伯里克利身上的特质? 修昔底德在论及非雅典领袖时,是否采用了与对待伯里克利时相同的技巧? 更宽泛地说,我们能否跨越城邦和政治体制的界限,勾勒出修昔底德式得力的领袖的大致轮廓?[5] 在本章简要回顾了主要的雅典领袖—公民的关系之后,我们将仔细阅读修昔底德对赫摩克拉特斯(Hermocrates)、阿奇

---

[1] 例如,C.G. Starr, *The Awakening of the Greek Historical Spirit* (New York, 1968), pp.91 - 94; A. Momigliano, "Tradition and the classical historian", *History and Theory* Ⅱ (1972), pp. 283 - 284,290.

[2] S.B. Ferrario, *Historical Agency and the 'Great Man' in Classical Greece* (Cambridge, 2014), pp.106 - 144;另见 A. Tsakmakis, "Leaders, crowds, and the power of the image: political communication in Thucydides", in A. Rengakos and A. Tsakmakis eds., *Brill's Companion to Thucydides* (Leiden and Boston, 2006), pp.161 - 187.

[3] 关于 *logos* 和 *ergon* 这两个术语及其相关概念的内涵,参见:A. Parry, *Logos and Ergon in Thucydides* (New York, 1981), p.11. *logos/ergon* 的区别与修昔底德作品的许多方面都有联系:关于它与理解修昔底德演讲的相关性,参见:E. Greenwood, "Rhetorical History Speeches in Thucydides", in Polly A. Low ed., *The Cambridge Companions to Thucydides* (Cambridge, 2023), pp.63 - 76;关于探讨它在修昔底德史学著作的概念和表述中的核心作用的论点,参见:T. Beasley, "Thucydidean Self-Presentation", in Polly A. Low ed., *The Cambridge Companions to Thucydides* (Cambridge, 2023), pp.31 - 49.

[4] 雅典人:如 2.65.6—7;斯巴达人:如 1.127.1—2.

[5] 这里强调的是人的领导作用,主要指有名姓的个人。国际关系学者从一个截然不同的角度对修昔底德笔下的领袖进行了卓有成效的分析;参见:L. M. J. Bagby, "The use and abuse of Thucydides in international relations", *International Organization* 48(1994), pp.131 - 153.

达姆斯(Archidamus)和伯拉西达(Brasidas)的论述,尤其关注他们演说的选例,从而揭示出远离雅典的他们与伯里克利模式进行的深刻的思想互动。当然,我们不可能确切地知道修昔底德本人对伯里克利其人的看法。但是,随着修昔底德笔下的其他人物重新实施伯里克利的领导方法和修辞技艺,这位历史学家对领袖的总体看法也得到了更深入的揭示。伯里克利不仅仅是一位将军,也不仅仅是一个范例:确切地说,他以主题的形式将某些特征和行为具象化,而其他领袖则在此基础上进行了精心的调整。

伯里克利及其雅典回声

在过去的修昔底德研究中,伯里克利一直被视为雅典最大的希望,他是一个独具野心的人,甚至是约定俗成的修昔底德本人声音的代表。① 但他也可能代表了一种思考修昔底德笔下其他领袖的方式。我们从伯里克利的结局,即他的讣告和修昔底德对他的介绍(2.65.1—13)开始。在这一部分中,伯里克利被盛赞为节制、深谋远虑、清廉不贿,以及具备指挥民众的卓越才能(2.65.5—8)。这些溢美之词,② 以及雅典的民主实际上是"主要公民的民主"(2.65.9)这一名言,都强调了伯里克利的独特才能。相较之下,最后在2.65.10—12中,修昔底德将继任的政治领袖描述为自我膨胀和蛊惑人心的,在这样一个(修昔底德眼中)民众迫切需要领导的时代无疑是一个危险的组合。③

① 雅典不可或缺的:如 D. Kagan, *Thucydides: The Reinvention of History* (New York, 2009), pp.75-97; V. Azoulay, *Pericles of Athens*, trans. J. Lloyd (Princeton, NJ., 2014), pp.127-136;野心:如 E. F. Bloedow, "The implications of a major contradiction in Pericles' career", *Hermes* 128(2000), pp. 295-309;修昔底德的代表:如 E. M. Foster, *Thucydides, Pericles, and Athenian Imperialism* (Cambridge and New York, 2010), 1 n.1. 中收集的参考文献。W. Will, *Thukydides und Perikles: der Historiker und sein Held* (Bonn, 2003). 在其书名中称伯里克利为修昔底德的"英雄"。
② 例如,伯里克利统治下的雅典被称为"最伟大、最强大"(*megistē*)(2.65.5),伯里克利被描述为"最有价值"(*pleistou axion*)(2.65.4);"最清廉不贿"(*adōrotatos*)(2.65.8);"最有影响力"(*dunatōtatos*)(1.127.3,1.139.4)。所有这些例子都聚焦于雅典民众或历史叙述者的声音;参见:S. B. Ferrario, "'Reading' Athens: foreign perceptions of the political roles of Athenian leaders in Thucydides", in A. Tsakmakis and M. Tamiolaki eds., *Thucydides between History and Literature* (Berlin and Boston, 2013), pp.184-185。
③ 这段话被普遍认为与亚基比德有关,但也包含适用于其他领袖的批评:如 A. W. Gomme, A. Andrewes and K. J. Dover, *A Historical Commentary on Thucydides* (5 vols.), vol. II (Oxford, 1945-1981), pp.194-199; W. R. Connor, *Thucydides* (Princeton, 1984), pp.75-76,尤其见 n.58。

　　将2.65与修昔底德著作的其他段落及同时代的证据更深入地联系起来,其中一些论断将变得更加复杂,①但这并不会削弱伯里克利的能力,在修昔底德的文本中,伯里克利的能力主要是通过他的演说及其影响来确立的,他在领导民众的同时并没有僭取最终的权威。然而,伯里克利的三个主要继任者都在这一关键技能的某些方面表现出了缺陷:克里昂可能是"最有说服力的"(pithanōtatos),但他也是"言辞最激烈的"(biaiōtatos)和"蛊惑人心的"(dēmagōgos);②亚基比德将自己的个人品质和行为描绘成城邦的财富(6.16.1—3),并将自己描绘成政治和军事行动的代理人(6.16.6—17.1),由此动员了西西里远征大会(6.19.1);③尼基阿斯请求增援西西里(7.14.4)时明确表现出对民众的警惕,并试图公开将远征遭遇厄运的责任推卸给大会(7.14.3,7.15.1—2)。

　　在修昔底德后来关于克里昂、尼基阿斯和亚基比德的论述中,通过第一卷和第二卷中的词汇、语法和观点相互呼应,进一步体现了伯里克利的领导能力。克里昂两度在关键时刻登场,他的措辞推翻了其前任的重要文段想要表达的意图,④常常以"反伯里克利"的形象出现,⑤尽管这种对比有时只重形式而轻内容。克里昂在密提林(Mytilenean)辩论中指责民众领导无能,⑥但提到

① 例如,W. R. Connor, *Thucydides*, pp. 60 - 63; T. C. B. Rood, *Thucydides: Narrative and Explanation* (Oxford, 1998), pp. 133 - 158; D. Kagan, *Thucydides: The Reinvention of History*, pp. 75 - 97; V. Azoulay, *Pericles of Athens*, pp. 127 - 136。

② 3.36.6(引出叙述)和4.21.3(反对和平)。

③ C. W. Macleod, *Collected Essays*, O. Taplin ed., (Oxford, 1983), pp. 71 - 72。

④ 例如,T. C. B. Rood, *Thucydides: Narrative and Explanation*, p. 147 在3.36.6和1.139.4,也引自 W. R. Connor, *Thucydides*, p. 79 n. 1; S. B. Ferrario, *Historical Agency and the 'Great Man' in Classical Greece*, pp. 121 - 122 将3.36.6和4.21.3(克里昂)与1.127.3和1.139.4(伯里克利)进行比较。

⑤ 例如,W. R. Connor, *The New Politicians of Fifth-Century Athens* (Princeton, 1971), pp. 87 - 136; F. Cairns, "Cleon and Pericles: a suggestion", *JHS* 102(1982), pp. 203 - 204; H. Yunis, "How do the people decide? Thucydides on Periclean rhetoric and civic instruction", *AJPh* 112 (1991), pp. 179 - 200; T. C. B. Rood, *Thucydides: Narrative and Explanation*, pp. 146 - 149; W. Will, *Thukydides und Perikles: der Historiker und sein Held*, pp. 68 - 88; C. Bearzot, "Il Cleone di Tucidide tra Archidamo e Pericle", in H. Heftner and K. TomaschitzAd eds., *Ad fontes! Festschrift für Gerhard Dobesch* (Vienna, 2004), pp. 125 - 135; S. B. Ferrario, *Historical Agency and the 'Great Man' in Classical Greece*, pp. 121 - 3;另见 M. L. Lang, "Cleon as the anti-Pericles", *CPh* 67(1972), pp. 159 - 69. (在标题中提供了"反伯里克利"一词); V. Wohl, *Love among the Ruins: The Erotics of Democracy in Classical Athens* (Princeton, 2002), pp. 74 - 5。

⑥ T. C. B. Rood, *Thucydides: Narrative and Explanation*, pp. 146 - 8,尤其引自3.37.1,3.38.4 - 7。

民众对盟友的"暴虐"行为时,他与伯里克利的态度如出一辙,都在该问题上持保留意见(3.37.2,2.63.2)。[①] 尽管克里昂傲慢自大(4.21.3—22.3),但当他被迫接过尼基阿斯在派罗斯(Pylos)的指挥权时,却还是遭到了嘲笑(4.27.3—28.5)——不过他还是赢得了一场战役的胜利(4.39.3)。尼基阿斯与伯里克利具备许多相同的公民价值观,但缺乏后者的语言技巧和政治敏锐性。[②] 他通过夸大所需的军事力量来阻止西西里远征,这一冒险之举以失败告终,表明他没有能力控制民众(6.19.2—26.1),而修昔底德甚至不曾假称自己引用了他在叙拉古大港决战前的陈词滥调。[③] 亚基比德独具魅力,但他缺乏伯里克利的行事效率,并且全然愿意为个人目的放弃城邦。[④] 所以,这三位统帅各自都缺少伯里克利领导才能的部分要素,[⑤]此外,他们都缺乏伯里克利引领人民采纳自己计划的谨慎作风。换言之,他们无法将自己的演说转化为富有成效的、合作性的公民行动。

因此,伯里克利领导的一个关键可能是成功地利用了"言"(logos)和"行"(ergon)之间的关系。[⑥] 修昔底德并没有把伯里克利作为一个军事统帅(也就是一个行动者)进行详细论述;相反,他展示的是伯里克利用他的言论赋予民众权力,使之成为城邦行动的代理者。[⑦] 这一过程在伯里克利的第一次演说中就已经确立,他在演说中呼吁战争并制定了战略(1.140.1—144.4)。伯里克利的深谋远虑(参见:2.65.5–6)在这篇演说和科林斯人的演说(1.120.1—124.3)之间的紧密联系中显现出来,这种联系使他看起来近乎无所不知。[⑧] 然而,他的任务不是宣称自己的能力,而是引导民众信他所信。为此,甚至在

---

① 感谢一位匿名读者提出这一观点,并感谢他支持对克里昂进行更复杂的解读。
② 例如,D. Lateiner, "Nicias' inadequate encouragement (Thucydides 7.69.2)", *CPh* 80(1985), pp.201–13。
③ D. Lateiner, "Nicias' inadequate encouragement (Thucydides 7.69.2)", *CPh* 80(1985), pp.201–13,尤其见 pp.201–8。
④ E.F. Bloedow, "On 'nurturing lions in the state': Alcibiades entry on the political stage in Athens", *Klio* 73(1991), pp.49–65.;另见 S.B. Ferrario, *Historical Agency and the 'Great Man' in Classical Greece*, pp.135–43。
⑤ 该观点受到广泛认同:例如 W.R. Connor, *Thucydides*, pp.75–6; T.C.B. Rood, *Thucydides: Narrative and Explanation*, p.158。
⑥ A. Parry, *Logos and Ergon in Thucydides*,尤其见 pp.150–85。
⑦ A. Parry, *Logos and Ergon in Thucydides*, p.153,称伯里克利第一次演说中的战略"不是 *ergon* 而是 *logos* 的创造"。
⑧ 例如,W.R. Connor, *Thucydides*, p.49。

这篇演说的开头,他的一个标志性工具就已显现,即我们可以称之为"融入性修辞"的技巧,在此,伯里克利逐渐从使用"我"转向使用"我们",仿佛达成一致已成定局(例如 1.140.1,与 1.140.2—3 相对照),将实际或预期的行动归于民众或"你们",而不是他本人(如 1.140.5,1.144.1—2),或者在将"雅典人"作为一个整体的扩展探讨中隐藏自己的身份(如 1.142.2—143.5,1.144.1—3)。虽然伯里克利本人从未完全缺席论证(如 1.141.1 和 1.143.5 中的第一人称插入语),但他的个人视角逐渐被淡化,直到演说的最后,他以一种振奋人心、呼吁团结的方式缅怀了参加波斯战争的一代人的事迹(1.144.4)。因此,伯里克利的演说在雅典人祖先的集体功绩和雅典人(作为民主代理人)新的战争之间架起了一座桥梁,现在他们把这场战争视为自己的战争。

更为深奥的葬礼演说(2.35.1—46.2)也采用了融入性修辞,并强调了 *logos* 与 *ergon* 之间的关系。事实上,伯里克利在开篇部分就使用了这两种技巧,表达了传统演说者无法将自己的言论与人民的成就相匹配的绝望(2.35.1—3),[1]并担心听众可能难以将自己想象成类似的英勇事迹的践行者(2.35.2)。虽然从文化背景来解读这篇演说辞,它确实承认了一些尚未解决的社会矛盾,[2]但它的修辞技艺显然受到了开篇的挑战,因为它将公民个人(包括演说者)的身份纳入了城邦这一更大的主体之中。[3] 葬礼演说的目的并非激励人们立即采取行动;相反,它旨在通过描述雅典人的真实身份和特征,重新调整听众对公民成就的态度。因此,城邦成为雅典人过去、现在和未来的 *erga*(行动)的集体代理。

然而,所有这一切——雅典本身作为永久代理的形象,将领袖的言论有意识地转化为民众的行为,在瘟疫期间都受到了质疑,瘟疫紧随葬礼演说之后,相距不过六十多个词。[4] 其时,人类的行为,如"技术"(*technē*),"医疗"(*therapeia*),甚至宗教仪式,都对瘟疫无能为力(2.47.4,51.2—4,52.3,

---

① 关于这一修辞手法,参见:G. A. Kennedy, *The Art of Persuasion in Greece* (Princeton, 1963), pp.48 – 51,154 – 66。

② S. B. Ferrario, *Historical Agency and the 'Great Man' in Classical Greece*, pp.174 – 6。

③ N. Loraux, *The Invention of Athens. The Funeral Oration in the Classical City*, trans. A. Sheridan (Cambridge, MA, 1986),尤其见 pp.132 – 71,233 – 8。

④ 关于第二卷这一部分的结构及其影响的进一步分析,参见:R. V. Munson, "Time and Foresight in Thucydides", in Polly A. Low ed., *The Cambridge Companions to Thucydides* (Cambridge, 2023), pp.89 – 109。

53.4)。在简易葬礼和遭到抢夺的火葬柴堆(2.52.4)的恐怖场面中,在道德行为的崩溃和曾经用来描述道德行为的词语被抛弃时(2.52.3,尤其是2.53.1—4),葬礼演说中展现的公民愿景被消解了。语言是雅典领袖最有力的工具,当基础词汇"善/好的、高尚的"(kalos)的含义遭到破坏,敬神与否都被认为通向既定的终局时,语言就失去效力了(分别为2.53.3和2.53.4)。伯里克利最后的演说面临着巨大的挑战。

在他的"第二次演说"(2.60.1—64.6)中,我们看到伯里克利受到了来自公民的压力,(在伯里克利的解读中)瘟疫带来的个体的痛苦预示着政治体制的分裂,并阻碍了其运行效率(2.60.2—4,61.2—4,62.3,63.3;参见:64.6)。演说开始时,派去请求休战的使者失败了,民众不知所措(2.59.2)。讽刺的是,尽管民众对自己按照伯里克利先前的建议行事感到愤怒,但如果没有他的指导,他们似乎无法完成任何新的任务。伯里克利以言说(logoi)的形式提出补救措施。他首先承认了他与民众之间的距离,为自己的品行作了合乎逻辑的辩护,并驳斥了反对他的论点(2.60.1 - 7)。他刻意批评民众的出尔反尔(2.61.2 - 3),但没有批判他们的本质,[1]然后他迅速探讨了雅典帝国(2.62.1 - 63.3)意味着的共同利益和危险,这两者都强调了城邦(polis)的集体性质。他再次援引过去为当下提供灵感(2.62.2 - 3,63.1,64.6)。结尾部分呼应了葬礼演说(2.64.2 - 4)中的许多观点,为他的主张提供了隐晦的支撑,即使民众摇摆不定(2.61.2),他始终如一并继续支持集体的观点和行动。随着伯里克利成功地阻止了无用的遣使活动并唤起了人们对战争行动的情感认同,这些 logoi(言论)很快被转化为 erga(行动)(2.65.1)。个人对他的怨恨转变为感激(2.65.3),民众的立场也重新向共同利益和伯里克利的指导靠拢(2.65.4 - 5)。

面对瘟疫,这一切似乎顺利得令人难以置信,但修昔底德在解释时隐瞒了一个重要细节。正如罗兹(Rhodes)所指出的,[2]伯里克利此时确实"当选为将军"(2.65.4),但他在被放逐时已经遭到免职。[3] 修昔底德默许读者假设伯里

---

① 例如,与密提林辩论中的克里昂形成对比:T. C. B. Rood, *Thucydides: Narrative and Explanation*, pp.146 - 9。

② 原书第4章,参见:R.J. Rhodes, "Thucydides' Use of Evidence and Sources", in Polly Low ed., *The Cambridge Companion to Thucydides* (Cambridge and New York, 2023), pp. 50 - 62。——译者注。

③ 参见:V. Azoulay, *Pericles of Athens*, p.148, Diod.Sic.12.45.4 和 Plu. Per. 35.4。其中的描述解释了免职背后的司法活动。

克利的领导在瘟疫这一异常艰难的事件中具有连续性,伯里克利第二次演说的戏剧性表现重申了修辞这一领导工具的效力。修昔底德笔下的其他一些领袖在多大程度上也使用了这些手段,将是本文余下要讨论的部分。

叙拉古人:赫摩克拉特斯

在修昔底德的学术研究中,赫摩克拉特斯是伯里克利最常见的比较对象,[1]因为他在文本中扮演着重要角色,[2]其政治立场也大致相同。与伯里克利一样,赫摩克拉特斯凭借自己的智慧和经验为民主民众出谋划策。[3] 他似乎拥有修昔底德赋予伯里克利的许多相同的领袖特质,[4]而且他也与伯里克利一样,通过比较对象突出了他的一些特征(最值得注意的是,阿特纳哥拉斯[Athenagoras]、克里昂和亚基比德有共同的特质,6.36.1-40.2)。[5] 不过,仔细研读赫摩克拉特斯与他的听众的关系,尤其是关于将言论转化为有成效的行动的部分,也表明在赫摩克拉特斯的表述中可以看出伯里克利更为具体的修辞技巧,而且在文本世界中,这些方法即使在非雅典语境中也依然有效。

赫摩克拉特斯在修昔底德的叙事中出场是在革拉(Gela)举行的向意见相

---

① 例如,D. Grissom, "Thucydides' dangerous world: dual forms of danger in classical Greek interstate relations", (Dissertation, University of Maryland, College Park, 2012), p.104 n.22;以及 F.T. Hinrichs, "Hermokrates bei Thukydides", *Hermes* 109(1981), pp.46-59.47 n.7.中收集的参考文献。

② 赫摩克拉特斯是修昔底德著作中篇幅第三长的发言人,仅次于伯里克利和尼基阿斯:F.T. Hinrichs, "Hermokrates bei Thukydides", *Hermes* 109(1981), p.47;参见 W.C. III West, "The speeches in Thucydides: a description and listing", in P.A. Stadter ed., *The Speeches in Thucydides: A Collection of Original Studies with a Bibliography*, (Chapel Hill, 1973), pp.3-15.

③ 关于伯罗奔尼撒战争之前和战争期间叙拉古的民主政府,参见:E. Robinson, "Democracy in Syracuse, 466-412 BC", *HSCPh* 100(2000), pp.189-205. 和 N.K. Rutter, "Syracusan democracy: 'most like the Athenian'?", in R. Brock and S. Hodkinson eds., *Alternatives to Athens: Varieties of Political Organization and Community in Ancient Greece* (Oxford, 2002), pp.137-51。前者比后者更强调叙拉古与雅典的相似性。虽然有证据表明叙拉古的政治结构和行为与雅典有重要的相似之处,特别是修昔底德的修辞技艺使人们将二者进行比较,但这并不意味着二者的构成方式能够成为彼此的写照。

④ H.D. Westlake, "Hermocrates the Syracusan", *BRL* 41(1958-1959), p.266 n.1,引自 G.F. Bender, *Der Begriff des Staatsmannes bei Thukydides* (Würzberg, 1938), pp.82-103。

⑤ E.F. Bloedow, "The speeches of Hermocrates and Athenagoras at Syracuse in 415 BC: difficulties in Syracuse and in Thucydides", *Historia* 45(1996), pp.141-58.

左的西西里城邦大会发表演说时(4.59.1—64.5)。他主张西西里岛各邦应搁置分歧的论证最终占了上风(4.65.1—2;参见:4.58.1),他的演说再度采用了伯里克利的一些技巧,以增强听众对公民行动的集体意识。其中包括将总体利益置于城邦和个人的单独关切之上(如 4.59.1,4;60.1,2;61.1,2,3;62.2,3;63.1;64.4,5);将发言者的角色纳入共同的全体宗旨和愿景,通常以"我们"的形式表达(如 4.59.4;61.1,3,6;但参见:64.1—3);以及自发地使用 *logoi*(言论),将过去和现在的外部行动与当前的需要联系起来,从而征求和激励 *erga*(行动)(例如,特别是 4.59.4 和 4.62.2)。在伯里克利的案例中,激励性的外部因素往往来自过去,通常是波斯战争中的典范,或者是预见了敌人的资源和动机。在赫摩克拉特斯在革拉的演说中,外部因素集中在雅典人身上,通常是他们对西西里岛的图谋(如 4.60.1,61.7,63.1,64.5),通过引发西西里人对共同危险的认知构建起一种集体目标感。这些有力的 *logoi*(发言)很容易激发赫摩克拉特斯所寻求的 *ergon*(行动):西西里人要求结束内讧,并试图与雅典订立和约(4.65.1—2)。

　　赫摩克拉特斯的第二次演说(6.33.1—34.9)也是在派别林立的听众面前发表的,这次是对叙拉古人,他们对迫近的雅典远征的消息感到困惑和震惊。[①] 和伯里克利一样,赫摩克拉特斯也认为自己充分了解局势(6.32.3,33.1;参见:伯里克利的 *pronoia*)。但这种相似性很快就消失了。赫摩克拉特斯自称是城邦的捍卫者(6.33.1),并将自己置于与叙拉古民众的对立面:"尽管事实使你们感到很惊讶,然而雅典人已经出动由陆军和海军组成的庞大军队前来进攻我们了"(6.33.2);"切不可对此置若罔闻,也不要因为不相信有这回事而忽略公共利益"(6.33.3);"依我所见,你们这些一贯热爱安宁生活的人,目前最应该做的事,你们将会慢慢地明白的,但我必须把实话说出来"(6.34.4)。在这里,他以前对西西里统一的强烈主张被一个远不及那么雄心勃勃的愿望所取代,那就是至少有一些西西里人("西西里的希腊人……联合起来,或者至少把除我们以外的尽可能多的西西里的希腊人团结起来")愿意与叙拉古人一起航行到他林敦(Tarentum)(6.34.4)。

　　这篇演说缺乏伯里克利和赫摩克拉特斯本人在革拉所使用的融入性的修

---

① 关于叙拉古民众和西西里人的争斗性质,参见:H.D. Westlake, "Hermocrates the Syracusan", *BRL* 41(1958 – 1959), pp.239 – 240,242,249。

辞技巧,激起了从不信任到嘲笑种种不同的反应(6.35.1),且并未立即引起任何行动。赫摩克拉特斯这里的比较对象可能是尼基阿斯,他最近的主张也失败了(6.15.1;参见:19.2,24.1—4)。紧随尼基阿斯之后发言的是一个蛊惑人心的对手亚基比德(6.16.1—18.7)。而继赫摩克拉特斯之后的演说者是阿特纳哥拉斯,介绍他的用语与曾经用于介绍克里昂的几乎相同:"众人中最令人信服的"(*pithanōtatos tois pollois*, 6.35.2)。然而,一位不知名叙拉古将军的演说展现出了令人惊讶的修辞技巧,结束了辩论(6.41.1—3)。他驳斥了之前的唇枪舌剑(*diabolas*,"诽谤性的言论",6.41.2),转而提出了一个实用主义的折中论点,即叙拉古随时准备开战,而不会遭受任何损失。因此,赫摩克拉特斯和阿特纳哥拉斯的 *logoi*(发言)被重新定义为破坏性的言论,而不是能够促成行动的忠告,也就没有了民众的 *ergon*(行动):叙拉古人没有在集会上采取行动,而是未经表决就离开了,留下将军们继续他们的准备工作(6.41.3)。

在叙拉古人与雅典人的第一场战役中失利后(6.70.3—4),又有机会观察赫摩克拉特斯与他的民众之间的关系。修昔底德在这里提供了一个全新的、更宽泛的介绍,与 2.65.8—9 中对伯里克利的描述产生了共鸣:

> 赫尔蒙之子赫摩克拉特斯起来发言。这个人在各方面都是出类拔萃的,在战争中,他不仅表现出军事才能,而且异常勇敢。现在他为[叙拉古人]鼓气,指出[他们]不能因为遭受挫折而一蹶不振。(6.72.2)

接下来简短而委婉的演说(6.72.3—5)又回到了伯里克利的一些积极的修辞技巧。赫摩克拉特斯尊重叙拉古人的天性,批评他们在战斗中军纪涣散,但并不指责他们的文化倾向(6.72.3),并承诺训练将会增强他们的积极品质(6.72.4)。他对缺乏训练造成的损害进行了令人信服的分析,并提出了可行的补救办法:任命经验丰富的将军,对军队进行适当的训练(同上)。他建议,应授予将军们独立决策的权力,但在一个关键的修辞转折中,他承认这一指示必须来自民众:"人民[即叙拉古人]应当对他们[将军们]宣誓,以使他们可以完全依照自己的意见履行指挥军队的职责。"(6.72.5)换言之,将军们的权力来自民众的授予,民众通过将军们提供的训练提高军事能力,而城邦的事业则通过领导者和被领导者的高效合作来推动。在这里,与伯里克利和雅典人一样,叙拉古人也以 *erga*(行动)回应了这一 *logos*(言论),赫摩克拉特斯被选为将军之一(6.73.1)。

赫摩克拉底在修昔底德笔下的最后一次演说是一次简短而委婉的劝诫,敦促叙拉古人与雅典人进行一场决定性的海战,尽管他们缺乏经验(7.21.3—5)。它的背景和修辞特点与 6.72.3—5(如前所述)相同,都是在首战失利后发表的鼓舞性演说。在第 7 卷中,赫摩克拉特斯再次仔细区分了人民的本质和他们的现状。在此前的演说中,要讨论的人民是叙拉古人,而在这里则是雅典人,他们的海军实力被描述为是在波斯人的胁迫下获得的,而不是与生俱来的(7.21.3)。赫摩克拉特斯进一步暗示,叙拉古人也可以向他们的敌人展现雅典人惯常用来恫吓对手的那种勇气(7.21.3)。从赫摩克拉特斯的句法中,我们并不完全清楚这种勇气究竟是叙拉古人固有的品质,还是一种虚张声势的"表演"。例如,在这段话中,雅典人被描述为"大胆"(*tolmērous*),而对他们的敌人则用分词 *antitolmōntas* 来形容他们的大胆行为;据说叙拉古人有潜力"提供"(*hupechein*)勇敢的行为。但这一失误似乎是赫摩克拉特斯论证主旨的句法的反映,因为他认为叙拉古人只要敢于进攻,就会对雅典人造成非常真实的、破坏性的打击。换言之,叙拉古人被要求进行一场力量和勇气的夸张表演,赫摩克拉特斯认为这将产生实际效果:在他看来,他们的 *logos*(言论)将变成 *ergon*(行动)。演说的效果几乎立竿见影:在其他演说者(包括斯巴达人吉利浦斯[Gylippus])的支持与帮助下,赫摩克拉特斯唤起了叙拉古人的斗志,他们热情高涨(*hōrmēnto*,7.21.5,意为情感冲动而非理性考虑)。

将虚幻的言论(*logos*)转化为真实的行动(*ergon*)是赫摩克拉特斯在修昔底德笔下最后一次重要亮相的核心内容。[①] 赫摩克拉特斯主张封锁逃跑路线,希望在大港战役后切断雅典人可能的陆上撤退路线。在当权者不看好疲惫不堪的军队会参与进来时,赫摩克拉特斯转而派人假扮叛徒,建议雅典人推迟一夜行军,以避开叙拉古人的守卫——赫摩克拉特斯实际上未能派驻守卫(7.73.1—4)。骗局成功了,雅典人推迟了两个晚上,而叙拉古人有时间设下陷阱(7.74.1—2)。因此,赫摩克拉特斯设法绕过阻碍,与他的人民汇合,将局势转变为集体的优势。这种在关键时刻独自部署的诡计似乎让人想起了另一

———————————————
① 最后一次提及是在 8.26.1。

位使用类似欺诈战略的雅典杰出领袖泰米斯托克利(Themistocles),而非伯里克利。[①]

斯巴达人:阿奇达姆斯和伯拉西达

人们普遍认为,修昔底德笔下的阿奇达姆斯也是作为伯里克利的陪衬来塑造的。在第一卷中再现两位领袖对即将到来的冲突的态度时,他们的演说相互呼应(1.80.1—85.2,与1.140.1—144.4),[②]而他们作为 *xenoi* 的私人关系也使得伯里克利先发制人地将自己的地产交给城邦,以免阿奇达姆斯出于友谊或恶意而不加毁坏(2.13.1)。对伯里克利来说,不同城邦贵族之间的纽带(*xenia*)是一种可以操纵的政治工具,可以影响领袖与人民的关系,而对阿奇达姆斯来说也很可能如此。伯里克利放弃财产的行为与他一般的政治手段十分吻合:虽然这一行为与雅典人和斯巴达人对他个人权威的看法有关(2.13.1),但表面上看这是一种承认了公民主权的民主化姿态。但伯里克利对阿奇达姆斯潜在动机的解释也促使对斯巴达国王与他的城邦之间的关系进行更广泛的研究。阿奇达姆斯在多大程度上可能与伯里克利分享其他修辞和领导策略?

在斯巴达战争大会上的序言和演说中,阿奇达姆斯被认为是"聪明的"(*xunetos*)"智慧的"(*sōphrōn*),(1.79.2);他进一步将自己描述为在武装冲突中"经验丰富的"(*empeiros*),声称这激发了他(以及像他这样的人)对更多战争的渴望(1.80.1)。这些描述政治美德的用词与描述伯里克利或赫摩克拉特斯的用词并不完全相同,但在情感上却有相似之处,[③]强调运用过去的知识对未来做出明智的判断。相应地,阿奇达姆斯的演说强烈表明这种描述是准确

[①] 关于萨拉米海战前的计谋,参见:Hdt. 8.75.1-80.2;关于泰米斯托克利的城墙的计谋,参见:Thuc. 1.90.1-93.2。

[②] 例如,A.W. Gomme, A. Andrewes and K.J. Dover, *A Historical Commentary on Thucydides* (5 vols.), vol. I (Oxford, 1945-81), pp.194-9, 247-51, 463-4; J. de Romilly, *Thucydides and Athenian Imperialism*, trans. P. Thody (Oxford. 1963), pp.30-2. (Originally published as *Thucydides et l'imperialisme athénien: la pensée de l'historien et la genèse de l'oeuvre*, *Paris*, 1951.); L. Edmunds, *Chance and Intelligence in Thucydides* (Cambridge, MA, 1975), pp.91, 94-7; E.F. Bloedow, "The speeches of Archidamus and Sthenelaidas at Sparta", *Historia* 30(1981), pp.130-5; S. Hornblower, *A Commentary on Thucydides* (3 vols.), vol. I (Oxford, 1991-2008), p.226.

[③] 关于一系列希腊语词汇中更多相关概念,参见:A. Parry, *Logos and Ergon in Thucydides*。

的,因为它不仅让人想起修昔底德对这位国王的介绍,甚至还让人想起历史学家自己的序言(例如 1.80.2 和 1.1.1)。

阿奇达姆斯的演说也运用了一些与伯里克利和赫摩克拉特斯的演说相同的融入性修辞技巧。他一开始就介绍了自己过去的战争经历,但随后又将同样的观点归结于与他同龄的其他人,指出他的同龄人也明白战争本质上并不可取(1.80.1)。然后,他转而使用"我们",提出问题供人审议,鼓励听众重新考虑自身的立场(1.80.3—81.6)。在这部分演说的结尾,他又回到了自身的情感,不过是通过一个戏剧性的人称动词 *dedoika*:"我所担心的是,"他说,"我们把这场战争作为遗产留给我们的子孙。"(1.81.6)

在试图将斯巴达人纳入他的思考过程之后,阿奇达姆斯接下来提出了行动上的建议,并对其潜在后果进行了推测(1.82.1—5)。他确实对自己的建议负责(如 *keleuō*,"我强烈建议",1.82.1),但在本节的其余部分中,动词和代词形式的混合运用使焦点始终集中在"我们"而不是任何敌对的预期。这段话结束于一个箴言式的观点,预示了后来伯里克利表达的观点:局部利益可能会破坏集体行动(1.82.6)。

正如伯里克利和赫摩克拉特斯在之后的叙事中所做的那样,阿奇达姆斯接着反对了科林斯人的批评(1.68.1—71.7,尤其是 70.1—4),并为他的人民的天性辩护。阿奇达姆斯认为,斯巴达人"迟缓"和"优柔寡断"的倾向其实是聪明的谨慎,因为这限制了他们对情感诉求的反应(1.84.1—3)。阿奇达姆斯指出,斯巴达人没有足够的学识来怀疑自己的 *nomoi*("法律"或"习俗"),他们严于律己,以免触犯这些 *nomoi*(1.84.3),这是对修昔底德文本中其他方面的预示,也是对克里昂在密提林尼辩论中蛊惑人心的演说(3.37.3—4)的讽刺。在对雅典人隐晦的批评中,他接着强调斯巴达人注重行动(*ergon*)而非言论(*logos*)(1.84.3—4)。阿奇达姆斯总结道,斯巴达人的习惯是从祖先那里传承下来的,他说,"保持这些习惯总是使我们受益"(1.85.1)。最后,他提出了一系列审慎的建议,包括向雅典派遣使者,但他最后告诫道,"同时,你们不可放松备战"(1.85.2),他认为备战本身就会让敌人感到恐惧。

五监察官(*ephor*)之一的斯森涅莱达斯(Sthenelaidas)反驳说,他主张立即就战争进行表决。他的反对可能出于国王和监察官之间固有的政治紧张关系,①但斯森涅莱达斯也与修昔底德著作中其他地方的两种领袖范式产生了呼应。首先,斯森涅莱达斯扮演了煽动者的角色,专注于唤起复仇情绪(1.86.1-5)。② 他直接将言论(logos)转化为行动(ergon),因为他要求对口头表决作出实质上的反应(1.87.1—3),这种实践将导致最终的 ergon,即宣战。但是,斯森涅莱达斯谎称(根据修昔底德的说法)他无法分辨哪一方在呼喊中占据优势(1.87.2),因此他也成了泰米斯托克利和赫摩克拉特斯式的骗子。斯森涅莱达斯言辞简短,强调激情而非理性,将欺骗作为修辞工具,这些都与伯里克利的行为大相径庭,因此也与不久前再次采用这一模式的阿奇达姆斯形成鲜明对比。但阿奇达姆斯并不是为了平息争端而提倡之:他只是不支持立刻匆忙开战,而是倾向于在做好预先准备的同时进行谈判。阿奇达姆斯和斯森涅莱达斯都不能被视为站在主张反对斯巴达价值观的立场:正如德布纳尔(Debnar)所指出的,他们只是以不同的方式定义这些价值观。③ 因此,关于为何斯森涅莱达斯的论点不那么成熟却占了上风的问题一直备受争议。④

布洛多(Bloedow)将斯巴达会议此时的情绪状态与雅典人在西西里远征前夕的情绪状态联系起来。⑤ 因此,从雅典人在西西里遭遇灾难的另一则重要参考文献中,我们可以得到一些启示。在 2.65.11 对伯里克利的反思中,修昔底德说,即使是像雅典这样的强大城邦,也有可能按照反伯里克利的原则行事,最明显的例子就是当雅典领导层将过多的控制权交给了民众时(2.65.

---

① 关于斯巴达城邦及其政治制度的总体情况,参见:P. Cartledge, "The peculiar position of Sparta in the development of the Greek citystate", in *Spartan Reflections* (Berkeley, 2001), pp. 21 - 38。

② 关于克里昂,参见:T. C. B. Rood, *Thucydides: Narrative and Explanation*。(以及本章第 17—19 节)

③ P. Debnar, *Speaking the Same Language: Speech and Audience in Thucydides' Spartan Debates* (Ann Arbor, 2001), p.73.

④ 关于斯森涅莱达斯的演说及其影响,参见:E. F. Bloedow, "The speeches of Archidamus and Sthenelaidas at Sparta", *Historia* 30(1981), pp. 129 - 43; E. F. Bloedow, "Sthenelaidas the persuasive Spartan", *Hermes* 115 (1987), pp. 60 - 6; J. Allison, "Sthenelaidas' speech: Thucydides Ⅰ.86", *Hermes* 112(1984), pp. 9 - 16; P. Debnar, *Speaking the Same Language: Speech and Audience in Thucydides' Spartan Debates*, p.69 - 76. 的确,斯森涅莱达斯直言不讳地支持斯巴达的盟友,但两位领导人的发言所产生的影响都超出了这一点(C. B. R. Pelling, "Thucydides' Archidamus and Herodotus' Artabanus", in M. A. Flower and M. Toher eds., *Georgica: Greek Studies in Honour of George Cawkwell*, BICS Suppl. 58(1991), pp. 120 - 142,尤其见 pp. 123 - 125)。

⑤ E. F. Bloedow, "The speeches of Archidamus and Sthenelaidas at Sparta", *Historia* 30(1981), p.143.

10)。在斯巴达的辩论中,斯森涅莱达斯要求对表决结果进行显见的划分,这就要求与会者对自己的观点承担明显的、个人的责任感,从而将责任从演说者身上转移到民众身上。因此,民众实质上被迫直接控制局面,这在一定程度上有助于解释为什么阿奇达姆斯温和的呼吁会失败。斯森涅莱达斯情绪激动地要求民众采取行动,对伯里克利和阿奇达姆斯所采用的领导原则进行了显而易见的全盘否定。

阿奇达姆斯的下一篇演说(2.11.1—9)是在伯罗奔尼撒人第一次入侵阿提卡(Attica)之前在地峡对他们发表的,与他上一篇演说中对战争经验的肯定(2.11.1)相呼应。它还预演了即将出现在伯里克利的葬礼演说中的一些传统措辞,包括呼吁不辜负过去的名誉和展望未来的声望(如 2.11.2,9)。① 它进一步强调了伯罗奔尼撒人的集体身份,并含蓄地诉诸他们共同的祖先(2.11.1—2)。与赫摩克拉特斯最后的演说一样,这篇演说也表达了理论上占优势的敌人可能会被出人意料的行动打破平衡(2.11.4)。此处的关键区别在于,在必要的大胆行动的同时还要有适当的斯巴达式的慎重,这样才能真正做好准备(2.11.5)。最后的致辞呼吁战斗人员服从命令,团结一致(2.11.9)。诚然,这篇演说的有效性没有受到任何行动的威胁(无论如何,入侵的行动[ergon]都将继续,2.12.1—5),但它显示出斯巴达人的声音也参与了话语范式,这在修昔底德笔下的其他城邦也能观察到。②

阿奇达姆斯在叙事中最后一次被详细描写是在他投入普拉提亚(Plataea)战役期间(2.71.—78.4),他最初请求得到支援,后来又精心提出以托管的形式让普拉提亚人把城邦交给他们(2.72.1,72.3),但雅典人情感充沛的直接承诺(2.73.3—74.1)使他的要求落了空。阿奇达姆斯的进攻遭到了拒绝,他准备围攻普拉提亚,但他在进攻前进行了祈祷(2.74.2-3)。③ 在叙事的范围内,

---

① 关于修昔底德的战前演说与葬礼演说之间的联系,参见:J.C.I. Zoido, "The battle exhortation in ancient rhetoric", *Rhetorica* 25(2007), pp.147-9。

② 关于修昔底德战前演说的范式的性质,参见:O. Luschnat, *Die Feldherrnreden im Geschichtswerk des Thucydides*, Philologus Supplementband 34.2,(Leipzig, 1942);R. Leimbach, *Militärische Musterrhetorik: eine Untersuchung zu den Feldherrnreden des Thukydides* (Stuttgart, 1985)。

③ 这一点在修昔底德的著作中尤为明显,他对宗教的讨论非常有限:例如,S. Hornblower, "The religious dimension to the Peloponnesian War, or, what Thucydides does not tell us", *HSCPh* 94(1992), pp.169-97。(Reprinted in *Thucydidean Themes*, Oxford, 2011, pp.25-53.)

他对"普拉提亚境内的诸神和英雄"的祈求可能不会传到普拉提亚人的耳朵里,因为他们最终是"从防御工事中"(*apo tou teichous*)拒绝了斯巴达人提出的条件,但几乎可以肯定斯巴达人能够听到。① 这甚至可能是为阿奇达姆斯的斯巴达听众编写的,因为它采用了斯巴达反复出现的主题:斯巴达人被迫采取行动是因为他们受到了不公正的对待(普拉提亚人违背了他们的誓言:见3.68.1—2)。对波斯战争的回忆增添了讽刺意味(普拉提亚之战是斯巴达在波斯战争中取得的最大胜利:参见 Hdt.9.1.1—89.4, Thuc.3.54.3—4,56.5, 57.2—3,58.4—5,59.2),请求神的支持微妙地承认了斯巴达国王作为祭司的角色。② 因此,这是一篇旨在与斯巴达听众建立共同文化根源的祷文,它发生在一场可怕的围攻之前,坚定的斯巴达人立即从言(*logos*)转向行(*ergon*)并摧毁了普拉提亚。③

特别是在修昔底德叙述的前半部分,尽管斯巴达人的领袖在演说中强调行动(*ergon*),但他们经常被他人和他们自己描述为一个谨慎的民族④。然而,这种割裂在伯拉西达身上明显得到了解决,伯拉西达是一个具有足够的修辞技巧的行动派,甚至可以领导其他民族。⑤ 他早年救援麦索涅(Methone) (2.25.2)的行动为他赢得了斯巴达人的赞誉,也预示着他在接下来的职业生涯中基本上都是自决的。⑥ 当修昔底德准备记述伯拉西达的色雷斯(Thracian)

---

① P. Debnar, *Speaking the Same Language: Speech and Audience in Thucydides' Spartan Debates*, p.100,也注意到了这一点,但阐释的理由略有不同。

② 关于斯巴达国王的祭司职,参见:P. Cartledge, "Spartan kingship: doubly odd?", in *Spartan Reflections* (Berkeley, 2001), p.63。

③ 在 2.78.4 中断后,城市被占领的故事在 3.52.1—58.5 结束。

④ 在修昔底德的叙述中,常说斯巴达人的思维和行为方式发生了变化,变得更像雅典人;关于言语, 参见:P. Debnar, *Speaking the Same Language: Speech and Audience in Thucydides' Spartan Debates*,关于行动引自(p.3 n.6)F. M. Wassermann, "The voice of Sparta in Thucydides", *CJ* 59(1964), p. 292(加上 290, 296); L. Edmunds, *Chance and Intelligence in Thucydides* (Cambridge, MA, 1975), pp.139—42。

⑤ 伯拉西达"非斯巴达人"的品质受到广泛赞誉:如 H. D. Westlake, *Individuals in Thucydides* (Cambridge, 1968), pp.148—9; S. Hornblower, *A Commentary on Thucydides* (3 vols.), vol. II (Oxford, 1991—2008), pp.38—61; P. Debnar, *Speaking the Same Language: Speech and Audience in Thucydides' Spartan Debates*, p. 173; M. A. Sears, "Brasidas and the un-Spartan Spartan", *CJ* 116(2020), pp.173—98。(尽管注意到伯拉西达与其他斯巴达领袖仍有许多共同之处,)均有参考文献。

⑥ S. Hornblower, *A Commentary on Thucydides* (3 vols.), vol. I, p.281,引自 H. D. Westlake, *Individuals in Thucydides*, p.149 n.1。斯巴达或者任何古希腊城邦的战地指挥官在(转下页)

战役时,在麦加拉(Megara)(4.70.1-73.4)之前所有活动都为他"大胆和独立"①的总体形象做出了贡献:他对抗了佛米奥(Phormio)并攻打了比雷埃夫斯(Piraeus)(2.85.1-94.4);在派罗斯,他在一次试图单独登陆的行动中英勇负伤(4.11.4—12.1)。在北方,人们将看到伯拉西达在发表演说(logoi)的同时付诸行动(erga),他最大的优势之一将是他在自己的城邦之外成功地建立起领袖与民众之间的重要关系。②

随着色雷斯行动的开始,修昔底德提到,伯拉西达渴望得到此次行动的指挥权,他在斯巴达因为 drastērios("活跃的、有战斗力的")受到尊重,字面意思是"实干家"(4.81.1)。他在作战的同时还进行了大量的谈判,这使他对斯巴达人来说"非常有价值"(pleistou axion)(同上),因为他是一个"正直而温和的人"(dikaion kai metrion,4.81.2)。他的"卓越和智慧"(aretē kai xunesis,同上)赢得了雅典盟友的支持,促使他们反抗伯罗奔尼撒人,因为"他是[斯巴达人]中第一位[prōtos]被派遣出来的人,在各方面表现卓越"(4.81.3)。这段话与 2.65.4—13 中对伯里克利和雅典的描写在多个方面产生了共鸣。正如康纳(Connor)所指出的,2.65.4 中对伯里克利也使用了 pleistou axion 这一短语,而且这两段论述都区分了他们在各自城邦中早期和晚期的经历。③这两段文字都强调西西里岛是一个转折点(4.81.2,与 2.65.11—12),两位领袖都被描述为 prōtos,即"第一"。伯里克利可能是其城邦内的"第一公民"(2.65.9),但伯拉西达在其城邦外的各个方面都被视为第一,而且他还设法让他人相信他是其人民的典型代表(4.81.3)。因此,伯拉西达名义上的公众不再是斯巴达人,而是他身边的当地听众。

当伯拉西达接近阿堪苏斯(Acanthus)时,阿堪苏斯的民众和反对者在是否支持斯巴达(4.84.1—2)的问题上存在分歧。修昔底德让伯拉西达在阿堪苏斯人面前单独发表演说,并将他与他的出身区分开来,修昔底德指出,他虽

(接上页)某种程度上都有决断的权力,尽管他们可能被指控有特定目标、遭到召回或训斥:例如,P. Cartledge, "Spartan kingship: doubly odd?", in *Spartan Reflections* (Berkeley, 2001), p.61(关于斯巴达国王);Debnar 2001:175 n.10,引自 Hodkinson 1983:265-73(关于其他斯巴达指挥官)。

① P. Debnar, *Speaking the Same Language: Speech and Audience in Thucydides' Spartan Debates*, pp.174-7(引文见 175 页),对这些段落进行了分析。

② H.D. Westlake, *Individuals in Thucydides*, p.148.

③ W.R. Connor, *Thucydides*, pp. 130 n.52.

然是斯巴达人,但在公开演说方面并不"无能"(*adunatos*)(4.84.2)。① 现在的形势需要一场成功的演说,以调和相互冲突的利益,并使这位未来的领袖与他的新听众友好相处。

伯拉西达一开篇就使用了他将反复使用的斯巴达人的关键主题:希腊及其各个城邦的自由(4.85.1,6;86.1,4;87.3—6)。② 然后他暗示斯巴达人已经认为阿堪苏斯人倾向于与他们友好相处(4.85.4)。但是,当他回忆起他所遇到的反对时,他很快不再使用融入性修辞,他提出,如果阿堪苏斯人拒绝他的结盟提议,他们将阻碍自己和其他希腊人获得自由(4.85.5)。这样的拒绝可能意味着其他人不愿意加入斯巴达联盟,可能是因为伯拉西达的无能,也可能是他们将获得的自由的"不公正"性质(4.85.6)。

伯拉西达现在退而采用了另一种论证策略,首先将自己描述为解放者(4.86.1),但随后又承诺他无意制造政治僵局(*stasis*)("冲突"或"分裂",4.86.3—4),这将是"斯巴达人"(而不只是他自己,4.86.5)的罪责,从而抹平了他与听众之间的差异。演说的这一部分以一个箴言式的陈述和斯巴达人的保护的承诺结束,强调公开和行动,而不是秘密和空谈(4.86.6—87.1)。伯拉西达认为,最有力的保障来自那些言行一致的人,他们的行动与他们的承诺完全一致(4.87.1)。

在演说的最后部分,伯拉西达的内容似乎让人想起阿奇达姆斯在第一次入侵阿提卡之前的祈祷(4.87.2),他承诺召唤"当地的神灵和英雄"来见证他的正义之举,以及如果他得到否定的答复,他将对阿堪苏斯人的领土造成的破坏(4.87.2—3)。然而,他的结束语听起来更像是战前的劝诫,呼吁"开创希腊独立运动""保持永久的荣光"和"使整个城邦赢得荣誉"(4.87.6)。③ 经过激烈的辩论,伯拉西达的演说最终促成了雅典人的反叛(4.88.1)——他的话也

① 关于斯巴达人"冗长"的演说,参见:P. Debnar, *Speaking the Same Language: Speech and Audience in Thucydides' Spartan Debates*, pp.6 - 9,及参考文献。

② 这在希腊语篇中已经是一个老生常谈的话题,参见:K. Raaflaub, *The Discovery of Freedom in Ancient Greece*, trans. R. Franciscono, revised by the author, (Chicago, 2004),尤其见 pp. 118 - 202。

③ 关于古代战前演说的主题,参见:J. C. I. Zoido, "The battle exhortation in ancient rhetoric", *Rhetorica* 25 (2007), pp. 141 - 58;关于修昔底德的战前演说,参见:O. Luschnat, *Die Feldherrnreden im Geschichtswerk des Thucydides*, Philologus Supplementband 34.2, (Leipzig, 1942); R. Leimbach, *Militärische Musterrhetorik: eine Untersuchung zu den Feldherrnreden des Thukydides* (Stuttgart, 1985)。

将在其他城邦产生影响。①

这篇演说中的许多修辞技巧和主题在修昔底德笔下的其他领导人,尤其是伯里克利那里都很常见:强调未来的共同经历;使用融入性修辞;刻意淡化演说者的角色;*logos* 与 *ergon* 之间的联系;以及对荣耀的渴望和增强城邦权威的呼吁。但威利(Wylie)指出了伯拉西达作为谈判者的另一个基本特质:他"总是认识到有必要让被胁迫者保全颜面"。② 正如伯里克利能够在领导雅典人的同时让他们相信(或假装)民众实际上掌权,伯拉西达也为他的新人民提供了一个机会,让他们告诉自己,他们正在决定自己的命运。

伯拉西达的修辞和行为方式在托伦涅(Torone)被重新采用,在那里他再次表现得很温和,尽管雅典人拒绝了他最初提出的安全离开的建议,他还是给了雅典人更多的时间去收殓他们阵亡的战友(4.114.2)。他进一步向托伦涅人强调,那些努力接纳斯巴达人的人"既不是为了奴役这座城市,也不是因为金钱(即受贿)而这样做的,他们是为了托伦涅人的利益,为了它的自由才这样做的"(4.114.3)。在此,伯拉西达将他的动机归因于托伦涅的支持者派系,这与他在试图赢得其他城邦的支持时通常使用的修辞相吻合。事实上,修昔底德也指出,这与他在阿堪苏斯的演说"非常相似"(4.114.3)。同样的情况也发生在斯基奥涅(Scione),伯拉西达再次"说了他在阿堪苏斯和托伦涅说过的话"(4.120.3)。但斯基奥涅人的反应却非同寻常:他们给了伯拉西达一顶金冠作为公开的荣誉,"某些私人"(即未经公众批准)还给他戴上花环(*tainia*),给他"像运动员一样"的荣誉,其行为方式令人想起英雄崇拜的特征。③ 因此,伯拉西达的言论(*logoi*)为他的受众创造了一种思考其立场和价值的新方式。

修昔底德在克里昂和伯拉西达在安菲波利斯(Amphipolis)的最终对决(5.6.1—10.12)中再现了伯拉西达的领导才能和他为自己塑造的形象。在5.6.3 和 5.7.1 中,伯拉西达预见了克里昂的决定,他的远见卓识由此得到了展现;他的 *empeiria* 和 *tolma*("经验"和"胆识")受到了雅典人的称赞,他们对

---

① 参见:G. Wylie, "Brasidas: great commander or whiz-kid?", *QUCC* 41(1992), p.81,引自 4.114
[.3, Torone]和 4.120[.3, Scione],修昔底德在这两篇文章中指出,伯拉西达发表了基本相同的劝诫。

② G. Wylie, "Brasidas: great commander or whiz-kid?", *QUCC* 41(1992), p.92.

③ S.B. Ferrario, *Historical Agency and the 'Great Man' in Classical Greece*, pp.202, 207 – 10, 231 – 232.

克里昂的拖延感到不满(5.7.2)。伯拉西达评估了他的部队,选择了一个大胆的计策,由他亲自率领一个小队(5.8.1—5),随后发表战前演说来激励他的军队(5.9.1—10)。演说以紧凑的介绍为主,在伯拉西达预演他的战略之前,先呼吁大家关注传统、自由和性情等常规主题(5.9.1)。其中包括对雅典敌军心态的敏锐推测(5.9.3,6),最后直接告诫克里阿利达斯(Clearidas)(他将指挥大部分军队)要像一个真正的斯巴达人那样行事,告诫盟军要心甘情愿地跟随,崇尚自己的声誉并服从命令,伯拉西达说,所有这些品质都是打仗的好帮手(5.9.9)。最后,他再次呼吁自由(同上),并承诺他的行动不会辜负他的诺言(5.9.10)。

　　战斗开始后,伯拉西达敏锐地捕捉到雅典人犹疑的肢体语言,并迅速发起进攻(5.10.5—6)。他负伤后获救(5.10.8),但在听到胜利的消息后不久便死去(5.10.11)。伯罗奔尼撒的盟国,尤其是安菲波里特对伯拉西达之死的认可,甚至超过了他在斯基奥涅受到的英雄般的待遇。他不仅受到公葬(dēmosiai,5.11.1),还被任命为安菲波利斯的新殖民地创建者(ktistēs),并被埋葬在广场(Agora)上,他在那里的坟墓还受到崇拜者的关照。安菲波利斯真正的创始人哈格浓(Hagnon)被逐出了他原来的地位(同上),安菲波利斯完成了从雅典殖民地到斯巴达盟友的转变,[1]原本的斯巴达指挥官成为英雄。

　　伯拉西达确实表现出荷马史诗中战士的某些品质,[2]但他也有力地体现了修昔底德式的领袖模式。修昔底德通过雅典与伯里克利之间的关系对领袖与城邦之间的合作进行了最详细的研究,但伯拉西达在自己城邦之外的其他城邦的经历的多样性和规模既强调了这种关系的重要性,也探讨了这种关系的其他方面。伯拉西达的例子还有力地证明了领袖涉及行动的方面,[3]表明

---

[1] 关于这一非凡举动的意义,参见:S. B. Ferrario, *Historical Agency and the 'Great Man' in Classical Greece*, pp. 230 - 233;另见:M. Fragoulaki, "Ethnicity in Thucydides", in Polly Low ed., *The Cambridge Companion to Thucydides* (Cambridge and New York, 2023), pp. 110 - 176,了解这一事件民族层面的问题。

[2] S. Hornblower, *A Commentary on Thucydides* (3 vols.), vol. II, pp. 32 - 61; J. G. Howie, "The aristeia of Brasidas: Thucydides' presentation of events at Pylos and Amphipolis", *PLLS* 12(2005), pp. 207 - 284.

[3] 因此,他有助于解释民众对亚基比德的欢迎;参见:P. Debnar, *Speaking the Same Language: Speech and Audience in Thucydides' Spartan Debates*, p. 172,他称"亚基比德与伯拉西达一样……是一位擅于用文字精心塑造形象的人";参见:E. F. Bloedow, *Alcibiades Reexamined* (Wiesbaden, 1973)。

看起来得到甚至是承诺会得到 *erga*（行动）支持的 *logoi*（演说），其作用几乎与 *erga*（行动）本身一样强大。①

结论：修昔底德笔下的"好"领袖

尽管修昔底德一直强调领袖及其创造有效行动的潜力，但他通常并不关心他笔下的领袖是否哲学意义上或心理意义上（更少）的"好人"。② 尽管这些人肯定会表现出某些道德品质，但他们更可能与整个城邦共享同样的品质，或者他们可能只是出于功利目的而展现出这些品质。③ 修昔底德对领袖的研究往往更加具体：他们是如何在表面上和现实中建立并维护其权威的？他们是如何利用这种权威来推进城邦目标的？

无论修昔底德是否认为自己在编撰一项领袖研究，他对这一主题的处理无疑影响了他最著名的继承者色诺芬（Xenophon，约 430/25—355/4?）。色诺芬对修昔底德几乎不感兴趣的领袖的各个方面都有着浓厚的兴趣：伦理、性格、生平经历。④ 然而，色诺芬的《希腊史》几乎恰好在修昔底德的著作结束时接续希腊历史。尤其是在色诺芬的《希腊史》的前半部分，我们不仅可以看到对亚基比德其人以及他在雅典人民心目中地位的生动描述，还可以看到雅典公民在失去有效指导的情况下无法做出正确决策的失败经历。⑤ 换句话说，修昔底德的先例在色诺芬的思想中继续发挥着重要作用，⑥ 即使在色诺芬对领袖的思考中，个人品质也变得越来越重要。⑦

---

① A. Parry, *Logos and Ergon in Thucydides*, p.69.

② 尼基阿斯可以说是一个罕见的例外，参见他的"讣告"(7.86.5)。

③ 参见 P. Woodruff, "Justice and Morality in Thucydides", in Polly Low ed., *The Cambridge Companion to Thucydides* (Cambridge and New York, 2023), pp.215-230, 尽管伍德鲁夫对修昔底德对个人美德的兴趣的理解与笔者不同。

④ 例如，在大量参考书目中，R.F. Buxton ed., *Aspects of Leadership in Xenophon*, Histos Suppl. 5(2016), 尤其是 V.J. Gray, *Xenophon's Mirror of Princes: Reading the Reflections* (Oxford, 2011)。

⑤ 最著名的是阿吉努塞(Arginusae)战役, Xen. Hell. 1.6.24-7.35。

⑥ T.C.B. Rood, "Xenophon and Diodorus: continuing Thucydides", in C.J. Tuplin ed., *Xenophon and His World: Papers from a Conference Held in Liverpool in July 1999*, Historia Einzelschriften 172, (Stuttgart, 2004), pp.341-395 中很好地证明了这一点。

⑦ 这是色诺芬作品的一个重要主题；例如，N.B. Sandridge, *Loving Humanity, Learning, and Being Honored: The Foundations of Leadership in Xenophon's Education of Cyrus* (Washington, DC, 2012); M. Tamiolaki, "Virtue and leadership in Xenophon: ideal （转下页）

可以肯定的是,其中有些是时下关注的:当后世历史学家的研究主体仍居住在修昔底德的世界,或者至少是他的时代时,有关修昔底德和他笔下领袖的详细文学典故是最容易观察到的资料。[①] 不过,本章第三部分讨论了后世对修昔底德的反响情况,该部分指出,在其典范特质的帮助而非阻碍下,修昔底德笔下的领袖们作为范例被后世以丰富多样的方式进行了诠释。时至今日,修昔底德的著作仍然是军事院校的必读书目,不仅因为他对战争的看法,还因为人们仍然认为他必须教授如何领导战争。

延伸阅读

我在此的发言仅限于专门论述修昔底德的文章,而且主要是那些以英文发表的文章。对于那些刚开始接触这一广博主题的读者而言,巴洛特(Balot)等人 2017 年的著作以及伦加科斯(Rengakos)和查克马基斯(Tsakmakis)2006 年的著作都提供了丰富的专题论述。韦斯特莱克(Westlake)1968 年的著作尽管标题是《修昔底德》,但其主旨是论证修昔底德工作和写作风格的演变。康纳(Connor)1984 年第二本著作是对修昔底德著作由始及末的研究,其中不乏对个别人物和许多其他方面的见解;康纳 1971 年的著作也对后伯里克利时代的领导人和领导能力进行了有价值的论述。

在更具体的主题方面,阿祖莱(Azoulay)2014 年关于伯里克利的著作展示了多种类型的证据如何有助于描绘一位领导人的形象;福斯特(Foster)2010 年针对同一人物提供了一种更具体的方法。德布纳尔(Debnar)2001 年

(接上页) leaders or ideal losers?", in F. Hobden and C. J. Tuplin eds., *Xenophon: Ethical Principle and Historical Inquiry* (Leiden, 2012), pp. 563 – 589; M. Tamiolaki, "Athenian leaders in Xenophon's Memorabilia", in R. F. Buxton ed., *Aspects of Leadership in Xenophon*, Histos Suppl. 5(2016), pp. 1 – 45。

[①] E. M. Soulis, *Xenophon and Thucydides* (Athens, 1972). 论述了修昔底德在色诺芬的《希腊史》中的文本共鸣; V. Fromentin and S. Gotteland, "Thucydides' ancient reputation", in C. Lee and N. Morley eds., *A Handbook to the Reception of Thucydides* (Chichester, 2015), pp. 13 – 25. 以及 S. Hornblower, "The fourth-century and Hellenistic reception of Thucydides", *JHS* 115(1995), pp. 46 – 68. (Reprinted in *Thucydidean Themes*, Oxford, 2011, pp. 286 – 322.) 展现了随着时间的推移,由于修昔底德的作品开始被用于更理论性的研究,其他古代作家对修昔底德的使用如何发生变化。另见:L. V. Pitcher, "Thucydides in Greek and Roman Historiography", in Polly Low ed., *The Cambridge Companion to Thucydides* (Cambridge and New York, 2023), pp. 233 – 248。

对斯巴达人发表和听到的修昔底德政治演说(尽管不是军事演说)进行了详细解读。在有关修昔底德的学术史上尤为突出的作品包括班德(Bender)1938年、卢什纳特(Luschnat)1942年、德·罗米莉(de Romilly)1956年和1963年以及帕里(Parry)1981年的著作。罗拉(Loraux)1986年的第一本著作涉及的主题虽然超出了修昔底德研究的范围,但对于了解公元前5世纪晚期雅典的文化背景也极为重要。

译者简介:西南大学历史文化学院、中希文明互鉴中心博士研究生,研究方向为古典文明史。

修昔底德论帝国与帝国主义①

波莉·A.洛 著 李 霖 译

[编者按]本文选自《剑桥修昔底德指南》(*The Cambridge Companion to Thucydides*)第十章,由英国学者波莉·A.洛(Polly A. Low)撰写。洛是英国杜伦大学古典学教授,主要研究方向是古希腊世界的政治史,对希腊历史编纂学和碑铭学也有涉猎。

洛在这篇文章中深入分析了修昔底德对雅典帝国的记述。她首先探讨了雅典帝国从自愿性联盟向强制性帝国统治的转变过程。虽然修昔底德的记述简略且时有缺漏,但洛认为其提供了理解这一复杂过程的关键视角。其次,洛分析了雅典帝国的合法性问题,认为修昔底德的文本不仅揭示了雅典人为帝国辩护的权力逻辑中所隐含的道德困境,还反映了雅典帝国统治实践中的诸多矛盾,从而展现了统治者与被统治者之间的紧张关系。最后,洛探讨了修昔底德对雅典帝国终结的解读,指出修昔底德的记载阐释了帝国兴衰背后的复杂动因,促使读者超越现存的历史叙述,深入思考雅典帝国的性质及其演变过程。

修昔底德没有明确回答雅典帝国崩溃的根本原因。对于修昔底德探讨的内容是否只适用于雅典帝国这一特定实例,还是可以推广为一种普遍的帝国权力模式,也没有明确结论。但对文本的深入解读无疑有助于加深对修昔底德复杂态度的理解,也为读者提供了思考古代帝国兴衰及其维系机制的多重思考路径与方法。

---

① 原文信息为 P. A. Low, ed., *The Cambridge Companion to Thucydides*, Cambridge University Press, 2023, Chapter10, *Thucydides on Empire and Imperialism*, pp.143–159。——译者注

修昔底德并未声称自己是在记述雅典帝国,也并未申明是在研究雅典的帝国主义;正如他一开篇所陈述的,他的作品是一部战争史,是一部"比此前任何一场冲突都更重大"的斗争史(Thuc. 1.1.3)。[①] 但是,雅典帝国的兴衰的确是这场战事的核心(或者至少是修昔底德叙述这场战事的核心),这不仅因为战争和帝国在时间、空间以及主要参与者上的重叠,还因为(至少在修昔底德看来)二者在更为根本的层面上有着密不可分的联系:雅典帝国——更准确地说是其势力增长引发的恐惧——是致使伯罗奔尼撒战争爆发的根本原因(1.23.6);反之,伯罗奔尼撒战争又加速了雅典帝国的崩溃。

因此,修昔底德的文本成为现代学者分析雅典帝国的核心也就不足为奇了。它是研究雅典帝国组织极其重要的史料来源(尽管我们将会看到它既非绝对正确又非无所不包);事实上,它是我们仅有的对雅典帝国大部分活动的同时代叙述。修昔底德的作品所能提供的还远不止这些:它记载了雅典帝国事务,探索了雅典帝国权力的组织结构、演进变化和道德标准(或者说道德堕落)——简而言之(tout court),是对帝国霸权的全面记录。然而修昔底德的确没有明确解释这些问题——更不必说他对于这些问题的回答——给历史解释增加了额外的挑战:读者首先需要斟酌修昔底德试图探索的问题,进而还原他可能做出的解答(如果存在解答的话)。但挑战与机遇并存;作为一位与帝国密切联系的史学家和思想家,修昔底德一直以来备受关注,正是因为其文本存在多样化的方法和多元性的解释。

因而,以下讨论并不期望对修昔底德的雅典帝国观提供一种最终解释,而是旨在概述某些可以将修昔底德的著作作为研究希腊世界,或者更广泛地区的历史和帝国理念的参考的可能性。

提洛同盟和雅典帝国

什么是"雅典帝国"? 这一名称是现代人的发明,它的另一个名称"提洛同盟"同样如此,但后者显然更加中立。与其他古代作家一样,修昔底德使用各

[①] 作者选用的修昔底德著述版本为 R. Crawley, *The History of the Peloponnesian War*. London, 1874。——译者注

种术语来描述这一组织,其中最不带意识形态色彩的术语是 *archē*("统治")①——尽管这仍然暗含了对这一组织的性质尤其是关于其内部的权力等级的某些看法。这一点之所以如此重要,是因为该组织的性质以及雅典对其的控制通常被认为在历史发展过程中发生了剧烈变化;因此,(古代的和现代的)历史学家所选择的用于该组织的名称不仅仅是一种客观称谓,还往往揭露了他们对特定时期的雅典霸权性质的具体看法。

因此,最好不要从名称而是从描述开始着手,尽管这样做并不容易。公元前 478/477 年,波斯从希腊本土撤军后,雅典人邀请希腊各邦参加一个多边同盟,而雅典人将会成为该同盟的领导(*hegemones*)。然而,同盟最初的条款和目标相当不确定:修昔底德称(1.96.1)这是一个有着严格规定的联盟,其明确目标是向波斯人复仇,这一说法也并非不可信。但显然同盟的条款声明流传着其他版本,特别是亚里士多德在《雅典政制》(*Athenaion Politeia* 23.5)中记载表明,这是一个基于"同友共敌"的广泛原则(即共同防御和进攻的义务原则)②,开放式的、可能是永久的联盟。

同盟的确切规模和成员构成仍不确定,尤其是在其建立初期。修昔底德试图让人觉得同盟的成员构成或多或少与曾抵抗波斯的希腊联盟相同(他仅提到斯巴达人退出联盟:1.95.2;其他伯罗奔尼撒势力追随斯巴达的迹象在 1.95.4 中有所暗示,但没有作明确阐述)。其他资料显示,此时的联盟成员已进行了更为广泛的调整(例如,《雅典政制》谈到了"伊奥尼亚人"的联盟:23.5);同样清晰的是,反抗波斯的"希腊"联盟本身在波斯战争后期也大为扩展(Thuc. 1.89.2;Hdt. 9.106),但具体有哪些城邦加入以及以什么条件加入的细节仍然模糊不清。③ 在当时,提洛同盟最初的成员可能多达 140 个城

---

① 本章稍后将讨论有关帝国统治的其他术语。(*archē* 古希腊文作 ἀρχή。ἀρχή 本身有起源、统治、帝国等含义,此处用于政治语境表示统治的意思。雅典的执政官一词 *archon* 就源于 *archē*,表示持有统治权力的人。参见 H. G. Liddel and R. Scott, eds., *Greek-English Lecxion*, New York, 1996, p.252。——译者注)

② 关于这一点,具体原文参见 P. J. Rhodes, *A Commentary on the Aristotelian Athenaion Politeia*, revised edition. Oxford. 1993(注意到 *Politeia* "远远超出了其他文本对同盟目标的描述")。进一步的讨论可以参见 P. A. Brunt, *Studies in Greek History and Thought*. Oxford. 1993, pp.149 – 52 和 N. G. L. Hammond, 'The origins and the nature of the Athenian alliance of 478/7B.C.'. *JHS* 87, 1967, pp.41 – 61。

③ 关于这一同盟的历史和范围,参见 P. A. Brunt, 'The Hellenic League against Persia', *Historia* 2, 1953, pp.135 – 63。

邦,①且不可否认的是该同盟的发展迅速而显著。到伯罗奔尼撒战争爆发时,同盟成员大约有190个城市和共同体,②战争初期这一增长仍在持续,可能在公元前五世纪二十年代达到顶峰。③

雅典帝国规模的扩大似乎伴随着其整体价值观念的变化,而这种变化的时间和程度仍然是广泛争议的话题。毋庸置疑的是同盟的自愿属性消失了:试图退出的成员被强行重返(修昔底德提到那克索斯"Naxos"是第一个遭受这种命运的城邦:1.98.4),同样也有城邦屈于武力而加入同盟(就像优波亚的卡利斯图"Carystos in Euboea"的情况一样;1.98.3)。更加难以确定的是同盟的组织结构和行政管理的变化(尽管很明显这些变化一定发生过)。到了公元前五世纪二十年代,雅典人已经制定了一套用于从盟邦征收贡金(phoros)的复杂的程序;同样,存在有力的(尽管不完整)证据表明雅典还运用了一系列政治、司法和军事的形式对盟邦加以控制。④ 在古代评论家和现代学者看来,所有的这一切表明同盟的性质发生了根本性的转变。用希腊语表达,则是从

---

① 这一估算根据 B. Merrit, H. T. Wade-Gery and M. F. McGregor, *The Athenian Tribute Lists* (4 vols.). Princeton, 1939–53, vol.III, pp.194–224。(虽然他们的方法是从预估的最大的成员数目开始,再进一步排除无法证明早期参与了同盟的城邦,但这一方法得出的数字可能比只寻求证明积极参与同盟的城邦数目更大。)

② 参见 R. Meiggs, *The Athenian Empire, revised edition*. Oxford. 1972,这一数据基于公元前433年的贡品配额表得出。

③ 公元前425/4年的贡品评定法令(参见 R. G. Osborne and P. J. Rhodes, *Greek Historical Inscriptions, 478–404BC*, Oxford, 2017, p.153.,以下简称 OR)列出了约380个城市,但这肯定是一个"乐观的"(原文见于 OR)名单。这份名单包括的城市数量是已知的任何一年的纳贡城市数量的两倍,而且名单中列出的城市(尤其是米洛斯岛)在当时肯定不是雅典帝国的一部分。

④ 相关总结概述可参见 R. Meiggs, *The Athenian Empire, revised edition*. Oxford, 1972,第11章到第12章。有关行政和财政结构的更多细节,参见 L. J. Samons, *Empire of the Owl: Athenian Imperial Finance*. Historia Einzelschrift 142. Stuttgart, 2000; C. Constantakopoulou, 'Tribute, the Athenian Empire and small states and communities in the Aegean', in *Handels- und Finanzgebaren in der Ägäis im 5. Jh. v. Chr., Trade and Finance in the Fifth Century BC Aegean World*, ed. A. Slawisch. Istanbul, 2013, pp.25–42,特别是第34—38页。有关司法干预的内容,参见 G. E. M. de Ste. Croix, 'Notes on jurisdiction in the Athenian Empire: I', *CQ* 11, 1961, pp.94–112 和 'Notes on jurisdiction in the Athenian Empire: II', *CQ* 11, 1961, pp.268–80; P. A. Low, 'Law, authority and legitimacy in the Athenian Empire', in *Empire and Law*, eds J. Duindam, J. Harries, C. Humfress and N. Hurvitz. Leiden and Boston, 2013, pp.25–44。关于行政官员,见 J. M. Balcer, 'Imperial magistrates in the Athenian Empire', *Historia* 25, 1967, pp.257–287。关于派军驻防,见 A. S. Nease, 'Garrisons in the Athenian Empire', *Phoenix* 3, 1949, pp.102–111。

最初的领导(*hegemonia*[①])转变为统治(*archē*),甚至是暴政(*tyrannia*[②]);[③]而在现代英语术语中,"提洛同盟"(Delian League)已经成为"雅典帝国"(Atheian Empire)。

　　现代的许多争论都集中于一个问题(或被认为是一个问题),即如何把这一变化定位在某个特定的时间点,从而找到一种解释:该同盟是否注定会过渡到帝国? 还是战争压力、领导失败或是其他偶然的历史因素而促使其朝着帝国方向发展?[④] 这些争论对于理解帝国的本质、分析公元前五世纪的雅典历史当然是有价值的,但在这一情况下更重要的是要注意到修昔底德在重现自愿性联盟转变为强迫性帝国过程中所提供的帮助是多么小——至少是明确的帮助是多么少。修昔底德明确表述了变化的发生:他在 1.99.2 指出,"雅典人作为统治者,已经不再像起初那样得人心了"。[⑤] 但是,在修昔底德的叙述中,这一变化的时间顺序明显含糊不清;他对于帝国机制的发展(前文已有提及)以及从其他资料来源来看似乎是帝国发展过程中的一些关键性时刻所提供的信息都非常少。两个著名的遗漏:一是卡里阿斯和约(the Peace of Callias),该和约结束了希腊与波斯的冲突,在修昔底德笔下这是提洛同盟存在的原因(*raison d'etre*);另一个是将同盟的金库从提洛岛(Delos)转移至雅典。[⑥]

---

① *hegemonia* 古希腊文作ἡγεμονία,描述一个人或者少部分人走在前面引导他人,可理解为引导、带领或者领导。参见 H.G. Liddel and R. Scott, eds., *Greek-English Lecxion*, New York, 1996, p.762。——译者注

② *tyrannia* 古希腊文作τυραννία,用于描述不受法律限制的绝对权力即僭主统治,此处可以理解为暴政。参见 H.G. Liddel and R. Scott, eds., *Greek-English Lecxion*, New York, 1996, p. 1836。——译者注

③ 参见 *Athenaion Politeia* 24.2 - 3;伊索克拉底在公元前四世纪中叶的小册子《论和平》(*On the Peace*, 82—95)对从领导到帝国的过渡有更深入的详细探讨。后文将会谈到修昔底德对这一过渡的记述。

④ 以下是一些观点的示例:L. Kallet, 'The origins of the Athenian economic arche', *JHS* 133, 2013, pp.43 - 60,该文认为帝国的萌芽可以追溯至公元前五世纪初期,甚至更早);R. Meiggs, 'The growth of Athenian imperialism', *JHS* 63,1943, pp. 21 - 34(此文认为公元前五世纪中叶是关键时期);H.B. Mattingly, 'The growth of Athenian imperialism', *Historia* 12,1963, pp. 257 - 273(该文则认为帝国的发展始于公元前五世纪四十年代,在公元前五世纪二十年代完全成熟)。

⑤ 除特别注明外,本章选取的英译文均参考 1874 年克劳利版本(R. Crawley, *The History of the Peloponnesian War*. London, 1874.),有时略有改动。(译者在翻译为中译文时,主要参考了(古希腊)修昔底德著:《伯罗奔尼撒战争史》,徐松岩译注,上海:上海人民出版社,2017。——译者注)

⑥ 关于这些遗漏之处,参见第 8 章 Elizabeth Irwin 所述。(P. A. Low, ed. *The Cambridge Companion to Thucydides*. Cambridge University Press, 2023, Chapter8, 'Labouring for Truth in Thucydides', pp.110 - 125.——译者注)

这并不是说修昔底德的作品作为研究雅典帝国发展的史料没有任何价值，也不是说他所描述的帝国是完全停滞的：修昔底德在 1.97 描述的帝国，无论是运作方式还是精神面貌与我们在他对公元前 420 年代与公元前 410 年代的叙述中看到的明显不同。但是，由于修昔底德只提供了这一时期雅典帝国主义活动和意识形态的部分剪影，他留给读者的任务或者说机会，就是为那些互不关联的片段寻求更大的框架体系。在构建这一框架体系时，我们可以借助于修昔底德以外的史料来源（其他历史学家、喜剧和悲剧、碑铭以及其他实物证据），这些史料都有助于补充或者纠正修昔底德的历史叙述。① 但我们也可以更深入地挖掘修昔底德所叙述的关于帝国的内容，并尝试性地从这些论述中推断出公元前五世纪雅典霸权的历史及其本质的更广泛的理论。本章剩余部分将试图探讨（其中一些）推论可能是什么样子。

帝国、责任与回报

是什么赋予了一个城邦统治其他城邦的权力？修昔底德的文本探讨了这一问题可能存在的各种答案，其中一些是他本人作为历史学家的观点，另一些则是由他的文本中的不同的发言者提出的。（当然，后者的观点并不一定为修昔底德本人所赞同。）

在修昔底德作品中可以找到的为帝国辩护的理由，在其他时代和其他地区的帝国言论中也很常见：帝国不是一种特权而是一种责任，是为了被统治者的利益而行使的责任。而帝国霸权地位所获得的利益反过来可以被视为其承担责任的合法性回报。在雅典帝国主义的背景下，这种论点通常有一个特定的参照：波斯战争。正如我们所见，公元前 478 年以后，所谓的来自波斯的威胁仍然持续存在，而这似乎被用于证明同盟存在的正当性。此外，雅典在波斯入侵希腊期间和其紧随其后的行动也被用来证明其领导地位的合法性。这些合法化的论证主要有两种形式。其一，雅典是唯一一个愿意承担领导者角色的希腊城邦；更具体地说，唯一可能担任这个角色的备选城邦——斯巴达——却主动放弃承担这份责任（这一说法在修昔底德 1.95 的叙述和他在 1.75 所给出的雅

---

① 关于这些史料来源的有用的概述以及使用这些资料所面临的问题，可参见 R. G. Osborne, *The Athenian Empire*, 4th edition. LACTOR 1. London, 2000。

典使者的演讲中都有出现)。① 因此,雅典人声称,他们并没有主动谋求领导地位;相反,是强加给雅典的。其二,雅典在波斯战争中的贡献赋予了他们保留并享受其主导地位成果的权利。他们在马拉松战场上"独自"对抗波斯,为希腊人立下了汗马功劳(这是一个虚假的但又非常普遍的说法),并在公元前 480—前 478 年间为反波斯势力做出了最大贡献;②希腊人现在欠他们一些回报。

　　在其他古典时代希腊的史料中可以找到这些论点的不同版本,③修昔底德的论述中出现这些论点很可能反映了这样一个事实,即这是一种普遍的甚至可能是主流的解释和证明雅典帝国霸权的方式。但是,修昔底德本人同意这些观点吗? 可以确定的是修昔底德似乎承认波斯战争和提洛同盟建立之间存有直接的因果关系(事实上,正如本章之前所指出的,与其他一些古代记述相比修昔底德的叙述更多地体现了这种关系)。但是所有修昔底德的读者都应该明白,直接原因并不一定就是最重要的原因;仅凭这一点,就应该促使我们更仔细地审视这个看似简单明了的帝国起源模式。一旦我们这样做就不难发现矛盾的迹象。其中一些暗示出现在修昔底德的叙述中。例如,他在 1.96.1 中选择将同盟反对波斯的目标描述为"*proschēma*"④,这一词语选用有何含义? 而我们应该把这个词译为"正当理由"(justification)还是"借口"(excuse)?⑤ 对修昔底

---

① 我们应该注意到,(对修昔底德而言)斯巴达不愿意接管希腊领导权的原因预示着与他们在战争初期失败相关的主题:胆怯、行动迟缓和保守怠懒(特别参见 Thuc. 8.96.5)。有关修昔底德对斯巴达和雅典民族性格的对比建构(以及偶尔的模糊处理)的进一步讨论,参见第 11 章 Maria Fragoulaki 所述。(P. A. Low, ed. *The Cambridge Companion to Thucydides*. Cambridge University Press, 2023, Chapter11, 'Labouring for Truth in Thucydides', pp.160‑176.——译者注)

② Thuc. 1.73.4(马拉松战役),6.83.1(波斯战争)。雅典人"在马拉松孤军奋战"的常规说法,参见 K. R. Walters, "'We fought alone at Marathon': historical falsification in the Attic funeral oration", *RhM* 124,1981, pp.203‑11。

③ 伊索克拉底的《泛希腊集会辞》(*Panegyricus*)详细探讨了这一问题(特别参见 §§92—100,其论点是雅典帝国主义可以通过雅典对波斯战争的贡献而合理化);还可比较吕西阿斯的《葬礼演说》(*Epitaphios*)§§27—43 中对波斯战争(以及雅典在其中所扮演的角色)的强调。(非雅典)历史学家泰奥庞浦斯(Theopompus)持怀疑态度,他(在第 153 号残篇中)声称雅典人利用波斯战争的历史"误导希腊人"。

④ *proschēma* 古希腊文作πρόσχημα,既指用来掩盖真实意图或目的的表面理由或借口,又有装饰、表象的含义。H. G. Liddel and R. Scott, eds., *Greek-English Lecxion*, New York, 1996, p.1531。——译者注

⑤ 参见 H. R. Rawlings, A Semantic Study of Prophasis to 400 B.C. Hermers Einzelschriften 33. Wiesbaden,第四章; H. R. Rawlings, 'Thucydides on the purpose of the Delian League', *Phoenix* 31,1977, pp.1‑8。

德可能有第二种含义的猜测在接下来的叙述结构中得以证实。从(名义上的)反波斯联盟的建立(1.96.1)到对那克索斯及其他希腊城邦的"奴役"(1.98),这一过程的历史时长跨度大约是 20 年,而在修昔底德笔下仅用两段多的内容加以涵盖。这种对历史叙事的极度压缩仅仅是出于实用主义的考虑(我们已经指出,帝国的历史并不是修昔底德撰写的主题),还是意在暗示"提洛同盟"只不过是雅典帝国的一个体面的幌子,而且很快就崩溃瓦解了?

在雅典人和非雅典人发表的几篇演讲中,以波斯战争作为帝国正当性的理由受到了更为直接的削弱。米提列涅人(Mytileneans)为脱离雅典帝国而辩护时坚决表示,他们不再信任雅典所谓的与波斯作战并保护希腊人的说法:"我们和雅典人建同盟的目的不是要雅典人来奴役希腊人,而是把这些希腊人从波斯的统治之下解放出来。在雅典人公正地领导我们的时候,我们是忠心耿耿地追随他们的。但是当我们看到,他们一方面对波斯的敌视愈来愈少,另一方面却力图奴役同盟诸邦,我们便开始恐惧了。"(3.10.3—4)叙拉古的赫摩克拉特斯(Hermocrates)甚至更加直言不讳。他声称,雅典帝国主义从来就不是为了解放希腊人:"在与波斯人作战期间,雅典人不是为了希腊人的自由而战,希腊人也不是为了自己的自由而战;事实是雅典人力图取代波斯国王来奴役这些希腊人,战争的结果对希腊人而言只不过是换了个主人而已,新主人确实比旧主人更聪明,却是更聪明地作恶。"(6.76.4)

在雅典人自己的演讲中,怀疑的态度没有那么绝对但仍然可以察觉到。修昔底德作品中的第一篇完整的雅典演说确实包含了为帝国辩护的传统观点(雅典人在波斯战争中提供了最多的资源,做出了最大的牺牲等等:1.74),且是以一种引起人们注意其陈词滥调的性质介绍它("我们对经常提到的波斯战争这个主题已经感到厌倦了":1.73.2);此外,正如我们稍后将在本文看到的,他们为雅典帝国合法性辩护的论据不是基于来自波斯的过去或当下的威胁,而是基于关于人性和城邦动机的更广泛的主张。雅典使者攸菲姆斯(Euphemus)(回应上述赫摩克拉特斯的演讲)的观点更为直截了当。他断言,雅典人"应当理直气壮地享有统治权,因为我们为希腊人的事业提供了最庞大的舰队,表现了坚定的爱国主义精神"(6.83.1);但在提出这一主张后,他似乎又立即否认,转而提出了一个更加务实的论点:"我们没有用华丽的词句宣称我们有权利统治,是因为我们单独打败了波斯人,或者说是因为我们担当了风险,而这主要是为了我们的盟邦的自由,而不是为了全体希腊人的自由(包括我们自己的自由)⋯⋯"

　　因此,修昔底德可能没有明确地告诉我们,他认为雅典人这一观点即主张雅典帝国是他们将希腊从波斯统治下拯救出来而应得的回报是无稽之谈。但他的确多次邀请读者审视或者拒绝这类观点。但这就又引出了另一个问题:如果波斯战争不是雅典帝国主义形成的真正根源,那么什么才是呢?

解释帝国:恐惧、荣誉和利益

　　修昔底德认为帝国存在的"最真实的原因"是什么呢? 为了找到最明确的答案,我们不妨回顾第一卷中雅典使者的演讲。正如我们所见,雅典人对传统的、以波斯战争为基础的帝国正当性,确实只是敷衍了一番。但他们接着提出了另一种解释,这种解释不是基于偶然的历史发展,而是基于(他们认为的)人类和城邦间行为的永恒真理:

　　　　接下来我们的所作所为不足为怪,与人类的普遍惯例也没有相悖之处[apo tou anthrōpeiou tropou];如果我们确实接受了一个奉献给我们的帝国,而且不肯放弃它的话,那是由于三个最强有力的动机——恐惧、荣誉和利益——的驱使所致。我们也不是这个范例的首创者。因为弱者应当臣服于强者,这一直就是一条普遍的法则。(1.76.2)

　　这是一个公认的著名说法,[1]也经常被视作是对修昔底德独特的帝国观念的总结。当然,我们应当注意到这是雅典人的观点,而非修昔底德自己的主张;不过,这些观点的表述方式,尤其是对人性始终不变的诉求,似乎与历史学家本人在其作品中的其他地方所赞同的观点相吻合。[2] 雅典人诉诸的三个关键因素——恐惧、荣誉和利益——也是《伯罗奔尼撒战争史》中反复出现的主题,值得更进一步研究。

　　雅典人的行为是受到荣誉(timē)驱使的说法可能是雅典使者表述中最为

---

① 关于其在当代国际关系分析中的重要性,参见第 19 章 Joel Alden Schlosser 所述。(P. A. Low, ed. *The Cambridge Companion to Thucydides*. Cambridge University Press, 2023, Chapter19, " 'What Really Happened' Varieties of Realism in Thucydides' History", pp. 301 – 316.——译者注)

② "人性"是修昔底德底德世界观的一部分,尤其见 Thuc. 1.22.4。

传统的部分。从《荷马史诗》到铭文法令,追求荣誉是个人和城邦的驱动力这一理念在一系列的希腊文本中都有所体现。统治与荣誉之间的联系业已确立,[①]雅典帝国的统治地位与雅典在希腊世界的地位之间的具体联系也出现在了其他史料中(如《德摩斯梯尼集》[*Demosthenes*)]9.7 4 的记述,带有对逝去辉煌的怀念)。对荣誉的渴望塑造了雅典的帝国主义政策,这一观点在修昔底德文本中的其他地方也有所浮现——尽管我们留意到(在修昔底德的叙述中)对荣誉的渴望并非没有问题:他让他笔下的伯里克利警告雅典人,不要因追求荣誉而得意忘形(2.63.1);紧接着,他又暗示对个人荣誉的无节制追求是造成雅典衰落的一个关键因素(2.65.7)。

把 *ōphelia*("利益"或"利润")单独列出作为雅典帝国行为的驱动因素则更加新颖。它的出现使人们注意到了雅典帝国的一个显著特征同时也是修昔底德作品的一个突出主题:权力与财富的关系。毋庸置疑的是帝国的建立使得大量财富流入雅典;对雅典人究竟如何使用这些财富的现代争论仍在持续,但非常明确的是,许多古代评论家认为雅典的富裕(尤其是通过征收贡金)与其对附属盟邦的压迫之间存在着明显的联系。[②]

修昔底德对权力、帝国和利益之间的关系格外感兴趣。[③] 这一主题的重要性已经在"考古学"中得以认证。(于修昔底德而言)希腊世界第一个帝国的故事是一个掠夺资源、并有效运用这些资源获得更多权力的故事(1.4,米洛斯的"海上霸权"'*thalassocracy*')。修昔底德在描述提洛同盟的建立时所提供

① 关于《荷马史诗》中的这一内容,参见 D. L. Cairns, *Aidōs: The Psychology and Ethics of Honour and Shame in Ancient Greek Literature*. Oxford, 1993, pp. 95 - 103;相关铭文法令可参见 S. D. Lambert, 'What was the point of inscribed honorific decrees in classical Athens?', in *A Sociable Man. Essays on Ancient Greek Social Behaviour in Honour of Nick Fisher*, ed. S. D. Lambert. Swansea, 2011, pp. 193 - 214。有关这一概念的更多信息,参见 D. L. Cairns, '*Honour and kingship in Herodotus: status, role, and the limits of selfassertion*', *Frontiers of Philosophy in China* 14, 2019, pp. 75 - 93。

② 这种联系在普鲁塔克的《伯里克利传》(Plutarch's *Pericles* 12)中表现得最为瞩目,在同时代的资料中也可以看到,例如,阿里斯托芬的《马蜂》(Aristophanes *Wasps*),655 - 63(声称同盟的贡金为雅典陪审员提供了薪酬);《伊索克拉底集》8.82(在城市狄奥尼索斯节"*Great Dionysia*"展示贡金的场面)。进一步讨论参见 L. Kallet-Marx, 'Money talks: rhetor, demos and the reserve of the Athenian Empire', in *Ritual, Finance, Politics: Athenian Democratic Accounts Presented to D. M. Lewis*, eds S. Hornblower and R. G. Osborne. Oxford, 1994, pp. 227 - 51。

③ 详细的探讨参见:L. Kallet-Marx, *Money, Expense, and Naval Power in Thucydides' History 1 - 5.24*. Berkeley and London, 1993; L. Kallet, *Money and the Corrosion of Power in Thucydides: The Sicilian Expedition and Its Aftermath*. Berkeley and London, 2001。

为数不多的与管理有关的信息同贡金制度的收取和分配有关(1.96.2)。贡金对维持帝国的重要性在历史叙事的关键节点上反复出现:战争爆发后,伯里克利对雅典积累的财富进行了统计(2.13);西西里远征的灾难迫在眉睫之际,雅典人决定废除贡金制度。(这段描述并非巧合——与米卡列苏斯[Mycalessus]骇人听闻的屠杀描述并列,此次屠杀是由于雅典的财政困难而没有领到报酬的雇佣军实施的:7.29—30。)雅典帝国为雅典带来了财富;而随着财富的流失,雅典对权力的控制也随之消失。

因此,在修昔底德的世界里,财富与帝国霸权是相互维持的关系。但还有一个重要且复杂的因素:财富以及对财富的渴望——同样也是一种毁灭性力量。这在修昔底德记述的历史初期阶段已经有所预示:伯里克利在他的最后一次演讲中警告雅典人不要过度贪婪(2.63.3)。修昔底德为伯里克利撰写的讣告中表明,正是伯里克利的继任者对个人利益(以及荣誉)的追求注定了雅典的失败(2.65.7—8)。这种由财富驱动的毁灭性后果在西西里远征中暴露得尤为明显:(据修昔底德记载)雅典的人民(dēmos)受到这样一种信念的驱使:这项事业可以让他们"在此次远征中得到暂时的薪金,而帝国疆域的扩大还将使他们得到永久性取之不尽的薪金来源"(6.24.3)。对利益的追求是雅典帝国扩张的动力,但如果任其发展,最终也会毁掉帝国。

雅典使者所陈述的第三个,可能也是最有趣的因素——恐惧。乍一看,将这一因素纳入其中似乎有些自相矛盾:为什么希腊最强大的城市会感到恐惧?但紧接着修昔底德在文中继续探讨了这一命题:雅典人害怕的不是权力本身,而是权力丧失后的恐惧。伯里克利在其最后的演讲中警告雅典人要注意这一点:

> 对你们而言,拒绝承担帝国的责任,同时又企图分享其荣誉,这是不可能的。你们还应当知道,你们战争的目的不单单是为了享受自由而不遭受奴役,同时也牵涉帝国的丧失以及帝国在实际管理中所招致的仇恨而产生的危险。此外,假如在危难时刻,你们当中确实有人曾经认为放弃帝国是一种正直的行为,那么如今放弃这个帝国已经是不可能的了。坦率地说,因为你们维持帝国靠的是一种暴政;过去取得这个帝国也许是错误的,然而放弃这个帝国一定是危险的。(2.63.1—2)

对伯里克利而言,雅典人的正确目标应该是紧紧抓住他们现有的帝国。

后伯里克利时代的领导人在帝国安全问题上采取了更为扩张主义的态度,但修昔底德认为,他们(或者至少其中一些人)的根本动机是相同的。① 根据(修昔底德记述的)攸菲姆斯为雅典入侵西西里的辩护——至少是为其解释——的演讲:"恐惧使我们要保持在希腊的帝国,恐惧使我们来到这里,在我们的朋友的帮助下,处理西西里的安全事务⋯⋯"(6.83.4)

因此,恐惧、荣誉和利益不仅是第一卷中雅典使们的指导力量,也是修昔底德分析雅典帝国历史进程的重要因素。值得注意的是,这三个因素并不只适用于帝国。正如我们所知,荣誉在希腊文化中普遍存在。利益则很少被谈及,但(至少在修昔底德的世界里)显然它并不仅仅只是帝国国家的目标(例如,科林斯人向雅典帝国之外的小邦发出警告,这些小邦的利益很有可能随着雅典的强盛而受到挤压:1.120.2)。在修昔底德阐释所有城邦的外交活动时,恐惧都是一种尤其强大的力量(这也是修昔底德在 1.23 中解释伯罗奔尼撒战争爆发的真正原因:雅典势力的日益增长引起拉栖代梦人的恐惧),不仅是在这一时期是一种强大的力量,在整个希腊历史中都是如此(他声称正是恐惧使得希腊人加入了阿伽门农的特洛伊远征军队:1.9.4)。因此,这些因素并不是雅典帝国建立的充分条件;它们可能提供动机,但任何因果模式都需要留有余地,尤其是这三个因素很有可能共同作用而导向(所谓的)必然结果。而偶然因素——波斯战争和雅典政治的性质(可能还有雅典人的性格特质)——仍能解释帝国为何落入雅典人之手。

与基于复仇和光荣的描述相比,强调帝国起源的抽象性、非个体性似乎更加理性,甚至更"科学"。当然,这并非毫无偏见。实际上,它所宣称的普遍性掩盖了一个重要的主观因素。如果我们接受修昔底德(或修昔底德笔下的雅典人)的说法,即他们的所作所为并没有什么"不寻常,或者违背人性"之处,那么或许雅典人就不应该因其帝国的过度行为而受到责备。(根据这一模式)雅典帝国是受到一些可以预见的且不可避免的因素影响而产生的。② 事

---

① 在米洛斯谈判(Melian Dialogue)中可以看到这一模式的部分例外,雅典使者夸耀他们毫不畏惧(5.91),但即使在这里,他们也承认未来的来自更小盟邦的背叛可能会引起焦虑。

② 进一步讨论(所谓的)帝国的不可避免性以及由此产生的道德或伦理方面的影响,可参见第 14 章 Paul Woodruff 所述。(P. A. Low, ed. *The Cambridge Companion to Thucydides*. Cambridge University Press, 2023, Chapter14, 'Justice and Morality in Thucydides', pp. 215 - 230.——译者注)

实上,我们可以注意到,雅典使者们被这三种力量:恐惧、荣誉和利益所"征服"(nikētbentes:1.76.2),就好像雅典在帝国形成过程中完全放弃了所有能动性。这种对历史主体性和历史偶然性的剥离是使得这种解释帝国发展的模式对其后的古代帝国主义理论家极具吸引力的原因之一,但它也有可能限制或至少扭曲我们对修昔底德所处时代如何理解雅典帝国的理解。

帝国的终结

因此,修昔底德提供了不止一种方式来解释雅典帝国形成的原因和方式,以及是什么驱使它如此行事。对于雅典帝国的统治未能延续下去的原因,修昔底德也提出了重要的观点——尽管有时也令人难以捉摸。

这些观点令人难以捉摸的一个原因是修昔底德的叙述没有涵盖雅典帝国的最终解体阶段。因此,他对战争(以及帝国)最后几年的评论只出现在预示性的离题中,其中最著名的是 2.65 中为伯里克利所作的悼词。在此,修昔底德似乎暗示,如果雅典人在伯里克利死后得到了更好的领导,并且在战争运筹上做出了更好的决策,(按照修昔底德的逻辑)则失败是可以避免的。在这段话中没有明确说明战争结果与帝国命运之间的联系,但对于希望将二者联系起来的读者而言线索是存在的:正如修昔底德在 2.65 中所呈现的,伯里克利的政策是一种既能让雅典维持帝国又能赢得战争胜利的政策;实际上,维持帝国的稳定和延续被描述为避免战败的关键("如果雅典静待时机,关注自己的海军,并且在战争中不再去征服新的领土":2.65.7,Hammond 2009 译文①)。修昔底德在第 8 卷中叙述的帝国终结的开始,显然证实了帝国的命运与战争的结果密不可分的观点。雅典错误地尝试向西西里扩张,其灾难性的失败触发了帝国的叛乱浪潮,从而进一步削弱了雅典在战争中的地位。然而,修昔底德明确指出(8.1),这本身并不足以终结战争和帝国;在第 2 卷中他已暗示其他因素(雅典内部的政治动荡和来自波斯的干涉:2.65.12),也对解释帝国和战争的最终阶段有重要意义。但修昔底德究竟如何权衡这些因素仍不清楚。

既然如此,要重建修昔底德关于雅典帝国崩溃的具体原因的观点显然并非易事。我们可以有效利用修昔底德本人对表面原因和根本原因的区分。表

---

① 作者此处引用的文本为 M. Hammond, Thucydides, *The Peloponnesian War, A New Translation*. Oxford, 2009。——译者注

面原因非常明显:雅典人输掉了伯罗奔尼撒战争致使帝国丧失(据色诺芬《希腊史》记载,解散雅典同盟是结束战争的和平协议中的一个条件:*Hellenica* 2.2.20)。但修昔底德是否认为存在更深层次的力量促使雅典帝国走向毁灭?

对于这一问题,一个可能的答案或许出现在许多演讲者的话语中,而不是以修昔底德自己的口吻说出:将雅典帝国视作一位僭主。科林斯人(Coninthians)在1.124.3中首先作了比较,以警告其他希腊人,其后雅典的三位演讲者也继续强调:伯里克利(2.63.2),克里昂(Cleon)(3.37.1)以及稍显隐晦的攸菲姆斯(6.85.1)。[1] 这种比较旨在说明雅典帝国的性质:僭主的权力是非法的,是通过诡计或武力、或两者兼而有之而获得和维持的;僭主受贪婪和自身利益的驱使;同时他无视既定的法律与惯例。所有的这些指控(经一定调整[*mutatis mutandis*])都适用于雅典帝国。但与僭主统治的比较也可以帮助我们理解雅典霸权难以维持的原因。按照希腊人的理解,僭主统治的另一个特点是其本质的极不稳定:僭主统治因为其本身的非法性、残酷性和缺乏节制不会持续较长时间。[2] 因而将雅典帝国比作僭主式统治,也是在暗示其存续可能(和它无法存续的原因)的特定观点。

这是修昔底德期望他的读者对雅典帝国作出的结论吗? 由于多重原因,我们需要谨慎小心。首先,需再次留意,与僭主的这些比较是由修昔底德笔下的演讲者做出的,而非他自己的声音。事实上,多位演讲者(包括像伯里克利和克里昂这样不同的人物)都提出了同样的观点,这一事实确实表明,修昔底德希望将这种比较表现为政治话语的一个既定部分——即使我们还不能得出更多结论,这仍然是值得注意的事情。我们还可以更进一步地讨论吗? 修昔底德的叙述无疑包含了许多雅典人的行为可以被称为"暴政"的情节(按照上

---

[1] C.J. Tuplin, 'Imperial tyranny: some reflections on a Classical Greek political metaphor', in *Crux: Essays in Greek History Presented to G.E.M. de Ste. Croix on his 75th Birthday*, eds P.A. Cartledge and F.D. Harvey. HPTh 6. Exeter, 1985, pp.348 - 75 一文对"帝国暴政"的概念进行了深入分析。

[2] 参见 A. Andrewes, *The Greek Tyrants*. London, 1974, pp.21 - 3;修昔底德对雅典僭主的评论(Thuc. 6.54)表明,他知道但并不完全赞同这一普遍流行的观点,即僭主必然是一种必然的腐化堕落的政府形式(进一步讨论修昔底德文本的这一部分内容,参见第2章 Jonas Grethlein 以及第15章中 Balot 对修昔底德的僭主观念的讨论)。(P.A. Low, ed. The Cambridge Companion to Thucydides. Cambridge University Press, 2023, Chapter2, 'Establishing a New Genre — Thucydides and Non-historiographic Memory', pp.17 - 30 以及 Chapter15 'Thucydides in Greek and Roman Historiography', pp.233 - 248. ——译者注)

文定义），①因此得出他也将帝国视为僭主式统治的结论并非不可能，但仍待进一步的考察。

　　然而，"不稳定的僭主统治"解释帝国瓦解的模式之所以吸引人，一个原因是它似乎与我们可以在修昔底德的记述中觉察到的另一种分析思路——尽管在很大程度上是隐含的——大体一致。回顾前文讨论的帝国动机的三种因素：荣誉、恐惧和利益。我们已知，这些因素可以被描绘成一个城邦走向帝国的驱动力，但是，如果追求这些目标时缺乏节制或扭曲目的（例如，只顾个人利益而非城邦整体利益），这些因素同样具有潜在的破坏性。换句话说，荣誉、恐惧和利益不仅促使一个城邦追求帝国，还催生了那些可能导致帝国毁灭的行为。

　　根据这一初步观察，我们可以提出关于帝国瓦解的两种可能性理论。第一种理论在某些当代的理论背景中并不突兀。（修昔底德可能认为）雅典人陷入了一种"安全困境"：出于对统治的安全和繁荣的焦虑致使他们对感知到的外部（例如来自斯巴达）和内部（例如来自其盟邦）的威胁产生过激反应，在前一种情况下他们采取了侵略性的军事行动，在后一种情况下他们则采取了控制镇压和攫取资源的方式；但这些行动实际上引发了其他各方的反制措施（与斯巴达的战争；来自附属盟邦的更多的反抗）。最终，原本感知到的威胁变成了现实的真正的威胁，而原本旨在保障帝国福祉的措施最终导致了帝国的崩溃瓦解。②

　　另一种理论模式则是将修昔底德置于更为传统的（古典时代希腊的）背景中。有人可能认为，这种对帝国瓦解的解释——无节制的（各种）野心引发灾难——本质上是一种道德上的解释：无论是对金钱、荣誉还是权力的过度贪婪，最终都导向了自我毁灭；那些未能行使自我节制（*sophrosynē*）的人必将因此失败而受到惩罚。希罗多德对波斯帝国失败的描述（这个故事几乎可以肯定是为公元前五世纪的雅典人传达某种教训）就非常清楚地体现了这种模式。③ 这

---

① 例如：赫斯提亚（Histiaea）的人口迁移（Thuc. 1.114.3）；米提列涅（Mytilene）（Thuc. 3.50），米洛斯（Melos）（Thuc. 5.116）和斯基奥涅（Scione）（Thuc. 5.32）的大规模处决和财产没收；以及本章前面讨论的与财富的复杂关系。

② 对这一问题的简要探讨参见 P. A. Low, ‘Empire and crisis in fourth-century Greece’, in *Deformations and Crises of Ancient Civil Communities*, eds V. Gouschin and P. J. Rhodes. Stuttgart, 2015, pp.64 – 65.

③ 尤其参见《历史》的结尾部分（9.120—2）以及 E. Irwin, ‘The end of the Histories and the end of the Atheno-Peloponnesian Wars’, in *Interpreting Herodotus*, eds E. Irwin and T. J. Harrison. Oxford, 2018, pp.279 – 334 的相关讨论。

一论点在伊索克拉底的《论和平》(该文本写于公元前四世纪中叶)中更加明确地被用于描述雅典帝国:

> 到目前为止,他们(即公元前 5 世纪的雅典人)在鲁莽方面超过了全人类,虽然不幸会降临并使他们更加谨慎,但我们的祖辈甚至没有从其中学到任何教训。然而,他们在帝国时期所遭受的灾难,比雅典所有历史上遭受的灾难还要多。(8.85—6)

虽然修昔底德没有如此直白表述,但可以看到从修昔底德的文本出发,不需要任何剧烈的观念转变就能得出伊索克拉底的结论。一个重要的区别(特别是在修昔底德对这一模式表述的接受影响上)在于伊索克拉底提供了明确的道德训诫,而大多数情况下修昔底德没有。这可能会让我们回到此前已经注意到的修昔底德所描绘的帝国图景的一个特征:他倾向于剥夺人的能动性,从而剥夺人的控制能力。对伊索克拉底而言,雅典人显然对其行为负有责任;而对修昔底德来说则不那么明显和直接。

这就引出了关于雅典帝国崩溃的第二个问题。这种帝国兴衰的模式——无论它是如何被定义或理论化的——是不可避免的吗?帝国是否注定失败,还是说只要雅典人采取不同的行动或做出不同的决策,它就有可能存续?这同样是一个有着多种合理答案的问题。本文前面概述的两种模式都支持这样的结论,即帝国兴衰的循环是不可能打破的,它不是被无可避免的城邦间的政治力量所驱动,就是被人性的缺陷所推使。修昔底德关于提洛同盟(和雅典帝国)早期阶段的叙述可以被解读为与这一结论相符合,因为他的叙述似乎表明了雅典滑向暴政的时间很早且进展迅速:在 1.96 中叙述了雅典同盟的成立,而在 1.98.4 中,雅典人就违背了"既定条款","奴役"那克索斯人。① 如我们所见,修昔底德在此处的叙述是极大地压缩了的,但是这并非偶然为之。修昔底德是否在引导我们得出这样的结论:帝国的命运在提洛同盟的条款确定时(甚至在此之前)就已注定?

要对这一问题作出不同的解释,我们需再次聚焦 2.65 中修昔底德对雅典

---

① 这里使用的希腊语术语(*to kathestēkos*)略显模糊,可直译为"既定的事情";这可能是指具体的协议或条约(如提洛同盟的条款),也可能是指城邦间公认的行为惯例。实际上,正如 Gomme 所指出的(A.W. Gomme, A. Andrewes and K.J. Dover, *A Historical Commentary on Thucydides (5 vols.)*. Oxford, 1945 - 81, vol. I, p.282.),结果是一样的:雅典人违反了预定的行为准则。

战败原因的分析。在这一点上，修昔底德表述得非常清楚：失败的原因可以归因于伯里克利逝世的不适时机，以及其继任者放弃了他的合理政策（这一政策本身可能在很大程度上是修昔底德的建构，但在此处并不重要，因为我们在这里讨论的是修昔底德的理论而非历史事实）。从 2.65 中可能得出的一个结论是，如果有更好的领导，雅典的极端行为是可以避免的。换句话说：伯罗奔尼撒战争开始时，雅典可能已经位于灾难滑坡的始端——在伯里克利最后的演讲中，帝国已经"像一个僭主"——但坠入深渊的命运仍然有可能被阻止。然而伯里克利逝世后，雅典再次滑向灾难的末端；到克里昂演讲时，雅典帝国已然演变成僭主式暴政，其命运也已经注定。

如果这是对修昔底德文本的可能性解读——这里的"如果"需要强调——那么它就引发了更深层次的问题。最重要的是，我们不禁思考关键因素到底是什么。我们的结论是否是雅典异常不幸，因为它只拥有一位出色的政治家（伯里克利）擅于抵御帝国权力的腐蚀力量，而一个管理得当的政体更容易承受帝国造成的不论是结构性的或道德上的压力？或者我们应该认为伯里克利是一个例外：一个可能避免注定的命运的人？换种说法：（在修昔底德看来）雅典帝国的崩溃到底是一种偶然还是一种必然？

结论

本章以一个开放性的问题结束并非巧合。修昔底德未对雅典帝国问题给出明确的答案——事实上，他也没有明确界定（他认为的）根本问题是什么。雅典帝国的失败是因为它代表了一种本质上非法的权力形态，还是它的崩溃更多是由于历史性或者政治性的偶然因素？在此次讨论中我试图说明的是，修昔底德探讨了（或是其笔下的人物探讨了）这两种可能性，但他的确没有给出清晰明了的解答。

这些问题将我们导向了第二个不确定的领域。修昔底德是在探索层级式邦际控制机制这一特殊实例（我们称之为"雅典帝国"），还是在提供一个可以合法地适用于其他地区和其他时代的权力模式——帝国？我们已经看到，修昔底德的论述中肯定含有一些内容促使我们从这个特殊实例中得出普遍的教训。但是，连修昔底德都认为具有普遍性的一些内容与公元前五世纪希腊的特定背景密切相关。

最后值得强调的是，存在一种修昔底德本人也推崇的倾向，即将他视为一位脱离其所处时代和环境的作者。不管修昔底德是为了打破时人普遍持有的信念（例如，波斯战争解释并证明了雅典帝国主义的正当性），还是为了唤起（最终可能固化）人们对过度权力腐败影响的深切担忧，一旦我们留意他是如何回应其时代对这一卓越制度的分析，我们对修昔底德所描绘的雅典帝国的理解都会变得更加丰富。

延伸阅读

关于雅典帝国历史的最清晰简洁的概述是 Rhodes 1993b[1]，Meiggs 1972[2] 是这一领域的权威性英文研究，不仅涵盖了关键主题，还提供了帝国兴衰的叙述性描述。非修昔底德来源，包括文学和铭文资料，收录在 Osborne 2000[3] 的著作中（该书还包含了极为有用的背景说明和其他指导）。一个长期存在的但本章没有探讨的争议是雅典帝国的"受欢迎程度"问题（即雅典帝国是否如修昔底德暗示的那样，被其臣民视为剥削性的暴政，还是它确实给统治者和被统治者都带来了利益？）。该争议尤其体现在 20 世纪中期的三篇重要文章中：de Ste. Croix 1954[4]；Bradeen 1960[5]；de Romilly 1966[6]。1978 年，Finley 1978[7] 采取了更明确的经济学方法对贡赋与贸易进行探讨，但同时也对这一时期帝国权力的性质也发表重要论述。同样重要的还有 de Romilly 1963[8] 和（从当代政治理论家的有益视角）Doyle1986:54 - 81[9]。

译者简介: 李霖，西南大学历史文化学院民族学院研究生，研究方向为古希腊史。

---

[1] P. J. Rhodes, *The Athenian Empire*, 2nd edition. Greece & Rome New Surveys in the Classics 17. Oxford. 1933.

[2] R. Meiggs, *The Athenian Empire*, revised edition. Oxford. 1972.

[3] R. G. Osborne, *The Athenian Empire,* 4th edition. LACTOR 1. London. 2000.

[4] G. E. M. de Ste. Croix, 'The character of the Athenian Empire', *Historia*: 3, 1954, pp. 1 - 41.

[5] D. W. Bradeen, 'The popularity of the Athenian Empire', *Historia* 9, 1960, pp. 257 - 69.

[6] J. de Romilly, 'Thucydides and the cities of the Athenian Empire', *BICS* 13, 1966, pp. 1 - 12.

[7] M. I. Finley, 'The fifth-century Athenian Empire: a balance sheet', in *Imperialism in the Ancient World*, eds P. D. A. Garnsey and C. Whittaker. Cambridge, 1978, pp. 103 - 26.

[8] J. de Romilly, *Thucydides and Athenian Imperialism*, trans. P. Thody. Oxford. 1963. (Originally published as *Thucydides et l'imperialisme athénien: la pensée de l'historien et la genèse de l'oeuvre*, Paris, 1951.

[9] M. W. Doyle, *Empires.* Ithaca, NY. 1986.

修昔底德论民主制及其他政体[①]

瑞恩·巴洛特 著　　万世杰 译

[编者按]本文是《剑桥修昔底德研究指南》第二部分"主题和内容"的第十三章。作者瑞恩·巴洛特(Ryan K. Balot),现任多伦多大学政治学与古典学教授,主要研究领域为古典政治思想。他曾主编《希腊罗马政治思想研究指南》(*A Companion to Greek and Roman Political Thought*),联合主编《牛津修昔底德研究手册》(*The Oxford Handbook of Thucydides*),并出版有多部专著。

瑞恩·巴洛特在《修昔底德论民主制及其他政体》中,对修昔底德的政治思想进行了深入分析,尤其是修昔底德对民主制的见解。作者认为,修昔底德通过对演说和行为这两大主题的考察,揭示了民主政体与其他政体的特征。文章指出修昔底德在作品中塑造了两个伟大的民主城邦——雅典和叙拉古,并通过两者的比较,展现了民主制的优点及其面临的挑战。全文分为五个部分。第一部分以瑞昂海角大捷和雅典城瘟疫为例,展示了民主制下雅典的初步形象:勇敢、创新和坚韧。第二部分则指出修昔底德通过描绘伯里克利时期的雅典,展现了一个理想的民主模型,并强调雅典民主是一种文化形式而非制度。第三部分则以雅典处置反叛的米提列涅人和胁迫米洛斯人为例,揭示了雅典民主的局限性。第四部分通过对比雅典和叙拉古这两个不同的民主城邦,深入剖析了民主制的缺陷。最后,作者讨论了修昔底德对其他政体的看法

[①] 本文译自 Ryan K. Balot, "Thucydides on Democracy and Other Regimes", in Polly Low ed., *The Cambridge Companion to Thucydides* (Cambridge and New York, 2023), pp. 198 - 214。——译者注

以及最为理想的政体替代方案。总的来说,巴洛特在这篇文章中,通过修昔底德的著作,探讨了古代政治思想中的永恒问题,如权力的滥用,领导阶层的责任以及政体的稳定性,并鼓励读者反思现代民主制度与古代政体之间的联系和差异。

修昔底德认为,战争是理解和评判人类行为(尤其是政治活动)的一种极具启发性的框架。事实证明,战争作为一个极端的试验场,考验了我们在面对现实生活危机时的决心。正如他所说,战争是一个"粗暴的教师",使它的学生,无论其意愿如何,被迫关注基本的,尤其是身体层面的需求和欲望(3.82)。因此,无论是从身体还是心灵上,战争也考验我们为应对危机而建立的政体(politeiai)。通过各种形式的政体,我们保护自己,抗击恐惧,团结众人,并满足物质需求。研究这些政体的关键在于理解不同政体,尤其是民主政体在战争中的演说和行动。因为,尽管修昔底德认为下层阶级地位低贱,但他也对以公民解放和公民权力为核心的民主制所取得的成就表示钦佩。他认为,这些民主政权为旁观者提供了最完整的政治教育,因为他们怀揣着最伟大的抱负:不仅希冀达成英雄般的成就,还渴望实现自由和繁荣,然而,他们通常会受制于自身制度内在的断层线(the fault lines)①。在修昔底德看来,民主制的这种悲剧性缺陷只有通过人民(dēmos)坚定不移的决心才能克服。

这种对修昔底德笔下民主制相对同情的解读,不同于传统或其他少数人的观点。自霍布斯(Hobbes)以来,大多数学者都将修昔底德视作民主制的明确批评者,尤其是在他对人民的谨慎或公正主张的蔑视态度上。② 相反,也有人声称修昔底德偏袒斯巴达,认为它优于其他政体,因为斯巴达稳定,温和,甚至虔诚。③ 还有一些人认为,修昔底德的对比重点在于专制与自由,而不是为

---

① 地质学专有术语,原指地质岩层断裂面与地面的交界线,常引发地震。此处指容易引发冲突的潜在缺陷;参见 Colin McIntosh ed., *Cambridge Advanced Learner's Dictionary* (forth edition) (Cambridge, 2013), p.558。——译者注

② 参见 J. Ober, *Political Dissent in Democratic Athens: Intellectual Critics of Popular Rule* (Princeton, 1998), pp.113-120。

③ L. Strauss, *The City and Man* (Chicago, 1964); C. Orwin, *The Humanity of Thucydides* (Princeton, 1994) 与 R.K. Balot, "Philosophy and 'humanity': reflections on Thucydidean piety, justice, and necessity", in A. Radasanu ed., *In Search of Humanity: Essays in Honor of Clifford Orwin* (New York, 2015), pp.17-35。

寡头制或民主制背书。① 此外,他们在修昔底德的文本中看到了一种邀请读者开放思考、不断反思、自我批判的思想,这些都可以恰当地与民主制联系起来。② 虽然每种看法都有其合理性,但我个人认为,修昔底德的文本更普遍,也更具体。它为读者提供了一个衡量不同政体优缺点的视角,而这种衡量必须在特定的历史背景下进行。修昔底德试图通过对演说和行动的考察,建立起一座理解政治的永恒纪念碑。更准确地说,他透过不同政体类型的视角,阐述了他的基本主题:自由与繁荣、暴力与和平、演说与行动。他引导读者摆脱特定城邦(雅典、斯巴达、科林斯或底比斯)的限制,从更广泛的政体分类角度,如民主制、寡头制、君主制等,来理解这些政体。在这个过程中,他不仅揭示了雅典或叙拉古的独特之处,还揭示了这些被视为社会组织形式的政权类型的特点。

在修昔底德描绘的众多政体中,民主制无疑是最引人注目或令人难忘的(1.10,2.41),甚至可以说是最具代表性的。通过这种政体,修昔底德表达了他对人类局限性和潜在可能性的相对悲观的看法。③ 要理解这一点,我们必须注意到一个常被忽视的事实:在《伯罗奔尼撒战争史》④中,修昔底德塑造了两个卓越的民主城邦,而非一个。这两个民主城邦——雅典和叙拉古,非同寻常,它们在国际舞台和意识形态上与斯巴达(寡头"混合"制),波斯(君主制),僭主制以及其他各种随着历史演进的政体展开竞争。⑤ 通过对雅典和叙拉古的比较研究,我们能够充分理解这两种民主制的独特之处、局限性和潜在的机遇。修昔底德在对比这些政体时,无论是民主政体还是其他政体,都秉持着雅典式的知识观。⑥ 他不仅没有摒弃其家乡大胆创新和自我批判的文化特色,

---

① M. Pope, "Thucydides and democracy", *Historia* 37(1988), pp. 276 – 296.

② G. Mara, *The Civic Conversations of Thucydides and Plato: Classical Political Philosophy and the Limits of Democracy* (Albany, NY, 2008).

③ 参见 M. Cogan, *The Human Thing: The Speeches and Principles of Thucydides' History* (Chicago, 1981)中一个更激进的观点。

④ 以下简称《战史》。——译者注

⑤ 参见 K. Raaflaub, "Thucydides on democracy and oligarchy", in A. Rengakos and A. Tsakmakis eds., *Brill's Companion to Thucydides* (Leiden and Boston, 2006), pp. 195 – 212; S. Jaffe, "The regime (politeia) in Thucydides", in R. K. Balot, S. Forsdyke and E. M. Foster eds., *The Oxford Handbook of Thucydides* (New York, 2017), pp. 394 – 401.

⑥ 参见 M. P. Nichols, *Thucydides and the Pursuit of Freedom* (Ithaca, NY, 2015), pp. 169 – 184。

反而将对民主制的政治野心和悲剧性缺陷的探讨推向了极致。

初见雅典民主制

　　战前在斯巴达的演讲中,一些科林斯使节形容雅典人具有勇敢、创新、坚韧的品格以及非凡的爱国精神(1.70)。总体而言,作为一个"现代"大国,雅典有能力通过灵活的战略影响当时动荡中的世界局势(1.71)。科林斯人指出,雅典人不惧自身行为所带来的巨大代价;他们发动战争并不仅限于满足自己的基本需求,这些特性对于实现他们的称霸计划至关重要。他们持之以恒且雄心勃勃。相比之下,斯巴达人行动缓慢,办事传统且忧心忡忡(1.70)。不可否认的是,早在这场漫长且消耗巨大的战争对雅典和斯巴达双方产生全面影响之前,科林斯人便描述了这些特点。他们的演讲说服了斯巴达人,在监察官斯森涅莱达斯(Sthenelaidas)的推动下,斯巴达向雅典宣战,理由是雅典人侵略了其他希腊人,尤其是斯巴达人的同盟者(1.86—7)。有趣的是,修昔底德记载,斯巴达人的动机更多源于对雅典的恐惧,而不是受到他们盟友声讨雅典不公和呼吁斯巴达保护自己的演讲的影响(1.88,1.118)。在希腊世界中,首屈一指的民主城邦和非民主城邦之间的早期对立已表现得十分明显。[①]

　　接下来,修昔底德通过描述一系列战争行动,证实了这些评价的准确性,从"五十年纪"(*Pentecontaetia*)开始,一直到作品结尾。[②] 在此,我们不妨举两个例子。首先,在第 2 卷末尾,修昔底德记载了雅典将军佛米奥(Phormio)的行为,他率领 20 艘雅典舰船守卫诺帕克图斯(Naupactus)附近的海峡。而斯巴达人和他们的盟友则试图将军队运送至希腊西部的战场,希望借此使阿卡纳尼亚人(Acarnanians)退出雅典同盟。在战斗初期,佛米奥迫使伯罗奔尼撒人的舰船陷入混乱,击沉了舰队司令所在的舰船,并俘虏了另外 12 艘船(2.84)。这次战斗结束后,斯巴达大幅扩充了舰队规模,但他们却没有考虑到雅典人的海战技巧,以及雅典人敢于尝试出其不意的战术以击败他们那头脑迟钝的敌人的决心(2.85)。在随后的战斗中,佛米奥手下有数艘舰船在一个狭

---

① 参见 L. Edmunds, *Chance and Intelligence in Thucydides* (Cambridge, MA, 1975), pp. 89 – 93, W.R. Connor, *Thucydides* (Princeton, 1984), pp. 36 – 47; S.N. Jaffe, *Thucydides on the Outbreak of War: Character and Contest* (Oxford, 2017), pp. 62 – 76, 198 – 199。

② H.R. Rawlings, *The Structure of Thucydides' History* (Princeton, 1981), pp. 80 – 85; W.R. Connor, *Thucydides* (Princeton, 1984), pp. 36 – 47.

窄的海湾中被俘,但雅典人通过一系列大胆且出人意料的行动重整了自己的力量,夺回了船只,并重创了规模更大的斯巴达舰队(2.92)。正是佛米奥对战场局势的老练把控,以及他手下船员的勇敢和丰富的海战经验,使得战争初期的雅典人在一个至关重要的战略要点赢得了看似不可能的胜利。正如双方将军演讲所提到的,雅典人在海战中已经练就了全新的胆识,并致力于战法创新和随机应变(2.87,2.89)。① 他们的这些行动很好地补充了修昔底德之前的叙述,即公元前464年斯巴达境内黑劳士发动起义时,斯巴达人甚至对雅典援军的到来感到恐惧,因为雅典人反传统的特性,这一点可从他们全新的围城战法中一窥究竟(1.102)。

如果说佛米奥在瑞昂(Rhium)海角的胜利展示了民主制改革积极进取的一面,那么雅典城瘟疫则揭示了雅典人性格更敏感的一面。在修昔底德的描述中,这场瘟疫在身心层面上都是一种难以言表的痛苦经历。许多人丧失了自己身体器官的功能,疼痛不止的咳嗽,无法抑制的干呕和难以忍受的灼热感会在几天或几周内袭扰他们(2.49.3—5)。由于失忆,他们无法认出亲朋好友,甚至连自己是谁也不知道(2.49.8)。修昔底德一针见血地指出,尽管雅典人大胆且早成老练,但他们和其他普通人一样,在遭遇意外挫折或失败时,也同样脆弱。他们剑走偏锋的策略,也许会让他们比其他人更容易受到伤害。比如将郊区居民集中安排在人口稠密的城市中,这导致疾病更容易扩散,破坏力也更大(2.52)。即便是民主派也会被迫承认,人类的身体本身就存在着诸多限制(参见2.41与2.52.3以及C.奥温《政治之下:修昔底德论身体作为政治制度的基础和界限》②)。在个人健康随时可能被剥夺的压力下,修昔底德强调,作为城邦的一员,雅典人日益变得恬不知耻与漠视法纪(2.52—3);他们偷窃火葬所用的柴堆,沉溺于转瞬即逝的享乐,并抛弃了对神明的敬仰。

但最引人注目的是,这场由修昔底德描述得如此令人印象深刻且剧烈的内部混乱,对雅典的影响却微乎其微。瘟疫事件之后,佛米奥的胜利接踵而

---

① 参见 J. Ober, "Thucydides on Athens' democratic advantage in the Archidamian War", in D. Pritchard ed., *War, Democracy, and Culture in Classical Athens* (Cambridge, 2010), pp.65 - 87; R.K. Balot, *Courage in the Democratic Polis: Ideology and Critique in Classical Athens* (New York and Oxford, 2014)。

② C. Orwin, "Beneath politics: Thucydides on the body as the ground and limit of the political regime", in C.R. Thauer and C. Wendt eds., *Thucydides and Political Order: Concepts of Order and the History of the Peloponnesian War* (New York, 2016), pp.113 - 127.

至;尽管雅典人需要伯里克利来提振萎靡不振的士气,但他们远没有减少对战争的准备。[1] 学者们经常将瘟疫事件和伯里克利的葬礼演说紧密相连,并充分考虑了一种可能性,即瘟疫削弱了雅典最卓越的领袖所带给他们的乐观情绪。[2] 然而,需要注意的是,雅典并没有很快陷入内战之中,甚至都没有出现内战的征兆。在这一点上,雅典与另一个海上民主城邦科西拉(Corcyra)的对比尤为明显,尤其是修昔底德煞费苦心地在他对科西拉内战(3.82—3)与雅典城瘟疫的描述中所作的呼应。[3] 事实上,考虑到这场持续 27 年的战争是一个整体,此次瘟疫事件也很快被遗忘了,自公元前 427/6 年的冬天之后几乎再未提及(3.87;6.12)。我认为,修昔底德的叙述不仅暗示了雅典不可否认的弱点,还让人们注意到这座城邦的韧性。"韧性"是科林斯人早已强调过的一个特征(1.70),尽管与雅典的贪婪相比,他们对失败的反应通常被忽略。即便瘟疫在受害者之间散播失望或绝望情绪时(2.51,2.59),雅典人仍然坚定、自信地直面挫折(1.70)。[4] 例如,当第一波瘟疫袭扰雅典之后,尽管他们在波提狄亚(Potidaea)城下损失了四分之一的士兵,仍然成功完成了对该城的包围(2.70),而雅典当局甚至指责在波提狄亚的将军们没能彻底取得雅典式压倒性的胜利。

在叙述这些章节时,修昔底德通常更感兴趣的是定义民主制城邦的精神气质或民主制度的特征,而非讨论它们的政治结构或法律制度。他明确表示,要理解战争中民主制城邦的关键(其表面上的主题),必须将他们的文化精神

---

[1] 参见 R. K. Balot, "Civic trust in Thucydides' History", in C. R. Thauer and C. Wendt eds., *Thucydides and Political Order: Concepts of Order and the History of the Peloponnesian War* (New York, 2016), pp. 151 – 173。

[2] W. R. Connor, *Thucydides* (Princeton, 1984b), pp. 99 – 102; K. Raaflaub, "Thucydides on democracy and oligarchy", in A. Rengakos and A. Tsakmakis eds., *Brill's Companion to Thucydides* (Leiden and Boston, 2006), pp. 191 – 193, 197, 199;另见 R. V. Munson, "Time and Foresight in Thucydides", in Polly Low ed., *The Cambridge Companions to Thucydides* (Cambridge, 2023), pp. 89 – 109. 和 S. B. Ferrario, "Thucydides and Leadership", in Polly Low ed., *The Cambridge Companions to Thucydides* (Cambridge, 2023), pp. 177 – 197。

[3] 例如 C. W. 麦克劳德和 W. R. 康纳已注意到这点;参见 C. W. Macleod, "Thucydides on faction (3.82 – 83)", *PCPS* 25(1979), pp. 52 – 68. (Reprinted in C. W. Macleod, Collected Essays, ed. O. Taplin. Oxford, 1983, pp. 123 – 99); W. R. Connor, *Thucydides* (Princeton, 1984), pp. 99 – 102。

[4] M. Fisher and K. Hoekstra, "Thucydides and the politics of necessity", in R. K. Balot, S. Forsdyke and E. M. Foster eds., *The Oxford Handbook of Thucydides* (New York, 2017), pp. 379 – 381。

特质与它们发动战争、做出决策的习惯结合起来。并且有必要通过修昔底德对战争后期民主制城邦的对比分析,即雅典直面自己的民主制"他者"——叙拉古,来了解他对雅典鼎盛时期民主制的思考。在此过程中,我们注意到修昔底德深谙此道:将解释与行动联系在一起,或将演说(logos)与行为(ergon)结合起来,这也正是民主制本身的一大优势所在。[1] 即使修昔底德因在安菲波利斯(Amphipolis)的失利而被雅典放逐,他在历史和哲学思想层面上的大胆实验,仍然映衬出他所描述的民主制城邦在军事、政治或思想领域中的创新发展。[2]

鼎盛时期的民主制

修昔底德的理性活动与他的民主思想之间最直接的联系,可以在伯里克利的葬礼演说中找到。尽管修昔底德记载的演讲历史真实性存在争议,他声称自己尽力忠实还原这些演讲的真实性(1.22;参见《修昔底德评注》第一卷,第 59 页[3]),但伯里克利的这些观点很可能反映了修昔底德自己的见解。[4] 伯里克利那著名的演讲无疑是修昔底德民主理论的核心,因为它揭示甚至定义了至关重要的一点,即民主制不仅要争取自由与权力,还要争取实现"自治"。与缺乏仪式化的葬礼演讲的斯巴达相比,雅典人过着一种久经考验的生活,在这种生活中,他们不仅解释自己的行为,还解释他们的民主政权如何为人类的福祉和人民潜能的实现提供最佳环境。与其他著名的葬礼演说家相比,伯里

---

[1] 关于 logos 和 ergon 的对立是修昔底德表述其历史作品的重要主题,见 T. Beasly, "Thucydidean Self-Presentation", in Polly Low ed., *The Cambridge Companions to Thucydides* (Cambridge, 2023), pp. 31 - 49。而关于该主题对修昔底德理解政治领导的重要性,可见 S. B. Ferrario, "Thucydides and Leadership", in Polly Low ed., *The Cambridge Companions to Thucydides* (Cambridge, 2023), pp. 177 - 197。

[2] 参见 M. P. Nichols, *Thucydides and the Pursuit of Freedom* (Ithaca, NY, 2015), pp. 169 - 84. 以及 L. Strauss, *The City and Man* (Chicago, 1964)。

[3] S. Hornblower, *A Commentary on Thucydides* (3 vols.) (Oxford, 1991 - 2008)。

[4] 参见 J. Ziolkowski, *Thucydides and the Tradition of Funeral Speeches at Athens* (New York, 1981), pp. 188 - 95; H, Yunis, *Taming Democracy: Models of Political Rhetoric in Classical Athens* (Ithaca, NY, and London, 1996), pp. 61 - 6; R. K. Balot, *Courage in the Democratic Polis: Ideology and Critique in Classical Athens* (New York and Oxford, 2014), pp. 14 - 15;关于修昔底德在 1.22 所记载的"演讲"的解读问题,格林伍德有进一步的探讨,见 E. Greenwood: "Rhetorical History Speeches in Thucydides", in Polly Low ed., *The Cambridge Companions to Thucydides* (Cambridge, 2023), pp. 63 - 76。

克利并没有赘述雅典的历史；相反，他专注于阐述那些使雅典取得成功的习俗（epitēdeusis），政体（politeia）和生活方式（tropoi，即"特征"之意）。① 然后是对雅典民主制的深入分析。作为一种文化框架，雅典的民主制不仅让每一位雅典人引以为豪并欣然接受，还使雅典在各方面都优于她的竞争对手，使普通公民能够发挥他们在智力、政治和道德方面的潜力。② 然而，伯里克利对于该城邦那令人激情澎湃的抱负，却与雅典人渴望通过帝国霸权来统治他人、获得英雄般认可的欲望相矛盾。

伯里克利与修昔底德一样，都强调雅典民主是一种特殊的文化（而不是制度）形式。在伯里克利看来，雅典人享有的平等和自由，尤其是他们日常生活中的安逸，是民主的重中之重（2.37）。这些特点对于城邦来说非同寻常，它们充分体现了民主。但雅典人在享受美好生活和拓展智力的同时，并没有削弱他们的坚韧性，也没有忽视公民职责的重要性（2.40）。事实上，雅典人是典型的希腊人，他们生活在一座被誉为"希腊学校"的城市里，确切地说，他们的政体使他们能够培养出人类的优秀品质，在智慧、沉着、勇敢、友谊、慷慨以及在希腊世界的领导力上都达到了无与伦比的高度，甚至达到了人类潜力的极限。根据伯里克利的说法，每一位雅典公民都是完全自治的，并具有了"极其优雅和多才多艺的能力"（2.41，华尔纳1954年英译本③）。因此，他的主要观点是，雅典的民主制通过培养城邦和个人美德，推动公民达到了人类的最高境界。④

有趣的是，伯里克利将这些鼓舞人心的言论置于雅典人承认需要通过勇敢的军事行动来维护自由的背景下，"下定决心吧，幸福源自自由，而自由源自勇敢"（2.43⑤）。一方面，伯里克利力求将勇气重新定义为一种更加审慎、更

---

① 参见 J. Ziolkowski, *Thucydides and the Tradition of Funeral Speeches at Athens* (New York, 1981); N. Loraux, *The Invention of Athens. The Funeral Oration in the Classical City*, trans. A. Sheridan (Cambridge, MA, 1986); R.K. Balot, *Courage in the Democratic Polis: Ideology and Critique in Classical Athens* (New York and Oxford, 2014), pp. 25 – 46。

② R.K. Balot, *Courage in the Democratic Polis: Ideology and Critique in Classical Athens* (New York and Oxford, 2014), pp. 25 – 46; "Was Thucydides a political philosopher?", in R.K. Balot, S. Forsdyke and E.M. Foster eds., *The Oxford Handbook of Thucydides* (New York, 2017), pp. 319 – 338.

③ R. Warner, trans, (1954) *The Peloponnesian War*. Harmondsworth.

④ R.K. Balot, "Was Thucydides a political philosopher?", in R.K. Balot, S. Forsdyke and E.M. Foster eds., *The Oxford Handbook of Thucydides* (New York, 2017), pp. 319 – 38.

⑤ R. Warner, trans, (1954) *The Peloponnesian War*. Harmondsworth.

加符合民主理想的品质,而不是盲目或好动的行为(2.40.2—3;巴洛特《民主制城邦中的勇气:古典时期雅典的意识形态与批判》①)。在此过程中,他进一步推动将雅典民主想象为人类最高美德典范的理念。另一方面,伯里克利指出,这座城市之所以能有美与卓越的成就,并被视为人类最雄心勃勃事业的一部分,取决于连绵不绝的战争和帝国霸权——事实上,也取决于这座城市的自由观念,这种自由涉及奴役,或者至少是对其他希腊人的压迫。② 正如评论家所指出的,伯里克利在葬礼演讲上并没有褒奖雅典的公正,事实上,在《战史》中的最后一次演讲里,他坦率地承认雅典帝国是一种僭主政治,而雅典人不得不在奴役他人的痛苦中维持暴政(2.63;参见 3.37)。③ 因此,尽管伯里克利关于雅典的理想愿景真实且激动人心,但也掺杂着深深的模糊性,在表面下潜藏着明显诉求。④

　　读者对伯里克利所描绘的乌托邦式的雅典有一种复杂的看法,或者说是一种模糊的理解。雅典所追求的幸福(eudaimonistic)目标是:创造一种自由且开放的政治生活,使公民能够最大限度地发挥自己的才能,这也生动解释了为什么雅典人应该"爱"这个国家和她的霸权,以及为什么他们应该在关键时刻愿意为她而牺牲(2.43)。然而,这种基于美德的理想已经与雅典人渴望支配他人的自由和竖立胜利纪念碑的欲望相冲突。正如伯里克利所说,雅典的所作所为既有光辉的一面也有阴暗的一面(2.41.4)。他提到,雅典绝不需要一个荷马来为自己歌功颂德(2.41.4),但这句话却又说明,即使是伯里克利时期,雅典在很大程度上仍受制于传统的英雄主义和战争决定荣耀的标准。如果说伯里克利的演讲有助于解释"初出茅庐的雅典"如何在瑞昂海角之战取得成功,并在瘟疫期间表现出韧性,那么修昔底德的叙述则揭示了:随着时间的推移,战争的压力是如何将这个最顽强的政权逼到心理、政治和军事的极限,

① R.K. Balot, *Courage in the Democratic Polis: Ideology and Critique in Classical Athens* (New York and Oxford, 2014).

② K. Raaflaub, *The Discovery of Freedom in Ancient Greece*, trans. R. Franciscono, revised by the author (Chicago, 2004), pp.166 – 180.

③ W.R. Connor, *Thucydides* (Princeton, 1984), pp.73 – 75, 89 – 91; C. Orwin, *The Humanity of Thucydides* (Princeton, 1994); J. Ober, *Political Dissent in Democratic Athens: Intellectual Critics of Popular Rule* (Princeton, 1998), pp.89 – 91; R.K. Balot, *Greed and Injustice in Classical Athens* (Princeton, NJ, 2001), pp.172 – 178.

④ R.K. Balot, *Courage in the Democratic Polis: Ideology and Critique in Classical Athens* (New York and Oxford, 2014), pp.109 – 128.

而这正是伯里克利演讲中所揭示的"断层线"。

重压之下的民主制

修昔底德在记载了伯里克利的葬礼演讲后,紧接着便叙述了雅典城的瘟疫事件,这种并置显然是为了突出雅典的脆弱性,因为她对城邦事务的理性管理取得的成就此刻达到了顶峰。更重要的是,相比于其他希腊城邦,雅典在处于霸权之位时便暴露了其内在缺陷,同时也揭示了伯里克利所推崇的决策过程中的裂痕。早在公元前428年,甚至更早(3.2),雅典的重要盟友米提列涅(Mytilene)就准备反抗雅典帝国,并寻求斯巴达的援助。在与斯巴达人的接触中,米提列涅的使者们描绘了一个截然不同的雅典形象。他们宣称,雅典人并没有表现出领袖般的慷慨,而是费尽心机来获取支配盟友,尤其是那些最强大盟友的最高权力(3.10—11)。事实上,雅典专注于奴役其他希腊城邦,雅典帝国主要是靠威慑而不是友谊来维持的(3.12)。当斯巴达人谨慎权衡了自己的利益后,他们同意援助反叛者,尽管最终证明他们的支持毫无用处,甚至是子虚乌有的。最终,在米提列涅的上层阶级与人民发生严重内讧后,这座城市向一直围攻他们的雅典将军帕基斯(Paches)及其军队屈服了。

那么,如何处置沦为阶下囚的米提列涅人呢? 一开始,愤怒的雅典人决心处死所有成年男性,而不仅仅是首要的煽动者。但第二天,他们的态度发生了变化,认为最初的惩罚似乎过于严厉(3.36)。在随后雅典人的辩论中,修昔底德不仅揭示了民主制对公正和谨慎等关键问题重新审视的能力,也揭示了伯里克利所推崇的决议过程所带来的困难和矛盾。[①] 然而,当激进的克里昂(Cleon)斥责他的同胞过于软弱而无法统治帝国时,另一位不知名的狄奥多图斯(Diodotus,其名字意为"神的礼物")说服了雅典人采取更宽大的惩罚。一方面,雅典人同意狄奥多图斯的观点,认为出于谨慎,不要对所有那些参与叛乱活动的人大加刑罚,无论其自愿与否;也不应该相信严厉的惩罚可能会阻止

---

① C. W. Macleod, "Reason and necessity: Thucydides III 9 – 14, 37 – 48", *JHS* 98(1978), pp. 64 – 78. (Reprinted in Macleod 1983:88 – 102.); A. W. Saxonhouse, *Athenian Democracy: Modern Mythmakers and Ancient Theorists*, (Notre Dame and London, 1996); J. Ober, *Political Dissent in Democratic Athens: Intellectual Critics of Popular Rule* (Princeton, 1998), pp. 94 – 104; A. W. Saxonhouse, *Free Speech and Democracy in Ancient Athens* (Cambridge, 2006), pp. 151 – 163.

那些受"野心和贪欲"刺激的政治表演家去自立门户(3.45)。另一方面,狄奥多图斯成功地论证了,雅典人处死那些人的决策是错误的,比如下层阶级的米提列涅人,他们在武装起来后就帮助了雅典人(3.47)。在狄奥多图斯的演讲中,谨慎和公正似乎是可以共存的,尽管他自己却坚持认为二者不可能结合,至少在当前这个特殊的案例里(3.47)。那么,我们该如何理解狄奥多图斯的演讲呢?它又如何阐明了民主制政体的运作呢?

狄奥多图斯通过论证该事件中谨慎与公正无法结合,得出了一个既谨慎又公正的结果。[①] 然而,他对人民的欺骗反而推动了伯里克利的目标,即推动民主制之下的雅典人成为公正且谨慎的领袖。值得注意的是,民主制只有通过决策实践过程中的欺骗才能达到足够高的水准,而伯里克利本人也曾将决策实践视作城邦政治运作的核心。事实上,狄奥多图斯直言不讳地指出,成功的民主演讲需要欺骗(3.43)。他提到,演讲者必须通过撒谎才能让人信服,因为人民总是怀疑他们的领袖有追逐名利的欲望,即使演讲者声称关注的是共同利益。此外,民主制城邦总是借口政治领袖提供的建议和施加的影响而将他们付之审判,无论是通过正式还是非正式的方式。[②] 人民总是对自己的力量充满自信,甚至滋生出嫉妒。然而,尽管有狄奥多图斯的批评,但我们仍可以理解人民的做法:正如修昔底德所指出的那样,民主制下的政治领袖必然会为了显赫地位而相互竞争,他们努力迎合人民的情绪,并让个人野心和贪欲凌驾于城邦的福祉之上(2.65)。在这种情况下,人民的怀疑便对政权安危至关重要。但是另一方面,修昔底德还举了其他例子,在这些例子中,决策是由雅典公民集体作出,他们在伯里克利的建议下决定开战,但事后却极不公平地指责其政治领袖,对他们最伟大的领袖课以罚金。虽然最后又恢复了他的职务(2.65;参见5.26,7.14—15,7.48),但是如果民主制的成功运作只是依赖口头上的欺骗,如果人民不能为其决定承担责任,那么雅典的民主制注定无法达到伯里克利所推崇的美德与自由并存的地步。

随着修昔底德叙述的深入,这些观点变得更加明显,尤其是当雅典人于公

---

① 参见C. Orwin, *The Humanity of Thucydides* (Princeton, 1994), pp. 142 - 62; A. W. Saxonhouse, *Free Speech and Democracy in Ancient Athens* (Cambridge, 2006), pp.151 - 163。

② M.I. Finley, "Athenian demagogues", *Past and Present* 21(1962), pp.3 - 24; J. Zumbrunnen, *Silence and Democracy: Athenian Politics in Thucydides' History* (University Park, PA, 2008)。

元前416年进攻毫无战略意义的米洛斯岛(Melos)时。根据雅典使者的说法，米洛斯人不愿加入雅典帝国让雅典显得十分软弱(5.95;5.97)。他们的言论表明，在战争的压力下，伯里克利的民主理想已然破产。而当米洛斯人担忧自己可能被奴役时(5.92,5.100)，雅典人的回应既不尊重也不慷慨，他们拒绝接受米洛斯人提出的荣誉标准，理由是当力量不平等时，荣誉不应受到尊重(5.89,5.101,5.111)。傲慢的雅典人只认同冷冰冰的强权政治法则：在任何可能的地方进行统治(5.105)。我们认为，伯里克利所推崇的自由经历了两个重大的变化。首先，雅典人已经开始把自由视作向他人施加权力的能力，而不是获取领导权或美德的理想手段。[1] 其次，他们施加权力的自由实际上约束了己方政治和军事活动，因为他们发现自己不得不为了象征性原因摧毁可能中立的米洛斯。[2] 因此，米提列涅和米洛斯事件已经将伯里克利时代的共识推向了事实上的崩溃(2.65;参见《民主制城邦中的勇气：古典时期雅典的意识形态与批判》[3])。

这些观点在修昔底德对雅典西西里远征及其结果的叙述中进一步得到强化。但他对雅典民主制的批评是合理的，因为他承认这个城邦具有韧性——雅典在公民的全力支持下，有能力组建一支令人印象深刻的舰队。在他笔下，公民欣然接受了这个城邦和她的强权，正如伯里克利曾敦促他们所做的那样(2.43)。而雅典人与城邦同甘共苦的精神，也证明了他们具有高度的韧性。即使修昔底德批评他们在即将成功之际的傲慢(例如在派罗斯海战后，4.65)，但他们对危机或失败的反应更加令人钦佩。他们不会屈服于压力，而是会振作起来。民主制展现了其坚韧不拔的能力。

"西西里篇"中的叙拉古与雅典(卷6和卷7)

虽然在公元前415年之前，民主制城邦通常支持民主制城邦，寡头制城邦则支持寡头制城邦，但在《战史》卷6和卷7中，修昔底德向读者呈现了两个处

[1] 参见 K. Raaflaub, *The Discovery of Freedom in Ancient Greece*, trans. R. Franciscono, revised by the author (Chicago, 2004), pp.166-180。

[2] V. Wohl, *Love among the Ruins: The Erotics of Democracy in Classical Athens* (Princeton, 2002)。

[3] R.K. Balot, *Courage in the Democratic Polis: Ideology and Critique in Classical Athens* (New York and Oxford, 2014)。

于不同发展阶段的民主制城邦的相对实力和自我认知,它们都雄心勃勃,并带有明显的帝国主义色彩。当读者阅读卷 6 和卷 7 时,会注意到雅典在西西里的活动始终以雅典利益为优先考量。事实上,公元前 415 年雅典的伟大远征是其早期试探性袭扰活动更全面的延续。早在公元前 427 年,雅典人利用他们与伦提尼(Leontini)的血缘关系,派遣了一支由拉齐斯(Laches)率领的部队,试探征服西西里的可能性;叙拉古人及其西西里盟友至少在名义上已经与雅典交战了(3.86,3.88,3.90;拉夫劳布《修昔底德论民主制与寡头制》[1],202—203)。直到卡马林那(Camarina)、革拉(Gela)和叙拉古在西西里的希腊人之间达成了脆弱的和平协议后,这些雅典人才离开,但雅典人在西西里的军事活动一直持续到公元前 425 年,尽管当时他们在希腊大陆西部和伯罗奔尼撒半岛的其他地方都卷入了战争。甚至在公元前 422 年,雅典人利用伦提尼的政治斗争,派遣腓亚克斯(Phaeax)前往,希望能在西西里挑起对叙拉古的战争,因为叙拉古渴望控制西西里诸邦(5.4)。这意味着,在伯里克利去世后,雅典人几乎忽视了这位伟大领袖关于避免在与斯巴达的战争中扩张帝国疆域的建议。读者可以通过政治家的演说分析城邦的行动逻辑,进而理解民主制。

在西西里的早期活动中,雅典人不仅继承了自身的帝国主义传统,还显露出模仿波斯人的倾向,梦想征服西西里那些弱小且不稳定的希腊城邦。[2] 这种倾向在叙拉古的赫莫克拉特斯(Hermocates)的演讲中表现得尤为明显。公元前 424 年,赫莫克拉特斯成功说服了卡马林那人和革拉人,以及其他西西里希腊人,各方同意停止内战(4.58—65)。在这次演讲中,读者开始注意到雅典与叙拉古之间存在着相似的民主特征。[3] 赫莫克拉特斯就像希波战争时期

---

① K. Raaflaub, "Thucydides on democracy and oligarchy", in A. Rengakos and A. Tsakmakis eds., *Brill's Companion to Thucydides* (Leiden and Boston, 2006), pp.202 – 203。

② 参见 T. C. B. Rood, "Thucydides' Persian Wars", in C. S. Kraus ed., *The Limits of Historiography: Genre and Narrative in Ancient Historical Texts* (Leiden, 1999), pp.141 – 168。

③ 参见 N.K. Rutter, "Syracusan democracy: 'most like the Athenian'?", in R. Brock and S. Hodkinson eds., *Alternatives to Athens: Varieties of Political Organization and Community in Ancient Greece* (Oxford, 2002), pp.137 – 151;费拉里奥进一步探讨了雅典和叙拉古的对比,特别提到了修昔底德对各自政治领袖的描绘,参见 S.B. Ferrario, "Thucydides and Leadership", in Polly Low ed., *The Cambridge Companions to Thucydides* (Cambridge, 2023), pp.177 – 197。

的地米斯托克利一样(参见 1.137—8),冷静地解释了西西里人为何应担忧未来以及雅典的威胁,并劝说他们应该通过缔结和平来确保西西里人的自由和独立(4.61—3)。他以西西里希腊人的多利斯族举例,将多利斯族的命运推广至全体西西里人,指出作为希腊大陆的"外围"世界,西西里各民族命运与共(4.64)。虽然赫莫克拉特斯详细阐述了和平的好处(4.62),但他也明确表示,即使雅典撤出,西西里各邦之间仍会爆发战争(4.64)。更令人震惊的是,他承认叙拉古有侵略邻国的倾向(4.64),并拒绝指责那些追求帝国霸业的国家,因为人性就是尽可能地统治万物(4.61)。对于西西里的其他希腊人来说,这些言论无疑是不祥的征兆,尤其是考虑到叙拉古对他们的支配关系,它致力于在该地区构建纵横交错的同盟关系——这是一种原始的帝国主义战略(例如 3.86,3.88,3.103,3.115,4.24—5,5.4—5)。因此,只有将赫莫克拉特斯的言论视作是类似于雅典帝国主义战略的早期雏形,才能正确理解其中的含义(参见 6.78,6.85;奥温《修昔底德笔下的人性》,163—171①)。

早在公元前 424 年,我们就已经把叙拉古想象为一个崛起的民主帝国。从它早期试图统治西西里希腊诸邦的尝试,到它自己的"萨拉米斯海战",即在大港战胜了入侵的雅典人,叙拉古已然成为另一个雅典,大约半个世纪后,它具备了民主制帝国的雏形(参见 7.56—9)。如果说雅典是"第一民主城邦",那么叙拉古就是"第二民主城邦"。通过叙拉古的演讲和行动,我们发现这个"第二雅典"类似于修昔底德笔下的典范型民主制城邦:它具有创新精神,展现出领导的能力,摒弃那些已被证明为无效的传统,并显现出巨大的勇气和决心。正如修昔底德在其对西西里"二次考古"(Second Archaeology)所揭示的那样:叙拉古与雅典类似,也是一个充满活力的强国,一座生机勃勃的城市(6.2—5)。然而,叙拉古尚未达到雅典在鼎盛时期所展现的理想状况下的自我意识或自我认知高度,就如同伯里克利在葬礼演讲中所体现的那样。相反,叙拉古是一个更加务实且无情的帝国,正因如此,它必然处于帝国的早期阶段。领导它的是赫莫克拉特斯,一位聪慧异常且勇敢的人物,他就像足智多谋、标新立异且精力旺盛的地米斯托克利(对比 6.72 与 1.138;例如 7.73);赫莫克拉特斯在革拉的演讲并没有提及贵族和领导力,反而表现出对野心勃勃的强大城邦的宽容甚至是钦佩(4.61,4,64;赫莫克拉特斯在卡马林那的演讲,

① C. Orwin, *The Humanity of Thucydides* (Princeton, 1994).

6.78)。相比之下,雅典仍然是修昔底德笔下的模范城邦,因为相比于叙拉古较不成熟的政治生活,雅典发展和壮大的过程揭示了更多关于人性的可能性、缺陷以及经验。

雅典的这种模范性解释了为什么修昔底德在描述西西里远征时,着重强调雅典人的观点。① 他将雅典视作这出"悲剧"的主角,这出悲剧始于尼基阿斯(Nicias)与亚西比德(Alcibiades)之间臭名昭著的"西西里辩论",接着是伟大的无敌舰队的启航庆祝仪式,然后是雅典人战略战术的运用及其胜败,最终是雅典全军的"彻底毁灭"(panōlethria)。为了解释雅典人在公元前415年向西西里派遣大军的决定,修昔底德呈现了一场尼基阿斯和亚西比德这两位性格截然不同的领袖之间的辩论。这场"西西里辩论"清楚表明了民主制的不同特点,这些特点遵循一个前提:虽然民主制允许各类人士在公民大会上发言,但最终的判断必须由人民做出。然而,人民往往将各自党派团体对利益、地位和物质财富的贪欲(eros②),与致力于城邦福祉与稳定的伯里克利式政治愿景(eros)混为一谈,这扰乱了民主制的进程。因此,除非展现出令人信服的坚定决心,否则民主制只能被证明是不稳定且鲁莽的。

尼基阿斯对于雅典核心利益的理解是稳健而敏锐的。他明智地劝说雅典人,在希腊本土的优势地位尚未确立之前,不要轻易在战争中开辟另一条战线,这与伯里克利提出的原则类似(6.10;7.18)。与狄奥多图斯一样,尼基阿斯希望雅典人在这一关键事务上推翻先前的决议(6.14)。然而,在他那自私自利、风流倜傥的对手亚西比德(Alcibiades)的影响下,公民大会作出了另一个决定。当尼基阿斯不断试图打压亚西比德年轻支持者的激情,并抵制他们愈发狂热的军国主义倾向,以捍卫公民的权力时(6.12—13),亚西比德却成功地使这些支持者相信,他们面临的选择在于自由与扩张,而无所作为无异于坐等奴役(6.18)。在这场辩论中,亚西比德成功地让这些支持者相信:他们的性格注定会将城邦推向帝国之路(6.19)。事实上,这种基于帝国主义的自由观反而束缚了他们。面对这些论点,尼基阿斯试图反驳对他懦弱和不爱国的指

---

① E. Greenwood, "Thucydides on the Sicilian Expedition", in R. K. Balot, S. Forsdyke and E. M. Foster eds., *The Oxford Handbook of Thucydides* (New York, 2017), pp.161 - 177.

② eros 古希腊文作ἔρως,大致有爱欲(尤指性欲)、对事物的爱或渴望、爱情或欲望的对象等含义,此处及后文出现的 eros 根据上下文语境译出并作标注,译义略有变化;参见 H. G. Liddel and R. Scott eds., *Greek-English Lecxion* (New York, 1996), p.695。——译者注

控,但收效甚微(6.13,6.24)。他尝试再次挑起一场辩论,通过夸大远征的成本来使雅典人望而却步,放弃远征计划(6.19),最好能像狄奥多图斯那样达成一个更为理智的结果。然而,这一策略却激化了雅典人的征服欲望(eros),并使最终的失败更具毁灭性。理论上,这场西西里辩论就像是一个"诊所"(clinic),雅典人民因民主制的缺陷、功能失灵和扭曲而失去了判断力,最终被误导至毁灭的边缘。①

理想状况下,一个更健康的民主制度下的决策过程不会受到这种抹黑事实的干扰。当雅典人正在庆祝他们的无敌舰队起航时(6.32),叙拉古人则展开了一场辩论,在几个重要方面都与雅典人的辩论形成了对比。毫无疑问,修昔底德想让他的读者去比较两个民主城邦的公民大会。② 赫莫克拉特斯很早就意识到了雅典人的威胁,并告诫他的同胞们要采取大胆的措施应对危机:不仅要与西西里和意大利的希腊城邦结成同盟,还要在塔林敦(Tarentum)主动迎击雅典人,用意想不到的勇气击退别人(6.33—4)。在随后的辩论中,赫莫克拉特斯遭受到人身攻击,有人指责他试图为自己及其党派夺取政权(6.38)。赫莫克拉特斯的对手阿特纳哥拉斯(Athenagoras)在提出这一指控时认为,dēmos 一词包含全体公民,而不仅仅是富人或精英,普通的公民也可以自己处理关于雅典入侵的谣言(6.39—40)。对阿特纳哥拉斯来说,即使赫莫克拉特斯的建议看似合理,但也对民主制及他自己的权力构成了威胁。然而值得注意的是,一位叙拉古将军终止了辩论,并批评阿特纳哥拉斯对赫莫克拉特斯及其支持者的人身攻击,然后将军自己就决定了备战事宜和探求缔结同盟的可能性(6.41)。因此,我们可以说叙拉古是通过更少的而不是更多的辩论幸免于难的——通对言论的管制,没有让民众的裁决变成一场自由的儿戏。修昔底德之所以推崇叙拉古的民主制度,仅仅是因为当足智多谋的将军和政治家做出决定时,公民出于爱国心会自发地遵守这些决定。真正意义上的公开讨论并没有那么有效。读者们不要忘了鼎盛时期的雅典也是由其第一公民统治的(2.65)。无论如何,这就是修昔底德所要表达的含义,但不是所有研究民主

① J. Ober, "Thucydides' criticism of democratic knowledge", in R. M. Rosen and J. Farrell eds., *Nomodeiktes: Greek Studies in Honor of Martin* Ostwald (Ann Arbor, 1993), pp.81 - 98; M. Canevaro, "La deliberation démocratique à l'Assemblée athénienne: procédures et stratégies de legitimation", *Annales HSS* 74(2019),具体见 pp.371 - 381。
② R. K. Balot, *Greed and Injustice in Classical Athens* (Princeton, NJ, 2001), pp.159 - 172.

制认知潜力的学者都同意这点。[1]

而第6卷和第7卷的其余部分主要叙述了雅典人在西西里的战事,叙拉古成功地建立众多的同盟,并赢得斯巴达将军吉利浦斯(Gylippus)领导下的伯罗奔尼撒人的支持。然而在修昔底德开始叙述之前,他简短而生动地讲述了雅典的"刺杀僭主者",他们被人们普遍认为是推翻庇西特拉图僭主统治和建立民主制的人(6.53—9)。相比于修昔底德对僭主智慧的描述(6.54)和雅典人对本邦历史的无知(6.53—4),故事的细节倒显得也没那么重要了,这件事导致雅典人在公元前415年至前413年期间对他们的领导人产生怀疑(6.60),尤其是亚西比德(6.53;参见6.15)。与理想主义的伯里克利葬礼演说相反,雅典人不了解他们自己,不了解他们的历史或自己成功的原因。他们的成功来源于充满智慧(且不受质疑)的领导人,来源于公民的进取、献身精神以及他们在生活方式上的创新的特殊组合。雅典人是坚韧不拔的,但他们在判断力和性格方面都没有得到格外的培养与重视。

因此,当雅典人遇到另一个同样进取的民主城邦——叙拉古时,他们感到极为困惑:他们面对的是一个同样强大的城邦。他们无法动摇叙拉古稳定的民主政体,也无法在物质资源上找到优势,因为叙拉古也是一个庞大而富饶的民主城邦(7.55;参见6.69,8.96)。在赫莫克拉特斯等精明领袖的激励和引领下,叙拉古人带领其他希腊人(包括斯巴达人)投入战斗,他们表现出了充沛的精力和极大的勇气,并最终取得了胜利(7.56,7.73)。值得注意的是,在赫莫克拉特斯的建议下,叙拉古人放弃了全军与雅典人决战的计划,选择了撤退——这模仿了伯里克利在阿奇达姆战役(the Archidamian War)中建议的"岛屿战略"(island strategy)(6.99;参见1.143)。叙拉古人在大港的胜利就如同这个"第二民主城邦"的"第二萨拉米斯海战"。长期以来,与其他民主城邦一样,叙拉古一直试图摆脱其次要地位。终于,她成了最卓越的民主城邦(7.56,7.66—7)。相比之下,雅典却遭受了彻底的毁灭(7.87),修昔底德认为,这主要归咎于雅典远征西西里的将军尼基阿斯的保守和迷信(7.50,7.89)。如果尼基阿斯能足够信任国内当局,直接告诉他们撤退是最佳选择,结果或许会有所不同。尽管如此,这仍无法改变现实,正如我们所看到的,民

---

[1] H. Landemore, *Democratic Reason: Politics, Collective Intelligence, and the Rule of the Many* (Princeton, 2012).

主制下的公民难以为他们的决策承担责任(7.48;参见 7.14—15,8.1)。

结论:民主制再探与修昔底德的替代品

在修昔底德的笔下,是否存在一个比民主制更为理想的政体替代方案,无论是作为主要还是次要的替代品? 最明显的替代品是斯巴达,这个城邦以其独特的"混合"政体和典型的寡头制结构著称,往往难以归类于常见的宪政范畴。从积极的角度来看,斯巴达最终赢得了战争(2.65,5.26),并虔诚地保持了传统信仰(7.18),这些有助于巩固其社会凝聚力(参见奥温《修昔底德笔下的人性》①)。因此,斯巴达被视为一个稳定且内部强大的政权(1.18)。然而,斯巴达并不是一个令人信服的替代者,原因有几点:首先,这个城邦的传统主义严重阻碍了它应对公元前 5 世纪不断变化的战争和政治环境的能力(1.69—71,2.93—4)。其次,斯巴达的政策往往受制于对雅典或对黑劳士的恐惧(1.88,1.90;参见 5.109),这些黑劳士长期以来都是社会动荡的根源。(1.101—3,1.128,4.441,4.80)。此外,斯巴达人在面对失败时表现得优柔寡断(4.55—6)。他们还为自己的无知和对言辞(*logos*)②的蔑视而自鸣得意(1.86,4.84)。尽管斯巴达拥有强大的军事力量,但它并不具备真正的领袖力。即便在希波战争后,它也未能承担起各邦真正领导者(*hēgemonia*)的职责(1.95),甚至在追求自身利益时也表现得迟缓(4.108,8.96)。最后,也是最重要的一点,斯巴达人并不诚实和公正,他们只根据自身利益来处理国家和盟友的事务(2.67,3.68,5.105,7.18)。③

至于其他替代方案,修昔底德的评价同样复杂。他指出,僭主统治不太可能长久维持,因为僭主通常优先考虑家族利益而非公共利益(1.17)。然而,正如我们在庇西特拉图僭主统治的研究中所见,修昔底德对僭主的智慧和包容性政策给予了正面评价,这些政策对整个城邦都有利(6.54)。僭主尊重法治,

---

① C. Orwin, *The Humanity of Thucydides* (Princeton, 1994).

② logos 古希腊文作λόγος,在不同语境下具有不同的含义,大致包括言辞、声明、决定、命令、演讲、传说等含义,根据修昔底德文本语境,译为言辞似乎较为合理。参见 H. G. Liddel and R. Scott eds., *Greek-English Lecxion* (New York, 1996), pp.1057 – 1059。——译者注

③ 参见 C. Orwin, *The Humanity of Thucydides* (Princeton, 1994), pp. 75 – 86; R. K. Balot, "Philosophy and 'humanity': reflections on Thucydidean piety, justice, and necessity", in A. Radasanu ed., *In Search of Humanity: Essays in Honor of Clifford Orwin* (New York, 2015), pp.17 – 35。

遵守传统的宗教习俗,并对城市进行了美化改造。通过这些措施,他们避免了僭主统治的缺点,即狭隘的个人利益与整体的城邦利益的冲突。修昔底德并未对这些僭主,或雅典国王忒修斯,做出全面的评价,但他也称赞了这位国王的政治智慧(2.15)。然而,修昔底德对僭主的赞扬,以及他对民主领袖的刻画,例如地米斯托克利、伯里克利和赫莫克拉特斯,可能为我们理解书中末尾的那句著名评价提供了关键线索:他认为,在他那个时代,最好的政体是少数人作为领袖和多数人作为利益相关者的适当结合,这既满足了少数人的利益,又照顾了多数人的需求(8.97)。

在整个作品中,修昔底德一直在赞美雅典的雄心壮志及其取得的惊人成就(即使是在西西里远征时期:7.28),但另一方面也批评了这个城邦的动荡与过度。尽管民主政体能够实现重大的成就,但修昔底德指出,伯里克利对城邦的设想在长期战争压力下是不切实际的,甚至是乌托邦式的。即便如此,修昔底德还是证明了雅典具备承受苦难的能力——无论是雅典城的瘟疫,还是西西里远征的灾难,甚至是公元前411年爆发的内战,这也是他第8卷的主题。在叙拉古遭遇的失败深深地震动了雅典人,但他们拒绝承认战败,反而采取了政治和经济改革措施,甚至任命了一小群年长者为城邦提供建议(8.1,8.4)。顽强、坚韧且充满活力的人民在城邦濒临崩溃之际,最终展现出良好的判断力。城邦作出了合理的决议,而人民也高效地执行了这些决策(8.15)。不久以后,他们还容忍了四百人寡头的残酷统治(8.45—97),该政权曾提议"温和"的统治(8.53)。这一政权的实践揭示了修昔底德所认为的继民主制之后寡头制的主要失败原因:个人野心和傲慢导致的内斗(8.89)。

当修昔底德描述继四百人政府之后更广泛的政权时,他指出,"少数人与多数人的混合政权是和谐稳定的(metria)"。他支持这种宪制上的融合,显然是因为它成功地将温和统治制度化。然而,他很少谈及这种宪政制度的内部结构。学者们经常讨论这一混合政体中寡头制与民主制的结合,涉及决策权的分配以及该政权服务于谁的利益问题。[①] 然而,如果我们将该政权与西西

---

① 参见 A.W. Gomme, A. Andrewes and K.J. Dover, *A Historical Commentary on Thucydides* (5 vols.) (Oxford, 1945 - 81),卷 5, pp. 331 - 339; W.R. Connor, *Thucydides* (Princeton. 1984b), pp. 227 - 230; M. Pope, "Thucydides and democracy", *Historia* 37(1988), pp. 288 - 289; S.N. Jaffe, "The regime (politeia) in Thucydides", in R.K. Balot, S. Forsdyke and E.M. Foster eds., *The Oxford Handbook of Thucydides* (New York, 2017), pp. 404 - 405。

里灾难后盛行的保守民主制进行对比,那么修昔底德的说法似乎是合理的,即通过吸收普通公民的美德,同时提升一小群智慧领导人的地位,并使他们的权力不受到民主制决策朝令夕改的影响,这样的混合政体(political "mixture")便能取得成功。这是一个关于最佳政体的有趣想法,为柏拉图在《法律篇》(Laws)中提出的君主制和民主制在哲学层面的结合奠定了基础(693d)。

延伸阅读

　　理解修昔底德笔下各种政体的最重要著作是《修昔底德》①。关于修昔底德对雅典民主制背景的讨论,可参见《雅典民主中的政治异议:人民统治的智力批判》②。我对修昔底德及其他作者有关民主制美德和民主决策的思考,在《民主制城邦中的勇气:古典时期雅典的意识形态与批判》③一书中有更完整的阐述。关于米提列涅辩论和民主制"可修订性"的特点,可参考《修昔底德笔下的人性》④和《雅典民主:现代神话的制造者与古老的理论家》⑤。此外,关于修昔底德笔下的雅典和斯巴达,《城邦与人》⑥一书提供了富有启发性的研究,并探讨了修昔底德与柏拉图及亚里士多德之间的关系。

　　译者简介:万世杰,西南大学历史文化学院研究生,研究方向为古典文明史。

---

① W.R. Connor, *Thucydides* (Princeton, 1984).

② J. Ober, *Political Dissent in Democratic Athens: Intellectual Critics of Popular Rule* (Princeton, 1998).

③ R.K. Balot, *Courage in the Democratic Polis: Ideology and Critique in Classical Athens* (New York and Oxford, 2014).

④ C. Orwin, *The Humanity of Thucydides* (Princeton, 1994).

⑤ A.W. Saxonhouse, *Athenian Democracy: Modern Mythmakers and Ancient Theorists* (Notre Dame and London, 1996).

⑥ L. Strauss, *The City and Man* (Chicago, 1964);此书已有中译本出版,见斯特劳斯:《城邦与人》,黄俊松译,上海:华东师范大学出版社,2022 年。——译者注

色诺芬的斯巴达观①

保罗·克里斯特森 著　陈程程 译

[编者按]在色诺芬的作品中,不论历史作品还是非历史作品,均含有大量关于斯巴达的内容。美国达特茅斯学院教授克里斯特森(Paul Christesen)从学界对色诺芬的斯巴达观分析出发,诠释了全力赞美,随时间变化,表面赞美实际上是一种精妙的讽刺这三种解读的合理性,并给出了自己的解读原则,一是关注色诺芬文集中不同作品里表现出来的态度、主题和动机;另一项则是比较色诺芬所描述的斯巴达与他欣赏的其他作家所清晰描绘的个人形象,来获知色诺芬的斯巴达观。同时根据色诺芬的作品《希腊史》《阿格西劳斯》《斯巴达政制》等等总结了色诺芬认为的斯巴达为人称赞的四大品质:军事能力、身体训练、互相尊重(aidôs)和自我克制(enkrateia)。并点出了斯巴达制度的两大主要缺陷:强迫服从、缺乏审慎态度。由此,克里斯特森教授凝练出斯巴达作为霸主不可避免的失败原因,例如"神圣复仇";来库古斯的法律和习俗体系的缺陷;过度倾向于追求自己的利益,而不太考虑其他城邦的利益;肆无忌惮地自作主张;贪婪;等等。色诺芬似乎也赞同希腊世界里成功会导致傲慢,傲慢会导致轻率的传统,他从根本上对成为强国的领导者和城邦长期保持其地位的能力持悲观态度,因而认为斯巴达的失败确实是不可避免。

---

① 译者注:本文译自米歇尔·A. 弗拉沃尔(Michael A. Flower)编辑的 *The Cambridge Companion to Xenophon*《剑桥色诺芬研究指南》第19章,原文题目 Xenophon's Views on Sparta《色诺芬的斯巴达观》,作者是保罗·克里斯特森,第376—402页。

引言：解读色诺芬的斯巴达观

有人认为色诺芬对斯巴达的钟爱如此之深，以至于他乐意在他的作品中引入蓄意的歪曲，为的是从有利的角度呈现斯巴达及其领导人的形象。另有人认为，色诺芬表面上对斯巴达的赞美掩盖了其对斯巴达及其领导人根深蒂固的厌恶。

在关于色诺芬著作的当代学术研究中，这两种观点都曾被提出。对于一位曾经长篇大论地写过斯巴达，并且作品集被完整保存下来的作家来说，解读他的观点有如此大的分歧，这似乎很奇怪。然而，正如我们将看到的，色诺芬的著作展示出了巨大的解读上的挑战。

在某些方面，色诺芬与斯巴达的关系是相当清晰的。大约在公元前400年，在雅典出生并长大的色诺芬加入了一个雇佣兵团体，这个团体由被称为波斯王位觊觎者的小居鲁士征召而成。这些士兵相继进入了斯巴达的军队，并在小亚细亚参加了一系列抗击波斯人的战役。这一时期，色诺芬担任了重要的指挥职位，并且似乎非常赞赏控制小亚细亚斯巴达军队的斯巴达国王阿格西劳斯（Agesilaus）。公元前394年，当阿格西劳斯和他的军队被召回希腊时，色诺芬追随了他。在某个节点（时间尚不清楚），色诺芬被放逐出雅典，很可能是因为他曾在斯巴达领导的军队中服役。当他一回到希腊，便在伯罗奔尼撒西北部一个叫作斯基鲁斯（Scillus）的地方定居下来；这几乎可以肯定，是由于斯巴达人的恩惠而使之成为可能，他们从爱利斯人手中控制了该地区。直到公元前371年，色诺芬一直待在那里，当爱利斯人看到斯巴达人在琉克特拉战役中惨败后，他们开始觉醒并重新控制了斯基鲁斯。因此，色诺芬有充分的理由感激斯巴达，至少在斯基鲁斯时，他可能不愿意公开批评斯巴达。①

色诺芬显然非常关注斯巴达。他创作了两部仅与斯巴达和斯巴达人有关的作品：《斯巴达政制》（*Lacedaimonion Politeia*）（*Constitution of the Spartans*）和《阿格西劳斯》（一篇悼念斯巴达国王阿格西劳斯的颂词）。此外，

---

① 有关色诺芬的自传以及他的生平资料，请参见约翰·李（John W. I. Lee）在本书中所写作的章节。非常感谢保罗·卡特利奇（Paul Cartledge）和迈克尔·弗劳尔（Michael Flower），他们为早期的草稿提供了宝贵的意见，同时感谢爱德华·亨德森（Edward Henderson）和查德·威尔逊（Chad Wilson）对于本书编辑出版的援助。我对本书所表达的观点以及任何错误或遗漏承担全部责任。

在色诺芬的其他作品中,斯巴达和斯巴达人也占据着突出地位。例如,在《希腊史》——一本涵盖公元前411年至前362年的历史叙事书中,很多地方直接涉及了斯巴达和斯巴达人。斯巴达也在一些非历史作品中被讨论,例如《追忆苏格拉底》(*Memorabilia*)和《家政论》(*Oeconomicus*),这些作品的主题使得关于斯巴达的叙述完全是作者的选择。此外,有充分的理由认为,斯巴达是色诺芬其他作品中未提及但很重要的参照物,例如《居鲁士的教育》(*Cyropaedia*)——一本关于居鲁士大帝生平的虚构叙事书。①

一旦我们超越这样的基本论述:色诺芬与斯巴达有着长期而密切的关系并曾长篇大论地写过斯巴达,我们将遇到很多不确定性。不确定性的一个来源是色诺芬著作中对纪年的表述极其不清晰。何时写成的内容?色诺芬几乎没有提供明确的迹象,并且他的一些作品很可能是在不同时间分部分写成的。② 正如我们看到的,这产生了明显的理解上的影响。

另一些困难的来源是色诺芬对斯巴达提出的相互矛盾的观点,甚至在个别作品中也是如此。在《斯巴达政制》(或译《拉栖代梦政制》)中可以找到一个典型的例子,书中色诺芬探讨了斯巴达成为"希腊最强大和最著名的城邦"的原因。(1.1)他探讨了由半传说时代的斯巴达立法者来库古斯引入的一些法律和习俗,并且,如果不是所有记录都支持斯巴达,色诺芬便尽可能地展示出赞赏斯巴达的每一处文本。然而,就在他的巨著快结束的时候,他的语调突然转变:

"如果有人问我:在我看来,来库古斯的法律是否直到现在仍然不变,我的天,我再也不能自信地这样说了。因为我知道,先前的斯巴达人宁愿在城邦中过群居生活,拥有适量的财产,也不愿在城邦里担任军事统治者(harmosts 斯巴达殖民地的军事统治者)而被阿谀奉承至堕落腐化。③ 我也知道,他们害怕被别人认为他们手握黄金,然而现在,他们当中有些人甚至以拥有黄金为荣。我也知道先前的异邦人被驱逐出斯巴达,不允许他们住在城邦外,为的是城邦

---

① 有关《居鲁士的教育》中描述的斯巴达城邦的真实生活与波斯之间的关系,这一复杂问题请参见 Azoulay 2007a 和其中引用的参考文献,以及 Tuplin 1994。若进一步研究色诺芬文集中的个别作品,请参照本书第二大部分的文章。

② Humble 1997:22-45.

③ 斯巴达人在伯罗奔尼撒战争中击败雅典后,他们控制了一个庞大的帝国并在他们治下的很多城市设置了管理者(被称为斯巴达殖民地的军事统治者)。

公民不沉浸在异邦人带来的自我放纵。我还知道,现在,与先前恰恰相反,那些名声在外的斯巴达领袖们渴望一直担任军事统治者。曾经有一段时间,他们小心翼翼地担任统领,希望能在德行上与职位相匹配,但是现在,他们更关心自身的统治权大小,而不是能否配得上统治权。因此,尽管希腊人过去常常去斯巴达请求斯巴达人领导他们对抗那些在他们看来行为不法之人,但现在许多人却彼此呼吁、互相帮助以阻止斯巴达人再次掌权。可以肯定的是,没有必要惊讶于斯巴达人是受责备的对象,因为他们显然既不顺从神也不服从来库古斯指定的法律。"(14.1—7)

既然论著的其余部分皆称颂斯巴达,那么本篇文章所言的内容便不再清晰。

随着时间的推移,对于色诺芬的斯巴达观形成了三种基本解读。在讨论这些解读之前,需要提出一个严肃的警告:接下来要对浩如烟海、错综复杂的学术研究进行快而必要的简化描述;(我们知道)每位学者的论著都是独一无二的,很少与下述三种解读中的任何一种完全一致。

对色诺芬的斯巴达观的一种解读是,他直截了当并始终如一地支持斯巴达,甚至很可能到了引入事实上的曲解和蓄意遗漏的地步,以确保站在尽可能有利于斯巴达的角度。[1] 从这个角度看,《斯巴达政制》第十四章证实了在剩余的论著里发现的对来库古斯的赞美——只要遵守这些法律,就会发现这些法律是极其有效的。[2] 这种解读,其历史悠久,可追溯到 B. G. 尼布尔(B. G. Niebuhr)在 19 世纪 20 年代发表的一篇文章,[3]在那时普遍流行,但近几十年来已不那么受欢迎。这种解读的主要优势在于,它很容易解释色诺芬的很多作品中对斯巴达的赞美,并且可以与他的传记细节联系起来。一项显著的劣势是,色诺芬在一些地方,例如《斯巴达政制》第十四章,明显地批评斯巴达。此外,很难证明这样的观点是合理的:作者的传记并没有以一种清晰的、可预见的方式展示斯巴达人的功绩。

第二种解读是,色诺芬的斯巴达观随着时间的推移而变化:他早年强烈支持赞美斯巴达,但在公元前 4 世纪初的几十年间,斯巴达人作为希腊世界的霸主,其频繁的可疑的行为使他的幻想逐渐破灭。此外,公元前 371 年,色诺芬

---

① Cawkwell 1979,可见例证。

② Dorion 2010:288 - 289; Gray 2007:217 - 221.

③ Niebuhr 1828:1464 - 1482.

被逐出斯基鲁斯,其后对斯巴达便没有了道德追随的义务。[1] 从这个角度来看,《斯巴达政制》第14章应当是早期作品的一篇后记。这种解读在法语学者中占主导地位。最著名的是弗朗索瓦·奥利尔(François Ollier),现在仍拥有众多的追随者。

这种解读的主要优点是,它很容易解释色诺芬作品中对斯巴达的赞美和批评,并可以与他的传记细节联系起来。缺点是,同样地,很难证明作者的传记以明确、可预见的方式展示斯巴达人的功绩。并且更重要的是,色诺芬著作的纪年是不清晰的。这可能会导致极为循环的习惯:根据色诺芬的论著和文章中对斯巴达的态度来追溯具体的著作和文章,从而得出这样一个似是而非的结论:色诺芬对斯巴达的态度随着时间推移变得越来越消极。[2]

第三种解读源于列奥·施特劳斯(Leo Strauss)自1939年始发表的一系列文章和专著。施特劳斯试图表明,先前学者们看到的色诺芬对斯巴达不时的、稍显笨拙的赞美实际上是巧妙掩饰的讽刺,他从一开始就对斯巴达及其领导人持一贯的极为消极的态度。从这个角度看,《斯巴达政制》的第14章是对斯巴达进行尖锐批判的公开陈述,并且是通过论著的剩余部分里精妙的讽刺来实现的。[3]

施特劳斯开创的解读方式的一个主要优点是,以更微妙的形式,它能够解释色诺芬对斯巴达的赞美和批评,无需诉诸不可验证的叙事争论。除此之外,这种方式鼓励关注色诺芬著作里的细节,因为它假设色诺芬是一位善于观察、见微知著的作家。(这种方式)主要的劣势是,把色诺芬描绘成一个善于伪装的人,这会导致在解读色诺芬的斯巴达观这件事上,各种想象大行其道;任何既定的信息可以有各种各样的理解,因为很容易被排除的、唯一的解释往往是最显而易见的。[4]

近几十年来,施特劳斯对色诺芬的解读已变得越来越有影响力,尤其在英语学者当中,被施特劳斯直接或间接启发的研究变得相当多样化,因为对色诺

---

[1] 在以下相关著述中可以找到例证,Delebecque 1957:501; Ollier 1933:372-440; Richer 2007; Riedinger 1991:123-72; Schepens 2005:43-62; Tigerstedt 1965-78:1159-79。

[2] 例证可以参见,Riedinger 1991:152-3 和 Tigerstedt 1965-78:1160-77。

[3] Strauss 1939;也参见 Higgins 1977:60-75; Humble 2004a; Proietti 1987:44-79。

[4] 见 Dorion 2010 和 Gray 2011:56-7,171-7,268-9,364-8,关于施特劳斯解读方法的精确评论,见 Johnson 2012a。

芬如何阐述自己的观点仍存在相当大的、未解决的分歧。施特劳斯认为,批判型思想家例如色诺芬,被迫以隐晦的方式写作以避免迫害,结果是,色诺芬想表达的真正意思往往与其表面意思相反。其他学者采取这样的立场:色诺芬想要表达的内容远远比字里行间表面上的多,但他们并不准备接受,色诺芬想要表达的意思与他说的意思截然相反。

此外,关于色诺芬对斯巴达的反感程度也存在争论。施特劳斯认为,色诺芬几乎没有看到斯巴达复兴的品质。其他学者认为,纵观色诺芬一生,他对斯巴达有着相对客观公正的看法,他发现了很多应该批评的地方,也有很多值得赞扬的地方。

阅读色诺芬的斯巴达观可能被描述成新施特劳斯主义,或者施特劳斯缺陷。它假定色诺芬是一个微妙的作家,他精心于用词、内容和叙事的结构,来呈现出他未曾清晰地公开阐释的结论。色诺芬并不被认为是醉心于研究详尽的文字游戏的人,(在这样的游戏中,)聪明的读者被期望揭秘出一种与表面意思相反的内涵意义。色诺芬的著作就像这篇文章解读的那样,既有对斯巴达的赞美也有批评,也包含了对读者的褒贬。

在下述讨论中,并没有试图将色诺芬的斯巴达观与他的传记的具体方面联系起来的尝试。毫无疑问,色诺芬长时间地参与斯巴达生活是他人生中的重要部分,并且这种参与使他成为一个不同寻常的、博学多识的斯巴达生活观察者。然而,很难令人信服地证明将他传记中的具体细节与斯巴达的形象以紧密的因果联系起来。至少我们可以相当自信地谈论色诺芬的部分斯巴达观,但是当我们试图解释为何色诺芬持有这样的观点时,便步入了更为棘手的状况中。

类似地,色诺芬对斯巴达的态度很可能确实在随着时间变化,但是,不可能以一种可靠的方式来追溯这种演变,因为我们对色诺芬是何时写下的这些内容缺乏确切的叙事信息。这确实是一个问题,因为色诺芬的一部分作品,似乎是在数年甚至数十年的时间里分阶段写成的。而且,学者们已经发现不可能就此达成一致:是否色诺芬在不同著作中对斯巴达的形象描述和在他的其他文集中有明显的不同(下文《阿格西劳斯》所述的例外情况除外)? 因此,不能简单地把在色诺芬文章中发现的有关斯巴达的评论冠以一个绝对的或者相对的日期。因此,在色诺芬学术生涯中的任一节点,清晰地阐明色诺芬是如何思考斯巴达的问题显示出了重要的、大概是无法克服的挑战。有关色诺芬著作的讨论被同步解读,也就是说,色诺芬对斯巴达的态度并没有随着时间推移而发生显著变化。这种理解方式并非完全没有问题,但对色诺芬的观点变化轨迹做出无法证实的假设,是更可取的,之后再带着这些假设逐行阅读他的作品。

本书采用了两个关键的解读原则,试图以色诺芬自己的言论为基础,展示他对斯巴达的理解。第一项原则是,色诺芬文集中不同作品里反复出现的态度、主题和动机,有力地显示出反映色诺芬观点的那些态度、主题和动机对他来说是十分重要的。[①] 这是一个很有意义的问题,因为斯巴达生活的某些方面已经被色诺芬的诸多前辈强调过了,例如希罗多德,并且因此,很有可能色诺芬在他的作品中仅仅是重复斯巴达和斯巴达人已经建立起来的形象,而不是阐述他自己的观点。另一项原则是色诺芬倾向于赞美或是批评具体的特征,而不管这些特征是由个人还是由军队或国家这样的集体表现出来的。[②]因此,可以通过比较色诺芬所描述的斯巴达与他欣赏的其他作家所清晰描绘的个人形象,大部分是苏格拉底,也包括阿格西劳斯,以及《居鲁士的教育》中描述的虚构的居鲁士大帝和波斯,来获知色诺芬的斯巴达观。[③]

我们将首先探讨色诺芬似乎认为特别值得称赞的斯巴达和斯巴达人的四个特征:军事能力、身体训练、互相尊重(aidôs)和自我克制(enkrateia)。然后我们将考虑色诺芬认为的斯巴达和斯巴达人身上的三个关键缺陷:(他们)偏爱强迫而不是自愿地顺从,缺乏审慎(sôphrosynê),以及倾向于以牺牲盟友(pleonexia)的利益为代价来维护自己的利益。在色诺芬看来,当斯巴达在伯罗奔尼撒战争结束后发现自己处于希腊世界大部分地区的霸主地位时,这些缺陷被证明是灾难性的。

读者应自始至终意识到,本章相对简明扼要,色诺芬关于斯巴达的著作相

---

① Gray 2011:44 – 51.

② 这部分是因为,根据色诺芬的记述,不论统治者的性格特征是怎样的,他治下的大部分民众都会这样(《居鲁士的教育》.8.8.5)。关于色诺芬作品中个人与国家的联系,请参见 Dillery 1995:236 – 7;Gray 2007:3 – 4;Higgins 1977:30 – 1。

③ Due 1989:147 – 84 和 passim;Gray 2011:7 – 32,51 – 3,246 – 90 和 passim;参考 Higgins 1977:21 – 59;Tamiolaki 2012.杜尔和格雷认为《居鲁士的教育》呈现了一个相当积极的居鲁士形象,并对居鲁士以及他如何进行统治的评价相对积极,特别是在他统治的早期。与此相反的观点是,《居鲁士的教育》展示了一个充满谬误的统治者和国家的形象,参见 Carlier 1978/2010, Nadon 2001 和 Tatum 1989。

当多,而且几乎对每段话的含义都有无尽的学术争议,因此不可能在本文中对色诺芬的斯巴达观做出详尽无遗的分析。例如,色诺芬似乎也赞同斯巴达和斯巴达人的其他特征(如尊重长者,见《追忆苏格拉底》3.5.15),但这里没有阐释,因为根据作者的判断,这些特征在色诺芬对斯巴达的整体理解的大背景下,意义不大。另一个没有阐释的主题是《希腊史》中遗漏的一些具有显著意义的事件(例如,第二次雅典海上同盟的建立,美塞尼亚[Messenia]的解放以及阿卡狄亚联盟[Arcadian League]的建立)。这些遗漏在过去被习惯性地归因于色诺芬著作中的强烈的亲斯巴达人、反忒拜人的偏见,但现在它们更多地被看作是《希腊史》的本质和在文本中追求的叙事策略的产物。[①] 因此,它们与本章的主题并无直接关系。

一、军事能力

对色诺芬来说,斯巴达的一个突出且值得称道的特点是其军事能力。色诺芬认为,这种能力来自培养勇气和祛除怯懦的训练,以及对战术方面的悉心关注,包括从列队行进的训练到扎营程序。[②] 在《斯巴达政制》中,色诺芬写道:

> 来库古斯另一个值得钦佩的措施是:他往斯巴达引入了下述内容,光荣的战死比耻辱的生活更可取……说实话,战场上生还通常伴随而来的是勇敢而不是懦弱……他显然为勇敢之人安排了幸福,为懦夫安排了痛苦。(9.1—3;参照.3.3)

色诺芬接着列举了一系列对那些被证明是懦夫的人的惩罚措施。此后不久,他声称"如果有人愿意,也可以了解到这里的军事训练是如何安排得比其他城邦更好的"(11.1),并对这些训练展开了冗长而详细的讨论(11.2—13.11)。

《阿格西劳斯》赞扬了国王的勇气(6.1—2),他的战术和战略能力(1.9—22,28—35;2.1—8,18—19),以及他招募和训练士兵的技巧(1.23—8,2.7—

---

① 关于遗漏详情,见 Underhill 1900: xxi - xxxv.有关斯巴达的遗漏,见 Riedinger 1991:41 - 60.关于波奥提亚的(Boeotian)历史的遗漏,见 Jehne 2004 和 Sterling 2004。

② Tuplin forthcoming a.

8)。在《会饮篇》(*Symposium*)中,苏格拉底建议雅典一位雄心勃勃的朋友"有必要研究斯巴达人训练的情况,是什么使他们被誉为最有能力的军事指挥官"(8.39)。

通过色诺芬的作品集,可以看出人们对培养勇气、祛除怯懦,以及对战争的技术方面的兴趣是持久的。在《追忆苏格拉底》中,勇气和怯懦被认为是苏格拉底一直关注的主题(1.1.16),该作品包括苏格拉底陈述勇气的定义(4.6.10—11)。在《希腊史》中,色诺芬在不同的地方挑出在战场上表现出英勇的军队来表扬(例如,7.4.32,7.5.16;参见《居鲁士的教育》4.4.3)。色诺芬对战术方面的兴趣是显而易见的,因为他的著作中包括一篇向雅典骑兵指挥官提供详细建议的文章,《论骑兵队长》(*Hipparchikos*),以及他在其他作品(如《论财源》4.42)中对军事组织的频繁评论。此外,有人认为,《居鲁士的教育》的部分意图是作为一个军事改革计划的大纲,以振兴斯巴达军队。[1]

所有这些文本都很重要,因为它表明色诺芬对斯巴达军事能力的讨论是以他自己的观点为基础的,而不是简单地反映他的前辈们的著作中对斯巴达的描述或他同时代人对斯巴达的信念。此外,毫无疑问,色诺芬认为军事能力是斯巴达和斯巴达人的一个决定性和值得称赞的特征。

二、身体训练

色诺芬所描绘的斯巴达人致力于保持高强度的身体训练。[2] 在简短的序言之后,《斯巴达政制》中提到的第一个主题是对斯巴达妇女的行为要求;色诺芬指出,为了能生出更强壮的孩子,来库古斯"下令女性应像男性一样训练身体……并为女性设立了跑步和力量方面的竞赛,就像男性一样"(1.4)。这使斯巴达有别于希腊世界的其他地方,在那里,女性的训练活动被严格限制。严格的各种身体训练是斯巴达对男孩实施教育计划的基础部分(2.3,3.2,4.6),成年男子被要求通过打猎(4.7)和在体育场中锻炼保持身体强壮(5.8—9;参见9.4—5)。定期训练的要求延伸到军事行动中,在军事行动中,斯巴达人每天训练两次(12.5—6)。根据色诺芬的说法,一个强健的体魄是斯巴达人地位的来源,"他们不用昂贵的衣服来装饰自己,而是用他们体格的优秀状态来彰

---

① Christesen 2006.

② Humble 2006:224 - 225; Ollier 1933:404 - 405; Tuplin forthcoming a.

显地位"(7.3)。所有这些都产生了人们预期的结果:不容易再找到比斯巴达人更健康、身体更强壮的人了"(5.9;参看1.9)。①

毫无疑问,色诺芬自己对身体训练充满热情。在《希腊史》(3.4.16—18)和《阿格西劳斯》(1.25—7)中,他都以热情洋溢的语言叙述了公元前395年冬天在小亚细亚的以弗所,阿格西劳斯为鼓励他的军队(大部分是非斯巴达人)进行身体训练而采取的措施。② 在《追忆苏格拉底》中,色诺芬写道,苏格拉底"赞成获得灵魂乐于接受的锻炼,因为他说这种习惯有助于健康,而且不会妨碍对灵魂的照拂"(1.2.4;参见《会饮篇》2.3—4,2.15—21)。同一部作品中还有一段很长的文字,苏格拉底告诫一个年轻人身体状况不佳,并敦促他定期锻炼,这样他就能在战场上做好准备,拥有更健全的身体和精神(3.12.1—8;参见1.2.19,2.1.28;《家政论》11.12—18)。在《居鲁士的教育》中,居鲁士大帝是在这样的教育体系中长大的,它将狩猎作为一种锻炼的方式来看待(1.2.10;参见1.4.5—15)。他的父亲建议他必须确保他的士兵定期接受身体训练(1.6.17,2—1.20,2.1,29,2.3.8,2.3.23,3.3.9),作为国王,他定期带他的下属去打猎,以保持他们的身体强健,并时刻为战争做好准备(8.1.34—6)。因此,似乎可以得出这样的结论:色诺芬强调斯巴达人的身体素质,因为他认为这是他们的一大特点且是值得称赞的。

三、相互尊重

在色诺芬对斯巴达的论述中,相互尊重是另一个突出特质。古希腊语中的相关术语是 *aidôs*,(该词)在表达上有些许困难,因为它有各种各样的含义,并且在英文中,没有一个精确的对应词。对色诺芬来说,*aidôs* 似乎是指年轻人在与长辈相处时表现出的适当尊重,以及下级在与上级相处时的尊重。③

在《斯巴达政制》中,色诺芬认为灌输 *aidôs*(尊重)思想是斯巴达教育体系的主要目标之一。他写道:"我已经谈到了斯巴达人和其他希腊人的教育体系。谁愿意这样做,就让他自己判断一下,这些制度中哪一个能培养出更顺

---

① 关于斯巴达人的体育训练,参见 Christesen 2012 和 2013。
② 关于这些文章,见 Dillery 1995:30. 在《希腊史》中,色诺芬或明或暗地表达对于身体训练的热情,见 5.3.17,6.2.27,6.4.11。
③ 关于斯巴达的 aidôs,见 Humble 1997:187 - 240; Humble 1999; Richer 1999. 关于 aidôs 的日常用法,见 Cairns 1993。

从、更尊重(*aidêmonesteroi*,希腊语,尊重的)、更自制(*enkratesteroi*,自制的)的人,以满足他们的需求"(2.14)。他强调,一个高级的斯巴达行政官,*paidonomos*(执行官),有权力惩罚任何他认为玩忽的男孩,结果是,最大的尊重伴有最大程度的服从(2.2)。根据色诺芬的说法,来库古斯希望青少年"被灌输一种强烈的尊重意识(*to aidesthai* 希腊语,尊重)",为此,他规定他们要安静行走,手放在斗篷下面,眼睛看着脚下(3.4)。他描述了用餐规定(见下文),目的是避免出现尊重缺失的情况(5.5)。在色诺芬的《会饮篇》中,苏格拉底讨论了斯巴达同性恋关系中伴侣之间应有的贞洁行为,并指出,"他们崇拜的女神不是无耻的,而是尊重的"(8.35)。

在色诺芬作品集中,关于 *aidôs* 的论述都是正面的。在《会饮篇》中,苏格拉底指出,如果男性同性恋关系中,年长的男性行为得当,他将有助于使其年轻的伴侣变得克制和谦虚(*enkratês kai aidoumenos*, 8.27)。居鲁士大帝在年轻时显示出了 *aidôs*(尊重,见《居鲁士的教育》1.4.4,1-5-1),并且作为国王,他显示出自己有能力激发下属对他的尊重(8.1.28,33)。相反,小居鲁士召集的雇佣军的一个指挥官因为他没有能力激发他领导的手下人的恐惧或尊重,受到了批评(《长征记》2.6.19)。

四、自我克制

色诺芬将斯巴达人描述为荣耀的,因他们具有自我克制的能力,以及随之而来的在艰苦条件(*karteria*)下的忍耐力。[①] 对色诺芬来说,这种自我克制包含对身体舒适、食物和水以及性的渴望。

《斯巴达政制》中包含大量的关于来库古斯构建的法律和习俗体系如何教导斯巴达人自我克制的讨论。色诺芬声称,儿童必须赤脚行走(2.3),在冬天和春天穿同样的斗篷(2.4),并食用数量有限的食物(2.5)。新婚夫妇在一起的时间是受到限制的(1.5),从而限制了他们的性接触,男性之间任何形式的性关系都被认为是可耻的(2.13—14)。成年男性公民必须加入一个公共食堂,每天在那里吃晚饭,他们对食物和酒的摄入量受到管制(5.1—4)。色诺分声称,斯巴达的教育系统培养了"更多的有自我克制力(*enkratesteroi*)的人,以

---

① 色诺芬对这些术语的使用并不完全一致,在某些地方,他似乎将 *karteria* 归入 *enkrateia*(即 ἐγκράτεια,意"自律""对……的掌握/精通")的标题下。关于色诺芬对 *enkrateia* 的看法,见 Dillery 1995:134-138; Due 1989:170-181; Lipka 2002:18-19。

满足他们的需要"(2.14)。

同样的自我克制在《阿格西劳斯》中也有突出的表现。斯巴达国王因其"在财产方面的自我克制"(*enkrateia chrêmatôn*, 4.3)和对所有形式的身体娱乐活动的节制,包括饮酒、进食和睡眠(5.1—2),而受到赞扬。他对性爱诱惑(*aphrodisiôn enkrateia*)的克制被大篇幅地探讨(5.4—7)。根据色诺芬的说法,阿格西劳斯认为,"一个统治者不应在软弱(缺点)方面,而应在忍耐力方面(*karteria*)超越他的城邦公民"(5.2)。

在他的作品集的其他地方,色诺芬强烈表示他赞同自我克制和忍受困难的能力。在《追忆苏格拉底》中,色诺芬说苏格拉底"在性和食物的欲望方面,是最有自我克制力的(*enkratestatos*)人;此外,在忍受冷热或各种痛苦方面,他是最坚韧的(*karterikôtatos*)"(1.2.1;参见 1.2.14,1.3.5—85 1.3.14—15,1.5.6)。在同一部作品的其他地方,色诺芬笔下的苏格拉底将 *enkratestatos* (自我克制)描述为"所有美德的基础"(1.5.4),将自我克制和忍耐力看作将军和担任任何需要承担责任职位的人所必须具备的特征(1.5.1—5,2.1.3,2.1.6—7,2.6.5,4.5.1—12),并努力向他人灌输自我克制(2.1.1,4.5.1)。在《居鲁士的教育》中,居鲁士作为国王追求的美德之一是自我克制(8.1.32;参见 1.6.25,2.3.13)。

五、强迫服从

尽管事实上,色诺芬发现了斯巴达有许多值得钦佩的地方,但他绝不认为斯巴达是一个理想的城邦。在色诺芬看来,斯巴达制度的一个主要缺陷是,它通过胁迫来灌输服从。① 这对色诺芬来说是个问题,他高度重视他在其作品集中许多地方所说的"自愿服从"。② 为了理解色诺芬在这个问题上的说法,重要的是要记住,色诺芬通常在讨论个别领导人的行为时触及自愿服从,但在很多地方,他明确表示,自愿服从通常是可以由社会制度,特别是教育制度所催生。

"在我看来,在所有的事情中,对服从的主要激励是既要赞美和尊重

---

① Higgins 1977:60 – 75; Humble 1997:46 – 107; Millender forthcoming.
② Gray 2007:4 – 9; Gray 2011:15 – 18; Wood 1964:52 – 54.关于色诺芬对领导力的观点,见本卷中巴克斯顿(Buxton)的论述。

服从命令者,又要羞辱和惩罚那些不服者。""不管怎么说,我的孩子,这就是通往强制性服从的道路。但还有一条路,一条捷径,通向更强大的道路,即自愿服从。因为人们非常乐意服从一个他们认为比自己更明智地考虑到自己的利益的人。"(《居鲁士的教育》.1.6.20—1)

这段发生在居鲁士大帝和他父亲之间的交流,很好地表达了色诺芬在各个作品中多次重复的看法(例如,见《居鲁士的教育》1.1.3,3.1.28,4.2.11;《追忆苏格拉底》1.2.10,3.4.8;《家政论》21.4—5,21.12)。

对色诺芬来说,当人们受到激励或参与训练时,自愿服从就会形成。正如居鲁士父亲所阐释的那样,动机的一个关键因素是,人们需要相信他们的领导人是真正关心他们这些追随者的福祉的。(例如,见《阿格西劳斯》6.4;《长征记》1.9.11—12;《居鲁士的教育》1.6.24,1.6.42,2.4.10,8.7.13;《论骑兵队长》6.2—3;《家政论》7.37。)适当的训练需要通过榜样进行教育。(例如,见《居鲁士的教育》1.2.8,8.1.21—33;《追忆苏格拉底》1.2.3,1.2.2。)

自愿服从有许多益处。消极地讲,它不需要持续的警戒和惩罚,而警戒和惩罚会引起怨恨,最终导致不服从。这种循环导致了一个螺旋式的下降,即更多的惩罚、更多的怨恨和更多的不服从。在一个通过惩罚来迫使人们服从的环境中,那些相信自己的行为会逃脱监视的人,会经常有不良行为。(例如,见《希腊史》6.1.7。)此外,一旦统治者或城邦强制施加的顺从显示出脆弱的迹象,下属们就会抓住机会背弃原来的统治者。

积极地讲,自愿服从的人是更加热衷于合作的,而不是闷不作声。正如伊斯科马库斯(Ischomachus)在《家政论》中所说,"他们羞于做任何不光彩的事情,认为最好是服从,并以服从为荣,在需要工作的时候,所有人一起精神饱满地工作"(21.5;参考《居鲁士的教育》3.59;《追忆苏格拉底》2.6.27)。

此外,在统治者或城邦处于弱势的情况下,自愿服从会转化为忠诚。在《家政论》中,苏格拉底赞扬了小居鲁士的能力,认为他能够指挥这种忠诚:"我认为,当人们心甘情愿地服从他,并希望在危险时刻站在他身边时,这是统治者能力卓越的一个重要表现"(4.18—19;参见《长征记》1.9.29—31)。①

---

① 与居鲁士这样的仁慈领导者截然相反的是专制统治者,这种统治者只顾自己的利益,靠武力维持控制。色诺芬在《希耶罗》(Hiero)中详细描述了这种统治者,他不仅不能激发人们心甘情愿地服从和忠诚,而且能激起不共戴天的仇恨,以至于他时刻都有被暗杀的危险。(例如,见(转下页)

色诺芬极力强调,对法律和执法官的服从是斯巴达的决定性特征之一(《希腊史》7.1.8;《斯巴达政制》《政治学》2.2,2.14,8.1—2;《追忆苏格拉底》3.5.16,4.4.15)。[①] 此外,他认为服从是阿格西劳斯拥有的值得称赞的特征之一(《阿格西劳斯》1.36)。色诺芬多次表示他的观念,即服从是一件美好且必要的事情(《居鲁士的教育》8.1.2;《追忆苏格拉底》4.4.1;《希腊史》3.4.18),但他也深切看到了在斯巴达,为保证服从的(统治)方式而存在的一些问题。

《斯巴达政制》的内容强烈表明色诺芬将斯巴达视为一个强迫服从的城邦。如同《居鲁士的教育》中描述的波斯一样,也有一些通过模范行为来教人服从的因素(8.1—2)。然而,这只是斯巴达教育系统中占比很小的一部分,在这个系统中,斯巴达人,无论是年轻人还是老年人,都处于不断地被观察和不断地惩罚威胁之下。色诺芬指出:

> 为了使男孩们永远有领导管理,甚至是在付托人[负责教育系统的行政官]不在的时候,来库古斯规定,任何一个碰巧在场的公民总是负总责,并可以命令男孩们做一切看起来合适的事情,如果他们做错了,还可以惩罚他们……为了使男孩们永远有领导管理,即使没有成年公民在场,他规定每组男孩中最敏锐的男孩[通常是男孩里较年长的拥有权威]将负责。其结果是,男孩们永远不会缺乏领导。(《斯巴达政制》《政治学》2.10—11;参见.6.1—2)

成年男子被强迫在公共场合,在他们的餐饮食堂里吃饭,而不是在私下,以确保"法律不会被侵犯"(5.2)。这些人还被要求花大量时间在体育场,在那里,来库古斯安排"在场的最年长的人将始终监督每一个的出席"(5.8)。悬在所有这些监督之上的是惩罚的威胁。陪同付托人的是拿着鞭子的年轻人,"这样他们就可以在必要的时候进行惩罚了。因此,在那里,极大的尊重与极大的顺从并存"(2.2;参见6.2)。除了体罚之外,还有一种更严重的惩罚,对年轻人和老年人都可以施加:剥夺公民权(3.3,10.7;参考8.3—4)。

(接上页)《希耶罗》2.7—11)。同样的情况也适用于"三十僭主"(Thirty),这是伯罗奔尼撒战争后短暂统治雅典的军政府。色诺芬在《希腊史》(2.3.1—4.43)中对"三十僭主"进行了详细而尖刻的描述。关于"三十僭主"作为统治的负面范式,见Dillery 1995:138-63。

① Humble 2006:223-5; Tuplin forthcoming a.

在斯巴达,强迫服从占主导地位,这让我们回到了本章导言中讨论的《斯巴达政制》(14.1—7)中具有解读上的挑战的段落。在那段话中,色诺芬指责斯巴达人不服从来库古斯的法律。鉴于他对强迫服从和自愿服从之间的区别的看法,色诺芬的批判并不那么令人意外。[①] 斯巴达制度有缺陷,因此在没有严格的监督和强制的情况下,产生了具有不服从倾向和能力的个人。我们很快就会看到,在色诺芬看来,斯巴达人强迫服从的嗜好也危害到了他们与盟友的关系。

六、缺乏审慎态度

色诺芬描述的斯巴达制度的另一个主要缺陷是,它灌输了尊重和自我克制,但没有灌输审慎的态度($sôphrosynê$)。[②] 我们已经看到,对色诺芬来说,$aidôs$ 与年轻人和处于某种从属关系的人相关,而 $enkrateia$ 是"一切美德的基础"(《追忆苏格拉底》1.5.4)。$Aidôs$ 和 $enkrateia$,本身就是斯巴达人身上有价值的特质,并有助于激发审慎($sôphrosynê$)的特质,但绝不是审慎这一特质的替代品,审慎才是真正有德行的人的标志。一个拥有审慎品质的人,会克制放纵肉体的享受,但更重要的是他或她在处理智慧、道德和精神问题时表现出良好的意识和智慧。因此,色诺芬写道,苏格拉底没有区分智慧($sophia$)和审慎,因为"如果一个人知道什么是好的和高尚的,什么是可耻的,并且践行前者,避免后者,他就认为这个人既聪明又审慎($sophon\ te\ kai\ sôphrona$)"(《追忆苏格拉底》3.9.4)。

审慎对色诺芬的重要性从其与苏格拉底的密切联系中可见一斑,苏格拉底既体现了这一特质,又努力将其赋予他人。在《追忆苏格拉底》中,色诺芬说苏格拉底"行为总是谨慎的"(1.2.28),而在《苏格拉底的申辩》中,苏格拉底受审时说,德尔菲神谕(Delphic oracle)曾宣称,"没有人比我更自由,更公正,更审慎($sôphronesteron$)"(14)。苏格拉底渴望在与他交往的人中宣扬审慎,这是《追忆苏格拉底》的一个重复性主题(1.1.16,1.2.17—18,4.3.1—2,4.3.17—18)。

色诺芬确信审慎是可以传授的;他在《追忆苏格拉底》中说:"所有好的和

---

① 然而,它在文本中的位置仍然难以解释。
② 本部分文字直接建立在 Humble 1999(参见 Humble 2002a)提出的论证基础上。对于 Humble 论述中的怀疑在 Azoulay 2007a 中有所表达。

可敬的行为都是训练的结果；审慎尤其如此。"(1.2.23；参看《居鲁士的教育》7.5.75)在《居鲁士的教育》中，色诺芬勾勒了一个教育体系，它不仅能够能教授尊重和克制，还能教授审慎(1.2.2—16)。居鲁士大帝经历了这一教育体系，像苏格拉底一样，既体现出审慎又能教授审慎(6.1.47,8.1.30)。在《长征记》中，色诺芬明确地将居鲁士大帝和小居鲁士联系在一起，并指出后者是在波斯宫廷接受教育的，"在那里可以充分地学习审慎"(1.9.3)。

色诺芬在《斯巴达政制》中对来库古斯制定的法律和习惯的价值讨论是一项细致的研究，尽管他有很多关于斯巴达人如何以尊重和自我克制而闻名的内容，但他从未提及审慎，只用了两次相关词。在讨论了旨在向男孩们教授尊重的方法和沉默的规定后，色诺芬补充说："这样就可以看出，审慎(*eis to sôphronein ischyroteron*)的男性比女性更强。"(3.4)在描述活动前的宗教祭祀时，色诺芬指出，行政官要出席以确保在场的人行为审慎(13.5)。第一篇祭祀文做出了很小的声明，即斯巴达男性比斯巴达女性更审慎，第二篇祭祀文适用于非常具体的背景下的行为。

在色诺芬作品集的其余部分，有一个明显的例外，色诺芬并没有将审慎与斯巴达人联系起来，无论是个体还是集体。这个例外是阿格西劳斯，根据色诺芬的说法，他提供了充分的证据来证明他的审慎(《阿格西劳斯》5.4,5.7,11.10)。这一异常现象有各种各样的解释。一种解释是，这是一个体裁问题：《阿格西劳斯》是一篇颂词，而当代资料显示，颂词的主题经常会被赋予审慎。[1] 第二种解释是色诺芬与其说是在写颂词，不如说是在描述一个理想的统治者，而这个理想的统治者是以斯巴达国王为基础的。[2] 最后一种解释是色诺芬对阿格西劳斯的感情和对所有其他斯巴达人的感情在很大程度上是不同的。无论人们如何评价这些不同的可能性，很明显，色诺芬在他对斯巴达和斯巴达人的大篇幅讨论中，几乎对审慎这个问题保持沉默。这是一个意义重大的沉默，它对审慎赋予了重要性，在《追忆苏格拉底》中，它展示出苏格拉底是一个理想的榜样和教师，而在《居鲁士的教育》中，居鲁士大帝又是一个理想的领导者。

---

[1] Humble forthcoming；参见 Cartledge 1987:55 - 66 和 Schepens 2005:43 - 62.

[2] Tigerstedt 1965 - 8:1.175.

七、斯巴达作为霸主的(不可避免的)失败

公元前404年,斯巴达以伯罗奔尼撒战争胜利者的姿态出现,并成为希腊世界中无可争辩的主导力量。公元前371年,斯巴达人经历了一场毁灭性的惨败,在琉克特拉(Leuctra)战役中败于底比斯人之手,这次失败永久地粉碎了他的霸权。斯巴达政权特殊的旋起旋灭的原因,正如人们所预料的那样,是一个引人产生极大兴趣的话题,包括色诺芬在内,他曾经亲眼看着这些变化发生。

色诺芬强调了导致斯巴达崩溃的一些因素。神圣复仇,由于斯巴达人违背了他们签署条约时所发的誓言,在他对事件的叙述中显得非常重要(《希腊史》5.4.1)。[①] 他还强调了来库古斯的法律和习俗体系的缺陷,该体系灌输了对强制服从的偏好,未能孵化出教人审慎行事。他表明,斯巴达人在与盟友打交道时,没有能力确保自愿服从,而且由于他们缺乏审慎,无法抵制以牺牲他们盟友的代价来自私地追求自己的利益。他们的行为越来越缺乏自我克制,在这个过程中把朋友变成了敌人,最后这导致了他们的垮台。[②]

色诺芬笔下的斯巴达人在与下属和盟友打交道时,本能地转向胁迫,而他们无法确保自愿服从,这就产生了抵抗,在某些情况下产生了严重的后果。一个特别典型的例子是色诺芬在《长征记》中对克利尔库斯(Clearchus)的论述。克利尔库斯是一位斯巴达领导人,是小居鲁士召集的雇佣军中的重要领导人。在叙述了克利尔库斯之死后,色诺芬又补充说:

> 他习惯于严厉惩罚,有时是在愤怒状态下……他也根据原则施罚,因为他认为,在一支军队中若没有惩罚则没有好处……在危机时期……他手下的人都愿意无条件地服从他的命令。

---

① 这里没有详细讨论斯巴达人的不虔诚,尽管事实上,虔诚对色诺芬来说显然是一个至关重要的问题(例如,参见Due 1989:156-158)。这是因为,尽管有充分的理由相信斯巴达的宗教生活有一些不寻常的特点(Parker 1989),但色诺芬并没有一直将斯巴达人描绘成在宗教实践的细节上或在宗教信仰的深度上与其他希腊人有明显的不同。因此,对斯巴达人是否虔诚的讨论在这个特定章节的背景下是不合适的。此外,色诺芬并没有在《希腊史》或其他作品中为公元前4世纪早期几十年的事件进程提供一个明确而一致的解读框架,其结果是对其因果关系观点的讨论必然是复杂而冗长的。

② 对相关问题最好的一次讨论可在 Tuplin 1993:125-146 和 *passim* 等处中找到。

但当危机过去,他们可以去另一个领导者手下服令时,许多人就会抛弃他……因此,他从来没能使人出于友好和善意而追随他……(2.6.9—13;参见 1.3.1,1.5.11—12)①

色诺芬描述的其他斯巴达领导者也有同样的问题。例如,在《希腊史》中,当斯巴达海军将领姆那西浦斯(Mnasippus)任性地拒绝支付军饷给他手下的雇佣兵时,他们的军官抱怨,而姆那西浦斯的反应是殴打他们。此后不久就发生了一场战斗,色诺芬冷冷地评论道:"当他的手下和他一起出城的时候,他们都萎靡不振,恨透了姆那西浦斯,这是最不适合打仗的。"(6.2.19)色诺芬描写斯巴达指挥官对待他们手下的非斯巴达士兵的方式,很容易被解读为对斯巴达人在城邦内和城邦外与非斯巴达人的常见互动方式的隐晦批评。②

色诺芬不遗余力地表明,在斯巴达内部存在着对斯巴达社会政治制度的大量抵制,从而表明斯巴达特有的强迫性服从造成了显著的内部问题。为了说明这一点,他相当详细地介绍了一个名叫基那敦(Cinadon)的人在公元前 4 世纪初发起的推翻斯巴达政府的阴谋(《希腊史》3.3.4—11)。③ 在斯巴达,有少数的有完整公民权的男性(Spartiates 斯巴达本地民族或 homoioi 斯巴达社团)大量居住在斯巴达境内,只有有限公民权但不是庇里阿西人(perioikoi)的男性和大量的奴隶(helots 黑劳士)。此外,还有一些自由人(庇里阿西人除外),他们的地位比斯巴达人低,但他们的起源、人数以及权利都不甚明了;基那敦就属于这个群体。根据色诺芬的说法,基那敦说,当向斯巴达城邦的任何社会弱势成员提及斯巴达人时,"没有人能够掩盖乐意吃掉他们的事实,甚至是生吃"(3.3.6)。斯巴达政府在基那敦密谋付诸行动之前就知晓了,并成功将其镇压,但其存在表明斯巴达城邦内部存在着极其危险的不满情绪。此外,色诺芬决定在《希腊史》中叙述基那敦密谋,这本身就值得注意,因为在该作品的其余部分,他对斯巴达政府的内部运作几乎没有提及。色诺芬对这个密谋的意义没有得出公开的结论,但这个叙述表明,斯巴达的社会政治制度存在着根本性的问题。色诺芬似乎想让他的读者得出这样的结论:斯巴达的社会政

---

① 关于《长征记》中将军们的讪告,特别是克利尔库斯的讪告,见 Gray 2011:71 - 9;参见 Humble 1997:78 - 80。

② 例如,见 Millender 2012 and forthcoming。

③ 关于《希腊史》的这一部分,参见 Tuplin 1993:52。

治制度本质上需要强迫性服从,以维持顶端有少数精英的垂直性的社会等级制度,这种强迫性服从造成了城邦的稳定不断受到威胁的局面。

同样的波动在城邦间关系上得以展现。在《希腊史》中,色诺芬描绘了一个这样的斯巴达,它声称要倡导所有希腊城邦都得到独立的理念,与此同时胁迫友邦和敌邦都遵从它的意愿。

色诺芬在琉克特拉战役之前,在斯巴达和雅典的和平大会上发表了一系列演讲,极其清晰地展示了斯巴达友邦的情绪。正如古希腊历史学家直接重现的演讲一般,几乎可以肯定的是,该文本是色诺芬的产物,而不是对原先演讲的精确转述。[①] 演讲者之一是一位名叫奥托克利斯(Autokles)的雅典人,他大胆地告诫斯巴达人:

> 你们总是说城邦必须自治,但你们才是阻碍城邦自治的最大障碍。因为你们与盟邦签订的条约中的第一条规定是,他们要听从斯巴达人的领导。然而,这与自治权如何保持一致呢?你们不与盟友商量就树敌,并带领盟友反对这些敌人,其结果是,所谓的自治城邦经常被迫在战场上与和他们交好的城邦作战。此外——这是所有方面中与自治最相悖的——你们建立的政府,在这里由十个人组成的团体统治,在那里由三十个人组成的团体统治,当涉及这些统治者时,你们关心的不是他们是否依法统治,而是他们是否能够通过武力来控制这些城邦。(6.3.7—8)

根据色诺芬的说法,斯巴达人通过胁迫来确保服从的消极影响是,由于他们过度倾向于追求自己的利益,而不太考虑其他城邦的利益,因此(消极影响)更加严重。正如我们所看到的,关注追随城邦的利益是获得自愿服从的一个关键要素。对色诺芬来说,从长远来看,不关心追随城邦的利益会产生严重的影响,因为这会使他们不服从、不忠诚。因此,有智慧的领导者能够理解,虽然不加掩饰地追求自我利益在短期内可能会给他们带来好处,但从长远来看,这可能会使他们走向灭亡(例如,见《居鲁士的教育》1.6.45)。事实上,在《居鲁士的教育》中,居鲁士曾经被他的一个盟友称赞,因为他似乎"对给我们施与恩

[①] 有关《希腊史》中的演说,参见 Gray 1989:79 - 140 和巴拉瓜纳斯(Baragwanath)在本卷中写作的部分。

惠比对追求自己的财富更能获得快乐"(5.1.28;参考 8.4.7—8)。

色诺芬笔下的斯巴达人有一个恶习,那就是肆无忌惮地自作主张。① 在《希腊史》中,色诺芬将斯巴达人描述为倾向于过度索取,超过原来的公平份额,为此他使用了名词 *pleonexia*(贪婪)和动词 *pleonektein*(拥有更多)。② 在他抨击斯巴达行为的演讲结束时,奥托克利斯对他们提出了指控:

> 那些将成为朋友的城邦有必要不期望从其他人那里得到公正,同时显示出自己有意愿提出的要求,只要他们能够超过他们的公平份额(*pleista dunôntai pleonektountas phainesthai*)。(6.3.9)

在《希腊史》中涉及公元前 395 年一系列事件的前部章节中,色诺芬提供了一位被派往雅典寻求结盟对抗斯巴达的底比斯使者的演讲。这位使者说:

> 斯巴达人的贪婪统治要比自己的帝国更容易被推翻……斯巴达人贪婪地占着那些人数比他们多得多的人的便宜(*pleonektousi*),而且在武器上也绝不逊于他们。(3.5.15)

这段话的措辞很特别。色诺芬用 *pleonexia* 代替了 *archê*(尊重)这样的霸权性术语;这是 *pleonexia* 的一个非比寻常的用法,而且隐含着对斯巴达统治的责难。③

公元前 382 年,发生了一件极其恶劣的事,当时底比斯的一位持不同政见者自愿将卡德美亚(Cadmea)的底比斯卫城交给恰好在底比斯附近正前往北希腊的斯巴达军队(《希腊史》5.2.25—31,尽管参考狄奥多罗斯(Diodorus)

---

① 有关《希腊史》的这一方面,参见 Dillery 1995:195 – 237, 251; Higgins 1977:28 – 30, 99 – 127; Sterling 2004;Tuplin 1993:43 – 146, 165。

② 与节制的情况一样,例外的是阿格西劳斯。他被色诺芬描述为不愿意索取超过其公平份额(*pleonektein*)的人,除了艰难困苦的工作(《阿格西劳斯》5.3)。色诺芬对 *pleonexia* 的处理方法包括一个重要的细微差别:他认识到,在一个寻求战胜敌人的军事指挥官那里,*pleonexia* 可以是一个积极的特征(《居鲁士的教育》1.6.27—41,《追忆苏格拉底》3.1.6)。

③ 色诺芬给 *pleonexia* 赋予了强烈的负面含义。他将这种冲动与克里提亚斯(Critias)联系在一起,克里提亚斯是一个雅典的政治人物,色诺芬憎恨他。在《希腊史》中,克里提亚斯声称,"那些贪婪的人无法避免与那些最能阻止他们的人作对"(2.3.16)。在《追忆苏格拉底》中,克里提亚斯被描述为贪婪的人(1.2.12)。

15.20.2 和普鲁塔克(Plutarch)在《阿格西劳斯》23—4 中有不同说法)。斯巴达指挥官腓比达斯(Phoebidas)着手夺取卡德美亚,尽管当时斯巴达和底比斯处于和平状态,底比斯人也没有做任何挑起斯巴达对其领土攻击的事。这一公然侵犯底比斯主权的行为随后得到了斯巴达政府的确认,政府决定保留对卡德美亚的控制权。阿格西劳斯在这一决定中发挥了主导作用;他部署的论据是,判断腓比达斯行动的唯一标准应该是它们对斯巴达有利还是不利(《希腊史》5.2.32)。①

斯巴达人对卡德美亚的行动被色诺芬描绘成最引人注目和判断失误的例子,这种行为导致了他们的衰落(《希腊史》5.4.1 尤能体现)。部分原因是斯巴达人在不断地、自私地追求自己的财富,他们树立了敌人,参与了本来可以轻松避免的敌对行动。这在他们与底比斯人的关系中表现得最为明显,底比斯人最终成为斯巴达衰落的始作俑者。在琉克特拉战役前的和平大会上,一位名叫卡里斯特拉图(Callistratus)的雅典人紧挨着奥托克利斯发表了演讲。卡里斯特拉图说,他希望斯巴达人在了解了贪婪的危险后能改变他们的行为:"我希望现在,在被告知寻求私利(贪婪)是无益的情况下,我们将在彼此的友谊中再次保持理智。"(6.3.11)在此次事件中,斯巴达人并没有吸取教训,并挑衅地将底比斯人推入一场以斯巴达人灾难性失败告终的战斗中。

此外,色诺芬认为,斯巴达人的贪婪证明是有害的,因为它在他们的盟友中埋下了深深的不满。色诺芬清楚地表明,早在琉克特拉战役之前,斯巴达人的盟友已经开始躁动不安了。公元前395年,一位前往雅典的底比斯大使寻求与雅典结成同盟对抗斯巴达,他预言,一旦斯巴达的盟友找到一个强大的城邦支持他们,他们就会反叛(《希腊史》3.5.10—13)。公元前390年,在斯巴达人遭受军事重创后,阿格西劳斯带领他的部队返回斯巴达,其方式是尽可能在夜间通过城邦,以避免看到与斯巴达结盟的曼丁尼亚(Mantinea)等地区的人们为斯巴达的不幸而欢呼(4.5.18)。公元前386年,当斯巴达人发现自己处于一个几乎无法挑战的霸权地位时,他们立即着手将自己的意志强加给他们的盟友,其中许多人在支持斯巴达方面表现得并不热情(5.2.1)。在琉克特拉战场上,斯巴达人在首败后考虑重新开战,但最终决定不这样做,部分原因是

① 关于阿格西劳斯领导下的斯巴达人在短期内至少是权宜之计,但却远非正义之举的一个类似的、尖锐的例子,请看色诺芬对阿格西劳斯和波斯总督法那巴佐斯(Pharnabazus)会面的描述(《希腊史》,4.1.29—36)。

在场支持斯巴达部队的盟军"没有心思再打了,有些人甚至对发生的事情感到不悦"(6.4.15)。

正如预料的那样,他们的盟友有许多不满,一得知斯巴达在琉克特拉战败后,他们就成群结队地抛弃了斯巴达人(《希腊史》6.5.3—95 6.5.32)。事实上,在《希腊史》中,色诺芬插入了一个题外话,为的是赞扬弗琉斯城(Phlius)在琉克特拉战役后仍然忠于斯巴达(7.2.1)。① 斯巴达人由于失去了盟友而变得软弱无力,无法抵御日益强大的底比斯人(由于斯巴达人以前的盟友倒戈而实力大增),失去了大部分领土,在很大程度变得无能为力。

色诺芬在其作品集的不同地方将成功占据领导地位的能力与审慎态度联系起来。只有通过审慎,获得权力的统治者和城邦才能避免利用他们的地位获取超过其应得份额的诱惑,而这反过来就会造成危险,引起不满。因此,伊斯科马库斯在《家政论》的最后几行中宣称:

> 在我看来,这种天赋,即引起自愿服从的能力,不完全属于人类,而是神圣的。它显然是给予那些真正达到最高程度的谨慎的人。在我看来,诸神把对不情愿的臣民的暴政,给了那些他们认为值得活得像戴达鲁斯(Tantalus)那样的人,据说他在冥府(Hades)中度过了永恒的时光,生怕自己再次死亡。(21.12)

在《论狩猎》(Cynegeticus)中,色诺芬写道:

> 那些希望在城邦中获取超过其应得份额(贪婪)的人训练自己赢得对朋友的胜利,而狩猎者则训练自己赢得对普通敌人的胜利。这种训练使后者在对付所有其他敌人时更加有效,而前者则糟糕得多。后者追求审慎为伴,前者则以可耻的傲慢无礼为伴。(13.15)

在《居鲁士的教育》中,居鲁士在建立一个庞大的帝国后,召集了波斯人中的主要领导人,考虑如何保持他们新获得的成果。他思索着说:

---

① 关于《希腊史》中弗琉斯城作为一个效忠斯巴达的模范地区,参见 Dillery 1995:130 - 8。

建立[一个帝国]往往落在那些只表现出胆识的人身上。但要建立并守住帝国,没有审慎态度、克制和极大的关注是不可能的。(7.5.76;参见 4.2.44 和《追忆苏格拉底》4.3.1)

从这个角度来看,斯巴达霸权的崩溃并不令人惊讶。斯巴达人接受了强制服从的训练,斯巴达制度灌输了尊重和自我克制,这都是值得称道的特质,但对于一个占据领导地位的领导者或城邦来说,这两者都不够。尊重适合年轻人或下属,而自我克制限制了身体的欲望;如果当权者的行为不会激起盟友和人民[1]的反抗,就需要审慎。斯巴达无法激发人们的自愿服从,而且他们缺乏审慎,因此他们不再适合成为希腊世界大部分地区的霸主。

结论

如果色诺芬批评斯巴达人作为霸主的失败,并将这种失败归因于斯巴达社会政治制度的缺陷,那么他也认为他们的兴衰是一个更宏大的主题的一部分。[2] 希腊世界一直以来有一个传统,即认为成功会导致傲慢,傲慢会导致轻率的行为,而轻率的行为会导致灾难;色诺芬似乎也赞同这种观点。在《希腊史》中,一位大使来寻求斯巴达帮助以抵御挑衅性的持城邦扩张主义的邻邦攻击,曾经说道,"神祇也许是这样安排的,当它的力量在增强时,它的傲慢也随之增长"(5.2.18)。

色诺芬认为,底比斯与雅典很容易陷入像斯巴达一样的行为模式。[3] 因此,他从根本上对成为强国的领导者和城邦长期保持其地位的能力持悲观态度。然而,他也表现出某种程度的乐观,因为他表明人们可以从错误中学习,也许那些曾经拥有权力又失去权力的人此后能够更加谨慎地行事。正如《居鲁士的教育》中的某个人物所评论道:

---

① 居鲁士观察到,尊重他人的人在被监察时避免攻击性行为,而拥有审慎的人即使在不被监察时也能避免攻击性行为(《居鲁士的教育》,8.1.31)。换句话说,只有在面临被发现和被惩罚的威胁时,"尊重"才会遏制不当行为。只要那些当权者,至少在短期内,对来自下属的惩罚威胁是免疫的,那么只有节制才能约束他们的行为。

② 对于这一点,学者们已经进行了大量的讨论。一个关键的参照是 Tuplin 1993:163 - 8 和 *passim*;现在也可参见 Hau 2012。

③ 例如,关于波奥提亚人,参见《追忆苏格拉底》3.5.2,关于雅典人,参见《追忆苏格拉底》3.5.13。

居鲁士,在我看来,找到一个能很好地承受好运的人比找到一个能很好地承受不幸的人更难。因为好运使大多数人产生傲慢(hybris),而不幸使所有的人产生谨慎。(8.4.14)

同样地,《追忆苏格拉底》中苏格拉底把雅典在伯罗奔尼撒战争中战败后的衰弱状态视为一种优势:

在我看来,这个城邦现在有一种更容易被一个好的统治者所接受的状态。因为自信会滋生粗心、懈怠和不服从,而恐惧会使人更专注、更顺从、更服从管教。(3.5.5)

一个遭受过苦难并从这种苦难中吸取了适当教训的城邦,最明显的是谨慎行事的重要性,将不会再寻求超过其应得份额的财富。

在雅典的三十僭主统治即将结束时,一位反对者建议军政府成员及其支持者"认识你们自己"(《希腊史》2.4.40),从得失权力的经历中成为更好的人。色诺芬可能也有类似的希望,即斯巴达人受到了失去权力的惩罚后,甚至可能被色诺芬的思考所启迪,可能会从琉克特拉的灾难中重新变得更加智慧,有能力建立那种稳定、持久的同盟,那将使他们能够再次成为希腊世界的霸主。[1]

进一步阅读

要开始深入探讨色诺芬对斯巴达的观点,最好的方法是阅读色诺芬创作的那些完全或主要关注斯巴达和斯巴达人的作品:《斯巴达政制》《阿格西劳斯》和《希腊史》。《斯巴达政制》的一个很好的翻译本和评论本可以在 *Xenophon's Spartan Constitution: Introduction, Text, Commentary*. Berlin and New York. 中找到,一个不带评论的翻译本也可以在企鹅古典丛书中找到,标题为《普鲁塔克论斯巴达》(*Plutarch on Sparta*),*Xenophon on Government*. Cambridge. 提供了一个注释本,但没有翻译。近期罗宾·沃特菲尔德(Robin Waterfield)进行了质量较高的《阿格西劳斯》翻译,加上了保

---

[1] Daverio Rocchi 2007, Dillery 1995:241 – 9, Gray 1989:178 – 82, Higgins 1977:99 – 127.一些学者认为,色诺芬设想了一个雅典和斯巴达之间的同盟,双方都可以吸取过去的教训,作为未来更谨慎行事的指南。例如,见 Dillery 1995:16, Ollier 1933:429, Riedinger 1991:191 – 206。

罗·卡特里奇(Paul Cartledge)的有效注释,可以在企鹅古典丛书中找到,书名为《僭主希罗和其他著述》(*Hiero the Tyrant and Other Treatises*)。《希腊史》现在可以在古典系列著作中找到,其中的翻译文本配有一系列有用的地图和注释。

就相关的二手文献而言,最好的一个起点是鲍威尔(Powell)和里奇(Richer)的 *Xenophon and Sparta*. Swansea. ,这是一本已编辑的书,其中全部是色诺芬关于斯巴达著作的最新的文章。另一本重要论文集,可以在 *Xenophon*. Oxford Readings in Classical Studies. Oxford 中找到。本章《色诺芬的斯巴达观》是从大量资料中得出的观点和见解,最引人注目的是 *Xenophon and the History of His Times*. London and New York. 和 *The Failings of Empire: A Reading of Xenophon Hellenica* 2.3.11 - 7.5.27. Stuttgart。塔普林其他关于色诺芬的大量著作仍是很重要的,他自己或与其他学者共同编辑了两卷有价值的文章(*Xenophon: Ethical Principles and Historical Enquiry*. Leiden., *Xenophon and His World: Papers from a Conference held in Liverpool in July 1999*. Stuttgart)。关于色诺芬作品中的审慎和斯巴达人这一主题,哈姆勃(Humble)的作品("*Sôphrosynê* and the Spartans in Xenophon?," in *Sparta: New Perspectives*, eds S. Hodkinson and A. Powell. Swansea: 339 - 53., "Was *sôphrosynê* ever a Spartan virtue?," in *Sparta: Beyond the Mirage*, eds A. Powell and S. Hodkinson. Swansea: 85 - 109)是必不可少的。

那些对阅读和解读色诺芬的方法感兴趣的人,可以参考维维安·格雷(Vivienne Gray)(*The Character of Xenophon's Hellenica*. London, *Xenophon's Mirror of Princes: Reading the Reflections*. Oxford)的学术研究。关于色诺芬的施特劳斯式解读的具体问题,除了格雷的作品外,还应该参考 "The Straussian exegesis of Xenophon: the paradigmatic case of *Memorabilia* IV 4," in Gray (ed.) (2010a):283 - 323 (= "L'exégèse strausienne de Xénophon: le cas paradigmatique de Mémorables IV 4," *PA* 1(2001):87 - 118)的研究。

关于古代斯巴达的历史,可以在 *Spartans: A New History*. Malden, MA, Oxford, and Chichester. 中找到一个相对简要的概述。关于同一主题的更深入的探讨,见 *Sparta and Lakonia: A Regional History 1300 - 362 B. C.* 2nd edn. London.、*Hellenistic and Roman Sparta: A Tale of Two*

Cities. 2nd edn. London。*Agesilaos and the Crisis of Sparta*. Baltimore. 的
学术研究仍然是色诺芬和阿格西劳斯时代关于斯巴达的十分重要的研究。

译者简介: 陈程程,西南大学历史文化学院、希腊研究中心研究生,主要研
究方向为古典文明史。

小荷才露

黑水国汉墓的墓内设奠及相关问题

安　育

　　摘　要:张掖市甘州区黑水国遗址发掘的百余座两汉墓葬为探讨汉代墓内设奠及相关问题提供了重要材料。由于合葬的流行,墓内设奠方位经历了"奠于尸东"、设奠于"奥"至奠于棺前、奠于祭台的转变。奠器"同形并置"的器用现象反映出奠器存在着模范化生产,复原了设奠处于厝棺后、封墓前的礼仪程序,表明墓内设奠的频次取决于合葬时重启墓室的频次。赋彩陶质"案、杯、盘"本质上是随葬漆器明器化的产物,是汉晋时人观念中具有设奠功能的明器。通过与墓内设奠的比较,西汉中晚期三例墓上祭祀坑当是为祭祀地祇而设的一种特殊的"墓上设施",与墓内设奠相辅相成。作为个例,对黑水国汉墓的讨论或可为研究其他地区汉晋时期墓内设奠现象提供参考。

　　关键词:黑水国汉墓　墓内设奠　设奠方位　明器　祭祀坑

　　墓祭虽非古礼,却在两汉时期倏然成俗。墓内设奠是一种有别于墓地洒扫祭拜的特殊墓祭形式。[①] 甘肃省文物考古研究所于 2018—2019 年在张掖市甘州区黑水国墓群集中清理了西汉中晚期至魏晋时期的 186 座墓葬。[②] 由于

---

① 墓内设奠亦称墓内祭祀,案、杯、盘等奠器组合是墓内设奠的根本依托。本文通称"墓内设奠"而非"墓内祭祀",是考虑到"奠"属凶礼,更能明确其在丧葬语境中的性质,如《释名·释丧祭》曰:"丧祭曰奠。"称案、杯、盘等为"奠器"而非"祭器",是为了与先秦文献中作为"人器"的"祭器"相区分,有关先秦时期"明器"和"祭器"的论述详见后文。"奠器"是基于案、杯、盘设奠功能层面的指称,而非其本身的性质。

② 甘肃省文物考古研究所:《张掖甘州——黑水国汉代墓葬发掘报告:上、下》,甘肃教育出版社2019年版;甘肃省文物考古研究所:《张掖甘州——黑水国汉代墓葬发掘报告:续》,甘肃教育出版社 2021 年版。若无特别说明,后文所引有关黑水国汉墓的文字和图像资料均来自该报告。

墓葬年代集中、演变有序,此次考古工作不仅为河西汉墓的分期断代提供了重要标尺,也有助于进一步讨论本区乃至中原地区汉晋时期的墓内设奠。本文立足于黑水国汉墓的墓葬形制及其与奠器组合的关系,呈现墓内设奠形式的阶段性变化。基于奠器组合、陶器赋彩等器用特征,尝试讨论墓内设奠的程序以及"案、杯、盘"组合的性质等相关问题。最后在对三例墓上祭祀坑与墓内设奠的关系讨论中厘清前者的性质与功能。

一、黑水国汉墓概况

黑水国遗址为汉晋张掖郡治觻得县所在,"觻得"获名于匈奴觻得王号。《旧唐书·地理志》载:"觻得县,郡所治也,匈奴王号也。"[①]遗址的年代亦始于武帝驱逐匈奴、开边河西之际。考古工作者在黑水国遗址先后发掘清理墓葬一百八十余座,在此基础上出版了《张掖甘州——黑水国汉代墓葬发掘报告》(以下简称《报告》)。黑水国汉墓自西汉武帝晚期延续至汉末,主体人群为西汉中期以来陆续实边河西的中原移民。汉武帝元鼎六年(前111年)"分武威、酒泉地,置张掖、敦煌郡,徙民以实之"[②]。古DNA数据显示黑水国汉墓父系遗传组的构成与现代河南、山东、河北等中原地区汉族人群接近,印证了文献中张掖戍卒徙自中原、黄淮、和华北地区的史实。[③]

据墓葬形制主要分为长斜坡墓道砖室墓和长斜坡墓道土洞墓两类,另有少量竖穴墓道砖室墓和土洞墓等。出土随葬品两千余件。《报告》将陶器分为礼器(鼎、壶),模型明器(仓、井、灶、釜、甑、盆、炉、灯等),祭器(案、杯、盘等),实用器(罐、瓮等)四组。其中以案、杯、盘等为主体的祭器(以下统称奠器)组合是本文讨论的中心。

二、墓葬形制、奠器及设奠方位的演变

(一)墓葬分期及其形制变迁

《报告》(上)将2018年发掘的百余座汉代墓葬分为四期,即西汉中期偏

---

① 《旧唐书》卷20《地理志三》,中华书局1975年版,第1641页。

② 《汉书》卷6《武帝纪第六》,中华书局1964年版,第189页。

③ 熊建雪、蒙海亮、陈国科等:《黑水国遗址汉代墓地古人口学研究》,吉林大学边疆考古研究中心编:《边疆考古研究》,2022年第2期,第347—365页。

晚、西汉晚期、新莽至东汉早期、东汉中晚期。而后《报告》(续)将 2019 年发掘的汉晋墓葬分为五期,即西汉晚期、新莽至东汉早期、东汉中晚期(即东汉中期偏晚,后详),东汉晚期、魏晋时期,并据 M99 的碳十四数据中值将《报告》(上)第四期(东汉中晚期)墓葬校正为东汉中期略偏晚阶段。此外,《报告》(续)称两座魏晋墓 M148、M149"与酒泉西沟村部分魏晋时期墓葬和高台南华镇 M1、M10 相似",断代依据为"墓室壁出现了面立砖的结构"。事实上,墓壁构筑方式的改变强调了技术层面的变革,而 M148、M149 与河西地区的典型魏晋墓仍存在明显差异。特别是其前后墓室间的甬道并不明显,与酒泉丰乐三坝湾曹魏咸熙二年(265)M1(图一)①,敦煌祁家湾西晋泰熙元年(290)M321② 等典

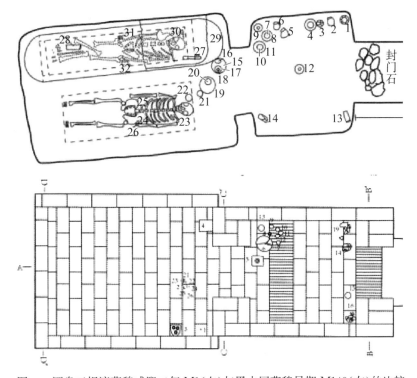

图一　酒泉三坝湾曹魏咸熙二年 M1(左)与黑水国曹魏早期 M149(右)的比较

---

① 甘肃省文物考古研究所:《甘肃酒泉丰乐三坝湾魏晋墓 2013 年发掘简报》,《考古与文物》2020 年第 1 期。

② 甘肃省文物考古研究所:《敦煌祁家湾——西晋十六国墓葬发掘报告》,文物出版社 1994 年版,第 22 页。

型魏晋墓有着本质区别,具有河西东汉中晚期墓葬的突出特征。考虑到墓葬形制演进的滞缓性,M148、M149 年代当在汉末魏初,可纳入东汉晚期墓葬的范畴。① 综合以上讨论,可将黑水国汉墓分为五期,即西汉中期偏晚、西汉晚期、新莽至东汉早期、东汉中期偏晚、东汉晚期。

第一期(西汉中期偏晚阶段)流行土坑木椁墓,陶鼎、陶壶等礼器组合是代表性器物。第二期(西汉晚期)出现土洞墓和单室砖墓,陶灯、陶樽开始流行。第三期(新莽至东汉早期)在继承前一阶段的基础上,单室砖墓特别是单室砖土混筑墓有所增加。随着墓室后方棺床的抬高,葬物空间与葬人空间分离,演变出前后双室墓。出现陶质"案、杯、盘"等奠器组合。第四期(东汉中期偏晚阶段)前后双室砖墓广为流行,器物组合趋于稳定并延续至汉魏之际,变化不显。第五期(东汉晚期)在延续第四期墓葬特征的基础上,前室后侧出现了砖砌祭台。这一特征在魏晋时期演化为前室周壁均砌砖台的"院坑",加深了前室的纵向空间。与此同时,张掖地区汉魏时期的多室砖墓普遍流行前室穹隆顶、后室券顶的形制。从平面结构来看,东汉时期中原汉墓"前室横长、后室纵长"的结构在本区业已全面普及,前室的横向空间持续发育。由于墓内设奠与汉代横穴式室墓的出现、墓室纵向空间的升高密切相关,②因此,终东汉一朝,无论是祭台和"院坑"的出现、前室券顶为穹隆顶所代替,还是"前室横长"的推广,都无疑将前室构造成一个高深宽敞、方便活动的礼仪空间,便宜墓内设奠的开展。当然,在墓内设奠空间独立之前,奠器及其方位特征仍主要承担着表达设奠观念的重要功能,这将在后文予以详述。

(二)奠器材质与器型的演变

"案、杯、盘"组合是饮食的主要载体,人间的宴饮转入地下而为供祀,"案、

---

① 吴桂兵认为,"从汉代的多室墓、前后室墓(前堂、横前堂)向前后室墓(前后空间有明显过道)、单室墓的发展"是洛阳地区墓葬制度汉晋变迁的表现之一,故可将前后空间有明显甬道视为"晋制"的重要内涵。见吴桂兵:《两晋墓葬文化因素研究》,南京大学出版社 2017 年版,第 230 页。
② 黄晓芬将祭祀空间的扩大和与汉墓形制的变革联系起来,认为"传统椁墓的改造及椁内祭祀空间的重视和发展最终导致横穴式室墓的确立及墓室内祭祀堂的发达"。赵化成则认为墓内祭祀空间的兴起是墓葬形制发展的结果而不是原因。见黄晓芬:《汉墓形制的变革——试论竖穴式椁墓向横穴式墓室的演变过程》,《考古与文物》1996 年第 1 期;赵化成:《汉代"横葬制墓"的起源与发展》,北京大学中国考古学研究中心、北京大学震旦古代文明研究中心编:《古代文明》第十五卷,上海:上海古籍出版社,2021 年,第 207 页。

杯、盘"也完成了从食具向奠器这一"推生事死"的转变。樽为温酒器,鉴于陶樽及配套的陶勺大多与陶案保持着密切距离,以勺自樽中将酒水分挹至杯中构成了连接"案、杯、盘"与"樽、勺"的操作链,具有奉食供祀的功能,因而樽、勺一般也被视为奠器的有机部分。从奠器组合及其演变来看,"案、杯、盘"组合自西汉中期延续至汉末魏初,组合关系稳定牢固。"樽、勺"虽早于西汉晚期出现,但出现频次较低,并非固定的奠器组合。

黑水国汉墓在西汉中晚期已出现了具有明确祭奠指向的漆质"案、杯、盘"组合,但数量有限而未见普及。新莽以后,随着洛阳地区陶质"案、杯、盘"组合的出现与传播,河西地区除武威一地漆质和木质奠器尚存外,陶质奠器组合已全面普及。① 从漆质奠器转变为陶质奠器,本质上是作为"养器"的食具明器化的体现。孔颖达疏"养器"曰:"养器,供养人之饮食器也。"②"养器"既是生者的日用器具,而死者用"养器"等同于"用殉"③,那么漆质奠器为陶器全面替代就势所必然了。

奠器当中,器型变化显著者当属陶案与陶樽:四足方案在新莽至东汉早期占绝对数量,与之并存的是少量三足圆案,后者在东汉中期逐渐取代四足方案成为主流样式。陶樽早在西汉晚期就已出现并融入奠器组合,以直腹筒状为主流形态延续贯穿汉晋时期,另有侈口樽、束腰樽两种亚型。如果扩大时空范围,可以看到晚至魏晋十六国时期,整个河西地区陶樽与陶案的演变趋势也与中原南方保持着一致,即三足消失变为平底,代表着奠器的"汉晋之变"(表一)。④ 这意味着永嘉丧乱前后,凉州都并非独立封闭的地区,其与中原、江左的联系仍值得关注。

---

① 洛阳市考古发掘队:《洛阳烧沟汉墓》,北京:科学出版社 1959 年版,第 241 页;武威地区自西汉晚期至东汉中期主要流行以木几、漆案、漆盘、漆杯等为中心的奠器组合,见党国栋:《武威县磨嘴子古墓清理记要》,《文物参考资料》1958 年第 11 期;陈贤儒:《甘肃武威咀子汉墓发掘》,《考古》1960 年第 9 期;甘肃省博物馆:《甘肃武威磨咀子 6 号汉墓》,《考古》1960 年第 5 期。
② 郑玄注,孔颖达正义,吕友仁整理:《礼记正义》卷 6《曲礼下第二》,上海:上海古籍出版社,2008 年,第 153 页。
③ 《礼记·檀弓》曰:"死者而用生者之器也,不殆于用殉乎哉!"见郑玄注,孔颖达正义,吕友仁整理:《礼记正义》卷 13《檀弓下第四》,第 377 页。
④ 部分简报或报告中仍称"盘",见甘肃省文物考古研究所:《敦煌祁家湾——西晋十六国墓葬发掘报告》,第 68 页。

表一　黑水国汉墓及河西地区汉晋时期陶案、陶樽器型的演变

	西汉晚期	新莽至东汉早期	东汉中晚期	魏晋十六国时期
陶案	黑水国 M176：6 黑水国 M164：2		敦煌祁家湾 M303：1	
陶樽	黑水国 M60：13 黑水国 M97：5	黑水国 M105：3	敦煌祁家湾 M304：43	

(三) 设奠方位及其变迁

　　方位隐含着"方向"和"位置"两重内涵,其中葬俗与墓葬形制的改变是推动设奠方位变迁的主要因素。在双室墓出现之前,不同性质的器物组合将墓室空间分割为诸多功能区。以黑 M55 为例:该墓随葬品分组列于棺木一侧,位置清晰、功能明确。从后至前依次分为礼器、奠器、模型明器(陶灶)、车马器(构件)四组。其中车马器构件与陶灶毗邻,位于椁室中前方(图二)。颜师古引服虔云"外藏椁"为"在正藏外,婢妾之藏也,或曰厨厩之属也"[1]。黑 M55 以车马器构件和陶灶来象征车马房和炊厨库这一外藏系统。[2] 意味着在丧葬观

---

[1] 《汉书》卷 68《霍光传》,第 2949 页。
[2] 李如森:《汉代"外藏椁"的起源与演变》,《考古》1997 年第 12 期。

念的层面上,黑 M55 可以被分割为外藏和正藏两个部分。而在正藏系统中,以"案、杯、盘"为核心的奠器组合则强调了该墓祭奠空间的在场。

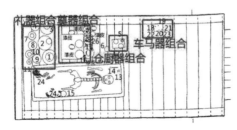

图二　M55 椁室空间功能的划分(奠于尸东)

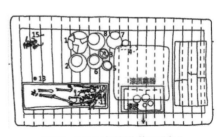

图三　M16 中的设奠于"奥"

西汉中晚期的黑 M16、黑 M55、黑 M57 中已随葬漆质"案、杯、盘"组合。特别是黑 M55 出土漆盘附近散落着鸡骨、猪骨等,具有突出的奉食宴飨色彩,显系新莽和东汉时期墓内设奠风行的前奏。与东汉时期奠器组合置于棺前头挡处几成定制不同,黑 M16 和黑 M55 中漆质案、杯、盘的位置值得关注。在单人葬的黑 M55 中,漆案等奠器组合置于棺木左侧。在同为单人葬的黑 M16 中,漆案、漆杯等位于椁室前方右侧,漆案面向右壁(漆案长边一侧面向椁室右壁)(图三)。黑 M16 墓道底部几近椁顶板,黑 M55 墓道底部则直通墓底。二者虽分别代表着"竖葬制墓"与"横葬制墓"新旧两个不同的传统,但先秦以来"如死如生,如亡如存"观念的延续和墓葬宅第化趋势的加强,墓葬早已被视作对地上居室的模拟。① 黑 M16 中漆案置于椁室右前方,这里相当于地上居室的西南隅即"奥",是祭祀或尊者居处的礼仪空间。《尔雅》疏"奥"曰:"西南隅为最深隐,故谓之奥,而祭祀及尊者常处焉。"② 又《仪礼·士昏礼》云:"主人筵于户西,西上。"③ 先秦两汉时期尊西卑东的"东向坐"为尊者所居方位,主东客

① 赵化成指出,"竖葬制墓"(大致对应"周制")与"横葬制墓"(大致对应"汉制")中均有带斜坡墓道木椁墓,所不同处在于前者"斜坡(或阶梯)墓道底部与椁室顶部及二层台大体齐平,没有墓门(或封门),甬道的设置",而后者"墓道直通墓底,即墓道底部与墓室底部大体齐平,或略高于墓底(一般与墓底积碳、椁底板或铺地砖大体齐平),有墓门(或封门),或有甬道、前室"。参见赵化成:《汉代"横葬制墓"的起源与发展》,第 175—208 页;黄晓芬与赵化成对墓室宅第化起源地的看法略有不同,但均认为"秦末汉初"或秦汉时期是这一趋势强化的关键时期。参见黄晓芬:《汉墓的考古学研究》,长沙:岳麓书社 2003 年版,第 90—92 页;赵化成:《汉代"横葬制墓"的起源与发展》,第 207 页。
② 阮元校刻:《十三经注疏》下,北京:中华书局 1980 年版,第 2597 页。
③ 郑玄注,贾公彦疏:《仪礼注疏》卷 4《士昏礼第二》,上海:上海古籍出版社 2008 年版,第 88 页。

西的"虚左"亦是将客奉至西位以明尊宾之礼。同样地,"奥"或西位在丧葬环节中的地位也不言而喻。《仪礼·士丧礼》载人死而不复则"奠脯醢醴酒,升自阼阶,奠于尸东"。又"入,坐于床东。众主人在其后,西面"。① 始死奠时,酒脯设于"尸东","众主人"需在"床东"哭泣,至见宾而不哭。自小敛奠而后的大敛奠、朝夕奠、朔月奠等环节,祭奠品从尸床之东移至"奥"处进行陈设。天子葬礼也循此古制,如皇帝丧赠需"临羡道房户,西向,手下赠,投鸿洞中"②。与之相反,于尸体西侧设奠则被视为"鲁礼之末失"(《礼记·檀弓上》)的失礼之行。无论是黑 M55 中漆案面向墓主棺木的"奠于尸东"现象,还是黑 M16 中漆案置于椁室西南角以示设奠于"奥",本质上都是对死者西位、祀者东位这一方位关系的模拟。"奠于尸东"和设奠于"奥"的古制在新莽以后并未绝迹。前者在玉门官庄 2003GYGM2③、敦煌祁家湾 M218④ 等十六国墓葬仍可见出端倪。后者在密县打虎亭 M1⑤、济南大柿园东汉晚期画像石墓⑥、敦煌佛爷庙湾西晋早期的 M133⑦、朝阳袁台子前燕壁画墓⑧等汉晋墓葬中遗制犹在。值得一说的是,在敦煌佛爷庙湾 M133 以及辽阳地区为数众多的汉晋石室墓中⑨,多以砖石砌出右耳室来象征"奥"这一礼仪空间,并将奠器陈设于"奥"中彩绘帷帐或墓主像前(图四),即所谓"飨神之幄"⑩"祭如在,祭神如神在"⑪是也。表明先秦丧葬礼制观念与实践汉晋相因,在永嘉丧乱后随中州士人避走河西、辽东而远播边陲,成为"礼失而求诸野"的鲜活例证。

黑 M57 奠器方位的变化具有过渡意义。该墓坐北朝南,椁室东西两侧分别为男女墓主的棺木,漆质奠器组合位于东侧男棺前挡处。据"奠于尸东"礼

① 郑玄注,贾公彦疏:《仪礼注疏》卷 35《士丧礼第十二》,第 1048、1050 页。
② 《后汉书》卷 96《礼仪下》,北京:中华书局 1965 年版,第 3148 页。
③ 谢焱、李永峰:《甘肃玉门官庄魏晋墓葬发掘简报》,《考古与文物》2005 年第 6 期。
④ 甘肃省文物考古研究所:《敦煌祁家湾——西晋十六国墓葬发掘报告》,第 47 页。
⑤ 安金槐、王与刚:《密县打虎亭汉代画象石墓和壁画墓》,《文物》1972 年第 10 期。
⑥ 济南市考古研究所、济南市长清区文物管理所:《济南市长清区大柿园东汉画像石墓》,《考古》2018 年第 4 期。
⑦ 甘肃省文物考古研究所:《敦煌佛爷庙湾——西晋画像砖墓》,北京:文物出版社 1998 年版,第 31 页。
⑧ 李庆发:《朝阳袁台子东晋壁画墓》,《文物》1984 年第 6 期。
⑨ 笔者曾以"辽阳旧制"命名具有此类形制特征与祭奠内涵的汉晋石室墓,见安育:《从三燕、五凉到北魏:墓主像与备乘图"平城规制"的生成》,刘中玉主编:《形象史学》第三十一辑,北京:中国社会科学出版社 2024 年版,第 85—106 页。
⑩ 《汉书》卷 22《礼乐志》,第 1062 页。
⑪ 金良年撰:《论语译注》,上海:上海古籍出版社 2004 年版,第 24 页。

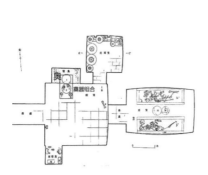

图四　敦煌佛爷庙湾 M133 的设奠于"奥"与"飨神之幄"

制原则推测:女墓主先葬并厝棺于椁室西侧,女棺之东本为漆质奠器,后在男墓主合葬时于奠器所在的位置安置男棺。待两具棺木安置完毕,又将奠器移置男棺前挡处以示祭奠(图五)。一些墓例也支持先葬者棺木居西、后葬者棺木居东的原则(即后葬者棺木占据原先尸东设奠之处):新莽时期的黑 M62 在二次合葬时为拓宽墓室空间而向西壁扩出高于主室的偏室以安置后葬者棺木(图六)。上述墓例表明,"奠于尸东"的礼制为适应二次合葬导致的墓室空间的改变,需将奠器移至棺木前挡以充分利用墓内空间。而事实上,"奠于棺前"作为一种务实而机变的设奠方位在新莽以后占据主流,并在一定程度上促成了东汉墓葬"前方为祭祀空间、后部为埋葬空间"[1]的空间利用格局。

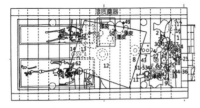
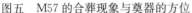
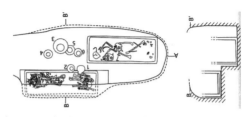

图五　M57 的合葬现象与奠器的方位　　图六　M62 中先西后东合葬对墓室的改变

---

[1] 关于汉墓前后室功能区分的讨论,参见黄晓芬:《汉墓形制的变革——试论竖穴式椁墓向横穴式墓室的演变过程》,《考古与文物》1996 年第 1 期。

　　东汉中晚期是墓内设奠方位渐趋稳定并走向成熟关键时期。如前所述，东汉早期以来墓室后侧(棺床)的抬高促成了墓室前后空间的分化与双室墓的流行。作为结果之一，墓室后侧呈现不断升高的趋势：东汉早期的黑 M144 墓室后侧的棺床部分仅高出墓室前侧 0.1 米，在汉末魏初的黑 M148 中，前后室地面落差已达 0.4 米。这一形制的演进最终实现了祭奠空间的转移与独立：原先位于墓室前侧的奠器组合被转移至前室后侧出现的砖砌祭台上。曹魏初期的黑 M148 是一座前后双室砖墓，前室后侧"底砖之上垒砌丁平 2 层，丁立 1 层，形成二层台"(图七)。照片显示砖砌"二层台"位于前室后侧、甬道之前，为后室抬高部分的延伸，也是前后室之间的过渡性砖台。砖砌"二层台"甫一出现，

图七　黑水国 M148 前室"二层台"(祭台)

"案、杯、盘"等奠器组合便被集中转移至此，"二层台"俨然充作祭台之用。即使在东汉晚期河西地区墓内设奠出现松动、混乱甚至失而不备的背景下，[1] 依然可以在黑水国 M153、M155、M148、M149 中看到圆案稳定地放置在祭台上，维系着其祭奠中心的地位。祭台虽是后室地面向前室延伸的部分，但又整体位于前室，将墓葬分割为祭奠和埋葬功能判然分明的两个空间。

　　从设奠于"奥""奠于尸东"向奠于棺前、奠于祭台的转变，标志着影响深远的主流设奠方位的出现与确立。这一转变的节点大致发生在昭宣至稍晚的新莽时期，与一些学者认为西汉后期"汉制"最终替代先秦古制的观点不谋而合。[2] 因此，可以说奠于棺前、奠于祭台的做法滥觞于西汉晚期，成熟于新莽至东汉时期，延续至魏晋，成为"汉制"孑遗于"晋制"的重要标志。[3]

---

① 河西地区东汉中晚期墓葬集中分布于走廊西端，相关墓例见赵吴成、周广济：《甘肃省高台县汉晋墓葬发掘简报》，《考古与文物》2005 年第 5 期；张掖市文物保护研究所：《甘肃临泽五三汉晋墓群发掘简报》，《中国国家博物馆馆刊》2020 年第 3 期。

② 高崇文指出，"从考古发现看，西汉前期的墓葬多沿用先秦的丧葬礼制，西汉后期则发生了大的变化，表明新的汉代葬制已彻底代替先秦古制，进入到新的'汉制'阶段"。见高崇文：《论西汉时期的祭奠之礼》，《古礼足征——礼制文化的考古学研究》，上海：上海古籍出版社 2017 年版，第 254 页。

③ 关于"汉制"与"晋制"等概念，参见俞伟超：《汉代诸侯王与列侯墓葬的形制分析——兼论"周制"、"汉制"与"晋制"的三阶段性》，《先秦两汉考古学论集》，北京：文物出版社 1985 年版，第 117—124 页。

三、奠器的器用规律与设奠程序

尽管在张掖西部高台、临泽等地的汉魏墓葬中,陶杯、陶盘与其他随葬品混同,配置关系混乱,设奠指向晦暗,但黑水国汉墓随葬奠器组合特别是案、杯、盘却存在着模范化生产,体现出陈设奠器已成规成制。通过分析遗迹现象,推导并复原墓内设奠的程序。可知墓内设奠并非一种"岁时祭祀",而是从属于葬礼本身。案、杯、盘也是一种一次性随葬并具备永久祭奠功能的明器。

(一) 奠器的"同形并置"及相关问题

"同形并置"最初是用来指称黑水国汉墓中多件陶罐"器形一致、大小相近"的现象,也同样适用于表述陶耳杯、陶盘的器用规律。以第三期黑 M100为例,该墓出土陶耳杯与陶盘各 4 件,据外形大小分为 4 组:大型陶耳杯组的黑 M100:13、黑 M100:14 与小型陶耳杯组的黑 M100:18、黑 M100:19,每组器型与大小相同;大型陶盘组的黑 M100:11、黑 M100:12 与小型陶盘组的黑 M100:15、黑 M100:17,每组器型与大小相同(表二)。《后汉书》载:"东园武士执事下明器……瓦案九。瓦大杯十六,容三升。瓦小杯二十,容二升。瓦饭盘十。瓦酒樽二,容五斗。"[①]这些根据数量、大小分组的陶耳杯、陶盘,当与文献中以"升""斗"区分的东园明器具有相同性质。这种以尺寸数据维系的规范化、模式化的陶器生产模式,暗示了东汉时期体系完备、工艺成熟的丧葬作坊的存在。

表二　黑水国 M100 出土陶盘、陶耳杯尺寸数据表(单位:厘米)

	分类	编号	口径	底径	高
陶盘	大型陶盘	M100:11	21.8	12	5
		M100:12	21.8	12	5
	小型陶盘	M100:15	12.8	7.4	3.5
		M100:17	12.8	7.4	3.5

---

① 《后汉书》卷 96《礼仪下》,第 3146 页。

续　表

	分类	编号	口长径	口短径	底长径	底短径	高
陶耳杯	大型陶耳杯	M100:13	13.8	10.3	8.2	4.8	4.3
		M100:14	13.4	7.2	8.2	4.8	4.3
	小型陶耳杯	M100:18	11.1	7.2	5.8	3.4	4
		M100:19	11.1	7.2	5.8	3.4	4

　　从出土数量来看,每座墓随葬陶案、陶樽与陶勺的数量常在 1 件左右,随葬陶杯、陶盘则多在 3—4 件之间或上下略有浮动。值得注意的是,一些二次合葬墓存在着为后葬者重新添置奠器的现象:黑 M72 等少数双人合葬墓随葬陶案 2 件,陶盘则达 8 件之多。其数量是一般墓葬的两倍,推测应与二次合葬讫毕时为后葬者重新添置一套奠器有关。基于单人葬墓也大量随葬奠器的现象来推断,在厝棺之后、封墓之前会为该墓唯一的死者设奠。如此,则多数仅随葬一套奠器的双人合葬墓很可能只是沿用了先葬者的奠器,以此来祭奠墓中的所有死者。因而,黑 M72 等随葬 2 件陶案的双人合葬墓当作如是解释:第一件陶案(及其代表的奠器组合)是为初葬者所置,第二件陶案当是在合葬时重新置入。重置陶案既具有为后葬者设奠之意,也不排除为所有死者共同设奠的可能。在多数情况下,较之于案,杯、盘是合葬重添的首选奠器。如黑 M103 就随葬了多出平均数量的杯、盘各 6 件,多出的个数当与二次合葬重添有关,却不再置入陶案。进一步来看,基于遗迹现象的观察,不仅可以梳理随葬奠器的数量规律,更有助于推导和厘清墓内设奠的程序问题。

(二) 墓内设奠程序问题辨正

　　这里主要讨论墓内设奠是否重复进行以及何时进行。对于前一个问题,黄晓芬引《后汉书·礼仪志下》"合葬,羡道开通,皇帝谒便房"条[1]来说明"东汉时期主持葬礼者直接进入墓室内进行祭祀礼仪"[2];魏镇则认为"目前考古

---

[1] "合葬,羡道开通,皇帝谒便房。太常导至羡道,去杖,中常侍受,至柩前,谒,伏哭上如仪。辞,太常导出,中常侍受杖,升车归宫。"见《后汉书》卷 96《礼仪下》,第 3152 页。

[2] 黄晓芬:《汉墓形制的变革——试论竖穴式椁墓向横穴式墓室的演变过程》,《考古与文物》1996 年第 1 期;此外,如周立刚、楚小龙以荥阳薛村汉墓中平面呈弧形的斜坡墓道、平面呈弧形或台阶(斜坡)与竖井倾斜相交的组合墓道为例,指出此类斜坡墓道与组合墓道便于上下进入墓室,相当于承认了墓内设奠的重复性,见周立刚、楚小龙:《试论汉代中小型洞室墓的墓道——以河南荥阳薛村汉墓为例》,《中原文物》2011 年第 5 期。

发掘中没有发现除合葬外的墓葬多次开合的迹象,没有证据证明墓内设奠行为的重复性"①。然而,这两种看似对立的观点实则具有近似的逻辑前提。即二者均以墓上祠堂"岁时祭祀"的形式揆度墓内设奠,造成所谓"一次性"与"重复性"的对立。通过上一节的论述,我们得出如下结论:墓内的"祭"依附于"葬"。墓内设奠的"重复性"很大程度上体现为合葬之际墓室重启的"重复性",葬毕如无合葬需要便不会再度进入墓室进行祭奠,即没有独立于"葬"之外重复进行的墓内祭奠。可以说,墓内设奠是一种礼制的实践结果和既定的丧葬现象,而非周期性、重复性的祭祀行为。当葬礼结束后,奠器封入墓穴,维系着无须生者岁时洒扫的永久祭奠功能。在这一系列过程中,"重复性"体现为合葬时墓室的重复封启,"一次性"体现为奠器的一次置入,最终指向永久祭奠的礼制效用。

至于墓内设奠何时进行,赵化成曾指出"合葬墓二次或多次进入墓室会打搅死者,因而需要在墓内设奠以祭祀墓主"②。这虽然回答了祭奠礼仪发生的具体环节,也解释了墓内设奠的目的,然而,若据赵氏墓内设奠进行于二次合葬时这一观点,就显然与黑水国汉墓近二十座单人葬墓仍随葬奠器的现象相抵牾。如前所述,奠器及其他明器在厝棺后、封墓前置入墓内以飨死者,本质上是视死如生观念的具象化和礼制化。与供食奉祀的礼制传统密切相关,而与合葬时基于是否"打搅死者"的考虑关系甚微。事实上,黑水国墓群绝大多数单人葬墓与合葬墓随葬奠器数量并无明显不同,这进一步说明墓内设奠并非合葬葬俗流行的结果。

四、陶奠器赋彩兼及陶质案、杯、盘性质的再讨论

汉墓出土赋彩陶器较为常见。黑水国汉墓出土赋彩陶器集中于鼎、壶、案、杯、盘、樽、勺等礼器和奠器组合,多为黑红二彩,赋彩形式多样,具有模拟漆器"墨漆其外,而朱画其内"③的鲜明倾向。赋彩陶奠器流行于新莽至东汉早期,至东汉中晚期多已衰落。揆其缘由,赋彩陶质"案、杯、盘"本质上是对漆质"案、杯、盘"的模拟,是后者明器化的产物。而赋彩的消失亦不过是陶奠器明器化程度加深的结果。

---

① 魏镇:《汉代墓内设奠现象与祭奠器再研究》,《考古》2020 年第 11 期。
② 赵化成:《汉代"横葬制墓"的起源与发展》,第 207 页。
③ 王先慎撰,钟哲点校:《韩非子集解》卷 3《十过》,北京:中华书局 1993 年版,第 71 页。

　　李梅田认为陶奠器赋彩是一种"明器与祭器混用"的现象①。魏镇则指出洛阳汉墓出土陶案"四周起缘""内部多涂朱或彩绘"的特征表明其"应是仿照生活用器食案而做的明器,而不是用于祭祀"②。魏氏还引入"动态性"的概念指出"墓门关闭的刹那,这些器物的性质实现了统一,成为这个封闭的永恒世界中为墓主所有及所用的'明器'",墓内设奠的情景转换成"墓主永恒的盛宴"③。可以看到,无论是李梅田的"混用说",还是魏镇通过确立了涂朱陶案"明器"的性质以否认其祭祀功能,本质上都是在先秦时期明器与祭器这对对立范畴中讨论的。《礼记》云:"是故竹不成用,瓦不成味,木不成斫,琴瑟张而不平,竽笙备而不和,有钟磬而无簨虡。其曰明器,神明之也。"④在先秦礼制概念中,明器具有"备物而不可用"(《礼记·檀弓下》)的特征,魏镇却将"仿照生活用器食案而做"的陶案定性为明器。这种文本矛盾固然提醒我们《礼记》中明器的概念与两汉丧葬材料之间存在着某种龃龉,也使重审陶质"案、杯、盘"组合的性质成为必要。

　　事实上,无论赋彩与否,陶质"案、杯、盘"本质上都是明器及其过渡形态,需要回归明器这一概念的使用语境中去。陶质"案、杯、盘"是否确为一种"明器与祭器混用"现象?《礼记》载仲宪对曾子曰:"夏后氏用明器,示民无知也;殷人用祭器,示民有知也;周人兼用之,示民疑也。"曾子表示反对,认为:"明器,鬼器也。祭器,人器也。夫古之人胡为而死其亲乎?⑤"明器专为丧葬定制,祭器则偏重日用和致奠,二者为相对的概念。⑥ 周人兼用明器与祭器,是"民疑"的体现。又郑注《仪礼》云:"大夫以上兼用鬼器、人器。"⑦由于死后是否有知长期存在争议,大夫以上也是杂用鬼器(明器)与人器(祭器)。孔子也认为明器"备物而不可用"的特征是为了平衡"之死而致死之"和"之死而致生

① 李梅田:《中古丧葬模式与礼仪空间》上,上海古籍出版社 2023 年版,第 167 页。
② 魏镇:《洛阳汉墓中的陶案及其礼仪功能》,《中国国家博物馆馆刊》2017 年第 12 期。
③ 魏镇:《汉代墓内设奠现象与祭奠器再研究》,《考古》2020 年第 11 期。
④ 孙希旦撰,沈啸寰、王星贤校:《礼记集解》卷 9《檀弓上》,北京:中华书局 1989 年版,第 216 页。
⑤ 孙希旦撰,沈啸寰、王星贤校:《礼记集解》卷 9《檀弓上》,第 219 页。
⑥ 有关"人器"与"鬼器"的解释可参考陈公柔的观点,陈氏认为,"祭器、人器、生器意义相同,皆与明器、鬼器相对而言;前者是实用器,后者则专为随葬而准备的。所谓实用器即日常用具与实(装盛)奠品以用来致奠的一些器类,如铜鼎、豆及陶豆、鬲等,不仅奠祭时用它,就是日常生活也要用它;而明器则仅是为随葬而专门制造的"。参见陈公柔:《士丧礼、既夕礼中所记载的丧葬制度》,《考古学报》1956 年第 4 期。
⑦ 郑玄注,贾公彦疏:《仪礼注疏》卷 38《既夕礼第十三》,第 1168 页。

之"这种不仁不智行为而采取的折中方式,即明器本身就回避了人死后"无知"还是"有知"的终极问题。既然明器专为丧葬而作,而陶质"案、杯、盘"固非日用食具,自然并非祭器之属,更无所谓"明器与祭器混用"了。

与明器相对的概念不断变化,而明器本身的内涵也在不断扩充。春秋中期以后,敬神与事鬼分离,专门事鬼的明器比例不断增加。战国时期,死者生前使用的日用品即"生器"出现,并成为与"明器"相对的概念。[①] 漆案等墓主生前使用的"生器"被葬入墓中以"事死如生",表明时人开始接受死后"有知"的观念,明器的内涵也随之变化。《礼记》载宋襄公以"醯醢百瓮"葬其夫人,曾子批评这一行为"既曰明器矣,而又实之?"[②]这一实明器而用之的礼制乱象在两汉时期已成时俗,如黑 M115 的陶盘中置有猪骨。与此同时,出现了陶质奠器施彩以象漆器、陶杯饰铜耳以模仿扣器等现象,"生器"(养器)以一种渐进的方式完成了向明器的转化。

汉晋时人观念中明器的内涵已与先秦颇为不同。《通典》载贺循议丧礼:"其明器……三谷三器(粳、黍、稷,灼而干)……瓦杯盘杓杖一。"[③]又《后汉书》载:"东园武士执事下明器……黍一,稷一,麦一,粱一,稻一,麻一,菽一,小豆一。"[④]可见,时人观念中不仅"瓦杯盘杓杖"是明器之属,"粳、黍、稷"等更与"瓦杯盘杓杖"一样也被纳入明器的范畴。谷物既为明器,是否还充作祭奠之用?《后汉书·独行列传》载范冉临终时"遗令敕其子曰'其明堂之奠,干饭寒水,饮食之物,勿有所下'"。郑玄注云:"明者,神明之也。此言明堂,亦神明之堂,谓圹中也。"[⑤]又《后汉书·崔瑗传》载崔瑗临终嘱曰:"赗赙之物,羊豕之奠,一不得受。"[⑥]"干饭寒水""羊豕"并非单纯馔食,更具有设奠意义,也暗示着"明堂之奠"即墓内设奠用"饮食之物"已为时俗所趋。事实上,馔食宴饮向为设奠供祀的构成部分。秦牍《泰原有死者》云:"祭死人之冢,勿哭。须其已食乃哭之,不须其已食而哭之,鬼辄夺人之厨。"[⑦]死者亡魂亦需进食,墓地祭

---

① 张闻捷:《从"敬神"到"事鬼"——墓葬资料所见周代贵族生死观的变迁》,《考古与文物》2013 年第 6 期。

② 孙希旦撰,沈啸寰、王星贤校:《礼记集解》卷 9《檀弓上》,第 225 页。

③ 《通典》卷 86《丧制》,北京:中华书局 1984 年版,第 2311 页。

④ 《后汉书》卷 96《礼仪下》,第 3146 页。

⑤ 《后汉书》卷 81《独行列传》,第 2690 页。

⑥ 《后汉书》卷 42《崔骃列传》,第 1724 页。

⑦ 李零:《北大秦牍〈泰原有死者〉简介》,《文物》2012 年第 6 期。

祀时若在亡魂享用食物之前哭泣,食物将被鬼吏夺走。这样意味着生者祭祀
与死者受祀一体两面,二者并非对立的概念。

要之,"祭器"的特定使用语境以及汉晋时期明器内涵的泛化提示我们,在
以先秦礼制概念解释汉代丧葬材料时尤当慎重。首先,陶质"案、杯、盘"并非
日用或致奠的"人器",故而也绝非先秦礼制概念中的"祭器"。其次,陶质"案、
杯、盘"是漆器明器化的产物,却并未表现出"备物而不可用"这一先秦礼制概
念中明器的特征,这是由于汉晋时期明器的内涵发生了较大改变。最后,正因
为明器的内涵处于不断发展之中,而祭器又并非明器的唯一对立概念,因此陶
质"案、杯、盘"的明器属性并非确立其宴饮功能而否认其祭奠功能的依据。也
就是说,陶质"案、杯、盘"是一种具有祭奠功能的明器,而"奠器"无疑是其最为
恰当的称谓。

五、祭祀坑:特殊的墓上设施

在黑水国西汉中晚期 M16、M23、M57 填土之上、封土之下发现有人工挖
掘的近方形祭祀坑,直壁平底,顶部不存。其中,黑 M16 与黑 M23 的土坑均
填以纯净的黄沙(图八),M57 土坑底部有一层厚约 1—2 厘米的灰烬。除此之
外,西北地区同时期类似的祭祀坑还可见于宁夏固原九龙山 2004YKJM1,该
祭祀坑位于封土以下正中,底部及坑壁有一层厚约 0.02 米的红烧土,坑内有
牛的肢骨、肋骨、蹄骨等(图九)。[①] 以上墓例年代集中于西汉中晚期,东汉以
后在西北地区极少发现此类遗存。墓上祭祀坑有大小等级之别,上述 4 例祭

图八　黑水国 M16 墓上祭祀坑

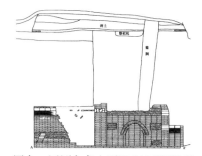

图九　固原九龙山西汉 2004YKJM1
　　　与墓上祭祀坑

---

① 宁夏文物考古研究所:《固原九龙山汉唐墓葬》,北京:科学出版社 2012 年版,第 11 页。

祀坑边长不超过 3 米,而与之年代接近的蓝田支家沟汉墓①、邢台陈村刘迁墓②等列侯墓的祭祀坑长度远在前者之上。

《报告》认为黑水国 M16、M23、M57 这类"存在墓上祭祀活动"的墓葬,其"随葬的漆器杯、案、盘、樽等器物可能不具有祭祀性质,应为日常生活用具"。对于此类墓上祭祀坑,刘尊志认为其可视为陪葬坑的一种特殊形态,与墓祭有关。③ 事实上,设坑祭祀的行为应是一种"瘗埋以祭"的礼制,《礼记·祭法》云:"燔柴于泰坛,祭天也;瘗埋于泰折,祭地也。"孔颖达疏云:"瘗埋于泰折,祭地也者,谓瘗缯埋牲祭神祇于此郊也。"④祭天"燔柴"而祭地"瘗埋",祭地时需"瘗缯埋牲",墓上的祭祀坑显然与广义的地祇祭祀信仰有关。因而,《报告》对其"墓上祭祀"性质的判定又至少存在两点值得辨析的地方:其一,墓上祭祀坑与"墓上祭祀"的对象、操作过程完全不同。黑水国 M16、M23、M57 墓上的祭祀坑固然是一种"墓上的祭祀",但其祭祀对象为山川地祇而非墓主。《报告》以"墓上祭祀"来否认墓内祭祀,隐含其将"墓上祭祀"的对象视为墓主的逻辑。"墓上祭祀"一般是与墓内设奠相对而言的概念。结合黑水国、九龙山的遗迹现象来看,祭祀坑均位于墓室顶部和封土之下,设坑祭祀的行为应是处于封填墓室和起盖封土的中间环节。从过程来看,此类遗迹仍从属于"葬"礼的一部分:在坑内瘗埋兽骨或焚烧的祭祀行为完成后,葬礼继续进行,直至封土堆砌完毕。而在二次或多次合葬重启墓室时,丧家也多从墓道进入,不会扰动首葬时挖设的祭祀坑。也就是说,尽管祭坑位于地上,但为封土叠压,无法重复祭祀,体现出祭祀行为的一次性和祭祀结果的永久性。这种与岁时而祀的墓上祭祀完全不同的遗存应以"墓上设施"来指称。⑤ 其二,"墓上祭祀"并非否认存在墓内设奠的充分条件。正如刘尊志指出的,两汉时期"设祠堂的墓葬,可能有墓内祭祀设施,但有墓内设施的墓葬不一定有墓地祠堂或相关设施"。⑥

① 段毅、王小雷、贺朋波等:《陕西蓝田支家沟汉墓发掘简报》,《考古与文物》2013 年第 5 期。
② 何直刚:《河北邢台南郊西汉墓》,《考古》1980 年第 5 期。
③ 刘尊志:《汉代列侯与中小型墓地非祠堂类祭祀设施与遗存》,《中原文物》2019 年第 3 期。
④ 孙希旦撰,沈啸寰、王星贤校:《礼记集解》卷 45《祭法》,第 1196 页。
⑤ 汉代墓上设施内容有封土(坟丘)、墓碑、祠堂、宗庙、祠庙、墓阙、陶窑、人物及动物雕像、树木等,但有些设施并不直接与祭祀发生关联。见李如森:《汉代墓祀新探》,《北方文物》1998 年第 1 期;马新:《试论汉代的墓祀制度》,《山东大学学报(哲学社会科学版)》2014 年第 1 期;郭强、常娜、李建文:《中小型汉墓茔域、墓祭、墓地陶窑问题探讨——以新乡新近考古发现为例》,《河南科技学院学报》2017 年第 9 期。
⑥ 刘尊志:《汉代墓内祭祀设施浅论》,《中原文化研究》2019 年第 1 期。

而且就多数情况来看,与墓内祭祀有关的设施多是在"葬"礼进行时葬入进行永久祭祀的,而墓上祭祀设施(如祠堂)则属于"起冢立祠,岁时祭祀"①的一部分,二者不仅没有礼俗逻辑上的内在矛盾,更多时候还是相辅相成的关系。

余论

黑水国汉墓虽地僻河西,但由于墓主多系中原黄淮流域迁徙而来的戍卒,墓葬形制、器物特征与葬俗总体遵从于中原两京地区的共性。因此,对黑水国汉墓墓内设奠问题的讨论具有某种普遍性。本文逐一讨论了墓内设奠方位的改变及其动力机制,奠器的器用规律与设奠程序,陶质案、杯、盘以及三座西汉中晚期墓上祭祀坑的性质等问题。其中,设奠方位的改变与合葬葬俗的流行、墓葬形制的变化密切相关,又间接促成了单室墓的分化及"汉制"的形成;奠器"同形并置"的器用现象复原了墓内设奠的礼仪程序;而在后两个问题的讨论中,通过死后是否有知以及明器名实问题的思想史、知识史探讨,回溯了先秦至汉晋"明器"概念的演化历程,回到"丧"与"葬"的过程中辨明了墓上祭祀坑的祭祀对象与功能。

当然,黑水国汉墓墓内设奠问题的"普遍性",并非意在标榜其具有解释其他地区同时期丧葬材料的普适性。更重要的是,本文希望能够在墓葬研究中树立一种方法论的多元取向。这种多元性不仅体现为多元的研究对象和多层次的问题分析,更在于使相关问题的讨论落实于文献和遗迹现象反映出的"丧葬过程"中。这样一来,墓葬结构、墓室空间与器物位置的关联得以建立,从而使作为遗迹现象的静态墓葬化归一系列动态的操作流程,最终实现墓葬研究到葬俗研究的转型。

作者简介:安育,兰州大学历史文化学院考古学及博物馆学研究所硕士研究生,研究方向为汉唐考古、丧葬制度。

---

① 《汉书》卷 89《朱邑传》,第 3637 页。

克里西斯河会战与迦太基的
重装步兵变革

杨博韬

摘　要：重装步兵作战是古风至古典时期地中海世界的主要作战方式。位于东地中海的迦太基,在与西西里岛上的希腊城邦的长期冲突中也受到了这种作战方式的影响。在公元前341年的克里西斯河会战前,迦太基军队已经形成了具有重装步兵作战特点,兼顾自身实际的军事体制。然而,由于迦太基军队的指挥失误,各兵种配合不力以及东方化战术的影响,迦太基人最终在关乎西地中海走向的战役中落败,从而丧失了夺取获得西地中海霸权的良机。公元前3世纪迦太基军队吸取克里西斯河战役的教训,进行了有限的军事改革。但是由于迦太基"以商立国"的国策和过度依赖雇佣兵的现实,迦太基的重装步兵改革以失败告终。

关键词：重装步兵革命　迦太基　叙拉古　西西里　克里西斯河

与有着悠久冲突历史的东地中海世界相比,古典时期后期的西地中海世界地广人稀,发展相对滞后,这种环境难以支撑强大政权的存在。在罗马共和国崛起前,北非的迦太基与西西里和意大利南部的希腊殖民者是活跃在西地中海的两股重要力量,出于争夺势力范围的需要,冲突成为贯穿了迦太基与希腊人关系的主线。也是在长期的冲突中,古典时期希腊人最为推崇的重装步兵化作战体制被迦太基吸收,迦太基人利用重装步兵作战方式对自身军队进行建设,并在公元前341年的克里西斯河战役投入实战。

一、公元前 4 世纪之前希腊城邦与迦太基的持续对抗

在克里西斯河会战前的漫长岁月中,希腊殖民者就已经与迦太基人相遇。大约在公元前 600 年,来自小亚细亚的殖民者弗凯亚人(Phocaea)在今天的法国南部地区建立了殖民城市马赛利亚(Massilia),他们遭遇了来自迦太基方面的阻碍,双方随即爆发了冲突,这场冲突以弗凯亚人的胜利而告终。但是迦太基人并没有因为这样一次失败而放弃对西西里岛与意大利南部的争夺,60 年后,在科西嘉岛建立殖民点阿拉里亚(Alalia)的过程中,弗凯亚人再度与迦太基人爆发冲突,此次战役,迦太基方面精心准备,调集了 60 艘五十桨战船,他们的盟友埃特鲁利亚人也提供了 60 艘战船,但是迦太基-埃特鲁利亚联军依然在海战中败给了战舰数量处于劣势的弗凯亚人,不过,弗凯亚人赢得的也是一场"皮洛士式的胜利",本就数量不多的舰船在海战中损失殆尽,不得不放弃在意大利南部的殖民地,迦太基与埃特鲁利亚同盟最终控制了阿拉里亚。①

与在欧洲大陆上的小规模冲突相比,迦太基人与希腊人争夺势力范围的重点是西西里岛,在这座不足 3 万平方公里的岛屿上,迦太基人和希腊城邦展开了数百年的血腥争夺。

公元前 481 年,稍早于薛西斯对希腊的进攻,迦太基人发起了对西西里岛的远征。② 迦太基方面为了这场远征调集大军,总数超过 10 万人,由国王哈米尔卡(Hamilcar)率领,迦太基人的目标是征服整个岛屿,进而将迦太基的势力范围扩张到意大利南部。但迦太基军队却遭遇了西西里岛的叙拉古和阿特拉加斯联军的阻击,联军统帅盖隆(Gelon)采用釜底抽薪战术,切断了迦太基军队的补给线,又出奇兵突袭迦太基军队的大营,本就军心涣散的迦太基军队随即陷入混乱,战斗中,迦太基登陆船只多数被希腊人焚毁,统帅哈米尔卡也被

---

① Herodotus, *Histories*, 7.165 - 167; Diodorus of Sicily. *The Library of History*. 11.20 - 26, East Sussex: Hastings Press, 2014.

② 根据一些古典史学家的叙述,迦太基人在进行对叙拉古的远征前,很可能已经派遣使者联合东方的波斯帝国,共同夹击希腊人。但这种说法的最大疑问是,双方在地中海存在的利益冲突,尤其是西西里岛的归属问题上难以弥合。参考 Herodotus, *Histories*, 7.157 - 64, London: 27 Wrights Lane Press, 1992; Oxford: Clarendon Press, 1938; Thucydides, 1.14.2, *The Peloponnesian War*, Oxford: Clarendon Press, 2009; Aristotle, *Politics*, 1302^{b}32, London: 27 Wrights Lane Press, 1992。

乱军杀死,面对希腊联军的强大攻势,残余的迦太基军队溃退至营地中央固守,却因缺乏水源而不得不在傍晚全体投降。战争的结果是,战败的迦太基向叙拉古赔款 2000 塔兰特。希迈拉战役希腊联军的胜利标志着迦太基人对于西西里岛的第一次入侵以全面失败告终。

不甘心失败的迦太基人在公元前 410 年卷土重来,发起了第二次西西里战争,这场旷日持久的战争持续近 80 年。经过此前 70 年的卧薪尝胆,在战争初期,迦太基军队扭转了第一次西西里战争时期的颓势,第一任指挥官汉尼拔①(Hannibal)继承祖父哈米利卡的遗愿,在塞利努斯战役(Battle of Selinus)和第二次希迈拉战役(The Second Battle of Himera)中击败希腊城邦。作为第一次西西里战争的报复,汉尼拔对城邦塞利努斯和希迈拉展开了血腥的屠杀,仅在塞利努斯一城就屠杀 16000 人,希迈拉城的男性公民更是无一幸免,最后 3000 名希迈拉公民在海滩上被折磨致死,迦太基军队满载而归。但两场重大战役的胜利并没有让汉尼拔满足,5 年后,汉尼拔借口投降迦太基的叙拉古将军在西西里岛上的迦太基领地发动叛乱而再度进攻西西里,力图征服西西里城邦阿格里托斯(Acragas),但是阿格里托斯居民的顽强抵抗以及此时爆发的瘟疫令迦太基人损失惨重,特别是国王汉尼拔在围城战期间患病身亡,更是让迦太基人士气低落。但是接任汉尼拔指挥军队的迦太基国王哈米尔科(Himilco)却执意将战争进行下去,经历数月的围困,迦太基军队攻陷了阿格里托斯,哈米尔科将围城期间积攒的怒火倾泻到阿格里托斯上,城中的神庙和居民点都遭受迦太基人系统地洗劫,大量战利品被送回迦太基城,哈米尔科乘胜追击,攻占了西西里岛南部的另一座重要城市基拉(Gela),迦太基军队在基拉城中大肆劫掠,没有逃走的居民不是被杀,就是被变卖为奴隶。基拉城的陷落让叙拉古等西西里城邦陷入巨大的恐慌之中,公元前 405 年,叙拉古僭主老狄奥尼修斯(Dionysius the Old)同哈米尔科媾和,根据和约,迦太基在第二次西西里战争中所侵占的领土得到承认,迦太基在西西里岛的势力达到顶峰。第二次西西里战争是迦太基发起的一场复仇战争,从结果来看,汉尼拔、哈米尔科两位国王执意推进战争的行为取得了成功,通过这场战争,迦太基不仅一

---

① 汉尼拔是迦太基人较为常见名字之一,此外,哈米尔卡(Hamilcar)、哈斯杜鲁巴(Hasdrubal)、马戈(Mago)、汉诺(Hanno)等名字也较为常见,迦太基人通常有名无姓,冠以父亲的名字加以区分,如汉尼拔——哈米尔卡之子。(Dexter Hoyos, *Carthage, a Biography*, New York: Routledge, 2021, pp.55 - 56.)

雪前耻,而且扩展了其在西西里岛上的势力范围。但迦太基人取得胜利的代价也是极为惨重的,围困阿格里托斯城期间爆发的瘟疫不仅夺走了包括统帅汉尼拔在内的众多迦太基士兵的性命,而且归国的迦太基军队将瘟疫带到了北非,造成了迦太基人大量非正常死亡。[1] 而第二次西西里战争更为深远的影响是,迦太基人在西西里岛的掠夺与杀戮在叙拉古人的心中埋下了仇恨的种子,在随后的半个世纪,围绕西西里岛的最终归属,迦太基陷入了与叙拉古旷日持久的冲突之中。

公元前 398 年,经过数年卧薪尝胆,叙拉古僭主狄奥尼修斯撕毁了和约,向迦太基的西西里岛盟友摩塔亚(Motya)发动进攻。经过数月的围困,叙拉古人攻占了摩塔亚城,为了报复 8 年前迦太基对阿格里托斯城的屠杀,狄奥尼修斯将摩塔亚城付之一炬。哈米尔科于公元前 396 年发起了反攻,迦太基人投入了 5 万名士兵,400 艘三列桨战舰和 600 艘各式载具,而叙拉古方面,狄奥尼修斯建造了 200 艘新战舰,改造了 110 艘老旧战舰,并且组织 200 艘三列桨和五列桨战舰迎战迦太基舰队,[2] 双方在叙拉古东部城市卡塔那(Catana)展开了一场激烈的海战,虽然叙拉古人的海战经验更为丰富,但是迦太基舰队拥有数量优势,数量处于劣势的叙拉古舰队陷入与迦太基人的苦战中,就在关键时刻,叙拉古海军将领莱布斯提尼中途逃脱,失去统帅的希腊海军阵型大乱,大量士兵落水,迦太基水兵趁机砍杀落水的希腊士兵,叙拉古人损失了大约 2000 人和 100 艘战舰。[3] 对小国寡民的叙拉古而言,卡塔那海战的惨败不仅葬送了狄奥尼修斯费尽心力打造的海军舰队,更是给城邦用来维持战争的人力资源造成了难以恢复的打击。狄奥尼修斯被迫收缩战线,哈米尔科趁机包围了叙拉古城,迦太基人建造三座要塞,从撒丁岛和非洲调集大批军用物资,企图用长期围困迫使叙拉古投降。就在叙拉古城生死存亡之际,瘟疫再次席卷迦太基军营,死亡的恐惧在迦太基军队中弥漫。狄奥尼修斯趁机发起反攻,叙拉古人不仅突破了迦太基人的封锁线,而且焚毁了大量迦太基运输船,哈米

---

[1] Diodoros of Sicily, *The library of History*, 13.88.6—90.5, East Sussex: Hastings Press, 2014.

[2] 关于双方舰队的数量,迦太基方请参考:Warry, John. *Warfare in the Classical World*, University of Oklahoma Press, Norman, 1995, p.97。而叙拉古方面参见 Diodorus of Sicily, The Library of History, 16.42,47, East Sussex: Hastings Press, 2014。

[3] 叙拉古方面的伤亡,参见 Alfred J., Church. *Carthage or the Empire of Africa*, New York: G. P. Putnam Press, 1886, pp.53-54。

尔科面临被围歼的风险。① 在向叙拉古支付了 300 塔兰特的赔款和放弃了大量迦太基士兵的情况下,哈米尔科携带少数迦太基官员和亲兵仓皇逃回北非。虽然获得了叙拉古保卫战的胜利,但狄奥尼修斯并未对西西里岛上的迦太基控制区发动进攻,第一次狄奥尼修斯战争就这样悄无声息宣告结束。②

　　虽然第一次将迦太基人驱逐出西西里岛的军事行动险些酿成亡国之祸,但是狄奥尼修斯并未放弃他的野心,其后半生投入到与迦太基的争霸之中。虽然叙拉古装备精良,士兵训练有素,但是小国寡民的叙拉古无论是在资源还是人口上与殖民地遍布西地中海的大国迦太基相比都处于劣势,因此在第一次狄奥尼修斯战争后的二十年里,双方在西西里岛上的争夺战陷入了僵持。公元前 383 年,狄奥尼修斯发动了第二次对迦太基的战争,此时迦太基在西西里岛上仅有西部几个城市,在哈米尔科被逼自杀后,其子马戈(Mago)成为新的迦太基国王,在双方的新一轮较量中,狄奥尼修斯开始占据优势,在西西里岛上的城邦卡巴拉(Cabala)击溃了迦太基军队,迦太基人伤亡和被俘 15000人。③ 被胜利冲昏头脑的狄奥尼修斯在和谈上提出了迦太基人必须全部退出西西里岛的苛刻条件,战争只能继续进行,但是在公元前 376 年的科洛尼姆战役中,轻敌冒进的狄奥尼修斯却遭遇了惨痛的失败,超过 14000 名叙拉古人被杀。④ 科洛尼姆战役的惨败令狄奥尼修斯驱逐迦太基人的事业功亏一篑,更为严重的是,为了支付 1000 塔兰特的巨额战争赔款,狄奥尼修斯被迫停止在地中海的海盗劫掠,这对缺乏各类资源的叙拉古而言是巨大的打击。⑤ 狄奥尼修斯在世时最后一次对西西里岛上的迦太基控制区发动进攻是在公元前

---

① 公元前 396 年的瘟疫,根据其症状,高烧,疱疹,进而全身溃烂出血,疑似腺鼠疫或天花,见 Dexter Hoyos, *Carthage, a Biography*, Routledge: New York, 2021, p.97. 引发这场瘟疫的因素可能是由于迦太基军队的拥挤和地中海地区夏季炎热的气候,参见 Alfred J, Church. *Carthage or the Empire of Africa*, pp.56 - 57。

② 回国的迦太基士兵将瘟疫带回了迦太基城,疫病几乎摧毁了迦太基城的社会秩序,愤怒的迦太基市民和奴隶揭竿而起,包围迦太基城达数月之久,而国王哈米尔科被迦太基人认定为引发瘟疫的罪魁祸首,被迫自杀,详见 Dexter Hoyos, *Carthage, a Biography*, Routledge: New York, 2021, p.98。

③ 这场战役迦太基的伤亡人数参见 Diodorus of Sicily, *The Library of History*, 15.15, East Sussex: Hastings Press, 2014。

④ 科洛尼姆战役的具体细节参见 Diodorus of Sicily, *The Library of History*, 15.17.1 - 2. East Sussex: Hastings Press, 2014。

⑤ Dexter Hoyos, *Carthage, a Biography*, Routledge: New York, 2021, p.98.

368 年,此时,迦太基的国内遭受了瘟疫的侵袭和北非居民的反抗。① 狄奥尼修斯集结了 4 万军队,叙拉古的兵锋推进至西西里岛最西端的迦太基城市丽丽巴纳姆(Lilybaenum),丽丽巴纳姆是迦太基在西西里岛上的最后一个据点,迦太基人凭借坚固的城墙殊死抵抗,狄奥尼修斯见强攻无效,于是决定对这座城市进行围困。不久传来的迦太基港口被焚毁的假消息又让他相信,对陷入重围的丽丽巴纳姆,迦太基人不会派出援军。麻痹大意的狄奥尼修斯决定将大部分叙拉古舰队撤回叙拉古休整,但在这年冬,200 艘迦太基战舰却突然出现在丽丽巴纳姆附近,叙拉古海军措手不及,仓皇迎战,损失了超过 70 艘军舰。狄奥尼修斯被迫放弃对丽丽巴纳姆城的围困,战争陷入了僵局,而就在双方僵持不下时,公元前 367 年,狄奥尼修斯逝世。②

狄奥尼修斯逝世后,其子狄奥尼修斯二世(Dionysius II)对驱逐迦太基人意趣阑珊,反而对同时期盛行于希腊大陆的柏拉图哲学兴致勃勃,叙拉古放弃了狄奥尼修斯时期夺取的西西里岛西部的大片领土,迦太基人重新占领了西西里岛西部,双方维持了 22 年的短暂和平。公元前 344 年,叙拉古爆发了反对狄奥尼修斯二世的民主革命,③狄奥尼修斯的统治被推翻后,西西里岛东部出现了权力真空,而民主派又没有能力掌控局势,他们转而向希腊大陆求援,来自柯林斯的雇佣军首领蒂莫莱翁(Timoleon)率领一支希腊雇佣兵团进驻叙拉古,渴望趁机消灭最大的敌人的迦太基元老院随后向西西里岛派出了远征军。④ 继公元前 480 年的希迈拉战役后,希腊联军与迦太基军队再度相遇,双方在克里西斯河畔进行会战。

克里西斯河会战在希腊城邦与迦太基的战争中具有标志性意义,在此

① 关于这场瘟疫的起因,很可能也是由于回国的迦太基士兵带来的,而迦太基城人口密集,更给瘟疫提供了快速传播的条件,参见 Alfred J, Church. *Carthage or the Empire of Africa*, New York: G. P. Putnam Press, 1886. p. 67 - 68。

② 关于狄奥尼修斯的死亡原因,流传的一个较为荒诞的传说是狄奥尼修斯早年得到一条神谕:当他超过那些比他还要杰出的人物时,他就会死去,狄奥尼修斯对此深信不疑,并相信他会坚持到战胜迦太基人的时刻。但实际上这条神谕是影射狄奥尼修斯糟糕的诗赋技巧,暗示他很难超越同时代的希腊诗人。

③ 公元前 344 年爆发的叙拉古民主革命,是由狄奥尼修斯的叔叔迪翁(Dion)发起的,关于迪翁为何会推翻侄子的统治,可能和他早年接受柏拉图的"理想国"教育有关,具体情况参见 Plutarch, *Dionysus*, 958.81. East Sussex: Hastings Press, 2013。

④ 为了对付柯林斯雇佣兵和叙拉古民主派,狄奥尼修斯二世和迦太基人结成了联盟,关于双方的分工,参见 Dexter Hoyos, *Carthage, a Biography*, Routledge: New York, 2021, pp. 99 - 100。

前双方数百年的漫长争霸中,围城与海战是希腊城邦与迦太基作战的主要方式。少数阵地战,如公元前 481 年希腊人与迦太基人进行大兵团作战的希迈拉战役,实际上是具备高度机动性的骑兵冲击对方防线的破袭战,而卡塔亚战役和丽丽巴纳姆战役,则是典型以碰撞为主的古典时期海战。但是在公元前 339 年的克里西斯河战役中,双方均派出了全副武装的重装步兵,这也预示着重装步兵作战的战争体制不再局限于东地中海,军事革命正在向西地中海扩展。

二、被忽视的克里西斯河战役

公元前 339 年的克里西斯河战役,在规模上远远小于此前的希波战争、此后的亚历山大东征和布匿战争,也正因如此,这场战争在古典战争和重装步兵作战研究中并未受到广泛重视,但在战争史上却具有独特的意义。

经过长期备战,蒂莫莱翁发现了与迦太基军队进行决战的机会,公元前 339 年 6 月,在西西里岛西北方向的克里西斯河,双方进行了一场大规模的战略决战。[①] 迦太基总共投入 7 万人,其中公民兵有 1 万人,其余 6 万人则是来自利比亚和西欧的雇佣兵。与庞大的迦太基军队相比,希腊联军只有 12000 人(或者更少),数量上处于绝对劣势。在阵型上,迦太基统帅将全军分为三个方阵,采用三线布局,来自北非的战车部队置于第一线,忠诚度最高的公民兵部署在第二线,数量庞大的雇佣军部署在第三线。与迦太基人的三列阵相比,蒂莫莱翁选择了传统的重装步兵作战模式进行布阵,希腊联军分为三个方阵,中央为叙拉古军队,两侧则是来自希腊各城市的公民兵和雇佣兵,此外,蒂莫莱翁还携带了 1000 名来自大希腊的雇佣骑兵,他们被部署在军队的两翼。双方的阵型体现了迦太基和希腊人统帅不同的考量,迦太基人是重装步兵方阵作战的后来者,他们对这一战术进行了"东方化"改良,在迦太基军队的部署中,军队的主攻力量从步兵变成了战车,这也表明至在古典时期晚期战车依然凭借其爆发力与冲击力在战场上占据一席之地。反观希腊联军,蒂莫莱翁将叙拉古人置于方阵中央,希望这些保卫家园的士兵发挥牵制迦太基战车的作

---

① 战役地点克里西斯河的位置,现已不可考,但是考古学家认为,其地理位置大致位于西西里古城塞吉斯特(Segesta)附近,而塞吉斯特的遗址位于现代西西里岛西北部的卡拉塔菲米(Calatafimi),这里是岛上多条河流的发源地。相关地图参见 http://ditu.ps123.net/world/17080.html。

用,而部署在两翼的雇佣骑兵,则在双方交战正酣时包抄迦太基军队的侧翼,达到"出奇制胜"的效果,最后,由部署在侧翼的希腊公民兵与雇佣兵发起总攻。

迦太基军队率先发起进攻,作为主力的战车迅速渡河,而迦太基的神圣军团和公民兵也分批渡河,但是部署在军队最后一线的利比亚和欧洲雇佣兵们熙熙攘攘,速度迟缓,很快,未渡河的迦太基雇佣军就和渡河的迦太基战车和公民兵拉开距离。站在对岸高地上的蒂莫莱翁敏锐地发现了这个战机,并派遣轻步兵向渡河的迦太基军队投掷标枪、石块,但希腊轻步兵的攻击并没有挡住高速前进的迦太基战车,迦太基战车部队很快脱离了公民兵队伍,接近希腊人的方阵。就在这时,部署在希腊方阵两翼的"大希腊"骑兵迅速插入迦太基战车部队后方,向增援的迦太基"神圣军团"发起冲击,而希腊联军阵型则是标枪齐发,不少迦太基驭手被投掷武器击中,命丧黄泉,剩余的战车也被迫放慢速度。蒂莫莱翁令重装步兵发起冲锋,失去了速度优势的迦太基战车陷入重装步兵方阵的海洋中,多数被歼灭。

随着迦太基战车军团的溃败,蜂拥而上的希腊重装步兵与部署在第二线的迦太基神圣兵团展开了惨烈的厮杀。双方士兵以密集的队形前进,用长矛戳刺对方士兵身上没有盾牌和甲胄保护的部位,受伤倒下者很快被己方或敌方士兵踩踏致死。虽然伤亡惨重,但是迦太基"神圣军团"和公民兵死战不退,这时,渡河的北非和西欧雇佣兵也进入战场,迦太基军队庞大的援军令希腊人在人数上的劣势暴露出来,不少希腊士兵遭到迦太基人的围攻,受伤倒地,而剩下的希腊重装步兵则放弃长矛,与敌人展开了激烈的白刃战,但是迦太基军队仍然将战线向前推进。就在希腊联军即将溃败的时刻,一场突如其来的风暴改变了战局。猛烈的冰雹和降雨使得正在交战的两军陷入混乱,由于迦太基军队面向风暴列阵,猛烈的雨水和冰雹都倾泻在迦太基人的脸上,让他们难以睁开双眼,暂时失去了战斗力。

蒂莫莱翁抓住迦太基军队陷入混乱的这个空当,对迦太基军队发起了总攻,希腊联军趁着恶劣天气,一举突破了由迦太基神圣军团和公民兵组成的第二道战线。此时尚未渡河的迦太基雇佣兵目睹了迦太基公民兵的溃败,纷纷掉头逃窜,已经渡河的迦太基雇佣兵和公民兵则由于惊慌失措,或死于踩踏,或命丧碧波。而没来得及逃往对岸的大量迦太基公民兵,则被希腊联军包围在河对岸,等待他们的是被屠杀的命运。克里西斯河战役结束后,迦太基损失

8000 人,而希腊联军损失不足 1600 人。迦太基军队在克里西斯河的惨败使得西西里岛西部迦太基控制区的城邦纷纷独立,迦太基元老院不得不承认这些城市的独立,漫长的第二次西西里战争宣告结束。但是,暂时退出西西里岛的迦太基并没有善罢甘休,在 20 年后,迦太基军队又卷土重来。①

克里西斯河战役是重装步兵作战模式在古代地中海世界的一次大规模应用。虽然在这次战争中,迦太基军队暴露出各兵种协同不到位,军事指挥混乱,纪律涣散的弊病,但是作为迦太基军队核心力量的迦太基公民兵的表现却可圈可点,他们在先头战车部队被击溃,后续增援尚未到达的情况下,挡住希腊重装步兵和骑兵猛烈的冲锋。神圣军团的表现也表明,在与希腊城邦数百年的军事冲突中,迦太基人逐步学习希腊人的重装步兵作战的军事体制,在进行了北非化的改造后逐步投入实战。不过,受制于迦太基过度依赖雇佣兵的军事传统,以及迦太基统帅的错误指挥和战场上的天气变化,这次迦太基人的重装步兵作战实践还是以失败告终。

三、克里西斯河战役对迦太基军队的影响

克里西斯河惨败给迦太基带来了强烈的震撼,这场失败不仅使得迦太基人引以为傲的神圣军团几乎全军覆没,而且在战争结束后,迦太基在西西里岛的领土也损失殆尽。痛定思痛的迦太基人开始对军队进行有限的改进,这场改革并未同后世的马略军事改革那样广为人知,却也对迦太基军队的风貌产生了影响。

虽然克里西斯河战役暴露出迦太基公民兵数量不足的问题,但是迦太基军队的"雇佣兵化"趋势非但没有削弱,反而逐步加强。在克里西斯河战役中,迦太基人认识到希腊雇佣兵的强大战斗力,因此,希腊人被迦太基人列入雇佣的范围中,迦太基人招募的希腊雇佣兵大多是流放者或罪犯,他们对母邦抱有极大敌意,为迦太基作战可能是他们改变命运的机会。最为明显的例子是在

---

① 迦太基和希腊联军在克里西斯河战役中的具体战术以及伤亡,参见 Duncan Head, *Armies of the Macedonian and Punic Wars, 359 BC to 146 BC,* A Wargame Research Group Publication, 1982, pp.99-102。公元前 313 年,阿加托克利斯(Agathocles)成为叙拉古僭主,即位之初,出于权宜之计,他宣布承认西西里岛西部属于迦太基,但是在公元前 311 年,阿加托克利斯对墨西拿发动进攻,阿加托克利斯战争全面爆发,这是罗马征服西西里岛前希腊人与迦太基人的最后一次大规模冲突。

公元前 309 年,为了对抗叙拉古僭主阿加托克利斯对迦太基城的远征,迦太基招募了 1000 名叙拉古流亡者对抗希腊人。①

　　经过克里西斯河战役,迦太基军队的编制发生了轻微变化。这种变化表现在,曾经在迦太基军队中盛行一时的战车逐渐淡出了战场,逐步让位于骑兵和战象。从公元前 4 世纪初开始,迦太基开始从北非招募骑兵,但直到公元前 4 世纪后期,骑兵才开始在迦太基军队中占有一席之地。迦太基骑兵是东西方文化交流的产物。迦太基公民骑兵配戴半圆形头盔,这种头盔配备有简单的护额,并且带有用于固定的绳带,上面装饰有羽冠,具有明显的亚述特征。迦太基公民骑兵的上身护甲为希腊重装步兵中非常流行的连体甲,下身的护甲则为薄片甲,这种锻造样式的护甲可能来自东方。迦太基骑兵的主要武器是长矛和圆盾,和古希腊重装步兵类似。迦太基的公民骑兵主要来自贵族,因此他们的装备往往较为精良。但由于迦太基公民骑兵的数量稀少,且由迦太基公民组成的骑兵多数缺乏实战经验,迦太基人大量招募雇佣兵。迦太基雇佣骑兵主要来自利比亚和努米底亚,与迦太基公民骑兵的"全副武装"相比,利比亚和努米底亚骑兵以轻装为主,虽然由于重装步兵作战的影响,他们中一些财力雄厚者可能为自己锻造了希腊样式的连体护甲,但是多数利比亚和努米底亚雇佣兵的装备十分稀少,他们在作战时只穿一件短上衣,不戴头盔,裸足,他们的防具包括圆盾和长矛,这些非洲骑兵的肤色偏深,但是并不是黑色,表明他们有尼格罗血统。努米底亚骑兵在布匿战争期间给罗马人带来了恐怖的伤亡,并成为决定战争胜负的关键力量。②

　　随着公元前 4 世纪末希腊化时代的来临,战象作为一个特殊兵种也被编入迦太基军队,虽然迦太基距离撒哈拉以南非洲和印度半岛等大象主要产地较远,但是迦太基人结合本土实际情况,利用已经灭绝的北非森林象组建了自己的战象部队。③ 与希腊化王国类似,迦太基战象部队分为轻甲战象与装甲

---

① Duncan Head, *Armies of the Macedonian and Punic Wars, 359 BC to 146 BC*, A Wargame Research Group Publication, 1982, p.35.

② Duncan Head, *Armies of the Macedonian and Punic Wars, 359 BC to 146 BC*, A Wargame Research Group Publication, 1982, pp.142 – 143, p.146.

③ 关于迦太基战象部队的情况,参见 Sick, D. H., Elephant forests of the Classical Mediterranean. *Mediterranean Historical Review*, 2020. 35(2): p.130. Duncan Head, *Armies of the Macedonian and Punic Wars, 359 BC to 146 BC*, A Wargame Research Group Publication, 1982, pp.35 – 36。

战象两类,前者用于骚扰敌军和搬运军用物资,后者则配备有装甲和用于攻击的象塔,作为部队进攻的主要力量。① 用骑兵和战象取代战车,对于迦太基的军事发展产生了深刻的影响,迦太基军队逐步形成了步骑配合、轻重兵种结合,多兵种协同的军事体制,这种军事体制为第二次布匿战争初期迦太基军队的一系列胜利奠定了基础。

最后,迦太基人在克里西斯河战役中吸取了希腊人的战术:利用地形削弱敌人,利用骑兵包抄敌人制造混乱,利用重装步兵消耗敌人。在公元前 3 世纪的第二次布匿战争中,汉尼拔在特雷比亚河、特拉西美农湖和坎尼三次战役中重创罗马人,这三场战役中汉尼拔诱敌深入、侧翼包抄的战术,依然有着克里西斯河战役中希腊联军的影子。②

虽然迦太基在克里西斯河战役之后对军队进行了改进,但是这种改进的影响是极为有限的。从士兵构成上来看,迦太基军队的主体仍然为雇佣兵,而迦太基的公民兵则始终都未能成长起来,这种畸形的军事制度制约了迦太基军队的建设。其次,作为一个腓尼基人建立的商业国家,迦太基人虽然拥有广大的殖民地和数量庞大的军队,但是迦太基元老院将商业利益置于国家政治之上,将对外战争作为攫取经济利益和进行商业投机的手段,在这种国策的影响下,迦太基军队的行动也相应地受到限制,同时军队对于伤亡的心理承受能力也是极为脆弱的。③ 考虑到上述两大因素,我们有理由相信迦太基在克里西斯河战役后的这种军事改进效果的有限性。

综上所述,在长期的冲突中,迦太基军队引入了希腊的重装步兵作战方式,并在克里西斯河战役中首次投入实战。但在迦太基以商立国的传统国策和雇佣兵为主的军事体制下,迦太基共和国的重装步兵建设相对滞后,至布匿战争爆发前,迦太基的重装步兵仍然未能在战争中发挥其应有的作用,决定战

---

① 关于迦太基人在战象上添置象塔的说法,20 世纪古典学者如斯考鲁德(H. H. Scullard)认为迦太基战象并没有装备用于防护的象塔,理由是他们的对手罗马人当时并没有战象,因此迦太基人不会像希腊化王国那样面临象战的情况。但是邓肯认为,迦太基人的邻国努米底亚却装配这种象塔,而迦太基人的战象部队是在公元前 279 年的皮洛士战争中从伊庇鲁斯王国学习到的,而后者惯于在战象上装配象塔,故迦太基战象部队也会采用这一战术。(Duncan Head, *Armies of the Macedonian and Punic Wars, 359 BC to 146 BC*, A Wargame Research Group Publication, p. 187.)

② 关于汉尼拔的战术,参见 Polybius, *Histories*, 3.65. Livy, *The History of Rome from its Foundation*, 21.46 - 55, Oxford: Clarendon Press, 2010.

③ Dexter Hoyos, *Carthage, a Biography*, Routledge: New York, 2021, p.98.

争胜负的权利被交给了数量庞大的外籍雇佣兵。在公元前三世纪的第二次布匿战争中,迦太基人在西地中海的霸权被新兴的罗马共和国彻底摧毁,这一古老的文明在群雄逐鹿的地中海世界只留下了惆怅的背影。

作者简介: 杨博韬,东北师范大学世界史专业研究生,主要研究方向为古典文明史。

兽神、人形神和半兽神

——古希腊宗教的人兽同一观念

周红羽

摘　要：自从人类出现宗教以来，被崇拜的神祇按照外形可以大致分为兽神、半兽神和人形神，人类既神化自身也神化动物，甚至将人与动物的形象进行了融合，这些现象说明动物在人类的宗教文化中占据着重要的位置。本文旨在探究古希腊人对动物的态度，以及试图证明古希腊人中存在着将动物与人等同起来看待的现象。

关键词：宗教　兽神　半兽神　人形神　同一性

一、不同类型的神灵崇拜

古代的宗教种类繁多，按照神的外形来区分，大致可以分为三种：兽神、人形神、半兽神。早期的图腾崇拜属于典型的兽神崇拜；基督教的上帝"按照自己的形象创造了人类"，换言之，上帝的外形和人类的外形是一样的，因此可以说上帝属于人形神；埃及的兽首人身的神灵则是半兽神的典型代表。

希腊的宗教，按照上述的类型进行分类，应归于第二类，希腊的神大都表现为人类的外形，他们不仅外表和人类一致，也有和人类相似的思想与情感，除了拥有永恒的生命和强大的力量之外，和人类并无本质的区别。

但即便如此，兽神和半兽神并未在希腊宗教体系内完全消失，虽然不存在大量的兽神崇拜和半兽神崇拜，希腊宗教中仍然存在着兽神的影响，它们尽管不作为神被崇拜，但仍然被当做献给神的礼物、神的伴侣与象征；这些动物也都被认为是神圣的。而半兽神的影子,仍然在希腊神话中存在着,如半人马的喀戎、蛇发的美杜莎、牛头人身的米诺陶洛斯。虽然这些半人半兽的形象大多并非神而是怪物,但仍然可以看出,这些形象正是来源于半兽神的影响。另一方面,希腊神虽然已经高度人形化,但在一些特定的时候也会化身成动物。

虽然希腊的神属于人形神,但其中仍然掺杂有兽神和半兽神的影响,表现为人类外形的希腊神与动物仍然存在千丝万缕的联系。

1. 兽神

"兽神"指的是完全具有动物外形的神,或者说就是被神化的动物。兽神崇拜始于原始社会,这些被神化的动物早在原始社会时期就被人们所崇拜,或是被视为群体(部落)的象征,或是被当做祖先看待。在这类型的崇拜中,人与兽的同一性是体现得最为明显的,人们把动物当做自己的同类看待,英国学者弗雷泽举了这样一个例子:婆罗洲的野蛮人部落将鳄鱼视为他们的祖先,他们也自称为鳄鱼的后代,他们平常不会捕杀鳄鱼,但当鳄鱼伤害了人类时,他们会对鳄鱼进行"审判",捕杀鳄鱼,就像人类之间血亲复仇的做法一样。[①] 在这个例子中,并没有提到鳄鱼是神,也没有提到他们有崇拜鳄鱼的习惯,但不可否认的是,其中具备一些兽神崇拜的要素,比如把该动物当做祖先、将动物人格化。这些居民是明显把动物和自身等同起来看待的,因此原本是用于解决人类之间矛盾的"血亲复仇"也被应用于动物身上。

在拥有兽神崇拜信仰的宗教中又大致可以分为两类:其一是对某个动物个体给予特殊的待遇,奉其为神;其二是崇拜某个种类的动物。而严格来说,前者被称为兽神更为合适,而后者更接近于"神圣动物"或"图腾动物"。埃及的阿比斯神牛就是前者的代表之一,这种神牛是被选出的个体,作为神得到尊崇,至于其他的牛,虽然也被视为神圣的,但这并不妨碍埃及人用它们进行献祭。[②] 阿比斯神牛的处境则和它的同类们不同,不仅不会被献祭,还作为神受到埃及人的崇拜,不过这并不意味着神牛可以逃脱被杀死的命运,埃及人仍然会在一定时期之后杀死神牛,这个期限可能并不明确,据普鲁塔克所说,是以

---

① 将鳄鱼视为同伴的行为并非孤立地存在于婆罗洲居民中,在马达加斯加的土著达雅克人中也存在这类现象,另外相似的现象还有苏门答腊人看待老虎、印第安人看待蛇。[英]J. G. 弗雷泽:《金枝——巫术与宗教之研究》,北京:商务印书馆 2019 年版,第 815 页。

② 埃及人更多的是用公牛和小牛献祭。希罗多德:《历史》,徐松岩译,上海:上海人民出版社 2018 年版,第 207—208、209 页。

25 年为期。① 从这个角度而言,作为兽神被崇拜的动物本质上同样是祭品。但我们需要明确的是,杀死兽神和崇拜兽神之间并不矛盾,弗雷泽将其解释为"神体圣餐",杀死兽神并且吃掉它,这个仪式也是兽神崇拜的一环,成为兽神的动物,并不是不能被杀死,而是必须要在仪式中被杀死。因此在一些地方,杀死神圣的动物或兽神之后,人们还要为死去的动物哀悼,并妥善处理它的遗骸,②如同悼念死去的人一样。

典型的兽神崇拜在希腊宗教里并不存在,但并不能据此否认兽神与希腊宗教之间的联系,这类"仪式性地杀死动物"的行为在希腊宗教中很好地保留了下来,希腊人同样用动物祭祀,在祭祀时同样进行繁琐的仪式。其中颇具代表性的是雅典的"屠牛祭",雅典在"屠牛祭"上会进行"审判",对杀牛者进行"定罪",人们会互相推诿责任,最后归罪于刀斧,将刀斧判处死刑并扔进海里③。这种行为和上文提到的为被杀死的兽神哀悼,以及婆罗洲居民的"血亲复仇"行为类似,不过这是为死去的动物复仇,而非是为人类复仇。神圣动物在希腊宗教中非但没有消失,反而有相当多的数量,它们被饲养在神庙的圣地里,作为献给神的祭品,正如上文所说"神圣动物"和"兽神"可以粗略地理解为群体和个体的关系,阿比斯神牛属于兽神,它所属的群体——牛,则是神圣动物,由此我们可以说,希腊仍旧存在神圣动物,这正是兽神崇拜对希腊宗教产生的影响。无论是兽神还是神圣动物,它们在人们眼中并非单纯的物件,而是需要被尊重的。

2. 半兽神

半兽神可以视为从兽神崇拜到人形神之间的过渡阶段,表现为在人的外表上加入部分动物的特征,形成人与兽的混合体,相比于兽神崇拜大量存在于原始社会,半兽神崇拜则发展出了较为完善的神话。不过值得注意的是,虽然称半兽神崇拜为"过渡阶段",但实际上,对半兽神的崇拜,是可以和兽神、人形神共存的,这里的"过渡阶段"更多是指半兽神位于人类将自然拟人化进程中

---

① J. G. 弗雷泽著,汪培基、徐育新、张泽石译:《金枝——巫术与宗教之研究》,北京:商务印书馆 2019 年版,第 757 页。

② J. G. 弗雷泽著,汪培基、徐育新、张泽石译:《金枝——巫术与宗教之研究》,北京:商务印书馆 2019 年版,第 788—796 页。

③ J. G. 弗雷泽著,汪培基、徐育新、张泽石译:《金枝——巫术与宗教之研究》,北京:商务印书馆 2019 年版,第 743 页。

的中间过程。埃及宗教是比较有代表性的半兽神崇拜的宗教,埃及神通常表现为兽首人身,有时虽也表现为完全的人形,但根据壁画上神的形象来看,兽首人身的神出现的次数更多,虽然这些神的外形是人类和动物的混合,但从他们在神话中的表现来看,他们表现得像人而非动物[1],除了其外形仍保留动物的特征以外,和人形神没有本质上的区别。所以,半兽神中"半兽"的一部分和日后人形神崇拜正式形成以后神的象征动物,在宗教内涵上是差不多的,从这个角度上讲,半兽神和人形神实际上是一致的。

在希腊,情况可能还比较特殊,半人半兽的神当然是有的,英雄们的老师喀戎是半人马的形象,司掌农牧的潘神则是半人半羊,但相比于神,半兽的形象更多是怪物,比如牛首人身的米诺陶诺斯、鹰身女妖塞壬、埃及神话中狮身人面的斯芬克斯也作为怪物出现在希腊神话中。相比于埃及和近东其他地区,希腊文化对于半兽神的崇拜可以说是很少的,被大规模祭祀的仍然是表现为人形的神。尽管并不是信仰的主体,但"半兽神"对希腊文化的影响却是存在的,其影响不在于出现半兽神本身,而在于这种将人与兽结合起来看待的思想方式。

这就需要谈到半兽神这类形象产生的缘由。在半兽神的形象中,被选中成为神身体一部分的动物通常是和该神本身有关的,埃及的太阳神,不论是拉神还是荷鲁斯,表现为鹰首人身,那是因为鹰隼本就是太阳神的象征;阿蒙神表现为羊首人身,而埃及人用来向阿蒙祭祀的神圣动物也正是山羊;在希腊,司掌畜牧的潘神表现为半人半羊的形象,因为羊正是常见的家畜,将羊的形象加在畜牧神身上,正是体现他司掌畜牧的神职。这样的做法其实并非神化动物,而是在神化人类自身,既想要神化自身,但直接神化人类自身实在有些牵强,因此在人的身体上加上动物的部分,就将人类自身与自然联系在一起了,而作为神身体特征一部分的动物,实际上是扮演了将人类与大自然联系起来的媒介,人类拥有了来自动物的力量,就有了成为神的能力,兽首人身的神也就此诞生,而这兽首人身的形象也就代表着得到某种动物力量的人,人类不仅可以得到动物的力量,还能和动物合二为一。在弗雷泽的记载中,在崇拜兽神的部落中,人们相信可以得到动物的力量,人们相信吃掉鹿就可以跑得更快,

---

[1] Inguild Saelid Gilbus, *Animals Gods And Humans*, Routledge Taylor&Francis Group London And New York, 2006, p.95.

吃掉健康的动物就可以治疗疾病。① 这说明人们是相信动物与人类之间存在着"力量交换"的可能,即人类可以通过某种方式得到动物的力量,而半兽神正是这种理想中的人类,他们的行为举止和人类并无二致,但外形却有动物的部分,有着动物的力量。我们可以说,半兽神的本质是"得到野兽力量的人",而希腊神话中虽然半兽神的数量比较少,但这类得到了动物力量的人却是比较多的,最典型的例子是赫拉克勒斯在杀死狮子以后将狮子做成狮头帽,头戴狮头帽的形象也成了赫拉克勒斯的经典形象之一,从某种意义上说,头戴狮头帽的赫拉克勒斯和半兽神的形象是一致的,也是人和野兽形象的结合,而狮子代表着勇猛,神话中的赫拉克勒斯也的确以勇猛著称,他拥有着狮子的特征,但本质上还是人类英雄,正如半兽神拥有野兽的力量,但实质上还是人类一样。半兽神的本质也并非兽,而是人类。半人半兽的形象体现的是人和动物的高度同一性,不仅体现在外形上人与兽的融合,更体现在同时拥有人类的智慧和动物的力量。

3. 人形神

和兽神与半兽神不同,人形神是人类直接神化自身的产物,不再需要人与自然之间产生媒介,人类自身即可作为神出现。人类神化自身的行为在远古时代就已经发生了,原始社会时期的"大母神"就是完全的人形神,大母神崇拜实际上属于生殖崇拜,如前所述,人们神化动物是因为动物是自然的象征。兽神的本质是自然神,但大母神有所不同,大母神代表着人类对于繁殖生命的崇拜,而人类的繁殖是与自身有关,无需与自然产生联系,所以就将人类本身进行神化。作为出现时间比较早的人形神,大母神崇拜在后世也一直有着影响,并且融合进了对女神的崇拜中。

但即便是神化人类自身,动物的形象也没有完全消失。另一个早期的人形神形象是"女兽主",女兽主的形象也对希腊的神产生了影响,诸如身边有动物陪伴的阿芙洛狄忒和驯服野兽的喀尔刻,在女兽主的形象中,人的形象和动物也进行了紧密结合,"被驯服的动物"是女兽主的标志性形象之一。

在多类有创世神话的宗教中都有共同点:神创造了世界,人是神的创造物中最独特的一种。希腊神话中,人类和动物们被赋予了不同的天赋,人类被赋

---

① 这种行为可以归结于巫术。J. G. 弗雷泽著,汪培基、徐育新、张泽石译:《金枝——巫术与宗教之研究》,北京:商务印书馆 2019 年版,第 781—785 页。

予的是智慧,而在基督教中就更为明显,上帝不仅按照自己的样子创造人,而且创造人的目的就是管理鸟兽。[①] 人们声称神是按照他自己的样子创造了人类,实际上无异于声称人类是最接近神的生物,相似性不仅体现在外形上,更体现在人类是拥有智慧的。但人形神也并非完全与兽神和半兽神割裂开来,希腊的神几乎都表现为人的外形,但他们都有一个象征性的动物,这种动物和他们的神职也多少有联系。最为直接的例子是,雅典娜作为智慧女神,其代表动物是猫头鹰,猫头鹰也正是智慧的象征。

兽神和半兽神的崇拜在希腊文明中虽然不多见,但在希腊宗教中占据主要地位的人形神其实也是与动物紧密联系起来的。即便是完全具有人类外形的神,其最初可能也是动物。[②]

二、人与兽的关系

在上文中,我们论述了在古代的宗教中,基本可以分为兽神、半兽神和人形神三种类型的崇拜,而在每一种类型的崇拜中都可以看到动物的影子,在人类宗教发展的过程中一直少不了动物的参与,为何动物在人类的宗教中会占据这样的地位? 本节试图从宗教和现实两方面说明动物与人类的关联。

1. 仪式中的动物

剥去动物身上神化的外衣,在现实中,动物在宗教中经常是作为祭品出现于祭祀仪式上,使用动物祭祀的行为出现的时间非常久远,正如上文所说的一样,就算是在兽神崇拜广泛存在的时期,使用动物祭祀的现象也非常普遍。

关于动物祭祀所代表的意义有多种解读。

其中得到广泛认可的解读是:祭祀是人给神献上礼物的仪式,其中掺杂着巫术的性质,借由动物进行人与神之间的联结,充当祭品的动物都是被特意挑选出来的,并且会被打扮起来,作为献给神的礼物,并且在宰杀动物之后,人们

---

① 《创世记》1:26。

② 弗雷泽认为,用某种动物献祭某位神,该动物就是该神的原型。并举了地母节为例,人们在地母节上用猪献祭德墨忒尔和珀尔塞福涅,猪正是这两位神的原型。J. G. 弗雷泽著,汪培基、徐育新、张泽石译:《金枝——巫术与宗教之研究》,北京:商务印书馆 2019 年版,第 747 页。

会用被宰杀动物的内脏进行占卜。① 仪式的每一个环节都有着严格的要求，而宰杀祭品动物正是整个仪式中最高潮的部分。根据动物考古的成果，在曾是祭坛的地方发现了大量的动物骨头，其中大部分有被火烧过的痕迹，在动物被宰杀时，就会将肉与骨头进行分离，肉分给仪式的参与者食用，骨头焚烧献给神。② 祭祀虽然是给神献礼的仪式，但献给神的主要是焚烧骨头产生的烟而非是肉，埃克罗斯（Gunnel Ekroth）提到，在献祭仪式中，神是被宴请的客人，而对于神而言，最好的招待并非肉而是兽骨③。在祭品动物被宰杀以后，会由参加仪式的人们将其分食掉，和兽神崇拜时期杀死兽神并将其吃掉以获得力量的行为一致，即弗雷泽解释为"神体圣餐"的行为。

对于动物祭祀的另一个解释是关于收获祭的仪式，动物（主要是家畜）是被人们饲养着的，和其他的农作物一样属于收获物，人们向来有将某一批收获物神圣化的习惯，在《金枝》中，弗雷泽列举了世界各地的民族的收获祭习俗，人们在收获新谷之前往往要先举行仪式，认为如果不这样做就会惹怒神灵。④虽然在这些事例中，作为神圣收获物的都是植物，但笔者以为，动物既然也是人们饲养的，和植物一样作为收获物被献祭也是说得通的。通常作为祭品的动物是人们最常饲养的家畜，家畜即为人们的收获物；用野生动物作为祭品的情况比较少，但在以狩猎为生的民族中，使用野生动物（猎物）祭祀的情况就比较多，这也是因为对他们而言，野生动物（猎物）是他们的收获物，而在祭祀上，人们举行盛大的典礼也是为了安抚这些被杀死的动物的灵魂。在弗雷泽看来，就像是在"神体圣餐"所做的一样，在宰杀动物时必须安抚动物的亡灵，避免遭到亡灵的报复。

以上是动物祭祀的宗教意义，然而除了宗教意义之外，动物祭祀还具有现实意义，其中最为明显的现实意义就是，人们通过仪式杀死动物以后可以举行宴会，食用动物，在各类动物祭祀的仪式中，虽然祭祀的过程各不相同，但人们

---

① Inguild Saelid Gilbus, *Animals Gods And Humans*, Routledge Taylor&Francis Group London And New York, 2006, p.115.

② Sarah Hitch and Ian Rutherford, eds., *Animal Sacrifice in the Ancient Greek World*, Cambridge University press, 2017, pp.24–28.

③ Sarah Hitch and Ian Rutherford, eds., *Animal Sacrifice in the Ancient Greek World*, Cambridge University press, 2017, p.31.

④ J.G.弗雷泽著，汪培基、徐育新、张泽石译：《金枝——巫术与宗教之研究》，北京：商务印书馆2019年版，第767页。

在仪式结束以后都会把作为祭品的动物分食掉,这不仅仅是在祭祀神,同时也是在取悦人类自身。

在《奥德赛》中,为了招待远道而来的奥德修斯,阿尔基诺奥斯举行了一次百牲祭,虽然献祭的对象是宙斯,但这次献祭的主要目的是招待尊贵的客人,而且在献祭以后,人们也享用了祭品①,虽然这也被称为祭祀,但其主要目的显然不是献祭给神,献祭给神更像是举行宴会前的准备工作。在希腊,原则上所有的肉类都需要先献祭给神②,当然实际上没有那么严格,但是至少在一些重大的场合是需要这样做的。根据弗雷泽的神体圣餐理论,那就意味着希腊人原则上是把所有的动物都和神联系起来的。

动物在仪式上大部分时候是作为祭品出现的,但这并不意味着它们在仪式中是单纯的道具。动物也被视为仪式的参与者,就和参加仪式的人类一样,在希腊的祭祀队列中就有动物的存在,它们被打扮成人的样子和人们一起行进,有的动物还会被打扮成某个特定的人物。③ 这些动物在仪式中是被视为人的。即便是被当做祭品的动物,在举行仪式的时候人们也会突出它们的"自愿"性,就好像这些动物是自己愿意成为祭品的,而据普鲁塔克说,如果待宰的动物做出了"摇头"的动作,它们就不能被宰杀。④ 人们在仪式中将动物高度人格化,它们是被当做仪式的一分子加入到仪式中的,而不是单纯的物件,而且也不是能被随意杀死的。

前文中提到,人们是会将人类之间的血亲复仇现象延伸到动物的,因此我们可以说,在这类古代文明中,人们是把动物当做自己的同类看待的;换言之,人们是把动物和人等同起来看待的,因此在宰杀动物时人们会产生类似于杀害同类的负罪感,而为了减轻这类负罪感举行一系列仪式,包括将被宰杀的动物神化,对杀死动物的刀斧进行"审判"。在杀死动物以后也要提防动物的灵魂和其同类的报复,显然这是按照人类社会中对血亲复仇的现象去想象动物,虽然动物对于人类社会而言属于"他者",但是毕竟动物与人类之间有众多相

---

① 荷马:《奥德赛》,王焕生译,北京:人民文学生出版社1997年版,第245页。
② Inguild Saelid Gilbus, *Animals Gods And Humans*, Routledge Taylor&Francis Group London And New York, 2006, p.115.
③ Inguild Saelid Gilbus, *Animals Gods And Humans*, Routledge Taylor&Francis Group London And New York, 2006, p.94.
④ Inguild Saelid Gilbus, *Animals Gods And Humans*, Routledge Taylor&Francis Group London And New York, 2006, p.119.

似之处,人们也就很容易将人类的社会规则和道德准则推及到动物身上。

实际上动物祭祀的正当性也遭到怀疑,在古代就有反对动物祭祀的人,其中的代表性人物是新柏拉图主义者波尔菲利,他认为残暴的动物可以用于祭祀,而驯养的动物则没必要被用来祭祀。而即便用动物祭祀是有必要的,也没必要吃掉它们。而且还进一步认为,只有邪恶的神才需要焚烧祭品的烟尘,真神是不需要祭品的。[①]

德谟克利特的观点看似与波尔菲利相反,但其中也有类似之处,他认为,有些动物是可以被不公正对待的,可以被视作人类的敌人。[②] 换言之,就是说除此之外的动物是需要被公正对待的。但波尔菲利认为驯养的动物没必要用来祭祀,换言之,他认为不是所有动物都可以被杀掉的,只有残暴的动物可以被杀掉,这种对动物进行区别看待的做法,也就是把人类的法则转嫁到动物身上,因为在人类社会中正是如此,残暴的人会受到惩罚。从这一点上来看,波尔菲利的看法和前文中提及的对动物采用"血亲复仇"法在本质上是一样的,都是把人类社会的规则转移到动物身上。换言之,承认动物和人类一样适用于这些法律,即,人与动物之间存在同一性。

2. 观念中的动物

这里的"观念"指的是存在于理念中的动物,即非真实存在的动物,包括但不限于神话中的动物形象、艺术作品里的动物形象、人们印象中的动物形象等。

希腊人并不赞成动物崇拜[③],他们的文化中也不存在纯粹的动物崇拜,但动物形象仍然大量出现在希腊神话中。出现在希腊神话中的动物,除了现实存在的动物外,神话中的动物作为神的象征物和伴侣出现,也作为神变形后的形态出现,神会变成动物的形象出现在人们面前,其中最著名的例子就是宙斯变身成公牛带走了欧罗巴。在希腊神话中,神与动物之间在一定程度上是可以互相转化的,神与动物之间的关系并非仅仅是神可以变化成动物,用动物作

---

① Inguild Saelid Gilbus, *Animals Gods And Humans*, Routledge Taylor&Francis Group London And New York, 2006, pp.141 - 143.

② Inguild Saelid Gilbus, *Animals Gods And Humans*, Routledge Taylor&Francis Group London And New York, 2006, p.142.

③ Inguild Saelid Gilbus, *Animals Gods And Humans*, Routledge Taylor&Francis Group London And New York, 2006, p.101.

为神的象征本身就是二者之间存在紧密联系的证据。在艺术作品中也不乏动物的形象出现,和神的形象一起出现在雕塑作品中,而在壁画中则更是不乏动物形象,包括祭品动物被牵引到祭坛的场面,也包括人们进行狩猎的场面和人们用动物举行体育仪式的场面(克里特"公牛舞")

不同于其他的古代文明,古希腊人对动物有着相当科学的认识,亚里士多德已经对动物进行了分类,按照"有血"和"无血"将动物进行分类,并且在此基础上进行进一步的细分,并且还确立了分类的标准,即按照动物的相似点和不同之处进行分类,其动物分类的标准和现代动物学分类的方法非常相似。更重要的是,亚里士多德承认人和动物之间存在同一性,认识到了人是动物的一种,在亚里士多德对动物进行分类时,也不时会提及人类。他也承认,人类不可把动物当做卑小之物,否则便无法领会到自然的美妙。① 和后世基督教宣扬的,神创造人类是为了人管理世上的鸟兽不同②,希腊人并没有把人类置于世界统治者的位置,而是把人类和其他的动物等同起来看待的。

人类变形成动物是神话中常见的母题之一,就像希腊神话中喀尔刻将奥德修斯的同伴们变成猪的故事。这类故事中显现出了在古希腊人眼中,人与动物之间不仅存在着相似性与关联,而且还有相互转换的可能。在古希腊人眼中,动物不仅可以与人类互相转化,动物本身也有和人类一样的情感。罗马学者伊利安(Aelian)记载了希腊诸多有关动物的传闻轶事,其中就记载有亲近希腊人的剪水鹱,不仅会主动接近希腊人,还会帮助希腊人对抗敌人。③ 在他记录的故事中,动物不仅有人类的感情、性格各异,甚至在一定程度上能理解人类的语言。④ 可见在古希腊人眼中,动物与人之间不仅能相互转化,还能在一定程度上相互理解。

3. 作为象征的动物

谈起人类和动物之间的同一性,"替罪羊"仪式是最具备代表性的,"替罪羊"是基督教中的说法,指的是在仪式中用来宰杀、代替人们赎罪的羊。在基

---

① 亚里士多德著,吴寿彭译:《动物四篇》,北京:商务印书馆 2010 年版,第 34—38 页。
② 《创世记》1:26。
③ Aelian, *On the Characteristics of Animals*, the Loeb Classical Library, Harvard University Press, 1958, p.9.
④ 埃利安记载,人们训斥狮子会让狮子感到羞愧。Aelian, *On the Characteristics of Animals*, the Loeb Classical Library, Harvard University Press, 1958, pp.159 - 161.

督教兴起之前,希腊罗马人也有类似的仪式,但并非替罪羊,而是"替罪人",他们会选一些人承担众人的罪责,这些人会被驱逐,甚至于处死。这种现象也并非孤立存在的,"人牲"的现象在世界各地都非常常见,弗雷泽在《金枝》中将"替罪人"现象解释为代替国王或神而死。在早期时代,王权与神权是高度统一的,人们相信必须要杀死国王的肉身才能让他们作为神复活,这种习俗也由最初真的杀死国王变化成杀死国王的象征,人们会选择一个人代表国王,并在一定时间里给予他国王的待遇,目的就是让他代替国王被处死。

随着文明的发展,仪式首先是处死国王,再到处死作为国王象征的人,再到处死动物或者干脆以人的偶像用于献祭,其总趋势可以概括为,由用本体进行献祭到用象征进行献祭,而作为象征的祭品,必然要与本体高度相似才能作为其象征用于仪式。就像代替国王被处死的人就必须和真正的国王在一定程度上相似,根据弗雷泽的理论,最初代替国王被处死的是王子,作为国王的儿子,王子和国王最为相似,也最适合作"替罪人",[1]此后选用的才是其他人(往往是罪犯)。在正式成为祭品之前,人们会像对待真正的国王一样对待他,让他在一定时间内真的拥有与国王一样的权力[2],让他们和真正的国王高度相似,也只有这样才能成为国王的"替罪人",而此后作为人类象征物的偶像,也是要做成人形方可用于祭祀,人偶拥有和人类相似的外形,所以可以代替人类作为祭品。按照这个理论,最终代替人类成为祭品的动物——"替罪羊"在人们的观念中也一定与人类有某些相似之处,因为只有具有相似之处才能成为代表物。

用动物代替人成为祭品在神话传说中也有所反映。在希腊神话中,阿伽门农的女儿伊菲革涅亚被献祭之时被一头鹿所代替,这个故事就反映了动物代替人类成为祭品。

动物代替人类成为新的祭品,但动物的外形和人类的外形并不相似,动物与人的相似性并非外表上的相似,而是灵魂的类似。如前所述,人们在宰杀祭品动物以后会举行一系列仪式,不仅是为了防止死去动物的报复,也是为了减轻自己的罪恶感,甚至要像人被杀死以后一样举行"审判",这说明人类至少表

---

① J. G. 弗雷泽著,汪培基、徐育新、张泽石译:《金枝——巫术与宗教之研究》,北京:商务印书馆2019年版,第472—477页。
② J. G. 弗雷泽著,汪培基、徐育新、张泽石译:《金枝——巫术与宗教之研究》,北京:商务印书馆2019年版,第467页。

面上不愿意看到动物被杀死,害怕动物灵魂的报复也就意味着人们承认动物同样拥有灵魂。而这种"杀死动物"产生的罪恶感也正是动物和人之间具有相似点的证据,人们是把动物当做同伴的,也承认动物和人类同样有着灵魂,也因为二者都拥有灵魂,所以动物可以成为人的象征物。

当然,仪式上宰杀动物也是为了满足人们食用动物的需要,但是满足人们的需要和人们对动物怀有愧疚感并不矛盾,而且早在图腾崇拜时期,人们就已经将动物视为自己的同类和祖先,这也是人们将动物和人类等同起来看待的起源之一。

这样的观念在后世也还在持续,即便是将人类自身的地位抬得足够高的基督教徒也承认人类和动物都是上帝的创造物(虽然人类是更高级的创造物,但终究都是上帝的造物)。

所以我们可以说,动物祭祀代替活人祭祀,其缘由就是在先民们看来,献祭动物或是献祭活人,其中并没有本质的区别,因为动物与人类的本质是相似的,这种相似不是表现在外表上,而是表现在内在,即人类和动物有同样的灵魂。

三、总结

古代宗教中基本存在三种类型的神:兽神、半兽神和人形神。希腊的宗教总体而言是以崇拜人形神为主,但其中仍然不乏有崇拜神圣动物和半兽的现象。另一方面,虽然三种类型的崇拜在表现形式上有所不同,但其内涵却是一脉相承的,从兽神到人形神的演变也并非后者完全替代前者,在此过程中,即便人形神已经占据了主要地位,其中仍然保留了大量兽神崇拜的内容,或是保留了其中的部分仪式,或是保留了部分思考方式。

在图腾崇拜时期,人们把所崇拜的图腾动物视为同类和祖先,到了半兽神时期,半兽神虽然外表半人半兽,但其行为举止完全与人类一致而非与动物一致,半兽神和人形神其实是类似的,而作为其"半兽"的部分,该动物与该神的神职往往有着某种联系,所以我们可以认为,半兽神实际上已经是在神化人而非动物,动物是作为人与自然的媒介而出现的,因为人们无法将人与自然事物直接联系在一起,所以借用了与该自然事物有关的动物作为媒介,间接地将人与自然联系起来,半兽神也就此产生了;人形神则是直接神化人类自身而不再需要动物充当媒介,但即便如此,在人形神崇拜的信仰中仍然有动物的影子,就像希腊神都有他们的象征动物一样，根据弗雷泽的理解，该象征动物很可能就是该神的本体。

综上，不论是三种崇拜类型中的哪一种，其中都少不了动物形象。

动物在古希腊宗教中的作用，既是作为仪式中献给神的礼物，也是作为神的替身被杀死的，缘由是来自早期图腾崇拜时期杀死神以分享神力的习俗，此后在各地的"替罪羊"仪式中，动物也代替了原本的"替罪人"成了祭品，动物能代替人类，表明在古人眼中，动物与人类之间存在类似之处。

动物与人类之间的相似之处并非出自外形，而是人们承认动物和人类拥有同样的灵魂，因此可以用动物代替人作为祭品，因此才会在杀死动物以后产生愧疚感，为被杀的动物举行仪式，既是防止动物灵魂的报复，也是为了减轻自己的罪恶感。

希腊人对于动物有比较科学的了解，亚里士多德已经认识到了动物与人类的同一性，并且也承认人属于动物的一个种类，也承认动物与人类同样拥有灵魂，这也证明了在古希腊世界中的确存在着人和动物同一的观点。正是因为将动物与人等同起来，动物祭祀才能代替活人祭祀成为主流的献祭形式。

无论是神的形象还是人们看待动物的方式，或是动物代替人类成为祭品，都说明在古希腊人眼中，动物和人类的本质是同一的，同为神的造物，且拥有同样的灵魂。

作者简介：周红羽，西南大学历史文化学院、希腊研究中心研究生，主要研究方向为古希腊宗教。

希吉昂的达马斯特斯

——残篇译文，生平和著述

蒋文祺

摘　要:希吉昂的达马斯特斯,公元前5世纪希腊的史家、地理学家,著有《论那些发生在希腊的事情》《论远征特洛伊者的父母与祖先》《民族与城市名录》《论诗人与智者》等。关于他的生平现代人几乎一无所知,其作品也仅剩少量残篇。其残篇被收录进菲力克斯·雅各比的《希腊史家残篇汇编》中,对于这部重要的古典学文献合集以及被收录在其中的作家,中国大陆学界鲜有专题研究。本文是对达马斯特斯的介绍性研究,笔者希望此文对国内古典学界起到抛砖引玉的作用。

关键词:希吉昂的达马斯特斯　古典学　史学史　古代地理学

一、关于《希腊史家残篇汇编》

首要的问题是《希腊史家残篇汇编》收录的到底是哪些作家的残篇,[①]这里的意思是,这些作家能否被划归为某一类,标准可以是时间、学派、研究方法,等等。比如,蒂尔斯(Diels)和他的学生克兰茨(Kranz)所编的《前苏格拉底哲学残篇》的对象是所谓"前苏格拉底哲学家"或"早期自然哲学家",[②]这些哲学家研究的思路和方法和苏格拉底以及他的学生们有根本的不同,尽管发

---

① 德文名:Fragmente der Griechischen Historiker,简称"FGrHist"。
② 德文名:Die Fragmente der Vorsokratiker,简称"DK"。

展绝不是断裂的，后者很明显是在回应前者。再比如，赫尔曼·乌森纳（Hermann Usener）的《伊壁鸠鲁集》（Epicurea），顾名思义，是希腊化哲人伊比鸠鲁的残篇合集。冯·阿尼姆（Hans Friedrich August von Arnim）的《早期斯多葛残篇汇编》收录的是早期斯多葛哲学家的残篇。① 以上的合集都是按照时间、学派的分类，但《希腊史家残篇汇编》不属于任何一种，一个原因是，历史学并不像哲学那样有极为严格的学术传统，师门传承确实存在，但是数量很少，而且轨迹模糊；另一个原因是希腊史学并未自觉地产生一套像哲学那样体系化、抽象化的理论，因此很难根据时间和学派进行分类。因此，《希腊史家残篇汇编》实际上在处理"剩余史家"，这里的"剩余史家"并不是说这些史家并不重要，实际上恰好相反，这些学者中有不少是极为关键的。比如，米利都的赫卡泰奥斯（Hecataeus of Miletus），他是古希腊第二个制作世界地图的人，希罗多德大量引用了他的地理学著作。阿尔戈斯的阿库希劳斯（Acusilaus of Argos）的编年史遵循赫西俄德（Hesiod）传统。他的作品至少在雅典学术圈广为传播，否则柏拉图在《会饮》（Symposium）和《蒂迈欧》（Timaeus）中不会引用此人的语句。列斯波斯的赫拉尼科斯（Hellanicus of Lesbos）是希罗多德的朋友，两人相识于马其顿宫廷。此人著作等身，创作了大量地方史，比如《吕底亚史》《波斯史》《埃及史》，这些作品遵循谱系学传统，对神话故事进行合理化处理。他最重要的作品是《阿提卡史》，这部作品一般被认为是第一部系统的阿提卡地方史，赫拉尼科斯应该是将原来分散的阿提卡地方神话进行梳理，进而形成一个建立在神话基础之上的阿提卡年表。尽管历史学并不能像哲学那样根据学派分类，但历史学的性质仍使理性的分类成为可能。这一分类按照记述的对象展开，这一点在雅各比的卷次安排上可以看出来。第 1 卷是"谱系和神话"，第 2 卷是"编年史（政治军事史）"，第 3 卷是"英雄传记和民族史"，第 4 卷是"传记作品"，第 5 卷是"地理学"，第 6 卷是"史学理论"。雅各比在去世前完成了前 3 卷，第 4 卷和第 5 卷由后人完成（即将出版），第 6 卷尚未有任何出版消息。因此可以将雅可比所收录的史家分为对应的 6 类，尽管这些类型并不冲突。从术语使用的角度出发，我们至少可以称第一类作家为"散文作家"（logographers），古希腊人用这个词代指希罗多德之前的史家，这个词似乎也可以用来泛称一切用散文体写谱系和神话的作家，文体的不同使散文作家区

① 拉丁文名：Stoicorum Veterum Fragmenta，简称"SVF"。

别于赫西俄德、荷马等诗人,使用散文体也意味着历史创作的理性化,同样的发展也见于阿纳克西曼德(Anaximander of Miletus),此人是第一个用散文体创作哲学作品的古希腊学者。

对这些"剩余史家"的研究并不始于雅各比,在他之前有《希腊史家残篇》。① 这部合集的编者是卡尔·穆勒(Karl Müller),出版于 19 世纪中叶。由于这本合集过于老旧,收录残篇不全并且文献考证存在问题,因此本文不会将其作为文献来源。但是作为一篇介绍性文章,简要介绍这部合集的结构仍是必要的。这部合集分为 5 卷,第 5 卷分为上下两卷,因而合计 6 册。除首卷外,剩下的 4 卷中的作家都按照时间排列,共收录从公元前 7—前 6 世纪的 636 位希腊史家的残篇。穆勒为每一个作家都写了拉丁文的介绍,并对每一条残篇做了拉丁文翻译,他还对重要残篇进行评注,但这些评注也都是拉丁文的。穆勒并没有收录作家生平的残篇而只收录作品残篇,每一条残篇都被放在一个书名之下并附有数字编号。莱比锡大学亚历山大洪堡电子人文教席的莫妮卡·贝提(Monica Berti)重新编订了《希腊史家残篇》,她的新修订版本被电子化成为《电子版希腊史家残篇》,②这个电子化的合集在互联网上供所有人免费查阅。

穆勒的《希腊史家残篇》在残篇收集、编订、考证等问题上有它的历史局限性,因此作为对这一合集的回应,德国古典学大师菲力克斯·雅各比于 1923—1959 年完成了《希腊史家残篇汇编》的前 3 卷,他计划再写 3 卷,但他没有完成。这里需要说明雅各比所采用的编号系统,和蒂尔斯的《前苏格拉底哲学残篇》一样,雅各比也设计了一套编号系统,这一编号系统建立在一个比穆勒更合理的编撰结构的基础上。雅各比首先为每个作家确定编号,如米利都的赫卡泰奥斯是编号 1,因为他是第 1 卷的首位史家。每个史家的残篇分为证言(Testimonia)和残篇(Fragmenta)两部分,每一个部分的编号是独立的。③雅各比的编号系统可以被公式化地表述为"X-T/F-Y",X 代表作家编号,T 和 F 分别代表证言和残篇,Y 是每一条残篇在 T 与 F 中的编号。举例说明:"1F5"的意思是编号为 1 的作家的第 5 条作品残篇。只要理解雅各比的编号

① 拉丁文名:Fragmenta Historicorum Graecorum,简称"FHG"。

② 英文名:Digital Fragmenta Historicorum Graecorum,简称"DFHG"。

③ Testimonia 和 Fragmenta 是拉丁文词汇,分别被翻译成英语的 Testimony 和 Fragment。古典学常用这两个词指代二手和一手文献,但在雅各比的《希腊史家残篇汇编》中,这两个词实际上分别代表生平残篇和作品残篇。

系统就可以按图索骥找到对应的残篇,这比穆勒的编号更简单便捷。雅各比用德文而不是拉丁文为每个史家都做了介绍和评注,使得古典学作品更容易被缺乏古典教育的大众所接受。此外,雅各比在正文中使用加粗字符表示出自史家本人的文字,用斜体字符表示真实性有待考证的残篇。

作为研究希腊史学史的非德语母语者,我们需要了解雅各比《希腊史家残篇汇编》的最新进展。并不是每个老师和学生都能熟练掌握德语,而且雅各比所收录的残篇和注解在现在看来也略有不足,因此学术出版机构布里尔(Brill)在新世纪推出了新修订版。布里尔的新版本是《布里尔新雅各比》,[①]这一版本的编订开始于2006年并于2024年9月最终完成。这部合集对雅各比的3卷残篇进行了重新校订,增加或删减了一些残篇,更重要的是新版本的编者为每个残篇都做了英文翻译和评注,英文翻译准确,评注也反映了古典学术界的最新成果,还附有大量的参考文献。2016年布里尔又推出了《布里尔新雅各比》的第2版,[②]这一最新版本对前一个版本进行了修订,更加具有学术前瞻性,计划于2030年完成。这两个版本和《希腊史家残篇汇编》被布里尔电子化成为"雅各比在线",[③]这个在线数据库内容丰富,使用方便,支持检索和文献对比。这个数据库唯一美中不足的问题是需要特别权限,就中国大陆而言,购买这个数据库的高校寥寥无几。布里尔正在组织学者完成雅各比的未竟稿,即《希腊史家残篇汇编》第4卷和第5卷。

本篇选译的是《希腊史家残篇汇编》所收录的第5个作家,即希吉昂的达马斯特斯(Damastes of Sigeion)的残篇。汉语译文并不基于《布里尔新雅各比》,而是基于雅各比《希腊史家残篇汇编》的1995年版。为了论述方便起见,会采用一些缩写和编号,这些缩写和编号已在上文提及,不再赘述,译文下的注释若不额外标明,皆为译者自注。

二、残篇译文

(一) 生平
(1)《苏达辞书》,"达马斯特斯"词条
达马斯特斯(Damastes):希吉昂人,来自特洛阿斯(Troas)境内的希吉

---

① 英文名:Brill's New Jacoby,简称"BNJ"。
② 英文名:Brill's New Jacoby, Second Edition,简称"BNJ2"。
③ 英文名:Jacoby Online。

昂(Segeion),迪奥克希普斯(Dioxippus)之子,生于伯罗奔尼撒战争之前,是希罗多德(Herodotus)同时代人,巨富之人,史家。著《论那些发生在希腊的事情》;两卷本的《论远征特洛伊者的父母与祖先》;《民族与城市名录》;《论诗人与智者》;还有其他大量著作。他从赫拉尼科斯(Hellanicus of Lesbos)游。①

(2) 哈利卡纳苏斯的狄奥尼修斯,《论修昔底德》第5节

比伯罗奔尼撒战争还要早一点,一直延续到修昔底德(Thucydides)时代的史家有列斯波斯的赫拉尼科斯,希吉昂的达马斯特斯,凯奥斯的色诺麦德斯(Xenomedes of Keos),②吕底亚的克珊托斯(Xanthus of Lydia)和其他很多人。③

(3)《苏达辞书》,"波罗斯"词条

波罗斯(Polos):④……他写了《那些出征特洛伊的希腊人和异邦人的谱系,以及他们每个人是如何归返的》。不过某些人将这部作品列在达马斯特斯的名下。

(4) 阿伽忒麦罗斯,《地理概要》第1卷第5节

(赫拉尼科斯)之后是希吉昂人达马斯特斯,他大量取材于赫卡泰奥斯(Hecataeus of Miletus)的作品,⑤著《环航记》。

(5) 波菲利《文学论集》,引自优西比乌斯《福音书的准备》第10卷第3节,第466页B

---

① 列斯波斯的赫拉尼科斯(Hellanicus of Lesbos),史家,和希罗多德同时代,两人于马其顿的宫廷相识。他著作等身,包括《阿尔戈斯赫拉神庙的女祭司》《波斯史》《吕底亚史》《埃及史》,等等。他的所有残篇已被译者翻译成现代汉语,择日出版。

② 公元前5世纪的史家,来自爱琴海上的凯奥斯岛,但出生的具体城市不详。他的作品是《凯奥斯史》,仅有部分残篇留存,内容几乎都是神话传说。

③ 公元前5世纪的史家,著《吕底亚史》,也有人认为他还写了《论马葛僧》和《论恩培多克勒》。

④ 阿克拉加斯的波罗斯(Polos of Acragas),雄辩家兼智者,可能是柏拉图《高尔吉亚》中的同名人物的历史原型。

⑤ 米利都的赫卡泰奥斯(Hecataeus of Miletus),约公元前550年出生,去世日期不详,他本人曾经到访过埃及,著《大地环行记》,他将整个有人居住的大地看作是一个规整的圆形,周围环绕着俄开阿诺斯河,有两个一样大的大洲,亚细亚和欧罗巴。他继阿纳克西曼德之后制作出古希腊第二幅世界地图。他的地理学著作深刻影响了希罗多德,后者在《历史》中不止一次地引用和批判赫卡泰奥斯的地理学。他还是有史可考的第一个历史学家(或是logographer,"散文作家"),他将古希腊的神话当作历史,但对其做了理性化的处理,这本书叫《历史》,也叫《编年史》或《英雄纪》。他还是米利都的一个贵族,作为米利都僭主阿里斯塔哥拉斯(Aristagoras)的幕僚,深度参与了伊奥尼亚大起义。

我何必告诉你,赫拉尼科斯的《蛮族风土志》是希罗多德和达马斯特斯的作品的汇编?

(6) 阿维埃努斯《海岸》,第 46 行

以及生于著名城市希吉昂的达马斯特斯。

(7) 斯特拉波《地理学》,第 1 卷第 3 章第 1 节

但埃拉托斯提尼(Eratosthenes)在这件事上也没做好,即他经常提到那些不值一提的人,一方面批判他们,另一方面采信于他们,利用他们为自己背书,比如达马斯特斯和其他这样的人……让达马斯特斯为自己背书和让那位珀盖的或美塞尼亚的欧赫墨罗斯(Euhemerus the Bergaian or Messenian)①以及其他人(埃拉托斯提尼本人曾谈到他们,驳斥他们的无知)为自己背书相差无几。②

(8) 普林尼《博物志》,第 1 卷第 4、5、6 节

关于地点,民族……的信息来源于……外国作家……波利比乌斯(Polybius),赫卡泰奥斯,赫拉尼科斯,达马斯特斯,攸多克索(Eudoxus),③迪凯阿尔霍斯(Dichaearchus)……④

(9) 普林尼《博物志》,第 1 卷第 7 节

包括……关于生物最长的寿命……每个人都在自己的一生中发现了什么……从众作家那……外国的……赫拉尼科斯,达马斯特斯,埃弗罗斯(Ephorus)……⑤

---

① 著名的"欧赫墨罗斯主义"(Euhemerism)的创始人,他是马其顿国王卡山德的大臣,著《神圣历史》。其中描述了他在潘卡亚岛(Panchaea Island,一个虚构的岛屿,类似于亚特兰蒂斯的乌托邦)的所见所闻,记载了所谓"神圣历史",即他自己认为合理的神话-历史故事,借此提出"欧赫墨罗斯主义",即神话中的神灵是人(不仅有人形,有七情六欲,更是地上人间的国王),神话是真实的历史。

② 括号是为了保证行文通顺而后加的。

③ 古希腊有三位攸多克索,由于普林尼没有指出作家的来源,所以不好确定是哪位攸多克索。可能是罗德斯的攸多克索(Eudoxus of Rhodes,史家)或克尼都斯的攸多克索(Eudoxus of Cnidus,数学家兼天文学家),两个人都据说写过地理学著作。雅各比没有把这段文字编入克尼都斯的攸多克索、罗德斯的攸多克索、居齐库斯的攸多克索(Eudoxus of Cyzicus,希腊化晚期的旅行家)的残篇中。

④ 美赛尼的迪凯阿尔霍斯(Dicaearchus of Messene),公元前 4 世纪的哲学家、史家、地理学家,亚里士多德的弟子。著《大地环行记》等。

⑤ 库迈的埃弗洛斯(Ephorus of Cyme),雅各比在《希腊史家残篇汇编》中收录了 238 条残篇,《布里尔新雅各比》第 2 版增补了 1 条,共 239 条。他来自爱奥利斯境内的库迈(不是坎帕尼亚的那个库迈),据说是修辞学家伊索克拉底的学生,大约在公元前 400 年出生,约公元前 330 年去世。最主要的著作是《历史》,

(二)作品

1.《论那些发生在希腊的事情》

参见 FGrHist 5F4。

2.《论远征特洛伊者的父母与祖先》第 1 卷与第 2 卷

无残篇存世。

3.《民族与城市名录》或《论民族》或《环航记》

参见 FGrHist 4F2,4F8 - 10。

(1)拜占庭的斯特法诺斯《民族志》,词条"极北乐土之民"

极北乐土之民(Hypoboreans):一个民族。普罗塔霍斯(Protarchus)说阿尔卑斯山(Alps)被称作"利派亚山"(Rhipaian Mountains),①并且所有定居在阿尔卑斯山以外的人都被叫做"极北乐土之民"。安提马霍斯(Antimachus)说极北乐土之民和阿里玛斯波斯人(Arimaspi)是一回事。② 但达马斯特斯在《论民族》中说伊塞多涅斯人(Issedones)住在斯基泰人(Scythians)的上方,而在其更上方的地方住着阿里玛斯波斯人,而在阿里玛斯波斯人的上方便是利派亚山,北风从此处吹来,而山上终年有雪。而在此山之外便是极北乐土之民,他们的领土直达另一片大海。其他人各有各的说法。赫拉尼科斯采用双元音,将这个词写作"ὑπερβόρειοι"。

4.《论诗人与智者》

参见 FGrHist 4F11。

5. 未知出处的残篇

(2) 阿维埃努斯《海岸》,第 370 行

但是就穿过两根柱子之间的那片波涛而言,③达马斯特斯说其宽度最多 7 斯塔迪亚(Stadia)。④ 而卡吕安达人斯居拉克斯(Scylax of Caryanda)声称穿过

---

① 不确定是哪个普罗塔霍斯,历史上有五个同名人物,参见布里尔新保利(Brill's New Pauly)的"Protarchus"词条:耐瑟拉,亨茨·君特等:《布里尔新保利,普罗塔霍斯》(Nesselrath, Heinz-Günther [Göttingen], Tiziano [Paris] Dorandi, Bernhard [Freiburg] Zimmermann, Walter [Jena] Ameling, and Simone [Hamburg] Michel, "Brill's New Pauly Online, Protarchus"), https://doi.org/10.1163/1574-9347_bnp_e1011190,2006 年。

② 科洛封的安提马霍斯(Antimachus of Colophon),公元前 5 世纪末前 4 世纪初的史诗和挽歌体诗作家。

③ 古人常用"赫拉克勒斯之柱"来指代现在的直布罗陀海峡。

④ 斯塔迪亚(复数 Stadia,单数 Stadion),古希腊的长度单位。等于 100 奥古埃(Orguiae,1 个奥古埃等于 6 希腊足尺),等于 6 个普雷忒拉(Plethra,一个普雷忒拉等于 100 希腊足尺),故 (转下页)

两根柱子的水流是那么宽阔,①足有博斯普鲁斯(Bosphorus)的波涛那样广大。②

(3)哈利卡纳苏斯的狄奥尼修斯《罗马古史》第1卷第72章第2节(优西比乌斯亚美尼亚语版《编年史》第132页【卡斯特译本】③第11行或逊凯罗斯④《编年史摘录》第362页【波恩残卷】)⑤

而另一方面,那位写作《阿尔戈斯的女祭司》一书,并记载了在她们每一个人的时代所发生的事件的作家说,⑥埃涅阿斯(Aeneas)和奥德修斯(Odysseus)一道从摩洛西亚人那里(Molossians)出发来到意大利(Italy),⑦他成为这座城市的建城者,⑧并用特洛伊人(Trojans)中一个叫作"萝麦"(Rhome)的女子给这座城市命名。他说这个女人因为受漂泊无定之苦,鼓动其他特洛伊女人和她一道把船只付之一炬。希吉昂的达马斯特斯与其他某些作家的说法和他一致。

(4)苏格拉底书信,第30封

致腓力(Philipp)。安提帕特(Antipater)是送这封信的人……⑨但他长期

(接上页)一个斯塔迪亚等于600希腊足尺(Podes)。600希腊足尺等于$606\frac{3}{4}$英尺,约184.97米。7斯塔迪亚约1,294.79米,和现代测量结果相近。关于"希腊足尺"的翻译问题,参见修昔底德:《伯罗奔尼撒战争史》上卷,徐松岩译,上海:上海人民出版社2017年版,第265页(页下注)。

① 公元前6世纪末前5世纪初的希腊地理学家兼旅行者,他受波斯王大流士一世之托探索印度,他从喀布尔河上的一个港口出发,再从喀布尔河顺流而下进入印度河,再然后顺流而下进入印度洋。他的地理学作品现已失传,托名而作的《环航记》是公元前4世纪的伪作。希罗多德和赫卡泰奥斯可能在他们的作品中引用了此人的记述。

② 在古代有两个博斯普鲁斯,一个是色雷斯的博斯普鲁斯(今博斯普鲁斯海峡),另一个是克里米亚的博斯普鲁斯(今刻赤海峡)。这里指的应该是前者。博斯普鲁斯海峡的宽度是3700米,比直布罗陀海峡宽得多。

③ Karst.

④ 格奥尔格·逊凯罗斯(George Syncellus),公元7世纪的教会史家,"逊凯罗斯"是他在教会中的任职。

⑤ Bonn Corpus scriptorum hist. Byz.

⑥ 即列斯波斯的赫拉尼科斯。从字面意义上看,这段文字或许可以翻译成"写《阿尔戈斯的女祭司,以及她们的时代所发生的事》的作家",但是从现有的赫拉尼科斯残篇来看,这本书的名字更有可能是《阿尔戈斯的女祭司》。

⑦ 《布里尔新雅各比》在此处采用"μετ' Ὀδυσσέα",即"在奥德修斯之后"。雅各比采用"μετ' Ὀδυσσέως",即"和奥德修斯一道"。中文译文遵循雅各比的版本。

⑧ 即罗马城的建城者。

⑨ 马格涅西亚的安提帕特(Antipater of Magnesia),关于这个人的生平和作品我们一无所知(他可能是柏拉图学院的一份子),他只在这封信件中出现过。这封信的大概意思是安提帕特(转下页)

以来都在雅典写希腊史……伊索克拉底在过去既没有表明你和你的先祖对希腊做的善事,也没有揭露某些人对你的阴谋……因为在薛西斯(Xerxes)派使团到希腊去索求土与水之后,亚历山大(Alexander)杀了使者,①在此之后,蛮族逼近,希腊人与之会猎于你的赫拉克里昂(Heracleion),②亚历山大向希腊人揭露了阿琉亚斯(Aleuas)与色萨利人(Thessalians)的背叛,希腊人就撤军了,他们在因为亚历山大而逃过一劫。因此,只有希罗多德和达马斯特斯提到这些善行是不合适的……

(5a) 普林尼《博物志》,第7卷第154节

赫拉尼科斯说在那群生活在埃托利亚(Aetolia)的埃比伊人(Epii)中,有些人活了200岁,达马斯特斯同意他的观点,提到这群人中有个叫皮克托莱乌斯(Pictoreus)的人,他在身材与力量上都超过常人,这个人活了300岁。

(5b) 瓦莱里乌斯·马克西姆斯《善言懿行录》第8卷第13节附加第6条

但赫拉尼科斯说埃比伊人(Epii)人(他们住在埃托利亚)中的某些人活了200岁,并且达马斯特斯和他的记载一致,他在这个问题上做了充分的肯定,说他们中的一位利托里乌斯(Litorius),此人力大无比,身材魁梧过人,曾经活了300岁。

(6) 普林尼《博物志》,第7卷第207节

达马斯特斯说埃律特莱人(Erythraeans)发明了双排桨帆船(Bireme)。

(7) 普鲁塔克《对比列传》,卡米卢斯传第19节

(接上页)在马格涅西亚受到欺负,写信的人请求马其顿王腓力二世帮助安提帕特,理由是安提帕特的政治立场是亲马其顿的。这封信和雅典的哲学家苏格拉底毫无关系,他的作者一般被认为是柏拉图的外甥,旧学院(Old Academy)的第二代掌门人斯彪西波(Speusippus)。对这封信最权威的研究是《Speusipps Brief an König Philipp. Text, Übersetzung, Untersuchungen (Leipzig 1928)》,里面提到这封信可能创作于公元前343或前342年,即腓力二世征服安布拉基亚(Ambracia)的前夕,理由是这封信为马其顿王室征服安布拉基亚提供法理依据,即后者曾经属于赫拉克勒斯子孙(Heraclidae),而马其顿王室自称是赫拉克勒斯的后代。但是这一点在现在受到广泛质疑。这封信有可能创作于公元前335年到公元前330年之间。这封信可能是一封私人信件,斯彪西波以重建旧学院和马其顿王室的关系,或单纯地寻求马其顿王室对旧学院的支持。关于对这封信件的学术研究和相关讨论,参见伊安·沃辛顿:《希吉昂的达马斯特斯》(Ian Worthington, "Damastes of Sigeion (5)"),http://dx.doi.org/10.1163/1873-5363_bnj_a5,2017年4月1日。

① 亚历山大一世(Alexander the First),阿明塔斯(Amyntas)之子。关于他屠杀波斯使者的故事,参见 Hdt. 5.19–21。中文译本参见希罗多德:《历史》上册,徐松岩译,上海:上海人民出版社2018年版,第489—490页。

② 希罗多德完全没提到这回事。

塔尔盖利昂月（Thargelion）确实给异族人带去巨大的不幸……①看起来特洛伊也是在塔尔盖利昂月的倒数第 7 天毁灭的，就像埃弗罗斯，卡利斯提尼（Callisthenes），②达马斯特斯和皮拉尔霍斯（Pylarchus）记载的那样。③

（8）斯特拉波《地理学》，第 1 卷第 3 章第 1 节

但他（埃拉托斯提尼）自己也说了达马斯特斯众多错误中的一个，即他臆断阿拉伯湾（Arabian gulf）是一个湖泊。达马斯特斯说迪奥提慕斯（Diotimus），④斯特罗姆比霍斯（Strombichus）之子，雅典使团之首，在居德诺斯河（Kydnus）上逆流而上，离开西里西亚（Cilicia），进入霍阿斯柏斯河（Choaspes）——这条河流过苏萨（Susa）——并在第 40 天抵达苏萨；而迪奥提慕斯本人将这些东西描述给他听。接着埃拉托斯提尼表达了他的疑惑：居德诺斯河怎么可能穿过幼发拉底河（Eupharates）与底格里斯河（Tigris），流入霍阿斯柏斯河？

（9）斯特拉波《地理学》，第 13 卷第 1 章第 4 节

爱奥利亚人（Aeolians）分散在这一整片土地上，我们过去说这片土地被那位诗人称作"特洛伊刻"（Troike），⑤而在后来的人中，有的人用这个词指代整个爱奥利亚，也有的人用它指代爱奥利亚的一部分，而且，有的人拿这个词来指代整个特洛伊（Troy），还有人拿它来指代特洛伊的一部分，人们根本没有

---

① 雅典历法中的一个月，对应格里高利历的四月末到五月末，此月的第 6 天和第 7 天会举办和阿波罗（Apollo）有关的塔尔盖利亚节（Thargelia），这两天分别是阿尔忒弥斯和阿波罗的生日。这个词的词源可能是名词"thargelos"，意为炖菜，在这里特指由第一批农获所做的用于供奉神仙的炖菜。

② 奥林托斯的卡利斯提尼（Callisthenes of Olynthus），公元前 4 世纪希腊著名学者，亚里士多德的侄子，他从小被亚里士多德带在身边养大，学从叔叔。为了恢复家乡（奥林托斯城在腓力二世对卡尔基狄刻半岛的征服战争中被摧毁），也可能是受亚里士多德之托，他作为御用史家随亚历山大大帝（Alexander the Great）东征。他在东征的途中因为反对亚历山大的专制而被捕入狱，最后死于监禁。他的历史著作仅剩残篇，包括《希腊史》（这本书讲述了从公元前 387/6 到公元前 356 年的历史），一部关于第三次神圣战争（The Third Sacred War）的作品，以及一部最多记录到公元前 330 年的《亚历山大的功绩》。

③ 公元前 3 世纪的史家，生平不详，他可能来自雅典，瑙克拉提斯（Naucratis），希库翁（Sikyon），也有人说他是埃及人。著作很多但仅剩残篇，最著名的历史著作是《伊庇鲁斯人皮洛士对伯罗奔尼撒的远征》和《安条克和波加蒙的欧美尼斯的历史》。

④ 这个人是雅典人的将军，修昔底德提到过他。关于这个人在伯罗奔尼撒战争前夕的活动，参见Thuc. 1.45；中文译本参见修昔底德：《伯罗奔尼撒战争史》上卷，徐松岩译，上海：上海人民出版社 2017 年版，第 88 页。

⑤ 荷马。

达成哪怕一丁点的共识。因为在普罗蓬提(Propontis)沿岸地区的问题上,荷
马让特洛阿斯的领土从埃希珀斯河(Aesepus)开始算起;而攸多克索把普利阿
柏斯(Priapus)和阿尔塔科(Artake)当作特洛阿斯的起点⋯⋯他压缩了特洛
阿斯的边界;但达马斯特斯把它们的边界压缩得更大,他把帕里昂(Parion)当
作普罗蓬提的起点;因为他把特洛阿斯的地界延伸到莱克通(Lectum),其他
人各有各的说辞;而兰普萨库斯人哈戎(Charon of Lampsacus)把普拉克提奥
斯(Praktios)设为特洛阿斯的起点,①将特洛阿斯的领土压缩了 300 斯塔迪
亚⋯⋯,他让特洛阿斯的地界延伸到阿德拉明提昂(Adramyttium);而卡吕安
达人斯居拉克斯将阿卑多斯(Abydos)设为起点;埃弗罗斯和他的说法一致,
称爱奥利亚从阿卑多斯开始,直到库迈(Cyme);其他人各有各的说法。

(10) 斯特拉波《地理学》,第 14 卷第 6 章第 4 节

当我们用达马斯特斯的论述与之相比较的时候,我们为什么还要对诗人
的叙述感到惊奇?⋯⋯达马斯特斯给出了塞浦路斯岛(Cyprus)上从北端到南
端的距离,按照他的说法,从希艾罗克皮亚(Hierokepia)到克莱德斯
(Kleides)。埃拉托斯提尼也好不到哪去:因为尽管他批驳了达马斯特斯,他
还是说希艾罗克皮亚不在北边,而在南边。然而希艾罗克皮亚不在南边而在
西边。

(11a) 匿名作家《罗马的荷马生平》,第 30 页第 24 行【维拉莫维茨版】

一方面阿纳克西米尼(Anaximenes),②达马斯特斯,以及抒情诗人品达
(Pindar)都声称荷马是希俄斯(Chios)人,并且忒欧克里特(Theocritus)在《讽
刺诗集》中也这么说。另一方面,达马斯特斯说荷马是穆赛俄斯(Mousaeus)
的 10 世孙。

(11b) 普罗克鲁斯《荷马生平》,第 26 页第 14 行【维拉莫维茨版】

赫拉尼科斯,达马斯特斯和佩莱居德斯(Pherecydes)将他的家世上溯到
俄尔甫斯(Orpheus)。③ 因为他们说荷马的父亲麦昂(Maion)和赫西俄德的父

---

① 史家,时间存在争议,有人认为他生活在公元前 6 世纪末前 5 世纪初,但也有人考虑到其作品的
多样性而将他的时间推迟到公元前 5 世纪末。著作有《埃塞俄比亚史》《波斯史》《论兰普萨库
斯》等。

② 不是哲学家米利都的阿纳克西米尼(Anaximenes of Miletus),而是史家兰普萨库斯的阿纳克西
米尼(Anaximenes of Lampsacus),后者生活在公元前 4 世纪下半叶,他最著名的著作是《腓
力史》。

③ 雅典的佩莱居德斯,散文作家,著《历史》等,译者已经翻译完此人的全部残篇,择日出版。

亲迪俄斯（Dios）是阿派利斯（Apeillis）的儿子，阿派利斯是迈拉诺波斯（Melanopus）的儿子，迈拉诺波斯是埃庇弗拉德斯（Epiphrades）的儿子，埃庇弗拉德斯是哈利派摩斯（Chariphemus）的儿子，哈利派摩斯是菲洛特派斯（Philoterpes）的儿子，菲洛特皮斯是伊德蒙尼斯（Idmonis）的儿子，伊德蒙尼德斯是攸克莱埃斯（Euclees）的儿子，攸克莱埃斯是多里昂（Dorion）的儿子，多里昂是俄尔甫斯的儿子。而列昂提尼人高尔吉亚（Gorgias of Leotini）将他的家世上溯到穆赛俄斯。

三、点评

笔者将对达马斯特斯的残篇进行一些点评，旨在从残篇中梳理一些问题并提供初步的解释。

（一）生平

达马斯特斯的出生地没有争议，他出生于小亚细亚西北部的希腊城市希吉昂。在人物的时间问题上，《苏达辞书》的作者和哈利卡纳苏斯的狄奥尼修斯（Dionysius of Halicarnassus）都承认达马斯特斯出生于伯罗奔尼撒战争之前，即公元前431年之前。《苏达辞书》还说他是希罗多德的同代人，这一点与"出生于伯罗奔尼撒战争之前"的记述相吻合，因为希罗多德生于公元前484年，死于公元前425年，即伯罗奔尼撒战争打响后的第7年。哈利卡纳苏斯的狄奥尼修斯说达马斯特斯的生命"延续到修昔底德的时代"，如果修昔底德死于公元前400年左右，那么达马斯特斯至少活到了伯罗奔尼撒战争期间。如果再考虑到他是希罗多德的同代人，那么达马斯特斯可能没有活到伯罗奔尼撒战争结束。所以综合残篇中的有限信息，可以大致把达马斯特斯生活的时间确定在公元前5世纪初到公元前5世纪末（尤其是伯罗奔尼撒战争期间）这个范围，他不大可能在公元前500年前出生，否则他就不是希罗多德的同时代人，他也不可能活到公元前400年后，因为这与狄奥尼修斯的记载矛盾。

学界在达马斯特斯和赫拉尼科斯的关系上素有争议。从现有文献出发，只有《苏达辞书》提到前者是后者的学生。从怀疑的立场看，采信这一说法需要考虑到几个问题：第一，孤证不立，没有其他作家提到两个人的师生关系。第二，唯一能让人确定两个人所谓"师生关系"的证据是经常在残篇中出现的"赫拉尼科斯-达马斯特斯"对子，赫拉尼科斯经常出现在达马斯特斯之前。这个证据是薄弱的，首先，这可能只表示时间上的先后关系，但是一方面，时间上的先后关系与师门传承的问题无关,另一方面,没有证据表明赫拉尼科斯比达马斯特斯更年长,他们更像是同龄人。第三,几个作家将两人放入一个对子的实践可能源自一个非常古老的传统,即把达马斯特斯当作是赫拉尼科斯的学生,后来的学者萧规曹随而已。但是传统未必真,这个传统与其说来源于两人真实的师生关系,不如说来源于两人作品内容的大量重合或赫拉尼科斯在古代的声望(也有可能兼而有之)。达马斯特斯有可能在赫拉尼科斯之后创作,在作品中引用了一些赫拉尼科斯的文字,这一学术上的回应被古希腊人理解成一种师生关系并不奇怪。古人经常人为构建他们认为的学术传统,尽管这些传统的建构并不是毫无道理,比如巴门尼德(Parmenides of Elea)被认为是色诺芬尼(Xenophones of Colophon)的学生,麦利梭(Melissus of Samos)被认为是巴门尼德的学生,刘基波(Leucippus of Abdera)被认为是芝诺(Zeno of Elea)的同学,等等。从历史考证的角度说,这些传统并不可靠,尽管它们几乎都来源于古人对他们思想的理解:一个人在作品中回应另外一个人,那么前者是后者的学生。古希腊哲学界是这样,我们也没有任何理由认为历史学界不是这样。

　　这里最大的问题是,我们不能取信于任何证据,阿伽忒麦罗斯(Agathemerus)认为达马斯特斯传承赫卡泰奥斯传统,波菲利(Porphyry of Tyre)认为赫拉尼科斯传承希罗多德-达马斯特斯传统。这两个说法都无法得到任何现有文献的绝对支持。对于前者,遗留下的赫卡泰奥斯残篇不存在与达马斯特斯重合的内容,最重要的问题是,达马斯特斯的《环航记》完全失传了(实际上存在很多无法定位的残篇),我们没有东西对比。对于后者我们可以说得更多,一方面《苏达辞书》提到了希罗多德和赫拉尼科斯的私人关系(尽管这也是孤证),而且赫拉尼科斯的 4F73 残篇确实或多或少地展现了两个人的学术关系。①

----

① 参见 FGrHist 4F73。扎尔莫克西斯(Zalmoxis):毕达哥拉斯(Phythagoras)的奴隶,就像希罗多德在《《历史》》第 4 卷中所说的那样,他是斯基泰人,在上到地面后教授有关灵魂不死之说。穆涅赛亚斯(Mnaseas)说克洛诺斯(Cronus)在盖塔人(Getae)那受到尊崇,并被称为"扎尔莫克西斯"。而赫拉尼科斯在《蛮族风土志》中说扎尔莫克西斯是希腊人出身,他在色雷斯(Thrace)向盖塔人传授密仪之术,并且他还一直说不仅他自己不死,而且那些他身边的人也不会死,而他们在将来会获得所有的善。他一边说着这些东西,一边建了一处地下的居室。然后他突然从色雷斯人的面前消失,接着便住在这个地下室,而盖塔人则怀念他。在第 4 个年头他重新现身,并且色雷斯人将一切都托付给他。某些人说扎尔莫克西斯是萨摩斯人,穆涅萨尔霍斯(Mnesarchus)之子毕达哥拉斯的奴隶,并在获得自由身之后传授那些义理。但在我看来,扎尔莫克西斯的出生时间比毕达哥拉斯早得多。不仅如此,特里佐伊人(Trizi)和科罗布佐伊人(Crobyzi)认为那些 (转下页)

但是我们完全看不出来赫拉尼科斯和达马斯特斯的关系,原因很大一部分是资料的缺乏,赫拉尼科斯《蛮族风土志》的残篇仅剩两条,实无太大帮助。就算跳出《蛮族风土志》去研究赫拉尼科斯的所有残篇,我们也只能发现两人记述内容的重合,完全无法得出谁先谁后的结论。

文献的缺失和记述的矛盾逼迫我们在一定程度上跳出残篇,把达马斯特斯和赫拉尼科斯放在更广大希腊的学术史背景下去思考。结论是,达马斯特斯和赫拉尼科斯的私人关系可能是臆造的,更有可能的是,达马斯特斯的一些作品后于赫拉尼科斯的某些作品,在这些作品中达马斯特斯有意或无意地、明确地或不明确地回应赫拉尼科斯。

(二) 著述

证言残篇页也列出了达马斯特斯的作品,从《苏达辞书》的表述来看,达马斯特斯像他的同代人赫拉尼科斯一样著作等身。遗憾的是,我们对这些作品知之甚少,很难知道它们的内容,也无从判定达马斯特斯在多大程度上是一个原创的作家。下面将简要探讨每一部作品:

《论那些发生在希腊的事情》,或翻译成《希腊大事记》:关于这本书我们知之甚少,它可能是一卷本的小册子,是一个达马斯特斯所处时代的历史梗概。我们不知道它所涵盖的时间范围,唯一能确定的是它至少包含了第二次希波战争(The Second Persian War)——它提到了希罗多德没讲到的事,即马其顿王亚历山大一世在赫拉克利翁拯救希腊联军的故事。[①] 除此之外我们一无所知。

《论远征特洛伊者的父母与祖先》:这本书共两卷,虽然已经大部佚失,但是我们还是可以依照现有的文献做一些思考和推测:

首先,达马斯特斯的同代人赫拉尼科斯写了一部《特洛伊史》,考虑到将两个人联系起来的古代传统,我们没有理由不猜测达马斯特斯创作这本书可能是在某种意义上回应赫拉尼科斯,尽管赫拉尼科斯的《特洛伊史》提到了所谓"第一次特洛伊战争"(The First Trojan War),[②]而达马斯特斯的作品从名字

(接上页)死者是不朽的,就像人们说扎尔莫克西斯死而复生一样。他们为死后的重生而祝祭,宴饮。

① 关于这段记载,参见 FGrHist 5F4。

② 参见 FGrHist 4F26。节选后的译文如下:在此之后,(宙斯)挑选波塞冬和阿波罗给劳麦冬做苦力,他们因为劳麦冬恣意妄为而要测试他。就这样,他们便据说化作雇工的模样(劳麦冬要么马上支付工资,要么不是马上支付工资),在山丘的最高处为伊利昂修建了一道石制的城墙,这座城墙现在被称作波加蒙墙。

上看似乎只关于最著名的那次战争,即所谓"第二次特洛伊战争"(The Second Trojan War)。①

其次,从名字上看这还是一部典型的"谱系学"作品,即描述神和英雄的家系,从雅典的佩莱居德斯和米利都的赫卡泰奥斯开始,古希腊人开始用散文而不是诗体来为他们的英雄编纂谱系,之前独立的谱系被整合进一个系统中。达马斯特斯来自希吉昂,一个位于特洛阿斯的希腊城市,达马斯特斯一定有充足的理由去为自己的家乡写作谱系,更重要的是,让自己的家乡在特洛伊战争中占据一席之地。②

最后,关于这部书的作者古代存在争议。《苏达辞书》在"波罗斯"词条提到了一本叫《那些出征特洛伊的希腊人和异邦人的谱系,以及他们每个人是如何归返的》的作品。这很明显也是一部谱系学作品,波罗斯是来自阿克拉加斯的雄辩家兼智者——同为"智者"的希庇阿斯(Hippias of Elis)也写过谱系学作品——实际上古代的智者几乎都是精通哲学、史学、雄辩术、数学(尤其是几何学)、天文学等的通才。这本书和《苏达辞书》"达马斯特斯"词条中的那本《论远征特洛伊者的父母与祖先》不是一本书,这一点从书名中可以判断出来。《论远征特洛伊者的父母与祖先》可能仅仅是一部谱系学作品,它仅仅记载古代英雄的世系;而波罗斯的那本书不仅是谱系学作品,因为它还记录每个英雄的归返。《苏达辞书》的作者说有人将《那些出征特洛伊的希腊人和异邦人的编年史,以及他们每个人是如何归返的》这本书归于达马斯特斯名下,这似乎反映了一个历史传统,这个传统的前提是古人混淆了两本不同书的区别,因而波罗斯的书被错误地归到达马斯特斯的名下。

《民族与城市名录》:这本书有可能等同于《论民族》或《环航记》。它一定是一部地理学著作,达马斯特斯一定像其他之前的地理学家(尤其是赫卡泰奥斯)一样按顺序记载各个国家和民族,讨论他们的地理位置和文化习惯、历史典故等等。可能是基于内容和结构的相似性,因而有人称达马斯特斯取材于赫卡泰奥斯。至于达马斯特斯的记述顺序是否和赫卡泰奥斯一致,是否像赫卡泰奥斯一样将世界分成欧洲和亚洲,是否将大地当作一个规整的,由俄开阿诺斯河包围的起来的圆,我们一无所知。

---

① 整个《特洛伊诗系》——包括著名的《伊利亚特》和《奥德赛》——都是关于这次战争的。

② 无论是《伊利亚特》还是《奥德赛》都没有提到希吉昂。达马斯特斯有足够的理由让来自本邦的英雄加入特洛伊战争,因为希吉昂靠近斯卡曼德河口,而后者一般被认为是希腊舰队停泊的地方。

《论诗人与智者》：这部作品只有 1 条残篇留存。从题目上看，它应该是一部谱系学作品而不是历史传记作品。这里的诗人应该指的是俄耳甫斯、穆赛俄斯、荷马、赫西俄德这些诗人，古人经常将他们神化，为他们编订带有神圣色彩的谱系。"智者"的意思具有一定复杂性，它有几层意思：一、睿智的人，同"sophoi"（智慧者）。古希腊七贤，甚至是讨厌智者的柏拉图都被称作"智者"，这是"智者"一词的原意。二、教授各种学科，尤其是雄辩术的受薪教师，比如普罗泰戈拉(Protagoras of Abdera)，安提丰(Antiphon of Rhamnus)，高尔吉亚，等等。三、使用看似合理实则虚假的逻辑颠倒黑白，招摇撞骗的江湖骗子，伪哲学家。他们教人为达目的而不择手段，败坏城邦风气。这个意思广为流传，在很大程度上形塑了后人对于智者的认知——通过柏拉图(Plato)的对话集和阿里斯托芬(Aristophanes)的戏剧。没有任何证据表明达马斯特斯采取了最后一种意思，因为柏拉图对话集的出版时间（至少是苏格拉底死后，即公元前 399 年之后）后于达马斯特斯。从时间上我们无法排除第 2 种意思，因为智者运动从公元前 450 年之后便流行于希腊的文化中心雅典，考虑到达马斯特斯和雅典上流社会的关系，[①]没有任何理由认为达马斯特斯不知道在这种意义上的智者。问题是，将这些智者和诗人并列是没有意义的，为他们编订谱系也是毫无用处的。在那个时代，编订谱系的对象往往是上古时代的英雄和历史时代早期的伟人。在《吕库古传》中普鲁塔克(Plutarch)提到了那些为吕库古(Lycurgus)编订谱系的人以及谱系的不同版本。[②]品达(Pindar)为吕库古编订了谱系，但按照普鲁塔克的说法，品达的版本显然并不流行。他提到了另外一个流行的版本，按照这个版本的说法，吕库古是赫拉克勒斯的第 11 世孙，这样就把吕库古放到了"赫拉克勒斯子孙"的范畴之中。古人同样也为梭伦(Solon)编订谱系，普鲁塔克在《梭伦传》中说梭伦的父亲是某个艾克塞凯斯提德斯(Execestides)，这个人是雅典贵族，其祖先是雅典最后一个国王科德罗斯(Codrus)，这暗示着梭伦是皮洛斯(Pylos)王室贵胄[③]。作为对比，庞西特拉图家族也被认为是皮洛斯王涅斯托尔(Nestor)的后代。我们有足够的理由认

① 斯特拉波提到了他和雅典海军将领迪奥提慕斯的私人关系，参见 FGrHist 5F8。
② 关于吕库古的谱系，参见 Plut. Lyc. 1.1 - 4。英文译本参见 Plutarch, Lives, Vol. 1, trans. by Bernadotte Perrin, Harvard: Harvard University Press, 1914, pp. 204 - 207。
③ 关于梭伦的谱系，参见 Plut. Sol. 1.1 - 4。英文译本参见 Plutarch, Lives, Vol. 1, trans. by Bernadotte Perrin, Harvard: Harvard University Press, 1914, pp. 404 - 407。

为这些显贵家族为了构建自己的统治合法性创造了这些谱系。作为对比,没有人——至少在普鲁塔克的《对比列传》(或译《传记集》)中——为出身寒微的地米斯托克利(Themistocles)和尼西阿斯(Nicias)编订谱系。活跃于雅典的智者几乎都是外来的学者,他们的出身可能并不高贵。[1] 总之,达马斯特斯没有理由为这些学者编订谱系,他所指的"智者",更有可能是历史时代早期的思想家和改革家,比如梭伦、吕库古、庇达库斯(Pittacus)。他可能对庇达库斯更感兴趣,因为后者来自米提列涅(Mitylene)的贵族家庭,而希吉昂是米提列涅在特洛阿斯的一个殖民地。

作者译者简介:蒋文祺,南开大学历史学院研究生,主要研究方向为古典文明史。

---

[1] 比如普罗泰戈拉,据说他在阿布德拉的码头当搬运工,因此和德谟克利特(Democritus)相识。智者所传授的知识在根本上是反传统,反贵族的,它是民主制的产物,强调怀疑与论辩。

饮食史视域下 9—11 世纪拜占庭 帝国等级秩序的建构

项琬婷

摘　要:拜占庭帝国居民构成复杂,多族群的融合与身份认同问题深刻影响着帝国的治理。为稳定帝国秩序,君士坦丁一世制定了最初的等级制。黄金时代,等级制得到进一步完善。不同阶层在食物种类、饮食观念上的差异是帝国等级制在日常生活中的隐性渗透,而皇宫晚宴中的座位排列、进退次序、用餐先后则是通过可视化的安排将等级制度显化。不仅世俗世界有着严苛的等级秩序,修道院中的神圣世界也和世俗世界保持一致。可以说,食物蕴含着我们没有意识到的强大力量。隐性的等级制度通过饮食以一种可以为多数人接受的复杂形式显化出来,在尊卑有序的等级制下,普通的一日三餐彰显着不同阶层在地位上的显著区别,饮食由此成为帝国治理的重要工具。

关键词:拜占庭　饮食　黄金时代　等级秩序　国家治理

　　拜占庭人是一个独特的群体,他们不是一个由语言或种族界定的群体,而是将皇权和东正教的意识形态紧密联结的整体。[①] 正因如此,多族群的融合及身份认同问题是拜占庭国家治理中的重要影响因素。为了保证帝国运行的稳定,君士坦丁一世(Constantine Ⅰ,324—337 年在位)登基后,施行政治改革,以严格的官阶和等级划分帝国官员,并按阶品授以显贵头衔,规定官员享有对应等级的特权。每一个阶层都有其严格的标记和规定,并通过繁多的礼

---

① Averil Cameron, *The Byzantines*, New Jersey: Blackwell-Publishing Press, 2006, p.12.

节表现他们之间的地位高低。① 帝国等级制度的雏形由此奠定,此后的帝王继承和发展了这一传统。②

9—11 世纪被誉为拜占庭帝国的黄金时期,等级制得到进一步完善。这一时期,随着皇权的不断加强而逐步形成了一个泛帝国的、独一的尊卑鲜明的等级结构。纵向来看,等级制将帝国内部居民由上至下划分为皇帝、贵族、平民三个阶层;横向来看,贵族阶层又可以划分为世俗贵族和教会贵族。等级制下,平民与贵族、世俗与宗教被人为区隔开来。每个人各安其位,是帝国稳定运转的重要保障。

除了明确的规定之外,等级秩序还被渗透到帝国居民生活的方方面面,比如服饰、住宿等,在饮食之中的表现尤其明显。可以说,通过饮食来建构等级秩序是拜占庭帝国进行国家治理的一项重要手段。国家有意识发挥了食物的力量,用每个人都离不开的餐桌与食物将等级秩序显化并深入人心,以达到有效治理国家的目的。

目前国内对于拜占庭饮食与等级秩序关系研究较少。陈悦在 2020 年发表的《舌尖上的拜占庭——拜占庭人的饮食文化》一文中简要提及了拜占庭人的餐桌礼仪与等级秩序之间的关系。国外对相关问题研究较多一些。2003年,澳大利亚拜占庭研究协会举办了主题为"盛宴、斋戒还是饥荒——拜占庭的食物和饮料"(Feast, Fast or Famine——Food And Drink In Byzantium)的交流活动;同年,英国拜占庭研究促进会主办了主题为"吃喝玩乐(路加福音12:19)拜占庭的食物和酒"(Eat, Drink, And Be Merry (LUKE 12:19) Food And Wine In Byzantium)的学术会议。两次会议从食物入手,介绍了拜占庭的食品种类、食物加工、食物与宗教和王权关系等多方面内容,值得注意的是在论文集中专门提到了宴会的作用和意义。牛津大学出版社出版的《牛津拜占庭研究手册》③在《食物,酒和盛宴》(Food, Wine, and Feasting)部分详细介绍了酒和宴会在拜占庭文化中所占的重要地位,指出宴会具有展示政治和社会权威合法性的作用。此外,在君士坦丁七世(Constantine VII,913—920 年、945—956 年在位)主持修订的《礼仪书》以及当时教会文件中,也

---

① 王振霞:《晚期罗马帝国的集权体制和吏治腐败》,《齐鲁学刊》2012 年第 3 期,第 61 页。
② Averil Cameron, *The Byzantines*, p.116.
③ Robin Cormack (eds.), *The Oxford Handbook of Byzantine Studies*, England: Oxford University Press, 2008.

有不少蛛丝马迹强调着饮食与等级秩序之间的关系。

本文从饮食视角切入,通过分析帝国等级秩序在餐桌上的表现,探究帝国在国家治理方面所做的努力。饮食折射出一个社会经济、政治、文化等多方面风貌,将"饮食"作为我们了解拜占庭帝国的重要窗口,能够见微知著,管窥帝国全貌。

一、拜占庭人的日常饮食:隐性的等级秩序

拜占庭帝国是一个以农业为基础的农本社会,温暖潮湿的亚热带气候促进了农业的发展,多样性的土地条件和充足的日照为拜占庭不同地区的特色农业发展提供了条件。同时,它还位于亚、非、欧三洲的交界处,扼地中海与黑海之咽喉,是三洲诸国往来的重要通道,优越的地理位置给帝国带来了繁荣的商业贸易。可以说,农业与商业共同构建了拜占庭人的基本食谱。在基本食物种类得到确认的前提下,拜占庭人的饮食融合了复杂的政治文化因素。以皇帝为最高权力中心的等级森严的政治体制以及基督教的文化氛围,又在拜占庭人的饮食中添加了一些有别于古希腊罗马时代的中世纪味道。[1]

根据拜占庭匿名作家的《论食物》记载,不同地区的拜占庭人饮食略有不同。普遍来看,他们每天的用餐数量是一至三餐,主要食物包括面包、豆类(加入汤或菜中)、鱼、肉、蔬菜、水果和葡萄酒,其中橄榄是每餐必备,奶类食品除鲜奶外,奶酪也必不可少。[2] 相对丰富的日常食谱和讲究的饮食习惯为拜占庭人在饮食上发挥想象力和创造力提供了基础。他们不仅关注食物和饮品的质量好坏,而且对食物的营养搭配也相当在意,甚至有不少专门的饮食手册帮助人们进行食物的选择。

正是由于拜占庭人对饮食的分外重视,食物才逐渐被赋予更多内涵。在看似平常的一日三餐中,等级间的差异暗含其中。譬如同样是食用面包,白面所制作的面包就比全麦面包或大麦面包更加珍贵。[3] 这是因为相对全麦或大麦,白面的珍贵度和稀有度更高。当时的贵族以食用珍稀食材所制作的食物为荣,这种对珍稀度的强调甚至超过食物的味道与营养。可见,在拜占庭,食

① 陈悦:《舌尖上的拜占庭——拜占庭人的饮食文化》,《农业考古》2020 年第 1 期,第 178 页。
② 陈志强:《拜占庭帝国史》,北京:商务印书馆 2018 年版,第 351 页。
③ Ellzabeth Jeffreys, John Haldon and Robin Cormack eds. , *The Oxford Handbook of Byzantine Studies*, New York: Oxford University Press, 2008, p.671.

物本身就隐喻着用餐者在社会上的等级,越是珍贵难得的食材,越成为高贵社会地位的象征。

在帝国首都君士坦丁堡内,普通居民的日常饮食完全依赖于帝国的食品市场,他们的饮食缺乏自主选择性,更具有规定性。君士坦丁堡有专门的食物供给体系,皇帝任命君士坦丁堡市长管理这一重要项目。市长通过宏观调控控制食品价格,这一方面保证了帝国居民的正常生活,另一方面,普通民众的饮食也由此受到帝国法规的严格限制,价格和市场供给约束了他们的食品消费。因此,对于普通居民而言,豆制品和奶制品是他们日常饮食中的重要组成部分,葡萄酒之类相对稀缺珍贵的饮品则不那么流行。

贵族在饮食方面显然有更多的选择。他们几乎不为市场提供的食物种类及食品价格所限制,其食谱制定的依据是当时的饮食潮流、养生观念甚至是尝鲜品异的需求。拜占庭的营养师们通过《饮食手册》为他们提供更加健康合理的饮食建议。譬如一位营养师认为"灰色鲻鱼不利于健康,金枪鱼则应该腌制来吃"。[1] 此外,在皇家宫殿中还供应普通人难以获得的野味。[2] 除了食物本身,贵族还发明了高级烹饪法来强调自己的优越地位,其中包括大量的烹饪书籍、专业厨师研制的菜肴等。他们利用这些方法控制普通群众对精致饮食文化的接触,并有意识通过饮食之间的鸿沟来展示彼此间等级的差异。[3]

对于教会成员而言,严格的饮食制度是显示他们神圣地位的有效方式。在拜占庭修道院文化中,节食被认为是通往神圣的有效途径,暴饮暴食则是"八大恶习"之首。[4] 食物的危险属性在修道院中被反复提及,暴食被认为是身体粗鄙欲望的外化反应,沉溺于暴饮暴食会让人陷入堕落之中。出于修行的需要,教士们需要通过戒食达到一种"非物质"的存在状态,从而像天使一样生活。[5]

---

[1] Andrew Dalby, *Tastes of Byzantium: The Cuisine of a Legendary Empire*, London: I. B. Tauris and Co. Ltd Press, 2010, p.67.

[2] Andrew Dalby, *Tastes of Byzantium: The Cuisine of a Legendary Empire*, p.71.

[3] Simon Malmberg, "Visualising Hierarchy at Imperial Banquets," in Wendy Mayer and Silke Trzcionka (eds.), *Fast or Famine——Food and Drink in Byzantium*, Netherlands Leiden: Brill Press, 2003, p.14.

[4] 陈悦:《舌尖上的拜占庭——拜占庭人的饮食文化》,第180—181页。

[5] Antony Eastmond and Liz James, "Eat, Drink ... and Pay the Price", in Leslie Brubaker and kallirroe Linardou (eds.), *Eat, Drink, and Be Merry (Luke 12: 19) Food and Wine in Byzantium*, England: Ashgate Publishing Press, 2007, p.179.

修道院内通常是集中用餐,修士们在其他时间不可以食用任何食物与饮料。他们有固定的食谱,四旬斋和两个比较次要的斋戒日的食谱也是确定的。除生病之类的特殊情况,他们每个人的食物都相同无异。10 世纪的一份修道院规则更加详细地记载了对修道士们饮食的严格规定:周一、周三和周五的圣使徒斋戒期间,禁止食用油、禁止饮酒……星期天及宴会以外的日子禁止吃鱼……到大斋节期间,他们一天只能吃一顿饭。[①] 严格的饮食要求体现的是修道院严密的秩序,那些繁琐详细的规定不仅是避免教士们陷入堕落,维持宗教热情的有效途径,也是彰显自身等级的直接方式。

可以说,拜占庭的饮食史也是一部政治史或制度史。在等级森严的中世纪,食物代表着一个人的社会地位。食物的种类首先反映的是用餐者在食物选择方面的权力。在生产力发展不充分的前提下,有限的食物让吃饱饭成为一种奢侈的追求,更让选择食物成为一种可视化权力。因此,不论是贵族的奢侈宴会,还是教会成员主动选择的斋戒禁食,本质上都是通过对珍稀资源的异质化处理来彰显其社会等级与地位。可见,平民、贵族和教会成员在饮食习惯方面存在的巨大差异是帝国等级秩序渗透的表现。

如果说这种日常的饮食只是暗含着等级制度的影子,那么君士坦丁堡大皇宫内的宴会,则是以一种可视化的方式将等级秩序实体化了。

二、帝王的盛宴:等级秩序的显化

在拜占庭帝国长达 11 个世纪的历史上,皇帝专制统治始终占据帝国政治核心地位。与西欧世界的最显著差异在于:拜占庭皇帝同时是神圣和世俗的主人,拥有支配人们肉体和精神的全部权力。这种在世俗事务和教会事务中均表现出来的君主专制曾被描述为基督教的哈里发,或者是神权君主,但更为常见的名词是"皇帝至尊权"。[②]

为了维持自身在世俗世界和神圣世界的独尊地位,作为一国君主的皇帝分外重视等级制。一方面,拜占庭皇帝期望通过严苛的等级秩序实现帝国的

---

① John Thomas and Angela Constantinides Hero (eds.), *Byzantine Monastic Foundation Documents: A Complete Translation of the Surviving Founders' Typika and Testaments*, Washington: Dumbarton Oaks Research Library and Collection Press, 1998, p.225.

② [英]N. H. 拜尼斯主编,陈志强等译:《拜占庭:东罗马文明概论》,郑州:大象出版社 2012 年版,第 276 页。

有序统治;另一方面,世俗与教会之间的争斗从未停止,二者势力此消彼长。因此,皇帝需要通过某些具有仪式感的方式反复确认和强化自身地位的至高无上性。

早在拜占庭建国之初,皇帝就在君士坦丁堡的布局之中隐隐进行了严苛的等级划分。当时,古老的旧城墙被改建为高大的皇城围墙,将帝王勋贵与平民百姓直接隔绝开来。这无疑是一种较为直白、僵硬的等级表现形式,另一种更加具有文化意味的表现形式是在拜占庭宫廷内:皇帝以繁琐的宫廷礼节刻画出来的严格的等级序列。

黄金时期的帝国尤其强调等级秩序,并将其作为一种政治仪式具体表现出来。利奥六世(Leo VI, 886—912 年在位)制定了完善的等级制度,并在皇室的宴会上按照准确建立的等级授予他们荣誉。他所遗留下来的习惯被君士坦丁七世继承。君士坦丁七世更加细致地运用了这一治国理政的智慧,他主持编纂的《礼仪书》中规定了当时帝国内所有重要场合需要遵从的宫廷礼仪,例如重要的教会节日庆典、皇家重大节庆活动、皇帝接见外国使节的活动等等。这些严格的秩序源自君士坦丁七世的治国理念:"皇宫内井然有序的礼仪制度能够为皇帝和帝国带来声誉,也显示着神与人间的和谐运转。"[1]

在各种礼仪制度中,帝国的宴会尤其引人注目。通过宴会彰显皇帝权威早在罗马时期就有惯例。当时,帝王通过在宴会上进行炫耀性的食物消费来显示自身的富有,常见的一种方式是将辽阔帝国的各种食物汇集起来展现皇帝作为统治者的尊贵身份。譬如查士丁二世(Justin II, 565—578 年在位)的加冕宴会上就将各区的葡萄酒聚集在一起,以此象征帝国所有省份都在他的统治之下。炫耀财富加强了统治者对权力的意识,使他与罗马社会的其他人区别开来。[2]

拜占庭继承并发扬了古罗马这一传统。到了黄金时代,宴会中的等级秩序被赋予更加具体的形式,主要通过一种"优先权"表现出来。帝国的宴会中

---

[1] Constantine Porphyrogennetos, *The Book of Ceremonies*, Leiden, Netherlands: Brill Press, 2012, p.23.

[2] Simon Malmberg, "Dazzling Dining: Banquets as an Expression of Imperial Legitimacy," in Leslie Brubaker and kallirroe Linardou (eds.), *Eat, Drink, and Be Merry (Luke 12:19) Food and Wine in Byzantium*, Hampshire, England Burlington, VT: Ashgate Press, 2007, p.76.

往往聚集着不同阶层的人,这种聚集是皇帝有意识选择的结果。有些时候,一场宴会中甚至包括了从皇帝到贫民的所有阶层。

在各种宴会中,"十九沙发厅"中的晚宴尤其值得关注。十九沙发厅位于竞技场附近,以摆放着十九张长沙发而得名。它高大辉煌,陈设精美。911 年被关押在君士坦丁堡的穆斯林人质哈伦·伊本·叶海亚这样描述道:

> 掀起窗帘进入宫殿内,你会见到一个用绿色大理石铺成的巨大庭院……入口左边是一个长两百步,宽五十步的房间,这个房间里放置着木桌、象牙桌和一张金桌。①

根据记载推断,宴会中的"优先权"通常通过五种形式来表达:空间(客人的座位),时间(入场和用餐的顺序),品质(食物、饮品、环境的质量),数量(食物的种类)和行为(餐桌礼仪)。其中,空间和时间上的差异是区分宾客等级最明显的方式。②

就空间上来看,沙发摆放的位置直接显示着它的优先级,与皇帝位置越近表明其优先级越高。此外,每张沙发之间都被精确划分了等级:第一张桌子上的最后一位客人比第二张桌子上的第一位客人更加尊贵。因此,每一位客人都能通过座次直观感受出他与大厅其他每一名用餐者之间的等级高低。③ 就时间上来看,进出宴会厅的顺序依据是来宾的等级高低。皇帝总是第一个进来,最后一个离开。如果主教也出席宴会,那么他将与皇帝同时出入,以显示他们之间的平等地位。接着是应皇帝邀请赴宴的客人,他们按照等级一个接一个走入大厅。最后是其他沙发上的客人,他们按照等级分为两排入场。在宴会开始之前,只有皇帝和主教可以饮酒,这也是他们特殊地位的表现。④ 可见,空间上的位次排列、时间上的进场顺序以及用餐时候的食物消费顺序都显示着不容僭越的等级制度。

皇帝举办宴会通常带有明确的政治目的。《礼仪书》中这样记载:由上帝

---

① Andrew Dalby, *Tastes of Byzantium: The Cuisine of a Legendary Empire*, p.115.
② Simon Malmberg, *Visualising Hierarchy at Imperial Banquets*, p.13.
③ Simon Malmberg, *Visualising Hierarchy at Imperial Banquets*, pp.22-23.
④ Simon Malmberg, *Visualising Hierarchy at Imperial Banquets*, p.23.

所选定的皇帝通过模仿基督降世设置宴会,与信徒们同庆天地间的盛典。[①]
这一记载从政治和宗教两个侧面显示了皇帝的至尊权:一方面,他作为人间的
主宰召集宴会,另一方面,他又在宴会中扮演了宗教中的核心人物。

　　在拜占庭,举办宴会是皇帝巩固自身地位的常用手段。根据记载,从圣诞
节到主显节之间,皇帝会在十九沙发厅举办十二次宴会。[②] 这十二场宴会通
过宫廷仪式将社会各个阶层的人聚集起来,并按照规则为每位客人安排进场
顺序以及分配座位。在基督诞辰当天,帝王对照基督十二使徒模式邀请元老
院主要成员、贵族、高级官员、各省长官等十二名客人在十九沙发厅共用晚餐。
所有参宴者需要身着神服,按照头衔高低排序入内,目的是显示其宗教身份。

　　主显节前夕,皇帝在十九大厅举办第十二场宴会,这同样是一场具有宗教
性质的宴会。参宴者包括教会的各个阶层:主教、牧师、执事、副执事等各种神
职人员以及受到慈善机构资助的孤儿。等到主显节这一天,社会的所有主要
阶层人员——政府、教会、军官、贵族、穷人都将被邀请到十九沙发厅与帝王和
朝臣共进晚宴。[③] 他们按照等级高低排列进场顺序和座位。皇帝最先于最右
边落座,其次是来宾中的重要人物,他们坐在皇帝对面最左端的位置,其余诸
人则按照等级高低分别散列到重要人物之间,等级最低的客人坐在帝王身边。
宴会中,皇帝按照等级序列与来宾对话,以显示帝王对国家人民的仁慈与关
照。盛大的宴席结束后,来宾仍然按照等级高低顺序离场,等级低的人先退
场,皇帝是最后一位离场的参宴人员。[④]

　　等级制下,每个人所处的等级需要不断被证明和展示以彰显其存在,这一
需求无意识中提高了宴会的重要性。宴会中的座次排列、用餐顺序、菜品质量
都反复强调着帝国等级森严的政治体制。[⑤] 可以说,通过十九沙发厅的晚宴,

---

① John Thomas and Angela Constantinides Hero (eds.), *Byzantine Monastic Foundation Documents: A Complete Translation of the Surviving Founders' Typika and Testaments*, p. 741.

② John Thomas and Angela Constantinides Hero (eds.), *Byzantine Monastic Foundation Documents: A Complete Translation of the Surviving Founders' Typika and Testaments*, p. 33.

③ John Thomas and Angela Constantinides Hero (eds.), *Byzantine Monastic Foundation Documents: A Complete Translation of the Surviving Founders' Typika and Testaments*, p. 34.

④ 陈悦:《舌尖上的拜占庭——拜占庭人的饮食文化》,第 180 页。

⑤ 陈悦:《舌尖上的拜占庭——拜占庭人的饮食文化》,第 180 页。

帝王不仅从世俗和宗教双重意义上确立了自己的神圣地位,也通过恩威并施的统治手段稳定了社会秩序。宴会中繁杂的礼仪规范在潜移默化中为参宴者的政治、经济、文化地位进行了排名,将本来抽象化的等级制度显化出来,提醒着所有的参宴者明晰自己的地位并满足于此。①

三、修道院的餐桌:神圣世界的秩序

在拜占庭社会中,基督教被看作精神之粮。随着修道风气盛行,修道院在基督教禁欲苦修的思想下应运而生,并深刻影响了拜占庭社会。公元 4 世纪,瓦西里制定了完整的修道制度。后来查士丁尼法典②以瓦西里的修道制度为依据进行规定,指出:"修士所从事的静思苦修的修道生活具有神圣视野,它使人的灵魂与上帝相通,不仅为修道的人服务,也对所有人有益。"③

修道院内所呈现的是一个与世俗世界截然不同的神圣世界,其生活由严明的秩序规定,修道院长以神的名义管理众人,具有精神和肉体上的双重权威。④ 节制与禁欲是修道院永恒的主题——"圣人以他们的节制而闻名"。东正教徒遵守着教会关于禁食和禁欲的规定,他们斋戒的日子占一年中的绝大多数,禁止的食物包括肉类、奶制品、油类、酒类等。他们认为,这些苛刻的规定是为虔诚的东正教徒的精神和身体利益而设计⑤,目的是防止他们沉溺于欲望之中。

9 世纪的西奥多对修道院修道规则的制定影响了之后的两个世纪。他极力推崇教士们对高级教会人员的服从性。他将修道院视为一个神秘的身体概念,认为高级教会人员属于头部,官员为手和眼睛,普通教士为脚,⑥体现出鲜

---

① Simon Malmberg, *Visualising Hierarchy at Imperial Banquets*, pp.14 - 15.

② Corpus Juris Civilis(《民法大全》),又称《国法大全》。

③ 陈志强:《拜占庭文明》,北京:北京师范大学出版社 2018 年版,第 331 页。

④ John Thomas and Angela Constantinides Hero (eds.), *Byzantine Monastic Foundation Documents: A Complete Translation of the Surviving Founders' Typika and Testaments*, p. 277.

⑤ Athanasius Nicholas John's Louvaris, "Fast and Abstinence in Byzantium", in Wendy Mayer and Silke Trzcionka (eds.), *Fast or Famine——Food and Drink in Byzantium*, Netherlands Leiden: Brill Press, 2003, p.190.

⑥ John Thomas and Angela Constantinides Hero (eds.), *Byzantine Monastic Foundation Documents: A Complete Translation of the Surviving Founders' Typika and Testaments*, p. 86.

明的等级思想。在这种思想的指引下,他为普通修道士和高级修道士分别制定了修道院守则。在高级修士的守则中,内容大多是如何治理修道院及管理自己的生活。而普通修道士的守则中,则强调要"通过顺从得到永恒不衰的公义冠冕……修道士们应当保持谦卑,遏制自己的自由意志,只需要以高级教士为榜样即可"。① 可以说,在修道院的规则中,等级是十分重要的一环。他们在唱诗、圣餐礼以及其他场合都十分重视等级秩序。②

　　这种等级在10世纪的修道院中更加具象地显现出来。10世纪时,阿塔纳修斯(Athanasios)在皇帝尼基弗鲁斯二世(Nikephoros II Phokas,963—969年在位)的赞助下修建了一座修道院。根据圣徒的资料记载,阿塔纳修斯为拉夫拉(Lavra)所制定的《修道院章程》(Typica)中详细规定了当时修士们在行政、礼仪、餐饮、纪律等方面所要遵循的规定。③

　　修道院有专门的膳食总管(Trrapezarios)进行饮食管理。从食物和酒水的数量到品质,再到用餐规矩,都有严格的要求:当钟声响起时,大家聚集到教堂分享食物。他们按照顺序就座,确保有序而不混乱。④ 在大多数修道院,座位是基于等级原则制定,最高级的是高级教士、司库(dochiarios,货币保管人,也称为钱币总管)以及圣器收藏保管人(skeyophylax),其次是牧师,之后是执事和普通教士。教士们在用餐之前会一起吟唱赞美诗,感谢上帝"按时赐予食物"。⑤ 在食物选择方面,主教有丰富的选择,但是普通修士的饮食却很贫乏,肉类、鱼类和贝类是稀有食物,谷物和豆类以及素菜汤是他们的主要食物。⑥

---

① John Thomas and Angela Constantinides Hero (eds.), *Byzantine Monastic Foundation Documents: A Complete Translation of the Surviving Founders' Typika and Testaments*, p. 80.

② [德]汉斯-维尔纳·格茨著,王亚平译:《欧洲中世纪生活:7—13世纪》,北京:东方出版社2002年版,第95页。

③ John Thomas and Angela Constantinides Hero (eds.), *Byzantine Monastic Foundation Documents: A Complete Translation of the Surviving Founders' Typika and Testaments*, p. 206.

④ John Thomas and Angela Constantinides Hero (eds.), *Byzantine Monastic Foundation Documents: A Complete Translation of the Surviving Founders' Typika and Testaments*, p. 225.

⑤ Mary B. Cunningha, "Mealtime in Monasteries: The Culture of the Byzantine Refectory," in Leslie Brubaker and kallirroe Linardou, (eds.), *Eat, Drink, and Be Merry (Luke 12:19) Food and Wine in Byzantium*, England: Ashgate Publishing Press, 2007, pp. 112 – 113.

⑥ Andrew Dalby, *Tastes of Byzantium: The Cuisine of a Legendary Empire*, p.95.

尽管修道院有着与世俗世界不甚相同的等级秩序,但是他们却在事实上有着共同的管理者,即皇帝。在拜占庭,皇帝不仅是人间的统治者,也是上帝在人间的化身,是所有基督教徒的统治者。阿塔纳修斯的《遗嘱》中写道:

> 我希望指定神圣的皇帝巴西尔二世(Basil II, 976—1025 年在位)作为我们的管理者,但敬畏使我克制……他毕竟是皇帝,是统治者,是领主,是父亲和供养者,不仅是我的、也是众人的、是所有基督教徒的父亲和供养者①。

11 世纪的修道士科斯马斯·津齐卢克斯(Kosmas Tzintziloukes)曾在君士坦丁九世(Constantine IX, 1042—1055 年在位)的派遣下去解决修道院中的纪律问题。他奉皇帝之命发布了一本《典章书》(typikon),里面提到:尊贵神圣的皇帝不仅关注政治与军事,还特别注意维护神圣的法令与戒律。② 皇帝希望宗教世界也能按照严密的秩序运行,保持稳定与和谐。"陛下不希望这里发生任何意料之外的事,而是希望诸位遵守古老的法律和规则,按照神圣皇帝的命令做事。"③

也就是说,修道院真正的管理者是皇帝,他同时统治着世俗和神圣两个世界。在世俗世界中,皇帝通过严格的等级制度让众人各安其位。类似地,作为上帝在人间的代表,皇帝与教会合作建立了一套与世俗秩序相一致的神圣世界管理秩序。于是,皇帝的命令所揭示的便不止是人间运行的规律了,同时也代表着神的意志。由此,皇帝实现了对所有人肉体和精神上的完全统治。当有人试图更改过去的某些规定时,君士坦丁九世激烈地表达了他的反对:有人竟敢要废除过去的律法而增添新法,这是何等冒失之事……我们要谨遵古老

---

① John Thomas and Angela Constantinides Hero (eds.), *Byzantine Monastic Foundation Documents: A Complete Translation of the Surviving Founders' Typika and Testaments*, p. 275.

② John Thomas and Angela Constantinides Hero (eds.), *Byzantine Monastic Foundation Documents: A Complete Translation of the Surviving Founders' Typika and Testaments*, p. 284.

③ John Thomas and Angela Constantinides Hero (eds.), *Byzantine Monastic Foundation Documents: A Complete Translation of the Surviving Founders' Typika and Testaments*, p. 285.

的法典不得更改,如有人试图违反,必将让他们接受准则的惩罚。①

综上可知,修道院通过严格的规定所构建的神圣世界等级秩序表面上是对上帝的恭敬,实质上则是帝国皇权在宗教中的延伸。等级制度实际上成为基督教神学中神圣性高低在世俗世界的表达手段,体现了被上帝选择的帝国在神圣与世俗上的统一。

可以说,尊卑有序的等级制度强调的不仅是与制度有关的显要个人的重要性,同时也表现着他们与基督教之间特殊的联系。神圣的等级制度是以上帝为中心的,与此呼应,世俗的皇帝与臣民形成了与天国遥相呼应的秩序。②皇帝作为基督在人间的代言人,通过他的意志实现神圣世界与世俗世界之间的统一,最终达到有效治理国家的目的。

结语

拜占庭帝国是一个等级分明的社会。皇帝及其家族、官僚贵族,以及教士和高级知识分子构成了上层社会。此外,众多的民众也是社会群体的重要组成部分。上层社会代表拜占庭社会生活的典型,引领着君士坦丁堡乃至整个帝国社会生活的方向,而普通居民则同上层阶级一起构成了拜占庭复杂的社会生活。③ 如何使组成复杂的庞大帝国有序运行,是历任统治者所面临的重大考验。

在拜占庭漫长的历史中,食物始终是他们的重要议题。无论在文学作品还是艺术创作中,食物都被赋予了远比它们本身更多的意义。正如汉内莱·克莱梅蒂娜所提到的那样:在中世纪的通俗文化里,人们对于饮食这个主题,就像对待人类的其他生理功能一样,常常都会详加论述。在贵族的文学作品中,食物也占据着重要地位,食物和食物所代表的一切,都具有界定人与人之间的关系及纽带的作用。④ 在特殊的时代背景中,食物被选择成为一种有效

---

① John Thomas and Angela Constantinides Hero (eds.), *Byzantine Monastic Foundation Documents: A Complete Translation of the Surviving Founders' Typika and Testaments*, p. 288.

② Nikolay Kanev, "Byzantine Rank Hierarchy in the 9th–11th Centuries," *Studia Ceranea*, vol. 8 (2018), p. 155.

③ 陈志强:《拜占庭帝国史》,北京:商务印书馆2018年版,第325—325页。

④ [芬兰]汉内莱·克莱梅蒂娜著,欧阳瑾译:《中世纪厨房:一部食谱社会史》,上海:上海社会科学院出版社2021年版,第28页。

的统治工具。

在帝国内部,社会阶级和地位决定着人们的一切,包括饮食。[1] 在餐桌上,世俗与神圣、贵族与平民、皇帝与大臣之间的微妙关系具象化显现出来并达成一种可维持的平衡。平民、贵族和教会群体根据自己在社会中所处的地位、所占据的资源、所想要达成的目的塑造了自身的饮食观念:有限的食物资源意味着平民只能食用市场中供应的食物,而社会地位更高的贵族,其食谱也就更加多样化;在宴会中,政治权力结构直接转移到餐桌上。[2] 地位决定了一个人坐的位置、进出宴会的顺序以及食物的数量和品质;在修道院内,严格的饮食规则将世俗与神圣世界区分开来,皇帝成为两个世界唯一的链接,因此他也毫无疑问地成为拜占庭帝国内的唯一主宰。

可以说,食物蕴含着我们没有意识到的强大力量。隐性的等级制度通过饮食以一种可以为多数人接受的复杂形式显化出来。相较于冰冷的规章制度和具有压迫性的帝国城墙,它以一种更加柔软的方式融入帝国生活的方方面面。这种手段带着不易察觉的强迫性,它通过一种潜移默化的方式建构了人们头脑中对于自身所处等级的确认。这样的特点使得它不易招致人们的反感,反而让大多数人在不知不觉中接受并认可了它。

饮食通过将隐性的等级显现出来,促使拜占庭每个人都找到自己在社会系统中的位置,维护了国家的稳定。对于居民成分多元的拜占庭而言,这种稳定难能可贵,这也正是等级制对国家治理的最大意义。

作者简介:项琬婷,西南大学教师教育学院硕士研究生。

---

[1] Lynda Garland, "The Rhetoric of Gluttony and Hunger in Twelfth-Century Byzantium," in Wendy Mayer and Silke Trzcionka (eds.), *Feast, Fast or Famine-Food and Drink in Byzantium*, Netherlands Leiden: Brill Press, 2003, p.43.

[2] Melitta Weiss Adamson, *Food in Medieval Time*, London: Greenwood Press, 2004, p.233.

罗马国家城市发展史述评

陶万勇

摘　要:罗马国家起源于今日罗马境内一个由村落围拢的城邦。在王政和共和时代,罗马军队连年对外征战,疆域不断扩张,城市也随之增多。这是些拥有不同权利的殖民城市,主要功能是助力罗马人开疆拓土同时守护扩张果实,罗马人通过奖惩制度,灵活地升降殖民城市的权利,以达到牢固控制它们的目的。进入帝国时代,罗马人大兴建城之风,以首都罗马的风格、精神和权利影响其他城市的修建,本质上是为了传播罗马人的治国理念,巩固统治。建城的同时,罗马人不断完善城市管理制度,在其中融入治国理念并从中汲取治国灵感。

关键词:罗马国家　对外征服　城市史

基于政治制度的变化,罗马国家可划分为三个阶段:王政国家、共和国、帝国。① 关于罗马国家,历史学家深入研究了它的政治、制度、文化、军事等方面,却较少关注其城市演变。近数十年随着城市史研究的流行,罗马国家城市史一度成为罗马史中的一个研究热点,尽管如此,这方面的研究一直呈现碎片化、狭隘化特点,要么是时间跨度太短,要么是研究点太小,缺乏一个综合的高屋建瓴式的考察,而这正是本文的研究出发点。

一、共和时代:城邦殖民扩张为城市国家

鉴于罗马王政时代的历史记载比较稀缺,难以勾勒出一幅完整的城市发

---

① 刘津瑜:《罗马史研究入门》,北京:北京大学出版社2014年版,第1页。本文罗马帝国时代截至西罗马帝国的灭亡。

展史,因而将其纳入罗马共和时代城市史的研究当中。罗马共和时代的城市史可被理解为一部罗马扩张史,罗马在短短几个世纪内从一个不起眼的小村落扩张成囊括意大利、迦太基、撒丁岛、西西里、西班牙等地的庞大共和国,[1]殖民活动伴随着罗马扩张而一直存在,因而该时期城市发展的一个主要特点是殖民城镇居多。罗马人的做法是在新占领的区域建造新城或直接对占领的旧城进行改建,按照罗马人的城市观装点城市,给这些新城市输送人口,使之成为真正意义上的由罗马控制的城镇。[2]

最早的殖民活动是在亚平宁半岛,罗马人凭借高效的建城手段,在新征服的区域建立起一座座新城镇。它们是被人怀着同样的思想建成的,因而表现出相似性。在公元前 3 和前 2 世纪期间,以罗马人为主的区域性移民新建的一系列聚落,都打上罗马国家的特有印记,[3]在当时建造的罗马殖民城镇与后来罗马帝国的城镇在本质和特性上没有明显的区别。罗马人努力保持罗马城独尊的地位,不情愿看到第二座和罗马同样繁华或比罗马繁华的城镇,因而有意控制殖民城镇的规模;此外,他们建造殖民城镇的根本目的是巩固统治与促进扩张,如公元前 100 年,罗马人占领维图穆莱(Vietumulae)的部分领土,在此设立埃波雷底亚(Eporedia)殖民地,主要目的大概是控制阿尔卑斯山的西方孔道。[4] 罗马建筑师海吉纳斯(Hygenus, fl. 98 – 117)认为“理想的城镇应为 2400×1600 英尺,因为若长度稍长就会看不清沿城墙传递的信号,对城防不利”。到共和时代末期,罗马已经在意大利半岛播种数百座城市。

新建立的城镇从罗马获得许多特权,也广泛建立能够反映罗马本身行政制度的法律,但所有法律都可能受到罗马当局某种程度的修改,这是为了确保符合罗马人管理国家时所要求的城市管理人口的基本模式,[5]当人口超过城市容载量时会自动通过行政手段外溢而不损害外溢人口的利益,如皮亚琴察(Placetia)和克雷莫纳(Cremona)两城都曾在同一年安顿过 6000 户人口。最初这些所谓的新城镇只是军事堡垒,只有在罗马政府迁徙一定数量的市民到

---

① 刘津瑜:《罗马史研究入门》,第 11 页。

② 特奥多尔·蒙森:《罗马史》第三卷,李稼年译,北京:商务印书馆 2015 年版,第 306—307 页。

③ 马里奥·塔拉曼卡主编:《罗马法史纲》(第二版)上卷,周杰译,北京:北京大学出版社 2019 年版,第 287 页。

④ 特奥多尔·蒙森:《罗马史》第四卷,李稼年译,北京:商务印书馆 2017 年版,第 145 页。

⑤ Penelope J. Goodman, *The Roman City and Its Periphery: from Rome to Gaul*, London and New York: Routledge, 2006, p. 9.

此之后,才成为殖民城镇。罗马人曾于公元前 1 世纪在罗纳河以东盖乌斯·塞克斯提乌斯击败凯尔特人的地方修建一座罗马城市,它就是"塞克斯提乌斯浴场",即阿奎—塞克斯提亚(Aquae Sextiae),阿奎没有得到城市权利,仍旧是个常设的军营,正如李维所云,阿奎不是个殖民地而是个堡垒;在罗纳河以西,罗马人殖民于凯尔特的古城纳博,它在创设时也只是一个对付凯尔特人的前哨,后来却以玛斯市(Mar's Town)的资格成为罗马的市民殖民地。① 格拉古兄弟改革曾推动殖民城镇的广泛建立,他们的党派提议在阿尔卑斯山外扩张领土,并在那里开辟一块无限大的新土地来执行他们的殖民计划,②但后来格拉古兄弟的改革失败了,在这里造成对于掠取领土的限制,更造成对于创设城市的限制。殖民城镇给罗马当局带来明显的益处,它们有限的规模决定了它们不需要令当局难以承担的物资供给,从周边地区就能获得维持生存的供给,以此达到动态的令罗马当局满意的城乡平衡。城镇内或附近驻扎的军队也能及时开赴至此,平定不时出现的大大小小的叛乱,确保被征服地区的稳定。

在殖民城镇管辖的周边地区,罗马人推广一种被称为"百进制划分"(Centuriation)的土地规划制度,③这是一种从古埃及、伊特鲁里亚和古希腊地区的土地调查发展而来的制度,指的是将土地挨着道路或河流划分成固定大小的方块地,可能早在公元前 4 世纪就已存在于意大利地区。罗马人对方块地有特殊的感情,认为它是神圣的,因为在发展的早期阶段,他们在一块位于帕拉蒂尼山(Palatine Hill)上的洼地举行各类节日庆典,这块洼地呈现的就是方形。这种制度可能起源于军事实践,"百进制划分"可以将部落里每100 人编为一个单位,每个人都得到一块土地,由此每个部落单位就包括100 块土地,这就是每份"百进制划分"所代表的土地,即 100 人所获得的土地总和。"百进制划分"所指代的土地数在不断地变化,可能取决于各地的宗教信仰和社会习俗,何塞普·玛利亚·帕莱(Josep Maria Palet)认为"百进制划分不仅是一种划分土地的制度,而且是一种基于强烈神话和宗教背景

---

① 特奥多尔·蒙森:《罗马史》第四卷,李稼年译,第 148 页。

② Plutarch's Lives, Tiberlus and Caius Gracchus, VIII, trans. Bernadotte Perrin, London: William Heinemann LTD, 1959, p.161.

③ Amanda Jo Coles, *Roman Colonies in Republic and Empire*, Leiden and Boston: Brill, 2002, p.53.

的景观概念占有"。^①"百进制划分"普遍存在于罗马曾经殖民过的广大地区，如意大利半岛、高卢、不列颠、北非等，每个地区所代表的土地数是不同的，但绝大多数地区的标准是 20×20 阿克图(actus)，^②也就是 50.5 公顷土地。^③

就过程和目的而言，"百进制划分"政策与罗马的殖民政策密切相关，罗马人所理解的殖民地指的是派人去耕种土地，被殖民的土地是从战败的敌人那里掠夺而来，而耕种此土地的人往往就是分到土地的军人，因为意大利的罗马农民很少有人愿意离家前往遥远的殖民地。二者之间的微小差异是，罗马人可能在领土范围外建立殖民地，"百进制划分"的土地可能只在已经并入到罗马国家的某个城镇进行，不管这个城镇的人是否获得罗马公民权。由此看来，授田给军团、"百进制划分"与殖民政策之间是相通的，这就暗示殖民城镇的城市功能是以军事防御(陆军或海军)为主，驻扎人员则以罗马军团、奴隶和当地土著为主。殖民城镇的名称与含义暗示它们不是分布非常广泛，也并非一成不变，它们随着罗马的扩张而被普遍设立，一旦被征服的土地稳定下来并被纳入罗马的版图，或被授予新的权力，它们也许就会换个名称，变成新的城镇。

罗马人的目光不局限在陆地，在海洋也有所投射，古希腊人和腓尼基人的海上力量都很强，罗马人对他们保持一定的警惕，奥斯蒂亚(Ostia)和安奇奥(Antium)是罗马的两个古港口，也是罗马人最早用来防御海上袭击的殖民城镇中的两座。^④ 尽管如此，罗马人属于务农民族，非常看重可耕种土地，直到与海上强敌迦太基交锋(公元前 264 年)，他们的殖民重点一直都是亚平宁半岛，在与迦太基接触后的约一个世纪内，罗马总共建立了 10 个滨海殖民城镇，^⑤相比内陆殖民城镇，这个数量不算太大。

公元前 340 年至 338 年，罗马共和国和拉丁同盟(Latin League, c. 7th century BC - 338 BC)内的其他盟邦爆发冲突，史称第二次拉丁战争(Second

① Josep Maria Palet and Hèctor A. Orengo, "The Roman Centuriated Landscape: Conception, Genesis, and Development as Inferred from the Ager Tarraconensis Case," *American Journal of Archaeology*, Vol.115, No.3(2011), p.383.
② Actus 是古罗马的一种长度单位，每份 actus 约等于 35.5 米，参见 Frontinus, *De Aquaeductu Urbis Romae*, trans. R.H. Rodgers, New York: Cambridge University Press, 2004, p.190。
③ O.A.W. Dilke, *The Roman Land Surveyors: An Introduction to the Agrimensores*, New York: Barnes & Noble, Inc, 1873, p.135.
④ Penelope J. Goodman, *The Roman City and Its Periphery: from Rome to Gaul*, pp.55 - 56.
⑤ O.A.W. Dilke, *The Roman Land Surveyors: An Introduction to the Agrimensores*, pp.179 - 180.

Latin War),罗马大获全胜,大部分拉丁盟邦并入罗马共和国,只有一些城镇保留拉丁公民权(Latin citizenship),①这些城镇又被称为拉丁殖民地,此后罗马人把凡是取得拉丁公民权的城镇都称为拉丁殖民地。拉丁战争后,拉丁殖民地被广泛建立,沿海、内陆都有,它们的人口更多,并且有时还包括失去罗马公民权的公民,比如前 334 年建立的卡莱斯(Cales)有 2500 人,前 312 年建立的英特拉姆纳(Interamna)有 4000 人,前 303 年建立的阿尔巴·富森斯(Alba Fucens)有 6000 人。公元前 273 年,两座新的拉丁殖民地建成:罗马北部的科萨(Cosa)和那不勒斯南部的帕埃斯图姆(Paestum)。在击溃山南高卢部落后,罗马的控制区域扩展到波河流域,势力范围变得更加模糊,为了加强控制,罗马人在公元前 218 年沿着波河(River Po)建立起殖民地克雷莫纳(Cremona)和皮亚琴察(Piacenza),②直到第二次布匿战争爆发,罗马一共新建了 30 个拉丁殖民地和 10 个罗马公民殖民地。

第二次布匿战争以罗马人战胜远征至意大利的汉尼拔大军告终。经此一役,罗马得以有机会殖民意大利南北大片土地,③殖民地却很难获得充足的殖民者,第一个原因是不少罗马人在布匿战争中伤亡,第二个是罗马人对移居新领土的积极性并不高。当局采取加大授田量的方式把人吸引过去,比如对于移居到夺自布鲁提人(Brutii)的土地的罗马人平均每人授田 15 至 20 尤格拉(iugera),④山南高卢博洛尼亚(Bologna)则是 50 尤格拉,波坦察(Potenza)6 尤格拉、佩萨罗(Pisaurum)6 尤格拉、萨图尔尼亚(Saturnia)10 尤格拉、帕尔马(Parma)8 尤格拉、莫德纳(Mutina)5 尤格拉、格拉维斯卡(Gravisca)5 尤格拉等等。⑤ 这些殖民地大多属于拉丁殖民地,针对移居它们的罗马人的授田数量彼此不同,总体而言比早期殖民地的授田数量多,但即使这样,罗马人移居到这些殖民地的热情依旧不高。之所以如此,除了存在影响比较大的安土重

① Monte L. Pearson, *Perils of Empire: the Roman Republic and the American Republic*, New York: Algora Publishing, 2008, p.87.

② Livy, *Hannibal's War*, Books Twenty-One to Thirty, trans. J.C. Yardley, Oxford: Oxford University Press, 2006, "introduction", p. xvi.

③ Saskia T. Roselaar, *Public Land in the Roman Republic: A Social and Economic History of Ager Publicus in Italy, 396 - 89 BC*, Oxford: Oxford University Press, 2010, p.150.

④ Iugera 是古罗马土地面积单位,每份 iugera 等于 28800 平方英尺,合 0.267 公顷,参见 William Smith, ed., *A Dictionary of Greek and Roman Antiquities*, New York and Chicago: American Book Company, 1843, p.554。

⑤ O.A.W. Dilke, *The Roman Land Surveyors: An Introduction to the Agrimensores*, p.181.

迁的观念外,权力降低以及殖民地往往地理位置偏僻是另外两个重要因素。自从拉丁战争后,罗马建立的殖民地大多数属于拉丁殖民地,罗马人移居到这些地方往往意味着放弃罗马公民权、获得拉丁公民权,权利会缩水。

随着罗马在意大利半岛建立起不可撼动的霸权,这里的殖民时代也宣告结束,在前173年至前124年之间,亚平宁半岛可能只建了一处殖民地,从公元前170年代以后,至少在意大利中部地区,殖民活动几乎完全消失,取而代之的是建立获利更厚的超大型农场,占地者便是把小农赶走的富人们。阿庇安和普鲁塔克对这一时期土地兼并之风的描述比较一致,总结起来是"富人把穷人赶走,占据了土地,在上面建起以奴隶为主要劳动者的庄园,不雇佣自由人是害怕自由人被拖走去参军"。[①] 土地兼并的根本原因是农业商品经济的发展,意大利半岛的战争结束后,社会获得和平发展时机,农业和商业逐渐走向兴盛,贵族和富翁们在经济利益的刺激下大肆兼并土地,真正急需土地的穷人只能去南北偏远地区寻找土地。平民党人领袖提比略·塞姆普罗尼乌斯·格拉古(Tiberius Sempronius Gracchus, 168—133 BC)在前133年当选平民保民官,不久后,他推行土地改革,主要做法是限制大地主的土地份额,把在战争中获得的土地收归国有,租赁给穷人和无家可归者,分得土地的公民应该纳税并承担兵役。然而,他的土地改革触动了元老院贵族和大地主的根本利益,改革措施遭到层层阻挠,他本人也在土地改革引发的动乱中丧生,他的弟弟盖约·塞姆普罗尼乌斯·格拉古(Gaius Sempronius Gracchus, 154—121 BC)重蹈他的覆辙。格拉古兄弟土地改革最终失败,表明土地兼并在罗马共和晚期已成为一种难以逆转的趋势。[②] 罗马消灭迦太基预示着这个曾经只守在亚平宁半岛的共和国开始将铁骑踏上半岛以外的地区,消灭迦太基只是这种扩张趋势的开始,与扩张步伐相伴随的是对外殖民,在亚平宁半岛以外地区设置的殖民地越来越多。

公元前118年,昆图斯·马蒂乌斯(Quintus Martius)在那博纳高卢(Gallia Narbonensis)的纳博(Narbo)地区建起第一个殖民地。纳博位于奥德河流入地中海的入海口,也是罗马与西班牙商业交通的重要节点,商业和战略

① Saskia T. Roselaar, *Public Land in the Roman Republic: A Social and Economic History of Ager Publicus in Italy, 396 - 89 BC*, p.154.
② Michael Crawford, *The Roman Republic*, Second Edition, Cambridge and Massachusetts: Harvard University Press, 1993, pp.107 - 112.

地位都很高,罗马人希望通过建设此殖民地加强对高卢人的控制以及与西班牙殖民地之间的交流。盖乌斯·尤利乌斯·凯撒(Gaius Julius Caesar, 100—44 BC)发动对高卢人的战争后,纳博殖民地被重建用来分配给他的第十军团的退伍老兵,并发展成罗马的一个行省,称为山北高卢(Transalpine Gaul),纳博成为该省的省府。① 实际上,前 1 世纪建立的殖民地主要是在亚平宁半岛以北,并且主要目的是安置军团退伍老兵,而亚平宁半岛的殖民地在土地兼并大趋势下要么被购买,要么被充公。比如苏拉(Sulla, 138—78 BC)曾下令那些在前 83 年至前 82 年的内战中反对过他的城镇土地应该被没收,按照"百进制划分"的方式划分土地并分配给他的老兵;凯撒曾于前 59 年把坎帕尼亚(Campania)的土地分配给庞培(Pompey, 106—48 BC)率领的来自东方的老兵,在赢得前 49 年至前 48 年的内战后,他在意大利以外的地方新建了 30 至 40 个殖民地,安置了 80000 多名隶农,这些地方包括西班牙、迦太基、科林斯等等。②

在屋大维(Octavian, 63 BC—AD 14)战胜对手安东尼后,罗马共和时代也迎来末路,帝制时代同时缓缓走来。屋大维因功勋卓著被元老院授予各种响亮的称号,如执行治安法官(executive magistrates),最高军事长官(supreme millitary command),第一公民(Princeps),奥古斯都(Augustus)等,这种过多过重的官职授予被解读为他以共和之名行君主之实,罗马成了披着共和外衣的帝国,他实际成为罗马帝国的首任皇帝。③

二、帝国时代:每城都对标罗马

罗马从共和国转向帝国后,殖民地的设置变得更加频繁,原因可能是征服者希望维持被征服土地的政治稳定,在新领土上设置殖民地是最稳妥的方法。早期罗马帝国皇帝克劳狄一世(Tiberius Claudius Caesar Augustus Germanicus, reigned AD 41 - 51)热衷于扩张罗马公民权并在新建立的行省建立殖民地,比如在莱茵兰(Rhineland)建立科隆(Cologne, AD 50)、在不列颠建立科尔切斯特(Camulodunum, AD 50),后者发展成这个新行省的省治

---

① Matthew Bunson, *Encyclopedia of The Roman Empire*, New York: Facts On File, Inc., 2002, p.381.

② O. A. W. Dilke, *The Roman Land Surveyors: An Introduction to the Agrimensores*, p.183.

③ David Shotter, *Augustus Caesar*, London and New York: Routledge, 2005, pp.32 - 36.

所在地,此外在毛里塔尼亚(Mauritania)也建立许多殖民地。① 维斯帕芗
(Vespasian, reigned AD 69—79)在位期间,将高卢和其他一些地方升为殖民
地位;图拉真(Trajan, reigned AD 98—117)曾在北非和多瑙河地区建立许多
殖民地;哈德良(Hadrian, reigned AD 117—138)在位期间游历了帝国许多地
方,在许多地区建过殖民地。② 相比共和国,罗马帝国的统治策略从不断向外
扩张转向守土安邦,因此,建设新征服领土成为统治者关心的一件大事。首先
要做的是安抚被征服土地上的原住民,将拉丁权授予各省内的各城镇或许是
比较有效的一种手段,获得拉丁权意味着有晋升到罗马元老院的机会,以及获
得免税的希望,而拉丁权又跟殖民地挂钩,这导致在哈德良之后,帝国各行省
有越来越多的城镇获得"殖民地"(colonia)称号。

罗马帝国时期拥有的城市数量远远超过帝国前时期,因为扩张得来的领
土远远大于亚平宁半岛。罗马帝国时期具体的城市数量不为人知,但可以通
过一些零散资料,推断出当时城市大致的分布与规模。首先发展起来的地区
是高卢,据说达到一千多座城市,显然这只是一种把稍大的村镇也包括在内的
夸张说法,高卢南部地区比北部地区要文明得多。改善的精神已经越过阿尔
卑斯山,最远到达不列颠,那里的森林逐渐被清除,为方便和优雅的居住开辟
了自由的空间,约克、伦敦、巴斯(Bath)等都在努力模仿罗马,出于不同的原因
也都繁荣起来。至于西班牙,这个地区作为一个行省发展起来,作为一个王国
却衰落了,在维斯帕芗统治时期,普林尼保存了一份统计名单,提到这里有
360座城市。在北非,在迦太基统治年代已经有300多座城市,罗马帝国时期
的城市数量也不会少于此,迦太基本身在灰烬中焕发出新的辉煌。东方各省
呈现出罗马的辉煌与土耳其的野蛮的对比,在凯撒的统治下,仅亚洲省份就有
500座人口稠密的城市,这些城市因大自然的恩赐而变得富饶,并装饰着各种
精巧的艺术。叙利亚省份安提柯和埃及省会亚历山大里亚在帝国中地位更
高,它们轻蔑地俯视一群独立的城市,不情愿地屈服于罗马本身的尊严。③

奥古斯都以及他的继承者们在建设城市方面非常活跃,无论是在意大利

① Barbara Levick, *Claudius*, London: B. T. Batsford Ltd, 1993, pp.165-167.
② John Malalas, *The Chronicle of John Malalas*, trans. Elizabeth Jeffreys et al., Melbourne: Australian Association for Byzantine Studies, 1986, p.147.
③ Edward Gibbon, *The History of the Decline and Fall of the Roman Empire*, Volume I, London: Penguin Classics, 1995, pp.75-76.

的老兵殖民地,还是现在更重要的新的海外殖民地——尤其是西班牙、高卢、北非(这里的城市得到显著的发展),当然也包括东地中海地区——都有他们的踪迹。① 城市兴建之风也刮到所谓的野蛮地区,比如不列颠,罗马军团在踏上此地之后,代表文明的城市随之在此地建立起来,许多壮丽的纪念性建筑物也在不断增多。在城市化已久并形成自己典型风格的小亚细亚(土耳其)出现数量众多的城市,在这些城市的市中心,人们可以看到规模巨大的新的不朽建筑,这些建筑留下了明显的考古遗迹,罗马的自觉意志被其之外的地区展现出来。城市是外地殖民地从受监管领土转化为罗马帝国固有领土的过程中的过渡状态,它在赋予居住民自由权利方面是无与伦比的。住进城市的民众想要获得的主要权力是拉丁权,拉丁权原本只属于罗马和意大利的一些地区,为便于统治,统治者向境内其他大城市推广了它,居住或没居住在城市里的人们都被这种权力吸引了,他们向城市聚拢,甘愿接受罗马帝国的统治,由此城市成为帝国和平稳定的奠基石。②

　　罗马帝国在各处建设城市,实质在输出罗马文化理念,帝国西半部的文化同化要比东半部容易许多。③ 在西半部,其他民族的文化与罗马文化相比稍逊一筹,他们被罗马人视为蛮人,他们有自己的文化,但那种文化没有吸引力,罗马文化就不一样了,作为该文化表征的拉丁语、法律、建筑、罗马军团可以带来秩序、美感、力量与安全,周边民族很容易放弃自身文化而去接受罗马文化,征服西方国家的人也使西方国家变得文明,野蛮人一旦顺从,他们的头脑就会接受任何新的知识和礼貌观感,维吉尔和西塞罗的语言虽然不可避免地混杂在一起,但在非洲、西班牙、高卢、不列颠和潘诺尼亚被广泛采用,以致布匿语或凯尔特语的微弱痕迹只保存在山区居民或农民中。罗马帝国在这片区域建造的城市很多,且很多城市保留至今,有些发展成大都市。帝国东半部对其胜利的声音就不那么顺从了,这里早在罗马军团到来之前就已经深度希腊化。希腊人的处境与蛮族人截然不同,他们早已开化,但也早已堕落,他们太有品味了,不会放弃自己的语言,也太自负了,不会接受任何外国制度。在他们失去了祖先的美德之后,他们仍然保留着偏见,假装鄙视罗马征服者的粗鲁举

① Clare Rowan, *From Caesar to Augustus (c. 49 BC - AD 14): Using Coins as Sources*, Cambridge: Cambridge University Press, 2019, p.151.
② Edward Gibbon, *The History of the Decline and Fall of the Roman Empire*, Volume I, p.64.
③ 刘津瑜:《罗马史研究入门》,第 189 页。

止,又不得不尊重罗马人的超群智慧和力量。

　　散落各地的城市构成罗马帝国巨大的城市网络,每座城市相当于网络中的一个节点,通过网络,城市与城市相互影响也相互促进,帝国中枢行政命令在城市的互动中传至远方。罗马帝国不仅仅是一个城市网络,它还是网络中的网络。罗马既依赖作为区域中心的省会城市,又依赖军事要塞。伴随着帝国的扩张,军团基地一直遵循着某种特定的方式推动着城市网络的扩张,士兵退伍后逐渐变成城市的公民,并且军事网络会迅速从公民政府的发展中分裂出来,但是在"罗马和平"的背景下仍然会发挥至关重要的作用。基督教的发展更加深了网络的发展,这种原生性的宗教通过教会等级体系协调他们的关系,教会中所有人都在体系中有自己特定的位置。① 所有这些城市相互连接,并通过公共道路与首都相连,这些公路从罗马出发,穿过意大利,遍及各省,只在帝国的边境处结束。从帝国的西北端到东南端,总长度达约 4080 罗马英里(Roman mile)。公共道路用里程碑精确地划分,从一个城市直达另一个城市,罗马人用轻松而熟悉的交通,把相距最远省份的人联系在一起,建造公路的主要目的是帮助军团前进,因为没有一个国家被认为是完全被征服的,除非它的所有部分都屈从于征服者的武力和权威。由于能得到情报并能迅速传达命令,皇帝们在其广袤的疆域内建立了正规的驿站制度,在帝国的命令下,所有申请者都能使用驿站,尽管其最初主要用于公共服务,但有时也被用于商业或方便普通公民。罗马帝国在海上的交流并不比陆地上更自由开放,各省将地中海团团围住,地中海名副其实地成为罗马帝国的内湖,意大利以一个巨大的海角形状,推进到大湖中间。一般来说,意大利海岸没有安全的港湾,但人类的勤劳弥补了大自然的缺陷,特别是位于台伯河出海口的奥斯蒂亚港,由克劳狄一世皇帝建造,已经成为罗马一个伟大且有用的纪念碑。奥斯蒂亚港距罗马仅 16 英里,船从这里顺风只需 7 天就能到达海格力斯之柱(Columns of Hercules),9 到 10 天内能到达埃及的亚历山大里亚。②

　　帝国统治的工具和结局聚焦于罗马,这是当时的地标型城市,被认为是一个打破规则的例外。虽然没有地中海城市能够可靠地实现主要食品——这些

① 彼得·克拉克主编:《牛津世界城市史研究》,陈恒、屈伯文等译,上海:上海三联书店 2019 年版,第 37 页。
② Edward Gibbon, *The History of the Decline and Fall of the Roman Empire*, Volume I, p.77.

食品生长在城市的直接腹地——的稳定自给,然而大多数城市被认为在大多数的时间内都能满足自身的需要。罗马的人口在公元前的最后两个世纪增长迅猛,最晚在克劳狄一世统治时期其人口规模超过100万。[①] 如此大规模的人口,其主要的食品供给依赖于从外部进口,尤其是谷物。然而罗马仍能在其控制的领土上实现自给自足,首先是西西里,然后是埃及、北非,罗马从它们那里获得所需的谷物以及其他所需要的商品。罗马就是这样一座城市,它与罗马帝国的权力纠缠在一起,帝国的权力能够为其提供远超所需的财富和人力资源,包括对奴隶的高度依赖,罗马成为地中海地区最大的商品交换中心,拥有其他城市难以匹敌的进口规模。罗马帝国遇到的任何威胁(例如蛮族入侵)都会使罗马城陷入危机,这里作为帝国权力的中心象征,帝国总是用壮观华丽的复杂建筑来展示其压倒一切的态势。在那里,帝国统治者乐于用赏赐来维持流氓无产者的生活,以拉拢他们,换取他们的政治支持。君主与他的法院使罗马无可避免地成为地中海地区精英云集的中心。当公元3世纪开始的军事危机与时局不稳定性要求君主放弃这座城市时,罗马位于城市层级结构最顶端的地位发生了改变,城市自身的发展也愈发艰难。公元5世纪罗马人口的剧减告诉我们,帝国权力的崩塌导致城市很难生存下去,除非彻底地转变发展方式。可以说,当重要罗马主教的出现促使罗马城从世俗王国中心转化成神圣王国中心的时候,罗马城的存活与复兴才又获得保证。[②]

罗马人对神灵始终保持敬畏之心,他们敬的神不止一个,数量和他们所接触的物什一样多,这也说明一神教在罗马长时间没有确立起来,直到基督教压倒一切,原因是罗马人迷信但不狂热,他们心中始终保持敬畏且实干之心,反感狂热的精神状态,埃及的迷信以及所有其他最可耻卑鄙的发狂经常被禁止,塞拉皮斯和伊西斯的神庙被拆毁,他们的信徒被驱逐出罗马和意大利。罗马作为帝国的首都,不断充斥着来自世界各地的臣民和陌生人,他们都引进并享受他们民族最喜爱的迷信,[③]帝国的每一座城市都有理由保持其古老仪式的纯洁,罗马元老院有时也会利用这种共同的特权来阻止外国仪

---

① Fanny Dolansky and Stacie Raucci, *Rome: A Sourcebook on the Ancient City*, London and New York: Bloomsbury Publishing Plc, 2018, p.196.

② 彼得·克拉克主编:《牛津世界城市史研究》,陈恒、屈伯文等译,第41页。

③ Fanny Dolansky and Stacie Raucci, *Rome: A Sourcebook on the Ancient City*, p.119.

式的泛滥,埃及的迷信就是这样被取缔的。但是,压迫还是败给了迷信。不久之后,埃及的迷信在罗马获得不少信众,渐成规模并终于在罗马诸神中占据一席之地,他们通常会以比在本国拥有的更尊贵的荣誉来诱惑被围困城市的保护者。罗马逐渐成为臣民的普通神庙,这座城市的自由被赋予人类所有的神。

　　国内和平与团结是罗马人采取的温和与全面政策的结果,在这种普遍安全的状态下,君主和人民的闲暇和富裕都致力于改善和装饰罗马帝国。在罗马人建造的无数建筑纪念碑中,有多少没有被历史所注意,有多少能抵抗时间和蛮族的摧残? 然而,散落在意大利和各省的仅剩的少许宏伟废墟也足以证明这些国家曾经同置于一个礼貌而强大的帝国统治之下。仅凭它们的伟大或美丽就值得我们注意,有两种重要的情况使它们更有趣,并将令人愉快的艺术史与更有用的人类礼仪史联系起来。这两种重要的情况是:罗马帝国的许多工程是由私人出资建造的,几乎所有的工程都是为了公众利益。人们很自然地认为,罗马建筑中数量最多、规模最大的是由皇帝们建造的,因为他们对人和金钱都拥有无限的号令权力。奥古斯都在弥留之际对他身边的人说"我发现的是专制罗马,留给你们的却是大理石罗马",也许他这话指的不仅是罗马的建筑,更是罗马的精神力量。① 维斯帕芗严格的节约是他辉煌的源泉;图拉真的作品显示出他的天才;哈德良在帝国的每个省份都修建了公共纪念碑,这些纪念碑在他的命令和直接监督下完成,他自己就是个艺术家,他热爱艺术,艺术为君主带来荣耀;这些皇帝都为罗马人的幸福做出了贡献。皇帝们不是他们权力内唯一的建筑师,他们作为榜样被他们的主要臣民普遍效仿,后者不怕向世界宣告,他们有精神去构思,有财富去完成最崇高的事业。在罗马,斗兽场那令人骄傲的建筑刚落成不久,那些规模虽小但设计和材料相同的大厦便在其他城市拔地而起,罗马和各省富庶的元老院把装饰他们时代和国家的辉煌视为一种荣誉,几乎是一种义务。②

　　如果罗马帝国的成长可以归因于其对城市网络的扩张和巩固,那么它的崩溃也是基于城市的衰退。罗马非常依仗一个完整且长距离的网络进行攻击,其自身经历了大量的人口流失;港口城市奥斯提亚因失去其原有的作用而

① Dio Cassius, *Roman History*, 30.4, In Nine Volumes: VII, trans. Earnest Cary, London: William Heinemann Ltd, 1955, p.69.
② Edward Gibbon, *The History of the Decline and Fall of the Roman Empire*, Volume I, p.71.

被遗忘。但是在西班牙、高卢、北意大利,足够的当地网络存活下来了,确保像马赛、米兰这样的中心城市能坚强地延续下去。罗马的古迹很好地向我们阐释了城市产生的多种方式。只有在一个早已城市化的地区,罗马才能够发展;一个地区只有拥有像罗马这样的城市,才能建造出类似于阿佛洛狄西亚这样的卫城;只有罗马这样的城市作为背景,庞培城的"泡沫"才能够维持。我们反对帕诺佩斯伊无形的幕后作用,其秩序对塞利努斯(Selinous)具有强迫性,我们反对政治对城市结构无形的影响,萨索斯岛的城市迫使城市结构依赖于经济资源的开发利用。[1]

三、城市行政管理制度的演变

罗马城孕育了帝国城市行政管理体制。最初,罗马城最基本的政制机构似乎是三个:王、元老们的议事会、共同体全体成员大会。公元前 376 至前 367 年,盖尤·李其尼·斯托洛内(Gaio Licinio Stolone, fl. 376—361 BC)和卢齐奥·塞斯蒂·拉特兰诺(Lucio Sestio Laterano)领导了一场冲突,冲突的焦点是平民与贵族之间的权力划分,结果是独裁官和元老院做出让步,大家投票决定兴建一座"和谐神庙"(Tempio alla Concordia),拉特兰诺作为首位被选为执政官的平民于次年履职,其贵族同僚则是艾米利·马梅尔奇诺(L. Emilio Mamercino)。这场和解的进一步后果就是从根本上改变了古代平民市政官一职的特点和构造。[2] 该法律使得伤害平民保民官之人身完整性的人,以及侵犯那些并不出名的十人审判员和两位平民市政官人身的人都要承受献祭刑的命运。两位市政官担任保民官的助手,在平民阶层的组织中,被托付给他们的任务主要是对档案进行保管以及对寄存在阿文丁山的谷神神庙里的财物进行管理(可能还有在各平民街区和市场进行监督和治安管理的任务),用来指称该官职的名号就得于庙宇一词的形容词形式。在这种新的城市体制当中,随着市政官将管理职权拓展到整个城市,并且扩大了其组成人员的规模,在最初两位成员的基础上加上两个新的贵族官员,那么该职位就具有了一种"平民—贵族"相混合的特点。这两位新的市政官与最初的那两位平民市政官的继任者们地位相同,但是,他们在形式上的来源,再到体制上的地位、等级、荣

---

[1] 彼得·克拉克主编:《牛津世界城市史研究》,陈恒、屈伯文等译,第 37、42 页。

[2] Gary Forsythe, *A Critical History of Early Rome: from Prehistory to the First Punic War*, Berkeley and London: University of California Press, 2005, pp.239,263,266.

誉标记和权力方面仍然保持着区别。从总体上看，这四位执法官如今已是统一任命的了，在文献里，他们的名号是"城市维护、粮食供应、重大公共竞赛主政官"。①

城市维护是指每一位市政官都要对交通通行、公共场所、水渠、港口、向公众开放的建筑，比如旅社、妓院、浴场、剧场，进行监督和治安管理，它们位于这座城市按直辖区域划分出来的四个大区中的任意一个；在不同区域里对防火措施和城市卫生工作进行领导；监管度量衡制度。粮食供给维护则包括对市场的管理、对谷物粮食储备进行保存和发放。公共庆典维护最早在于对公共表演进行监督和治安管理。② 不过，随后就转变为组织最为庄重的公共节日这一任务，除了阿波罗太阳神庆典表演作为例外属于内务裁判官的职责。在这些竞技活动的组织当中，市政官甚至会经常动用巨大的个人财富。在共和国期间，组织这些活动成为一种并非无足轻重的政治和个人宣传手段，用以获得选民们的青睐。这样一来，随着时间的流逝，在官职序列上，市政官就成为一种并非必需、但大家习以为常、而且通常需要花钱购买的官职了。为了完成其职责，所有的市政官都具备有限的强制性和惩治性权力（强制权、开列罚金权、拘禁权），但他们不具有治权。市政官还多出一种与民事司法权有关的告示权，尤其是涉及公共市场中商业交往产生的争议纠纷（主要是关于奴隶和牲畜潜在的瑕疵）。③

从很久远的年代开始，在设置财政官一职之前，一些人按照习惯都会投身去执行执法官们的某些辅助性职能，对这些职位的拥有者，习惯以二十六人官（vigintisexviri）这一集体性的名称来指代，主要包括三人行刑官、三人铸币官、城市清洁四人官、市郊清洁两人官、争议裁判十人委员会以及四名被派往坎帕尼亚负责司法事务的行政官员。到奥古斯都统治时期，两人城外大道司法官和被派往坎帕尼亚的四名行政官员被取缔，二十六人官改变为二十人官。④ 最初，他们是附属于裁判官的治安官员，被创设用来对付令人担忧的公共犯罪活动的泛滥，这些犯罪活动滋生于城市无产者的持续增长、奴隶数量的

---

① 马里奥·塔拉曼卡主编：《罗马法史纲》（第二版）上卷，周杰译，第 202 页。

② Arnold Hugh Martin Jones, *The Later Roman Empire 284 - 602: A Social Economic and Administrative Survey*, Volume II, Oxford: Basil Blackwell, pp. 690 - 691, 694 - 695.

③ 马里奥·塔拉曼卡主编：《罗马法史纲》（第二版）上卷，周杰译，第 203 页。

④ William Smith, ed., *A Dictionary of Greek and Roman Antiquities*, p. 1046.

急剧膨胀、社会关系的尖锐对立,以及罗马的城市化结构引发的对城市社区而言很不安全的状况。除了对城市治安进行监管以外——这在夜晚尤其重要和亟需,他们还执行对市政广场监牢(carcer)和城内的其他牢狱的领导;也对因等候审判而处于监禁状态的被指控人进行看管;看守已被判处死刑的奴隶。在其他所有领域,他们还有任务,即要求败诉当事人向国库支付其在举行过誓金法律诉讼仪式的民事程序里允许的审判罚金。罗马共和国其他的辅助性"执法官员"的起源似乎就不那么古老了。三人铸币官至少从公元前 268 年开始受命铸造银币和铜币,只有从苏拉时代才开始铸造金币。城市清洁四人官和市郊清洁两人官是市政官的助手,实际上负责技术性和管理性工作,涉及罗马及其郊区的道路。①

很多自治市全部或者部分地保留其原来选举产生的执法官员,无论是寡头制的还是同僚制的(独裁官、裁判官、执政官、各种市政官、上诉法官、禁酒令官以及宵禁官等等)。在某些自治市,还引入了拉丁城市类型或者起源于罗马的官职,而其他一些城市还会在后来被剥夺全部的自治权,比如说,尽管卡普亚城(Capua)是自治市,但它在汉尼拔战争期间背叛过罗马,战争结束后受到严厉惩罚,李维说它被降低为没有元老院、没有平民大会、没有执法官员并且被剥夺一切的城市,公元前 211 年被明确地交由罗马派驻的行政长官来管治。② 正常情况下,在自治市里面,除了我们说到的选举性官职以外,还有人民大会和执法官员们的委员会(元老院、市议会团体或者库里亚),它们根据情况而拥有各种不同的权力,一般来说,在本地的行政管理和宗教生活方面拥有广泛的权限。比如,财产清查的工作就被托付给自治市机构,它们随后要向罗马汇报调查结果。刑事审判权通常也被赋予当地执法官员。不过,民事审判权一般是由罗马的内务裁判官委任的代表来掌管,这些代表被称为司法长官,如在坎帕尼亚大区不同城市里出现的那样。③

一位行政长官或者一个长官集体被派驻的区域称为大区,这类大区(作为一种区划)既包括自治市,也包括殖民地、街区(fora)、村落(vici)、定居点(conciliabula)和城堡(castella):分别是附属于自治市的小区、乡村居民聚集的地方、因新大道的开辟而借机建立起来的居民点和堡垒据点。从这些行政

---

① 马里奥·塔拉曼卡主编:《罗马法史纲》(第二版)上卷,周杰译,第 206 页。
② Livy, *Hannibal's War*, Books Twenty-One to Thirty, trans. J.C. Yardley, pp.140,144,331.
③ 马里奥·塔拉曼卡主编:《罗马法史纲》(第二版)上卷,周杰译,第 291 页。

长官在被派驻区域的共同体中能够享有的自治权来看,他们的权力还延伸到了司法审判权上。① 公元前 268 年的萨宾人、前 241 年的皮切诺人、前 188 年的阿尔皮诺人和弗尔米人的例子说明了无表决权的市民被擢升为全权市民籍的情况。就地方政治而言,随着同盟者战争结束而出现的意大利行政管理问题,使得公元前 2 世纪特点鲜明,这一切都是通过利用一种城市架构——准确地说是"自治市"——作为地方行政管理工具而发生的,在那个时代的文明当中,并不存在某种可以替代这种体制的有效制度,这种体制还在很大程度上适应了对被吞并领土的组织。随着公元前 90 年授予意大利同盟者罗马市民籍,自治市政体还拓展到了同盟者城市中,并且还表现为实际上是统一的模式。自治市与殖民地的区别实际上仍然涉及采用此种或者彼种形式的前提条件。对前者的使用是为了把同盟者战争之后合并到罗马共同体里面来的意大利人土地加以制度化地构建,在公元 1 世纪上半叶,所有自治市都成为具有完整权利的市民共同体。在这一时期,殖民地仍然行使其原始的功能,即在一块领土上设立新的居民定居点,这些居民具有完整的权利,并创建了一座从实际角度来看也是全新的城市,这种形式不再仅限于意大利使用,而是扩展到行省地区,尤其是东方行省。这就表现了一种明显的趋势:从法律调整的角度把自治市和殖民地统一地来看待:在功能上的区分并没有导致它们在体制上有什么实质性的差别,这种体制正在应用到所有的罗马化城邦里去。

这一时期,无论是实质上还是形式上,在共和国时代业已熟知的其他一些领土区划的类型也逐渐展开了"自治市化"进程,这些区划类型都曾是在实际需求的激励下以经验化的方式慢慢形成的。现在,它们在形式上都转变为自治市,或者在某个转变阶段上,涉及其结构和调整方针时,就被实际地看作为自治市了,即使它们还保留着一些旧的名号,比如大区(praefectura)、街区(forum)、定居点(conciliabulum)等等。在同盟者战争之前,尤其是在自治市里面,官职的表现方式显然是各不相同的。② 到了公元前 1 世纪,出现形式上和实质上都走向统一的趋势。从形式上看,对于高级官员而言,有两种相互交

---

① John Richardson, *Roman Provincial Administration, 227 BC to AD 117*, London: Bristol Classical Press, 1984, pp. 27 – 47.
② David S. Potter, ed., *A Companion to the Roman Empire*, Malden: Blackwell Publishing, 2006, pp. 256 – 260.

替的模式。第一种模式是所谓四人官统一集体,包括有司法权的四人官(IVviri iure dicundo)和有市政官权力的四人官(IVvirile aedilicia potestate),前者拥有较高的社会地位,履行城市司法权和统治权,后者尊位较低,从事行政管理和治安。在第二种模式中,其实质通常也是保留在四名从事这类职责的官员身上,只是其中有两个相互独立的团队:有司法权的两人官和市政两人官。在各个城市里,两人官和四人官模式之间的相互轮替对于地方行政管理的具体运作而言,完全只有次要的意义。①

罗马作为帝国的首都,行政管理体制具有完全的特殊性,它的重要性预示着这种行政管理体制很难被完全复制到其他城市当中。这里比其他地方更需要对两大阶层之间的平衡关系加以相当的关注,元首制这种新的社会制度就建立在这种平衡的基础上。正如通常一样,奥古斯都尝试着在新旧阶层之间进行调和。他诉诸一种在共和时代就已经采用过的实践:创设罗马城市行政长官(praefectus urbi)。从形式上看,这是他在这座城市的政府代表,因此原则上是最高职位,他把该职位交付给从前执政官里面选出的一名元老院议员,这涉及对元老院议员阶层的一种重要态度,这个阶层对于捍卫他们自己的特权是极为关注的,他赋予这个自尊心极强的阶层在罗马城的管理和保护方面的显赫地位。不过,实际上它的具体作用似乎远不及它的形式那样重要,后来城市行政长官成为公民担任公共职位的第一选择。尽管奥古斯都所做出的是一个艰难的开头,但这个职务作为那种平衡关系的微妙体制里一个重要的中枢也运作起来了,正如我们所能看到的,罗马的行政管理就是在这种体制基础上进行的。无论是相对于王政和共和制时代的同名官职也好,还是相对于凯撒和后三头执政同盟时代的各种长官也罢,城市行政长官都成了一个新的职位。有一个事实可以被看作这种意义上的征兆:公元前 25 年,奥古斯都任命梅萨拉·科尔维诺(Messalla Corvino)为首任城市行政长官,而他在授职仅仅几天之后就辞职了,塔西佗解释了科尔维诺态度的动机:几乎不懂如何行使权力,这句话可以理解为"尽管科尔维诺得到官方正式授权,却并没有理解这一职能的权力范围"。奥古斯都本人对于该职位可能遇到的抵制或许有些茫然,他对任命后续的城市长官比较谨慎,经过十年他才又任命了新的城市行政长官,他本人也担任该官职长达数年,由此可见这职位是慢慢固定下来的,并表

---

① William Smith, ed., *A Dictionary of Greek and Roman Antiquities*, pp. 279 - 285.

现出特殊的重要性。①

　　至于地方城市管理机构,它们随罗马法的普及和变化而不断调整,卡拉卡拉所希望的向帝国所有臣民授予罗马市民权,以及戴克里先对罗马国家官僚行政管理机构的改革,都试图在那些最初始的地方机构、自治市、殖民地和行省城市之间进行一次普遍的整顿。但是,最初的那些城市体制,即自治市官职和自治市议会(库里亚大会)还是幸存下来了,同时,所有的民众大会,以及与之相伴的一切形式的民众对城市统治的参与都湮灭了。西罗马的自治市官员是两人官、市政官和财政官,而东罗马帝国则继续存在着各民族的官员,他们权限的实际范围随着时间的推移都趋于减少,特别是因为新的执法官职的兴起,即保佐官和平民保护人。在帝国晚期,库里亚大会是由拥有一定财产的市民组成的,参加库里亚大会是建立在义务性和继承性原则的基础之上的。除了任命城市官员的任务以外,库里亚大会的首要功能是为每一个纳税人编制税负清单,据此,通过库里亚大会自己任命的适当征税者来执行征税工作。这些征税者是从最有清偿能力的市议员当中选出的,在征收尚有欠额的情况下,由个人对此负责,而在他们中某人无力清偿的前提下,则由库里亚集体承担未能征收上来的这笔税赋,市议员们还被绑在为城市落实沉重赋役的任务上,比如公共工程的兴建、特别重要的公共服务的运作、公共竞技活动的管理。然而,对于库里亚大会的所有成员来说,情况并不都是同样沉重的,在库里亚大会成员自身范围内,形成一种有权势的贵族,他们除了垄断政治权力以外,还试图往其他库里亚大会成员身上推卸大部分的赋役。总之,事实就是人们千方百计地试图避免被登记为市议会成员。②

四、余论

　　罗马城的管理和精神通过罗马国家的扩张向外传播,一座座这样的城市在新土地上出现,罗马人的权力和野心一点点延伸且得到证明。城市是建筑集合体,也是文化承载体,它的街道、建筑、规划、管理等等无不透露出居住其中的市民的文化理念,反之,它也能加强居民的文化认同。以城市为媒介,全

---

① Simon Hornblower et al., eds., *The Oxford Classical Dictionary*, New York and Oxford: Oxford University Press, 2012, p.1202.
② George Willis Botsford, *The Roman Assemblies: from Their Origin to the End of the Republic*, New York: The Macmillan Company, 1909, pp.8-13.

体民众与罗马国家法律法规、行为规范准则紧密联系在一起。

作者简介:陶万勇,历史学博士,上海师范大学人文学院世界史系师资博士后。

巨人之臂

——西方古典时期起重机械探析①

陶玉山

摘　要：在公元前 7 世纪中叶后的希腊，伴随着建造大型石质神庙等公共市政工程的需求，传统的人力和简单的工具已无法满足运送和安装石料等建筑工程的需要。古希腊工程师设计出以复式滑轮系统与绞盘、绞车组合的复杂工程机械——起重机械，成功解决这一建筑难题。在古罗马时期，诸如宫殿、引水渠、凯旋门等公共建筑与纪念性建筑的规模与数量大大增加。这对工程起重机械性能提出更高要求。起重机械得以进一步发展，以踏车代替绞车，结构越发复杂和精密。起重机械是古希腊罗马时期科学技术和机械工程发展的产物，在技术史上具有重要意义。

关键词：起重机械　复式滑轮系统　希罗　维特鲁威

作为古典时期最为复杂的机械之一，起重机械（hoisting machinery）在建造神庙、纪念碑等大型建筑工程中起到了重要作用。起重机械以复式滑轮系统（compound pulley system）、绞盘（windlass）或绞车（winch）与踏车（treadmill）为主要核心结构，以桅杆缆绳为次要件，基本为木制件，动力源于单人或多人人力驱动。起重机械自发明起，便深刻影响了大型工程的建造过程以及重物的运输过程。20 世纪初科技史研究兴起，一些技术史家也将目光聚焦于古典时期起重机械的起源与结构研究。国外学者对西方古典时期的起

① 本文得到安徽省高校杰出青年科研项目"中西古典文明价值观互鉴研究"（2023AH020031）资助。

重机械研究已颇具成果。① 但是,这些研究普遍局限于古典时期起重机械的构造细节和个案研究,缺乏对古典时期起重机械诞生发展的系统性梳理和历史背景研究。②

因此,本文将立足于古典文献和相关的考古学证据,系统梳理古代世界起重机械结构由简至繁与起重能力不断提升的发展全貌,并试图以此为微观视角,管窥古希腊罗马技术发展的盛衰状况。

一、技术演化略论

古典时期起重机械的发明源于古希腊早期由木质建筑向石质建筑的转向过程。其原因有二,一是石质建筑相较于木质建筑不易腐蚀,更加耐用,建筑也更加美观,因而这种转向是自然发生的。木材密度较低,重量较轻,即使是作为横梁也可系上绳索由人力拉动;但石料密度较大,重量过大,过多的人力叠加,也无法将石块提升至预定位置。二是古希腊城邦宗教生活围绕着神庙和圣所展开,而这是城邦共同体确认和维护公民身份的重要手段之一。神庙由大理石等材料建造而成,精美宏大,每块石料巨大沉重,达几吨至几十吨,单靠人力和原始工具移动过于困难。这种情况决定了古希腊早期的建筑工程师和工人们发挥智慧,在实践中渐渐发明出能够提升大重量的起重机械。

迈锡尼文明留下的大量线形文字 B 泥板提供了最早的建筑记录——关于

---

① 这里列举一些代表性论著。参见 Henry Hoges, *Technology in the Ancient World*, New York: Barnes&Nobles Books, 1970;J. J. Coulton, "Lifting in Early Greek Architecture," *The Journal of Hellenic Studies*, vol. 94(1974), pp. 1 – 19;J. J. Coulton, *Ancient Greek Architects at Work: Problems of Structure and Design*, Ithaca, New York: Cornell University Press, 1977;K. D. White, *Greek and Roman Technology*, London: Thanes and Hudson, 1984; D. R. Hill, *A History of Engineering in Classical and Medieval Times*, London and New York: Routledge, 1996;G. R. H. Wright, *Ancient Building Technology (Volume 3 Construction)*, Leiden and Boston: Brill, 2009。

② 例如,兰开斯特(Lynne Lancaster)对图拉真纪功柱(Trajan's Column)建造过程进行个案研究,2017 年法国考古报告中对阿玛图斯(Amathus)港口起重机械进行复原。Lynne Lancaster, "Building Trajan's Column," *American Journal of Archaeology*, Vol. 103, no. 3 (July 1999), pp. 419 – 439; Jean-Yves Empereur, Tony Koželj, Olivier Picard, Manuela Wurch-Koželj, *The Hellenistic Harbour of Amathus: Underwater Excavations, 1984 – 1986, Volume 1, Architecture and History*, Études Chypriotes, 19, Paris&Athens: École Françaised'Athènes, 2017.

石匠和木匠人员名单的记录。① 一些石碑上还记录了石柱、门柱等可能用于建城的材料。② 公元 2 世纪的希腊地理学家保萨尼亚斯所著《希腊纪行》(Description of Greece)中描述了古希腊最早建筑的神庙之一——赫拉神庙③。尽管保萨尼亚斯写作时，神庙已建成 700 余年，他还是在石柱中看到了一根木制圆柱："描述一下赫拉神庙和其中众多值得大书特书的物品……神庙的风格是多立克式的，四周矗立着圆柱。在后厅的两根柱子中，有一根是橡木做的。"④这可能反映了古希腊早期神庙建筑结构中的木柱向更耐用的石柱的过渡，而这一变化部分来源于东方文明的影响，更取决于不断发展的技术和经济条件。实际上，该遗址的考古证据证实了神庙中石柱逐渐取代木柱的事实。⑤ 从迈锡尼时期至古风时代前，石质建筑就已经广泛普及，特别是神庙建筑向石质材料的转变，而这种转变伴随着对起重的强烈需求，使得起重机械应运而生。

古希腊工程师尝试突破原始杠杆和人力绳索提升重量的限制，成功设计出用于提升大重量材料的起重机械。这一时期出于建造大型神庙等公共市政工程的需要，起重机械技术快速发展。罗马时期纪念性建筑、引水渠、桥梁等工程相比于古希腊时期规模更加宏大，对起重机械的起吊重量有更高的需求，推动起重机械结构愈发复杂。其发展是"从简单的机械辅助向高性能装置的发展"⑥。在前工业革命时期，古典时期的起重机械一直沿用，结构并未发生较大改变，这方面例证可以参考列奥纳多·达·芬奇(1452—1519)设计的双回转起重机。达·芬奇根据古典时期起重机械难以移动和局限于单一方向起

---

① Michael Ventris and John Chadwick, Documents in Mycenean Greek, Second Edition, London and New York: Cambridge University Press, 1973, pp.174,179 – 180,422.(以下简称 DMG)

② DMG, pp.349,503 – 504.

③ 此赫拉神庙位于伯罗奔尼撒半岛西北部奥林匹亚(Olympia)遗址，建于公元前 590 年，公元 4 世纪初为地震所毁。

④ Pausanias, Description of Greece, 5.16.1.参见 Pausanias, Description of Greece, Volume Ⅱ: Books 3 – 5, W. H. S. Jones, H. A. Ormerod trans., LoebClassical Library, Cambridge, Mass.: Harvard University Press, 1926, P.471。本文所引用的古典文献仅标注章节号。一般性引用的版本皆为洛布古典丛书(The Loeb Classical Library)，如有特殊情况会另行说明。

⑤ Fredbrick A. Cooper, "Greek Engineering and Construction," in John Peter Oleson ed., The Oxford Handbook of Engineering and Technology in the Classical World, Oxford: Oxford University Press, 2008, pp.225 – 255.

⑥ 赫尔穆特·施耐德:《古希腊罗马技术史》，张巍译，上海:上海三联书店 2018 年版，第 4 页。

重的特点,增加了用于整体移动的绞盘和扩大使用半径的回转结构,但核心的复式滑轮系统和绞车结构没有改变。

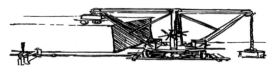

图 1　双回转起重机①

借助古典学者的文献记载和相关考古证据,研究者可以较为精确地复原起重机械的详细结构和由简单到复杂、由粗糙至精密的不断发展过程。同时,起重机械是由复式滑轮系统、绞盘等多个构件组成的复杂机械,故这些基本构件也散见于古典学者的著作中。其相关的重要古典学者及著作列举如下:

亚历山大里亚的克特西比乌斯(Ctesibius of Alexandria)是希腊化时代最杰出的机械学学者之一,他曾经在托勒密二世(Ptolemy II)资助下,于亚历山大里亚从事机械与工程技术研究。② 他的著作已经失传,但其成果通过拜占庭的斐洛(Philo of Byzantium),维特鲁威和希罗(Heron of Alexandria)的著作中保存下来。

拜占庭的斐洛是杰出的机械学学者,公元前 3 世纪后期,他曾在亚历山大里亚逗留过一段时间从事机械学研究,他的著作《力学汇编》(*Mechanical Collection*)部分存世,有关杠杆、力学等内容已失传。

维特鲁威是公元 1 世纪伟大的工程师和建筑师,在其著作《建筑十书》(*Ten Books on Architecture*)问世之前,几乎没有现存的机械学著作(除一些关于战争机械的著作外)。他在《建筑十书》第 10 章专门讨论了机械,包括基本力学原理、起重机、提水设备、弩炮等。维特鲁威尤其讨论了单桅杆起重机(*monokōlos*)、双桅杆起重机(*dikōlos*)、三桅杆起重机(*trikōlos*)与四桅杆起重机(*tetrakōlos*)各自性能的优缺点和适用情况。

亚历山大里亚的希罗是古典机械工程学集大成者,著有大量机械学著作,

① 图 1 来源:Charles Singer, E. J. Holmyard, A. R. Hall, Trevor I. Williams, *A History of Technology, Volume Ⅱ : The Mediterranean Civilization and the Middle Ages c. 700 BC To c. A. D. 1500*, Oxford: Oxford University Press, 1957, p. 657, fig 601。

② Duncan B. Campbell, *Greek and Roman Artillery 399 BC −AD 363*, Oxford: Osprey Publishing Ltd., 2003, pp. 4, 9.

如《论自动机的制造》(*Automata*)、《气动力学》(*Pneumatica*)和《论力学》(*Mechanics*)等。希罗的很多成就是对克特西比乌斯和斐洛等人成果的继承和发展，而克特西比乌斯的成果主要通过希罗和斐洛的著作保存下来。① 在阿拔斯王朝时期，希罗的这些论文被翻译为阿拉伯文而遗存后世，部分内容同时保存于公元 4 世纪初亚历山大里亚的帕普斯(Pappus of Alexandria)的《数学汇编》(*Mathematical Collection*)第 8 卷中。在《论力学》中有大量关于四种起重机械的描述。

　　古典时期起重机械的核心在于复式滑轮系统，单个滑轮能改变力的方向，但相比于土堤斜坡来运送石块，并没有明显的机械效益(mechanical advantage，简称 MA)。同时，起重机械结构复杂，单个构件发生改变，对于整体性能的提升效果并不明显。因此，古希腊工程师在起重机械不断触及到提升重量的限制后，不断研发新型构件，绞盘、绞车的出现让拉力放大数十倍，提升重量进一步增加；还出现了不同类型的起重机以适应需求。罗马时期出现了踏车，使得拉力在绞盘、绞车基础上再次提升。罗马工程师发明了四椇杆的大型起重机，能够在多个方向放置多套复式滑轮系统，提升性能达到极致。这一漫长的技术演化过程以实用性与技术性并重的特点进行。

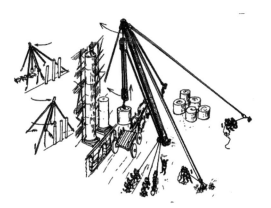
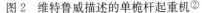
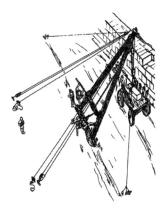

图 2　维特鲁威描述的单椇杆起重机②　　图 3　维特鲁威描述的双椇杆起重机③

---

① 刘衍钢：《古希腊新型扭力机械》，《古代文明》2022 年第 4 期。
② 图 2 来源：Vitruvius, *Ten Books on Architecture*, Ingrid D. Rowland trans., Cambridge: Cambridge University Press, 1999, p.298, figure 121。
③ 图 3 来源：Vitruvius, *Ten Books on Architecture*, p.294, figure 119。

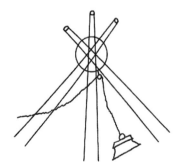

图 4　希罗笔下的三桅杆起重机①

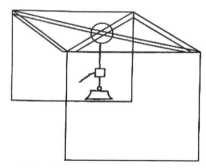

图 5　希罗笔下的四桅杆起重机②

二、早期希腊起重机械的演变

东方文明③在宗教与王权制度下,在公元前 3 千纪后不约而同地相继出现大型宗教性与世俗性建筑。这些建筑多规模宏大,建筑精美,蕴含了当时东方文明精湛绝伦的建筑技术。科学史家乔治·萨顿说:"希腊科学的基础完全是东方的,不论希腊的天才多么深刻,没有这些基础,它并不一定能够创立任何可与其实际成就相比的东西……我们没有权利无视希腊天才的埃及父亲和美索不达米亚母亲。"④这段论述同样适用于早期希腊的起重技术发展。在古代文明交流的"地中海共同体"⑤背景之下,东方文明的建筑技术对自迈锡尼时期以来的早期希腊建筑技术产生了重要的影响。起重技术主要服务于建筑工程。早期希腊建筑工程中也采取以土堤斜坡和杠杆为主的起重技术。

公元前 6 世纪后,伴随着希腊建筑样式的基本确立以及向石质建筑的转向,起重技术发生了革命性的变革——起重机械的诞生。

① 图 4 来源:A. G. Drachmann, *The Mechanical Technology of Greek and Roman Antiquity*, Wisconsin: The University of Wisconsin Press, 1963, p.101, fig 37。

② 图 5 来源:Wright, *Ancient Building Technology (Volume 3 Construction)*, p.420, fig 88。

③ 本文中"东方文明"泛指地中海及两河流域地区,包括小亚细亚、黎凡特(Levant)、埃及以及腓尼基人活跃的地中海沿线各个殖民城市等。关于希腊人所认识的"东方"的地域范围,以及"东方"概念的历史演变,参见李永斌:《希腊与东方:文明交流与互鉴》,北京:商务印书馆 2023 年版,第 1—6 页。

④ 乔治·萨顿:《科学史与新人文主义》,陈恒六、刘兵、仲维光译,何成钧校,北京:华夏出版社 1989 年版,第 64 页。

⑤ 关于"地中海共同体"概念,参见李永斌:《地中海共同体:古代文明交流研究的一种新范式》,《史学理论研究》2020 年第 6 期。

1. 东方文明影响下的早期希腊起重技术

近几十年国际考古学研究成果已经证明,自新石器时代之初甚至更早的时期,希腊半岛、爱琴海诸岛和西亚、北非某些地区的海上交流日趋频繁。[①]在文明交流中,东方文明在迈锡尼时期(约前 1600—前 1200 年)与"东方化时代"(约前 750—前 650 年)[②]对早期希腊起重技术产生重要影响,并促使其走上另一条革命性道路。[③]

东方文明纪念性建筑(monumental buliding)取决于当地的环境和可利用的材料以及社会组织结构和专业技术能力。[④] 两河流域以宗教与宫殿建筑为代表,尤以塔庙(ziggurat)[⑤]为典型。砖砌建筑始终是美索不达米亚地区特有的建筑模式。[⑥] 古埃及的建筑遗存有两类,即坟墓与神庙。而坟墓与神庙在建筑过程中都采用巨石砌筑的方式,称为法老砌体(Pharaonic Masonry)[⑦]。古王国与新王国时期,金字塔与神庙相继成为埃及文明纪念性建筑的典型代表。东方文明特别是埃及采用土堤斜坡与杠杆这类简单机械,通过征募大量劳动力来完成石料的提升与安装工作,呈现简易性与实用性的结合。[⑧]

早在迈锡尼文明时期,希腊和埃及就存在物质文明层面的交流。这种文

---

① 徐松岩:《"希腊人"与"皮拉斯基人"——古代希腊早期居民源流考述》,《西南大学学报(社会科学版)》2016 年第 1 期。

② 1980 年英国学者奥斯温·默里(Oswyn Murray)首次提出"东方化时代"(the Orientalizing Period)这一概念,并为学界广泛认同,其著作《早期希腊》(Early Greece)第六章便以"东方化时代"为题。参见奥斯温·默里:《早期希腊》,晏绍祥译,上海:上海人民出版社 2008 年版,第 74—93 页。

③ 李永斌指出,由于相关的文献资料和考古证据比较缺乏,新石器时代的具体物质文明交流及其影响难以定量分析,现有的研究主要集中在人种和族群等宏观方面,迈锡尼时期与古风时代已有诸多具体案例可供分析。因此本节沿用李永斌教授的研究路径,集中探讨此时期东方文明对早期希腊起重技术的影响。参见李永斌:《希腊与东方:文明交流与互鉴》,第 21 页。

④ John. W. Humphrey, *Ancient Technology*, Westport, Connecticut and London: Greenwood Press, 2006, p.54.引用略有改动。

⑤ 古代美索不达米亚地区的宗教建筑,外形近似金字形,又称为金字形神塔、山岳台,用土坯砌筑或夯土而成的高台,一般有七层,顶端则有圣堂。现存最为完好的是乌尔(Ur)月神台(约前 2112—前 2047 年)。

⑥ Wright, *Ancient Building Technology (Volume 3 Construction)*, p.47.

⑦ 需要指出的是,这种法老砌石结构建筑在公元 2 世纪埃及本土建筑末期前,专用于王室墓葬,而宫殿、城墙等则使用砖砌结构。详见 Wright, *Ancient Building Technology (Volume 3 Construction)*, pp.56-72。

⑧ 希罗多德游历埃及时,记载金字塔建造运用了杠杆撬动石料,从而将石料不断抬高的方式。参见 Herodotus, 2.125。

明之间的互动通过海上贸易进行直接或间接的交流,而物质文明交流必然伴随着人员、技术和思想的交流,①这也为建筑上起重技术的交流提供了机会。现存迈锡尼文明遗址上巨石垒成的高耸城墙和宏伟的宫殿仍彰显着王权的威严。这种青铜时代的巨石建筑也被称为独眼巨人建筑结构(Cyclopean Buliding Construction)。② 典型建筑代表是迈锡尼狮子门(Lion Gate)与"阿特柔斯宝库"(Treasury of Atreus)。③ 这种"独眼巨人"建筑结构显然在仅借助人力的情况下,无法将石灰岩巨石提升就位,这必然需要工具的辅助。迈锡尼遗址本身为使用土堤斜坡与杠杆的猜测提供了充分证据,王宫、城墙与墓葬建筑等都建于地势较高处。这固然是为抵御敌人着想,也有利于建造土堤斜坡,从而便于运输巨石。在迈锡尼圆顶墓中这一点表现得尤为明显,这些墓室都建在山坡上挖出的坑道中。④

　　同时,迈锡尼建立起王权体制的早期国家,注重政治集中化和政治权威的确立,⑤外在表现即是迈锡尼规模宏大的独眼巨人建筑。这种王权威严的彰显需求推动了迈锡尼纪念式建筑的发展,从而推动了土堤斜坡与杠杆的广泛使用。而王宫建筑又对迈锡尼社会塑造与制度化的等级制度发挥了重要影响。⑥ 迈锡尼纪念式建筑与以王权为中心的等级制相互作用,彼此促进,在复

---

① 李永斌:《迈锡尼时期希腊与埃及的物质文明交流》,《首都师范大学学报(社会科学版)》2023 年第 1 期;Jorrit M. Kelder, "The Egyptian Interest in Mycenaean Greece," *Jaarbericht van het Vooraziatisch-EgyptischGenootschap "Ex Oriente Lux"*, vol.42(2010), p.137.

② Pausanias, *Description of Greece*, 2.25.8.保萨尼亚斯记载,梯林斯(Tiryns)的石灰岩巨石城墙规模之大,以至于之后的希腊人认为是神话中的独眼巨人所建。在公元前两千年中后期,这种类型的建筑成为东地中海和黎凡特地区的标准建筑,特别是在(迈锡尼)希腊、安纳托利亚、叙利亚和巴勒斯坦。参见 Wright, *Ancient Building Technology (Volume 3 Construction)*, p.73。

③ 亦称为阿伽门农之墓(Tomb of Agamemnon),指建于公元前 1300 年至前 1250 年间的迈锡尼大型圆顶墓,位于迈锡尼遗址西南方向不远处,是迄今为止保存最为完好、建筑最为精美的圆顶墓之一。

④ Wright, *Ancient Building Technology (Volume 3 Construction)*, p.73.

⑤ 李永斌:《文明交流与希腊早期国家的形成》,《光明日报》,2023 年 9 月 4 日第 14 版。引用略有改动。

⑥ 有学者以位于拉科尼亚(Laconia)的墨涅拉翁(Menelaion)遗址的 1 号建筑(LH ⅡB)和位于米洛斯岛(Melos)费拉科庇(Phylakopi)遗址的宫殿(LH ⅢA1)为例研究,认为在迈锡尼文明早期,麦加仑式宫殿并不是被动地象征精英地位和权威,而是在不对称权力关系的建立中发挥了积极作用:在重要的社交场合、集体聚会和仪式中,他们充当着展示、协商和创造个人和集体身份的舞台。详见 Panagiota A. Pantou, "An Architetural Perspective on Social Change and Ideology in Early Mycenaean Greece," *American Journal of Archaeology*, vol. 118, no. 3 (July 2014), pp. 369 - 400。

杂的关系里促使了起重技术的发展。

东方化时代的希腊大陆在众多领域内都受到东方文明的影响。对起重技术而言,东方文明在建筑样式与材料、技术以及宗教上的影响,一定程度上促使希腊完成从杠杆与土堤斜坡向起重机械的革命式技术变革。公元前 7 世纪之前,关于东方宫殿的知识传播路径最为直接的是通过塞浦路斯与黎凡特地区传到优卑亚岛(Euboia)与雅典,而克里特岛(Crete)和基克拉泽斯群岛(Cyclades)在东方知识的早期传播之中同样发挥重要作用。① 此外埃及神庙建筑建有柱厅,装饰华丽、造型优美且数量众多的廊柱形成独特的风格,对早期希腊神庙建筑风格产生一定影响。虽然希腊从埃及借鉴的建筑形式相对有限,但希腊和埃及建筑在技术上却极为相似,几乎涵盖了从采石方法到建筑最后阶段的修整等所有方面。② 整体而言,在东方化影响下,希腊神庙建筑开始趋向于白色大理石制作。希腊神庙建筑在"英雄时代"至古风时代早期,由木制建筑逐渐转向石质建筑。这时在材料方面也发生了重要的变化,开始倾向于使用基克拉迪群岛上的白色大理石了,特别是这其中的纳克索斯岛(Naxos)和帕罗斯岛(Paros)上的大理石。③ 而希腊真正意义上的纪念性石质建筑也正是在东方化时代之后不久出现。④

---

① Erwin Cook, "Near Eastern Sources for the Palace of Alkinoos," *American Journal of Archaeology*, vol. 108, no. 1 (January 2004), p. 71.《奥德赛》(*Odyssey*)中所述阿尔基诺奥斯宫(Alcinous)便借鉴自新亚述帝国宫殿建筑。根据荷马的描述,阿尔基诺奥斯是斯克里埃(Scheria)费埃克斯人(Phaeacian)的国王,他热情招待了归家途中遭遇风暴的奥德修斯(Odysseus)。

② Coulton, "Lifting in Early Greek Architecture," p. 10.希腊在与埃及的文明交流与互动中,将埃及建筑技术复制到希腊建筑过程中,最为著名的案例便是老普林尼(Pliny the Older)的《自然史》(*Natural History*)中记述,克洛索斯的凯尔辛普雷(Chersiphron of Cnossos)在以弗所(Ephesos)建造阿耳忒弥斯神庙(The Temple of Artemis)时利用斜坡将柱顶过梁(Architrave)运送到高处,并安装到位。尽管这则故事已经被证实不可信,也被认为是对希腊正常做法的一种不寻常的偏离,但在一定程度上反映了古希腊在建筑中使用斜坡来提升大重量建筑材料的做法。更有学者猜测,柱顶过梁是用起重机吊起并大致就位的,之后改变斜坡角度来进行微调。参见 Coulton, "Liftingin Early Greek Architecture," p. 11, n. 61。George Sarton, *Introduction to the History of Science Volume Ⅰ From Homer to Omar Khayyam*, Baltimore: The Williams & Wilkins Company, 1962, p. 75, n. r.

③ 陈恒:《美索不达米亚遗产及其对希腊文明的影响》,《上海师范大学学报(哲学社会科学版)》2006年第 6 期。引用略有改动。

④ 科孚岛(Corfu)的阿尔忒弥斯神庙是古希腊最古老的柱廊式(peripteros)石质建筑神庙,建于公元前 580 年左右,参见 A. W. Lawrence, *Greek Architecture*, revised by R. A. Tomlinson, New Haven and London: Yale University Press, 1996, p. 77。

同时希腊宗教受到东方宗教的深刻影响。正如希罗多德所说:"几乎所有神的名字都是从埃及传入希腊的。"①希腊神灵在其发展过程中,受到东方文明的影响,融合了多种文明因素,最终形成希腊特有的众神体系,并围绕奥林匹斯神系产生了相对应的多神教崇拜。希腊宗教仪式皆在神庙与圣地举行,②同时神灵崇拜还诞生多个城邦节日,宗教崇拜的繁盛催生神庙建筑的大量兴建,从而在早期希腊起重机械的诞生中起到了催化剂的作用。

此外,贸易往来以及工匠的流动促使东方文明技术传播,为早期希腊起重机械的诞生预备了技术条件。从公元前 9 世纪末开始,东方的工匠就向希腊城市迁移并把技艺传授给希腊人,③希腊工匠也通过到达瑙克拉提斯(Naukratis)④与阿尔米纳(Al Mina 阿拉伯文意为"港口")⑤等贸易港口,直接向东方工匠学习。以铁冶炼技术为例,其从小亚细亚南部传入希腊,铁器取代青铜成为日常活动中使用的金属。铁制工具的运用极大提升了开凿与修整大

---

① Herodotus, 2.50.学者研究多有表明希腊神话的"东方化"。伯克特认为荷马的《伊利亚特》打上了东方化影响的印记,关于神祇内容与美索不达米亚的史诗有多处严密对应;默里同样持此种观点,他认为赫西俄德的《神谱》与东方的神话如《埃努马·埃利什》(Enuma Elish)等在细节与结构处有诸多相对应之处;贝尔纳论证认为在奥林匹斯十二主神(Olympians)中,宙斯、狄奥尼索斯、阿芙洛狄忒、阿波罗、阿耳忒弥斯等都与东方有着紧密联系。参见瓦尔特·伯克特:《东方化革命:古风时代前期近东对古希腊文化的影响》,刘智译,上海:上海三联书店 2010 年版,第 84—92 页;奥斯温·默里:《早期希腊》,第 80—82 页;Martin Bernal, Blac Athena: Afroasiatic Roots of Classical Civilization, Volume III: The Linguistic Evidence, New Jersey: Rutgers University Press, 2006, pp. 453 - 478.

② 崇拜奥林匹斯众神有两种不同仪式,一是具有"敬奉"性质的仪式,另一种是具有"驱邪"性质的仪式。仪式通常是献祭,有祭牲、献酒(libation)等。参见 Walter Burkert, Greek Religion, John Raffan trans. , Oxford: Blackwell Publishing, 1985, pp. 54 - 73;简·艾伦·赫丽生:《希腊宗教研究导论》,谢世坚译,广西师范大学出版社 2006 年版,第 7—10 页。

③ 瓦尔特·伯克特:《东方化革命:古风时代前期近东对古希腊文化的影响》,第 14 页。

④ 瑙克拉提斯位于东北非地中海沿岸的卡诺比斯河口(Canopic branch)。希罗多德记载瑙克拉提斯是希腊人在埃及的定居点与重要的贸易港口,希腊诸多城邦在此修建圣殿。参见 Herodotus, 2.178 - 179.

⑤ 阿尔米纳位于北叙利亚奥龙特斯河(Orontes)入海口地区,目前学界普遍认为阿尔米纳是贸易港口城市,譬如默里所说:"几乎不用怀疑,自公元前 800 年以来直到至少公元前 600 年,这里是希腊人与东方进行贸易的主要港口,在此后的 300 年中,它仍然重要。"参见奥斯温·默里:《早期希腊》,第 66 页;Joanna Luke, Ports of Trade, Al Mina and Geometric Greek Pottery in the Levant, Oxford: BAR Publishing, 2016, pp. 11 - 22.关于阿尔米纳相关研究参见李永斌:《希腊与东方:文明交流与互鉴》,第 107—117 页。

理石的效率。①

在迈锡尼时期与"东方化时代",东方文明在建筑样式与材料、宗教、技术等多方面对希腊产生重要影响,在早期希腊起重机械的诞生过程中起到相当大的催化作用。但这种影响并不是决定性因素,早已孕育在希腊城邦兴起中的内部诸多因素根本性地变革了起重技术,起重机械这一高性能复杂机械得以诞生,由根植城邦内部的因素所决定。

2. 古希腊起重技术的转变

古希腊起重技术的转变,既有城邦人口、经济因素的影响,也有工程实践因素的限制,同时也有希腊科学理论的现实条件。

首先,不同于东方文明王权体制(如埃及法老统治的统一王朝),从公元前8世纪中期起大大小小的城邦散布于希腊半岛上,城邦内部地方贵族成为主要的社会与政治力量,城邦国家彼此相互征伐,在城邦之上并无统一的中央政权,并且不同城邦所推崇信仰的守护神不同。② 这就决定了建造神庙是城邦共同体内部事务,而希腊城邦人口相比于埃及而言较少,即使加上奴隶和外来人口,建造神庙的工人也不会过多,无法如埃及金字塔一样使用大量工人建造。③ 这种现实情况迫使古希腊工程师发明一种相比于土堤斜坡和杠杆工作效率更高、工人数量更少的实用起重机械,以满足神庙建筑的现实需求。

其次,在希腊神庙向石质建筑转变过程中,使用土堤斜坡和杠杆越发不能

---

① Humphrey, *Ancient Technology*, p.58.用于开采和修整石料的工具可分为"打击"(striking)工具与"被打击"(struck)工具,镐(pick)、锤(锛)(adz)、斧属于前者,而冲子(punch)、凿子(chisel)等属于后者;希腊与埃及的石匠更倾向使用"被打击"工具,黎凡特地区的工匠则更偏爱"打击"工具。参见 Wright G. R. H., *Ancient Building Technology, Volume: 1Historical Background*, Leiden and Boston: Brill, 2000, pp.100 - 101。

② 有些城邦可能依次或同时拥有多个守护神。譬如雅典(Athens)的守护神是奥林匹斯诸神之一的雅典娜(Athena),雅典人欢度泛雅典人节(Panathenaea),同时雅典也信仰酒神狄奥尼索斯(Dionysus),雅典人欢度酒神节(Dionysia);另一强邦斯巴达也同时信仰阿波罗(Apollo)与半神赫拉克勒斯(Heracles);科林斯(Corinth)守护神是波塞冬(Poseidon);阿尔戈斯(Argos)守护神是赫拉等等。同时德尔斐(Delphi)、提洛岛(Delos)等宗教圣地则拥有多个神明的神庙。

③ Herodotus, 2.124 - 125.希罗多德夸张地描述金字塔的修建需要 10 万人,包括修筑道路与建筑金字塔共需 30 年。关于这一问题,至今仍无定论,现代研究表明,金字塔修建平均需要 13200 名工人,高峰期需要 40000 名工人,其中 4000 名工匠常年负责建筑金字塔。这一数字也远远超过大多数希腊城邦人口。参见 Craig B. Smith, "Project Management B. C.," *Civil Engineering Magazine*, vol.69, no.6 (June 1999); Craig B. Smith, *How the Great Pyramid was built*, Washington: Smithsonian Books, 2004, pp.202 - 216。

满足工程的需要,其缺陷在于:一是在建造前需要耗费大量人力,用土堆积起来形成人造坡道,耗时过久,无法再次利用,并且至少需要在另一侧重新起斜坡,以满足运送石块的需要;二是使用斜坡也无法精准地将石块运至预定位置,需要用杠杆撬动石块不断移动,效率低下;三是即使采用阶梯式斜坡,也需使用杠杆不断抬高石块超过台阶的高度。但杠杆每次操作所提升的高度有限,必须在石块下方不断放置木块以支撑,这样支撑点也必须通过木块等支撑物不断抬高,直至超过台阶。随后重复此操作至石块到达指定点。对于大型工程来说,这些缺陷会导致大量人力物力的消耗,并且建造周期长、效率低。

希腊人采用杠杆、斜坡建造的方式一直持续到公元前7世纪。在此之前希腊并无建筑中关于提升重量的难题,建筑所用的石块也不会超过两个成年人的搬运能力范围,因此也不需要特殊的起重技术。在公元前7世纪中叶之后,希腊人开始采用较为大块的石料来建造神像雕塑与神庙等建筑。①

对希腊哲学家而言,研究自然得到的知识本身就是有价值的,这种价值传统源自米利都的泰勒斯,之后柏拉图和亚里士多德同样表达了对非功利研究的肯定和赞同。哲学家形成共识,即求知本身就是目的,是善的生活的一部分。② 正是因这种纯粹追求知识的态度,希腊哲学家在各个领域取得丰硕成果,尤其关注于数学,研究数学是哲学探讨的一部分。③ 力学则与数学密不可分,哲学家对力学原理同样做了深入探究。至希腊化时期,希腊人将这些理论付诸实践,科学与技术的互动越发紧密,希腊化时代的机械力学(Mechanics)涵盖纯粹与应用力学,前者探讨物体的运动与平衡,后者包括各种机械制造的技艺。在某种程度上,机械力学已成为希腊化时代理解自然并指导技艺的“实验哲学体系”。④ 因而在希罗与维特鲁威的著作中详细记载了古典时期起重机械的理论与实践,基于城邦需求和智识传统等因素,古希腊工程师转向于制作一种可以克服上述缺陷的新型工程机械——起重机械。

早期的起重机械——单桅杆起重机与埃及的高架沙杜夫(Hand-worked Shadoofs)结构十分类似,可见希腊人借鉴了埃及的技术。19王朝时期底比斯

---

① Coulton, "Lifting in Early Greek Architecture," p. 9.
② G. E. R. 劳埃德:《希腊科学》,张卜天译,北京:商务印书馆2021年版,第134页。引用略有改动。
③ 如毕达哥拉斯学派即认为数是万物的本源,用数来解释自然万物。
④ 郝刘祥:《希腊化时代科学与技术之间的互动》,《科学文化评论》2014年第11卷第1期。

(Thebes)墓葬一幅壁画描绘了埃及人使用高架沙杜夫的场景。这种用于提水的装置一直沿用至今,在 20 世纪的尼罗河畔还能见到。高架沙杜夫由一根木制悬臂和支撑架构成,悬臂可以在支架上转动,远端有配重,近端系有水桶。水桶装满水后,配重将水桶拉至所需高度。新王国时期(约前 1550—前 1069 年)正是迈锡尼文明与埃及交往的另一个高峰时期,[1]埃及和迈锡尼之间存在着具有正式外交性质的多种直接交往[2]。19 王朝时期(约前 1295—前 1189 年)正处于此时段,说明在希腊与东方文明的交往中,这种装置可能早已传播到希腊,并可能同样将此用于提水之用。

图 6　19 王朝时期底比斯墓葬壁画[3]

希罗多德也同样描述了这种装置。他在叙述美索不达米亚地区农业灌溉时,与埃及作对比:和埃及不同,河水并不是自己泛滥到种植谷物的田地上去,而人们是要用手或用高架沙杜夫把水浇到田地上去。[4] 希罗多德在公元前 5 世纪游历过埃及,这种装置很可能是他亲眼所见。而维特鲁威和希罗著作中的单桅杆起重机与这种装置结构很相似。[5] 在公元前 7 世纪中叶后,古希腊工程师很大可能从此装置的结构和杠杆原理中得到灵感,运用到早期起重机械设计之中。

---

[1] 郭丹彤:《古代埃及文明与希腊文明的交流互鉴》,《光明日报》(理论版)2019 年 1 月 14 日第 14 版。

[2] Kelder, "The Egyptian Interest in Mycenaean Greece," p.133.

[3] 图 6 来源:Wright, *Ancient Building Technology Volume 3: Construction*, p.411, figure 72。

[4] Herodotus, 1.193.

[5] Hero, *Mechanics*. 3.2; Vitruvius, 10.2.8 – 9.参见 Drachmann, *The Mechanical Technology of Greek and Roman Antiquity*, pp.97 – 98; Vitruvius, *Ten Books on Architecture*, p.121。

三、起重机械的关键构件

复式滑轮系统与绞盘是西方古典时期起重机械能够正常工作的关键构件。复式滑轮系统与绞盘配合工作,极大提升了古典时期起重机械的工作效率。伴随着建筑工程中提升重量增长的需求,绞车和踏车也随之出现。

1. 起重机械的关键省力构件——复式滑轮系统

滑轮是一种绕有绳索的中凹轮子。最早的单滑轮见于公元前 9 世纪的亚述浮雕。[①] 而起重机械的关键在于复式滑轮系统,它能够数倍地增大拉力,以获得极大的机械效益。[②] 复式滑轮系统何时发明与起重机械的诞生和大规模使用有着紧密的联系。

在关于复式滑轮系统的理论探讨出现前的很长一段时间内,它便早已经投入工程的实际使用之中。[③] 据学者推测,早期希腊的复式滑轮系统发明于公元前 6 世纪下半叶。[④] 而后罗马继承并发展了希腊的复式滑轮系统,广泛使用于起重机械上。在《建筑十书》中,三滑轮组(trispastos)、五滑轮组(pentaspastos)和多滑轮组(polyspaston)等复式滑轮系统已是古典时期起重机械的核心构件。公元 1 世纪时期的普罗旺斯地区的奥朗日凯旋门(Orange Triumphal Arch Provence)浮雕上的双排滑轮组,以及公元 3 世纪科林斯东部港口肯彻里埃港(Kencherai)神庙遗址中发现的木质双门滑车(Double-sheaved Pulley Block),显著证明复式滑轮系统在罗马时期的广泛使用。

---

① Jørgen Laessøe, "Reflexions on Modern and Ancient Oriental Water Works," *Journal of Cuneiform Studies*, vol. 7 (1953), p. 6, fig. 1; Drachmann, *The Mechanical Technology of Greek and Roman Antiquity*, p. 203.

② 本文中,将多个滑轮并排组成的滑轮组称为滑车(Block),以和多个单滑轮上下组成的滑轮组相区别。

③ Aristotle, *Mechanical Problems* 18.853a - b; Plutarch, *Marcellus* 14.7 - 9.亚里士多德在《机械学》中的描述表明他已经相当了解复式滑轮系统。普鲁塔克的《马塞卢斯传》(*Marcellus*)中描述了阿基米德运用复式滑轮系统的传奇故事,据说他曾徒手将一艘满载人和货物的船平稳地拉向自己。亚里士多德卒于公元前 322 年,若《机械学》为其所著,则复式滑轮组实践超前于理论约200 年。有学者推测,《机械学》于公元前 3 世纪吕克昂(Lyceum)学院的一名学生所著,或是由亚里士多德一名追随者所著,抑或是亚里士多德学派第三代领袖兰萨库斯的斯特拉托(Strato of Lampsacus)托名所著。参见 Coulton, "Lifting in Early Greek Architecture," p. 1; Sylvia Berryman, "Ancient Greek Mechanics and the Mechanics Hypothesis," in Liba Taub ed., *The Cambrige Companion to Ancient Greek and Roman Science*, Cambridge: CambridgeUniversity Press, 2020, p.231;G. E. R. 劳埃德:《希腊科学》,第 137 页。

④ Coulton, "Lifting in Early Greek Architecture," p.17.

古典时期起重机械的复式滑轮系统一般采取由 3 个定滑轮和 2 个动滑轮组合使用,即维特鲁威描述的五滑轮组,而使用 6 个滑轮的多滑轮组也是维特鲁威所描述的滑轮最大数量,①这同时兼顾了改变力的方向和放大输入力的要求。F 表示输入力,L 表示提升的重量,这里以公式表达为:F＝L/6。即使考虑到需要克服摩擦阻力做功的能量消耗,复式滑轮系统也能够产生较大的倍增效应。希罗则对复式滑轮系统的工作原理给出了精确的阐释,这也是古典文献中对复式滑轮系统理论最清晰的论述。首先,他了解动滑轮的省力效果、定滑轮改变力的方向以及两者组合使用的优势。②

关于复式滑轮系统的原理,希罗清晰阐明了动滑轮与定滑轮的组合方式,并且组合而成的复式滑轮系统可以成比例地放大拉力,同时施加拉力的绳索一端移动的距离也成比例地延长。③ 希罗最后表述其省力效果:如果绳子的一端系在负载上,那么负载就会平衡与自身相等的力量,但如果绳子的另一端系在坚实的横梁上,那么拉力就会平衡两倍的重量,负载被移动的力量就会小于第一次移动它的拉力。④

此外,本文推测复式滑轮系统中绳索缠绕滑轮组和滑车的方式有两种。其一,复式滑轮系统很可能是单个滑轮上下组成的滑轮组。在维特鲁威书中提及的双桅杆起重机的复式滑轮系统为三滑轮组。⑤ 同理,五滑轮组由含三个定滑轮的上滑轮组和两个动滑轮的下滑轮组构成,滑轮组中滑轮皆是上下排布。这便是第一种常见的方式,绳索缠绕方式如下图 10 中前两幅图所示。

其二,复式滑轮系统可能将平行排列的滑轮构成的滑车组合使用,构成图 10 中成双的五滑轮组。这种方式等同于同时使用两组五滑轮组,减力效果翻倍,前文提到的木质双门滑车有可能这样使用。

① Vitruvius, 10.2.8‐9.参见 Vitruvius, *Ten Books on Architecture*, p.121。
② Hero, *Mechanics*.2.3,11.参见 Drachmann, *The Mechanical Technology of Greek and Roman Antiquity*, pp.53‐55,68。
③ Hero, *Mechanics*.2.12.参见 Drachmann, *The Mechanical Technology of Greek and Roman Antiquity*, pp.69‐70。事实上希罗证明了负载与拉力的比例等于承担负载的绳索段的数目。以机械效益来表示省力倍数,负载移动的距离与施加拉力的绳端移动距离之比,即速度比(Velocity Ratio 简称 VR)等于 MA,也等于绕过 D 处动滑轮,承担负载的绳索段数目。
④ Hero, *Mechanics*.2.13.参见 Drachmann, *The Mechanical Technology of Greek and Roman Antiquity*, p.71。
⑤ Vitruvius, 10.2.1.维特鲁威的叙述有差错,起重缆绳不可能固定在上滑轮组的下轮的轮眼处,而应固定在动滑轮上(下滑轮组的滑轮)。参见 Vitruvius, *Ten Books on Architecture*, p.120。

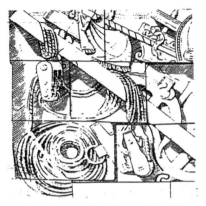

图 7　公元 1 世纪普罗旺斯的奥朗
日凯旋门浮雕[1]

图 8　公元 3 世纪肯彻里埃港神庙
遗址的双门滑车[2]

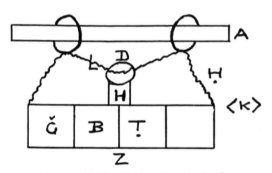

图 9　希罗笔下复式滑轮系统原理[3]

图 10　三滑轮组、五滑轮组与
成双的五滑轮组[4]

2. 绞盘、绞车、踏车与取物装置

绞盘是安有杠杆手柄的可旋转的鼓形圆桶,并能够以水平轴或垂直轴的
不同形式得到应用。[5] 绞盘将驱动力——人力传递给绳索,同时将转动绞盘
的回转运动转变为绳索的直线运动,其特点在于,能够通过成倍增加能量单位

---

[1] 图 7 来源:Wright, *Ancient Building Technology (Volume 3 Construction)*, p.418。

[2] 图 8 来源:Joseph W. Shaw, "A Double-Sheaved Pulley Block from Kenchreai," *The Journal of the American School of Classical Studies at Athens*, vol.36(1967), pp.389 – 401, plate 76。

[3] 图 9 来源:Drachmann, *The Mechanical Technology of Greek and Roman Antiquity*, p.70, fig 23。

[4] 图 10 来源:Vitruvius, *Ten Books on Architecture*, p.294, figure 119。

[5] 查尔斯·辛格、E. J. 霍姆亚德、A. R. 霍尔、特雷弗·I. 威廉斯主编:《技术史》(第Ⅱ卷:地中海文明与中世纪),潜伟主译,北京:中国工人出版社 2020 年版,第 712 页。引用略有改动。

并将其协调为整体,提高了功率输出并确保了持续的工作流。^① 绞盘的使用,进一步提高了起重机械的起重性能。

　　绞盘出现的时间相当之早,且可能与医学因素有关。古代医者将这种简单机械运用于治疗中。公元前 5 世纪的医学家希波克拉底在其著作《骨折》(*Fractures*)中提到利用绞盘对骨折部位进行拉伸复位。^② 这种方法涉及绞盘,却没有涉及滑轮,这似乎表明绞盘是在滑轮之前出现的。^③ 公元前 4 世纪的医学家奥利巴修斯(Oreibasios)在其著作中描述了几种复位脱臼关节的医用牵引器械。^④ 其中有些器械可以追溯到公元前 5 世纪,^⑤即如希波克拉底所描述的一样,在木制架两端装有简易的绞盘。从这些医学典籍和其他古典文献的记载来看,绞盘在早期希腊已广泛使用。^⑥

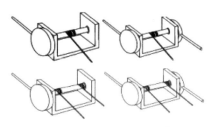

图 11　常见的绞车机构^⑦

　　随着建筑神庙等大型工程的要求,古希腊人需要将绞盘进一步发展为绞车,从而使人可以在有限空间内以极小力量产生极大的拉力和拉距。^⑧ 绞车的出现应与军事武器的发展有密切的联系。在公元前 300 年左右,与建筑密切相关的攻城机械发展迅速,而抛石机(catapulta)的威力受制于拉紧它的绞车的威力。这一时期地中海地区战争频仍,绞车在军事需求的环境下,被广泛应

① White, *Greek and Roman Technology*, p.50.
② Hippocrates, *Fractures*. 8.有学者认为,希波克拉底学派的医用器械,如钻头、杠杆等,是受工匠的工具启发,并改制而来。参见 Lawrence J. Bliquez, *The tools of Asclepius: surgical instruments in Greek and Roman times*, Leiden and Boston: Brill, 2014, p.38.
③ 查尔斯·辛格、E.J.霍姆亚德、A.R.霍尔、特雷弗·I.威廉斯主编:《技术史》(第Ⅱ卷:地中海文明与中世纪),第 712 页。
④ Oreibasios, 49.参见 Drachmann, *The Mechanical Technology of Greek and Roman Antiquity*, pp.171-185。
⑤ AndrewI. Wilson, "Machines in Greek and Roman Technology," in John Peter Oleson eds., *The Oxford Handbook of Engineering and Technology in the Classical World*, p.345.
⑥ Herodotus, 8. 119; Aristotle, *Mechanical Problems* 18. 853a - b. 参见 Drachmann, *The Mechanical Technology of Greek and Roman Antiquity,* p.15.希罗多德描述了用于从井中提水的绞盘。亚里士多德描述滑轮组与绞盘一起使用,易提升重物。
⑦ 图 11 来源:刘衍钢、赵少峰:《古代弩炮的早期发展》,《古代文明》2016 年第 3 期,插图 1。
⑧ 刘衍钢、赵少峰:《古代弩炮的早期发展》,《古代文明》2016 年第 3 期。

用于弩炮(ballista)、抛石机等战争器械。绞车结合了杠杆与轮轴原理,基本可视为绞盘的放大形态。通过绞车机械,人们能够在不移动自身位置的前提下产生远大于臂力的牵引力和几乎无限的拉动距离。[①] 在维特鲁威和希罗的著作中,绞车作为起重机械中提高拉力的重要构件,与复式滑轮系统配合工作。[②]

图 12　出土于卡普阿的浮雕[③]

　　对古典技术同样重要的是踏车。[④] 罗马工程师在继承希腊起重机械技术的基础上,将踏车与复式滑轮系统结合,更进一步提高了起重机械的起重重量。公元 1 世纪左右,踏车被广泛应用于各个领域。[⑤] 罗马工程师极有可能从这些用途中受到启发,将踏车应用到起重机械的驱动构件上。甚至踏车本身可能就是从使用螺旋泵(screw pump)提水的同类装置发展而来的。[⑥] 罗马工程师引入踏车的原因在于,罗马时期的大型工程如引水渠、凯旋门、纪功柱等相较于希腊城邦时期的神庙建筑,建筑规模更为宏大。因此对于更重的建筑单元的需求已经促使"卷桶式"(winding-drum)起重机应运而生,这种起重机具有效率更高的踏车,能够将机械效益提高五倍。[⑦]

　　踏车外形类似于鼠笼,同样应用杠杆与轮轴原理。与绞盘、绞车不同,踏车的尺寸更大,并可以容纳多人共同进行操作。踏车利用人的下肢提供动力,

① 刘衍钢、赵少峰:《古代弩炮的早期发展》,《古代文明》2016 年第 3 期。

② Hero, *Mechanics*. 3. 1 – 12; Vitruvius, 10. 2. 1 – 10. 参见 Drachmann, *The Mechanical Technology of Greek and Roman Antiquity*, pp. 94 – 110; Vitruvius, *Ten Books on Architecture*, pp. 120–122。

③ 图 12 来源:Wright, *Ancient Building Technology*, *Volume 3:Construction*, p.420, fig 89. 现藏于意大利的坎帕尼亚博物馆(Museo Campano)。

④ White, *Greek and Roman Technology*, p.50.

⑤ 罗马人在谷物研磨、橄榄油压榨以及提水装置中都使用踏车来获得更好的工作效果。参见查尔斯·辛格、E. J. 霍姆亚德、A. R. 霍尔、特雷弗·I. 威廉斯主编:《技术史》(第Ⅱ卷:地中海文明与中世纪),第 718—720 页。

⑥ Hoges, *Technology in the Ancient World*, p.224.

⑦ White, *Greek and Roman Technology*, p.81.

力量和爆发力要优于上肢,使得踏车产生的动力胜于绞盘与绞车。在踏车的轮轴上装有木质踏板,以辐条固定。操作者在踏板上不断踩踏,从而使踏车获得一定的初速度启动,并持续转动以提供牵引力。并且为了获得最大扭矩,操作员应将踩踏位置与踏车轮轴保持在同一水平线上。踏车的设计和尺寸以及操作人员的数量也都会根据工作性质和所需的动力输出而有所不同。[1] 出土于卡普阿(Capua)的浮雕生动展示了装有踏车的起重机械。尽管这一浮雕艺术表现性远大于其技术性,缺乏技术细节的描绘,但完整展示了踏车、复式滑轮系统和支撑的桅杆组成的起重机械以及吊起的石柱的场景。

取物装置通常有绳索和夹钳(tong),用于重物的固定,其同样是起重机械结构中重要的一环。为便于夹钳与绳索固定和提升,工匠往往在石料上凿有适宜的凹槽或凸台。从希罗文本与神庙建筑遗存推测,目前主要有三种取物方式。其一是绳索通过石料的凹槽。凹槽形状主要是 U 型槽与部分 U 型孔。[2] 凹槽的作用不仅在于固定,提升石料至预定位置后,还易于撤出绳索。U 型孔通常位于石料重心上方,成对出现。[3] U 型槽则出现于石料两端,因而可以与起重机械的使用合理联系起来。[4]

其二是夹钳。工匠使用铁制工具在石料上精准凿出与夹钳口配合的榫口,以夹钳固定。希罗称之为"蟹"(crab),并记载这种工具有三至四足,末端弯曲呈钩状;使用时用绳索将十字交叉木板与这种夹钳牢固绑定,石料便与夹钳口固定,再进行提升即可。[5] 其三是勒维斯铁器(Lewis Iron)。希罗记述为

---

[1] White, *Greek and Roman Technology*, p.50.

[2] 科尔顿认为,柱鼓与墙面石料的凸台,以及偏离石料重心的 U 型孔尚不能充分证明起重机械的运用。兰德尔斯则认为这种凸台用于起重机械的固定石料,能够防止石料提升过程中的破裂,也可与夹钳配合使用。详见 Coulton, "Lifting in Early Greek Architecture," pp.1 – 7; Landels, *Engineering in the Ancient World*, p.90。

[3] 德尔斐(Delphi)的早期阿波罗神庙(Temple of Apollo)与早期雅典娜普罗纳亚神庙(Temple of Athena Pronaia)柱鼓,以及位于德尔斐的雅典人宝库(Athenian Treasury)的额枋(architrave)等皆有可能用于吊装的 U 型孔。参见 Coulton, "Lifting in Early Greek Architecture," pp.3 – 4.

[4] 阿索斯(Assos)的雅典娜神庙(Temple of Athena)与帕埃斯图姆(Paestum)的赫拉第一神庙(First Temple of Hera)等都出现这种 U 型槽。参见 Coulton, "Lifting in Early Greek Architecture," p.8。

[5] Hero, *Mechanics*. 3.7. 参见 Drachmann, *The Mechanical Technology of Greek and Roman Antiquity*, p.104。三足夹钳用于柱鼓的提升,四足夹钳则用于矩形石料的提升。参见 Landels, *Engineering in the Ancient World*, p.90。德尔斐的雅典人宝库、奥林匹亚(Olympia)的麦加拉人宝库(Megarian Treasury)与旧雅典卫城山门(Propylaia)均存在开凿榫口痕迹。参见 Coulton, "Lifting in Early Greek Architecture," p.7。

三根铁条的组合,两根铁条末端弯曲为希腊字母"Γ"形状,顶端钻孔,另一根铁条同样钻孔;在石料上凿梯形孔,上窄下宽,两根"Γ"形铁条弯曲部分朝外放入孔内,另一根铁条插入其中,三者合而为一体,再从顶端插入销轴,即可牢固提升石料。①

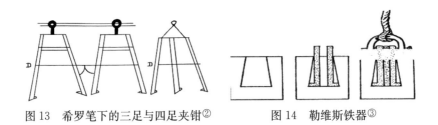

图 13　希罗笔下的三足与四足夹钳②　　　　图 14　勒维斯铁器③

整体而言,复式滑轮系统是核心省力构件,绞盘、绞车与踏车是倍力构件,与夹钳、勒维斯铁器等取物装置共同组成了古典时期的起重机械。

四、结语

从古风时代晚期到公元 1 世纪的长时段内,起重机械一直是"建造神庙和公共建筑必须预备的机械"④,其产生受到东方文明的文化和技术以及希腊城邦内部经济、文化、人口等多重因素的影响,其发展经历城邦时期的实用、希腊化时期的技术理论归纳和罗马时期的大型复杂化,其性能也不断提高。古典时期的起重机械作为古代世界最为复杂的机械之一,确立了起重机械最基本的构件和技术原理,标志着组织和技术能力的巨大进步。古典时期的起重机械也一直沿用至近代第一次工业革命时期,才退出历史舞台。但追根溯源,古

---

① Hero, *Mechanics*. 3.8.希罗还提到,铁条硬度需适中,须注意裂纹等缺陷,以免起重机械在提升过程中石料脱落,砸伤工人。兰德尔斯给出孔具体尺寸,长约 1 英尺,宽约 5 英寸(30 厘米×12 厘米),两侧倾斜 4—5 度至孔底。参见 Drachmann, *The Mechanical Technology of Greek and Roman Antiquity*, pp.105‑106; Landels, *Engineering in the Ancient World*, p.92。位于德尔斐的阿波罗神庙(Temple of Apollo)第五神庙(The Fifth Temple)、奥林匹亚的盖拉人宝库(Treasury of Geloans)等皆有勒维斯铁器凿口痕迹。参见 Coulton, "Lifting in Early Greek Architecture," p.7。

② 图 13 来源:Drachmann, *The Mechanical Technology of Greek and Roman Antiquity*, p.104, fig 40。

③ 图 14 来源:Landels, *Engineering in the Ancient World*, p.91, fig 30。

④ Vitruvius, 10.2.1.参见 Vitruvius, *Ten Books on Architecture*, p.120。译文参考维特鲁威:《建筑十书》,I. D. 罗兰英译,陈平中译,北京:北京大学出版社 2009 年版,第 169 页。

典时期的人们所使用的起重机械与现代的起重机械结构极为相似,差别只在于材料和动力来源。

同时,限于篇幅和笔者知识结构,本文对影响古典时期起重机械诞生的因素并未作深入探讨,这方面如早期僭主统治下神庙等大型公共建筑的兴建、希腊城邦兴起内部经济因素与大殖民时代的城市规划反哺母邦的影响等。古典时期四种起重机械的桅杆结构与适用情况也需要作进一步梳理和研究。

作者简介:陶玉山,安徽师范大学历史学院硕士研究生,研究方向为古希腊罗马史。

修昔底德和战争

杰森·克劳利 著　　杨皓然 译

[编者按]本文选自 Polly A. Low 主编的 *The Cambridge Companion to Thucydides* 一书,是全书的第 9 章,作者杰森·克劳利(Jason Crowley)。本文立足于修昔底德的《伯罗奔尼撒战争史》,从战争的自主性、战争的艺术、雅典与斯巴达双方军事力量的对比以及希腊世界为战争所付出的代价,论述了修昔底德笔下的伯罗奔尼撒战争。文中讲述了修昔底德对于战争的相关观点,指出修昔底德除了对伯罗奔尼撒战争进行政治、战略和战术分析外,还对人类战争的经验进行了宝贵的洞察。

读到修昔底德对伯罗奔尼撒战争的描述是荣幸的。即使作品未完成,他的作品也是无价的,既因为作者令人印象深刻的智慧,[1]又因为修昔底德不像他的前辈希罗多德,也不像后来的战术家,比如阿斯克勒皮奥多图斯(Asclepiodotus)。修昔底德将那些令人印象深刻的智慧品质与他的主题权威结合在一起,不仅作为一位战争的参与者,[2]而且作为一位具有高级指挥经验

---

[1] Hornblower, S. (1994b) *Thucydides*, 2nd (corrected) impression, London: pp. 136 – 190, 191 – 250; Hunt, P. (2006) "Warfare.", in *Brill's Companion to Thucydides*, eds. A. Rengakos and A. Tsakmakis. Boston and Leiden: pp. 385 – 413;也可参见注释 17。

[2] 关于希罗多德记载的军事限制,见 1993 年版:pp. 68 – 70; Hornblower, S. (1994b):pp. 198 – 204; Vela Tejada, J. (2004) "Warfare, history and literature in the archaic and classical periods: the development of Greek military treatises," *Historia* 53: pp. 136 – 137; Hunt, P. (2006): p. 389;至于阿斯克勒皮奥多图斯(Asclepiodotus),见 Hornblower, S. (1994b):pp. 191 – 250; Oldfather, W. A. (1923) *Aeneas Tacticus, Asclepiodotus, Onasander*, London and New York: pp. 229 – 243。

的参与者。①

正如修昔底德自己解释的那样,公元前 424 年他被选为雅典十将军之一,②那时他 30 多岁,③然而自传不是修昔底德的目标,这个任命也仅仅是他军事生涯中可见的顶点,这个顶点是他不可能重新达到的,然而,考虑到雅典人民倾向于选举与再选举具有丰富经验和能经受住考验的能力的指挥官,在任命修昔底德时,他似乎满足这两个标准。④ 他的较高的社会经济地位⑤表明他或许在三列桨战舰上担任指挥或者在雅典半专业化的骑兵部队中担任骑兵指挥。⑥ 然而,在古希腊重装步兵服役对雅典精英是有吸引力的⑦,考虑到方阵的意识形态和军事上的首要地位,⑧如果修昔底德从未在重装步

---

① 关于修昔底德服役,见 Hornblower, S. (1994b):pp. 73 - 109, 191 - 205; Hunt, P. (2006): pp. 385 - 413。

② Thucydides. 4. 104. 4; Cawkwell, G. L. (1987) *Thucydides and the Peloponnesian War*, London: pp. 1 - 19.

③ Thuc. 5. 26. 5; Hansen, M. H. (1980) "Seven hundred archai in classical Athens," *GRBS* 21: pp. 167 - 169, (1999) *The Athenian Democracy in the Age of Demosthenes: Structure, Principles and Ideology*, Bristol: pp. 88 - 90, 227 - 228.

④ Hamel, D. (1998) *Athenian Generals: Military Authority in the Classical Period*, Leiden and Boston: pp. 14 - 23, with Aristotle Ath. Pol. 22. 2, 61. 1 - 2, 64. 4. Plato, Gorgias, 455b - c; [Xenophon.] Ath. pol. 1. 3; Xenophon. Ap. 20, Oec. 20. 6 - 9, Mem. 1. 7. 3;参见 Plato, Laws, 6. 755b - 756b; Thuc. 6. 72. 1 - 2; Xen. Mem. 2. 1. 28。

⑤ Thuc. 4. 105. 1; Hornblower, S. (1994b):pp. 1 - 6.

⑥ 关于这种劳动分工,例如见,Arist. Ath. pol. 7. 3 - 4(财富与骑兵服役之间的联系);Lys. 21. 5 - 10.

⑦ Lys. 14. 4 - 10, 16. 13; Crowley, J. (2012) *The Psychology of the Athenian Hoplite: The Culture of Combat in Classical Athens*, Cambridge: pp. 23 - 24, p. 124.

⑧ Karavites, P. (1984) "Greek interstate relations in the fifth century," *PP*216, pp. 185 - 189; Connor, W. R. (1988) *Early Greek land warfare as symbolic expression*, Princeton: pp. 21 - 29; Hanson, V. D. (1996) "Hoplites into democrats: the changing ideology of the Athenian infantry," in *Dēmokratia: A Conversation on Democracies, Ancient and Modern*, eds. C. Hedrick and J. Ober. Princeton: pp. 289 - 312, (2005) *A War Like No Other: How the Athenians and Spartans Fought the Peloponnesian War*, London: p. 198; Cartledge, P. (1998b) "The machismo of the Athenian empire-or the reign of the phaulus?", in *When Men Were Men: Masculinity, Power and Identity in Classical Antiquity*, eds. L. Foxhall and J. Salmon. London: pp. 62 - 63; Pritchard, D. M. (1998) "The fractured imaginary: popular thinking on military matters in fifth century Athens," *AH* 28: pp. 44 - 52; Runciman, W. G. (1998) "Greek hoplites, warrior culture, and indirect bias," *The Journal of the Royal Anthropological Institute* 4: p. 733; Strauss, B. S. (2000) "Perspectives on the death of fifth-century Athenian seamen," in *War and Violence in Ancient Greece*, ed. H. van Wees. London: pp. 292 - 297; Roisman, J. (2002) "The rhetoric of courage in the Athenian orators.", (转下页)

兵队中服役，或担任下级指挥官，那么雅典人民似乎不太可能选举修昔底德为将军。①

当然，要成为一名真正的将军，修昔底德必须能够指挥海陆两栖作战，②在他军事生涯的巅峰时期，当他被分配到安菲波利斯（Amphipolis）附近的地区时③，他在那里曾指挥两栖作战。④ 当然，修昔底德的事业顶峰便是战事的终结，⑤但他随后的被流放不仅使他全身心投入到对伯罗奔尼撒战争的记述中，也使他审视斯巴达人和他们的盟友，进而从事物的两面对这场冲突阐述观点。⑥

一、战争的自主性

修昔底德对于战争的看法是包容的，但并不公正。修昔底德仔细挑选他想呈现与传达的事件，注意事件的重点、顺序、内容、背景环境和搭配，并通过操纵读者对文本的情感参与，试图引领读者的解读，确保读者的解读与他的主

（接上页）in *Andreia: Studies in Manliness and Courage in Classical Antiquity*, eds. R. M. Rosen and I. Sluiter. Boston: pp. 136 - 141, (2005) *The Rhetoric of Manhood: Masculinity in the Attic Orators*, London: pp. 106 - 107, 109, 111; Crowley, J. (2012): pp. 100 - 104.

① Crowley, J. (2012): p. 35, p. 117, pp. 123 - 124, 通过等级设想的过程和 Xen. MEM. 3. 4. 1 抵触；参考 Xen. Eq. Mag. 2. 1 - 7。

② 因为各指挥部和分配给他们的部队都是以任务为导向的(Thuc. 3. 91. 1 - 2, 4. 2. 1 - 4, 27. 5 - 28. 3, 90. 1, 5. 2. 1 - 6. 8. 1 - 26. 2, 7. 16. 1 - 17. 1, 以及 Hamel. 1998:14 - 23)，联合作战是常见的(Thuc. 4. 3. 1 - 40. 2, 89. - 1 - 101. 4, 6. 25. 1 - 26. 2, 31. 1 - 32. 2, 43. 1 - 44. 1, 94. 4, 98. 1 - 4, 7. 33. 3 - 6, 42. 1 - 2)，与海军部门的协调也是如此(Thuc. 4. 3. 1 - 40. 2, 6. 25. 1 - 26. 1, 36. 1 - 41. 4). 也可见 Lazenby 2004:1 - 15; Hunt. 2006: pp. 385 - 413; Wheeler, E. L. (2007) "Battle: land battles," in *The Cambridge History of Greek and Roman Warfare, Vol. 1: Greece, the Hellenistic World and the Rise of Rome*, eds. P. Sabin, H. van Wees and M. Whitby. Cambridge: pp. 186 - 223。

③ Thuc. 4. 105. 1. 似乎可能是修昔底德在这一领域的联系使他格外地适合这项任务。更深入的探讨，见 Sears, M. A. (2013) *Athens, Thrace, and the Shaping of Athenian Leadership*, Cambridge: pp. 74 - 89，以及其他关于修昔底德对色雷斯(Trace)特别感兴趣和了解证据，见 Fragoulaki(第二章)。

④ Thuc. 4. 104. 1 - 7. 3.

⑤ Thuc. 5. 26. 5; Ellis, J. R. (1978) "Thucydides at Amphipolis.", *Antichthon* 12: pp. 28 - 35.

⑥ Thuc. 4. 404. 1 - 107. 2, 5. 26. 5; Westlake, H. D. (1980) "Thucydides, Brasidas and Clearidas," *GRBS* 21: pp. 333 - 339; 参考 Liddell Hart, B. H. (1948) *The Other Side of the Hill: Germany's Generals, Their Rise and Fall, with Their Own Account of Military Events*, London, 这说明了战争所带来的问题。

要目的产生共鸣,即:对人类的冲突矛盾提供永恒的理解。① 通过此,修昔底德设想的战争不仅仅是一种与和平对立的好战状态,还是一种像自主的第三力量一样发挥作用的战争,它将自己的黑暗动力强加于人类创造者,在这种力量中偶然性是至高无上的。② 在这不可预测的环境中,人们不能控制自己的命运,因环境的变化无常,他们遭受命运的逆转和不应得的结局。③

修昔底德的战争也是延续和变化的领域,战争本身保持一种持久连续的力量,但是由于它创造的环境对道德和文化的腐蚀,那些受影响的参战的人变得更加残酷④。然而这不是说,在修昔底德看来战争没有某种荣耀,或屈从于

① Thuc. 1.22.1 - 4,3.82.2; Hunter, V.J. (1973) *Thucydides, the Artful Reporter*, Toronto: pp. 177 - 184; Connor, W. R. (1984b) *Thucydides*, Princeton: pp. 3 - 19, 231 - 250; Hornblower, S. (1994a) "Narratology and narrative techniques in Thucydides," in *Greek Historiography*, ed. S. Hornblower. Oxford: pp. 131 - 166. (Reprinted in Thucydidean Themes, Oxford, 2011:59 - 99.): pp. 59 - 99, (1994c): pp. 34 - 44; Rood, T. C. B. (1998b) *Thucydides: Narrative and Explanation*, Oxford: pp. 3 - 23, 285 - 293; Dewald, C. (2005) *Thucydides' War Narrative: A Structural Study*, Berkeley: pp. 1 - 22, 155 - 163; Raaflaub, K. (2013) "Ktēma es aiei: Thucydides' concept of 'learning through history' and its realization in his work," in *Thucydides: Between History and Literature*, eds. A. Tsakmakis and M. Tamiolaki. Berlin and Boston: pp. 3 - 21.

② Thuc. 1.78.1, 122.1, 140.1, 2.11.4, 3.30.4, 4.17.4 - 5, 18.1 - 5, 55.1 - 4, 62.3 - 4, 5.14.3 - 4, 7.61.1 - 3; Hornblower, S. (1994b): pp. 155 - 190.

③ 例如,公元前431年底比斯人在普拉提亚,他们的救援队被意外的降雨耽误了,底比斯人被杀 (Thuc. 2.2.1 - 5.7; cf. 5.26.5, 7.86.1 - 5)。也可见 Adkins, A. W. H. (1975) "The arete of Nicias: Thucydides 7. 86.", *GRBS* 16: pp. 379 - 392; Roisman, J. (1993) *The General Demosthenes and his Use of Military Surprise*: Stuttgart: pp. 11 - 22; Golfin, E. (2011) "Reflections on the causes of evil in Thucydides' work.", in *Thucydides — A Violent Teacher? History and Its Representations*, eds G. Rechenauer and V. Pothou. Gottingen: pp. 213 - 239。

④ Thuc. 3.82.2; Lateiner, D. (1977a) "Heralds and corpses in Thucydides.", *CW* 71; Connor, W. R. (1984b): pp. 79 - 107; Pritchett (1991): pp. 218 - 219; Hornblower, S. (1994b): pp. 155 - 190; Luce, T. (1997) *The Greek Historians*, London: pp. 86 - 98; Kallet, L. (2001) *Money and the Corrosion of Power in Thucydides: The Sicilian Expedition and Its Aftermath*, Berkeley and London; Hanson, V. D. (2005) *A War Like No Other: How the Athenians and Spartans Fought the Peloponnesian War*, London: pp. 65 - 121, 163 - 199, 271 - 314; Hunt, P. (2006): pp. 402 - 403; Strauss, B. S. (2007) "Naval battles and sieges.", in *The Cambridge History of Greek and Roman Warfare, Vol. 1: Greece, the Hellenistic World and the Rise of Rome*, eds P. Sabin, H. van Wees and M. Whitby. Cambridge: pp. 240 - 247; Nevin, S. (2008) "Military ethics in the writing of history: Thucydides and Diodorus on Delium.", in *Beyond the Battlefields: New Perspectives on Warfare and Society in the Graeco-Roman World*, eds E. Bragg, L. Hau and E. Macaulay-Lewis. Newcastle: pp. 99 - 120.

黑暗的支配下,人类完全无力。① 在修昔底德书写的时代,战争的艺术是高度先进的,为了推进他们的作战目标,指挥官们依赖一系列军事专长,以及协调所需的联合武器战术。②

二、战争的艺术

正如修昔底德揭示的那样,这样的军事部队是有任务要完成的,虽然他们的力量和组成反映了他们被动员的目标,但他们通常是以重装步兵为核心组成,③其主要任务是与敌人进行近距离搏斗。④ 不幸的是,虽然我们知道重装步兵的作用,但是他们究竟如何发挥作用仍是持续争议的话题,修昔底德对此应负有部分责任。

修昔底德为军事知识渊博的受众而写,这些受众读者不需要人际战斗的描述,所以他未对战时状态这一层面进行描述。⑤ 因此,虽然很明显重装步兵通过采用一种被称为方阵的普通阵型来抵消他们战术灵活性的缺乏,但尚不清楚这个编队与敌人接触时是如何运作的。⑥

---

① 见修昔底德对伯拉西达(Brasidas)、德摩斯提尼(Demosthenes)和地米斯托克利(Themistocles)的描绘(见注释 96 和 112)。

② 见注释 12。

③ Thuc. 2.13.6 – 9, 31.1 – 3, 54.1 – 4, 4.89.1 – 101.4, 5.61.1 – 5, 66.1 – 74.3; Lazenby, J. (1985) *The Spartan Army*, Warminster: pp.16 – 17; Hunt, P. (2007) "Military force.", in *The Cambridge History of Greek and Roman Warfare, Vol. 1: Greece, the Hellenistic World and the Rise of Rome*, eds P. Sabin, H. van Wees and M. Whitby. Cambridge: pp.108 - 146; Crowley, J. (2012): pp.22 – 26.

④ Hanson, V.D. (1991) "Hoplite technology in phalanx battle.", in *Hoplites: The Classical Greek Battle Experience*, ed. V.D. Hanson. London: pp.63 – 84; Lazenby, J. (1991) "The killing zone.", in *Hoplites: The Classical Greek Battle Experience*, ed. V. D. Hanson. London: pp.87 – 109; Schwartz, A. (2009) "Reinstating the Hoplite: Arms, Armour and Phalanx Fighting." in *Archaic and Classical Greece*, Stuttgart: pp.79 – 95.

⑤ Grundy, G.B. (1911) *Thucydides and the History of His Age*, London: pp. 240 – 242; Gomme, A.W., A. Andrewes and K. J. Dover (1945 – 1981) *A Historical Commentary on Thucydides* (5 vols.). Oxford: vol. Ⅰ, pp.10 - 24; Hunt, P. (2006): pp.385 - 413; Whitby, M. (2007) "Reconstructing ancient warfare.", in *The Cambridge History of Greek and Roman Warfare, Vol. 1: Greece, the Hellenistic World and the Rise of Rome*, eds P. Sabin, H. van Wees and M. Whitby. Cambridge: pp. 54 – 81; Rhodes, P.J. (2008) "Thucydides and his audience: what Thucydides explains and what he does not.", *AAntHung* 48: pp. 83 – 88; Crowley, J. (2012): pp.40 – 41.

⑥ 参考 Kagan, D. and G.F. Viggiano (eds) (2013) *Men of Bronze: Hoplite Warfare in Ancient Greece*, Princeton xi – xxi。

这个问题吸引了大量有意义的学术研究,但是两种相互排斥的重装步兵战斗模式目前并存的解释是证据不足的。一些正统的学者主张方阵是紧密有序的阵型,所有的队伍都向前推进,前排的队伍在武装战斗中与敌人交战,①其他人则设下不那么严格的体系,在这个体系中,前排的队伍与对手进行相对开放的搏斗,而后排的士兵则取代伤亡,提供纵深保护和道德支持。②

值得庆幸的是,尽管重装步兵的运作具有模糊性,但是围绕重装步兵的核心组建混合部队的原因仍然明显:主力部队遭遇时,战斗的结果由对方方阵决定。③ 这样的交战就形成了战斗中的"核心"(*Schwerpunkt*),由此推动了兵力的集中,希腊军队通常在没有战术储备的情况下作战。④ 大多数希腊重装步兵的非专业性也推动了战术的简单性。⑤ 在修昔底德时代,只有三种主要的

---

① 见 Grundy, G. B. (1911) pp. 267 – 273; Hanson, V. D. (1991) pp. 63 – 84, (2000) *The Western Way of War: Infantry Battle in Classical Greece*, London: pp. 171 – 184; Luginbill, R. D. (1994) "Othismos: the importance of the mass – shove in hoplite warfare.", Phoenix 48: pp. 51 – 61; Schwartz, A. (2009): pp. 187 – 194; Crowley, J. (2012): pp. 57 – 66。

② 见 van Wees, H. (2004) *Greek Warfare: Myths and Realities*, London: pp. 172 – 191, 相似观点在 Cawkwell, G. L. (1978) *Philip of Macedon*, London: pp. 150 – 153, (1989) "Orthodoxy and hoplites", *CQ* 39: pp. 375 – 389; Krentz. P. (1985) "The nature of hoplite battle.", *ClAnt* 4: pp. 50 – 61; Goldsworthy, A. K. (1997) "The othismos, myths and heresies: the nature of hoplite battle.", *War in History* 4: pp. 5 – 25; Rawlings, L. (2000) "Alternative agonies: hoplite martial and combat experiences beyond the phalanx.", in *War and Violence in Ancient Greece*, ed. H. van Wees. London: pp. 233 – 259; Matthew, C. A. (2009) "When push comes to shove: what was the othismos of hoplite combat?", *Historia* 58: pp. 395 – 415。

③ 参考公元前 424 年的德里昂(Delium)战役,(Thuc. 4. 89. 1 – 101. 4),公元前 418 年的曼丁尼亚(Mantinea)战役(5. 66. 1 – 74. 3),以及公元前 415 年的叙拉古(Syracuse)战役(6. 67. 1 – 70. 4)。

④ 作为例外,见 Thuc. 6. 67. 1 – 70. 4(公元前 415 年叙拉古 Syracuse 战役)。

⑤ 因此需要像底比斯圣队(the Theban Sacred Band)这样的专业单位。(Plut. pel. 17 – 19; Xen. Hell. 7. 1. 19)阿尔戈斯人(Argives)用国家开支维持的一千名士兵(Thuc. 5. 67 – 2)。关于斯巴达人的专业精神,见 Arist. pol. 8. 1338b; Plato Laches 182e – 183a; Thuc. 2. 39. 1 – 4; Xen. Lac. pol. 7. 1 – 6, 11. 1 – 8. 对于通常的军事训练,见. Pritchett, W. K. (1974) *The Greek State at War*, Part 2. Berkeley: pp. 208 – 231; Tritle, L. (1989) "Epilektoi at Athens.", *AHB* 3: pp. 54 – 59; Hunt, P. (2007) "Military force.", in *The Cambridge History of Greek and Roman Warfare, Vol. 1: Greece, the Hellenistic World and the Rise of Rome*, eds P. Sabin, H. van Wees and M. Whitby. Cambridge: pp. 108 – 146; van Wees, H. (2007) "War and society.", in *The Cambridge History of Greek and Roman Warfare, Vol. 1: Greece, the Hellenistic World and the Rise of Rome*, eds P. Sabin, H. van Wees and M. Whitby. Cambridge: pp. 273 – 299; Crowley, J. (2012): pp. 2 – 3, pp. 252 – 256, p. 34, p. 50, p. 64, p. 70, p. 81, p. 117, pp. 123 – 124。

战斗方式:斯巴达的专业化军队喜欢侧翼战术,①底比斯人(Thebans)喜欢纵队深入,②雅典人,大概还有其他希腊人仅限于线形作战,即:方阵对方阵进行残酷的实力较量。③ 每种方法虽然截然不同,但都建立在相同的基础上,修昔底德和其他希腊作家称之为"eutaxia"(良好秩序与状态)。

可悲的是,除了"良好的秩序与状态"之外,"eutaxia"这个词的确切含义是不清楚的。然而,由于这个词的词根与排列有关,又因为方阵里的人是按军阶级别排序的,因此这个词很有可能描述了组成方阵的重装步兵成功地守住了分配给他们的位置,有三个原因使这一点至关重要。④ 首先,纵队的横向部署和由此产生的排列整齐且密集的队伍,形成了自然抵抗渗透的纵深阵型。其次,第一梯队在敌人面前摆出盾牌和矛尖形成防御墙,为方阵提供进攻和防御的能力。第三,前排队伍中的持续伤亡可以由每个残损纵队中幸存的人代替,他们向前移动来代替倒下的士兵,从而保持盾牌墙的连续性以及与方阵相伴作战的能力。⑤

因此"eutaxia"就是军队和武装暴徒之间的不同之处,因此在修昔底德的战争叙事中作为胜利的先决条件(如果不是实际的保证)发挥作用。而"eutaxia"的丧失,逐渐下降至它的相反的情况"ataxia",则是不可避免的失败的前兆。⑥ 所以对于修昔底德来说,战斗的胜利是由秩序井然的重装步兵赢得的,但是他们并不是修昔底德叙述中出现的唯一的一种战士。

当然,骑兵也扮演着重要的角色,尽管这一角色受到了希腊马术不发达性质的限制。这就限制了希腊骑兵只能扮演轻骑兵的角色,在轻骑兵中,马充当

---

① 参考公元前 418 年(Thuc. 5.66.1 - 74.3)的第一次曼丁尼亚(Mantinea)战役和公元前 394 年的涅米亚(Nemea)战役(Xen. Hell. 4.2.13 - 23)。
② 参考公元前 424 年(Thuc. 4.89.1 - 101.1)的德里昂(Delium)战役和公元前 371 年的留克特拉(Leuctra)战役(Xen. Hell. 6.4.8 - 15)。
③ 参考公元前 415 年的叙拉古(Syracuse)战役(Thuc. 6.67.1 - 70.4)。
④ Crowley, J. (2012): pp.49 - 53, 也可见 Pritchett, W.K. (1985) *The Greek State at War*, Part 4. Berkeley: pp.44 - 93; Wheeler, E.L. (2007) "Battle: land battle.", in *The Cambridge History of Greek and Roman Warfare*, Vol.1: *Greece, the Hellenistic World and the Rise of Rome*, eds P. Sabin, H. van Wees and M. Whitby. Cambridge: pp.186 - 223.
⑤ Crowley, J. (2012): p.53.
⑥ 参考修昔底德如何描述公元前 415 年叙拉古战役(6.67.1—70.4),作为雅典人的优等性 eutaxia 和叙拉古人的失调性 ataxia 之间的冲突,二者相比较决定过程和战斗的结果(Crowley, J. (2012): pp.49 - 52). 对于这个总的概念,见 Thuc. 2.11.9,84.2,3.108.1,4.126.5,8.25.3;而海军方面的应用,见 2.84.2,91.4,92.1,3.77.2 - 3,7.40.3,68.1,8.105.2;也可见注释 64。

一个可移动的武装平台,骑手在经过目标时,①从上面以一个倾斜的角度投掷武器,通常是标枪。此外,修昔底德描述另一种手持弓箭的骑兵,尽管从他的叙述中并不能清楚地看出骑马的弓箭手是否具备在行进中与敌人交战的必备技能,还是仅仅在中途或下马时才这样做。②

在战斗中主要依靠投掷标枪的轻装步兵也出现在修昔底德的叙述中。除了只会扔石头的搬运工,③和很少被提及的"hambippoi"(与骑兵紧密配合的轻装战士)之外,④修昔底德的叙述中主要有三种类型的轻装步兵。前两种即弓箭手和投石手,虽然对敌方的轻装步兵和骑兵有效,但其他方面对阵敌方方阵的重装步兵的价值则有限。⑤ 然而,由第三种类型的轻装步兵部署的武器,名字叫标枪,具有致命性,尤其当标枪投掷者表现卓越时,标枪投掷者(peltast)的小规模战斗技能使他成为希腊战场上最致命的轻装步兵。⑥

自然,考虑到他们的机动性,骑兵和轻装步兵都可以自主作战。例如,在公元前426年,埃托利亚(Aetolian)的轻步兵在埃希提姆(Aegitium)附近的破碎地形上伏击了一小群雅典海军陆战队和盟友,将他们包围固定在了原地,分

---

① Xen. Anab. 3.2.18, Eq. Mag. 1.21, Eq. 12.11 – 13; Spence, I. G. (1993) *The Cavalry of Classical Greece: A Social and Military History with Particular Reference to Athens*, Oxford: pp.34 – 163; Worley, L. (1994) Hippeis: *The Cavalry of Ancient Greece*, Oxford: pp.59 – 122; Hyland, A. (2013a) "War and the horse: Part 1: Horses for war: breeding and keeping a warhorse.", in *The Oxford Handbook of Warfare in the Classical World*, eds B. Campbell and L. Tritle. Oxford: pp.493 – 511; Hyland, A. (2013b) Part 2:"The development and training of cavalry in Greece and Rome.", in *The Oxford Handbook of Warfare in the Classical World*, eds B. Campbell and L. Tritle. Oxford: pp.512 – 526.

② Thuc. 2.13.8, 5.84.1, 6.94.4; Xen. Mem. 3.3.1;参考 Aristophanes Birds 1178 – 1185; Spence, I. G. (1993): pp.59 – 60; Worley, L. (1994): p.32, p.70, p.81。

③ Pritchett, W. K. (1991) pp. 65 – 67; van Wees, H. (2004) *Greek Warfare: Myths and Realities*, London: pp.61 – 65,68 – 71.

④ Thuc. 5.57.2;参考. Arist. Ath. pol.49.1; Xen. Hell. 7.5.23; Spence, I.G. (1993): pp.58 – 60; Lazenby, J. (2004) *The Peloponnesian War: A Military Study*, London: p.114。

⑤ Thuc. 2.81.8,100.1 – 5;参考 Xen. Anab. 3.4.1 – 6; McLeod, W. (1965) "The range of the ancient bow.", *Phoenix* 19: pp.1 – 14, (1972) "The range of the ancient bow: addenda.", *Phoenix* 26: pp.78 – 82; Pritchett, W.K. (1991) pp.1 – 65; Trundle, M. (2010) "Light troops in classical Athens.", in *War, Democracy and Culture in Classical Athens*, ed. D. Pritchard. Cambridge: pp.139 – 160。

⑥ 见 Thuc. 3.94.1 – 98.5(埃托利亚 Aetolia,公元前426年),4.3.1 – 6.2,8.1 – 23.2,26.1 – 40.2 (斯法克特里亚 Sphacteria,公元前425年)and Xen. Hell. 4.5.7 – 8,11 – 17 (Lechaeum,公元前390年),Best 1969; Trundle, M. (2010): pp.139 – 160。

散了他们弓箭手的保护屏障,他们用标枪将雅典人的海军陆战队和盟友击倒,直到幸存者脱离队伍并逃跑。[1] 同样,在阿奇达米亚(Archidamian)战争期间,雅典的骑兵对阿提卡(Attica)进行了机动防御,限制了敌人掠夺者的活动,也限制了他们对雅典领土的恶劣影响。[2]

　　然而,在双方主力遭遇时,这种自主权并没有扩大到对敌人做决定的程度。[3] 因此骑兵和轻装步兵在军事上从属于重装步兵方阵,并被降级至侧重于武装保护的辅助角色。因此他们出现在修昔底德的叙述中,在部署时骑兵和轻装步兵受重装步兵保护,[4]保护他们免受敌方轻装步兵的攻击,[5]保卫他们的侧翼,[6]掩护他们撤退。[7] 然而,如果有足够的兵力,骑兵和轻装步兵也会被用来进攻。骑兵经常被部署在敌人方阵的侧翼,以打击侧翼。[8] 轻装步兵在重装步兵的保护下,可能会消耗尽敌方部队[9]或从隐蔽处伏击他们;[10]这两种辅助武装所提供的机动灵活性,使得他们成为追击溃败部队的理想武器。[11]

　　然而,这种效用并没有改变骑兵和轻装步兵的从属地位,他们的边缘化被

---

[1] Thuc. 3.94.1 – 98.5.

[2] Thuc. 4.95.1 – 3,也见 2.19.2,22.2 – 3,3.1.1 – 2,7.27.5,8.71.2; Hanson, V. D. (2005): pp.35 – 64, pp.201 – 203; Spence, I. G. (2010) "Cavalry, democracy and military thinking in classical Athens.", in *War, Democracy and Culture in Classical Athens*, ed. D. Pritchard. Cambridge: pp.111 – 138。

[3] Grundy, G. B. (1911) *Thucydides and the History of His Age*, London: pp.274 – 281; Gomme, A.W., A. Andrewes and K. J. Dover (1945 – 1981) *A Historical Commentary on Thucydides* (5 vols.). vol. I Oxford: pp.10 – 24; Hanson, V. D. (2001) "Hoplite battle as ancient Greek warfare: when, where, and why.", in *War and Violence in Ancient Greece*, ed. H. van Wees. London: pp.201 – 232; Hunt, P. (2007) "Military force.", in *The Cambridge History of Greek and Roman Warfare*, Vol. 1: *Greece, the Hellenistic World and the Rise of Rome*, eds P. Sabin, H. van Wees and M. Whitby. Cambridge: pp.108 – 146,和本章注释 29。

[4] Thuc. 6.67.1 – 70.4(叙拉古之战 Syracuse,公元前 415 年)。

[5] Thuc. 3.94.1 – 98.5(埃托利亚之战 Aetolia,公元前 426 年)。

[6] Thuc. 4.89.1 – 101.1(德里昂战役 Delium 公元前 424 年)和 5.66.1 – 74.3(第一次曼丁尼亚战役 Mantinea,公元前 418 年)。

[7] Thuc. 6.67.1 – 70.4(叙拉古之战 Syrause,公元前 415 年)和 5.66.1 – 74.3(第一次曼丁尼亚战役 Mantinea,公元前 418 年)。

[8] Thuc. 4.89.1 – 101.1(德里昂战役 Delium,公元前 424 年)。

[9] Thuc. 4.3.1 – 6.2,8.1 – 23.2,26.1 – 40.2(斯法克特里亚 Sphactera,公元前 425 年)。

[10] Thuc. 3.105.1 – 109.1(奥尔派战役 Olpae,公元前 426/5 年);参考 Xen. Hell. 5.1.10 – 13。

[11] Thuc. 2.79.6(斯巴托鲁斯 Spartolus,公元前 429 年),3.98.1 – 5(埃托利亚 Aetolia,公元前 426 年),5.10.9 – 10(安菲波利斯战役,Amphipolis 公元前 422 年). 也可见 Xen. Anab. 3.1.2。

现存的规范和价值观进一步强化。① 正如社会学家所认识到的那样,在好战的地缘政治环境中,男子气概往往是军事上的定义,②而在古典希腊,一个男人对男子气概的主张在很大程度上依赖于他经受战斗考验的程度。③ 这对轻装步兵和骑兵是极其不利的,他们依靠投射和机动灵活性,尽力避免与敌人直接交战,④因为在希腊人看来,他们的战斗方式不像重装步兵所面临的考验那样严峻。⑤ 重装步兵在近距离战斗中直接与敌人交战,正因为如此,重装步兵每个人所面临的都是最苛刻的考验,不仅完全赢得了作为男人的地位,而且被赋予了一种超越辅助部队的威望,使辅助部队男子气概的展现要弱得多。⑥

对于轻装步兵来说,这种偏见因势力而进一步强化。当然,他们太穷了以

① Adkins, A. W. H. (1960) *Merit and Responsibility: A Study in Greek Values*, London: p. 73, p. 249; Hunt, P. (1998) *Slaves, Warfare, and Ideology in the Greek Historians*, Cambridge: pp. 1 – 3; Roisman, J. (2002) "The rhetoric of courage in the Athenian orators.", in *Andreia: Studies in Manliness and Courage in Classical Antiquity*, eds R. M. Rosen and I. Sluiter. Boston: p. 128, (2005) *The Rhetoric of Manhood: Masculinity in the Attic Orators*, London: pp. 1 – 2, pp. 84 – 101, p. 105; Christ, M. R. (2006) *The Bad Citizen in Classical Athens*, Cambridge: pp. 88 – 142; Crowley, J. (2012): pp. 86 – 88.

② Adkins, A. W. H. (1960): p. 73; Andreski, S. (1968) *Military Organization and Society*, 2nd edition, London: pp. 20 – 74; Hunt, P. (1998): pp. 1 – 3; Berent, M. (2000) "Anthropology and the classics: war, violence, and the stateless polis.", *CQ* 50: p. 258; Roisman, J. (2005): pp. 1 – 2, 105;参考 Bransby, G. (1992) *Her Majesty's Vietnam Soldier*, Worcester: pp. 232 – 233。

③ Thuc. 4. 126. 1 – 5; Crowley, J. (2012): pp. 88 – 96.

④ Thuc. 2. 13. 8, 4. 3. 1 – 6. 2, 5. 84. 1, 6. 94. 4, 8. 1 – 23. 2, 26. 1 – 40. 2, 126. 1 – 5; Xen. Anab. 3. 2. 18, Eq. Mag. 1. 21, Eq. 12. 11 – 13.

⑤ Anderson, J. K. (1991) "Hoplite weapons and offensive arms.", in *Hoplites: The Classical Greek Battle Experience*, ed. V. D. Hanson. London: pp. 15 – 37; Lazenby, J. (1991) "The killing zone.", in *Hoplites: The Classical Greek Battle Experience*, ed. V. D. Hanson. London: pp. 87 – 109; Hanson, V. D. (2000) *The Western Way of War: Infantry Battle in Classical Greece*, London: pp. 55 – 58, pp. 135 – 193; Crowley, J. (2012): pp. 103 – 104.

⑥ Garlan, Y. (1975) *War in the Ancient World*, London: pp. 78 – 133; Connor, W. R. (1988): pp. 21 – 29; Runciman, W. G. (1998) "Greek hoplites, warrior culture, and indirect bias.", *The Journal of the Royal Anthropological Institute* 4: p. 733; Hanson, V. D. (1996): pp. 289 – 312; Pritchard, D. M. (1998) "The fractured imaginary: popular thinking on military matters in fifth century Athens.", *AH* 28: p. 52; Strauss, B. S. (2000) "Perspectives on the death of fifth – century Athenian seamen.", in *War and Violence in Ancient Greece*, ed. H. van Wees. London: pp. 292 – 297; Roisman, J. (2002): p. 130, (2005): pp. 106 – 107; Crowley, J. (2012): pp. 103 – 104.

至于负担不起骑马或重装步兵的费用,①因此他们在军事和意识形态上从属
地位与事实相结合,社会地位低于那些社会政治精英,像修昔底德,对他们协
助的战斗进行了历史记录。②

因此,毫不奇怪,修昔底德的战斗叙述集中在重装步兵上,因此他们的行
动掩盖了那些辅助部队的行动。例如:在描述叙拉古(Syracuse)战役时(公元
前 415 年),修昔底德承认了投石手、标枪投掷者、石头投掷者和弓箭手以及叙
拉古的(Syracusan)骑兵中队的存在。尽管如此,但由于轻装步兵不起决定性
作用,他不仅忽视了在重装步兵冲突之前的轻装步兵的交战,而且忽略了叙拉
古的骑兵,直到战斗结束,他们在之后突然出现,以防止被击败的叙拉古重装
步兵的追击。③ 相似的叙述模式可以在修昔底德对海军交战的描述中观察
到,这些描述中通常是用源自重装步兵战斗的术语和概念描述的。在术语和
描述中,水手们——通常是地位低下的人,不直接与敌交战——被他们驾驶的
迷人的三列桨战舰挡住视线。④

---

① 见注释 8。

② 关于修昔底德的地位,见 4.105.1 - 2; Hornblower, S. (1994b):pp. 1 - 6; Dewald, C. (2005) *Thucydides' War Narrative: A Structural Study*, Berkeley: p.13;关于他对重装步兵的喜爱, 见 Dover, K.J. (1973) *Thucydides*, Oxford: pp. 37 - 38; Hornblower, S. (1994b):pp. 160 - 168; Hanson, V. D. (2005): pp. 123 - 161; Rhodes, P. J. (2011) "Biaios didaskolos? Thucydides and his lessons for his readers.", in *Thucydides — A Violent Teacher?: History and its Representations*, eds G. Rechenauer and V. Pothou. Gottingen: pp.21 - 22。

③ Thuc. 6. 67. 1 - 70. 4. 其他武器的闭塞,参见 Gomme et al. 1945 - 1981: *A Historical Commentary on Thucydides* vol Ⅰ, Oxford: pp. 10 - 24; Pritchett, W.K. (1985) *The Greek State at War*, Part 4, Berkeley: pp.44 - 93; Hunt, P. (2006): pp.385 - 413; Hornblower, S. (2007) "Warfare in ancient literature: the paradox of war.", in *The Cambridge History of Greek and Roman Warfare, Vol. 1: Greece, the Hellenistic World and the Rise of Rome*, eds P. Sabin, H. van Wees and M. Whitby. Cambridge: pp.22 - 53; Trundle, M. (2010): pp.139 - 160; Brice, L. (2013) "The Athenian expedition to Sicily", in *The Oxford Handbook of Warfare in the Classical World*, eds B. Campbell and L. Tritle. Oxford: pp. 623 - 641; Rawlings, L. (2013) "War and warfare in ancient Greece.", in *The Oxford Handbook of Warfare in the Classical World*, eds B. Campbell and L. Tritle. Oxford: pp.46 - 73.

④ Cartledge, P. (1998b):pp.63 - 64; Pritchard, D.M. (1998): pp.44 - 49; Roisman, J. (2002): pp.128 - 131, 136 - 141, (2005) *The Rhetoric of Manhood: Masculinity in the Attic Orators*, London: p.109, p.111; Strauss, B.S. (2007) "Naval battles and sieges.", in *The Cambridge History of Greek and Roman Warfare, Vol. 1: Greece, the Hellenistic World and the Rise of Rome*, eds P. Sabin, H. van Wees and M. Whitby. Cambridge: pp. 223 - 236,和 Miller, M. (2010) "I am Eurymedon: tensions and ambiguities in Athenian war imagery.", in *War, Democracy and Culture in Classical Athens*, ed. D. Pritchard. Cambridge: pp.304 - 338。

修昔底德的读者对于这些船只如此熟悉，以至于他觉得没必要去描述他们的作战特征，[1]但是他清楚地认为三列桨战舰是泛希腊的标志，他的叙述揭示了三种不同的海战方法，每一种都需要有不同配置的船。[2] 第一种是修昔底德所推崇的，涉及精简的船只采取精简的策略，目的是使攻击船只能够用撞锤击中对手的后部。[3] 第二种是修昔底德认为过时的，用装满步兵的坚固船只擒住敌人和登上敌船——修昔底德认为这种策略使海上交战类似于陆地搏斗。[4] 第三种策略是重新设计战舰的船头，以提供头对头撞击所需的正面力量，这种技术适用于不好操纵的封闭水域。[5]

海军的先进性加上陆战复杂的特点，表明希腊的战争艺术在大多数方面是高度先进的。然而，正如修昔底德揭示的那样，攻城战仍然缺乏先进性。希腊人部署的公民兵，没有扭转式的火炮，他们不能从远处削弱敌人的防御工事，所以他们不愿意去接受冲击敌人防御工事所带来的伤亡，[6]当然，技术革新

---

[1] Morrison, J.S. and R.T. Williams (1968) *Greek Oared Ships*, 900－322 BC, Cambridge: pp. 244－325; Casson, L. (1971) *Ships and Seamanship in the Ancient World*, Princeton: pp. 77－96; Wallinga, H.T. (1992) *Ships and Sea Power Before the Great Persian War: The Ancestry of the Ancient Trireme*, Leiden: pp. 130－164; Morrison, J.S., J.F. Coates and N. B. Rankov (2000) *The Athenian Trireme: The History and Reconstruction of an Ancient Greek Warship*, 2nd edition, Cambridge: pp. 35－46; Strauss, B.S. (2007) "Naval battles and sieges.", in *The Cambridge History of Greek and Roman Warfare*, Vol. 1: *Greece, the Hellenistic World and the Rise of Rome*, eds P. Sabin, H. van Wees and M. Whitby. Cambridge: pp. 223－236; de Souza, P. (2013) "War at sea.", in *The Oxford Handbook of Warfare in the Classical World*, eds B. Campbell and L. Tritle. Oxford: pp. 369－394.

[2] Morrison, J.S. and R.T. Williams (1968): pp. 313－325; Hirshfield, N. (1996) "Appendix G: trireme warfare in Thucydides.", in *The Landmark Thucydides: A Comprehensive Guide to the Peloponnesian War*, ed. R. Strassler. New York: pp. 608－613; Hanson, V.D. (2005): pp. 235－269; Strauss, B.S. (2007): pp. 223－236; de Souza, P. (2013): pp. 369－394. Lazenby, J. (1987) "The diekplous.", *G&R* 34: pp. 169－177; Whitehead, D. (1987) "The periplous.", *G&R* 34: pp. 178－185.

[3] Thuc. 2.83.1－84.5, 86.1－92.7, 89.1－11(诺帕克图斯 Naupactus，公元前 429/8 年).

[4] Thuc. 1.45.1－55.2(西勃塔 Sybota，公元前 433 年).

[5] Thuc. 7.34.1－8(诺帕克图斯 Naupactus，公元前 413 年)，36.1－38.2, 39.1－41.5, 52.1－54.4 (叙拉古 Syracuse，公元前 413 年)。

[6] 关于伯罗奔尼撒战争中的攻城战，见 Seaman, M. (2013) "The Peloponnesian War and its sieges", in *The Oxford Handbook of Warfare in the Classical World*, eds B. Campbell and L. Tritle. Oxford: pp. 642－656. 其他关于古典时期攻城战各方面有用的研究有：Grundy, G.B. (1911): pp. 245－246, 261－262, 282－291; Marsden, E.W. (1969) *Greek and Roman Artillery: Historical Development*, Oxford: pp. 5－173; Lawrence, A.W. (1979) （转下页）

也不是完全缺乏。修昔底德着迷于原始火焰喷射器,该喷射器曾在公元前424 年被庇奥提人(Boeotians)在德里昂(Delium)部署用来打击雅典的防御工事,①以及在公元前 429 年在普拉提亚(Plataea)采用的一系列措施和对策,例如攻城槌和用于摧毁他们的重力机。② 然而他的着迷反映了技术的新颖。③这说明了一个问题,普拉提亚既没有被突破,也没有被风暴摧毁,而是被最基本的方法所攻破:包围绕城。④ 这使得目标群体得不到增援和再补给以及上级的领导,如果不协商条件,就会由于防御者的体力不足而导致防御的失败。⑤ 因此绕城包围是可靠的,但它缓慢而昂贵,如果用来对付沿海群体,就不得不通过海上封锁来加强。⑥

三、雅典与斯巴达双方在军事上的对峙

修昔底德设想了一种泛希腊的战争艺术,他把每个主角在三个主要方面所拥有的不同能力——陆地、海洋和攻城战——置于不同的位置,这就解释了伯罗奔尼撒战争的可怕的本质。雅典自然不能使用舰队来打击距离大海许多英里远的斯巴达,即使斯巴达是出了名的不设防,但雅典的军队无法拿下这独特的城邦,因为雅典必须首先在公开的战斗中击败斯巴达人。⑦

(接上页) *Greek Aims in Fortification*, Oxford: pp. 39 - 66; Lazenby, J. (2004) *The Peloponnesian War: A Military Study*, London: pp.31-48; Hanson, V.D. (2005): pp.163 - 199; Strauss, B. S. (2007): pp. 237 - 247; Chaniotis, A. (2013) "Greeks under siege: challenges, experiences, and emotions.", in *The Oxford Handbook of Warfare in the Classical World*, eds B. Campbell and L. Tritle. Oxford: pp.438 - 456。

① Thuc. 4.100.1 - 5;参考 4.110.1 - 116.3。

② Thuc. 2.71.1 - 78.4, 3.20.1 - 24.3, 52.1 - 68.5。

③ Grundy, G.B. (1911): pp.282 - 291; Hanson, V.D. (2005): p.163。

④ Thuc. 2.78.1, 3.52.1。

⑤ Thuc. 1.115.2 - 117.1(萨摩斯 Samos,公元前 440 年), 1.63.1 - 67.1, 2.58.1 - 3, 68.1 - 9, 70.1 - 4, 3.17.2 - 3(波提狄亚 Potidaea,公元前 132—前 430 年), 2.69.1 - 2, 3.52.1(普拉提亚 Plataea,公元前 429—前 427 年), 3.2.1 - 6.2, 8.1 - 18.5, 25.1 - 30.4, 35.1 - 50.3, 4.52.1 - 3(米提列涅 Mytilene,公元前 428—前 427 年), 5.84.1 - 115.4, 116.2 - 4(米洛斯岛,Melos 公元前 415 年)。

⑥ 参考萨摩斯(Samos)之围,公元前 440 年(8.38.2 - 4, 40.1 - 3, 55.2 - 56.1, 60.2 - 3, 61.1 - 3, 63.1 - 2);叙拉古(Syracuse)战役,公元前 415—前 413 年(6.75.1 - 7.16.2, 21.1 - 26.3, 31.1 - 33.6, 35.1 - 72.4)。

⑦ 伯利克里的"岛屿战略"(Thuc. 1.143.3 - 5, 2.13.1 - 9, 22.1 - 24.1, 55.2, 60.1 - 65.13;也可见注释 67,81)。关于雅典和斯巴达军队的能力,见 Lazenby, J. (1985) *The Spartan Army*, Warminster; Crowley, J. (2012)。

对于不专业的雅典军队来说,这是一个不现实的提议。尽管他们的经验及经验的影响力令人印象深刻,但他们无法与斯巴达职业化的军队相匹敌。斯巴达的重装步兵享有剥削黑劳士的双重优势,即军事化的教育体系和作为寄生的军事精英生活的能力,自由地训练和发展他们年轻时学到的战术技能。[1] 这确保了斯巴达的重装步兵比希腊其他城邦重装步兵更有心理弹性和战术意识,他们在与敌人接触时,在压力和动力下,他们以无与伦比的能力保持良好的状态,以一种超越对手雅典的方式进入战斗。[2]

雅典人遵从伯利克里(Pericles)的建议,拒绝与斯巴达军队交战,而是撤退到他们的防御工事后,让斯巴达人不能攻破也不能发动袭击。此外,因为雅典与比雷埃夫斯(Piraeus)之间有长城墙相连,所以雅典人能够获得由帝国收入资助提供的海运物资,因此能无限期地抵抗围攻。[3] 然后为了打败雅典,斯巴达必须控制海洋,然而这将使斯巴达的资金不足和不专业的海军与帝国资金充足且专业的雅典作战舰队进行对抗,雅典舰队有能力参加形式最复杂的海战,舰队在撞击前的灵活操作,确保了这样的竞争是不可获胜的。[4] 所以任何一方都不可能打败对方。雅典只有在创造出比斯巴达更强大的军队时才能获胜,斯巴达只有在比雅典舰队更强大时才能获胜。[5] 这样一个重大的转变自然对雅典和斯巴达双方都无吸引力,于是人们寻求其他更传统的方式来打破随之而来的僵局。

---

[1] 关于黑劳士,见 Hodkinson, S. (2000) *Property and Wealth in Classical Sparta*, Swansea: pp. 113 - 149(有进一步的参考资料),以及 agogi,见 Xen. Lac. pol. 2. 1 - 4. 7; Hodkinson, S. (1983) "Social order and the conflict of values in classical Sparta.", *Chiron* 13: pp. 245 - 251; Kennell, N. M. (1995) *The Gymnasium of Virtue: Education and Culture in Ancient Sparta*, London; Ducat, J. (2006) *Spartan Education: Youth and Society in the Classical Period*, Swansea。

[2] 见注释 31。

[3] Thuc. 2. 13. 2 - 14. 2, 2. 16. 2 - 17. 3; Cawkwell, G. L. (1987): pp. 40 - 55; Pritchard, D. M (2010) "The symbiosis between democracy and war.", in *War, Democracy and Culture in Classical Athens*, ed. D. Pritchard. Cambridge: pp. 1 - 62。

[4] 关于修昔底德对"雅典海军"和"斯巴达重装步兵"的对比,见 Thuc. 1. 73. 1 - 86. 5, 93. 3 - 8, 120. 2, 121. 2 - 5, 141. 2 - 4, 2. 10. 1 - 3, 11. 1 - 9, 13. 2 - 14. 2, 16. 2 - 17. 3, 63. 2 - 5, 85. 1 - 3, 86. 1 - 92. 7, 4. 12. 3, 14. 3, 40. 1 - 2, 5. 72. 2 - 4, 75. 3, 6. 11. 6, 83. 1, 7. 21. 1 - 5, 34. 7, 66. 1 - 3, 8. 96. 1 - 5; Hanson, V. D. (2005): pp. 3 - 34; Pritchard, D. M(2010): pp. 1 - 62。

[5] Kagan, D. (1974) *The Archidamian War*, London: pp. 17 - 42, (1987) *The Fall of the Athenian Empire*, London: pp. 413 - 426; Lazenby (2004): pp. 1 - 15, pp. 31 - 48, pp. 251 - 257; Hanson, V. D. (2005): pp. 35 - 64, pp. 88 - 121。

斯巴达和它的盟友经常蹂躏阿提卡（Attica）的领土。① 在公元前 424 年，他们派遣了一小队黑劳士和雇佣兵在伯拉西达（Brasidas）的命令下，袭击雅典人在色雷斯沃德（Thracewards）地区。② 公元前 413 年，斯巴达人甚至在狄凯里亚（Decelea）建立了一座堡垒，在此之后，雅典人在战争剩余的时间里被拒绝进入阿提卡。③ 雅典人更积极主动。他们围绕伯罗奔尼撒海岸发动了两栖袭击，④ 在公元前 425 年，成功击败并捕获了斯巴达在斯法克特里亚（Sphacteria）的驻军，⑤ 他们对麦加拉（Megara）采取惩罚性行动，⑥ 以公元前 424 年几乎占领这座城市告终。⑦ 同年，他们过于雄心勃勃试图将底比斯（Thebes）挤出战争，但在德里昂（Delium）战役中以决定性失败告终，⑧ 六年后，他们在伯罗奔尼撒半岛制定更雄伟的计划建立反斯巴达联盟，在曼丁尼亚（Mantinea）战役中以决定性失败告终。⑨ 雅典人似乎无法从他们的错误中吸取教训，在公元前 415 年对叙拉古（Syracuse）发动大规模远征，加重两次的失败。这次远征不仅在公元前 413 年惨败，而且导致了整个远征军的损失。⑩

四、冲突的代价

这些行动，以及其他相似的行动，没有打破僵局，但是，正如修昔底德揭示的那样，它们确实给人类创造大量的痛苦。⑪ 对于希腊人来说，这是公认的冲突后果，尽管冲突被战争的威望所掩盖，⑫ 反映在修昔底德自己选择的主题

---

① Thuc. 2.11.6,19.2,22.1－24.31,47.2,71.1,3.1.1－3,26.1－4,4.2.1,5.14.3.

② Thuc. 4.78.1,80.1－5,103.1－106.4,5.6.2－11.3.

③ Thuc. 6.91.6－93.3,7.19.1－20.1,27.2－28.4,8.69.1－3; Xen. Hell. 1.1.35.

④ Thuc.2.23.1－3,25.1－26.2,30.1－2,54.1－6,3.7.1－6,16.1－4,91.1,94.1－3,4.42.1－44.6,53.1－54.4,56.1－57.4,101.3－4,6.105.1－3,7.26.1－3.关于两栖作战，见 Lazenby (2004): pp.31－48; Strauss, B.S. (2007): pp.223－236; de Souza, P. (2013): pp.369－394。

⑤ Thuc. 4.3.1－6.2,8.1－23.2,26.1－40.2.

⑥ Thuc. 2.31.1－3,3.51.1－4,4.66.1－74.4,109.1.

⑦ Thuc. 4.66.1－74.4,109.1.

⑧ Thuc. 4.89.1－101.1.

⑨ Thuc. 5.44.1－47.12,66.1－74.3.

⑩ 见注释 37。

⑪ Thuc. 1.23.1－3; Gomme, A.W. (1937) "The greatest war in Greek history.", in *Essays in Greek History and Literature*, Oxford: pp.116－124; Connor, W.R(1984b): pp.231－250; Hanson (2005): xxiii－xviii, pp.65－88, 289－314.

⑫ Thuc. 1.76.1－4,120.3,2.41.4,61.1,63.1－3,64.2－6,4.59.2,62.2; Plato Laws 1.641a－b, 3.690b, Resp.1.338c; Xen. Eq. Mag. 8.7, Mem. 2.1.28; Hunt, P. (1998): pp.153－（转下页）

上。① 令人吃惊的是，尽管他的叙述中包含了英雄主义的例子，②但战斗的荣耀仅是对于伯利克里葬礼演说中的死者发光闪耀，而对活着的人来说，战争的经历被描绘成一种严峻而可怕的磨难。③

他把公元前424年的德里昂（Delium）之战描述为一群患有幽闭恐惧症的挣扎的人，雅典人的左翼被底比斯纵队击退，与此同时在右翼底比斯人被包围，几乎被包围他们的雅典人所歼灭，雅典人随后变得混乱，以至于开始互相残杀。④ 同样相似的混乱场面在他的描述中占据主导地位的是公元前413年雅典人夜间袭击爱皮波莱（Epipolae），在这次袭击中，几群被冲散的袭击者同时与敌人战斗，互相残杀，逃离并从山崖跌落，而其他人则盲目地走向正在濒临的灾难中。⑤

不可否认，这样的叙述是残酷的，但是它并不是无代表性，甚至有的更让人胆寒。他对于公元前426年一小队雅典海军陆战队和他们的盟友在埃托利亚（Aetolia）战役中被打败的描述是格外残酷的：他们被埃托利亚人（Aetolian）的轻装步兵包围，这些轻装步兵用标枪投射他们，直到他们的精神

（接上页）154; Low, P. A. (2007) *Interstate Relations in Classical Greece: Morality and Power*, Cambridge: pp.161 - 173; Crowley, J. (2012): pp.89 - 92; Rawlings, L. (2013): pp.46 - 73.

① Thuc. 1.1.1 - 3; Garlan, Y. (1975): pp.15 - 51; Hornblower, S. (1994b): pp.191 - 205; Vela Tejada, J. (2004) "Warfare, history and literature in the archaic and classical periods: the development of Greek military treatises.", *Historia* 53: pp.138 - 139.

② 参考关于对伯拉西达（Brasidas）在麦索涅（Methone），公元前431年（Thuc. 2.23.1 - 3,25.1 - 3）；派罗斯（Pylos），公元前425年（4.11.1 - 12.2）；林库斯（Lyncus），公元前423年（4.124.1 - 128.5）；安菲波利斯（Amphipolis），公元前422年（5.6.2 - 11.3），与 Westlake, H.D. (1980) "Thucydides, Brasidas and Clearidas.", *GRBS* 21: pp.333 - 339; Connor, W.R (1984b): pp.108 - 140; Hornblower, S. (1994b): pp.155 - 168; Hunt, P. (2006): pp.385 - 413.关于对德摩斯提尼（Demosthenes）和地米斯托克利（Themistocles）类似的赞赏崇拜，见 Connor, W.R (1984b): p.191; Hornblower, S. (1991 - 2008) *A Commentary on Thucydides* (3 vols.). Oxford: Vol.Ⅱ, pp.38 - 61,(1994b): pp.155 - 168; Hunt, P. (2006): pp.385 - 413; Rhodes, P.J. (2011): p.20。

③ Thuc.2.42.3,也见 1.80.1 - 2, 2.8.1, 11.1, 20.2, 21.2, 6.24.3; Gomme, A.W. (1937): pp.116 - 124; Lazenby, J. (1991): pp.87 - 109; Hornblower, S. (1994b): pp.110 - 135; Yoshitake, S. (2010) "Aretē and the achievements of the war dead: the logic of praise in the Athenian funeral oration", in *War, Democracy and Culture in Classical Athens*, ed. D. Pritchard. Cambridge: pp.359 - 377; Crowley, J. (2012): pp.86 - 88。

④ Thuc. 4.89.1 - 101.2.

⑤ Thuc. 7.43.2 - 45.2.

崩溃,当雅典人和他们的盟友开始逃跑时,又遭到了一场持续的屠杀,在最初战役中幸存下来的大多数人筋疲力尽、迷失和困惑,跌跌撞撞地走进无出口的树林,埃托利亚人将他们一起烧尽。① 修昔底德对公元前 425 年斯巴达在斯法克特里亚(Sphacteria)的灾难的描述同样令人回味。他描述了一支孤军作战的斯巴达重装步兵是如何被一支规模更大的雅典突击部队击败的,但是,尽管他们处境绝望,环境极脏,口渴,损失惨重,但是他们依然在拼命战斗,直到他们的前任指挥官被杀,继任指挥官受伤惨重,躺在一堆尸体中,最终投降,雅典人才停止了对这些筋疲力尽的人的无意义屠杀。②

　　幸运的是,幸存的斯巴达人太有价值了以至于不能去虐待,但其他人可就没那么幸运了。在公元前 433 年西勃塔(Sybota)战役之后,科林斯人(Corinthians)热衷于屠杀在水中挣扎的敌方水手,他们在残骸中反复划船,没有意识到那些他们用标枪和弓箭杀害的无助的人实际上是他们的盟友。③ 底比斯人(Thebans)也是复仇的牺牲者。在公元前 431 年,在底比斯派遣军队去占领普拉提亚(Plataea)被打败以及幸存者被抓捕后,这些人拒绝围攻普拉提亚头目,很快就被普拉提亚人民处决了。而被处决的正是这些人,他们的慷慨仁慈的做法,目的是给人们留下深刻印象。④ 这种暴行在公元前 427 年得到了回应,普拉提亚的守军被斯巴达逮捕和处决以取悦盟友底比斯(Theban)。⑤ 即使是雅典人也不能幸免。在公元前 413 年他们的远征军在西西里(Sicilia)被打败之后,那些在阿西纳鲁斯(Assinarus)撤退和屠杀中的幸存者被叙拉古人(Syracusans)赶到了一个废弃的采石场,许多人在那儿死于饥渴、暴晒和疾病。⑥

　　修昔底德也通过揭示战争对生命的影响强调了战争给人类的伤害。在他对公元前 426/5 年雅典人领导的针对安菲洛奇亚(Amphilochia)的行动的描述中,他描述了安布拉基亚人(Ambraciot)传令官的困惑,当他试图通过谈判解决关于那些在奥尔派(Olape)战役后被杀的安布拉基亚人(Ambraciots)的

① Thuc. 3.94.1 - 98.5.
② Thuc. 4.3.1 - 6.2,8.1 - 23.2,26.1 - 40.2.
③ Thuc. 1.45.1 - 55.2.
④ Thuc. 2.2.1 - 5.7.
⑤ Thuc. 3.52.1 - 68.5.
⑥ Thuc. 7.77.5 - 87.6.

尸体归还事宜时,而被送来的是从一千多具尸体上取下的武器和盔甲,当他意识到这标志着伊多门涅(Idomene)对安布拉基亚人(Ambraciot)救济部队的屠杀时,他痛哭欲绝,忘记了自己最初的使命就离开了敌营。① 在幸存的雅典人中也有类似的反应,凸显了公元前 413 年从叙拉古(Syracuse)撤退的悲剧性,在这期间被抛弃的病患和伤员可怜地在健全人后面爬,健全人哭着离开无助的同伴,任由复仇心切的叙拉古人怜悯。②

当然,城邦不仅仅是在战斗中遭受伤亡:许多城邦,像公元前 415 年的米洛斯(Melos),经历了被围困后而屈服,招致恐怖屠杀,③其他的像科基拉(Cocyra),陷入杀戮所致停滞状态;④伯罗奔尼撒半岛的沿海居民被雅典人的两栖袭击吓倒,这些袭击除了造成痛苦之外,无任何军事目的。公元前 413 年米卡列苏斯(Mycalessus)被雅典人领导的色雷斯(Thracian)雇佣军袭击,从强调这次袭击的不必要的性质、城镇的无助和对居民的无情无义的屠杀来看,似乎特别令修昔底德厌恶。⑤

个体的命运也为修昔底德的悲哀的叙述增添了感染力。⑥ 每一个都不相同:伯利克里(Pericles)的明智、伯拉西达(Brasidas)的勇敢、克里昂(Cleon)的腐败、拉马库斯(Lamachus)的稳健、德摩斯提尼(Demosthenes)的不计后果、尼基阿斯(Nicias)的虔诚。然而,尽管他们各有不同,但命运相同,他们不能控制他们周围肆虐的战争,最终他们被残酷的斗争所吞噬,这场冲突又以同样的热情吞噬了好人和坏人的热情。⑦

---

① Thuc. 3.105.1-113.6;参考 7.71.1-7。
② Thuc. 7.75.2-5。
③ 把人变成 andrapoda 的过程(字面意思是有脚的东西),被希腊人用来指奴隶。(andrapodization)的著名例子包括托伦涅(Torone),公元前 422 年(Thuc. 5.3.2),斯基奥涅(Scione),公元前 421 年(5.32.1),和米洛斯(Melos),公元前 415 年(5.116.4)。进一步讨论,见 Gaca, K. (2010) "The andrapodizing of war captives in Greek historical memory.", TAPhA 140: pp.117-161。
④ Thuc. 3.69.1-85.3,4.44.1-48.6。
⑤ Thuc. 7.27.1-30.3; Dover, K.J. (1973) Thucydides, Oxford: p.41; Connor, W.R(1984b): p.7; Hanson, V.D. (2005): pp.3-34, p.77; Hornblower, S. (2007): p.27。
⑥ Adkins, A.W.H. (1975) "The arete of Nicias: Thucydides 7.86.", GRBS 16: pp.379-392; Hanson, V.D. (2005): pp.65-88。
⑦ 伯利克里(Pericles) (Thuc. 1.111.1-3,114.1-117.3,139.4-145.1,2.12.1-14.2,34.1-46.2,55.2-56.6,59.1-65.13);克里昂(Cleon) (3.36.1-50.3,4.3.1-6.2,8.1-23.2,26.1-40.2,5.2.1-3.6,6.1-12.2);拉马库斯(Lamachus)(4.75.1-2,5.19.1-2,24.1-2,6.8.2);尼基阿斯(Nicias) (3.51.1-4,4.27.1-28.5,42.1-4,53.1-54.4,117.1-119.3,(转下页)

值得庆幸的是伯罗奔尼撒战争像所有的战争一样最终结束了。讽刺的是,当保守的斯巴达夺取了对海洋的控制权时,围困死了表面上创新的雅典并使其屈服。然而到此时,战争已经给希腊世界带来了 27 年的死亡与痛苦。①当然,修昔底德对此不是不为所动,虽然他可能为了自己的写作目的而操控了读者的情绪,②但通过描绘伯罗奔尼撒战争对那些经历过这场战争的人的生活的影响,除了对这场冲突进行政治、战略和战术分析外,他还对人类战争的经验进行了宝贵的洞察。

译者简介:杨皓然,西南大学历史文化学院、希腊研究中心硕士研究生,主要研究方向为古典文明史。

(接上页)129.1 – 131.3,5.15.1 – 19.2,23.1 – 24.1,46.1 – 5,6.8.1 – 26.2,44.1 – 7.87.6);德摩斯提尼(Demosthenes)(3.94.1 – 98.5,102.3 – 7,105.1 – 114.4,4.3.1 – 6.2,8.1 – 23.2,26.1 – 40.2,66.1 – 74.4,101.1 – 4,5.80.1,7.16.1 – 17.1,26.1 – 3,31.1 – 5,33.1 – 6,35.1 – 2,42.1 – 86.3,以及注释 96)。

① Thuc. 1.6.1 – 6,1.10.1 – 3,1.69.1 – 71.7,2.37.1 – 46.2,5.107.11,8.96.1 – 5; Connor, W.R (1984b):pp.108 – 140, 174; Kagan, D. (1987) *The Fall of the Athenian Empire*, London: pp.413 – 426; Hanson, V.D. (2005): pp.271 – 287.

② 见注释 17。

实地考察

圣地巡礼 *

——希腊之旅侧记

彭　博

希腊文化享誉世界，心向往之但始终未能前去领略。恰逢著名希腊文化研究专家、西南大学的徐松岩教授与清华大学科技史系的孙德利教授率队前往希腊进行学术考察，我毫不犹豫参加了期盼已久的这一朝圣之旅。考察团由徐老师担任学术指导，孙老师领队，成员 9 人，他们分别是国内各高校的学者和美国的希腊文化爱好者。考察团于 2024 年 1 月 24 日凌晨 2 点启程，经过 10 余小时的航程，终于在当地时间上午 8 点到达了向往已久的城市——雅典。这次活动安排 10 天的时间，基本上是循着希腊历史发展的线索参观各地的博物馆和历史遗存。团友们把这次活动称为"希腊历史的田野考察"。

一、圣地巡礼首站——雅典

我们怀着急切的心情从机场直接来到了雅典卫城的山脚，时间是上午 9 点左右。熟谙历史的导游介绍，我们的运气不错，清冷的冬季劝退了不少游客，没有出现人挨人的"盛况"。卫城（Acropolis）矗立在城市最高处的陡峭山丘上，它最初是一个防御工事，公元前 8 世纪，逐渐发展成为宗教圣地。公元前 5 世纪，强大的波斯帝国入侵希腊，一度攻入卫城，将其彻底摧毁，希腊各城邦经过艰苦斗争击退波斯人。为了纪念这一伟大的胜利，雅典人重修卫城，向

＊ 本文系山东省社科规划项目"14—16 世纪拜占庭因素对意大利大学的影响"（项目编号：24CLSJ12）阶段性成果。

守护城市的雅典娜女神表达最高敬意。今天的卫城虽然已是残垣断壁、满目疮痍,但是依然矗立的主体建筑、坡道上气势逼人的大理石的多利克柱和爱奥尼亚柱、宏伟壮阔的山门,使我们仍能体会到古希腊人在建筑、雕塑、绘画等方面所取得的卓越成就,它凝结了古人的心血和智慧,其 1987 年被联合国教科文组织评为世界文化遗产。

　　胜利女神神殿在山门南侧,占据了从山门向上仰视的最佳角度。在希腊神话中,胜利女神妮姬(Nike)是雅典娜的随从,她的神像常常出现在雅典娜女神雕像的右手之上,有她守护的战争参与一方会百战不殆。雅典的胜利女神殿是卫城保存最为完整的神殿,它采用的是爱奥尼亚柱式,前后柱廊雕饰精美,彰显了古希腊人对抗击波斯之战胜利后的喜悦之情。最著名的胜利女神像当属“萨莫色雷斯的胜利女神”,现在是法国卢浮宫的镇馆三宝之一,也是奥运会奖牌正面的固定形象。

　　穿过山门,山顶右侧是卫城最重要的古建筑帕特农神殿。尽管神殿顶部已经坍塌,内部精美的神像荡然无存,残破的帕特农神殿依然给人带来莫大震撼。希腊语中,帕特农(Parthenon 也译为巴台农)是“贞女”“处女”的意思,用以指代雅典的守护神、智慧与战争女神雅典娜。公元前 447 年,神殿在希波战争后伯里克利①执政时期重建,用时 15 年才全部完工。它是多利克柱式的建筑,正面有 8 根,侧面有 17 根,全部共 46 根大理石石柱;每根石柱高度几乎达 10 米、直径 2 米;神庙总面积为 1200 平米。据记载,内殿供奉的雅典娜女神像由古典时期雅典著名的雕刻家菲狄亚斯(古希腊文Φειδίας,英语 Pheidias,公元前 480—前 430)雕刻,由黄金与象牙组成;女神衣着华丽、顾盼神飞;头戴战盔,左手持盾与矛,右手捧胜利女神,盾下盘踞着圣物——蛇。然而由于战争的无情侵蚀,神像早已失落无考,距离其年代最近的复制品是罗马时期所建,现陈列在雅典国家考古博物馆中。随着历史的变迁,神庙的经历极为坎坷:5 世纪时被罗马帝国改为基督教教堂,15 世纪又被奥斯曼帝国改为清真寺,但直到此时,它的主体建筑仍然完整;1687 年,因威尼斯人和土耳其人开战,一发炮弹击中神庙内的火药库,神庙被炸成一片废墟。19 世纪,英国的埃尔金爵士(原名托马斯·布鲁斯 Thomas Bruce, 1766—1841)又破坏性地把神庙内很多雕塑、

---

① 伯里克利(古希腊语Περικλῆς;英语 Pericles,约公元前 495—前 429 年):于公元前 443 年到前 429 年任雅典执政官。

门楣浮雕运回英国。尽管希腊多次向英国追讨，但英国拒绝归还，神庙内的文物至今流落在大英博物馆。神殿历经千年沧桑，"一直在修复，从未被复原"。

伊瑞克提翁（Erechtheion）神庙位于山路右边、帕特农神庙北侧。它是雅典卫城中爱奥尼亚式立柱的典型代表，设计非常精巧，属于神庙中的一个特例。神庙的设计者根据起伏的地形、狭小的空间，运用了不对称的构图法。神庙结构复杂，有多个大厅，北厅用爱奥尼亚式立柱支撑；南厅用 6 座大理石雕成的少女像作为支撑立柱。为解决石柱承重的难题，兼顾建筑结构与审美，建筑师为少女雕像设计了精巧的发髻与头顶的花篮，这一作品成为世界建筑艺术的经典之作。如今，伊瑞克提翁神庙中的少女柱是等比例制作的复制品，而真品中有五座少女柱保存在卫城山脚下的考古博物馆，一座流落到英国的大英博物馆。保存在卫城考古博物馆中的 5 尊石像背面精巧细腻的雕刻依旧，但脸部已面目全非。在大英博物馆希腊馆（Greek Pavilion）的少女柱保存状态相对完好。雕像面部轮廓清晰，但双手已然遗失，我们无从得知她的纤手会做出怎样温婉的动作；她的姿势与其他少女柱一样，都是一条腿微屈，另一条腿笔直站立，用身体和头顶将横梁支撑起来，端庄却不失灵动；少女的衣褶和身体处在垂直线上，与她所在的建筑完美结合为一个整体。大英博物馆里的这座少女柱摆在门廊边不起眼的位置，孤独地站在其他希腊文物之间，如果不是专门寻找，很容易将她遗漏。[①]

神庙除了供奉雅典娜，同时还有多个祭祀对象，包括雅典城的初代英雄伊瑞克提翁，担任雅典娜与波塞冬争夺城市冠名权的裁判刻克洛普斯。雅典人认为，橄榄树象征着和平与丰饶，用途繁多，相比波塞冬赠予的战马，更加契合人民在安定环境中进行生产生活的渴望。雅典娜凭借此在这场城市冠名权的竞争中取得了胜利，雅典之名由此而来。如今神殿门前仍有郁郁葱葱的橄榄树，佐证着传说中女神的睿智。

从卫城俯瞰山下，可以看到希罗德·阿提库斯剧场与狄俄尼索斯剧场。前者是公元 161 年古罗马时期的元老希罗德为纪念亡妻所建；后者又称酒神剧场，始建于公元前 6 世纪，是古希腊戏剧的滥觞，拥有深厚的文化底蕴，它曾见证了三大悲剧作家埃斯库罗斯、索福克勒斯、欧里庇得斯名作的首演。

[①] 大英博物馆中，与少女柱一同陈列的是卫城神殿的横梁浮雕、涅瑞伊得斯（海神涅柔斯 50 位女儿的统称）纪念碑、命运女神等珍贵文物。这些文物远离故土，在异国他乡静静地诉说着古希腊辉煌灿烂的文明成果。

图一　伊瑞克提翁神殿少女柱(孙德利老师拍摄)

图二　雅典卫城博物馆藏少女柱　　　图三　大英博物馆希腊馆藏少女柱

在卫城游览后,我们赶到了山脚下的卫城考古博物馆,卫城的考古文物或复制品集中在这里展出,其中少女柱(Καρυάτις)的五座真品陈列在二楼(一尊现存大英博物馆),透过博物馆的玻璃墙可以遥望她们原本的归属地。博物馆的选址与设计独具匠心,通过山上与山下的对望来实现古人和今人的对话。希腊近代命运的多舛,奥斯曼土耳其四个多世纪的统治使得希腊人只能将他们对文化传统的热爱深埋心底,但这个历经坎坷的民族没有丢掉自己深埋在骨血里的文化自信,他们为自己的文化自豪,也坚决地追索与守护流落海外的文化遗产。

在博物馆里,我们看到了前来参观和学习的学生,其中有一队坐在轮椅上的孩子尤为引人注目,从他们身上体现出希腊人对本民族历史的重视和热爱。

中午享用过一顿富有地中海风味的希腊式烤肉大餐后,我们便赶往下一处遗址——雅典古市集遗址,这是一片大型的开放式公共场所。广场的西侧是雅典民主制的重要机构"五百人议事会"驻地遗址,至今每年都有来自雅典各行政区的代表前来此处共商国是;议事厅旁的空地之上刻有议事会成员名单,由专人负责修改与增删。遗址东北与西南对角的两侧分别设有最早的"国际性"机构——城邦法庭与海关办事处,法庭负责仲裁城邦之间的经济纠纷,它是今天国际法院的雏形;海关则负责征收从各地进口的货物税收以及安排外国使节的食宿。市集中心部分是雅典城邦的档案馆,保存有各种法庭审理的卷宗。东侧是著名的阿塔罗斯柱廊(Stoa of Attalos),由曾在雅典学院求学的帕加马国王阿塔罗斯二世①于公元前150年捐赠修建,是阿塔罗斯二世赠送给雅典城的礼物。柱廊用大理石和石灰石建造,长115米,宽20米;底层外廊使用了45根多利克式立柱,内部是22根爱奥尼亚式立柱,开阔而通透;两端有楼梯通往二楼,可惜已封闭,我们未得参观。柱廊是古代雅典市民生活的重要场所,最早的雏形有点像现代市场中的大棚,为经济、贸易和哲学辩论的开放空间②,后来逐渐发展为双廊或双层建筑。柱廊不仅见证了古代哲学家的激烈辩论,同样见证了2003年欧洲一体化的进程③。如今柱廊内还建有雅典古市集博物馆,展示了许多由此地出土的陶器、金属器皿等日常生活用品,收藏了古代广场中发掘出的诸多文物,后人可以据此体会到古代雅典市集的繁荣景象。馆内还陈列有古代刻有放逐者名字的陶片,因雅典人对集权僭主的警惕而惨遭流放的著名将领米太亚德④、萨莫斯托克雷斯⑤等人都在其中。静静躺在橱窗中的巨型盾牌则是伯罗奔尼撒战争中雅典人战胜斯巴达人的永久见证。柱廊中陈列有各代名人的雕像,既有著名哲人,也有推动雅典城邦民主化的功臣,著名史学家希罗多德的头像也曾陈列于此,但我们一行没能找到,

① 帕加马是现位于土耳其安塔利亚境内的古希腊殖民城邦,阿塔罗斯二世于公元前220年至前138年在位。
② 古希腊的哲学团体"柱廊派"(即斯多葛派,Stoics)因在此授课辩论而得名。
③ 2003年,欧盟第五次扩大条约签字仪式在此举行,中欧和东欧十个国家加入欧盟。
④ 米太亚德(Miltiades,前555—前489年),希波战争中马拉松之战希腊方的统帅。
⑤ 萨莫斯托克雷斯(Themistocles,前524—前460年),古希腊杰出的政治家、军事家,在希波战争萨拉米海战中指挥希腊海军夺得最终胜利。

不得不说是考察途中的一大憾事。

从柱廊里出来,徐老师展示了手机中几张石板的照片,他说这几块石板就在这一带。我们与他一起寻找,果然在一棵橄榄树下的古建筑遗址中发现了四块四角带有圆坑的正方形石板,它们经过岁月长期侵蚀显得异常古旧。我们都很好奇,石板究竟有什么用途? 据徐老师介绍,此处是古代雅典人用以接受各地税款及海关收入,并进行城邦货币兑换业务的处所,"银行"一词最早的含义即源于此。石板是"银行"的柜台,柜台的四根木质立柱插入石板的圆坑处,由于时代久远早已腐烂。

漫步于古代市集广场之中,南欧炽热的阳光晒得人睁不开眼。今天的市集看上去早已荣光不在,黄土里星星点点地长出些杂草,其间散落着断壁残垣,我们只能凭想象追忆古雅典集市的喧嚣和辉煌,在几尊残缺雕像旁,就是先哲苏格拉底曾经辩论演讲的地方。古罗马、拜占庭、奥斯曼土耳其一次次地摧毁了这里,它又一次次在废墟上重建。然而无论统治者如何更迭轮换,它依然是每一个时代最繁华的处所。市集遗址的中心位置,2018 年落成的"孔子遇见苏格拉底"的雕像在一众石雕中尤为抢眼。在那个闻名世界史的轴心时代,东西方几乎同时出现的两位思想界巨擘,几千年后于此相见,这是东西文明的互相叩问,也是两种智慧的碰撞。我们伫立在这里,产生了无限的遐想。我不禁好奇,如果时空发生奇妙的交汇,两位传道授业的大师真正相遇时,又会发生怎样的交流? 苏格拉底是否会认同孔夫子"见贤思齐"的处事态度,而孔夫子又是否赞同老苏"认识你自己"的垂训? 显而易见,这处雕像彰显了现代希腊人对外来文化的友好和包容。

古代雅典人的市井生活异常丰富,广场内还设有多处祭坛和神庙,尤为突出的是西北侧的赫淮斯托斯神庙,它是祭祀工匠神和火神的圣所。赫淮斯托斯神庙是希腊保存最为完好的神庙,也是唯一保留有屋顶的神庙。它长 31.8 米,宽 13.7 米,为多利克柱式建筑,正面和侧面分别有 6 根和 13 根石柱。楣构上被三陇板隔开了 68 块柱间壁板,其中最东边的 18 块有浮雕,刻画了赫拉克勒斯完成 12 件苦差的故事与雅典领袖忒修斯的功绩。建筑内部包括门廊、内殿和后殿,基本保存完好。与其他毁于历次战火的古迹相比,保存完整的火神庙无疑是幸运的。正如神话中的赫淮斯托斯一般,火神殿低调地守护着这一片古迹区域。古迹中的文物与历史记载相互印证,使希腊古代文明变得更加可信与鲜活。

图四　孔子与苏格拉底(雅典古市集遗址)

二、探寻失落的文明——从米诺斯到迈锡尼

25日清晨,我们乘飞机由雅典出发,抵达克里特岛,参观伊拉克利翁(Herakleion)考古博物馆和位于克诺索斯城的米诺斯王宫。

伊拉克利翁考古博物馆是克里特岛最大的博物馆,坐落于伊拉克利翁市中心。博物馆拥有众多的克里特文明时期的出土文物,其收藏之丰富、种类之繁多令人震撼。在这里我们看到了相当于中国夏朝,大约三四千年前的珍宝,有陶制的生活器皿、金属加工的武器、优雅的黄金饰品、微雕的艺术杰作、精美多彩的壁画等等。这些展品反映了古代克里特人热爱劳动、悠闲生活的场景和高雅的艺术品位。

博物馆展出的陶制古物异常丰富,显然,它们被广泛应用于古代人们的生产生活之中,说明当时的制陶工艺已经达到一定水平。从陶品的器型和绘画上看,米诺斯人已经进入农耕文明,有了社会分工。他们饲养牲畜、种植农作物,从事渔猎和手工制作。大量青铜兵器、礼器和生产工具,还有象牙、金饰品和其他物品的存在,反映出当时先进的金属锻造和工艺技术相当成熟。因为克里特岛没有矿藏遗址的记载,其生产原料应该来自埃及以及爱琴海周边的城邦,证明这里是金属工具和各类饰品的加工基地,海上贸易与文化交流十分繁荣。

展品中有大量的工艺珍品,有金质的和陶艺的。金饰品"双蜂运蜜归巢"被视为镇馆之宝,出土于岛上的玛利亚(Maria)小镇。这件小巧的吊坠高 4.6cm,宽 4.9cm,距今已经近 4000 年。两只蜜蜂头上有一个装有金珠的金丝小笼,翅膀下各挂一个小金盘,方寸之间塑造了两只蜜蜂协力运送蜂蜜的场景。造型灵动、工艺精细,令人叹为观止。另一最有价值的文物应数费斯托圆盘(Phaistos Disc),因发现于费斯托皇宫遗址而得名,是公元前 17 世纪的文物。圆盘的两面由外向内都刻有符号,被称为线形文字 A,是克里特"印章文字"的摹写,类似的符号在西亚苏美尔、南亚哈拉帕文化遗址中都有发现,但因其至今无人能解读而尽显神秘。

米诺斯文明与牛有着千丝万缕的联系。牛是古人的生产工具也是图腾,作为最早被人类驯化的动物之一,牛对古代克里特人的生活具有重要意义。由滑石和象牙制成的公牛头是这类藏品塑造艺术的典型代表,它被发现于米诺斯宫殿内。这只牛头是祭神的礼器,用于宗教仪式。酒从牛脖子上的一个孔倒入,从鼻孔中流出,造型逼真、设计特别。还有"牛背杂耍"的金质雕塑,是一件以特有工艺再现他们休闲竞技活动的杰作,其动感的姿态与现代体育运动中的"跳马"同出一辙。大量写实的或抽象的"牛"的藏品使我们联想到相关的希腊神话,比如众神之首宙斯的圣物就是公牛。当时的米诺斯人保留着母权社会的痕迹,表现出女神崇拜的特点。"操蛇女神"(Snake Goddess)雕像塑造了一位站立的女神两手抓蛇高高举起的形象,她袒露胸部、细腰肥臀、身穿长裙、纤细挺拔,对女神的崇拜显示出当时女性的社会地位较高;蛇的生殖力强,具有欣欣向荣的繁殖意义,代表了人们对人丁兴旺、繁衍不绝的美好生活愿景的向往。

博物馆珍藏着从米诺斯王宫遗址出土的壁画,虽历经数千载,仍色彩如新,有戏牛图、百合王子、巴黎女子、海豚图、巨型双面斧等。"百合王子"图中的人物俊朗帅气,头戴羽毛王冠,风吹长发飘动,脖子上挂着百合花项链,身着短裙,手持牵绳,行走在百合花丛中。"巴黎女子"画像令人啧啧称奇,画中的美女天生丽质、形态优雅,大大的眼睛,卷曲的头发,高挺的鼻梁,宛如巴黎街头风情动人的现代女郎。这些壁画虽然都已不完整,经过了修复,但是它们既表现了那个时代人们的教化水准,又代表了米诺斯艺术文化的辉煌成就。

　　下午,我们满怀好奇之心,来到了博物馆大部分文物的出土之地克诺索斯城的米诺斯王宫遗址。19 世纪末,英国著名考古学家亚瑟·伊文思(Sir Arthur John Evans, 1851—1941)在克里特岛上发掘出了宫殿遗址,将米诺斯从神话变成了现实中的历史古迹。为了纪念伊文思,遗址入口处矗立着他的半身塑像,正是这位英国人使遗址重见天日。这座古城是公元前两千纪希腊最早的城邦之一,四面临海、群山环绕,米诺斯王宫是克里特岛的政治中心。

　　王宫遗址占地约 2 公顷,规模宏大。宫殿设计独具匠心,依山而建,曲折起伏,错落有致,结构极为复杂,与希腊神话中雅典王子忒修斯战胜牛头怪物米诺陶洛斯的迷宫相吻合。庞大的建筑群有一千多间房屋,地势较高处为两层楼房,较低的地方则为四层楼房。遗址中央是一个长方形庭院,地势开阔,应为祭祀和举办大型活动的场所;曲折迂回的廊道将周围的宫室连接起来,生活与办公均集中于此,其中设有国王接待使节、与商人议事的专用房间;北面建有露天剧场,宫中显贵可逐级而坐,居上而下观看表演;西侧的下层是储存粮食和武器的库房,那里至今保留有一个巨大陶罐,据导游介绍,可容纳万斤琼浆;建筑群的东南部有阶梯与宽阔的道路相接,直通山下。在残存的墙壁上能看到精美艳丽的壁画,绘有向女神献礼、欢庆舞蹈、奔牛比赛、海豚戏水的生动画面;遗留的石壁上多处刻有“双面斧”的图形,大小不一,使我们联想到博物馆中丰富的金质和青铜材质的双面斧展品,这种符号象征着王的权力;几千年前的建筑群设计有完整的排水系统,依然可以看到陶制管道的遗存。据专家考证,如此辉煌的米诺斯文明,在公元前 1500 年前后毁于一场火山爆发,消失在历史的长河之中。

图五　伊拉克利翁街景

　　黄昏时分,我们回到伊拉克利翁市,它是克里特岛最大的城市。1204 年,威尼斯正式统治克里特岛,在此地设立殖民机构。威尼斯政府采取了宽容的宗教政策,既完整保留了希腊的传统,又吸纳了外邦的文化。城中的古建保存完好,古罗马风格的大理石雕刻,中世纪意大利风格的古堡,拜占庭式的东正教堂在这个小岛上与现代建筑和谐并立。爱琴海岸的港口向外延伸,矗立在海港的古堡与停泊在海边的大小渡轮被橙色的夕阳映照,宛若一幅美丽的风景油画。14—16世纪,随着拜占庭帝国的衰亡,克里特岛成为拜占庭移民的重要中转站。大批流亡的拜占庭学者携带大量珍贵典籍迁居于此,不遗余力地保存下希腊古典文明的火种。伊拉克利翁市自古而今赓续了开放包容的传统,使其在全球多元文化交汇融合的今天,仍然居于十分重要的地位。

26 日,我们踏上了前往迈锡尼与纳夫普利翁的旅程。科林斯运河是行经迈锡尼遗迹的第一站,它位于希腊南部,将大陆与伯罗奔尼撒半岛分隔开来,连接爱琴海与爱奥尼亚海。科林斯运河长 6.3 千米,最宽处不足 25 米,运河水深处达 8 米。自运河大桥上俯瞰,垂直的崖壁间蜿蜒流淌的水流宛如一道翠绿色水缎,在艳阳的照耀下散发出静谧的柔光。早在公元前 7 世纪,科林斯城邦的统治者就有了连通两大水域的宏伟蓝图,囿于工具和技术的落后,终成泡影。在罗马时期,试图开凿此地的历任统治者似乎都会在运河动工后横遭祸患,由此产生了著名的"科林斯运河诅咒"。直到 1881 年,这项工程才由独立后的希腊政府重启,12 年后竣工。不过,由于地峡的通航能力极其有限,科林斯运河已成为旅游通道和攀岩者挑战自我的天堂。我们身处其中,仍能感觉到地峡美景独特的魅力与震撼。

时近晌午,小型客车抵达迈锡尼遗址。一行人先前往遗址考古博物馆。据导游介绍,博物馆的展品多数为复制品,大部分实物已运往雅典国家考古博物馆。但真正进入展厅时,便觉得复制品已足够激荡人心。迈锡尼人于公元前 16 世纪迁居伯罗奔尼撒半岛,建立王国。迈锡尼民风骁勇彪悍,从其他城邦大肆掠夺资源,实力之强劲令邻国望风臣服。《荷马史诗》中对古迈锡尼"多金的"的形容,从博物馆中陈列的一行行黄金器皿与首饰中得到印证,浮现出古代王朝的富丽与奢华。而青铜盔甲与兵器则彰显了迈锡尼文明时代浓厚的尚武之风。博物馆中大型黄金面具是众多展品中独具匠心的精品,黄金面具出自城墙内"墓圈"遗址。受古埃及墓葬风俗影响,迈锡尼人模仿死者面部五官打造出面罩,用作亡魂回归的信标。其中最"帅"的一具被认为是迈锡尼著名国王阿伽门农所持,但尚无确切史料依托。石偶像也是迈锡尼遗址博物馆的重要展品,它们以稚拙且稍显可笑的姿势表达了古迈锡尼人对于天上诸神诚挚的敬意,是死者在另一个世界的守护神。博物馆中最具价值的文物当属迈锡尼线形文字泥板。有别于涵义已湮没在历史尘埃中的线形文字 A,线形文字 B 已于 1952 年被破译与释读。这些文书刻画着神与人的名字、农业和手工产品,透过泥板,古迈锡尼人的社会生活情境跃然眼前。迈锡尼人与东方古人一样,事死如生,他们将生前的财富一并带入往生之所,期待自己在下界的生活不至于单调。得益于此,今天才能看到博物馆中躲过数千载战火与风霜的珍藏,它们见证了古典神话传说背后的真实故事。

　　结束了在博物馆的参观,一行人登上了迈锡尼的山城,古迹所在处群山叠嶂,山下郁郁葱葱的橄榄树丛将其衬托得愈加沧桑。城市遗址的入口便是大名鼎鼎的双狮拱门,门楣上,两头健壮的狮子对称簇拥着中间的石柱;基座由方形巨石垒成,没有使用黏合剂。细看起来,石柱上粗下细,与克里特文明一脉相承。山城依山而建,呈阶梯状,城墙厚度足以抵御枪林箭雨。城池的缔造者在考虑其军事价值的同时,也为人们的生活提供了便利。山城拥有众多与外界联系的进出口与暗道,城中的生活设施与储水设备仍依稀可见。登上遗址顶部,可以俯瞰周围群山与远处的海洋。优越的地理位置,易守难攻,既便于居高临下固守,也在一定程度上阻碍了外族登陆进攻的脚步。可见,与克里特文明由海上贸易发家不同,迈锡尼文明靠强权与掠夺进行了财富的积累。

图六　迈锡尼狮子拱门

　　山脚下的阿特柔斯墓则是保存下来的较为完整的迈锡尼文明时期的墓

葬,陵墓工程浩大,一条狭窄的墓道通往寝殿,墓室呈窄而高的圆拱形,由巨大的石块垒制而成。阿特柔斯的寝殿仅有一间主殿与一个耳室,其拱形的建筑风格可以追溯至古埃及。开拓远洋与入土为安,两个似乎有所冲突的现世与往生观念在迈锡尼奇妙地糅合在一起,缔造了伯罗奔尼撒半岛古代文明的盛景。

三、踏访三大圣域——埃皮达鲁斯遗迹、奥林匹亚遗址、德尔斐神谕所

我们仿佛穿越时空,从希腊的古风时代前进了几个世纪,来到辉煌的古典时代。埃皮达鲁斯(希腊语Επίδαυρος,英文 Epidauros)是古希腊知名的城邦,与科林斯及阿尔戈斯两城接壤,曾参与过希波战争与伯罗奔尼撒战争。公元前 6 世纪,这里的医神殿成为古希腊医神阿斯克勒庇俄斯祭典的首发地,围绕医神祭典,随后发展出释梦所、疗养院、旅馆、剧场等一系列疾病治疗和精神修养的配套设施。神殿遗址现为一小型的古代医学博物馆,一进门就会看到橱窗中陈列着各式各样的青铜和陶制医疗器械,橱柜的第一层展出的是研磨和熬制药品的大小磨盘和煎锅;第二层是整套的手术工具,有镊子、探针、扩张器、手术刀,固定肢体的圆环,做开颅手术的凿子,其种类之多、型号之齐全,令人惊讶,器型与现今的手术器具已十分接近;第三层则是给病人喂药的各类陶制壶具。馆内还有多处保存完好的石刻和精美的雕塑,其中的一方石碑錾刻了罗马时期一位肠胃病人的详细治疗过程,古代的主治医生运用食疗(大量食用黑麦、芹菜等植物)、按摩、运动和精神放松(观看戏剧)的综合治疗方法,取得了满意的效果;另一方碑刻则记录了该城邦与科林斯签订的接受病人数量的协约。著名的希波克拉底(古希腊语 Ἱπποκράτης,英语 Hippocrates,前460—前370)曾在此地担任主治医师,他以高尚的医德与审慎的治疗奠定了西方医学的基础,被后人誉为"西方医学之父"。埃皮达鲁斯尊奉医神,神殿地下专门豢养着医神的圣物——蛇。古希腊人认为,蛇是医神的臂膀,能够灵敏地感知患者的病灶。从客观角度出发,蛇毒也是珍贵的药材。难能可贵的是古希腊的医生对病人采取了心灵慰藉的治疗方法。释梦所中有专门的"咨询师"为患者答疑解惑,他们从宗教与玄学的角度为病人提供建议。我们应该把这种治疗方式理解为心理疗法,释梦师们属于古代的心理医生。神殿的不远处,埃皮达鲁斯东南的山坡之上是始建于公元前 4 世纪的古剧场,由阿尔戈斯

的著名建筑师小波利克雷托斯
(Polykleitos the Younger)设计,为前往此
地疗养的客人提供心灵的愉悦。剧场的
设计尤其精妙,一排排大理石座椅依地形
而建,逐级升高,共有 34 排座位,能够容
纳 1.5 万名观众,观众席同时分专座区与
普通区,专座为官员、祭司以及奥林匹克
运动会的冠军保留;下方呈半圆形的舞台
直径 20 米有余,周围原有一圈石灰石护
栏,在舞台中央发出的最微小声音,如撕
纸或划火柴,坐在最后一排的观众都能清
晰听到。因此,埃皮达鲁斯剧场也被誉为
运用声学原理的经典范例。直至今日,该
剧场每年夏天仍然会举办戏剧节,古老的

图七　埃皮达鲁斯医神殿医疗处方碑
（埃皮达鲁斯考古博物馆）

传统延续下来,持久地服务希腊乃至世界各地的民众。埃皮达鲁斯的遗存对
于我们研究古希腊医学史无疑具有十分珍贵的史料价值。

　　晚上,我们落脚在著名的纳夫普利翁小镇。1828 年,希腊第一任元首爱
奥尼斯·卡波季斯第亚斯将纳夫普利翁定为首都,自此开始了希腊现代化社
会的进程。小镇依山傍海,地理位置优越,罗马人、阿拉伯人以及土耳其人都
曾在此登陆并建设要塞据守。不甘屈辱的伯罗奔尼撒人民在此打响了反抗奥
斯曼统治的第一枪,使得小镇成为希腊独立战争的首义之地。市中心广场上,
民族英雄的塑像成排陈列,路中央的显眼位置矗立着起义首领的骑马雕像。
中心广场被历史建筑包围,四周有国会大厦、国父宫、东正教堂和考古博物馆。
徐老师讲述,希腊国旗的九条蓝白条纹象征独立口号"不自由,毋宁死"的希腊
文(Ελευθερία ή θάνατος)①的九个音节。伯罗奔尼撒人民将血脉中承袭自迈锡
尼文明的尚武好战精神尽情挥洒在民族独立的大旗之上,无形中将上古文明
与近代社会串联起来,完成了对古希腊文明的延续。在傍晚的海滩漫步,沐浴
着冬季落日的余晖,回味着白天在古典文明遗迹中品到的厚重,愈发感受到古
希腊文明绵延至今的奥秘正在于对精神世界的尊重与对自由的渴望。

———————————

① 英文,Freedom or Death。

1月27日,一行人来到了伯罗奔尼撒半岛西部的克罗尼斯山旁,这里坐落着著名的奥林匹克运动会的发源地——奥林匹亚遗址。公元前15世纪,希腊人为祭祀宙斯神,在奥林匹亚举行盛典和竞技会。公元前776年,奥林匹亚竞技会有了文字记载。竞技会第一天是祭祀宙斯神的盛典,第二天进行竞赛,最后一天是优秀选手在城内游行,举行庆功宴,优胜者的奖品是橄榄枝编成的圆环。这种竞技会每隔4年举行一届,每届举办的日期是7月或8月的满月日。古奥林匹亚竞技会共举办过293届。公元393年,这盛大的竞技会被信奉基督教的罗马皇帝狄奥多西勒令禁止,直至1896年才以现代奥运会的形式恢复。遗址上建有奥林匹克考古博物馆,藏有在此处发掘出土的文物,包括大量古代奥运会的比赛器材和古希腊武器和甲胄。

遗址的神庙区被称为阿尔提斯或宙斯圣园,呈不规则四边形,边长182.9米,北面以山丘为界,其余面面筑墙。围墙内有宙斯神庙和赫拉神庙以及祭坛、宝库和管理所等建筑。围墙外面为运动设施及旅舍、浴室等。宙斯神庙位于遗址的中心,建于公元前5世纪。虽然现在只能看到几根残破的柱子,但神庙内原来有一尊巨大的宙斯神像,宙斯头顶花冠,右手持胜利女神,左手持权杖,是古代世界七大奇迹之一。这尊当时世界上最大的室内雕像由著名的雕塑家菲狄亚斯设计和制作,使用了黄金和象牙,高达13.5米(约6层楼高);公元392年被罗马皇帝拆除后运往君士坦丁堡的皇宫,最后毁于大火。宙斯神殿的艺术精华是东西山墙上的人物雕像,由21个人物形象组成,讲述了阿波罗劝阻半人马族抢婚的神话,雕刻工艺细致、姿态逼真,现存于奥林匹亚考古博物馆。赫拉神庙建于公元前7世纪,曾安放着赫拉的坐姿雕塑,旁边站着宙斯。神庙地上还存放着伊菲托斯(Iphitus)的铁饼,上面刻着奥林匹克休战条款。神庙东侧正面即是闻名于世的纳姆菲翁神坛,现代奥林匹克运动会圣火点燃仪式的举行地。在前往神庙的道路上建有腓力碑亭,为纪念腓力二世征伐之功而设,内部安放有马其顿腓力王室成员的雕塑。体育场遗址在赫拉神庙祭坛的正前方,保存相对完整。跑道是压实的地面,长180米[①];起跑线是埋于土中的白色大理石,非常醒目,这是公平竞争的起点;跑道两侧则是由土垒砌的观众坐席。遗址中设有赛马场,同样长180米,赛道呈椭圆形,贵族们激动人心的赛马和战车比赛在这里举行。赛马场一直被河中淤泥掩埋,直到

---

① 古希腊人把180米称为"1个斯塔德",据说是以大力神赫拉克勒斯的脚长确定的计量单位。

2008年才重见天日。在两位主神神庙的中间路径上是菲狄亚斯的工作坊。菲狄亚斯在这里打造了宙斯神像的纯金和象牙部分，工作坊的内部结构是宙斯神庙的等比例复制版本。石质文明的废墟，彰显了历史的沧桑厚重，苍翠的草地和森林，又表现出不屈生机，两相呼应，共同组成一幅人类文明发展进步的和谐画面。遗址被高大的树木遮蔽，我们行走其中，既有一种宁静的感觉，又有对古赛场喧嚣的体验。

图八　奥林匹亚遗址竞技场入口

坐在田径场旁的草坡上沉思，在冷兵器时代，身体条件是战胜敌人的最关键因素。只有动作灵活、体格健壮，才能在拼杀中获胜。通过体育锻炼提高身体素质，更快、更高、更强成为当时的社会共识。古希腊人的族群之间、城邦之间的竞争方式，从争勇斗狠逐渐演变为竞技运动，运动员的强健身体代表城邦的实力，冠军则为城邦争光。四年一度的运动会是古希腊世界所有城邦的盛会。

晚上，我们入住奥林匹亚珀罗普斯旅馆（Pelops Hotel）。珀罗普斯是古希腊神话中的英雄，也是伯罗奔尼撒半岛（意为"珀罗普斯之岛"）名称的来源。小镇人口不足千人，时逢旅游淡季，整洁的街道上几乎见不到人，开业的商店寥寥无几。周边寂静的山林，庭前院后挂满枝头的橙子、油橄榄与柠檬，红瓦白墙的民居冒出的淡淡炊烟，体现出当地民众富足、悠闲的生活状态。

28日早餐后，我们继续乘车前往位于福基斯（Phocis）地区的古希腊第三大圣地——德尔斐神谕所。德尔斐号称"古希腊世界的中心"，也就是光明与艺术之神阿波罗的圣地。在古代，无论是平民还是国王都会不远千里来此朝拜阿波罗、倾听女祭司们传达神谕。人们普遍认为德尔斐名字来源于阿波罗的圣物海豚（Delphinios），而女祭司神庙皮提亚（Pythia）之名源于阿波罗射杀的巨蟒皮同（Python）。德尔斐不仅是古希腊人心目中地理上的中心，更是哲学的滥觞。阿波罗神殿中的石碑上镌刻的箴言众多，其中最著名的当属"认识你自己"（νῶθι σαυτὸν）。据说苏格拉底即受此神谕启发，认识到自己知识有限,才成就了他伟大的人生。德尔斐遗址于 1987 年列入世界文化遗产名录,是希腊最受欢迎的景点之一。

德尔斐考古博物馆在遗址的正前方,与迈锡尼等地的博物馆不同,此处保留了大量文物真品。"青铜御夫"(Bronze Charioteer)位于最后一个展厅,是镇馆之宝。铜像以失蜡法整体浇铸而成,身高 1.55 米,身着长袍、衣褶起伏,气质尊贵、神态从容,眼睛用彩玉石装饰,甚至连睫毛都清晰可见,栩栩如生。它是西西里的僭主波莱扎洛斯(Polyzalos)为纪念阿波罗而举行的皮提亚竞技会(Pythian Games)献上的宝物。我们凝视着他,不禁感慨古代艺人别具一格的匠心。陈列于博物馆中的斯芬克斯像大约建成于公元前 560 年。雕像有着人类祥和的面容、鸟儿般优美的翅膀、狮子一样健壮的身躯,挺立于一个高 12.5 米的石柱上,如忠诚的卫士守护着圣地。创作于公元前 6 世纪的克列奥比斯和比顿兄弟的雕像是阿尔戈斯人献给阿波罗的礼物,雕像的主人公是赫

图九　德尔斐神殿颂歌石碑
(德尔斐考古博物馆)

拉女祭司的一双儿子,为了满足母亲朝拜德尔斐圣地的愿望,双子拉车将母亲载到遥远的德尔斐,由于过度疲劳,在母亲幸福的微笑中倒地而亡。这一段凄美的传说是古人对高尚美德的赞誉。在希罗多德的记载中,身为古希腊大贤的梭伦以此例提点吕底亚国王克洛伊索斯,王权与财富不是真正的幸福之源。博物馆中的珍宝还有"翁法洛斯石"(Omphalos),它被誉为"世界之脐",是古希腊人眼中世界中心的象征。据考证,石头上面镌刻的网状绳结代表着宇宙与银河。而博物馆中的石碑铭文上镌刻着用声乐记谱的阿波罗颂歌,若有幸得以复原,又将是涤荡心灵的圣音。

走出博物馆后,沿着山路继续前行,就是德尔斐圣地遗址群。早在公元前 8 世纪,德尔斐就成为泛希腊的主要宗教场所,位于中心的阿波罗神庙是古代各地祭司请求神谕的地方。希罗多德记载,希波战争中,德尔斐传出的著名"木墙神谕"就曾指导雅典人取得萨拉米斯海战的胜利。如今神殿主体早已荡

然无存,只剩下长方形的基座与六根粗壮的多利克石柱,沐浴在下午的日光之下。神庙旁有一根直刺青天的青铜柱,从柱子的形状推断上面为盘绕的巨蛇,柱头为巨蛇托起的钵形器物。沿阿波罗神庙继续前行,还有雅典、马其顿等城邦建设的存放贡品的宝库,其中以雅典的宝库保存最为完整。路过朝圣人员住宿与生活区的建筑遗存,我们到达了位于山腰处的半圆形剧场。它与埃皮达鲁斯剧场的形制相似,始建于公元前 4 世纪,后来经过了多次改建与修缮。剧场正前方的观景台可以俯瞰整个圣域和对面山谷中的雅典娜圆形神庙。皮提亚体育场位于山上更高的位置,它建于公元前 5 世纪,赛道长 177 米,宽25.5 米。皮提亚竞技会为纪念阿波罗神而设立,其规模与名声不亚于同时期的奥林匹亚竞技比赛。与德尔斐遗址遥遥相望的雅典娜的圆形神殿建于公元前 380 年至前 360 年之间,保存有三根多利克石柱,也是德尔斐最受欢迎的游客打卡地。但限于时间关系,我们未能近前观察,遗憾地错过了再次拜谒雅典娜女神的机会。

当天下午,我们在卡斯帕里亚家庭旅馆住下。这里旅馆的名称别具一格,很多采用希腊神话中的神或者英雄来命名,我们居住的街道上就有“风神宾馆”(Aiolos Hotel)、“大力神宾馆”(Heracles Hotel)、“酒神宾馆”(Dionysus Hotel)。日落时分,德尔斐小镇入口处高举左臂的普罗米修斯像被赤金色的余晖照射着,仿佛重现了英雄为众生盗取天火的伟大之举,彰显了圣域小镇的人文情怀。

四、穿越时空回廊——从温泉关到梅黛奥拉修道院

我们考察的下一站是“空中之城”——梅黛奥拉,途中在著名的温泉关作短暂停留。

温泉关,因希波战争中一场艰难而惨烈的阻击战而闻名于世。斯巴达国王列奥尼达斯(古希腊语Λεωνίδας,英语 Leonidas,? —前 480)率领百余名勇士抵挡波斯数万大军,最终壮烈殉国。温泉关遗址位于公路旁边,略显苍凉。列奥尼达斯的雕像矗立在广场中央,他腰悬佩剑,左手持盾,盾面上斯巴达徽记已斑驳不清;右手执矛,高高扬起,似乎下一瞬间就要重重出击。中午明媚的阳光从高山之巅涤荡开来,仿佛要洗净雕像上沉积的铜绿,让斯巴达国王重现人间。看着这尊庄严的雕像,想起希罗多德《历史》中的记载,不禁心潮澎湃。波斯国王薛西斯御驾亲征,在温泉关前提出条件,只要列奥尼达斯放下武

图十 温泉关勇士像

器,向波斯屈膝,仍不失封侯之位。列奥尼达斯则冷哼一声"μολὼν λαβέ"(自己来拿),断然回绝了波斯的贪婪要求。薛西斯恼羞成怒,下令猛攻这支困守关隘的孤军(其他城邦包括斯巴达本国在内,均因奥运会的举办无法出兵救援),战争之惨烈可想而知。最终,斯巴达仅有两人幸免,他们回国后因无法承受国民的唾弃而亡。后来,为了纪念这场战役,希腊人在勇士战死的地方搭建了祭坛,一个游吟诗人为斯巴达战士们撰写了墓志铭。铭文以简洁含蓄而著名,虽然经过上百次翻译,但只能获得这样的大意:"过客啊! 请带话给拉栖代梦人,我们切实履行了诺言,长眠在这里。"(Ὦ ξεῖν', ἀγγέλλειν Λακεδαιμονίοις ὅτι τῇδε κείμεθα, τοῖς κείνων ῥήμασι πειθόμενοι.)无论这场战役背后的政治如何波诡云谲,烈士永远值得景仰。我祭了半瓶水酒,脑海中浮现的是同时代屈原的名作《九歌·国殇》中的最后四句:"诚既勇兮又以武,终刚强兮不可凌。身既死兮神以灵,子魂魄兮为鬼雄!"一位来自遥远的东方人的敬意,不知能否传达到身处爱丽舍(Elysium)的英魂处?

离开温泉关,告别了希腊的上古时代,接下来将近3个小时的车程,我们穿越了时空,来到了中世纪修道院建筑群。梅黛奥拉(Meteora)是希腊东正教寺院最大和最重要的建筑之一,位于希腊中部色萨利西北边缘,靠近品都斯山脉。在希腊语中"Μετέωρα"的意思是"空中悬浮"。早在11世纪初,梅黛奥拉的岩壁洞穴中就已经出现了隐修士的身影。11世纪中叶,前来隐遁的修道士人数日益增加,这里逐渐演变为继拜占庭首都君士坦丁堡后东正教的另一个重要中心。15世纪隐士思想复兴的时代,在平均海拔三百多米的"天空之柱"上出现了24座修道院,现在仅存6座。对于虔诚冥想的修道士来说,这里能阻隔外界的喧嚣与战火,是绝佳的修行之地。巍然坐落于尖峭悬崖顶上的"圣三一修道院"是15世纪的修道士所建,以古老程度而论处于第三位。文献记载,从悬崖底部将建材运往山顶花费了70年的时间,整个工程建筑又耗时18

年。"圣三一修道院"曾因玄妙的地理位置，是 007 系列电影《最高机密》（*For Your Eyes Only*）的取景地，它也因此又一次蜚声世界。

图十一　梅黛奥拉瓦拉姆修院

　　我们预定参观瓦拉姆修士院和卢萨诺斯修女院。两个修道院是至今仍在使用的修院，修女院的历史要晚于修士院。当天下午我们参观了瓦拉姆修士院，由于时间关系，卢萨诺斯修女院只能放在第二天上午。由于东正教修道院相对保守，两院都规定女士参观，必须身着过膝半身裙。修院入口处免费提供方巾，可以系在长裤外边，作为应急的变通之法。我们走进修道院的教堂，便看到描绘宗教主题的精美湿壁画。一旁挂着圣子耶稣与圣母玛利亚的画像，人物下方用精美希腊文书法书写着圣经教义。沿着墙壁一周都是雕花木椅，是信徒听牧师讲经的"课桌"。但更加常见的情景便是周围的参观者走累了，一下坐进去，休息一阵便起身离开。教堂一角，蜂窝状的金属圆盘上插着纤细的蜡烛，旁边还摆着许多备用品。信徒如果使用，可以拿起一支点燃后插在圆孔中。圆盘上有一层水，水下面是细碎的砂石，滴落的蜡烛油正好可以浮在水面上，便于清理和回收，设计很巧妙。

　　教堂深处有一个小房间，面积不大，分为三个部分，装饰得金碧辉煌。四周的墙壁和弧形的藻井上，同样画满了壁画，内容都是圣经故事。这些壁画从

《创世记》起,至耶稣遇难为止,以反透视的画法向来访者宣传宗教教义,气氛肃穆庄严。圣经壁画的周遭排列着各时期的著名圣徒,其中尤以屠龙的圣乔治最受欢迎。同行的孙老师介绍了反透视法的原理是物体的大小不随视角距离而变化,而是从小到大即"近小远大"。这样一来,所有实物平行线的焦点并非在画面内部,而是在画面前方,即观看者所在之处,这样就会突出上帝在天国中俯视人间的庄严场景。内室壁上装饰着紫红色丝绒,用金线和金珠密密绣着花纹。最中心、最高的屋顶下,低垂着巨大繁复的多层金属吊灯。木架上摆着厚厚的圣经,供修士修女以及信徒翻阅查看。走出教堂,站在修道院的钟楼上,能远眺山下辽阔的弧形平原,左边是连绵的巨石山峰,对面山上的修道院清晰可见,右边最远处的雪山和海湾笼罩在黛色的薄雾之中,宛如一幅天然的风景油画。

修女院的内部结构布局与修士院大致相同。但在斋堂一旁的博物馆中,陈列着各种东正教专用的圣器和文物,其中不乏修士修女们怀着虔敬之心抄写的圣经与其他宗教文本,如圣诗与正典。东正教是拜占庭帝国的国家宗教。13世纪,东正教会与盘踞罗马的天主教会由于教义解释的分歧彻底分道扬镳,从此东正教走上了一条更为独特的发展道路。在两座修道院漫步时,无论是圆润的建筑风格,还是独特的室内装潢,都时刻强调着这种差异。与罗马教廷一度垄断西欧神权,积极染指世俗政治权力不同,拜占庭帝国治下的东正教会则在世俗王权的干预指导下为民族的精神生活提供指导。近现代社会,希腊的东正教会积极地投入宣传民族精神文化、提供社会福利等活动。至今希腊民众的社会生活与东正教会息息相关,是他们的精神支柱。离开修院后,我们在司机小哥的带领下找到两处位置绝佳、能够远眺修道院建筑群的观景台。远远看去,拔地而起的巨石阵被日光照亮,巨石顶端依山而建的修道院金光闪闪,神圣非常。就在这样的日光中,我们离开了卡拉巴卡,向下一站塞萨洛尼基进发。

五、寻游城市古迹——塞萨洛尼基与培拉古城

塞萨洛尼基(Thessaloniki)是现今希腊的第二大城市,意为"色萨利人的胜利"。它大约有100万人口,濒临爱琴海北部的塞尔迈海湾,是欧洲最宜居的城市之一。这里拥有希腊最大的两所公立大学:亚里士多德大学和马其顿大学。塞萨洛尼基又是一座历史名城,马其顿的亚历山大三世出生于此,也是

著名哲学家亚里士多德的故乡。1988年,城市中有多达15处古迹被列为世界文化遗产;1997年被评为"欧洲文化之都"。相比雅典的拥挤、随性,这座城市道路的布局更加整齐划一,街道两边排列着一间间百年老店,而古建筑遍布城市四周。古希腊、罗马、拜占庭、土耳其式的建筑,还有各种的后现代涂鸦,点缀着街景,各种不同的风格汇聚在一起,宛如一座大型文化熔炉。

圣德米特里斯教堂是市里最大的教堂,为纪念殉教的城市守护者圣德米特里乌斯(Saint Demetrius)而命名。它是一座建在古罗马浴场遗址之上的拜占庭式教堂,以精美壁画和镶嵌画闻名于世。在阳光的照射下,红色的砖墙熠熠生辉,教堂内拱形的设计,精美的壁画,大型的吊灯,金碧辉煌。耶稣手握圣经,传教授业,崇敬感在人心油然而生。教堂里的每一幅画都是一个宗教故事,有《耶稣降生》《最后的晚餐》《耶稣受审》《耶稣殉难》等。这些艺术珍品经历了14个世纪,依然保存完整。角落里陈列着三个金棺,朝圣者对着主保圣人的圣髑焚香膜拜,以期神圣的力量能够治愈自己的病痛。从教堂走出,我们沿着笔直的马路向海边踱步。途中经过了市中心的罗马古市集遗址。遗址是露天的,可供游人随意观看。但若要进入,则需购买门票。我们仅仅是远观,也足以想象当年这个城市商业中心庞大的规模与罗马帝国的繁荣景象。

再往前走是亚里士多德广场。广场周围遍布着电影院、咖啡馆、餐厅、商店、酒吧,不但是逛街休闲的好去处,也是举办民众庆祝活动的地方。亚里士多德的铜像坐落在广场一侧,这位古代的哲人冷眼旁观着熙熙攘攘的行人车辆。偶尔会有顽皮的鸽子停在铜像身上,留下自己的标记后便匆匆飞走。亚里士多德(古希腊语:Ἀριστοτέλης,英文:Aristotle,前384—前322)是古希腊伟大的哲学家、科学家和教育家。他是柏拉图的学生,亚历山大三世的老师,其著作涉及自然科学、伦理学、形而上学、神学、美学、玄学等等,堪称希腊哲学的集大成者。思考的哲学家仿佛

图十二　亚里士多德雕像(塞萨洛尼基亚里士多德广场)

不会被广场的喧嚣扰动，大概也不会介意一位研究他的东方人兴冲冲跑去合影的"冒失之举"。

广场尽头的白塔在蓝天白云、碧波荡漾衬托下，坚毅挺拔。这座滨海的灯塔建于 1430 年，高 33 米。土耳其统治时期，曾被用作哨岗、监狱甚至刑场。奥斯曼苏丹穆罕默德二世于 1826 年在白塔下令处决了疑似叛乱的全体苏丹禁卫军成员。白塔见证了这一血腥事件，因此它得到了"血塔"的称号。希腊

图十三　亚历山大三世雕像（孙德利老师拍摄于塞萨洛尼基亚里士多德广场）

人为了抹掉这段屈辱的历史，于 1913 年夺回城市后将塔刷白，改称"白塔"。如今它成为一个展示历史和文化的小型博物馆。人们可以登上塔顶，俯瞰城市和海湾，体会历史的厚重。在距离白塔不远处的海边空地上，亚历山大大帝纵马驰骋的铜像高高耸立，枪尖直指正前方，象征着他辉煌的霸业。此处是亚历山大大帝的诞生地，也是他征服大业的起点。夕阳穿过扬起的马蹄，射出数道金色光芒，仿佛为当年征服者的伟业写下光辉的注脚。

2 月 1 日，我们迎着朝阳，驱车绕着山峦来到培拉（Pella）古城。它位于色萨利地区，是一座充满历史韵味和文化魅力的城市。培拉是马其顿王朝的第二个首都，也是腓力二世和亚历山大大帝的活动中心。我们到达时，希腊当地导游与景点工作人员异常兴奋。询问原因，方知这里是希腊众多景点中的沧海遗珠。别说外国游客，即使希腊本国人也很少来参观。在培拉考古博物馆中，亚历山大击败波斯的经典画作就陈列在门厅之中。走进展厅，一系列甲胄与兵器印证了当年马其顿军事实力的辉煌和登峰造极的锻造工艺；种类繁多的货币映射出商品经济的繁荣；大量生活用品显示了民众生活的安逸富足。展品中的众多陶俑和神像都塑造出强健的体魄，彰显了征服者的昂扬斗志。造型优美娴静的女性俑与璀璨夺目的金色女性装饰品则用细腻中和了刚猛，向观众展示出马其顿人民刚柔并济的民族特性。中厅的地面上铺着由遗址中迁出、保存得最早的彩石镶嵌画，其中既有反映希腊神明的《狄俄尼索斯》，也有歌颂人类英雄伟业的《狩猎图》。这些镶嵌画在千百年的时光中顽强地存留至今，令人折服于古人的艺术造诣。

略显阴沉的天气为培拉古城遗址平添几分荒凉气息,但一眼望去,依然无法掩盖当年马其顿王城的恢宏壮丽。宴会厅是其中规模最大的建筑,从残存的爱奥尼亚式立柱和地面波纹镶嵌画,可一窥当年的盛景。马其顿是一个与雅典、斯巴达文化传统都不尽相同的城邦,它凭借发达的农业生产力逐步强盛,统治者运用灵活的外交手腕周旋于波斯和希腊各城邦,夺取政治上的一席之地,最终依靠强悍的军队将希腊的边境线平推到亚洲大陆的中部。培拉——亚历山大霸业的起点,却淡出了人们的视野,让人不禁想起明代才子杨慎的名句:"是非成败转头空,青山依旧在,几度夕阳红。"

结束了培拉的考察,我们的行程已过完大半。中午我们直奔塞萨洛尼基的机场,回到我们考察之旅的起点——雅典。

六、朝圣之旅尾声——重返雅典

经过 1 小时的飞行,我们从塞萨洛尼基重返雅典。利用下午的短暂时光,我们在雅典市区游览了风塔、古罗马市集等几处小型的遗迹。在商业街的尽头坐落着东正教希腊教区最重要的教堂:大都会天使报喜主教座堂。教堂正对面的西南角,拜占庭末代皇帝君士坦丁十一世(Constantine XI Palaiologos, 1405—1453)的戎装雕像静静地矗立。他生前无法挽救帝国,最后在与奥斯曼土耳其军队的巷战中壮烈殒身。尽管是亡国之君,但他的英勇赢得了更多同情与悲悯。

我们考察的最后一站——希腊国家博物馆,又名国家考古博物馆,是希腊馆

图十四　君士坦丁十一世雕像
（Mitropoleos 广场）

藏最丰富,规模最大的博物馆。希腊国家考古博物馆始建于 1866 年,于 23 年后(1889 年)完工,距今已有一百多年的历史。上百年历史的博物馆本身就具有珍贵的历史价值。希腊国家考古博物馆建筑面积 8000 平方米,共有 2 层,馆藏文物 2 万余件,50 间陈列室,主要划分为史前文化、雕塑、小型陶器、青铜器、埃及艺术等展区,全面系统地展示了古希腊的古老文明和精深文化。这里

收藏了希腊乃至世界少有的艺术珍品和历史文物。前厅左侧是史前文明展区,馆藏显示了公元前三千纪古希腊由捕渔狩猎向农耕文明过渡时期的最早的文物。在为数不多的生活器皿展品中,显示女性生殖器的陶盘占比很重,反映先民对生命繁殖的崇拜。展馆同时陈列了那一时期的石偶,小石偶脸上只有鼻子没有五官,造型质朴简单。其中最为精巧的当属"竖琴家",展现了古代雕刻家对艺术自由的崇尚,淋漓尽致地体现了远古先民的艺术天赋,寄托了人们对自然的敬畏和对生活的祈盼。

前厅的中路是迈锡尼文物陈列区,其中的金制面具、器皿和装饰品最为著名。醒目的3号展柜就是阿伽门农黄金面具的原件,它是迈锡尼文明的最好明证。"迈锡尼女神"也是镇馆之宝,创作年代是公元前1400到前1300年。笔触颜色分明,线条流畅细腻,是迈锡尼时期不可多得的绘画珍品。后厅为陶器和陶瓶陈列区,陶器的造型和瓶上的图案相当精美,仿佛在刻意吸引游人驻足留连于此。

图十五　潘神戏爱神石雕(雅典国家考古博物馆藏)

中路的两侧为雕塑陈列区,每一件雕塑都能代表古希腊一段时期的艺术水准。其中突出的当属身材健美的波塞冬像①与颇具动感的少年骑手铜像。再向前就是青铜器陈列区,主要展示古希腊各个时期的青铜用具与兵器。在罗马时期雕塑展区,陈列的作品不少是人物肖像和帝王纪念碑雕塑,其中包括哈德良皇帝、皇后及其宠臣的塑像。这些塑像不仅形似,还非常讲究人物的性格特征的刻画。在这里能够看到罗马人缩小复制的帕特农神庙雅典娜塑像。这尊小型雕塑作品虽不及原作恢弘震撼,却极大地降低了后世考古与复原文物的难度。雕塑作品"潘神戏爱神"生动描绘了牧神潘在爱神阿芙洛狄忒出浴后意图调戏女神,却被爱神母子"围攻"的戏剧化场景,将希腊众神充满灵动人性的一面凝固在大理石上。

_____

① 也有一说是宙斯像,联合国大厦内存有一尊复制品。

晚饭之后，在希腊访学的张绪强老师前来会合，他热情地带领我们绕卫城一周，体味月光下白色卫城的静谧与庄严。皎洁的月亮和古老庄严的建筑并立，摄人心魄。在张老师的引导下，我们走进雅典市区跳蚤街一家颇受欢迎的酒吧。在同行老师们的劝说中，我彻底放弃矜持，投入了酒神的怀抱。一杯龙舌兰调制的"热带仙人掌"下肚，我反而更加兴奋。酒吧中，何妨放下白天阿波罗主导的理性，适度接近狄俄尼索斯的热情？

结语

2月2日，我们与全程陪伴的希腊朋友（亲切的导游女士、热情的司机小哥）拥抱告别，登上回国的飞机。这趟希腊之旅于我而言，既是对以往所学知识的田野考察，更是一次圣地巡礼。古希腊在世界古典文明中的地位毋庸置疑。这种地位的获得绝非仅凭独具特色的当地文化，而是在与周边不同文化交融的过程中逐步成长起来的。克里特文明对古埃及的模仿与创新，迈锡尼文明从巴尔干半岛北方带来的游牧与征服传统，荷马时代对海上腓尼基文化的吸收，古希腊文明向整个地中海地区打开自己的大门。

漫漫历史长河中，希腊也是一个命途多舛、饱经磨难的民族。近代奥斯曼帝国四个世纪的统治，使得希腊绵延数千年的文脉几近断绝。即便受到难以想象的摧残，希腊民族仍然默默地坚守着自己的文化根脉。即便流亡海外，希腊的学者也以守护本民族的文化火种为光荣职责。得益于拜占庭学者在西欧的传道授业，古希腊的文化传统才能够在西欧文艺复兴中重新绽放出人文之光。古典文明在一代又一代学者与哲人的传承中得以绵延至今。曾经的征服者罗马人忍不住感叹："我们在军事上征服了希腊，但他们在文化上征服了我们。"(Graecia capta ferum victorem cepit, et artes intulit agresti Latio.)

这次的希腊朝圣之旅的收获还在于切身体验到希腊人古而有之的乐观豁达与开放包容。考察团每到一地，收到的都是他们对于远方来客的善意与欢迎。奥林匹亚小镇的一位老海员听说我们来自中国，热情地拉住我们分享他年轻时的冒险传奇与浪漫故事。他经营的小店"俄尔菲"(Orpheé)①，收藏有中国传统戏剧与民族音乐的唱片。开阔的心胸赋予了希腊人高度的自信，我们几乎见不到网络上希腊人对"文化挪用"或"偷窃文化"的声讨。他们很清

---

① 俄尔菲(Orpheé)是古希腊神话中著名音乐家俄耳甫斯(Ὀρφεύς)名字的法语形式。

楚,几千年的文化早已根植于此,跳梁小丑的鼓噪无法撼动历史的传承。

一趟旅途定然无法揽尽希腊所有盛景、穷尽希腊文化的博大精深,但已能深刻体会到根植在希腊人心中的生活智慧与沧桑历史。对于好奇的研究者来说,希腊是一个永恒的诱惑,也是不灭的信标。

作者简介:彭博,山东大学历史文化学院世界史博士后,山东师范大学历史文化学院教师,研究方向为西方古典文化、中西交通史。

教学之声

从古典到现代西方

——《西方文化史》课程教学问题撮述 *

刘小青　刘　涛

摘　要:作为一门历史学专业的通识课程,《西方文化史》囊括了从古典到现代西方文化的全部内容。在普通高校现行教学中,该门课程所涉内容时空跨度长、知识点众多等特征决定了其具有散、乱、浅等突出教学问题。同时,对于西方文化史重要构成——古典文化部分的教学普遍存在着重希腊而轻罗马的倾向。此外,教学方法上多有沿袭传统,采取教师主导型的教学模式。上述问题成为《西方文化史》课程教学质量有效提升的软肋。基于此,通过重构教学素材,凸显特定时期西方文化的关键内容与根本特质;充分运用现代信息工具,将图片、影音资源乃至于游戏资源服务于课程学习;探索多样化的教学模式,发挥学生的主体性作用,鼓励他们积极参与到课堂教学和学术探索的实践中,激发他们的学习兴趣与探索精神。上述策略不仅有利于学生系统习得西方文化史的具体知识、深刻把握西方文化史的精髓,也有助于其思维创新能力与学术能力的培养,进而得以提高人才培养质量,更好地服务于我国当前文化产业振兴的战略目标。

关键词:《西方文化史》课程　古典学　教学模式　现代西方

长期以来,《西方文化史》作为一门通识课程,在普通高校历史专业素养培

---

* 本论文为湖北大学研究生教育教学改革研究项目资助项目"新文科视域下世界史研究生课程思政研究"(项目编号:JGYJS202427)研究成果。

养中占有相当重要的地位,对于学生专业素养的提升、国际视野的开拓、历史思维的培养等皆具有重要意义。尤其在 2009 年《文化产业振兴规划》颁布的背景之下,《西方文化史》课程更是承载着为当前我国文化产业振兴战略提供历史借鉴的时代要求。然而,在现行《西方文化史》教学实践中,存在着教学内容过于庞杂与碎片化,难以系统把握,对于现代西方文化的古典学基础重视不足,存在重希腊而轻罗马的偏颇,教学方法上则普遍侧重于知识传授,从理论到理论的倾向明显,致使课堂氛围过于沉闷等诸多问题。上述问题的存在,不仅影响着学生对西方文化史形成客观而深入的认识,也不利于历史学高质量人才的培养。在此情况下,通过《西方文化史》的学习助益于我国当前文化产业建设的效率难免就会大打折扣。因此,本文拟针对当前《西方文化史》课程教学中存在的问题加以考察,在此基础上,分析应对策略,指出通过重构教学素材、正确认识古典学作为西方文化关键构成部分的重要地位、探索与革新多样化教学模式等策略,可以强化教学效果,提升人才培养质量,为当前我国文化产业振兴战略贡献力量。

一、《西方文化史》课程教学的困境

《西方文化史》课程内容本身的特点与当前一般高校普遍教学状况决定了该门课程存在教学内容庞杂、古典文化教学重希腊轻罗马以及教学方法因循守旧等三大困境,致使《西方文化史》课程教育效果往往有欠理想,与教学目标之间有着不小的差距,不利于历史学高素质人才的培养,难以有效服务于现行我国的文化产业振兴计划。

一是教学内容庞杂,难以深入把握西方文化的精髓。《西方文化史》教学中,课程内容具有跨时长、地域广、知识点多的特征,散、乱、浅等问题突出。以国内高校广泛使用的《西方文化史》(庄锡昌主编)一书为例,在这本近 400 页的教材中,时空跨度之广泛,知识点之丰富,皆有目共睹。大致而言,该书囊括了从史前文化到西方古典文化,再到近代西方工业文化乃至后工业文化,涉及政治、经济、军事、思想、艺术、法律、科学、宗教及社会风尚等各个层面内容。编著者希望在有限的教学时间内,实现"帮助同学们了解西方文化演变每一历史阶段和每一民族构成的基本知识"①的宏大目标。然而,由于课程内容时空

---

① 庄锡昌:《西方文化史》,北京:高等教育出版社 2009 年版,第 1—30 页。

跨度大，知识点众多，兼因课程教学时间有限等因素，难免会造成教学内容浮于表面，知识内容碎片化，难以深化与系统化。与此同时，课程内容与历史学专业的必修课程《世界史》中的内容又多有重合之处，存在着重复教学的问题。最终结果只能是，在课堂教学中，所授内容浮光掠影，教师为完成教学任务而教，学生为学分而学，课堂气氛沉闷，教学效果了了，根本难以实现上述宏大目标。

二是教学重点失衡，重希腊轻罗马的倾向明显。现代西方文化源远流长，自西方史前文化绵延发展而来，历经希腊文化、罗马文化与中世纪文化的数千年沉淀与积累，方形成现代西方文化。换言之，现代西方文化的根基在于希腊罗马古典文化，正确认识希腊罗马古典文化成为理解现代西方文化的基础。[①]然而，在《西方文化史》课程中，对于古典文化的认识中，普遍将罗马文化视为希腊文化的继承者与传播者，从而将学习的重点主要放在希腊文化部分，对罗马文化则一带而过，厚希腊薄罗马的倾向十分明显。同样以庄锡昌《西方文化史》为例，在该书共计八章内容中，对于古典文化的阐述仅限于一章之地，在这一被命名为"西方古典文化的繁荣"的章节中，大部分篇幅介绍的是希腊文化，而对于西方古典文化的另一重要构成部分——罗马文化的着墨却相当有限，仅占寥寥数页。更关键的是，在如此有限的篇幅中，作者采取了分门别类的方式逐一介绍了"罗马政体与政治思想""罗马社会生活与习俗""早期宗教与神话""罗马法与法学""文学""哲学""历史学""建筑与艺术""自然科学"等九个类目。毫无疑问，在罗马人留给后世的文化遗产中，最为珍贵的成果乃是罗马法，其不仅超越了希腊法律的成就，而且其基本精神跨越千年而犹存，对近现代西方文化基本面貌的塑造产生了极大影响，其重要地位不言而喻。[②] 然而，在该书中，有关罗马法部分并未获得重点对待，所叙述的内容相当简略，几乎仅限于对其发展历程的概略介绍，对于不同阶段罗马法的内涵、发展特点、根本原则、运作状况、所获成就以及后世对其的继承与发展等内容则鲜有深入探索。这一状况明显与罗马法在西方文化史中的地位不相匹配，不仅不利于学生对罗马法的准确理解，也影响着学生对于整个罗马文化乃至现代西方文化法律精神的深入理解。

三是教学方法陈旧，有嫌过于单一。《西方文化史》课程教学所涉时空范

[①] 黄洋、晏绍祥：《希腊史研究入门》，北京：北京大学出版社 2009 年版，第 1—6 页。

[②] 李雅书、杨共乐：《古代罗马史》，北京：北京师范大学出版社 2004 年版，第 359—375 页。

围广阔、知识点众多的特点,不仅对任课教师知识体系的广度与深度提出了相当高的要求,同时也要求学生具备一定的知识背景。然而,在目前国内的教育体制与教育现状之下,一方面,担任《西方文化史》的教师大多是专注于某个特定历史时段或问题研究的专门人员,知识领域具有专业化与精深化特点的同时,难免也出现了狭窄化的弊端。换言之,他们大多可能对于西方文化史某个时期或特定问题理解非常深刻,而对于西方文化史的整体与系统把握则可能有所不足。与此同时,《西方文化史》课堂教学时间有限,迫使不少教师沿袭了传统的照本宣科的、以教师主体的教学模式,将《西方文化史》课堂变成了一言堂式的教师个人专场,没有能够充分运用"老师精讲与学生自学相结合、讨论(同学之间或师生自由讨论)、学生演讲、自由辩论"等课堂实践教学等手段,[1]从而使课堂内容限于记忆教学层面,无法顺利向思维教学层面转向。另一方面,对于国内学生而言,《西方文化史》课程学习的背景知识相对薄弱,且课程内容知性性与理论性强,认识对象又是陌生而遥远的西方文化,相关内容可能难以引发他们的共鸣,畏难与排斥心理就顺理成章地潜滋暗长了。在这种背景下,采用从理论到理论的教学方法,更是让课堂氛围进一步陷入枯燥沉闷之中,无法激活学生的学习自主性,从而使得教学效果难以尽如人意。

简言之,当前《西方文化史》课程教学中,由于教学内容庞杂难以把握,教学重点有失偏颇,尤其存在对于罗马文化这一关键内容重视不足,兼以教学方法大多采取以教师为主体的讲授模式,过于刻板与相对单一。这些问题的存在,致使学生对《西方文化史》课程兴趣有限,教学效果欠佳。久而久之,《西方文化史》课程难免成为高校历史专业课程教学的"鸡肋"。

二、《西方文化史》课程教学困境的应对策略

针对《西方文化史》课程教学存在的困境,有必要改变教学思维,尝试优化教学内容,设计学生兴趣浓厚且能够积极参与的教学素材,充分发挥学生的主体性地位,丰富历史教学的实践环节,引导学生延伸阅读、深度思考以及积极探究,激发他们学习的积极性与能动性。这成为改善教学效果、提升教育质量的必由路径。

首先,重构教学素材,深刻把握西方文化精髓。针对西方文化史教学内容

---

[1] 郭水兰:《实践教学的内涵与外延》,《广西社会科学》2004 年第 10 期,第 186—187 页。

庞杂的现状,在有限课堂教学时间中,不可能也没有必要做到面面俱到。因此,教师大可不必拘泥于教材的编排,可以尝试着依据本校学生的学情对教学素材进行精选与重新组织。在重构教学素材之时,既需要克服散、乱、浅的弊端,也应考虑到学生的学习兴趣与探究期许。所选内容需要相对集中而连贯,具有高度的代表性,能够涵盖特定时期西方文化的精髓。同时,所选内容还需是学生有所接触与了解,但未能深入剖析与探索的部分。上述两点应该成为重构《西方文化史》教学素材的基本出发点。基于上述考虑,就对于西方文化史的关键内容——西方古典文化部分的教学而言,选取"古代世界七大奇迹"作为专题学习素材,不失为可行之道。

一方面,"古代世界七大奇迹"是学生中学时代就熟知的古代建筑奇迹,但是对之的了解则限于皮毛,很少从社会与文化层面对之加以深入与系统考察。因此,大多数学生对于七大奇迹都怀有浓厚的好奇,具有深入学习的兴趣与意愿。另一方面,七大奇迹是了解西方古典文化的起源、基本特征及其脉络流变的一把钥匙。在七大奇迹之中,除位于希腊的奥林匹斯宙斯像、罗德斯岛太阳神铜像外,还有位于小亚细亚以弗所的阿尔忒弥斯神庙与哈利卡纳苏斯的摩所拉斯陵墓、位于两河流域的巴比伦空中花园以及位于埃及的胡夫金字塔与亚历山大灯塔。在对于这七宗建筑奇迹的陈述与评介中,教师应不限于对建筑物本身的描述,可以进行深入与延展教学,特别是可以针对这些建筑物产生的文化背景与主要内涵做出评介,并发起讨论,引导学生探索古代亚非文化对于西方文化形成的关键作用以及深入认识西方古典文化的特殊性与重要性。在教学中,还可抛出关于西方古典文化的非洲起源论及古典学家对贝尔纳《黑色雅典娜:古典文明的亚非之根》①一书的争议,将探讨延伸至从罗马时代至现今西方社会对古典文化的认知范畴,即在考察诸如希罗多德等古典作家视野里的七大奇迹后,将镜头重新拉近到距今更近的时代,从而凸显出对于西方文化史认知进程的动态特点,增强学生对于唯物史观的认识。由此,通过对于七大奇迹教学内容的组织,不仅有助于学生对比思考西方古典文化与东方古典文化,深入理解西方文化的多源性与动态性,进而推动对于"西方中心论"迷信的破除,为正确认识西方文化乃至当今西方社会提供了必要的史实与史观基础。

———————————

① 马丁·贝尔纳:《黑色雅典娜:古典文明的亚非之根》(第1—3卷),郝田虎、程英、李静滢、冯金朋译,南京:南京大学出版社2020年版。

在这一部分,为了加深对于西方古典文化的认识,可以引导学生自主学习,鼓励学生精读《世界七大奇迹史》《古代世界的旅行》《古典神话》《历史》等学术作品。罗谟夫妇所编的《世界七大奇迹史》一书可作为本次教学素材重构的基本材料,该书对七大奇迹的名称由来、基本概况、基本材料进行了介绍;① 《古代世界的旅行》和《古典神话》作为文字较浅显的英文学术专著,具有较强的趣味性和可读性,比较适合初涉西方文化史的学生拓展专业知识与提升外文阅读水平。其中,《古代世界的旅行》对古典古代的旅行及旅行家有生动的描述,能巩固与拓展学生课堂所获的历史信息;② 《古典神话》介绍了宙斯、阿波罗、阿耳忒弥斯等希腊诸神的基本材料,也为学习本课程提供必要的文化背景知识;③ 希罗多德的《历史》则不仅是了解希腊文化,也是了解金字塔、空中花园等西亚与北非建筑奇迹的史料来源。④ 通过引领学生对上述材料的精读、课堂师生的互动与课外反馈,可以有效拓展学生的知识内容,使不同的思想得到碰撞,克服学习过程中兴趣与主动性缺乏以及理解肤浅及偏差等问题,不仅让学生能够深入历史语境理解西方古典文化的精髓,而且对于其自主学习习惯的培养与学术能力的形成也不失助益。

其次,充分利用现代信息工具,提升教学效果。正如前文所言,由于《西方文化史》课程侧重于让学生了解西方每个历史时期代表性的文化,知识性与理论性强,在以教师为主体的教学中,容易让课堂陷入沉闷与枯燥的氛围之中,不利于课程目标的实现。面对这种情况,充分利用现代社会提供的信息技术手段开展课程教学就成为必要。大致而言,在实际教学中,可以借助现代多媒体手段,充分运用不同类型的教学资源,比如图片、音频、视频资料乃至游戏资源,让学生对于陌生而遥远的西方文化有着更为生动的体验与具体的感知,拉近历史与现实的距离,帮助学生深入理解特定时期西方文化形成的历史背景与关键内容。

值得一提的是,有关游戏资源在教学中的应用并非完全不切实际。在现实生活中,不少大学生沉迷于游戏、荒废学业的事件屡有发生,这让教师们往

---

① 约翰·罗谟、伊丽莎白·罗谟:《世界七大奇迹史》,徐剑梅译,北京:三联书店2008年版。

② Lionel Casson, *Travel in the Ancient World*, New York: George Allen & Unwin Ltd., 1974.

③ Mark Morford, Robert J. Lenardon, Michael Sham, Classical Mythology, Oxford: Oxford University Press, 2013.

④ 希罗多德:《历史》,徐松岩译,上海:上海人民出版社2018年版。

往视游戏为与学习截然对立的洪水猛兽,避之唯恐不及,恨不能一禁了事。然而,事实上,在现代信息社会中,随着游戏开发技术的不断进步与主题的日趋多样化,一些游戏尝试着挖掘与运用历史资源,选择以历史题材作为游戏主题,对历史场景进行逼真的重构。这对于帮助学生近距离感知历史、增强学习兴趣无疑具有正向作用。譬如由法国育碧娱乐公司开发的《刺客信条》系列游戏,其涉及时空范围从古代埃及、希腊罗马、文艺复兴时期的意大利、大革命时期的法国再到独立战争时期的美国,依据不同的时代背景精心设计了游戏写实场景与历史内容,在执行游戏任务时,玩家会产生相当程度的沉浸感,能够体验到不同时代的政治与社会风貌,对相关时代文化形成具体感知。① 在向学生推介这一游戏资源后,教师可以组织学生就游戏主题、场景、故事、任务等方面的设定进行讨论与分析,与历史事实进行对照分析,透视主题时代的文化内容与特征,激发学生的探究精神,进而培养学生的学术思维能力。由此,将游戏娱乐与专业学习深度结合,实现教学质量的提高成为可能。当然,值得提及的是,在实际教学中,对于具体游戏的选择、游戏时间的把控、游戏内容与历史事实的衔接与脱节之处以及游戏与学习结合的具体策略等方面都需要进一步探索,以尽可能避短扬长、实现历史与游戏的跨越,发挥游戏的历史教育功能。

最后,针对西方文化史不同内容开展多样化的教学策略。正如学者黄继英所言,"实践,认识,再实践,再认识是人们认识事物的规律。要遵循这一规律,就必须在高校教学中加强实践环节,以培养学生的创新意识和创新能力"②。除了利用现代信息手段之外,针对不同课程内容的不同特点,展开不同模式的实践教学也不失为一条可行策略。探究式、角色扮演等教学模式在《西方文化史》课程学习中皆具有广泛应用的空间。譬如有关罗马法部分的教学中,教材内容往往过于单薄,局限于介绍罗马法发展的历程与主要特征,而学生对一些法律的内容条款及其背后法理与逻辑则相当陌生,这使得他们对于罗马法律运作过程及其现代影响的认知始终处于云山雾罩之中,难以形成清晰而准确的认知。这一现状无疑不利于学生正确认识罗马法及其在西方文化史中的重要作用与独特地位。对此,教师可以采取法庭案例进行实践教学,

---

① 赵雨阳、郑霞:《试论游戏与博物馆的跨界——以〈刺客信条〉为例》,《中国博物馆》,2015 年期,第 63—79 页。
② 黄继英:《国外大学的实践教学及其启示》,《清华大学教育研究》2006 年第 4 期,第 95—98 页。

运用"角色体验"教学模式加强学生对于罗马法的认知。大致而言,可以择取罗马历史中关键时期的关键案例开展,譬如罗马共和时代对于西西里总督维勒斯、帝国时代对于基督教徒的审判等具有强烈的代表性案例。通过课前让学生自主阅读相关资料,以认识罗马法的基本原则与有关条款,组织学生以法庭审判的方式复原罗马法庭诉讼状况,使学生以控方、控方律师、辩方、辩方律师、审判法官、陪审员等不同角色充分参与到法庭审判之中,身临其境地体验法律实践的过程,感知罗马法运作的政治制度框架与社会文化背景、运作过程及其社会影响。这不仅对于理解古代罗马法律文化有所助益,也有助于学生整体把握罗马法律文化,进而通过古今对比分析,帮助学生构建古代罗马法与现代西方法系之间的继承与发展关系,深入理解现代西方文化中法律精神的渊源与本质。

总之,《西方文化史》课程教学目的不仅在于向学生传授知识,更在于引导他们形成独立思考的良好习惯和积极向上的人生态度;不是要让学生去死记硬背西方历史上的文化现象,而是启发他们通过深入了解西方文化历史而努力提升自身的专业水平与综合素质,培养政治站位高、专业基础扎实,具备创新思维能力的新型复合型人才。因此,在《西方文化史》课程实践教学中,有必要通过重构教学素材、充分利用信息时代的教学工具以及探索多样化教学模式,以提升学生的知识兴趣,完善学生的知识体系,培养学生的知识获取能力和学术研究的能力,全面提高学生的素质,落实立德树人的根本教育任务。

结语

正如东方文化一样,西方文化历史悠久、源远流长,从古典到现代,西方文化一脉相承。古典文化不仅是西方文化史的关键构成部分,更是现代西方文化的根基。正确理解古典文化,是准确理解西方文化的基础与前提。而古典文化的构成主体是古希腊与古罗马文化,其中,古希腊的人文精神与理性主义,古罗马的共和思想与法律精神,为现代西方文化奠定了基本的色调,而现代西方文化无疑又超越了古典文化,其自由、平等、博爱的信条,善良、正义、公正的观念,以及尊重人权与多元化的价值观无不彰显着其对古典文化的继承与突破。在这一背景之下,尽管《西方文化史》课程学习对象虽然是业已成为历史的西方文化,但却不失为理解现代西方社会的重要桥梁,在当前我国文化产业振兴建设中具有积极意义。在《文化产业振兴规划》中,文化产业已然是国家的战略性产业。文化产业的发展,离不开文化产业体制的改革、文化人才的培养、文化产业的法律体系与市场的规范等各个方面升级与革新。对此,历史悠久、内涵丰富的西方文化史无疑可以提供不少有益的经验与教训。因此,直面《西方文化史》课程目前存在的问题,有针对性地进行调整与改革,切实强化教学效果,不仅影响着高校专业人才的培养质量,也关乎其服务我国现代文化产业建设的水平。就此而言,《西方文化史》课程虽然是一门历史学的理论课程,但是其教学质量的提高,同样具有相当大的现实意义。

作者简介:刘小青,湖北大学历史文化学院副教授,主要研究方向为古代罗马史;刘涛,恩施高级中学高级教师,研究方向为中学历史教育教学。

嘉陵书评

希腊城市与罗马互动视野下的恩庇关系
——简评《希腊城市的罗马恩主》①②

白珊珊

对于古代史研究者而言,恩庇关系(*clientela*)无疑是一种有趣的社会文化现象,它作为一种软性机制存在于社会之中,却没有严格的立法将其制度化。罗马史研究者例如斯坦福大学教授理查德·萨勒(Richard Saller)和剑桥大学的罗马史教授安德鲁·华莱士—哈德里尔(Andrew Wallace-Hadrill)等人已经讨论过罗马的恩庇关系,但对于帝国东部的希腊世界的探索还不够充分。《希腊城市的罗马恩主》(*Roman Patrons of Greek Cities*)恰好补足了这一空白,该书被收录在牛津古典专著(Oxford Classical Monograph)系列之中,作者克劳德·艾勒斯(Claude Eilers)任教于麦克玛斯特大学(McMaster University),其研究兴趣主要为罗马帝国东部和罗马外交政策。

在本书中,艾勒斯批判了以社会学理论来理解罗马恩庇关系的框架,认为这会导致对罗马社会的误解。他试图在本书中勾勒出罗马共和国晚期到帝国时期希腊城市的罗马恩主的情况,其结构框架可分为两部分:前四章侧重介绍恩庇关系的基本情况,后三章基于对案例的分析展开对恩庇制度的历时性考察。

一、恩庇关系的基本情况

在导论部分,作者简要介绍了"恩庇关系"(patronage)的概念及其相关术

① 本项目得到国家留学基金资助,感谢何炜等复旦大学诸位师友的建议。
② Claude Eilers, *Roman Patrons of Greek Cities*, Oxford University Press, 2002.

语,并指出罗马人从来没有用过 *patronus*(恩主)和 *cliens*(受庇护者)来描述这种关系,而与之对应的拉丁术语应该是 *suffragium*,这个词含义丰富,包含投票权、选举权、决定、同意、观点等,曾被用于指涉投票。接下来他提出了一些与概念相关的问题,例如 *suffragium* 是不是罗马的恩主庇护关系之中不可或缺的部分? 罗马共和国晚期希腊东部的铭文当中,出现了大量对 *patronus*(恩主)的纪念性铭文,然而在奥古斯都统治时期这类铭文的数量有所减少,到了帝国时期则变得较为罕见。希腊铭文中原本用εύεργέτης(捐助人)、σωτήρ(拯救者)、πρόξενος(宾友)等词汇来描述外来的捐助人。希腊铭文也常常从拉丁语借词,用πάτρων/πάτρωνες来翻译 *patronus*,但这只用来描述罗马人。

那么这种关系的本质是什么? 作者首先对重要的学术作品展开了回顾。斯坦福大学的罗马社会经济史研究者萨勒教授在其著作《罗马帝国早期的私人恩庇关系》中指出,这种社会关系包含了互利互惠的关于商品和服务的交换行为。其次,不同于市场中发生的商业交换行为,这种关系必须是有一定持久性的人际关系。第三,这种关系必须是不对等的,即双方的地位并不平等。华莱士—哈德里尔则否认了恩庇关系是一种清晰明确的关系。在此基础上,艾勒斯将放弃过去社会学的研究路径,转而采取古典学的研究路径,从文本和案例入手来提供新的答案。

第一章《成为受庇护者》讨论了恩庇关系的几种类型。艾勒斯先介绍了先前学者给出的模型,并对其作出评价和修正。接下来,他以阿弗罗狄西亚(Aphrodisias)要求欧皮乌斯(Oppius)成为其城市恩主为核心案例,展现了恩庇关系的形成过程。城市决定派遣大使请求"恩主"、恩主同意、交换证物、关系确立、公共铭文展示。在这一过程中,恩庇关系并非由行省长官的行动主导,而是城市自身主动发起。在另一类型的恩庇关系中,一座被征服的城市和殖民地就像被迫接受恩主的被释奴,例如马尔克卢斯(M. Marcellus)征服了叙拉古(Syracuse),结果却被描绘为叙拉古的建城者。在案例分析的基础上,作者总结了罗马人成为城市恩主的方式大体有两种。一、城市自愿请求一位罗马人。二、罗马恩主通过征服和建立殖民地,强制性地成为城市的恩主。然而,我们仍会有疑问:这种自由与不自由、自愿与非自愿的对应关系真的符合每个案例吗?

第二章《征服带来的恩庇关系》从西塞罗的《论义务》(*De officiis*)出发展

开讨论。西塞罗声称战争应该是为了确保人们生活在和平当中,一旦取得了胜利,那些在战争中既不残忍也不野蛮的人就应该得到宽恕。这也就是为什么西塞罗认为被打败的意大利人不仅应当得到宽恕,还应被授予公民权,而迦太基和努曼提亚(Numantia)被摧毁是因为他们十分残酷。既然战争是为了保持和平,那么征服者就应当保护被征服者,不论他们是自愿投降还是被迫投降。西塞罗的论述由此引发了一个问题,是否必要用"屈服"(deditio)来描述由征服产生的恩庇关系。因为被征服地区很可能由于武力(vis)而投降,并非自愿屈服。因此,恩庇关系产生的重点可能在于**征服**而非投降,而那些被战争征服的人民就变成了受庇护者。作者在案例分析的基础上得出结论,或许由军事征服带来的恩主庇护关系应该被归为一种共和国中期的现象,罗马显贵们以此强调个人的成就,尤其是军事领域的成就——罗马显贵希望通过展示这些成就在平民之中凸显他们在罗马社会等级当中的新地位。

那么,为什么由征服带来的恩主庇护关系后来消失了呢?这个问题非常复杂。首先,恩主庇护关系由两方构成,如果有一方不熟悉这种机制,关系就变得难以维持,例如意大利和罗马之间是较为熟悉的。但是,当罗马扩张到意大利之外时,许多地方并不熟悉罗马的习俗。随着罗马人逐步走出意大利,后来的军事征服并不总会带来恩主庇护关系。厄恩斯特·巴迪安(Ernst Badian)认为,马尔克卢斯(Marcellus)和叙拉古的案例标志着征服带来的恩主庇护关系的开始,然而艾勒斯却持相反的观点,认为这个著名的案例标志着这一机制的结束。其次,当罗马人移居海外,征服带来的恩主庇护关系便不再那么有用。

第三章《恩庇关系的继承性》讨论恩庇关系是否会过继给下一代人,为什么并非所有恩庇关系都能持续几代人。路易斯·哈曼德(Louis Harmand)认为,恩主身份只能由长子继承,这或许可以解释为什么只有部分子嗣最终能成为恩主。但艾勒斯指出,单独一篇史料无法在一大堆铭文案例中证明这一论点。况且,学界需要的不是一条能够更确切地机械运用的规则,而是一种更加灵活的解释。

在罗马帝国盛期确实存在一些城市的恩主身份由父亲过继到儿子的现象。那么,共和国晚期与帝国盛期的情况是否相似?首先,恩庇关系的建立需要潜在的恩主个人愿意担任这个角色,并不是恩主身份自动从父亲身上传给儿子。实际上,后代遵循祖先的榜样也是一件有压力的事情。这个机制是灵活的,城市可以提出请求,而恩主的儿子们也有权拒绝继承这个角色。这也就意味着"继承"(inheritance)这一说法并不一定总是适合用于描述这种机制。

　　在案例分析过程中,艾勒斯对史料有着批判性的认识,他指出部分立法具有较强的纪念性,而法令条文例如乌尔塞法(*Lex Ursonensis*)则更为可信。经过案例分析,作者总结出一种二元对立的分类法——恩庇关系可分为自愿和强迫性的,受庇护者可以分为独立受庇护者(clientes)和被释奴(freedmen)。自愿建立的恩庇关系遵循自愿原则决定是否维持到下一代,而随着殖民活动自动建立的恩庇关系则会自动延续到下一代。

　　第四章《城市恩主们做了什么》致力于考察城市恩主的行为,以回答他们有哪些义务,恩庇关系与公益捐助的异同,帝国时期恩庇关系有哪些变化。作为中间人的恩主在罗马城或者行省城市行使相关职责。他利用自己的关系和影响力来帮助地方大使们与罗马元老沟通,但恩主的职责和义务并不优先于罗马政治道德体系,而仅仅是其中的一部分。作为仲裁者的恩主则会仲裁一个城市的内部纷争。

　　在罗马恩庇关系中,恩主是否有义务给庇护对象提供礼物、公共纪念物和公共娱乐? 为城市慷慨解囊和恩主身份并不是紧密相连的,他们之间的联系也并非直接联系,这在普林尼的案例中得到印证。虽然存在既是恩主也是捐赠人的情况,但作者认为最好不要将其混为一谈,以免混淆社会关系。

　　帝国时期的恩庇关系发生了显著的变化,大部分恩主并不能提供政治上的调解作用,那为什么依然有大量的恩主存在呢? 他们可能越来越多地作为一种荣誉性的现象,而不再像过去那样提供实质性的服务。*patronus* 成为荣誉性称号,与之相对的,典型的恩主身份也发生了变化。在帝国时期,恩主越来越多地来自非元老阶层——骑士阶层和当地精英。在共和国时期,当恩主为元老院成员时,他们的受庇护者通常是意大利和行省的城市。元老院成员的恩庇关系影响着其受庇护者的利益,尤其是在罗马的利益(城市需要遣使到罗马上诉),然而在帝国时期,城市越来越多地从他们自己的公民当中招募恩主,这个变化在意大利十分典型;而当恩主为当地精英时,他们便很难去协调自己的城市和罗马的关系。

　　恩主的公共服务可能包括公益捐助,无论是义务性的还是自愿的。然而,这并不意味着恩庇关系就一定要将公益捐助囊括进来。在帝国时期,妇女和青年也可以成为恩主,"恩主"这个称号或许更多地体现出一种荣誉。因此,我们没有必要去追问恩主到底做了什么。既然它本身已经变成了荣誉称号,对帝国盛期的恩主研究便更关注它的授予缘由而非恩庇关系本身。

二、恩庇制度的时代变迁

在第五章《说希腊语的东部/帝国东部恩主的出现》中,作者聚焦于帝国东部说希腊语的地区。首先,在希腊语的用词方面,希腊人用εὐεργέτης(捐助人)称呼捐助者,格伦·鲍尔索克(Glen Bowersock)认为这个词代表了罗马人所说的恩主(patron),但他的证据限于希腊-拉丁语的双语铭文中,拉丁文 *patronus perpetuus* 翻译了希腊词汇εὐεργέτης(捐助人)。作者则指出,在其他铭文中,πάτρων καί εὐεργέτης(恩主和捐助人)这样的表达可能暗示二者实际上是不同的:εὐεργέτης(捐助人)是一种荣誉性的称呼,用于赞美那些进行了公益捐助或者打算进行公益捐助的人,拉丁语中并没有一个语义上能直接对应的词语。拉丁铭文一般都使用 *ob munificentiam*(由于慷慨)、*ob beneficia*(由于善举)和 *ob merita*(由于效劳)。

通过分析特奥斯(Teos)的恩主们、珀斯图米乌斯·阿尔比努斯(Postumius Albinus)、多米提乌斯(Cn. Domitius)、克罗丰敬奉梅尼珀斯的法令(Colophonian Decree honoring Menippos),艾勒斯发现帝国东部的恩主出现得比较晚。为什么这一现象最初出现在亚细亚地区而非别的地方,为什么这一机制在罗马人中已经活跃了近一个世纪,希腊世界才迟迟引入?罗马元老并不是主动的行为发起者,希腊城市也显然不会追求某种他们不知道的东西,可能希腊大使到罗马城之后才熟悉这种庇护机制。即使希腊人认识到罗马存在这一制度,他们也不一定知道城市这样的集体会拥有恩主庇护制度。如果确立恩主庇护制度的主动方是行省城市,那么如何解释这一现象就不应取决于元老院及其政策,而应该取决于行省的状况和需求的变化。

具体到亚细亚行省的情况,当地的收入主要由罗马包税人(*publicani*)收取。由于他们有权在亚细亚攫取高额的税收,便会试图将利益最大化,而在这种情况下,有能力保护行省利益的便是行省长官。在亚细亚被罗马控制以后,骑士阶层控制了法庭,被征服城市中的希腊人必须运用罗马的法律来捍卫他们自身的权利。被包税人剥削的行省城市对罗马的不满使他们转向支持罗马的对手米特拉达梯。他们在公元前 88 年参与屠杀罗马人和意大利人,这样的行为展现出他们对罗马人的愤懑,这也让人难以相信恩主庇护制度是通过**模**

仿而学来的。或许,恩主庇护制度的引进不是那么**直接**。城市向他们的行省长官和元老院成员寻求帮助,以保护他们免于包税人的剥削。在这样的背景下,希腊城市的罗马恩主应运而生。这时,恩庇关系的产生可能是为了保护行省的城市免除包税人的剥削。然而,这种情况可能只是复杂多元的历史中的一个面向而已。城市不仅与罗马商人产生纷争,还会与罗马行省长官、邻近城市产生纷争。城市也会追求特权和地位,试图避免别人蚕食自己的领土。在保持沉默与上诉元老院之间,亚细亚的城市选择了后者。罗马恩主庇护制度能够帮助他们在这方面取得一定的成效,尽管并不能保证他们上诉的成功。然而,这也不能证明恩主庇护关系作为一种机制有着十足的效力。

第六章《共和国晚期的城市恩主》展现出共和国晚期政客们与希腊城市的社会关系。作者通过整理铭文的数量发现罗马共和国晚期恩主变得更为普遍。有证据表明,在苏拉回到罗马和亚克兴战役期间,大约有 50 位罗马恩主出现在希腊城市,例如庞培和许多军团的副将(*legati*)。这样的罗马社会机制移植到了新的环境之后,是否仍旧有效地运行呢?

作者试图分两步解决这一问题。首先,恩主为行省的城市提供庇护是否常见,而对于城市来说拥有一位恩主是否也很常见? 总的来说,在共和国晚期的城市中,恩主应该是较为常见的。但就雅典而言,其铭文史料非常丰富,但却没有铭文提及恩主(πάτρωνες)。或许雅典人对自己的历史认知让他们拒绝这样一种接纳罗马恩主的趋势。其次,恩主庇护制度到底有多大的效用? P. A. 布伦特(Brunt)的论证提醒我们,拥有一位罗马恩主并不意味着能够解决行省所有的问题,不过他可能夸大了一些失败的案例。布伦特列出的那些人并不都是恩主,比如霍腾西乌斯(Q. Hortensius)并不一定是哈勒撒的狄奥(Dio of Halaesa)的恩主。作者十分重视使用材料中是否出现 *patronus* 一类的词汇,并坚持在理解恩庇制度的过程中应当更精确地区别恩主、捐助人、中间人和朋友等不同的身份和社会关系。艾勒斯重点分析了西塞罗提供的证据,他认为这位政客的法庭演说辞可能夸大了这些恩主的义务,由此来增加他们的罪恶感。西塞罗唯一认定的元老中的 *patronus* 就是西西里的恩主马尔科林努斯(Marcellinus),他对其庇护的城市兢兢业业,十分称职。然而,作者也指出,在解读西塞罗的材料时,我们必须意识到西塞罗并不关心恩主庇护制度如何实施,他唯一的兴趣便是赢得法庭的胜利,况且,恩主们的介入通常是在幕后实施的。

　　第七章《恩主庇护制的衰落》指出,元老级别的城市恩主在帝国东部减少得更为迅速,后来几乎消失了,然而这一机制在帝国西部得以保存,尽管也有所衰减。为什么会出现这样的情况呢? 首先,在帝国东部,这种机制在面对变化时显得更加不堪一击,城市恩主的机制是从罗马移植到帝国东部的,随之而来的还有借来的术语,例如希腊语当中的πάτρων(恩主)和πατρωνία(恩庇关系)。然而,在帝国西部,罗马文化和机制更加完整地融入其中,拉丁语成为通用语(lingua franca)。第二,在一些法律中,罗马的自治市(municipia)和殖民地(coloniae)有条款规定了设立恩主。正是这些规定确保了恩主庇护制度能够长期存在,如此一来,当地内部的政治讨论就不会过度地关注城市是否需要恩主,而是哪些人应被立为恩主。

　　接下来,作者探究了恩主庇护制度衰落的具体情况。在奥古斯都统治时期,城市恩主的机制在帝国的各个地区都开始走向衰落。对行省来说,拥有一位元老级别的恩主不再那么有吸引力。首先,一位恩主最主要的职责是保护他所庇护的城市的利益,尤其是在罗马发挥他的作用。因为罗马的政府主要由元老院主导,拥有一位元老级别的恩主对城市而言显然具有优势。但随着元首制的发展,元老的中介作用不再那么重要。元老们不再主导行省政策,行省和城市选择绕开元老直接上诉皇帝。在共和国时期,希腊的大使们通常乐于向元老寻求帮助,而帝国时期的大使直接被送到皇帝而非元老面前。这种变化并不难理解,因为这是在政治制度的过渡期间逐渐发生的,而非一蹴而就。不过,元老们仍然十分重要,因为他们仍然有权力对某些事务作出决断,而所谓的"好皇帝"会鼓励大使们到元老那里去解决问题。

　　说拉丁语的帝国西部城市出现了一种新的趋势,即将"恩主"这一头衔授予一些社会地位更低的人,尤其是那些有着当地人脉的政客。学者发现,不论是对个人还是对城市的大使来说,在元首制下的帝国要想与皇帝接触并非想象中那般困难。在说希腊语的帝国东部,城市精英十分擅长劝说的技艺,他们相信劝说一位皇帝的成功率与劝说任何罗马元老的成功率是一样的。在接下来的几个世纪,出现了许多著名希腊演说家成功上诉皇帝的案例。总之,在共和国晚期,城市恩主庇护关系之所以繁荣是因为双方都能受益——元老们以此提升个人声望,地方行省在法律事务中获益。然而,在元首制时期,这一情况发生了改变。帝国时期恩主的来源变得更加广泛,不再局限于元老阶层,骑士阶层和地方的议事会成员也能成为恩主。在帝国西部,这个称呼逐渐变为一种荣誉性头衔,而不再描述一种实际的关系。而在东部,这种移植而来的恩庇机制自然地衰落。过去,凯撒虽然是所有的城市的捐助人和拯救者,但他却不是一位恩主。而奥古斯都及其继承人对恩主庇护制度似乎也没有什么兴趣。

作者在结语中总结道,罗马作家们将罗马的国际关系描绘为恩庇关系只是一种比喻罢了,并不能完全反映罗马社会真实的情况。而这个比喻之所以有吸引力是因为罗马社会确实存在真正的恩主和受庇护者。

三、对恩庇关系研究的反思

艾勒斯对恩庇关系的理解与此前学者的不同在于,首先,不应轻易移植和接受社会学理论,以片面的"友谊"来理解这一现象,这会导致我们忽略罗马的特殊性。具体而言,罗马人的恩庇关系并非不平等的互惠交换,而是一种特殊的、独立的社会制度。在这种社会制度下,恩庇关系中的双方——恩主和受庇护人都受到了社会规范的制约。其次,尽管公益捐助和恩庇关系在史料中会出现共同的表达术语,但作者认为这二者通常并不会重叠。第三,他将个人之间的恩庇关系与涉及城邦的恩庇关系对应起来。第四,希腊人和罗马人之间的恩庇关系是否一致? 艾勒斯认为,希腊人借用或翻译拉丁文 patronus 这一术语意味着这是他们在移植外来的罗马模式。

那么,艾勒斯的观点有多大的说服力呢? 过去,萨勒等学者以社会学方法来理解恩庇关系的做法突出了恩主和受庇护人之间的不对等性。艾勒斯的理解方式实际上并非对萨勒的否定,而是一种补充,科恩拉德·韦伯文(Koenraad Verboven)如此评价。不仅如此,韦伯文还批评艾勒斯没有深入探讨法庭恩庇与一般恩庇之间的关系问题,并指出西塞罗和阿提库斯之间的关系问题。艾勒斯认为在西塞罗的时代,通过征服获得恩庇并不现实,韦伯文则质疑这点。[1] 韦伯文还针对第三点提出批评。艾勒斯对罗马恩主的研究以"自愿"和"非自愿"的二分法为基础,前者指普通恩主与受庇护者之间的关系,后者指恩主与被释放的自由人之间的关系以及通过征服行为产生的对城市的庇护。韦伯文认为,这种二分法可能会掩盖更多的事实,这也可能导致艾勒斯

---

[1] Koenraad Verboven (2003, June 19). [Review of the book *Roman Patrons of Greek Cities*, by Claude Eilers, 2002.]. Bryn Mawr Classical Review. https://bmcr.brynmawr.edu/2003/2003.06.19.

将同样的理解模式赋予个人恩庇和社群恩庇。

针对术语的移植,笔者认为这可能是由于罗马时期希腊铭文文化受罗马影响,在展示希腊人与罗马人的关系时运用拉丁文转译并不罕见,不一定意味着移植罗马的机制。毕竟自希腊化时代以来,希腊人与希腊化国王的关系为我们理解被征服的希腊与征服者之间的关系提供参考。在一些荣誉铭文中,建城者、拯救者等头衔同时被赋予公益捐助人与恩主。要进一步确定二者身份的区别,就要厘清恩主与城市关系的特殊性。

除此之外,皇帝在恩庇关系中的角色也有所争议。艾勒斯指出,皇帝不能被称为帝国的恩主,帝国也不能被视为一个恩庇关系网络,因为罗马人并不经常使用这些术语来描述他们的统治者或他们的帝国。对此,阿扬·饶德霍克(Arjan Zuiderhoek)批评道,"恩庇"互惠关系网络对罗马社会和政治生活的运作具有核心意义。[①]

总体上看,该作在诸多个案上对细节的理解有着更深刻的批判性认识,也更精确地解释了个案的复杂性。作者为读者提供的附录十分宝贵,有着丰富的史料原文及较为精确的英文翻译。然而,该作仍更多地从罗马的视角切入问题,希腊城市只是被作为研究对象呈现出来。实际上,鉴于史料的分布情况,他讨论的案例极少涉及希腊本土,大多是亚细亚地区的案例,不过这是帝国东部希腊世界(Greek East)研究之中的常态。

作者简介:白珊珊,四川大学历史文化学院、格罗宁根大学博士后,主要研究方向为古典文明史。

---

① Arjan Zuiderhoek, "Roman Patrons of Greek Cities by C. Eilers," *The Journal of Roman Studies*, vol.94(2004), pp.264 – 266.

教师在古罗马文明中的角色

——评《古罗马教师研究》

贾文言

2018 年 9 月 10 日,习近平总书记在全国教育大会上发表重要讲话指出:
"教师是人类灵魂的工程师,是人类文明的传承者,承载着传播知识、传播思
想、传播真理、塑造灵魂、塑造生命、塑造新人的时代重任。"可以说,教师作为
人类最为古老的职业之一,传道授业解惑成为其重要职责,在文明的延续与传
承中扮演着重要角色。在中国传统文化语境之中,以儒家学派为代表的传统
教师强调"以德服人""躬身垂范"以及"师道尊严"。那么,在西方文化的源头
古希腊罗马文明中教师扮演了怎样的角色? 相比之下,作为公民共同体,古希
腊城邦根据各自的实际,创造了与自己的制度和社会相适应的公民教育体系,
古希腊的苏格拉底、柏拉图和亚里士多德等哲学家也充分认识到了教育的价
值,并从哲学高度做出了理论阐释。那么,从城邦逐渐发展为帝国,并受到希
腊文化深刻影响的古罗马文明中的教师群体又是怎样的状态? 对此,上世纪
80 年代以来,罗伯特·A.卡斯特(Robert A. Kaster)对古代后期的文法家做
了研究①,丽萨·莫里斯(Lisa Maurice)对古罗马学校教师做了较为浅显的研
究②。国内学界,囿于资料和语言等问题,似乎尚未对该问题进行深入的研
究。但新近姬庆红教授的著作《古罗马教师研究》(人民出版社 2023 年版)开
启了国内学者对古罗马教师群体进行系统研究的先河。

---

① Robert A. Kaster, *Guardians of Language: The Grammarian and Society in late Antiquity*,
California: California University Press, 1988.
② Lisa Maurice, *The Teacher in Ancient Rome*, Maryland and Lanham: Lexington Books, 2013.

一

除导论部分的选题缘起、古罗马人对教育的记述与思考、中世纪以来相关资料的积累和汇编以及学界研究外,全书共分五章。

第一章介绍古罗马文教的历史背景,对罗马文教的形成、发展、转型以及衰落的过程进行了论述,展现了不同历史时期的古罗马教师群体所处的不同的历史背景。通过把古罗马的教师群体植入到错综复杂、剧烈变化的时代大局,为动态地理解这一群体的工作状态和生存处境,体会他们在古罗马文教历史乃至西方文化史的重要地位做好了铺垫。

第二章是古罗马家庭里的"教师"。主要分析罗马历史上的家庭教育传统,认为罗马的家庭教育传统并没有因为共和制的崩溃而消亡,即便在学校教育占主导地位的帝国时期也延绵不绝。在这一家庭教育传统之下,"父亲即教师"这种传统教育模式是古罗马教育的主要特色,并成为古罗马精英所推崇的理想和践行的典范。

第三章是古罗马学校教师。主要探讨古罗马各级学校的教师状况,认为很多有文化的希腊奴隶涌入罗马城,充当了罗马人的教师,建立起希腊式的三级教育体系。公元前1世纪出现了由罗马演说家创办的拉丁演说术学校,罗马人用拉丁语教学的三级教育体制已经基本确立。在具体的分析过程中,一方面展现了昆体良笔下的理想教师形象,另一方面又着重分析了现实条件下的学校教师的工作环境、课程教学以及学校里的师生关系。

第四章是分析古罗马教师的社会地位。作者认为,古罗马教师的社会地位,整体上来说是较低的。一般而言,教师级别越高,社会地位也就越高。随着社会转型、时局动荡和信仰变迁,他们也有地域之间的横向流动以及阶层升降的纵向流动。这种流动不但不会撼动罗马奴隶制社会的阶级性,反而一旦进入更高的社会阶层,他们通常会成为现有等级秩序的维护者和捍卫者。

第五章是古罗马国家与教师。作者认为,共和国时期的罗马人一直坚持认为"教育是个人的事情","父亲即教师"是最好的教育模式。但这并不意味着罗马政府对教育就是放任自流的。在公元前2世纪和公元前1世纪,罗马政府曾对违背祖制、伤风败俗的教学活动采取过严厉的舆论监督和立法取缔等措施。帝国时期,随着学校教育的快速发展,帝王们与教育家们都意识到学校教育对帝国发展和统治的重要作用,以及教育对公民日后履行公共职责和在私人生活中的预备性作用。因此,罗马政府在对教育加力鼓励与扶植的同时,也加强了干预与渗透。

二

纵观该著作,不难发现它具有如下几个特点:

第一,在研究主题上,以古罗马教师群体为主线进行立体式和全景式深描。该书研究的旨趣并不仅仅在于了解并呈现这一知识分子群体在罗马时期命运的独特性和丰富性,更在于通过研究他们来展现人类历史中知识分子命运的共性,即在社会现实中所面临的社会关系的繁杂性、多面性和复杂性。因此,在具体行文过程中,该教师群体广泛涉及父母、教仆以及家庭教师等对象,着重展现他们的生存状态,对他们的工作环境、组织教学、以师生关系为中心的人际关系、政治地位、经济收入以及家庭生活等进行了近距离的观察和分析。这为更好地了解古罗马不同时期的文化和教育特征,加深对其等级社会与精英文化的认识,以及对西方教育制度、教育目标和价值观的理解奠定了基础。

在具体的分析过程中,作者并非局限于罗马教育的静态描述,而是注意到了罗马教育在数百年发展过程中的动态变化。例如,在古希腊教育和古罗马教育的关系上,马鲁认为古代西方只有一种教育体系,即由柏拉图、伊索克拉底确立的课程体系,古罗马的教育不过是古希腊教育的模仿和延伸,这否定了古罗马教育中的创新。作者在对该问题进行考察时,强调罗马人从完成大征服到西塞罗时代,罗马城邦的拉丁文化受到希腊文化的全面影响,日益发展成新型的希腊-罗马文化,此时的罗马教育是带有拉丁精神的希腊式教育制度(第52页)。这一动态式考察无疑使得古罗马教师群体的形象更趋立体,更好地展现了古罗马教师群体的全景。

第二,在研究范式上,综合运用古代文献与借鉴批判吸收近现代学者的学术观点相结合。在古代文献的使用上,作者综合运用与罗马教育相关的历史、人物传记、戏剧、小说和诗歌等文献资料,广泛搜集纸草文献、石棺、陶瓶、铜镜和马赛克等考古文物。这些文献资料与考古文物共同构成了本专著的研究基础,这大大增强了立论的可靠性。

与此同时,作者不仅在学术梳理中展现了近现代学者对该问题讨论的历程与流变,而且在对具体问题进行探讨时,能够借鉴批判吸收近现代学者的学术观点。例如,在分析奥索尼乌斯所记录的波尔多教师群像图的价值时,作者介绍了霍普金斯和斯金纳对该史料的分析,认为霍普金斯将其作为研究罗马帝国后期社会流动的重要资料,但斯金纳对霍普金斯的这一做法提出了批评,认为这些文学资料的漏洞和疑点太多,许多地方需要重新解释。作者对于斯金纳的这一分析并没有盲从,而是在批判分析的基础上提出了自己的认识,认为斯金纳对霍普金斯的批评具有一定的合理性,但斯金纳否定了霍普金斯对其他教授的统计和分析,批评过于严厉,有失公允。在此基础上,强调尽管波尔多教授的政治流动只是议员阶层和寡头阶层的内部流动,但也算是社会流动的一种形式(第252页)。

更难能可贵的是,在此基础上,作者还尝试使用历史学方法,借鉴教育学、新文化史和社会学等相关的理论与方法,对古罗马教师群体进行多维度的探索。

第三,在研究观点上,通过严谨、细致、系统的分析,在一些问题上提出了独立的学术见解。得益于系统搜集和综合运用多种类型的古典文献,以及对近现代学者学术观点的批判和吸收,作者在分析的过程中,不拘泥于成见,在与国内外同行展开学术对话的基础上,提出了新的认识。例如,在分析"背教者"皇帝朱利安在西方宗教历史上是极具争议的人物时,作者引述了当代人阿米安和格里高利、中世纪教会的评价,展现了朱利安多元、矛盾的形象主要源于他对基督教的公开背叛以及复兴多神教的改革,强调自古典晚期以来,人们对这场改革保持着浓厚的兴趣,并取得了丰硕成果。对此,作者敏锐地意识到对朱利安评价的核心在于如何评价《教师资格法令》和一封被认为是针对基督教徒教师的"信件"。在爬梳学术界对该问题研究的基础上,认为两个教师法令所体现出的精神,符合朱利安一贯主张的宗教宽容、说服和非暴力原则的政治道德,采用的是合法、温和的训诫手段,而非前辈皇帝的血腥迫害政策,故而两个教师法令算不上严格意义上的宗教迫害,也谈不上是公开迫害的转折点。基督教会之所以将之视为朱利安迫害基督教的主要罪证之一,主要是源自格里高利等教会精英对基督教的现实利益和未来发展的担忧,仅从宗教斗争角度对之过度解读的结果。更重要的是,两个教师法令促使教会精英对基督教哲学与实践做出反省和探索,加快了整合古典文化中有益因素的步伐,成为基督教文化战胜古典文化的"意外"契机(第303—335页)。

三

尽管作者对古罗马的教师群体进行了深入研究,但在研究方法、论著结构以及个别结论上,仍有进一步调整的空间。

第一,关于教师个体的研究。由于古代罗马国家并没有现代意义上的教师数据统计,精准的数据统计几无实现的可能,对这一群体的研究更多依赖于古典文献的感性认识。在这种情况下,个案研究成为深化这一群体研究的有效途径之一。但遗憾的是,除了作者对昆体良的理想教师和西塞罗的教育思想进行分析外,更现实意义上的教师个体并没有成为其分析对象。如最早的罗马家庭教师李维乌斯·安德洛尼乌斯(Livius Andronius),熟悉希腊文化且与大加图、西庇阿家族熟悉的恩尼乌斯(Ennius),在罗马行省西班牙推行罗马教育的昆图斯·塞多留(Quintus Sertorius),晚期斯多亚学派的重要代表人物、且为尼禄老师的塞涅卡等都是在罗马教育史上都留有痕迹的教师。对这些教师的出身、成长经历、教学过程、经济生活、兴趣爱好、社会交游等略施笔墨,有助于使教师群体中的个体形象更趋立体,而对他们面对罗马社会变迁与政治冲击的反应进行研究,则更能展现教师群体在这一过程中的调适与规避。

与此同时,作为教师群体相对应的学生群体,尽管不是写作的重点,但并非是可以忽略不计的。通过对学生个人及其受教情况的描述和分析,不仅有助于展现教师的授教效果,而且更能体现罗马贵族、罗马行省精英作为受教者在面临希腊文化、基督教文化冲击时如何认定自身的文化归属和身份认同。当然,这一写作的难度要比对教师个体的描述和分析更为困难,但通过斯特拉波等个体例子的分析为窥一斑而知全豹留下了一定的空间。

第二,关于本书的写作结构。如第五章,即古罗马国家与教师,该章的本意是通过梳理古罗马国家与教师的关系,来展现罗马国家对教育的鼓励和控制,以维护其统治。但是,如果考察古罗马国家与教师关系背后的逻辑,那么重要的并不是两者之间的关系本身,而是这背后所体现出的罗马国家运用政权力量对希腊文化和基督教文化的排斥和抵制。从这个意义上讲,本章似乎直接放在第一章"古罗马文教的历史背景"之后更合乎常理。经过这一调整,第一章和第二章实际上都成为全书写作的宏大背景。如此调整的意义,实际上是使得本书的研究意义进一步得到提升,即通过研究古罗马的教师群体,探讨罗马文化如何应对希腊文化、基督教文化的冲击,由此理解古典文化的命运。

第三，关于希腊文化、罗马文化与古典文化的命运。其实该问题贯穿了全书的始终，但核心阐述集中体现为结语中的一段概括，即"从文化史角度说，古罗马教师作为希腊文化的主要载体，推动了罗马的希腊化、希腊文化罗马化和西部蛮族地区罗马化的进程，对罗马教育的进步和希腊罗马文化的传播做出了巨大贡献。……在蛮族入侵、基督教成为国教的漫长过程中，古典文化元气大伤，辉煌不再。"（第339—340页）但需要注意的是，尽管罗马人引进了希腊人的教育制度，建立了三级教育体系，但希腊文化对罗马影响的广度和深度都是有限的。古典文化的衰落与晚期罗马帝国所遭遇的危机密不可分，它是随着罗马历史的演进而逐渐被社会的上层和广大民众所抛弃的。当罗马皇帝君士坦丁采取一系列宗教政策来保护和促进基督教的发展，并尝试用宗教信仰的基督教文化来教化民众时，其实罗马帝国的统治者已经背离了古典文化。

历观我国国内古代罗马史的学术发展，相关的研究领域呈现出不断扩大的趋势。从最初着眼于格拉古兄弟改革问题，罗马文化的发展与社会变迁、政治发展，罗马共和国政治制度史等政治史的研究，之后扩展到罗马城起源、罗马历史人物、罗马经济、基督教、罗马史学、罗马帝国等各个领域的具体问题研究，但相对集中于罗马共和时代的政治史研究等领域。近年来古代罗马史研究开始涉及古代罗马的城市、地方行省等领域。该书以古代罗马的教师群体为考察对象，深入探讨古代罗马国家的教育问题，是我国罗马史研究进一步细化、研究领域逐步扩大的具体体现，也将成为国内外学者深入研究相关论题的基础。

作者简介：贾文言，曲阜师范大学历史文化学院副教授，主要研究方向为古典文明史。

还原古典世界的黑色面孔
——评冯定雄著《希腊罗马世界中的黑人研究》

徐灏飞

众所周知,现代西方社会不乏对黑色人种的歧视和敌意。为了论证黑人在西方社会自古就处位卑下,不少种族主义者把这一现象"追溯"到西方历史的源头——希腊罗马时代,认为黑人地位之卑下,渊源有自。然而,史实究竟如何? 浙江师范大学冯定雄所著《希腊罗马世界中的黑人研究》即围绕古典世界的黑人地位问题,展开了有益探讨,大大增进了我们对古典世界黑人形象、黑人地位的认识。(以下简称《黑人研究》)

一、对古典世界的精细考证

希腊罗马史研究在我国学科建设中的地位远不如它在西方社会的教学体系中的地位。对其语言、历史、文化等的研究,有一套学问体系——古典学。追溯词源可知,"古典学"一词,可追溯至拉丁文的"classicus"。相传,在罗马王政时期,其第六位国王塞尔维乌斯曾依据财富将罗马公民分为五个等级,其中最高、最富有的等级被称为"classicus"。之后,罗马作家采用这一词汇来指代"最高等级、最优秀的希腊作家"。到了文艺复兴时期,拉丁语写作的学者进一步沿用该词,用以统称所有古希腊罗马作家。而据《牛津英语词典》考证,英文"classic"一词于1613年首次出现,原意为"第一流的"。从17世纪至今,该词在英语中经历了从广义到狭义的发展。广义上,它泛指所有"一流的、经典的、可作典范的"事物;狭义上,则特指整个古希腊罗马文化,这也是汉语"古典学"所采纳的含义。在这一特定语境下,"古典学"还有其内部更为精确的定义,即专指两个古典时期:公元前 480 年至前 323 年的古希腊时代,以及公元前 1 世纪至公元 1 世纪的古罗马。①

就研究内容言,古典学以其卓越的深度,不仅深入探讨了古希腊罗马的政治、哲学、艺术等多个领域,还为我们揭示了这些文明对西方乃至全世界历史进程的深远影响。

近年来,随着国际学术交流的日益频繁与深入,汉语学界逐渐盛行"古典学"一词,其中一个尤为引人瞩目的概念便是"修昔底德陷阱"。这一概念与古典学紧密相连,近年来在中国社会广泛流传,甚至连普通民众也对其有所耳闻。有些国际关系学者更是认为,这一概念受到广泛追捧,从一个侧面反映出古典学在国际关系领域的巨大影响,修昔底德的智慧无疑为现代国际关系的研究与实践提供了深刻的启示。以至于有人说,修昔底德教育了现代人。②

总之,古典学,或者说希腊罗马史具有其深厚的学术价值和不容忽视的现实意义。然而,在我国,由于语言壁垒、资料匮乏以及相关研究人才短缺等原因,古典学起步较晚,基础尚显薄弱。古典学在中国的扎根问题尤为突出,于是就有了像张巍先生这样的知名古典学学者的呼吁,他指出,18 至 19 世纪的德国浪漫派文化便是接受希腊文化的杰出典范,他们不仅在发掘和消化古希腊文化的过程中获得了滋养,更在此基础上创新出富有时代活力的思想体系。这也正是他关于古典学在中国能够发挥作用的理想蓝图。他坚信,每个时代都能在古典世界的宝库中寻找到自身所需的古典精神,并期望古典学能够像佛学传入中国那样,深深扎根于这片土地,催生出新的文化形态。③

结合这样的学科背景,再品读《黑人研究》一书,其学术价值和深远意义便愈发凸显。作者以细腻入微的笔触,在《黑人研究》一书中勾画了希腊罗马时代社会生活的绚丽画卷。他既深入浅出地剖析了希腊罗马人的世界地理观、宗教意识与艺术审美,又引领我们穿越时空的隧道,亲身体验那个时代的独特韵味,进一步领略古典学的无尽魅力。尽管篇幅有限,但书中仍有诸多值得称道之处,仅列举数点,便足以见其精彩纷呈。

如在《黑人研究》中以生动的笔触详细阐述了希腊罗马人对世界地理的独特认知。作者描绘道,早期的希腊人曾构想人类所居住的世界宛如一个巨大

---

① 张巍:《古典学的基本研究范式》,《中国社会科学报》2010 年域外版。
② 詹瑜松:《古典学的建设与困境》,《世界历史评论》2023 年第 10 辑第 4 期。
③ 高峰枫:《古典学研究的津梁》,《读书》2024 年第 1 期。

的圆形盘子,四周被广袤无垠的大洋河所环绕。太阳每日自大洋河之边升起,又在另一端悄然落下。从远古希腊的曙光到罗马帝国辉煌落幕的漫长岁月里,希腊罗马人眼中的"世界"具有双重意义:一方面,是他们观念中的"世界",即他们对赖以生存的地球的深刻理解,当然,这种理解的核心无疑是地中海世界;另一方面,是他们实际统治的"世界",即他们的疆域和势力范围,尽管这些疆域在不断扩张,但其核心地带始终围绕着地中海地区。[①]

又如《黑人研究》对希腊罗马人的宗教神话进行了深入的剖析,尤其聚焦于埃塞俄比亚的神秘传说。作者指出,古希腊人对于黑人形象的描绘,最早可以追溯到荷马史诗所构建的"荷马式童话"。在这个框架内,埃塞俄比亚不仅被描绘为人类所能触及的最遥远之地,更被想象为希腊众神的乐土;而埃塞俄比亚人则被赋予了最虔诚、最敬畏并深深信仰希腊诸神的特质。(第 66—68 页)尽管古风时代的希腊人对埃塞俄比亚的认知有所拓展,但这种认识仍然紧密地扎根于荷马的传统之中,缺乏实质性的突破。即便到了古典时代,希腊人对埃塞俄比亚人的认识有所深化和细化,但整体上,这种描绘仍然是对荷马式童话的延续和重复。即使在希腊化时代,这种认知模式也并未发生根本性的改变,埃塞俄比亚及其人民在希腊罗马宗教神话中依然保持着那份神秘而独特的地位。(第 86—87 页)这一分析不仅为我们提供了理解希腊罗马宗教神话的新视角,也无形中增强了这些古老神话的清晰度和内在深度。

特别值得一提的是,《黑人研究》对希腊罗马不同时期黑人绘画作品的比对、分析和介绍,更是充分展现了作者严谨细致的考证功力。他通过对这些绘画作品的深入研究,不仅揭示了黑人在希腊罗马社会中的地位和角色,也几乎是以深描的笔触,为我们提供了理解那个时代多元文化交融的宝贵视角。《黑人研究》指出,希腊艺术品中黑人绘画主题常折射出希腊人对黑人的真实态度。在早期希腊艺术中,黑人形象常与战争题材交织,这些描绘与希腊神话交织紧密,但黑人形象的艺术展现略显生硬,缺乏精细的刻画。(第 110 页)然而,随着艺术的发展,到了古典时期,随着希腊人对非洲和东方认识的加深,希腊艺术在继承早期风格的基础上,对黑人的描绘手法有了显著的进步,展现出了新的艺术风貌,其作品中的黑人形象更加具体。(第 117 页)到了希腊化时

[①] 冯定雄:《希腊罗马世界中的黑人研究》,社会科学文献出版社 2022 年版,第 57 页。为行文方便,下引该书时,仅在正文中标示页码。

期,黑人艺术主题则发生了显著的变化,它们不再局限于宗教神话的框架,而是更多地触及了世俗世界的多个层面,如题材涉及现实生活中黑人小男孩的刻画,对各种黑人职业者(歌手、舞者、演讲者、拳击手、浴室侍者、赛马师、乞丐等)的描绘。(第121页)这种转变不仅丰富了艺术作品的内涵,也成为整个希腊化时期艺术风格的一个鲜明标志。

因此,尽管《黑人研究》一书的主要研究焦点是希腊罗马世界中的黑人群体,但凭借其广泛而深入的题材,它无疑是一部小百科式的缩写。这部作品为我们提供了一个生动且独特的视角,让我们能够更全面地观察和理解古代希腊罗马社会的多元面貌。

二、对西方种族主义的有力批判

著名历史学家克罗齐曾有一句名言:"一切真历史都是当代史。"这句话有时候也会被别有用心者反向运用。如种族主义者在寻求自身合法性的过程中,恰恰热衷于从历史资源中挖掘证据,试图用古老的历史来论证白人至上、黑人卑下的身份区别是天经地义的。为此,他们精心挑选并不惜曲解希腊罗马历史事实,以证明这种不合理的种族等级制度具有天然性和永恒性。而在《黑人研究》一书中,冯教授通过绵密的历史考证,驱散了这个幽灵的谎言。

《黑人研究》以古罗马文学为例,指出其中关于黑人的描绘总是被现代种族主义者错误地视为现代种族歧视的源头。然而,经过探究发现,其真相却是罗马文学中所涉及的对黑人身体特征的描绘并非纯粹贬损,而是交织着褒贬,它更大程度上表现为一种相对客观中立的态度。如果再做深究的话,又可认为,这些描绘更多地映射出古罗马对黑人在其复杂社会结构中角色的定位,其根本目的则在于维护罗马的等级制度和社会稳定。详论之,古罗马最初的社会等级划分并非基于种族特征,而是血缘关系。因此,罗马民众对黑人的态度与其他"外邦人"无异,既有正面的评价,也不乏负面的偏见。罗马人的这种笔触,与其说是种族主义的展示,不如说是罗马中心主义的体现,与作为近代社会产物的现代种族主义并无直接的历史联系(第182页)。

同样,《黑人研究》在艺术领域也探究了这个问题。《黑人研究》认为,罗马时期的黑人艺术作品在风格和主题上均继承了希腊时代的精髓。这些作品不仅展现了与罗马诸神共生的黑人,还描绘了作为罗马高官贵族或富人的黑人形象,以及各行各业的从业者。这些描绘与种族主义学者所主张的黑人在罗马社会中地位低下的观点大相径庭,它们真实反映了古罗马对多元文化的包容与尊重。这与种族主义的旨趣也是风马牛不相及。(第200页)

除了借用希腊罗马故人的说辞贬低黑人外,罗马时代兴起的基督教也是他们炮制攻击口实的利器。对此,《黑人研究》围绕基督教在构建埃塞俄比亚人形象方面的作用,对其"种族主义思想渊源"进行了深刻的剖析。

《黑人研究》首先揭示了希伯来圣经中"古实"一词的复杂含义,指出除《创世记》外,所有提及的"古实"均指向同一地方——埃及南部的埃塞俄比亚。历经两千多年的学术沉淀,学者们普遍认为,希伯来传统中的"古实"正是对埃塞俄比亚的指代。而随着基督教的传播,其在埃塞俄比亚的足迹也充满了丰富的历史传说。这些故事涉及示巴女王与所罗门王的传奇、基督使徒或耶稣门徒的福音播撒、使徒腓利与埃塞俄比亚太监的相遇、红海贸易网络的推动、弗鲁门修斯在阿克苏姆的传教,以及"九圣徒"使命。显然,埃塞俄比亚人——古典世界中的黑人群体,他们不仅是"圣经故事"中不可或缺的重要角色,更是为教会基石奠定功勋的使徒。(第232页)

结合上述圣经故事和基督教发展史,《黑人研究》进一步指出,早期基督教教父常将埃塞俄比亚人描绘为地处世界尽头的异邦人、未开化的野蛮人,但他们同样也被视为外邦人皈依基督的典范。初期基督教希腊教父,如奥利金等人,曾从神学角度解释黑人的肤色,认为他们因"神光的特殊照耀"而"被太阳晒黑",进而被贴上了"被晒黑的坏人/恶魔"的标签。然而,教父们更强调的是,信仰上帝和皈依基督能够跨越民族、种族、性别和地位的界限,使所有人,不论肤色,都能成为神的子民,共享神的光辉。在这里,肤色不再是衡量一个人是否光明圣洁的尺度。(第327页)

不过,《黑人研究》也发现,早期基督教作家在描绘埃塞俄比亚人肤色时,由于深受希腊罗马传统观念的影响,会将他们描绘为生活在"日落处"和"日出处"的遥远之地的居民,因接近太阳而肤色黝黑。随着教义的发展,一些基督教作家在阐述教义时,有时会错误地将皈依前的埃塞俄比亚人的黑性与异教者、野蛮人、恶人和邪恶等负面标签相联系,对他们进行了不恰当的贬低和丑化。这或许就是基督教种族主义的渊源。(第328页)

最后,《黑人研究》细致剖析了希腊古典时代以来在地中海地区就流传甚广的"埃塞俄比亚瘟疫发源地说"。这一观点自公元前5世纪末便盛行于整个地中海,即便在14世纪欧洲黑死病猖獗之时,仍有人坚信瘟疫的源头在埃塞俄比亚。这一理论,其根源深植于古希腊的传统之中,它延续了对埃塞俄比亚及其人民的固有认知,不仅展现了古希腊人对于这片土地和人民的看法,也体现了罗马人对古希腊文化认知的继承与发展。《黑人研究》透过这一视角,让我们得以一窥古希腊罗马人(包括基督教传统)对古代黑人的真实态度。可以发现的是,无论是希腊传统中的起源,还是罗马传统和基督教传统中的演变,都可以清晰地看到,这些传统中从未出现对埃塞俄比亚人"黑性"的贬低,更无偏见与歧视的阴影。(第 361 页)

综合上述理路之后,《黑人研究》由古及今,对种族主义进行了批判,特别是针对古典学者本杰明·艾萨克(Benjamin Isaac)原始种族主义(Proto-racism)学说的批判。本杰明·艾萨克从环境决定论、获得性特征的遗传、环境决定论与获得性特征的遗传的结合、政府的组成与形式以及本土性与纯血统、古典时代的帝国主义与奴隶制度等多个方面入手,试图论证种族偏见和固执并不是西方的发明,而是在希腊罗马时代就已经出现了所谓的"原始种族主义",已经出现了为自己的优越性和他者的低等性而努力寻找真理性基础和系统性基础的人。这些为近代西方所继承。对此,《黑人研究》指出,不仅所谓的"原始种族主义"在希腊罗马社会并不存在,且其概念本身就已经被偷换篡改——希腊罗马社会只有民族、部落、族群、外邦人之类的群体概念,并无种族一说。再者,古典时代传世材料方面的不足,也是产生本杰明·艾萨克原始种族主义说的原因。最后,《黑人研究》认为,与其说原始种族主义是一种古代的发明,还不如说是现代的想象。(第 405 页)

三、对西方中心论的新回应

根据迈克尔·温特尔《欧洲中心论:历史、认同、白人的负担》一书所做的梳理和归纳,"欧洲中心论"的名词形式及其形容词形式"欧洲中心的"(Eurocentric)在概念形成上,并没有太悠久的历史渊源。该词在 20 世纪 60 年代初才开始引起人们的注意,并在 1964 年的早期人类学文章中出现了"Europocentrism"这一表述,它特指以欧洲和欧洲人为核心,将两者视为全球文化、历史、经济等领域的中心。而"西方中心论"(Westocentrism)则是"欧洲中心论"的扩大,它不仅将欧洲或西方视为世界(历史)的轴心,更是无视甚至贬低其他地区人民的历史,这种观念深刻反映了西方狭隘的民族主义、种族主义和地域主义。

同时,随着地理大发现和海外探险的浪潮让欧洲国家迅速崛起为全球舞台上的主导者,构建了庞大的殖民帝国,这种在政治、经济和文化上的绝对优势,使得西方文明被普遍视为全球文明的标杆,为西方中心论提供了坚实的物质基础。

在这样的历史背景与现实环境下,西方古典学的发展与应用确实容易陷入为西方中心论涂脂抹粉的误区。这种片面强调西方优先的价值观,最终会以傲慢和偏见的姿态垄断话语权,扭曲历史的真实面貌,甚至亵渎知识的本质。因此,推动古典学走向世界,并鼓励中国学者深入参与古典学的研究,不仅具有深刻的学术价值,更承载着时代的重大意义——对西方中心论也提出了有力挑战,揭示了多元文化的价值。《黑人研究》的问世,正是将这一理想转化为现实的契机,并展示了更多的可能。

第一个可能是,中国学者也可能深入西方古典学内部探讨问题。

没有西方文化背景和深厚传统的中国学者,要在此领域提出创新观点或超越前人成就,确实是一项艰巨的任务。毕竟长期以来,受限于"先天不足"和古典学传统难以全面移植的困境,我国的古典学研究主要聚焦于典籍译注、工具书编撰和专题研究。其中,典籍译注占据核心地位,正如玄奘等高僧以译经为首要贡献。这种局限使我们在古典学领域长期跟随西方学者的步伐,难以突破既有框架。然而,《黑人研究》最终成功地突破了这些限制,深入探索了西方学界长期以来颇具争议的课题。亦或许正是其非西方文化背景和外来者的视角,为我们带来了"横看成岭侧成峰"的视野,不仅揭示出不同的学术风景,并有望为中国话语在西方古典学中发声提供有力支持。

第二个可能是,非西方文化不会永远屈从于西方文化,那些曾遭受压迫与歧视的群体,同样可能找回并确立自己在历史中的主体地位。

作为有色人种,黑人自西方开辟新航路以来,便遭受了深重的苦难与不幸。这一历史现象不仅凸显了西方殖民主义对黑人及其他有色人种的压迫与剥削,也揭示了全球范围内种族不平等问题的严重性。而人种的平等与文明的平等被普遍视为人类社会的应有之义。因此,《黑人研究》通过对古代作家笔下埃塞俄比亚人形象的深入剖析,揭示了西方社会对黑人及有色人种的偏见与歧视的历史根源,以及这些偏见如何影响近现代社会的种族关系。这种深入揭示黑人历史地位的努力,显然,不仅有助于黑人社群找回其在历史上被忽视或遗忘的主体地位,也为所有有色人种在学术和社会领域找回其应有的历史地位提供了重要支援。同时,《黑人研究》也呼吁重塑非洲中心主义和非洲哲学,通过建构"非洲主动性"的方式,并不歪曲其他"非中心"研究事实的研究态度,真正恢复"被忘却"或"丧失"的非洲历史。这一工作对于瓦解长期以来占据主导地位的西方中心论具有积极意义,有助于推动全球范围内对种族平等和文明多样性的深入认识和尊重。

第三个可能是,中国古典学学科体系的构建,符合古典学的人文主义诉求。

百余年前,古典学在西方鼎盛之际,尼采就重估"荷马问题",他觉得"荷马死了"。众所周知,荷马是古典文化的象征,"荷马死了"意味着古典文化也死了。汉森和希思两位古典学教授在20世纪末发出振聋发聩的质问:"谁杀死了荷马?"最后,他们直指凶手是包括自己在内的古典学家。他们虽成功批判了古典文明中的弊端,但过度热衷理论探讨,忽视了对古典文化本身的实践。也就是说,古典学虽然表面繁荣,实则危机四伏,现代与古典的张力日益显现。所以,古典学的衰落并非因其"不现代",而是"太过现代",它过于依赖工具理性而忽视人文情怀。① 与此不同,从《黑人研究》中体现的中国古典学的情怀,恰是寓情于字里行间,高举人文大旗,通过唤醒古典记忆,去平等而强烈地关怀每一个族群。

在当前的学术环境中,古典学的研究依然面临着不小的挑战和困境。西方霸权在学术界的深远影响依然显著,西方理论框架依旧占据人文学科的主导地位,为其他非西方文化和历史的研究设置了一定的障碍。然而,正是在这样的背景下,《黑人研究》无疑为我们提供了宝贵的启示和动力,它不仅在学术上取得了重要的成绩,更鼓励我们勇敢地挑战传统,挖掘古典文化的深层价值,为推动古典学研究的进步贡献自己的力量。

作者简介:徐灏飞,华东师范大学历史学系博士研究生。

---

① 詹瑜松:《古典学的建设与困境》,《世界历史评论》2023年第10辑第4期。

一部罗马波斯关系史新著

——《罗马波斯战争研究》读后

杨皓然

　　《罗马波斯战争研究(公元前 66 年至公元 628 年)》①是西北大学中东研究所龙沛博士在 2024 年出版的新书。本书论述的是近东地区的两大帝国——罗马和波斯在公元前 66 年至公元 628 年之间的战争。罗马人与波斯人为争夺西亚地区进行了长达 7 个世纪之久的政治、军事、宗教和文化较量。正如作者所说"双方交往的方式以战争为主,但战争背后牵涉东西方两大文明之间在各个领域和层次的全方位对抗"。② 罗马波斯战争在罗马史、伊朗史和世界历史上起到重要作用,但在国内的研究中则较为少见。因此本书可以说弥补了国内伊朗古史的研究不足,研究罗马波斯时代有助于构建中东前伊斯兰文明与伊斯兰文明之间的序列链,也有助于理解伊朗文明的延续性和断裂性,对于前伊斯兰时期中西贸易和交通史研究也有相当价值。③

　　全书分为七章,介绍了罗马波斯战争的研究缘起、罗马波斯战争的原因和背景、晚期罗马共和国与帕提亚帝国的战争、早期罗马帝国与帕提亚帝国的战争、晚期罗马帝国与萨珊帝国的战争、早期拜占庭帝国与萨珊帝国的战争,最后作者从地缘政治、国际体系与文明交往角度出发,对罗马波斯战争进行理论解读。

　　第一章作者结合国内外研究现状,分析了罗马波斯战争研究的选题缘由

---

① 龙沛:《罗马波斯战争研究(公元前 66 年至公元 628 年)》,北京:中国社会科学出版社 2024 年版。
② 龙沛:前引书,摘要第 1 页。
③ 龙沛:前引书,第 4 页。

以及研究方法。

第二章讲述了亚历山大到庞培：罗马波斯战争的起因和背景。从塞琉古王朝的衰落正式讲起，帕提亚国王米特里达梯一世带领帕提亚王国开始登上国际政治舞台，向西不断进行扩张。帕提亚与塞琉古之争双方各有胜负，直至米特里达梯二世时期，帕提亚帝国基本建立了在西亚的霸权，进入了全盛时期。与此同时，罗马也不断向东扩张，设立亚细亚行省，最终罗马与帕提亚双方爆发了米特里达梯战争，也因此地中海世界和中东世界形成了在塞琉古王朝衰落后以罗马和波斯为首的两极对峙格局。

第三章讲述了晚期罗马共和国与帕提亚帝国的战争，作者从亚美尼亚问题入手，结合阿庇安的记载，指出了罗马与帕提亚两大帝国对亚美尼亚的干涉，通过亚美尼亚内政中的"小提格兰事件"来展现罗马帕提亚的地缘博弈与霸权争夺。紧接着作者分别介绍了克拉苏两次对帕提亚的东征（公元前 53 年卡莱战役）罗马惨败，卡莱战役后激发了帕提亚帝国的野心，于公元前 40—前 38 年开始了帕克如斯的西征，成功突破了罗马东方防线，动摇了罗马的东方统治，但帕提亚军队最终在公元前 38 年的吉达鲁斯山战役中全军覆没，对帕提亚国内政治局势造成了冲击，作者也同时强调了帕克如斯西征对罗马和波斯双方的重要影响。在接下来的安东尼远征中，由于亚美尼亚的背叛和安东尼的个人指挥致使罗马失败。本章最后，作者结合该阶段的克拉苏东征、帕克如斯西征和安东尼远征三次罗马波斯战争的原因背景、参与力量和后续结果，分析了晚期罗马共和国与帕提亚帝国战争的特点。

第四章讲述了早期罗马帝国与帕提亚帝国的战争。首先梳理了奥古斯都至克劳迪时期罗马、帕提亚的"冷战"关系，分析了产生的原因，并对这一时期的两大帝国的关系进行了梳理回顾。其次探讨了尼禄时期、图拉真时期、哈德良和安东尼·庇护时期的罗马—帕提亚战争及关系演变，其中包括几位罗马皇帝对帕提亚帝国的外交政策。尼禄时期的罗马波斯战争主要围绕亚美尼亚（公元 58—63 年）展开，作者用近代英俄殖民以及美苏在阿富汗的博弈来形容亚美尼亚在罗马与帕提亚战争中的角色。[1] 公元 2 世纪的图拉真对帕提亚的远征是罗马帝国时期规模最大的远征，是鼎盛罗马与衰弱帕提亚的斗争，直至哈德良和安东尼·庇护时期双方才回归和平状态。紧接着马可·奥勒留时期

---

[1] 龙沛：前引书，第 142 页。

和塞维鲁时期罗马、帕提亚均发生战争,两时期的战争和安东尼瘟疫的爆发使罗马从安东尼盛世跌落,使帕提亚加速衰落,美索不达米亚的西北部被永久纳入罗马帝国的行省之下。双方战争频发,罗马也将迎来"3世纪危机"。本章最后,作者介绍了卡拉卡拉东征与尼西比斯会战,会战以帕提亚人的惨胜而告终。同时作者分析了萨珊帝国取代帕提亚帝国背后的内在逻辑。

第五章介绍了晚期罗马帝国与萨珊帝国的战争。前半部分讲述了阿达希尔一世、沙普尔一世时期的罗马波斯战争以及奥勒良至卡鲁斯时期的罗马波斯关系的变化。阿达希尔一世基本扭转了帕提亚帝国晚期四分五裂的局面,罗马和波斯在阿达希尔一世时期基本打成平手。沙普尔一世对罗马帝国进行了三次战争,作者从沙普尔一世以铭文充分分析了沙普尔一世时期萨珊帝国的外交政策。通过三次对罗马的战争,沙普尔一世获得大量战俘和财富,得以在萨珊帝国境内进行大规模的城市和工程建设。[1] 在亚美尼亚基督教化后,4世纪罗马波斯关系转型,直接改变了萨珊帝国长期奉行的宽容基督教政策,由于基督徒的原因,两大帝国关系再度恶化,由此引发了公元337—363年的沙普尔二世与罗马帝国的战争,罗马帝国在远征中遭受失败,最终约维安与沙普尔二世缔结和约。紧接着进入到罗马帝国与萨珊帝国对亚美尼亚的瓜分,萨珊获得了亚美尼亚的大部分领土,两大帝国在斡旋下进入"5世纪和平"。

第六章介绍了早期拜占庭帝国与萨珊帝国的战争。作者首先对5世纪罗马、波斯出现的和平局面进行解析,分析了两国关系中出现的新的交往模式和影响因子。紧接着介绍了"阿纳斯塔修斯战争""伊比利亚战争""拉齐卡战争""高加索战争"的始末,作者通过一系列的战争指出了高级宗教与帝国政策的紧密结合以及罗马、波斯两大帝国内部宗教教派的多元性是诱发罗马波斯战争在6世纪重新爆发的重要原因。[2] 该时期也曾出现过短暂的和平局面,公元562年"50年和平协定"结束了拉齐卡战争,公元591年和平协定结束了高加索战争,但和平局面极为短暂,签订后不久便夭折。最终在公元602—628年,罗马波斯再度爆发大战。尼尼微战役后,拜占庭希拉克略皇帝赢得了大战的胜利。随着萨珊波斯最后的战败,再无与拜占庭争霸的可能,罗马波斯长达7世纪之久的斗争基本结束。

---

① 龙沛:前引书,第213页。
② 龙沛:前引书,第263页。

第七章作者从地缘政治、国际体系与文明交往角度出发,对罗马波斯战争进行理论解读,也是本书的一大亮点,将在本书亮点中进行评述。

本书的亮点之一首先在于对史料的应用。由于罗马波斯战争时间跨度大、涉及国家地区广,因此本书作者对于史料的运用和把控是极为关键的。作者使用了大量希腊罗马(拜占庭)文献史料,而此部分史料因数量多、内容丰富也成为本书史料的主要来源,因此古典作家的著述依旧是重要史料。例如:在交代米特里达梯战争的背景、经过和影响时,作者充分参考了阿庇安在《罗马史》中的论述:米特里达梯战争给罗马人带来的最大的收益是使罗马人领土的边界从日落之处扩张到幼发拉底河。^① 再比如作者通过罗马史家查士丁在《腓力史摘要》的记载,分析了庞培废黜塞琉古王朝和将叙利亚变为罗马行省的原因和经过。书中不论是论述哪一阶段的罗马波斯战争,希腊罗马史料都是不可或缺的,且占比极大。同时作者仍旧注意地理学相关著作,如斯特拉波的《地理学》、老普林尼的《自然史》等,历史变迁、山川地理和文化风俗的记载都成为本书考察罗马波斯战争时要关注的背景。还有考古实物资料,对于奥古斯都确立在亚美尼亚的主导地位一事,作者还找到了公元前 19 年发行的奥古斯都银币上的铭文"征服亚美尼亚"来进行佐证。^②

除了希腊罗马史料,作者还运用了大量非希腊罗马史料,包括犹太史料、亚美尼亚史料、波斯史料、古典伊斯兰史料。这些非希腊罗马史料的筛选与利用,为本书史料运用增加了更大的亮点,也使得罗马波斯战争研究结论更客观和公允,而非偏向罗马或波斯的任意一方。亚美尼亚一直伴随着罗马波斯战争的始末,因此亚美尼亚史料也就成为该研究史料运用中的重要组成部分。在谈到亚美尼亚基督教化进程时,作者依据摩西的《亚美尼亚史》中对伊比利亚国王米利安三世改宗基督教,尼诺成为格鲁吉亚基督教会的圣徒和奠基人的记载指出,亚美尼亚的基督教化进程深刻影响到伊比利亚在古代晚期的宗教文化变迁。^③ 罗马和波斯对亚美尼亚的争夺与瓜分充分体现了两帝国间的博弈与争霸所带来的影响。关于对亚美尼亚的瓜分,在公元 387 年,罗马、波斯将亚美尼亚一分为二,签订《埃克盖茨条约》,萨珊帝国得到了原亚美尼亚的

---

① 转引 Appian, *Roman History*, 17.119。
② 龙沛:前引书,第 131 页。
③ 龙沛:前引书,第 226 页。

五分之四,罗马得到五分之一。① 在讨论罗马、波斯瓜分亚美尼亚时,作者结合大量亚美尼亚史料及国内外相关著述,指出对亚美尼亚的瓜分为罗马—拜占庭帝国以普世基督教帝国姿态插手波斯、亚美尼亚问题提供了借口,客观分析了瓜分亚美尼亚对罗马与波斯双方的不同影响。

此外,非希腊史料中最重要的是波斯史料。作为伊朗古史研究的新著,研究罗马波斯双方战争的历史,波斯史料肯定是更加重要的。书中使用了大量波斯史料(考古资料、文献资料)铭文等等,打破了波斯史研究中"唯希腊罗马史料论"的固有研究不足。文献方面,作者使用大量波斯语文献,例如利用《丁卡尔德》《万迪达德》《班达喜兴》来研究琐罗亚斯德教的教义及波斯民族的宗教观和世界观。利用中波斯语法律和行政文书,如《教义问答》《伊兰沙赫尔诸省府志》等,这些文献对于作者研究帕提亚—萨珊时期伊朗的政治制度、政教关系和社会治理有重要帮助。除此之外,作者还参考了大量波斯史的论著,如《剑桥伊朗史(第三卷)》等。考古资料中包括铭文、印章、钱币和纸草。最为典型的是铭文,在谈到公元 253—256 年沙普尔一世对罗马帝国的征伐时,作者引用了沙普尔一世的铭文。先利用铭文解释沙普尔一世征伐罗马帝国的原因,指出"罗马帝国干涉亚美尼亚致使沙普尔一世带领帕提亚对其宣战"这一说法只是借口,实则沙普尔一世的真实目的则是趁乱掠夺罗马帝国的财富和领土。紧接着作者进一步分析沙普尔一世铭文,铭文中详细记录了该时期帕提亚对罗马帝国洗劫的地区,共计 37 座城市和地区,作者在此基础上,结合不同的记载又进一步推测沙普尔西征的路线和攻掠城市的顺序,对城市的名字、位置加以再次确认和界定。最终沙普尔一世在公元 256 年攻陷罗马帝国叙利亚首府安条克。② 纵观作者在论述沙普尔一世在公元 253—256 年的西征时,依据的就是铭文史料,利用沙普尔一世铭文的内容,分析西征的真实目的和整个过程。正如作者所说,岩刻铭文是帕提亚—萨珊时期官方纪史的主要表达方式,集中体现了帕提亚—萨珊王朝的政治理念和意识形态,是对波斯君权神授的理念、在位君主赫赫武功以及波斯宫廷生活的直接反映。③ 综上,波斯史料的大量运用有力地打破了伊朗古史研究中唯希腊罗马史料论,将波斯乃至

---

① 亓佩成:《亚美尼亚文明史》,北京:中国社会科学出版社 2024 年版,第 118 页。
② 龙沛:前引书,第 199—202 页。
③ 龙沛:前引书,第 34 页。

西亚的史料加以整理和利用,有助于解决罗马波斯战争研究中的史料时空断层的问题,避免了地中海主义倾向等问题,史料运用上的创新,开辟未被过多利用的波斯史料,虽然数量较少,但可以增进结论的客观性。

本书的另一大亮点在于尝试以地缘政治、国际体系和文明交往三大理论作为解读罗马波斯战争体系的依托。罗马波斯战争持续时间长、涉及地域广,是希腊罗马文明同波斯文明的终极对决,造成了对世界历史极为深远的影响。在国际关系学理意义上,罗马波斯战争的结局也凸显了古代世界随着国家平均规模的扩大导致进攻性现实主义困局。[1] 因此作者采用现代国际关系理论来建构古代欧亚大陆整体史,有力地解读了现代东西方文明冲突的历史根源,拓宽了国际关系史研究范畴,表明了古代世界也是存在国际关系与国际体系的,突破了"威斯特伐利亚体系的框架"的国际关系理论。

首先是地缘政治。作者在书中注重地理空间对罗马波斯两大帝国战略产生的影响,同时注重战争中帝国疆域的变化、边界的调整及附庸国体系的变化。例如作者在谈到早期罗马帝国与帕提亚的战争时曾提到,帕提亚帝国基本放弃从幼发拉底河中段入侵罗马领土的冒险策略,转而将亚美尼亚作为保障帕提亚西北边疆安全的核心战略依托,并全力使亚美尼亚脱离罗马帝国的控制并成为帕提亚的属国。[2] 紧接着作者根据塔西佗的记载指出帕提亚人声明要恢复阿契美尼德王朝的西部疆域。作者研究罗马波斯战争时充分考虑地理空间与疆域变化对波斯政策的影响,深入考虑到两国在西亚和东地中海地区的疆域领土结构的不同。包括对亚美尼亚这一地区的争夺,作为战略缓冲地带,作者从地缘缓冲国家角色的角度探讨了亚美尼亚对两大帝国关系所起的作用,对帕提亚—萨珊帝国而言,亚美尼亚高原与伊朗高原在地势上紧密相连,对亚美尼亚的控制程度将直接决定波斯的西北边疆安全态势。同时由于亚美尼亚高原与两河平原一高一低的战略态势,亚美尼亚的向背又将极大地影响波斯在两河流域核心区域的统治。因此,在罗马波斯战争中,往往是帕提亚—萨珊帝国一方首先就亚美尼亚问题发难,或是扶植亲波斯的亚美尼亚国王,或是直接军事入侵,或者两者兼而有之。而罗马一方则针锋相对以军事力

---

① 龙沛:前引书,第 9 页。

② 龙沛:前引书,第 129 页,转引 Rolf Michael Schneider, "Friend and Foe: The Orient in Rome", in *The Age of the Parthians*, ed. Vesta Sarkhosh Curtis and Sarah Stewart, *The Ideal of Iran, Vol. 2*, London: L B. Tauris Publishers, 2007, pp. 50 – 86。

量除掉亲波斯的亚美尼亚统治者(或令其倒向罗马)以维持亚美尼亚的两属态势,从而保护罗马东方诸行省的侧翼安全,必要时罗马军队则借道亚美尼亚山地对波斯人的核心领土(伊朗高原或两河流域)进行防御反击甚至惩罚性远征。[①] 从亚美尼亚在罗马波斯两方艰难斡旋生存到公元 301 年改宗基督教到国家被罗马和波斯两大帝国瓜分,政治实体灭亡,探讨罗马波斯关系中亚美尼亚因素时,作者一直紧扣地缘政治理论,注重突出亚美尼亚因素与罗马波斯疆域变化,以及附庸国体系、缓冲区演变等之间的关系。

　　国际体系理论更是亮点,作者首度将核心、中间、外围行为体的互动理论运用在古代国际关系的研究之中。从地理空间上看,罗马波斯战争三大行为体在欧亚大陆中央地带形成以罗马—波斯为核心、双方交界带缓冲国为前线、北侧欧亚草原带和南侧沙漠带国家为外围的垂直交叉结构。作者在书中也曾用图示突出三大行为体之间的关系。核心行为体显然是罗马(拜占庭帝国)与波斯帝国(帕提亚与萨珊王朝)。前者代表西方地中海帝国,后者代表西亚中东帝国。全书围绕核心行为体进行论述,深入讨论了两大帝国在公元前 66 年至公元 628 年的全部战争以及关系演变的历史。不过在探究核心行为体关系的同时,作者又着重中间行为体和外围行为体,中间行为体和外围行为体与核心行为体是互动的,且核心行为体之间的关系会受到中间行为体和外围行为体的影响。高加索(亚美尼亚王国)、两河流域和阿拉伯沙漠北侧诸王国共同构成罗马波斯战争的中间行为体。带来最直接影响的还是亚美尼亚,如前文所述,亚美尼亚直接影响罗马波斯双方的外交和军事政策。亚美尼亚被瓜分之后,受宗教影响,尽管罗马只得到了亚美尼亚的五分之一领土,但给了罗马正当的宗教理由,加大了罗马对亚美尼亚在宗教上的干涉,也加大了罗马与波斯(两大核心行为体)的对立。同时作者也没有忽略犹太人这一中间行为体的作用,指出犹太人在罗马波斯战争中基本是亲波斯反罗马,但也曾在公元 1 世纪反抗过帕提亚帝国的统治,犹太人的立场变动也时刻影响着罗马波斯战争的走向。再如在谈到早期拜占庭帝国与萨珊帝国的战争时,作者讲到了公元 542 年春,库斯洛一世率军入侵叙利亚一事,根据普罗科比的记载,莱赫米人同波斯人协同作战,最终在库斯洛一世回国前,占领了当时已没有拜占庭驻军

---

① 龙沛:前引书,第 396 页。

防守的卡里尼库姆要塞。至此,罗马波斯人结束了公元 542 年的战役。[①] 作者充分考虑了中间行为体因素在罗马波斯战争中的作用及带来的影响。外围行为体包括北侧欧亚草原带和南侧沙漠带(阿克苏姆、也门)国家,外围行为体国家也对罗马波斯战争有着重要影响。作者在分析罗马"3 世纪危机"的国际背景时,其中有一条"萨珊波斯人与哥特人的军事挑战使得罗马帝国在东方和黑海前线两头作战疲于应付并屡战屡败"。[②] 此时哥特人已经成为南俄草原的霸主,因此哥特人和萨珊波斯的结合在对罗马的战争中获得了极大的胜利,外围行为体影响战局走向。还有在论及匈人威胁时,罗马与波斯放弃了长期敌对的关系,联手对抗匈人的威胁,双方进入了"5 世纪和平"。可见外围行为体极大地影响了罗马波斯关系的变化以及战局的演变。综上,利用核心、中间、外围行为体的互动,来研究罗马波斯战争是本书最伟大之处,也是研究古代国际关系的首创。

关于核心、中间和外围行为体的互动理论,也给予笔者很大的启发和思考。笔者将把该理论用于希腊波斯关系研究之中。公元前 478 年至公元前 386 年雅典与斯巴达关系演变过程中,波斯因素成为不可忽略的一部分。因此在接下来的研究中,笔者将利用核心、中间和外围行为体的互动理论来研究公元前 5—前 4 世纪初雅典与斯巴达关系中的波斯因素,将雅典、斯巴达与波斯视为核心行为体。雅典与斯巴达的对峙中,波斯通过直接或间接的干预一直参与其中,根据自身的利益或支持雅典,或支持斯巴达,波斯不同地方总督利益不同,支持的对象也不同,总之在雅典与斯巴达的长期斗争中波斯从中获利。中间行为体是雅典同盟的城邦、伯罗奔尼撒同盟的城邦以及其他的一些希腊城邦。例如,米利都作为中间行为体影响着雅典、斯巴达与波斯之间的关系。从率先与波斯结盟到首倡反波斯起义引发希波战争,希波战争中雅典与斯巴达联合共同对抗波斯侵略者。再如,小居鲁士担任萨迪斯总督时,米利都曾一度有意归于小居鲁士,但被提萨佛涅斯所控制,二人在米利都开战,波斯大王并不反对二者交战。[③] 提萨佛涅斯和小居鲁士在米利都开战也时刻影响着波斯总督对雅典与斯巴达的政策,乃至影响到最终斯巴达与提萨佛涅斯、法

---

① 龙沛:前引书,第 306—307 页。

② 龙沛:前引书,第 411 页。

③ 晏绍祥:《米利都与波斯:专制帝国中地方共同体的地位》,《世界历史》2015 年第 3 期。

那巴佐斯合作的相继失败,与小居鲁士达成同盟。而对于雅典、斯巴达、波斯来说,小亚细亚地区是争夺的主要中间地带,波斯派往小亚细亚行省的三任总督也正是为波斯在这一地区的利益而与雅典、斯巴达周旋。再比如,塞浦路斯也是中间行为体,雅典远征塞浦路斯的目的也是逼迫波斯与之签订和约。外围行为体包括埃及、中亚等国。特别是埃及,公元前 465 年埃及爆发起义,雅典援助埃及,致使在该时期波斯无力干涉希腊内部事务,埃及作为粮仓,影响着雅典、斯巴达与波斯核心行为体之间的关系,因此雅典远征埃及一可以获得丰厚的报酬,二可以打击波斯,并让其无法干涉自己与斯巴达之间的关系。波斯采用金元外交的手段意图让斯巴达入侵阿提卡,遭拒。波斯仍唆使斯巴达等城邦来牵制雅典,逼迫其从埃及撤走。① 因此,塞浦路斯(中间行为体)—埃及(外围行为体)与核心行为体的互动致使关系走向发生变化,直至《卡里阿斯和约》的签订。综上,核心、中间与外围行为体的互动理论同样适用雅典—斯巴达—波斯关系的研究,这是本书给予笔者的研究中最大的帮助之处,也是笔者最为深度思考之处。

　　文明交往互鉴理论的应用。作者在文明交往的理论下研究罗马波斯战争,重申了对于"文明交往需要在充分吸收外族智慧的基础上保持自身的传统特性和交往的主动性"②的理解。作为代表东西方的两大文明,罗马和波斯帝国在战争中也有文明的碰撞与交往。亚历山大的希腊化遗产和居鲁士大帝的阿契美尼德遗产在某种程度上构成罗马波斯战争不断爆发的文化心理机制。罗马波斯战争是西方文明同东方文明交往与冲突的典型,另外作者认为在国际体系的理论下,地缘对抗关系和宗主—附庸关系使罗马波斯战争中的文明交往又突破了游牧世界与农耕世界以及东方文明与西方文明的界限。③ 另外,作者在论述战争的同时,从没有忽略对两大文明内部的探讨。例如,从宗教角度可以反映作者注重文明交往互鉴理论,宗教因素的作用也正体现文明碰撞与交融。罗马波斯战争加强了萨珊帝国的中央集权,从外部激化了宗教、统治集团的矛盾。萨珊统治者偏袒基督教、忽略僧侣集团,最终导致统治集团内部混乱,加速了帝国的衰落,进而为阿拉伯伊斯兰文明的到来奠定基础。书

---

① 刘洪采:《希腊波斯关系研究(公元前 478—386 年)》,复旦大学博士学位论文,2004 年。
② 转引彭树智、刘德斌、孙宏年、董欣洁:《世界历史上的文明交往》,《史学理论研究》2011 年第 2 期,第 4—19 页。
③ 龙沛:前引书,第 417—418 页。

中作者将宗教与地缘政治相结合,阐明双方在不同时期的宗教政策以及宗教对战争进程的影响。再如,查士丁尼时期巴勒斯坦地区的撒玛利亚人(Samaritians)因为和当地基督徒关系紧张发动叛乱,查士丁尼对波斯人才有了和谈之意。① 可见宗教上的对峙一度伴随罗马波斯关系的进程。罗马波斯战争致使麦加成为新的枢纽,这为伊斯兰教的传播提供了契机,为波斯在宗教上从传统琐罗亚斯德教进入伊斯兰文明奠基。罗马波斯战争推动了欧亚草原游牧帝国的兴替进程,影响范围和领域极其广泛,甚至对华夏文明都有着重要影响。因此从文明交往的角度来看,罗马波斯战争展现了古典地中海文明(希腊化文明与基督教文明)与西亚中东文明(琐罗亚斯德教与阿契美尼德遗产)的对峙、交往与交融。两大帝国的对峙开辟了中东的中古时代,为伊斯兰文明的崛起提供了肥沃土壤。作者在全书把握文明史观的发展进程,强调罗马波斯长达7个世纪之久的战争中农耕文明与游牧文明相融合,贸易与外交制度的交往、生态文明的交往和宗教领域的冲突与传承等,没有忽略战争在精神文明层面带来的重要影响。文明互鉴视域下,多样化的文明在罗马波斯战争的大背景下进行了交融与碰撞,突破希腊化与波斯化的两种说法,作者从文明交往互鉴的理论出发来研究罗马与波斯的关系,有利于东西文明的互鉴,同时采取跨学科的研究方法,结合历史学、文献学、考古学、地缘政治学、国际关系学、文明理论等多种交叉学科及理论进行综合性研究,推动人类命运共同体的构建。

综上,作者从地缘政治、国际体系和文明交往多重理论视角切入罗马波斯战争研究,同时在新的理论框架下,构建古代世界国际关系与国际秩序的研究框架,这是本书主要创新之处。

下面笔者将尝试提出一些本书中有待继续深入讨论和思考的问题。1. 受限于语言条件,本书绝大部分史料为英译本,可适当查阅一些古希腊语、拉丁语和(中)波斯语以及楔文文献,以便所使用的史料与所得出的结论更加客观。2. 可能受制于篇幅,作者没有将每一个阶段罗马波斯战争的特点在每章后进行总结。第三章晚期罗马共和国与帕提亚帝国的战争,作者在章末对该时期的罗马波斯战争的特点进行了整理,分析了该时期战争的一些规律性因素,指出该时期的战争对此后罗马与波斯双方彼此认知、交往方式和对外战略都有

---

① 龙沛:前引书,第287页。

着深刻的影响。同时从文明交往的角度指出了对于罗马和波斯而言，亚历山大希腊化遗产和阿契美尼德王朝的波斯遗产同样深厚持久，被后世帝国反复模仿使用，构成了罗马波斯战争反复爆发的文化动力机制。[①] 作者将本时期罗马波斯战争所反映出的规律性因素和特点一一进行了分析和整理。但在随后的章节中没有看到对每一时期的罗马波斯战争的特点进行分析，因此可在每章最后像第三章一样加入对该时期战争特点的分析，使结构更加清晰，结论更加明确。3. 可将经济贸易因素移入罗马波斯战争的研究之中，罗马波斯双方的战争对于经济贸易的影响也是极为关键的。例如：罗马与波斯在对印度的贸易上曾进行过争夺。罗马与印度的贸易一直持续到萨珊王朝时期，萨珊王朝后来控制了贸易路线，在印度河地区建立了霸权。伊朗与印度的持续交往，是建立在伊朗人控制印度港口之上的。[②] 因此笔者认为可加入罗马波斯战争中的经济贸易因素，了解双方在经济贸易领域的对峙与霸权争夺，有利于更全面地理解战争在经济方面带来的影响。4. 可将罗马波斯战争与希腊波斯战争从背景、战况、影响、后世观念与历史记忆的角度进行比较研究。

　　无论如何，《罗马波斯战争研究（公元前 66 年至公元 628 年）》一书是一部很好的阐述罗马波斯关系，反映伊朗古史的学术专著，行文流畅，语言简洁，该书选题创新、史料丰富，此外作者的研究综述也很清晰全面。如在论述晚期罗马帝国与萨珊帝国的战争时，涉及古代晚期高加索基督教王国与萨珊帝国的关系研究，[③]作者仍能整理出涉及的每个小领域的研究现状，并提出自己的观点。总的来说，本书对于罗马波斯的战争研究得极其透彻，运用丰富的新材料和现代国际关系理论框架来解读古代世界的国际关系，罗马波斯战争共同塑造了罗马人和波斯人的交往和历史记忆，本书对于该问题的研究有利于重申帕提亚—萨珊时期伊朗历史的连续性，能够反映学科前沿研究成果，有利于加强东西方古典文明的交流与互鉴。

作者简介：杨皓然，西南大学历史文化学院、希腊研究中心硕士研究生，主要研究方向为古典文明史。

---

① 龙沛：前引书，第 127 页。

② Christopher Brunner, "Geographical and Administrative Divisions: Settlements and Economy", *Cambridge History of Iran*, Vol. 3, Cambridge: Cambridge University Press, 1983, p. 757.

③ 龙沛：前引书，第 225 页。

《古希腊经济和政治》评介

刘 豪

　　徐松岩教授多年来致力于古希腊经典文献的译注工作,已出版希罗多德《历史》、修昔底德《伯罗奔尼撒战争史》和色诺芬《希腊史》三部经典古希腊历史著作。最新出版的《古希腊经济和政治》乃是疫情期间徐松岩教授与多位青年学者合作完成,是一部古希腊经济、政治经典史料文献集。该书选译、评注了希腊古典作家色诺芬7篇涉及古代希腊经济发展和政治制度的短篇论著,包括《家政论》《论财源》《斯巴达政制》《阿格西劳斯》《希耶罗》《论骑兵队长》和托名色诺芬的《雅典政制》,是西南大学希腊研究中心、中希文明互鉴中心又一重要科研成果。

　　色诺芬(约公元前444/前431—约前350年)是希腊古典时期著名的历史学家、文学家、经济学家、军事家、思想家。他著述颇丰,且是极少数作品得以全数保留、流传至今的希腊古典作家,传世著作中归于他名下的共有15部(包括托名的《雅典政制》)。他在历史学、文学、政治学、经济学、军事学、教育学等方面均有重要贡献,因撰写《希腊史》《长征记》等史学名著,与希罗多德、修昔底德并称为古希腊三大历史学家。

　　色诺芬生活在希腊世界格局从"有序"到"无序"的历史时期,在他生活的年代,雅典、斯巴达和底比斯先后取得希腊地区霸权。雅典贵族出身的色诺芬在动荡的局势中积累了丰富经历。据学者考证,色诺芬可能在希腊和波斯曾亲历多次重要战役,可能在雅典骑兵队中服役。而据《长征记》记载,他本人于公元前401年应客友普罗克塞努斯之邀,加入小居鲁士的军队,成为希腊雇佣军的一员。小居鲁士战死后,他作为希腊雇佣军的五首领之一,肩负起率军队返回希腊的重责。公元前 399 年前后,其时霸权正盛的斯巴达在小亚细亚地区与波斯军队交战,在雇佣兵的请求下,色诺芬又为斯巴达人效力,并在此期间与斯巴达国王阿格西劳斯二世结识。他深受阿格西劳斯器重,两人迅速成为挚友,他于公元前 394 年随阿格西劳斯前往斯巴达,此后常年居住在伯罗奔尼撒半岛,直至离世。

色诺芬阅历丰富、视野开阔,他青年时期是苏格拉底的学生,接受了新思想与新教育;壮年时是行军征战的军事长官,开阔了眼界,增长了见识。他本人亲历众多重大历史事件,在多种因素的影响下,他提笔记录下自己所处时代的巨变。由于他本人与小居鲁士和阿格西劳斯等人的特殊关系,他的作品中有较为明显的亲波斯、亲斯巴达倾向。然而,这并不代表他不喜欢自己的母邦雅典,相反,他对雅典有十分深厚的感情。从他作品中对雅典与其他的城邦的评价来看,他对雅典有一种"怒其不争"的复杂情感,这也是他在外旅居多年后仍坚持将两个成年的儿子送回雅典效力的原因。尽管色诺芬特殊的个人经历和复杂的个人情感,使得近现代一些西方古典学者对其部分著作的史学价值的评价较低,但由于其著作讨论的内容丰富,且有较为完善的传抄谱系,部分著作还得到了出土文献残篇的证实,其史料价值不言而喻。总之,色诺芬的论著是研究古希腊经济、政治、军事和社会的重要材料,这是徐松岩教授等选译色诺芬论著的主要原因。

《古希腊经济和政治》收录的短篇论著经过译者精心挑选,创多部古希腊史上的第一,如《家政论》是第一部专门探讨经济学(家政学)的著作,《论财源》是第一部专门讨论财政学的著作,《阿格西劳斯》是第一部传记体史学著作,《论骑兵队长》是首部专门探讨骑兵的军事著作,还有第一部专门讨论斯巴达政制、雅典政制的政治学著作。这些论著均是研究希腊古典时期经济与政治的经典文献。

《家政论》借苏格拉底和雅典富裕的土地所有者伊斯科马库斯的对话,将色诺芬自身对财产、价值等问题及相关概念的辨析,对家庭责任分工的划分和对农事劳作的考察融入其中;透过三组对话,色诺芬深入讨论如何管理家政,如何训练和使用奴隶,合理使用劳动力,选购哪种奴隶管家,娶什么样的妻子,以使私有财产有所增加;对话中还讨论了社会分工问题,探讨农业的重要地位及其与其他行业的关系,甚至涉及土地买卖和投机等问题。《论财源》着重讨论增加其财政收入的种种途径,色诺芬概述了雅典的自然资源,指出雅典应当在和平时期通过增加侨民及税收、促进商业贸易活动和开采银矿等来恢复经济,该篇所提增加雅典财政收入的几种可能手段虽带有理想化色彩,但一定程度上反映了"同盟战争"后雅典的经济状况。《斯巴达政制》是一部讨论斯巴达政制,或者说是讨论斯巴达人生活方式,探讨斯巴达国势兴衰的专著,具体内容涉及斯巴达公民婚姻制度、生育状况、青少年教育、军事训练、公餐制度、禁止经商谋利等,还论及监察官制度、长老议事会制度和国王制度,色诺芬通过回顾来库古斯的立法,指出斯巴达人遵从优良法制是其强盛的重要原因。《阿格西劳斯》是色诺芬为拉栖代梦国王阿格西劳斯二世作的颂辞,他记述了阿格西劳斯的生平事迹并称赞其卓越统治,同时还记载了这位国王在位时(前398—前360年)斯巴达国势由盛而衰的若干重大历史事件,如斯巴达称霸、与波斯对抗、科林斯战争等,为研究公元前4世纪上半叶斯巴达史提供了宝贵材料。《希耶罗》记载了叙拉古僭主希耶罗与睿智诗人塞蒙尼德斯之间有关"幸福"的对话,对话围绕着平民生活与僭主生活的优与劣、快乐与痛苦展开,塞蒙尼德斯从大众的视角出发,认为僭主生活中的快乐一定远远多于平民,而体验过平民和僭主两种生活的希耶罗却以自己的经验予以反驳,该篇实际上记载了僭主如何治理城邦的重要信息。《论骑兵队长》着重讨论骑兵指挥官的职责以及骑兵的技术性问题,色诺芬作为具有丰富军事经验的军事指挥官和骑手,熟谙骑兵的培养、训练和作战过程,该篇为后世提供了雅典骑兵的选拔、审查、训练和演习状况,以及他们的组织、布阵、行军、装备和生活情况等历史信息。《雅典政制》是一篇托名色诺芬的文章,从写作时间和文风上看,它很可能不是出自色诺芬之手,近现代学者通常称该篇作者为"老寡头",但近年来研究表明,该篇作者更像是一位年纪尚浅、态度温和的贵族寡头;作者着重论述了其时雅典如何以民主制的方式处理公共事务,并对贵族寡头派提出的反对民主制的观点予以驳斥;作者自始至终以贵族寡头的口吻,一方面贬抑平民百姓,另一方面又论述了雅典平民治邦理政的合理性,为客观、全面了解雅典民主制实际情况提供了极为珍贵的原始史料。

正因所选短篇史料价值高,译者在译文处理上十分考究。所有的译文均逐字逐句参考比对西方学界已有的译本、评注本,力求译文精准。总体上看,译笔流畅,注释精详,反映出译者具有较高的学术水准。《家政论》《论财源》《斯巴达政制》和《雅典政制》其实已有中译本,但中译本出版时间较早,存在较大修订空间。而《阿格西劳斯》《希耶罗》《论骑兵队长》三篇涉及政治与军事的论著均是首次有中译本出版。值得一提的是，有多篇论著直接由古希腊文译出，十分难得，足见译者学力。

不仅如此，由译者撰写的长篇序言，汲取国际学界最新研究成果，介绍了色诺芬的生平信息，分析了其所处时代主要特征，简要说明了他的主要著作和相关抄本，并讨论了其经济思想；序言就作品的历史背景及其学术贡献，进行了深入剖析和客观公正的评价。每篇译文前均有题旨详细说明该篇的结构与论点，读者结合题旨和页下评注，能更好地理解每篇论著的内容与思想。该书还有 4 篇附录，由徐松岩教授整理、撰写：《古希腊历史大事年表》大致涵盖色诺芬生活年代，有助于读者了解色诺芬所处时代的历史背景；《古希腊历法简述》介绍了古希腊人在生产实践中所使用的历法，帮助读者理解选译短篇中提及的农事时间；《伪色诺芬雅典政制的史料价值》阐述了该史料撰写的历史背景及其史料及史学价值；《古代"希腊"的起源与流变》梳理了"希腊"概念史，指出"希腊"在古代作为地理、族群、文化的概念，其内涵是动态演进的，其历史是真实存在的。附录文章能帮助读者进一步了解色诺芬笔下的希腊社会，该书精选的 22 幅插图也有助于读者理解丰富多彩的文本内容。

《古希腊经济和政治》主译徐松岩教授曾在《关于翻译修昔底德著作的几个问题》一文中，指出翻译在某种意义上是一种"再创造"，从《古希腊经济和政治》的译文、序言、题旨、评注与附录中所体现的译者的深厚学养来看，该书已不仅仅是一部古代经济政治文献史料选译集，更是一部理解和研究色诺芬及其所处时代的学术指南，该书的出版一定程度上体现了国内学者研究色诺芬和希腊史的最新进展，具有重要学术价值。笔者坚信，《古希腊经济和政治》能为海内外广大中文读者全面了解古希腊文明提供便利，不论是普通读者还是专业学者均能有所收获。

作者简介：刘豪，西南大学历史文化学院博士研究生，研究方向为古希腊史。

怀念学友

"徜徉在西方古典文明的海洋中"：怀念陈思伟教授

李　杰

陈思伟教授的英年早逝在史学界引起了一片叹息，他的同学、同事和故交写了不少悼念文章，回顾与他的交往，称赞他的为学和为人，如今读来，仍然让人感伤。2024 年 5 月 19 日，在陈老师辞世周年之际，徐松岩师发来消息，询问是否可写一篇短文以作纪念，我也认为这是表达追思较好的方式，遂应允下来。两个月过去了，却迟迟未能动笔，一方面是潜意识里不愿揭开一年前那段悲伤的记忆，但更多是担心浅薄空泛之言难以诠释陈老师的高洁品格与学术成就。开始动笔是在暑假，与他交往的记忆碎片再次在脑海中汇集。

一、亦师亦友：与陈思伟教授的交往

初见陈老师大概是在 2018 年 9 月浙师大召开的世界古代史年会上，之前仅在师门群里偶有互动，因我们参会论文皆涉古代海洋史，故被分于一组，他似因到别处参会，发言后便匆匆离去，期间也仅打了个招呼。2018 年冬季的某天，徐师面色沉重，说陈老师查出重疾，打算择时去西南医院探望。记得那天他精气神不错，床头放着一本书，印象中是《伟大的海：地中海人类史》，大概近来在撰写该书书评（该书评《既包容也分裂，既文明也堕落：这一片海有多大？》2018 年 11 月刊于新京报书评周刊）。后来很长一段时间，与他多在微信交流。2021 年初，他发来信息："你还有多久毕业？"我答还差一篇小论文，尚不确定，多半要延期，他告知下半年苏科大有个招聘论坛，"如果有兴趣来苏州，可以报一下名。"2021 年年底，我祝贺他在《中国历史地理论丛》发表新作

(《曼德海峡与古希腊罗马地理知识的传承》),他再次询问要不要参加年底苏科大的招聘会,我因毕业前景迷茫,准备放弃,他鼓励我投来一试。12 月份因苏州突发疫情,招聘会改为线上召开,我面试时紧张不已,回答得含糊啰嗦,他安慰我静待结果,几天后收到录用通知,向他道谢,他则说"是你自己表现很好,打动了大家",我深知自己水平,没有他的勉励,断无此次机会。

随着 2022 年 9 月入职苏科大历史系,我和陈老师交往更趋密切。上半学期他精神尚可,每周两次来校为研究生上课,时间记得是上午 10 点和下午 1 点半左右,他一般不到 8 点就在电脑旁备课或码字,想到他单程通勤近一个半小时,钦佩之余不免心疼。我一般快 9 点才磨蹭而来,路过 210 办公室必定进来侃会儿,正如他跟一位同事戏谑说"李杰习惯来我这儿打卡报道"。我们所谈话题主要是目下在写的论文和课题,我时常就其中疑难困惑请教于他,他也愿意跟我分享写作计划,记得 2022 年 12 月其国社科项目以优秀等第结项,他颇为自得地逐章向我介绍结项成果的学术创获和修改计划,那一刻他如海边拾捡到闪亮贝壳的孩子般快乐。新冠疫情和动荡时局下的现实魔幻和人间荒诞,也是平素聊起的话题,但他深邃之处在于极少采取怒不可遏的激烈批判,而惯以戏谑讽刺的口吻加以解构,事实证明这种交流方式很好,常觉有趣而不乏教益。

2022 年年末,持续三年的疫情防控终于落幕,我"阳"了之后提醒他注意防护,他恭喜我早早加入免疫群体,说已两周未出门,12 月 18 日晚上还熬夜看了跌宕起伏的世界杯决赛。2023 年年初,我询问他近况,他说没有中招,"争取进入决赛"。寒假开学后,他极少来校,3 月中旬来校后长聊,透露病情有所恶化,当时虽显瘦削之态,但精神尚可。后来隔三岔五在微信交流,他提及暑假筹办古代史会议的计划,到时免不了辛苦我跑腿,我表示理所应当,但也提醒办会事宜千头万绪,当下要紧之事是休养身体。5 月 6 日他将《史学月刊》会议征文通知转发于我,说珠海在等着你,并告知最近又有腹水,住院治疗,我表示来陪他聊天,他答夫人倪老师和公子陈卓在侧,足以应付,明天就出院。5 月 11 日他托我代交国社科申报书定稿,还就我校级课题申报提了建议。15 日早上托我审核所带毕业生材料时,我天真地以为他像往常一样短暂住院,岂料 17 日晚倪老师突然发来消息,告知陈老师情况很不好,我表示现在过来,倪老师说他刚睡下,明天过来就行。18 日的见面是难抑悲痛的告别。19 日早上他得以解脱,未能在其精力尚可之时再畅聊一次,深以为憾,对自己疏忽失察于他的身体近况,颇为自责。当天从早到晚,他的许多同事、同门、弟子前来送别,我受院长委托草拟讣告,想到不久前还谈笑风生、畅聊天地,每写一句都感锥心之痛。"陈思伟教授始终保有一位知识分子的赤子之心,对世间的困顿艰苦常怀关切和悲悯。"作为其生命乐章尾声的参与者,我曾被其正直精神、宽厚性情和悲悯情怀所散发的人性光辉深深触动,遂在末段写下这句由衷之言。

二、"再挑灯火看文章":陈思伟教授的治学精神与研究取径

在徐师门下读书时,便时常听闻那位"入门最晚,进步最快"的师兄。陈老师在西南大学攻读硕士之前已在重庆涪陵立业成家,在涪陵中学教授高中英语,正如他在硕士学位论文后记中所言:"三年前,我放弃了自己用 10 年时间营造的'舒服'工作、生活环境,开始'逐梦'历程。"若以硕士作为学术研究的入门阶段,据现在一般升学路径观之,陈老师至少比同龄人晚了 10 年之久;硕士毕业距其考取博士又间隔四年。以至他在博士论文后记中慨叹:"年届不惑,事业无成,学术不彰,不禁颇为怅然。"虽然博士期间他便发表多篇高质量成果,但对比 2014 年博士毕业后其学术事业迎来的"大丰收",此话并非全然自谦。作为旁观者,很难将取得如此学术成就的古史学者与不算顺畅的研究之路联系起来。学术荣光背后的数倍心血,可从他逝世后师友故交口中"陈老师太拼了"的叹息中得到确证,而深耕于西方古代海洋史、经济史所结出的丰硕果实则是这份心血最为直接的凭证,"再挑灯火看文章"的微信签名更是其二十年来不舍昼夜、焚膏继晷治学精神的质朴写照。

纵向梳理古希腊罗马海上贸易运作模式、横向观照古代欧亚非海运贸易流通情状,以海运贸易视角构建起认知西方古代社会经济面貌的骨架,可谓贯穿陈老师治史生涯的鲜明主线。古代雅典海上贸易融资方式、借贷特征、贸易者地位以及海事法庭等丰富个案研究,罗马帝国时期埃及与印度次大陆海运贸易规模和运作方式的深刻剖析,以及早期亚述商业融资模式的延伸探究等,无不指向 19 世纪末以来古史学界关于古代社会经济特征、商业运作水平等长期莫衷一是的重要问题,尤其旨在对芬利等学者倡导的"古代社会借贷水平甚为原始""海运贸易在古代社会经济中的地位微乎其微"等影响广泛的陈见予以一定程度的修正。如《古典时代雅典私人钱庄与海上贸易融资》指出,公元前 4 世纪雅典私人钱庄的信贷活动具有较高水平和一定程度的复杂性,在城

邦和个人的经济生活中发挥着重要作用。在《公元前 4 世纪雅典海上贸易借贷特征》中认为,与芬利等人倡导的原始特征浓厚的古代信贷结构不同,在公元前 4 世纪雅典的海上贸易借贷中,人们创造出信用担保、第三方支付、转账等信用形式;海上贸易借贷呈现比较明显的信用意识。再如《埃及与印度次大陆的海上贸易及其在罗马帝国经济中的地位》一文围绕穆泽里斯纸草通过购买力、贸易规模、商人地位等层面的讨论,主张罗马帝国鼎盛时期的东方贸易比学者们普遍强调的规模更大、运作更加复杂;东方贸易在帝国经济中占据着举足轻重的地位。

　　深厚的史料批判功力不仅见诸以上关于古代海运贸易的著述,更在史料学的专论中得以体现。《古典时代阿提卡演说辞的史料价值初探》立足社会经济研究视域,认为演说辞的可信度和代表性虽存在问题,但控辩双方"无意"中留下的材料无疑是更为可靠的第一手证据;客观认识存在的问题,充分结合其他史料补充印证,阿提卡演说辞将成为古典时代雅典社会经济史研究重要的史料来源。考证史实,厘清古史概念的名与实,亦为作者学术研究的重要维度。《和约还是敕令——对色诺芬〈希腊史〉中所谓"大王和约"实质与译名的几点思考》通过考察条约订立背景、目的和结果,指出所谓"大王和约"不是一则和平条约;"大王和约"译名的生成一方面是受到色诺芬泛希腊主义历史观念影响,另一方面源于近现代古典学者将古典希腊理想化的结果。对史料价值的钩沉、概念源流的爬梳,深植于作者十年如一日的潜心译注。多部经典译著、数篇专业译文嘉惠学林,造福学子。实属不易的是,入职苏科大以来,陈老师在与病魔抗争期间,向与古代海洋史联系密切的地理学领域奋力开拓,先后在《史学集刊》《中国历史地理论丛》《中国社会科学报》等专业刊物发表《曼德海峡与古希腊罗马地理知识的传承》《古代希腊罗马的周航记及其功用》《十三至十五世纪西欧航海图鉴特征》等文章,最后一篇排了一年多得以付梓,他高兴地分享与我,我略开玩笑地称他为"贯通古今的海洋史专家",不曾想这竟成他留给世间最后的作品,想起他念兹在兹的学术蓝图,不禁黯然。

三、陈思伟教授的育人情怀与处世温情

　　2023 年 4 月底,闲聊时得知他跑了一趟上海,甚感疲累,以为是看病,原来是为了参加高中学生的聚会,他说"这一届最争气,清华北大都考了好几个,英语 140 以上的超过了 30%","最感自豪的也是他们了",这份身为人师的骄

傲之情溢出了屏幕。后来念及此时距其辞世不足一月,不禁困惑和感慨,何种师生之情使其拖着病体,奔赴与学生的约定。这真像是他自知来日苦短而做出的急切安排。他对师生之情的重视,见诸日常小事。由于不论师门聚餐,还是论文讨论,他大都喊我参加,所以有较多机会了解他对学生的关切和教导。比如他宽敞的办公室成为研究生们的自习室,在我入职不久他便吩咐学生为我也配了钥匙;招呼学生到家里做客吃饭;牺牲周末时间来校讨论学生论文;不时在群里分享学术文章和讲座信息;当一位研究生因基础较差而忐忑时,他宽慰道"如果你啥都会,那还需要老师干吗";因身心交瘁而自觉未能尽力指导学生,他多次袒露愧疚之情。作为目睹者,我知道他给予学生的指导和关心已用心尽力,足以担得起"经师"与"人师"合一的美称。他性情中散发的丝丝暖意充盈着一颗颗迷茫成长的心灵,如今倪老师、陈卓、几位研究生和我偶尔小聚,以此留住与他相关的温暖回忆,此时仿佛他不曾真正离开,只是换了一种形式陪伴着大家。

对于青年同事、师弟师妹学术上的疑难、生活上的愁绪,陈老师也常以兄长般的热忱和识见给予解惑和宽慰。帮忙修改基金申报书、为师弟师妹修改论文、撰写申博推荐信,等等,是他古道热肠的日常表现。扪心自问,此般热诚之心实不可及。幽默风趣也是他性格色彩中的组成部分,虽年长我们20有余,但平素交流无半分师长威严和古板之气,对我们的插科打诨听之任之。当有学生论文进展拖沓时,他无奈又幽默地表示"再不抓紧时间,把你逐出师门"。记得有次旁听他的课,他开玩笑"李老师你咋这么闲呢,不去忙你的正经工作,来这儿瞎捣乱",他的一位研究生便以玩笑的口吻吐槽"陈老师有时说话可狠呢,对我们也这样",我戏谑道"这可能是陈老师对我们别样的爱吧",他无奈苦笑。与其宽厚、豁达处世风格相对应的是其坚韧深沉的内心,数年疾病的熬煎、治疗的痛楚,不仅极少向旁人道出,甚至倪老师坦言自己也罕听诉苦之声。当然,陈老师绝非全然超脱之人,也在学术理想与现实考核之间努力挣扎,也会在意付出和收获是否匹配,但难以否认的是,凡与其来往者,莫不感到春风拂面,莫不为他的善良和幽默所触动。

由于笔者学识浅陋、视野狭窄,面对陈老师广博精深的研究,常觉心余力绌,难以予以较为学术性的评介,以至上述所记多为日常琐碎,但其中某些轶事或许亦能体现陈老师的治学精神、育人情怀和处世态度吧。我曾痛惜,如果他能略微爱惜身体,哪怕蹉跎岁月,或许身体的能量就不会被提前掏空。可人生无法重新来过,匆匆数十载,在有限时光中尽情拼搏和努力收获,于他而言或许本身就是一种意义吧。

再也听不到陈老师的提点之音了,再也看不到他谈古论今的模样了……哲人其萎,学思长存。其学问人品饮誉学界、垂训后学,哲嗣在其耳濡目染之下亦以西方古史为志业,授业弟子中更不乏传承衣钵者,留于世间的足迹如此浓烈斑斓,或可聊慰其生命的缺憾吧。假如确有天堂,惟愿他在那彼岸的无垠世界,续写那未竟的篇章,继续在"西方古典文明的海洋中徜徉,领略美不胜收的风景",这是他硕博学位论文的后记感言,也是我的真挚祝愿。

作者简介:李杰,历史学博士,苏州科技大学社会发展与公共管理学院历史学系讲师,主要研究方向为古典文明史。

Was There "Capitalism" in Ancient World?
—— Reading Notes of *The Cambridge History of Capitalism* Vol. 1

WANG Daqing

(Renmin University of China)

Abstract: In 2014, *The Cambridge history of Capitalism* was published by Cambridge University Press, edited by Larry Neal and Jeffrey G. Williams. In 2022, the Chinese version of the book was published by Renmin University Press. The paper bases on the ancient part of the book, focusing on two long-term debating problems, i. e. the definition of capitalism and economic growth of the ancient world such as ancient Greece, introduces and reviews the main points of the book. As a new study of capitalism, the book has an obvious globalization background. It not only absorbs and draws upon fruits of many new theories, new methods and new achievements of economics, history and archeology, but also tries to make a new reconstruction of the concept of capitalism and historical origin of capitalism. So, the new study has important reference value.

Key words: capitalism; ancient Greece; economic growth

A Review of the Early State Forms
of Ancient Mesopotamia

Liu Changyu

Abstract: As one of the cradles of human civilization, scholars have paid great attention to the ancient Mesopotamian early state form. Starting from the origin of cities and characters, scholars have made fruitful studies on the Mesopotamian political and economic forms, achieving many results. It is of great theoretical and practical significance to re-understand and construct the diversity origin and development of early human civilization.

Key words: ancient Mesopotamia; origin of civilization; political form; economic form

The Reasons and Influence of Armenia's Conversion to Christianity

Ma Feng[1], Duan Xinyu[2]

(*School of History, Northwest University,*
Xi'an, Shaanxi, 710127, China)

Abstract: Armenians are an ancient ethnic group in the Caucasus region, and established Christianity as the state religion in 301, making them one of the earliest countries in the world to convert to Christianity. The change of their religious beliefs is a long process and the result of a combination of various factors, including political considerations and the influence of early Christian monks and folk missionaries. Converting to Christianity is one of the most important events in its history. By converting to a new religion in the 4th century, Armenia bid farewell to its past influenced by Persia and established a Christian cultural identity independent of orthodox denominations. The influence of the church will continue to strengthen in the future, eventually becoming the national church of Armenia.

Keywords: Armenia; Christianity; Conversion

A Discussion on Historian Laonikos and His "Neo-Hellenism"

Jin Zhigao

Abstract: Laonikos was a Byzantine historian in the mid-to-late 15th century, his work the "Demonstrations of Histories" records the history of the rise of the Ottoman Empire and the decline of the Byzantine Empire, and also reflects his "Neo-Hellenism" thought. Compared with contemporary Byzantine scholars, Laonikos's "Neo-Hellenism" presents some new characteristics: on the historical level, through the emphasis on language and customs, he regards the Byzantines as descendants of the ancient Greeks; on the political level, he completely abandons the appeal for the Roman political heritage and hopes for the emergence of a country belonging to the Greeks; on the religious level, he is a loyal believer in Neo-Platonic mysticism. The formation of Laonikos's "Neo-Hellenism" was influenced by his personal experience and his mentor Plethon, and the identity crisis in the post-Byzantine era was a more realistic factor.

Key words: Laonikos; Hellenism; Byzantine Empire

稿　约

　　《古典学评论》是由西南大学希腊研究中心、古典文明研究所、中希文明互鉴中心主办的学术集刊,2014年秋创办,由上海三联书店出版发行,每年春季出版一辑。本刊旨在探讨世界古典文明、文化及相关问题,以期促进古典学术发展,推动文明互鉴和国际学术交流,提升国内古典学研究水平。本刊重点刊发西方古典学研究成果,兼顾中国古典文明和世界诸文明比较研究;提倡严谨扎实的学风,注重创新、探讨、切磋和争鸣。设有多个栏目。欢迎国内外老中青学者不吝赐稿。

　　本刊接受学术论文、译文(尤其是原始资料的迻译)、研究综述、札记、书评、争鸣,等等。来稿一律用中文,论文、译文字数请限于1.5万字以内,优秀文稿不受此限;其他文章8000字以内,精粹的短篇稿件尤为欢迎。本刊热忱欢迎历史学、哲学、文学、宗教学、文化学、人类学、神话学、考古学、生态学等不同研究视角的文章;引文务必准确无误,译文投稿请附上原文。编辑部在收到稿件后,将请有关专家审阅,一般在2个月内回复作者。由于编辑部人力有限,来稿恕不退还。来稿免收审稿费和版面费。

　　论文请作者提供200字左右的内容摘要;3—6个关键词;英文题名、英文摘要、英文关键词要与中文对应,置于文末。本刊注释采用页下注的格式,具体参照《历史研究》(西方古典作品卷章节请用低圆点间隔)。作者简介请另附页,注明作者真实姓名、工作单位、职称、研究方向,以及联系方式。来稿一律使用电子稿,请用Word或PDF文档"附件"发至:xfgdwm@163.com,邮件请注明"《古典学评论》投稿"。

西南大学希腊研究中心

西南大学古典文明研究所

中希文明互鉴中心

2024年12月

图书在版编目(CIP)数据

古典学评论. 第十一辑/徐松岩,范秀琳主编.
上海:上海三联书店,2025.3. —ISBN 978 - 7 - 5426
- 8760 - 9

Ⅰ. C53

中国国家版本馆 CIP 数据核字第 2025S4G128 号

古典学评论(第 11 辑)

主　　编 / 徐松岩　范秀琳

责任编辑 / 殷亚平
装帧设计 / 徐　徐
监　　制 / 姚　军
责任校对 / 张大伟

出版发行 / 上海三联书店

　　　　　(200041)中国上海市静安区威海路 755 号 30 楼
邮　　箱 / sdxsanlian@sina.com
联系电话 / 编辑部:021 - 22895517
　　　　　发行部:021 - 22895559
印　　刷 / 商务印书馆上海印刷有限公司

版　　次 / 2025 年 3 月第 1 版
印　　次 / 2025 年 3 月第 1 次印刷
开　　本 / 710mm×1000mm　1/16
字　　数 / 450 千字
印　　张 / 29.25
书　　号 / ISBN 978 - 7 - 5426 - 8760 - 9/C · 655
定　　价 / 98.00 元

敬启读者,如发现本书有印装质量问题,请与印刷厂联系 021 - 56324200